Repaso

A Review Workbook for Grammar, Communication, and Culture

Glencoe

New York, New York Columbus, Ohio Chicago, Illinois Peoria, Illinois Woodland Hills, California

About the Authors

Ronni L. Gordon, Ph.D. is a prominent author of foreign language textbooks, reference books, and materials for multimedia. She is Vice President of Mediatheque Publishers Services, a leader in the development of foreign language instructional materials. She received her Ph.D. in Spanish language and Spanish and Latin American History and Literature from Rutgers University, and has taught at Harvard, Boston University, and Cornell. She read in foreign languages for the National Endowment for the Humanities and founded the Committee for Quality Education, an organization devoted to the improvement of academic standards in the public schools. She is an education consultant specializing in curriculum development (foreign languages, literature, and history) and teacher training and is an associate scholar of a Philadelphia-based think tank. Ronni L. Gordon lives in Philadelphia with her husband and children.

David M. Stillman, Ph.D. is a well-known writer of foreign language textbooks, multimedia courses, and reference books. He is President of Mediatheque Publishers Services, a leader in the development of foreign language instructional materials. He holds a Ph.D. in Spanish Linguistics from the University of Illinois and has published titles in Spanish, French, Italian, German, and ESL. He has taught at Boston University, Cornell, and Harvard. He has been active in teacher preparation and training and has taught methodology at a number of universities. He has been appointed to national committees devoted to the improvement of teacher training and the academic level of future teachers. David M. Stillman is at present an Assistant Professor at The College of New Jersey where he teaches Spanish, French, Italian, and Hebrew. He lives in Philadelphia with his wife and family.

Glencoe would like to acknowledge Mapping Specialists who participated in illustrating this program.

COVER La Mancha, España/CORBIS; **001** La Mezquita de Córdoba, España/Rich Brommer; **060** Getty Images; **081** Tikal, Guatemala/Andrew Payti; **178** Salto Ángel, Venezuela/Ken Fisher/Getty Images; **232** Curt Fischer; **313** Quintana Roo, México/CORBIS; **434** Getty Images; **457** Caracas, Venezuela/Getty Images; **501** Viejo San Juan, Puerto Rico/Larry Hamill; **539** Santiago, Chile/Hubert Stadler/CORBIS; **559** The Alamo, Texas, United States/Getty Images; **599** Monumento a la Independencia, la Ciudad de México, México/CORBIS.

The McGraw·Hill Companies

Send all inquiries to:
Glencoe/McGraw-Hill
8787 Orion Place
Columbus, OH 43240-4027

ISBN 0-07-846050-6

Printed in the United States of America.

10 11 12 ROV 15 14 13 12 11

PREFACE

Repaso—A Review Workbook for Grammar, Communication, and Culture is a powerful tool for review and progress in Spanish. This new edition incorporates the suggestions of teachers using ***Repaso*** with their classes. ***Repaso*** offers intermediate through advanced learners of Spanish clear, concise, and well-organized grammar explanations with examples derived from everyday usage, most often in the format of conversational exchanges. These presentations of structure are easy to read and understand and encourage students to see grammar as a stepping-stone to communication. Many grammatical explanations have been revised and expanded, activities have been added, and more tests of mastery have been provided. The activities in ***Repaso*** provide practice in all the grammar topics that learners of Spanish at this level should know. Most of the engaging activities are contextualized, with instructions in Spanish that help set the scene and prepare students for the task at hand.

Thematic vocabulary boxes linked to the activities provide a review of the vocabulary common to most first- and second-year Spanish textbooks and present additional vocabulary that empowers learners to express themselves on a broad range of topics. Self-expression activities encourage learners to use the target grammar and vocabulary to express their own ideas. New in this second edition is the Test of grammar topics included at the end of each chapter so students can assess their progress and prepare for the Advanced Placement language exam and comprehensive exams testing competence and proficiency. And for convenient student reference, ***Repaso*** supplies easy-to-read verb charts as well as an end glossary that contains all the words used in the activities and the culture chapters.

Toward the end of all the chapters of ***Repaso*** is an **Actividad oral** that encourages spoken expression. This oral activity is followed in most chapters by a section called **Estructuras en acción,** a reading comprehension activity based on authentic documents that contain examples of the chapter's grammar topics. The number of these realia pieces has been increased and their content expanded.

The **Notas culturales** found in all grammar chapters enhance the grammar activities by situating practice in authentic Spanish, Spanish American, and Hispanic United States contexts. These updated and expanded **Notas culturales** present a broad range of interesting topics providing learners with important cultural information about the Spanish-speaking world.

Learners will find *Chapter 26, Idioms, expressions, and proverbs,* an especially useful and colorful compendium of frequently used language. And *Chapter 28, **¡Ojo!** Common errors and pitfalls,* will prove valuable in helping learners of Spanish avoid the mistakes that English-speaking learners of Spanish tend to make.

Repaso is organized into twenty-eight grammar chapters and seven culture chapters that address the history, geography, and literature of the Spanish-speaking world. Following each culture chapter is a test of the material covered. The Appendix has been expanded to include a section on Written Conventions, which explains Spanish rules of spelling and punctuation and compares them to those used in English. Also new to the Appendix is a map of the Spanish-speaking world.

Practical, inviting, and easy to use, ***Repaso*** will help learners acquire knowledge that will increase their confidence in using and comprehending Spanish in a wide variety of contexts and situations.

TABLE OF CONTENTS

PART ONE Verbs—Forms and Uses

TABLE OF CONTENTS

TABLE OF CONTENTS

TABLE OF CONTENTS

TABLE OF CONTENTS

PART FOUR Interrogatives and Negatives

PART FIVE Numbers

TABLE OF CONTENTS

PART SIX Idiomatic Usage

PART SEVEN The Spanish-speaking World

Appendix

PART ONE

Verbs—Forms and Uses

entender gustar

tú hablas

Aquí se habla español

PART ONE
Verbs—Forms and Uses

CHAPTERS

Present tense

Regular verbs

A verb is a word that expresses an action, an occurrence, or a state of being. All Spanish verbs belong to one of three different classes, or conjugations, according to the ending of the infinitive—the verb form ending in **-ar, -er,** or **-ir.**

FIRST CONJUGATION: **-ar** verbs like **hablar**

SECOND CONJUGATION: **-er** verbs like **aprender**

THIRD CONJUGATION: **-ir** verbs like **escribir**

The present tense is formed by dropping the infinitive ending **(-ar, -er, -ir)** and adding the appropriate present tense endings. Verbs conjugated according to the patterns below are called regular verbs.

First conjugation: -ar verbs

Verbs of the first conjugation (**-ar** verbs) are conjugated like **hablar** *(to speak).*

	SINGULAR		PLURAL	
FIRST PERSON	yo	habl**o**	nosotros(as)	habl**amos**
SECOND PERSON	tú	habl**as**	vosotros(as)	habl**áis**
THIRD PERSON	él/ella/Ud.	habl**a**	ellos/ellas/Uds.	habl**an**

Common -ar verbs

acabar *to finish, end*
aceptar *to accept*
acompañar *to go with, accompany*
aconsejar *to advise*
ahorrar *to save*
alquilar *to rent*
apagar *to turn off, shut off*
arreglar *to arrange, fix up*
aumentar *to increase*
averiguar *to find out*
ayudar *to help*
bailar *to dance*
bajar *to go down, lower, turn down; to download*
besar *to kiss*
borrar *to erase, delete*
buscar *to look for*
cambiar *to change*
caminar *to walk*
cantar *to sing*
cargar *to load, upload*
celebrar *to celebrate*
cenar *to have dinner*
charlar *to chat*
cocinar *to cook*
colocar *to put, place*
comprar *to buy*
contestar *to answer*
cortar *to cut*
cruzar *to cross*
dejar *to let, leave*
descargar *to download*
desear *to want*
dibujar *to draw*
disfrutar *to enjoy*
doblar *to turn (change direction)*
durar *to last*

(continued)

echar *to throw*
empujar *to push*
entrar *to go in, come in, enter, input*
entregar *to hand in, hand over*
escuchar *to listen*
esperar *to wait (for), hope, expect*
estacionar *to park*
estudiar *to study*
explicar *to explain*
felicitar *to congratulate*
firmar *to sign*
funcionar *to function, work (machine)*
ganar *to earn, win*
gastar *to spend, waste*
grabar *to record*
gritar *to shout*
guardar *to save (computer file); to keep, put away*
hablar *to speak*
invitar *to invite*
llamar *to call*
llegar *to arrive*
llevar *to carry, wear*
llorar *to cry*
mandar *to send, order*
manejar *to drive*
marcar *to dial, mark*
mirar *to look at*
nadar *to swim*
navegar *to surf (the Web)*
necesitar *to need*
pagar *to pay*
parar *to stop*
pasar *to spend (time), pass*
patinar *to skate*
pintar *to paint*
practicar *to practice*
preguntar *to ask (a question)*
preparar *to prepare*
presentar *to present, introduce*
quitar *to take away*
regresar *to come back, return*
repasar *to review*
sacar *to take out*
saludar *to greet*
tardar *to be late*
telecargar *to load, upload*
terminar *to finish, end*
tirar *to throw*
tocar *to play a musical instrument; to touch*
tomar *to take, drink*
trabajar *to work*
trotar *to jog*
usar *to use, wear*
viajar *to travel*

Second conjugation: -er verbs

Verbs of the second conjugation (**-er** verbs) are conjugated like **aprender** *(to learn)*.

	SINGULAR		PLURAL	
FIRST PERSON	yo	aprend**o**	nosotros(as)	aprend**emos**
SECOND PERSON	tú	aprend**es**	vosotros(as)	aprend**éis**
THIRD PERSON	él/ella/Ud.	aprend**e**	ellos/ellas/Uds.	aprend**en**

Common -er verbs

aprender *to learn*
beber *to drink*
comer *to eat*
comprender *to understand*
correr *to run*
creer *to believe, think*
deber *to owe; ought, must, to be supposed to*
leer *to read*
meter *to put in*
prender *to turn on*
romper *to break*
toser *to cough*
vender *to sell*

Third conjugation: -ir verbs

Verbs of the third conjugation (**-ir** verbs) are conjugated like **escribir** *(to write)*.

	SINGULAR		PLURAL	
FIRST PERSON	yo	escrib**o**	nosotros(as)	escrib**imos**
SECOND PERSON	tú	escrib**es**	vosotros(as)	escrib**ís**
THIRD PERSON	él/ella/Ud.	escrib**e**	ellos/ellas/Uds.	escrib**en**

Common -ir verbs

abrir *to open*
añadir *to add*
asistir *to attend*
compartir *to share*
describir *to describe*
difundir *to broadcast*
discutir *to discuss, argue*
escribir *to write*
imprimir *to print*
interrumpir *to interrupt*
ocurrir *to happen*
recibir *to receive*
subir *to go up, raise; upload*
sufrir *to suffer*
transmitir *to transmit; broadcast*
vivir *to live*

NOTES

- Verbs of the first conjugation **(-ar)** and the second conjugation **(-er)** are conjugated alike with the difference that **-ar** verbs have **a** in all endings except the **yo** form and **-er** verbs have **e** in all endings except the **yo** form.
- Verbs of the third conjugation **(-ir)** have **i** in the endings for **nosotros(as)** and **vosotros(as).** The other persons are the same as the second conjugation **(-er).**

Uses of the present

The present tense forms of Spanish verbs express both the English simple present *(I walk)* and the English present progressive *(I am walking)*. Spanish present tense forms also include the auxiliary verb *do/does* that English uses in questions and in negative sentences. *Do/does* are not expressed in Spanish before another verb.

Tocas el piano.	***You play*** *the piano.* ***You're playing*** *the piano.*
¿Navegan Uds. en la Red?	***Do you surf*** *the Net?* ***Are you surfing*** *the Net?*
No usamos esta computadora.	***We don't use*** *this computer.* ***We're not using*** *this computer.*

Questions can be formed in Spanish by inverting the subject and the verb or by changing intonation.

¿Trabajan Uds. aquí? **¿Uds. trabajan** aquí?	*Do you work here?*

The present tense can be used to ask for instructions.

¿Hablamos del tema ahora?	***Shall we talk*** *about the topic now?*
¿Cuándo entrego el informe?	***When shall I hand in*** *the report?*

The present tense can refer to the future if another element of the sentence expresses future time. English often uses the present progressive to indicate future time.

Mando el correo electrónico mañana.	***I'll send*** *the e-mail tomorrow.*
Vera **cena** conmigo el viernes.	*Vera's* ***having dinner*** *with me on Friday.*

The construction **hace** + *expression of time* + **que** + *verb in the present tense* is used to designate actions that began in the past but that continue into the present. The question form of this construction is **¿Cuánto tiempo hace que... ?** The word **tiempo** is optional.

¿Cuánto (tiempo) hace que viven Uds. en esta casa?	***How long have you been living*** *in this house?*
Hace ocho años que vivimos aquí.	***We've been living*** *here* ***for eight years.***

Hace + *expression of time* may also appear at the end of the sentence; **que** is omitted in this case.

Vivimos aquí **hace ocho años.**	*We've been living here* ***for eight years.***

Another construction used to designate actions that began in the past and continue into the present is *verb in present tense* + **desde hace** + *expression of time.* To form a question, **¿Desde cuándo... ?** is used.

¿Desde cuándo buscas trabajo?	***How long*** *have you been looking for a job?*
Busco trabajo **desde hace un mes.**	*I've been looking for a job* ***for a month.***

Actividad 1 **En la clase de español** Describa lo que pasa en la clase de español del profesor Sierra. Escriba oraciones en el presente. Siga el modelo.

MODELO los estudiantes / hablar español
Los estudiantes hablan español.

En la clase de español

levantar la mano *to raise one's hand*
el libro de texto *textbook*
el modismo *idiom*
tomar apuntes *to take notes*

1. Daniel / pronunciar muy bien

____

2. nosotros / abrir el libro de texto

____

3. tú / levantar la mano

____

4. los estudiantes / comprender la lección

____

5. vosotros / tomar apuntes

____

6. yo / leer el diálogo

____

7. Isabel y tú / aprender los modismos

____

Actividad 2 **¿En esta clase? ¡Qué va!** Describa las cosas que nunca pasan en la clase de la profesora Reyes. Escriba oraciones en el presente. Siga el modelo.

> **MODELO** los estudiantes / gritar
> Los estudiantes nunca gritan.

Lo que no se hace en la clase

faltar *to be absent*
mascar chicle *to chew gum*
copiar en los exámenes *to cheat*
tardar en llegar *to take long to arrive*

1. Uds. / correr
2. nosotros / faltar
3. Juan Carlos / mascar chicle
4. Laura y Carmen / hablar por teléfono celular
5. tú / interrumpir
6. las chicas / beber refrescos
7. Ud. y yo / tardar en llegar

Actividad 3 **¿Qué hacen sus profesores?** Diga lo que sus profesores hacen o no hacen en la sala de clase escogiendo frases de la columna B para completar las frases de la columna A. Siga el modelo.

> **MODELO** Mi profesor de inglés... hablar en voz alta
> no interrumpir a sus estudiantes
> Mi profesor de inglés habla en voz alta.
> Mi profesor de inglés no interrumpe a sus estudiantes.

A	B
1. Mi profesor de historia…	a. enseñar bien
2. Nuestra profesora de química…	b. guardar datos
3. Nuestros maestros de matemáticas…	c. preparar exámenes
4. Las profesoras de español…	d. esperar mucho de nosotros
5. Mi profesora de música…	e. escribir problemas en la pizarra
6. El profesor de informática...	f. pasar lista
	g. colocar sus libros en el escritorio
	h. calcular las notas todos los días
	i. hablar de las guerras
	j. navegar en la Red
	k. discutir sus ideas
	l. tocar el piano

PART I

1. ______________________________
2. ______________________________
3. ______________________________
4. ______________________________
5. ______________________________
6. ______________________________
7. ______________________________
8. ______________________________

Actividad 4 **¡Las quince primaveras!** Cecilia celebra su cumpleaños con una fiesta en su casa. Para saber cómo es, complete el párrafo con la forma correcta del presente de los verbos indicados.

Los padres y los hermanos de Cecilia ______________ (1) (planear) la fiesta. La mamá ______________ (2) (cocinar) los platos favoritos de Cecilia y ______________ (3) (comprar) una torta de chocolate. El padre y los hermanos de Cecilia ______________ (4) (colocar) globos y una piñata en la sala. Cecilia ______________ (5) (invitar) a todos sus amigos. ______________ (6) (Llegar) la hora de la fiesta. Paula, la mejor amiga de Cecilia, ______________ (7) (vivir) al lado y ______________ (8) (llegar) primero. Durante la fiesta, todos ______________ (9) (comer), ______________ (10) (beber) y ______________ (11) (bailar). Juan Pedro ______________ (12) (tocar) el piano y los otros amigos ______________ (13) (cantar). Mientras Cecilia ______________ (14) (abrir) los regalos que ______________ (15) (recibir), su padre ______________ (16) (sacar) fotos. Los invitados ______________ (17) (felicitar) a la cumpleañera.

CHAPTER 1

Nota cultural

Las quince primaveras

Las quince primaveras es como el cumpleaños dieciséis que se llama sweet sixteen *en Estados Unidos, es decir, un cumpleaños especial. En muchos países hispánicos las chicas suelen celebrar el cumpleaños quince a lo grande. Muchas chicas hispanas en Estados Unidos celebran los quince también con una gran fiesta en el salón de baile de un hotel. Es como un baile formal con música, comida y muchos invitados. Un sueño hecho realidad como se ve en este comentario de una quinceañera que vive en Estados Unidos: «Como todas las niñas de mi época, y de mi cultura, la cubana, soñé con mi fiesta de quince que tan lejana parecía cuando era pequeña. Al fin, iba a cumplir quince años, que en la Cuba antes de mi madre, los cronistas sociales llamaban la edad de rosa.»*

Actividad 5 **¡Un lío telefónico!** Mario necesita llamar a su novia para decirle que no puede llegar a su casa a las siete. Para saber lo que pasa, escoja los verbos correctos de la lista y escríbalos con la forma correcta del presente.

marcar	**contestar**	**meter**	**creer**	**dejar**
deber	**buscar**	**quedar**	**funcionar**	**tardar**
decidir	**esperar**	**desear**	**comunicar**	

1–2. Mario ______________________ *(wants)* llamar a su novia

Isabel para decirle que ______________________ para su cita.

3. Él ______________________ *(looks for)* una cabina telefónica.

4. ______________________ una en la esquina.

5–6. Mario ______________________ una moneda y

______________________ el número de teléfono.

7. (Ellos) no ______________________ en casa de Isabel.

8–10. Mario ______________________ *(thinks)*

que ______________________ dejar un recado y

______________________ escuchar la contestadora.

11. Pero la contestadora no ______________________.

12. Mario ______________________ otra moneda.

13–14. Esta vez parece que (ellos) ______________________

o ______________________ descolgado.

15. ¡Por fin, Mario ______________________ correr a casa de Isabel!

Actividad 6 **¿Cuánto tiempo hace?** Ud. le pregunta a su amigo(a) cuánto tiempo hace que sus amigos se dedican a sus aficiones. Escriba cada pregunta dos veces usando las construcciones del modelo.

> **MODELO** María / escribir cuentos
> ¿Cuánto tiempo hace que María escribe cuentos?
> ¿Desde cuándo escribe María cuentos?

1. Uds. / cocinar a la española

____

____

2. Mario y Federico / nadar en el equipo universitario

____

____

3. Consuelo / tocar el violín

____

____

4. tú / leer poesía inglesa

____

____

5. Esteban / bailar flamenco

____

____

6. sus hermanos / coleccionar monedas

____

____

Actividad 7 **Hace mucho tiempo que...** Su amigo(a) contesta las preguntas de la Actividad 6 de dos modos. Siga el modelo.

> **MODELO** María / escribir cuentos / seis meses
> Hace seis meses que María escribe cuentos.
> María escribe cuentos desde hace seis meses.

1. Uds. / cocinar a la española / un año

____

____

2. Mario y Federico / nadar en el equipo universitario / tres años

____

____

3. Consuelo / tocar el violín / seis años

4. tú / leer poesía inglesa / siete semanas

5. Esteban / bailar flamenco / ocho meses

6. sus hermanos / coleccionar monedas / dos años y medio

Irregular verbs

The following verbs have an irregular first person singular **(yo)** form in the present tense. All other present tense forms are regular.

-G verbs are verbs that have an unexpected **-g** in the **yo** form.

INFINITIVE	YO FORM	OTHER FORMS OF THE PRESENT TENSE
caer *to fall*	cai**g**o	caes, cae, caemos, caéis, caen
hacer *to make, do*	ha**g**o	haces, hace, hacemos, hacéis, hacen
poner *to put*	pon**g**o	pones, pone, ponemos, ponéis, ponen
salir *to go out, leave*	sal**g**o	sales, sale, salimos, salís, salen
traer *to bring*	trai**g**o	traes, trae, traemos, traéis, traen
valer *to be worth*	val**g**o	vales, vale, valemos, valéis, valen

Verbs that are conjugated like **poner**

componer *to compose*
disponer *to dispose*
imponer *to impose*
proponer *to propose*
reponerse *to get well*
suponer *to suppose*

Verbs that are conjugated like **traer**

atraer *to attract*
contraer *to contract*
distraer *to distract*

PART I

The following **-g** verbs are irregular in other persons besides the first person.

DECIR *to say, tell*	
digo	decimos
dices	decís
dice	**dic**en

OÍR *to hear*	
oigo	oímos
o**y**es	oís
o**y**e	o**y**en

TENER *to have*	
tengo	tenemos
tienes	tenéis
tiene	**tie**nen

VENIR *to come*	
vengo	venimos
v**ie**nes	venís
v**ie**ne	v**ie**nen

Verbs that are conjugated like **tener**

contener *to contain*
detener *to stop, detain*
mantener *to maintain*
obtener *to obtain*
retener *to retain*

Ir *(to go)* and **dar** *(to give)* are conjugated like **-ar** verbs except that the **yo** form ends in **-oy: voy, doy.** The stem of the verb **ir** is the letter **v** and the stem of the verb **dar** is the letter **d.** Note that the **vosotros(as)** form has no accent because it has only one syllable: **vais, dais.**

IR	
voy	vamos
vas	vais
va	van

DAR	
doy	damos
das	dais
da	dan

Ir + **a** + *infinitive* is used to refer to future time like *to be going to* is used in English.

Aquí está el cine. **Voy a estacionar** el coche. — *Here's the movie theater.* ***I'm going to park*** *the car.*
Y **yo voy a comprar** las entradas. — *And* ***I'm going to buy*** *the tickets.*

Ver *(to see)* is a regular **-er** verb except for the **yo** form: **veo.** The **vosotros(as)** form has no accent because it has only one syllable: **veis. Saber** *(to know)* and **caber** *(to fit)* are irregular in the first person only.

INFINITIVE	YO FORM	OTHER FORMS OF THE PRESENT TENSE
ver	**veo**	ves, ve, vemos, veis, ven
saber	**sé**	sabes, sabe, sabemos, sabéis, saben
caber	**quepo**	cabes, cabe, cabemos, cabéis, caben

In most verbs that end in a vowel + **-cer** or **-cir, -c** changes to **-zc** before **-o** and **-a.** In the present tense, the change occurs only in the first person singular (**yo** form).

CONOCER *to know*	
cono**zc**o	conocemos
conoces	conocéis
conoce	conocen

Note that the following verbs are conjugated like **conocer.**

reconocer *to recognize*
desconocer *to be ignorant of*

Most verbs with infinitives ending in **-ecer** have **-zco** in the **yo** form like **conozco.** The other forms of the present tense are regular.

agradecer (agradezco) *to thank*
aparecer (aparezco) *to appear*
crecer (crezco) *to grow*
desaparecer (desaparezco) *to disappear*
establecer (establezco) *to establish*
merecer (merezco) *to deserve*
obedecer (obedezco) *to obey*
ofrecer (ofrezco) *to offer*
parecer (parezco) *to seem*
permanecer (permanezco) *to remain*
pertenecer (pertenezco) *to belong*

Verbs ending in **-ucir** also have **-zco** in the **yo** form, but are regular in their other forms.

conducir (conduzco) *to drive*
lucir (luzco) *to shine, show off*
producir (produzco) *to produce*
reducir (reduzco) *to reduce*
traducir (traduzco) *to translate*

Actividad 8 **Un viaje de negocios** Ud. es jefe(a) de una gran compañía internacional. Su secretario(a) le hace unas preguntas sobre su viaje de negocios a Europa. Conteste sus preguntas. Siga el modelo.

MODELO ¿Hace Ud. un viaje en noviembre?
Sí, hago un viaje en noviembre.

1. ¿Sale Ud. la semana próxima?

___

2. ¿Viene Ud. a la oficina el viernes?

___

3. ¿Va Ud. a Inglaterra y España?

___

4. ¿Conoce Ud. Italia?

___

5. ¿Sabe Ud. cuándo regresa?

___

PART 1

Actividad 9 **¡Cuánto trabajo tenemos!** Los chicos reciben una invitación pero no saben si tienen tiempo para ir. Escriba lo que dicen. Siga el modelo.

> **MODELO** Juan
> Viene si tiene tiempo.

1. las chicas ____________________
2. Ud. ____________________
3. tú y yo ____________________
4. Sara ____________________
5. Uds. ____________________
6. yo ____________________

Actividad 10 **¿Oyes lo que dicen?** ¡Aunque se habla en voz baja todo se oye! Escriba en español que todos oyen lo que dicen otras personas. Siga el modelo.

> **MODELO** Anita / Gustavo
> Anita oye lo que Gustavo dice.

1. yo / Uds.
____
2. tú / nosotros
____
3. Guillermo / Teresa
____
4. Rosa y yo / Ud.
____
5. Ud. y su primo / yo
____
6. Carmen y Paco / tú
____

Actividad 11 **¡Lo hago yo!** Escriba que es Ud. quien hace las siguientes cosas. Siga el modelo.

> **MODELO** ¿Quién hace una pregunta?
> Yo hago una pregunta.

1. ¿Quién pone la mesa?
____
2. ¿Quién da un paseo?
____
3. ¿Quién ve televisión?
____
4. ¿Quién traduce el libro?
____
5. ¿Quién dice tal cosa?
____
6. ¿Quién sabe qué pasó?
____

Actividad 12 **¿Hablan en serio?** ¡Sus amigos tienen ideas geniales! ¿O es que le toman el pelo? Escriba lo que dicen. Siga el modelo.

MODELO Carlota, ¿qué propones? (un plan brillante)
Propongo un plan brillante.

1. Luz, ¿qué mereces? (recibir el premio Nobel)

____

2. Juan Diego, ¿qué compones? (una obra maestra mozartiana)

____

3. Chicos, ¿qué obtienen? (una beca de dos millones de dólares)

____

4. Eugenia, ¿qué traduces? (novelas del vasco al sánscrito)

____

5. José Luis, ¿qué conduces? (la limosina presidencial)

____

6. Norberto, ¿qué supones? (que yo tengo razón siempre)

____

Actividad 13 **¿Cómo son?** Nadie conoce a esta gente. Use el verbo **conocer** para decir eso. Recuerde que debe usar la **a** personal. Siga el modelo. (Si necesita repasar la **a** personal, vea el Capítulo 19.)

MODELO ¿Sabe Juan si Paula es argentina?
No, él no conoce a Paula.

1. ¿Sabes si esos muchachos son simpáticos?

____

2. ¿Saben tus padres si los señores Gorostiza son arquitectos?

____

3. ¿Saben Uds. si la profesora de economía es famosa?

____

4. ¿Sabemos tú y yo si aquel médico es competente?

____

5. ¿Sabe Ud. si Alfredo Parra es inteligente?

____

6. ¿Sabe Marta si Agustín es de Puerto Rico?

____

PART I

Actividad 14 **¡Qué vanidad!** José Antonio es muy presumido. ¿Qué dice de su trabajo? Siga el modelo para saberlo.

MODELO conocer a todo el mundo
Conozco a todo el mundo.

1. pertenecer a los círculos literarios de la ciudad

____

2. producir obras importantes

____

3. traducir poesía del inglés al español

____

4. lucir en todo

____

5. siempre ofrecer ideas nuevas

____

6. merecer los aplausos de los oyentes

____

Actividad 15 **¡Todos ayudamos!** En mi casa todo el mundo ayuda. Use **ir a** + el infinitivo indicado para expresar lo que cada uno de nosotros va a hacer. Siga el modelo.

MODELO tú / poner en orden la sala
Tú vas a poner en orden la sala.

Arreglando la casa

barrer el suelo *to sweep the floor*
cortar el césped *to mow the lawn*
hacer la cama *to make the bed*
hacer la compra *to do the shopping*
lavar la ropa *to do the laundry*
lavar los platos *to wash the dishes*
limpiar el polvo de los muebles *to dust the furniture*
pasar la aspiradora *to vacuum*
poner en orden *to straighten up*
sacar la basura *to take out the garbage*

1. mi hermano y yo / cortar el césped

____

2. mi abuela / lavar la ropa

____

3. yo / barrer el suelo

____

4. mamá / hacer la compra

5. mis hermanas / lavar los platos

6. mi abuelo / sacar la basura

7. Uds. / hacer las camas

8. papá / pasar la aspiradora

9. tú / limpiar el polvo de los muebles

CHAPTER 1

Nota cultural

La familia hispánica

En los países hispánicos la familia era tradicionalmente una institución muy importante. Los abuelos solían vivir con sus hijos y muchas veces un tío o una tía vivía con la familia también. Los abuelos y los tíos tenían casi la misma autoridad en la educación (upbringing) *y la disciplina de los hijos como los padres mismos. Cuando los hijos se casaban solían vivir muy cerca de sus padres. Ha habido grandes cambios en las sociedades hispánicas. Por ejemplo, la familia nuclear predomina como en Estados Unidos y los países europeos. Los ancianos que antes vivían en casa de sus hijos ahora viven solos o en una comunidad de jubilados* (retired people). *Las mujeres que antes se dedicaban únicamente a sus hijos y hogar ahora combinan su papel de mamá y ama de casa con el de profesional. A pesar de unos cambios fundamentales en la sociedad española un 80 por ciento de los españoles nombran a la familia como el factor más importante de su vida. Este apego* (attachment) *a la familia se nota en los otros países hispánicos también.*

Actividad 16 **La vida diaria** Exprese en español algunas de las cosas que Ana, sus amigos y sus familiares hacen todos los días.

1. I drive the car.

2. My friends share an apartment.

PART I

3. My brother jogs.

4. You **(Ud.)** turn on the computer.

5. Natalia and I attend lectures.

6. You **(tú)** read the newspaper.

7. David and Teresa come to my house.

8. I go to a cybercafé.

9. All the students discuss the topics.

10. You **(Uds.)** surf the Net.

11. Jaime and I go to the video store.

12. María Elena and Luisa read until 1:00 A.M.

Actividad 17 **Actividad oral** Pregúnteles a sus compañeros de clase lo que les gusta hacer los fines de semana y en las vacaciones. Luego calcule cuántos hacen cada cosa y presente los resultados a la clase.

Por ejemplo:

acampar	ir al cine/a los conciertos/al teatro/a una discoteca
bailar	salir al campo/a las montañas
pintar	hacer turismo
visitar los museos	jugar al tenis/al béisbol/al fútbol
ir de compras	tocar el piano/la flauta/la guitarra

Actividad 18 **Estructuras en acción** Lea este anuncio de un servicio de plancha a domicilio.

DON PLANCHÓN

Madrid: (91) 445 73 28

Cuando Juan Marín descubrió que la tarea más ingrata para la mayoría de las mujeres y los hombres es la plancha, decidió crear un servicio de plancha a domicilio. Recogen la ropa y la devuelven planchada el mismo día. Una camisa, dependiendo del tejido, cuesta entre dos y tres euros. Y el único requisito es que el pedido supere los diez euros. Don Planchón funciona en Madrid con un horario de 9.00 a 14.00 y de 15.00 a 19.30 de lunes a sábado. El negocio se abrió en febrero de 2003 y próximamente va a abrir filiales en Barcelona, Mallorca, Pontevedra y Valencia.

Actividad 19

Estructuras en acción Resuma el contenido del artículo combinando elementos de la columna A con los de la columna B. Escriba oraciones completas. Siga el modelo.

MODELO la gente — odiar la plancha de ropa
La gente odia la plancha de ropa.

El servicio a domicilio

a domicilio *home, delivered to one's home*
devolver (o→ue) *to return*
la filial *branch*
ingrato(a) *unpleasant, thankless*
el pedido *order*
la plancha *ironing*
planchar *to iron*
recoger *to pick up*
el requisito *requirement*
superar *to exceed*
la tarea *task*
el tejido *fabric, material*

A	B
1. Juan Marín	a. ... costar entre dos y tres euros
2. los empleados de Don Planchón	b. ... funcionar desde febrero de 2003
3. una camisa	c. ... ofrecer un servicio de plancha a domicilio
4. el pedido	d. ... tener que superar los diez euros
5. el negocio	e. ... recoger la ropa y devolverla planchada el mismo día
6. el precio	f. ... depender del tejido

1. ______________________________
2. ______________________________
3. ______________________________
4. ______________________________
5. ______________________________
6. ______________________________

CHAPTER 1 TEST

Present tense

En el presente Complete las oraciones con la forma correcta del presente de los verbos indicados.

1. Yo ________________________ una computadora portátil. (usar)
2. Uds. ________________________ a la reunión. (asistir)
3. Alejandro ________________________ administración de empresas. (estudiar)
4. Tú ________________________ hebreo y árabe. (comprender)
5. Hace un año que Roberto y Laura ________________________ en el condominio. (vivir)
6. Ud. ________________________ muchas tarjetas de crédito. (tener)
7. Nosotros ________________________ por teléfono celular. (hablar)
8. Todo el mundo ________________________ sobre política. (discutir)
9. ¿Vosotros no ________________________ nada? (comer)
10. Yo no ________________________ al consejero técnico todavía. (conocer)
11. Miriam y yo ________________________ desde hace dos horas. (leer)
12. Yo ________________________ novelas policíacas. (escribir)
13. Mis amigos ________________________ de Madrid el viernes. (llegar)
14. ¿Tú ________________________ un ruido? (oír)
15. Uds. ________________________ historia y economía. (tomar)
16. Ellos ________________________ que hay problemas. (decir)
17. Nosotros ________________________ en la escalera mecánica. (subir)
18. Yo no ________________________ a nadie por aquí. (ver)
19. Elena ________________________ al cine con nosotros. (ir)
20. Nosotros ________________________ de la vida. (disfrutar)
21. Yo ________________________ los documentos en un sobre. (poner)
22. Vosotros ________________________ los euros por dólares. (cambiar)
23. El museo de arte ________________________ a las diez. (abrir)
24. Los Madariaga ________________________ de Guadalajara. (venir)
25. Yo ________________________ inglés y español. (saber)

Stem-changing verbs and verbs with spelling changes

Stem-changing verbs ending in -ar and -er

Stem-changing verbs that end in **-ar** or **-er** change the stem vowel in the present tense in two possible ways: **e → ie** and **o → ue** in all forms except **nosotros(as)** and **vosotros(as).** The stem changes take place in those forms of the present tense where the stem vowel is stressed.

QUERER *to want, love*	
qu**ie**ro	queremos
qu**ie**res	queréis
qu**ie**re	qu**ie**ren

VOLVER *to return*	
v**ue**lvo	volvemos
v**ue**lves	volvéis
v**ue**lve	v**ue**lven

PENSAR *to think*	
p**ie**nso	pensamos
p**ie**nsas	pensáis
p**ie**nsa	p**ie**nsan

PODER *can, to be able to*	
p**ue**do	podemos
p**ue**des	podéis
p**ue**de	p**ue**den

NOTE

Pensar + *infinitive* means *to intend to.*

¿Qué **piensas hacer** hoy? — *What **do you intend to do** today?*

Verbs like **querer** and **pensar**

acertar *to be on target, guess right*
apretar *to be tight, squeeze*
ascender *to go up, promote*
atravesar *to cross*
cerrar *to close*
comenzar *to begin*
confesar *to confess*
defender *to defend*
descender *to go down*
despertar(se) *to wake up*
empezar *to begin*
encender *to light*
encerrar *to lock in, contain*
entender *to understand*
gobernar *to govern*
helar* *to freeze*
merendar *to have an afternoon snack, have a picnic*
nevar* *to snow*
perder *to lose*
quebrar *to break*
recomendar *to recommend*
sentar(se) *to seat, sit down*

*Impersonal verbs; conjugated only in the third person singular

Verbs like **volver** and **poder**

acordarse *to remember*
acostar(se) *to put to bed, go to bed*
almorzar *to eat lunch*
conmover *to move (emotionally)*
contar *to count, tell*
costar *to cost*
demostrar *to show*
devolver *to return, give back*
doler *to hurt, ache*
encontrar *to find*
envolver *to wrap up*
jugar (u→ue) *to play*
llover* *to rain*
mostrar *to show, display*
oler (o→hue) *to smell*
probar(se) *to try, taste, try on*
recordar *to remember*
resolver *to solve*
soler *to be accustomed to*
tronar* *to thunder*
volar *to fly*

*Impersonal verbs; conjugated only in the third person singular

NOTE **Jugar** has the stem change **u→ue** and **oler** has the change **o→hue.**

¿A qué juegas? *What are you playing?*
Huele bien. *It smells good.*

Actividad 1 **¿A qué juegan Uds.?** Escriba el deporte al que juega cada persona. Siga el modelo.

MODELO Lilia / el fútbol
Lilia juega al fútbol.

1. yo / el tenis
____
2. Daniel y Luz / el béisbol
____
3. Carlota / el vólibol
____
4. tú / el baloncesto
____
5. Jorge y yo / el fútbol americano
____
6. Uds. / el jai alai
____
7. Ud. / el golf
____
8. vosotros / el tenis de mesa
____

CHAPTER 2

Nota cultural

¿Jugador o espectador?

El béisbol es muy popular en la República Dominicana, Puerto Rico, México, Venezuela, Cuba y Centroamérica por influencia estadounidense. Varios jugadores de béisbol de estos países juegan en los equipos de las Ligas Mayores de Estados Unidos. ¿Conoce Ud. a estos grandes jugadores hispánicos que figuran en el Salón de la fama: Roberto Clemente, puertorriqueño; Juan Marichal, dominicano; Luis Aparicio, venezolano; Rod Carew, panameño; Orlando Cepeda, puertorriqueño; Tony Pérez, cubano? ¿Ud. ha visto jugar a los siguientes jugadores célebres: Los dominicanos Pedro Martínez, Sammy Sosa y Alex Rodríguez; los puertorriqueños Roberto Alomar, Juan «Igor» González y Iván Rodríguez; el panameño Mariano Rivera y el mexicano Fernando Valenzuela?

Muchas palabras que se refieren al béisbol han pasado del inglés al español: jonrón, fildeo, base, pícher o pítcher, pichada, cácher o cátcher, fildear, pichar y cachar.

El fútbol es el deporte más popular en los países hispánicos. A los espectadores españoles les encanta animar a sus clubes (equipos) *favoritos—el Real Madrid, Barcelona FC y el Athletic de Bilbao. Dos países hispánicos han ganado la Copa Mundial desde que fue iniciada en 1930* (se juega cada cuatro años), *Argentina, en 1978 y 1986, y Uruguay, en 1930 y 1950.*

Actividad 2 **¿A qué hora almuerzan?** Escriba a qué hora almuerzan estas personas. Siga el modelo.

MODELO yo / a las dos
Yo almuerzo a las dos.

1. Uds. / a la una

   ____

2. Eva / a las doce y media

   ____

3. nosotros / a las tres

   ____

4. Mauricio y Beatriz / a la una y cuarto

   ____

PART I

5. tú / a las once y media

6. yo / a las dos y media

7. Ud. / a las dos menos cuarto

8. vosotros / a las once cuarenta y cinco

Actividad 3 **¡No puedo!** Escriba que nadie puede hacer nada hoy. Siga el modelo.

MODELO ¿Vas de compras hoy?
No, no puedo.

1. ¿Vienen Uds. conmigo hoy?

2. ¿Escribe Elena cartas hoy?

3. ¿Trabajan Josefa y Leonardo hoy?

4. ¿Toma Ud. el examen hoy?

5. ¿Voy a tu casa hoy?

6. ¿Visitamos el museo hoy?

7. ¿Contestas tu correo electrónico hoy?

8. ¿Merendáis en un café hoy?

9. ¿Devuelves tus libros hoy?

10. ¿Envuelve Ud. los paquetes hoy?

Actividad 4 **En un almacén** Margarita va a un almacén para comprar ropa. Termine la conversación que tiene con la dependienta. Complete el diálogo con la forma correcta de los verbos indicados.

MODELO Yo pienso ir al almacén Princesa. (pensar)

Dependienta — Señorita, ¿en qué ____________ (1) servirle? (poder)

Margarita — Es que yo no ____________ (2) los trajes. (encontrar)

Dependienta — Aquí están a la derecha. ¿Qué color ____________ (3) Ud.? (querer)

Margarita — ____________ (4) que el café o el azul marino. (Pensar)

Dependienta — Le ____________ (5) dos. Este azul es muy bonito, ¿verdad? (mostrar)

Margarita — Ah sí. ¿ ____________ (6) mostrarme el otro? (Poder)

Dependienta — Cómo no. Aquí tiene el café. Yo ____________ (7) el estilo muy elegante. (encontrar)

Margarita — Los dos son hermosos. ¿Cuánto ____________ (8)? (costar)

Dependienta — El azul ____________ (9) ciento noventa euros y el café ____________ (10) doscientos cinco euros. (costar, costar)

Margarita — De veras no sé. Creo que me ____________ (11) los dos. (probar) *(Margarita termina de probarse los trajes.)*

Me llevo los dos trajes. ¿Ud. me los ____________ (12), por favor? (envolver)

Dependienta — Con gusto. ¿Ud. sabe que ____________ (13) pagar con tarjeta de crédito? (poder)

Margarita — Ah, sí. Yo ____________ (14) pagar con mi tarjeta. (soler)

Dependienta — Bien. Yo ____________ (15) en unos minutos. (volver)

CHAPTER 2

PART I

Nota cultural

La moda española

En España hubo una transformación completa en la producción y venta de la ropa. Tradicionalmente los españoles hacían hacer su ropa. La ropa hecha a la medida era menos cara que la ropa que se compraba en las tiendas. Con la llegada de los grandes almacenes la ropa confeccionada resultaba menos costosa. Hoy día se puede comprar ropa hasta de alta costura en venta directa al público, en versiones baratas o colecciones especiales.

Madrid y Barcelona, como Milán, Nueva York y París, son grandes ciudades de la moda. Dos importantes desfiles de moda (fashion shows) *tienen lugar todos los años en España, la pasarela* (runway) *Cibeles en Madrid y el Salón Gaudí en Barcelona. España siempre ha sido célebre por sus productos de piel. La casa española más destacada en diseño y producción de accesorios de cuero es Loewe que celebró su aniversario 150 en 1996.*

¿Ud. conoce a estos modistos hispanos? Balenciaga, el gran modisto español cuyo centenario fue celebrado en 1995, influyó en unos famosos modistos de hoy. El dominicano Oscar de la Renta fue discípulo de Balenciaga y la modista venezolana Carolina Herrera conoció la alta costura de Balenciaga cuando la llevaron a París de joven.

Actividad 5 **Sinónimos** Consulte las listas de verbos que tienen cambios radicales en las páginas 21–22 y escoja sinónimos para los verbos que aparecen en las oraciones. Escriba cada oración con la forma correcta del nuevo verbo. Siga el modelo.

MODELO El diccionario *vale* treinta dólares.
El diccionario cuesta treinta dólares.

1. Uds. *solucionan* los problemas de álgebra.

____

2. Los niños *cruzan* la calle con cuidado.

____

3. El concierto *empieza* a las ocho.

____

4. *Bajamos* al primer piso en ascensor.

____

5. Yo no *comprendo* su idea.

6. ¿*Regresas* el sábado o el domingo?

7. Pedro nos *enseña* el apartamento.

8. Los Salcedo *desean* salir esta noche.

9. Yo *prendo* la luz.

CHAPTER 2

Actividad 6 **Un día típico** Escriba lo que hacen estas personas en un día típico. Siga el modelo.

MODELO Juana / cerrar las ventanas
Juana cierra las ventanas.

1. mi papá / despertar a todos nosotros

2. mi mamá / contar lo que pasa

3. Uds. / almorzar en el centro

4. tú / devolver los libros a la biblioteca

5. los chicos / volver del colegio a las tres

6. Ana y yo / comenzar a estudiar a las cuatro

7. yo / jugar videojuegos

8. Federico / acostar a sus hermanitos

9. vosotros / empezar a enviar vuestro correo electrónico a las seis

PART I

Actividad 7 **Hoy sí, mañana no.** Escriba oraciones conjugando el segundo verbo de la construcción verbo conjugado + infinitivo para indicar que la acción ocurre hoy. Siga el modelo.

MODELO Mis tíos van a volver mañana.
Mis tíos vuelven hoy.

1. Vas a recordar la fecha mañana.

____

2. Pablo y Lorenzo van a jugar fútbol mañana.

____

3. Vamos a probar el nuevo plato mañana.

____

4. Alicia va a encontrar su secador mañana.

____

5. Yo voy a envolver los paquetes mañana.

____

6. Ud. va a resolver su problema mañana.

____

Actividad 8 **¿Qué tiempo hace?** Exprese en español el tiempo que hace hoy en varias ciudades.

¿Qué tiempo hace?

Hace sol/viento. *It's sunny/windy.*
Hace calor/frío. *It's warm/cold.*
Hace buen/mal tiempo. *The weather's good/bad.*
Está nublado/despejado. *It's cloudy/clear.*
llover (o→ue) *to rain*
nevar (e→ie) *to snow*
tronar (o→ue) *to thunder*
el relámpago *lightning*
despejar *to clear up*
escampar *to clear up*
helar (e→ie) *to freeze*
granizar *to hail*

1. It's raining in San Francisco.

____

2. It's snowing in Ginebra, Suiza.

____

3. It's thundering in Santa Fe.

____

4. The rain is beginning to freeze in Chicago.

____

5. It's beginning to snow in Punta Arenas, Chile.

____

6. It's clearing up in Londres.

____

7. It's clear in Sevilla.

____

8. It's hailing in Nueva York.

____

CHAPTER 2

Stem-changing verbs ending in -ir

Stem-changing verbs that end in **-ir** have three types of possible changes for the stem vowel: **e → ie, o → ue, e → i.** These **-ir** verbs have the changes in the vowel of the stem in all persons of the present tense except **nosotros(as)** and **vosotros(as).** Note that **morir(se)** is conjugated like **dormir.**

SENTIR *to regret*	
siento	sentimos
sientes	sentís
siente	**sie**nten

DORMIR *to sleep*	
duermo	dormimos
duermes	dormís
duerme	**due**rmen

PEDIR *to ask for, request*	
pido	pedimos
pides	pedís
pide	**pi**den

As in **-ar** and **-er** verbs, the change in the stem takes place in those forms of the present tense where the vowel of the stem is stressed.

Verbs like **sentir**

advertir *to notify, warn*
convertir *to convert*
convertirse en *to become*
divertirse *to have a good time*
hervir *to boil*
mentir *to lie*
preferir *to prefer*
referirse (a) *to refer (to)*
sentirse *to feel*

PART I

Verbs like **pedir**

despedir *to fire*
despedirse (de) *to say good-bye (to)*
gemir *to groan, moan*
impedir *to prevent*
medir *to measure*
reír(se) *to laugh*
reñir *to quarrel, scold*
repetir *to repeat, have a second helping*
seguir *to follow, continue*
servir *to serve*
sonreír(se) *to smile*
vestir(se) *to dress*

NOTE

Reír and **sonreír** have **-í** as the stem vowel in the singular and third person plural.

(son)río	**(son)reímos**
(son)ríes	**(son)reís**
(son)ríe	**(son)ríen**

Actividad 9 **En el restaurante** Escriba lo que piden estas personas que salen a comer. Siga el modelo.

MODELO Francisco / carne
Francisco pide carne.

1. Ud. y José María / quesadillas
2. la familia Herrera / enchiladas
3. Pili y yo / ensalada
4. tú / la tortilla a la española
5. los chicos / paella
6. yo / espaguetis

Actividad 10 **¿Quién sirve?** Escriba quién sirve cada bebida. Siga el modelo.

MODELO Uds. / café
Uds. sirven café.

1. yo / limonada

2. Susana / refrescos

____

3. nosotros / horchata de chufas

____

4. Eduardo y Dolores / jugo de durazno

____

5. tú / agua mineral

____

6. Ud. y Pepe / té

____

CHAPTER 2

Nota cultural

En el restaurante

Ud. no tiene que estar en México o España para probar estos platos y bebidas típicos.

La quesadilla, plato mexicano, es una tortilla de maíz doblada por la mitad y rellena de queso o de otros alimentos como papas, chorizo (sausage), *hongos* (mushrooms) *o flor de calabaza* (pumpkin). *La enchilada, otro plato mexicano, es una tortilla de maíz enrollada alrededor de carne y cubierta de salsa de jitomate («tomate» en México) con chile.*

La tortilla a la española lleva huevos, papas («patatas» en España), cebolla, aceite de oliva y sal. A diferencia de la tortilla mexicana, que se hace de una masa de maíz o de trigo, esta tortilla es una fritada (omelet).

La paella es un plato de arroz con carne, pollo, mariscos, verduras, guisantes y otros ingredientes. El azafrán (saffron) *se usa para condimentar la paella y para darle al arroz su color amarillo. Se cuece y se sirve en una paellera. Este plato es de Valencia, región conocida por su cultivo del arroz.*

La horchata de chufas (almonds) *es una bebida de origen valenciano. Se hace de chufas, azúcar, agua y canela* (cinnamon) *y se sirve bien fría. El jugo de durazno que se pide en los países hispanoamericanos en España se conoce como zumo de melocotón. El agua mineral se puede pedir con gas, agua gaseosa* (carbonated), *o sin gas, agua llana.*

PART I

Actividad 11 **¿Qué prefiere Ud. hacer?** Escriba lo que prefiere hacer cada persona. Siga el modelo.

> **MODELO** Isabel / estudiar
> Isabel prefiere estudiar.

1. los primos / salir al campo

___

2. Julia / leer novelas históricas

___

3. mis hermanos y yo / ir a un concierto

___

4. Uds. / ver televisión

___

5. yo / jugar al tenis

___

6. tú / viajar por el país

___

7. Ud. / alquilar películas

___

8. vosotros / navegar en la Red

___

Actividad 12 **Todos duermen la siesta.** Escriba cuándo duermen la siesta estas personas. Siga el modelo.

> **MODELO** tú / los viernes
> Duermes la siesta los viernes.

1. el abuelo / todos los días

___

2. yo / los fines de semana

___

3. Uds. / una vez a la semana

___

4. nosotros / los lunes

___

5. los sobrinos / todas las tardes

____

6. Ud. / los días feriados

____

Actividad 13 **En otras palabras** Escriba lo que ocurre en las siguientes situaciones. Complete las oraciones con la forma correcta de uno de los verbos de la lista. Siga el modelo.

MODELO Todos tienen hambre. Tú sirves la comida.

divertir	**sentir**	**despedir**	**hervir**	**reñir**
repetir	**advertir**	**mentir**	**reír**	**gemir**
sonreír	**vestir**	**dormir**	**referir**	

1. La abuela baña y ____________________ a sus nietos antes de llevarlos al parque.
2. Va a llegar una tempestad del norte. El locutor de radio ____________________ al público.
3. Las chicas dejan caer los vasos. Dicen que lo ____________________.
4. Ya ____________________ el agua. Ahora podemos meter las legumbres.
5. Ud. juega al tenis toda la mañana y siente un cansancio tremendo. Ud. ____________________ toda la tarde.
6. Ramona exagera mucho. En realidad, ella ____________________.
7. Diana ____________________ a sus amigos con sus cuentos graciosos. Sin embargo, hay algunos de ellos que no ____________________, ¡ni siquiera ____________________!
8. Hace dos años que la empresa pierde dinero. Los dueños ____________________ a mil empleados.
9. ¿Te gustó la torta? ¿Por qué no ____________________?
10. Pablito se porta mal. Por eso su mamá lo ____________________.
11. No comprendo lo que dice la profesora. ¿A qué se ____________________?
12. ¿Por qué (tú) ____________________? ¿Te duele algo?

Verbs ending in -uir

Verbs ending in **-uir** (not including those ending in **-guir**) add **-y** after the **-u** in all forms except **nosotros(as)** and **vosotros(as).**

CONSTRUIR *to build*	
constru**y**o	construimos
constru**y**es	construís
constru**y**e	constru**y**en

Verbs like **construir**

atribuir *to attribute*
concluir *to conclude*
contribuir *to contribute*
destruir *to destroy*
distribuir *to distribute*
huir *to flee*
incluir *to include*
influir *to influence*
sustituir *to substitute*

Actividad 14 **Vamos a contribuir.** Hubo un terremoto que destruyó muchas casas en la Ciudad de México. Ud. y sus amigos deciden recaudar dinero para mandar medicinas a los mexicanos afectados. Escriba la cantidad de dinero que contribuyen estas personas. Siga el modelo.

MODELO Vera / diez dólares
Vera contribuye con diez dólares.

1. los padres de Vera / cien dólares

   ____

2. mi hermano y yo / ciento cincuenta dólares

   ____

3. tú / setenta dólares

   ____

4. Ud. / setenta y cinco dólares

   ____

5. Adriana / veinticinco dólares

   ____

6. los habitantes del barrio / mil quinientos dólares

   ____

7. yo / ochenta dólares

   ____

Actividad 15 **¡Qué desastre!** Hay un huracán en Florida que deja a mucha gente sin casa. Escriba adónde huye la gente para escapar del peligro. Siga el modelo.

> **MODELO** la familia Rivas / al norte
> La familia Rivas huye al norte.

1. tú / a la estación de tren

____

2. Uds. / al oeste

____

3. Fernando / a casa de sus abuelos

____

4. nosotros / a la capital

____

5. la familia Ortega / a un hotel

____

6. yo / al interior del estado

____

Actividad 16 **Un proyecto** Unos amigos colaboran en realizar un proyecto para la clase de biología. Escriba lo que propone incluir cada persona del grupo. Siga el modelo.

> **MODELO** yo / una bibliografía
> Yo incluyo una bibliografía.

1. Roberto / investigaciones científicas

____

2. Uds. / fotos

____

3. Laura y yo / estadísticas

____

4. Ud. / buenas explicaciones

____

5. tú / un resumen

____

6. David y Gabriela / una introducción

____

PART I

7. yo / un sitio Web

____

8. vosotros / una base de datos

____

Verbs ending in -iar and -uar

Some verbs that end in **-iar** or **-uar** stress the **-i** or the **-u (-í, -ú)** in all forms except **nosotros(as)** and **vosotros(as)** in the present tense. These verbs are listed this way in glossaries and dictionaries: **guiar (guío), continuar (continúo).**

GUIAR *to guide*	
guío	guiamos
guías	guiáis
guía	guían

CONTINUAR *to continue*	
continúo	continuamos
continúas	continuáis
continúa	continúan

Verbs like **guiar**

confiar (en) *to rely (on), confide (in)*
enviar *to send*
espiar *to spy*
esquiar *to ski*
fiarse (de) *to trust*
resfriarse *to catch cold*
variar *to vary*

Verbs like **continuar**

actuar *to act*
graduarse *to graduate*

Actividad 17 **¿Cuándo se resfrían Uds.?** Las personas tienen ideas diferentes sobre cómo y cuándo se resfrían. Escriba lo que creen las siguientes personas. Siga el modelo.

MODELO Ud. / en diciembre
Ud. se resfría en diciembre.

1. Tomás / todos los inviernos

____

2. Uds. / cuando duermen poco

____

3. Lidia y Miguel / tres veces al año

4. Ud. / cuando come mal

5. yo / cuando me mojo

6. nosotros / cuando salimos bajo la lluvia

7. tú / cuando no tomas las vitaminas

Actividad 18 **¿Cuándo es su graduación?** Escriba cuándo se gradúan sus amigos del colegio y de la universidad. Siga el modelo.

> **MODELO** Daniela / en junio
> Daniela se gradúa en junio.

1. Micaela y Jorge / el año próximo

2. Ud. / dentro de dos años

3. Timoteo / en enero

4. Uds. / para el año dos mil seis

5. Anita / este mes

6. tú / mañana

7. nosotros / en agosto

8. yo / el mes que viene

9. vosotros / el jueves

PART I

Actividad 19

Los espías Complete esta narración breve sobre el espionaje. Complete con la forma correcta de los verbos indicados.

MODELO El espía guía a sus colegas por el laberinto. (guiar)

1. Los espías no ______________________ de nadie. (fiarse)
2. Todos los espías ______________________ mensajes secretos. (enviar)
3. El espía X ______________________ solamente en el espía Y. (confiar)
4. El espía Z ______________________ su trabajo con los códigos. (continuar)
5. El espía 003 ______________________ trabajando bajo la lluvia. (resfriarse)
6. Los espías ______________________ en todos los países del mundo. (espiar)

Actividad 20

¿Qué dice Ud.? Conteste las preguntas personales.

1. ¿A Ud. le gustan las películas de espionaje y misterio? ¿Qué hacen los espías?

   ____

2. ¿A quiénes les envía mensajes por correo electrónico? ¿A quiénes envía Ud. mensajes por correo electrónico?

   ____

3. ¿Se fía Ud. en los anuncios de televisión?

   ____

4. ¿Qué hace y toma cuando se resfría?

   ____

5. ¿En quiénes confía Ud.?

   ____

6. ¿Cuándo se gradúa Ud.?

   ____

7. ¿Ud. esquía? ¿Dónde?

   ____

8. ¿Ud. actúa en obras de teatro?

   ____

9. ¿Se fía Ud. de los desconocidos?

   ____

CHAPTER 2

Verbs with spelling changes in the present tense

Verbs with spelling changes are regular in speech. The changes are required by the rules of Spanish spelling.

In verbs that end in **-ger** and **-gir, -g** changes to **-j** before **-o** and **-a.** In the present tense, the change occurs only in the first person singular (**yo** form).

ESCOGER *to choose*	
escojo	escogemos
escoges	escogéis
escoge	escogen

Verbs like **escoger**

afligir *to afflict*
coger *to grab, catch*
corregir (e→i) *to correct*
dirigir *to direct, conduct*
elegir (e→i) *to choose, elect*
encoger *to shrink*
exigir *to demand*
fingir *to pretend*
proteger *to protect*
recoger *to gather, pick up*

In verbs that end in **-guir, -gu** changes to **-g** before **-o** and **-a.** In the present tense, the change occurs only in the first person singular (**yo** form).

DISTINGUIR *to distinguish*	
distingo	distinguimos
distingues	distinguís
distingue	distinguen

NOTE **Extinguir** *(to extinguish)* is conjugated like **distinguir.**

Seguir *(to follow, continue)* is conjugated like **distinguir** and also has the stem change **e→i.** This applies to related verbs ending in **-seguir.**

conseguir *to get, acquire*
perseguir *to pursue, persecute*
proseguir *to proceed*

SEGUIR	
sigo	seguimos
sigues	seguís
sigue	siguen

In most verbs that end in **-cer** or **-cir, -c** changes to **-z** before **-o** and **-a.** In the present tense, the change occurs only in the first person singular (**yo** form).

CONVENCER *to convince*	
convenzo	convencemos
convences	convencéis
convence	convencen

Mecer *(to rock)*, **ejercer** *(to exercise)*, and **vencer** *(to conquer, overcome)* are conjugated like **convencer. Cocer** *(to cook)* and **torcer** *(to twist)* also follow this pattern and in addition have the stem change **o→ue.**

COCER	
cuezo	cocemos
cueces	cocéis
cuece	**cue**cen

TORCER	
tuerzo	torcemos
tuerces	torcéis
tuerce	**tuer**cen

Verbs are marked with their spelling changes in the vocabulary list at the end of the book. See for example: **coger (g→j/o, a).** When the verb has a stem change and a spelling change, it is marked: **torcer (o→ue, c→z/o, a).**

Actividad 21 **¿Qué escoge Ud.?** Nuestros tíos van a celebrar su aniversario de veinticinco años el sábado. Por eso vamos al almacén para comprarles unos regalos. Escriba qué regalos escogemos. Siga el modelo.

MODELO Ud. / un florero
Ud. escoge un florero.

1. yo / una caja de bombones

___

2. mis padres / una bandeja de plata

___

3. nosotros / un vale *(gift certificate)* para comprar un regalo

___

4. tú / dos relojes

___

5. Uds. / un televisor

___

6. la abuela / una videocámara

___

7. vosotros / una computadora

____

8. nuestros primos / un mueble

____

9. Ud. / unos billetes de concierto

____

Actividad 22 **¿Qué elige Ud.?** Ahora escriba las oraciones de la Actividad 21 sustituyendo **elegir** por **escoger.**

1. ____
2. ____
3. ____
4. ____
5. ____
6. ____
7. ____
8. ____
9. ____

Actividad 23 **¿Cuál es su trabajo?** Las siguientes personas hacen cierto trabajo. Escriba lo que hace cada persona. Complete las oraciones con el verbo correcto de la lista.

dirigir	**corregir**	**cocer**
extinguir	**perseguir**	**mecer**
recoger		

1. Soy campesino. Yo ____________________ manzanas y tomates.
2. Soy policía. Yo ____________________ a los ladrones.
3. Soy bombera. Yo ____________________ incendios.
4. Soy cocinera. Yo ____________________ platos muy sabrosos.
5. Soy directora de orquesta. Yo ____________________ una orquesta sinfónica.
6. Soy profesor. Yo ____________________ exámenes y composiciones.
7. Soy papá. Yo ____________________ a mi bebito en el columpio *(swing).*

PART I

Actividad 24 **Un misterio** Describa el terror que experimenta el narrador, completando cada oración con la forma correcta de los verbos indicados.

Es la una de la mañana. Yo ______1______ (seguir) por las calles vacías y desoladas de la ciudad. Yo me ______2______ (dirigir) al hotel. De repente oigo pasos. Tengo miedo. Me ______3______ (encoger) de hombros *(shrug)*. Vuelvo la cabeza para ver quién camina detrás de mí, quizás en pos de mí *(after me)*. Yo ______4______ (distinguir) una sombra de persona. No la ______5______ (reconocer). La persona deja de caminar y ______6______ (fingir) no verme. Yo ______7______ (conseguir) ver que la persona ______8______ (lucir) un vestido blanco que brilla a la luz de la luna. Yo ______9______ (proseguir) mi camino al hotel pero ahora camino más rápido. La situación me ______10______ (producir) mucha angustia pero yo ______11______ (fingir) no estar nervioso. Yo ______12______ (distinguir) un paquete que está a mis pies. Lo ______13______ (recoger). ¡Me da un escalofrío ver que yo soy el destinatario *(addressee)*! Trato de persuadirme que esto es una pesadilla. Por desgracia, no me ______14______ (convencer). ¡Aunque yo ______15______ (desconocer) el camino voy corriendo por las calles como un loco!

NOTE

Conseguir + *infinitive* means to manage to do something or to succeed in doing something.

CHAPTER 2

Actividad 25 **Consiguen hacer algunas cosas.** Escriba lo que consiguen hacer Ud. y sus amigos el sábado. Siga el modelo.

MODELO Rosa y Rebeca / terminar su tarea
Rosa y Rebeca consiguen terminar su tarea.

1. Víctor / salir al centro comercial
____
2. Pablo y yo / reparar el coche
____
3. Ud. / ver la nueva exposición
____
4. yo / leer un libro largo
____
5. Uds. / rodar *(to film, to shoot)* una película
____
6. Beatriz y tú / colgar los cuadros
____
7. tú / ganar el partido de tenis
____

Actividad 26 **Sinónimos** Escoja de la lista abajo el sinónimo del verbo en cada oración. Escriba la forma correcta del verbo en la nueva oración.

cocer	**seguir**
coger	**elegir**
exigir	**fingir**
producir	**conseguir**
desconocer	**distinguir**

1. *Continúa* con sus clases de pintura.
____
2. *Agarro* las monedas una por una.
____
3. *Ignoro* el motivo de los directores.
____
4. *Disimulo* tener interés en el proyecto.
____

5. *Cocinan* arroz para servir con el pollo.

6. No *diferencio* entre el mar y el cielo en el cuadro.

7. *Pido* más esfuerzos de parte de los estudiantes.

8. ¿*Seleccionas* tus clases para el próximo semestre?

9. No *logro* hablar con mis profesores hoy.

10. *Cultivo* maíz y trigo en la finca.

Actividad 27 **Las noticias** Exprese en español los titulares *(headlines)* del periódico que Ud. lee. Trate de usar los verbos comprendidos en esta sección.

1. Rafael Frühbeck de Burgos is conducting the Philadelphia Orchestra **(la Orquesta de Filadelfia)** this week.

2. The firefighters put out thirty fires each day.

3. The citizens are demanding better schools.

4. Senator Alonso is following the advice of his colleagues in the Senate.

5. The Americans elect a new president this year.

6. Young couple succeeds in winning the lottery!

7. A new recipe: chef cooks soup with ice cream!

8. The campaign against illiteracy **(el analfabetismo)** proceeds.

Actividad 28 **Actividad oral** Pregúnteles a sus compañeros lo que piensan hacer y adónde quieren ir este fin de semana. Que digan también cómo se modificarán sus planes si llueve o nieva. Use verbos con cambios radicales donde sea posible, tales como **pensar, querer, preferir, volver** y **poder.**

Actividad 29 **Estructuras en acción** Lea el artículo sobre los monitos *(doodles).*

Identifica tus "monitos"

***Barquito:** Sobre un mar en calma indica seguridad, pero si el mar está encrespado quiere decir ansiedad.

***Bucles:** Si son grandes indican que estás contento. Los pequeños señalan enojo por algo.

***Castillo:** Muestra deseo de alcanzar estatus y riqueza.

***Círculos:** Son signos de amor y creatividad.

***Cuadrado:** Eres una persona sólida a la que le gusta la rutina.

***Espirales:** ¿Te sientes confundido por algo?

***Flecha:** Las flechas que atraviesan un corazón muestran un deseo de amor, pero muchas flechas juntas y sin corazón sugieren el deseo de causar daño a alguien.

***Gato:** Simboliza los poderes psíquicos y la maternidad.

***Líneas cruzadas:** Indican depresión y ansiedad.

***Mariposas:** Puedes estar al borde de un cambio.

***Pájaros:** ¿Tienes ideales elevados? A menudo, los abogados de éxito dibujan buitres.

***Puntos:** Puedes sentirte receloso.

***Rectángulo:** Si es liso, indica que te sientes seguro; si está muy sombreado, que tienes preocupaciones interiores.

***Rostro:** ¿Es una cara sonriente y feliz, o triste y ceñuda? La característica puede reflejar tu propio estado de ánimo.

***Trazos:** Indican imaginación y energía.

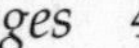

PART I

Actividad 30 **Estructuras en acción** Complete las oraciones con la forma correcta del presente de los verbos indicados.

Monitos

a menudo *often*
alcanzar *to reach, attain*
la ansiedad *anxiety*
atravesar (e→ie) *to cross, pierce*
el barquito *little boat*
el borde: estar al borde de *to be on the verge of*
el bucle *loop, curlicue*
el buitre *vulture*
ceñudo(a) *frowning*
cruzar *to cross*
el cuadrado *square*
el daño *harm*
dibujar *to draw*
elevado(a) *high*
encrespado(a) *rough, not smooth*
el enojo *anger*
el estado de ánimo *mood, spirit*
el éxito: de éxito *successful*
la flecha *arrow*
liso(a) *unadorned, not filled in*
la mariposa *butterfly*
el monito *doodle*
los poderes *powers*
la preocupación *worry*
psíquico(a) *pyschic*
el punto *dot*
receloso(a) *apprehensive*
reflejar *to reflect*
el rostro *face*
sólido(a) *stable*
sombreado(a) *dark, shaded*
sonriente *smiling*
el trazo *line*

1. Un barquito sobre un mar tranquilo _______________ decir seguridad. (querer)
2. Un rectángulo sombreado _______________ que la persona tiene preocupaciones interiores. (mostrar)
3. Los espirales _______________ confusión. (sugerir)
4. La persona que dibuja castillos _______________ tener deseos de alcanzar la riqueza. (poder)
5. Las flechas que _______________ un corazón indican un deseo de amor. (atravesar)
6. La persona que _______________ ideales elevados dibuja a menudo pájaros. (tener)
7. Las líneas cruzadas son los monitos preferidos de la persona que _______________ ansiosa. (sentirse)
8. La persona que dibuja un rostro feliz o triste _______________ reflejar su propio estado de ánimo. (soler)
9. Muchas personas _______________ haciendo monitos. (divertirse)
10. La gente _______________ a hacer los mismos monitos. (volver)

Actividad 31 **Estructuras en acción** Conteste las preguntas oralmente o por escrito.

1. ¿Cuándo hace Ud. monitos? ¿En qué papel los hace?
2. ¿Cómo son sus monitos?
3. ¿Qué indican sus monitos sobre Ud., según la lista?
4. ¿Es cierto este análisis de su personalidad?
5. ¿Ud. dibuja monitos con lápiz o bolígrafo?
6. ¿Por qué cree Ud. que la gente hace monitos?
7. ¿Ud. dibuja monitos que no figuran en la lista? ¿Cómo son?
8. ¿Sus amigos hacen monitos? ¿Cómo son?
9. Haga una encuesta entre sus amigos. Muéstreles los monitos del artículo y averigüe cuáles son los monitos más dibujados entre ellos.
10. ¿Qué indican los resultados de la encuesta sobre la personalidad de sus amigos?

Actividad 32 **Estructuras en acción** Estudie los monitos y describa la personalidad de los artistas. Conteste oralmente o por escrito.

1. 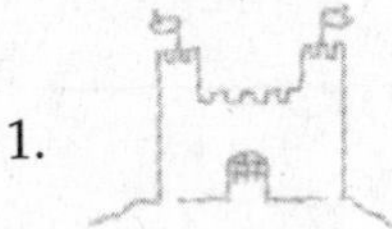
2. 
3. 
4. 
5. 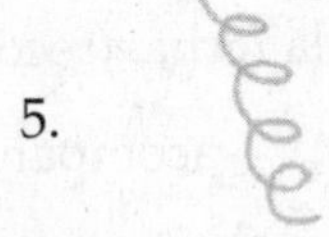
6. 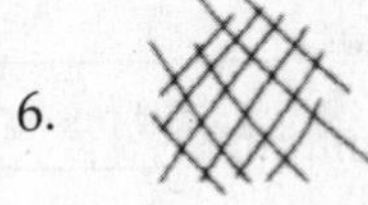
7. 
8. 

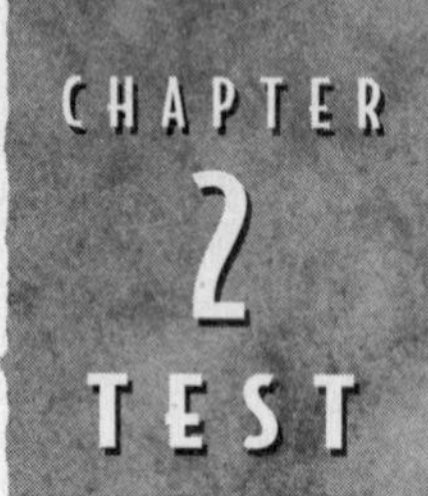

Stem-changing verbs and verbs with spelling changes

En el presente Complete las oraciones con la forma correcta del presente de los verbos indicados.

1. Ellos ______________________ una impresora más moderna. (querer)
2. Andrés no ______________________ su llavero. (encontrar)
3. Yo ______________________ con mis investigaciones. (seguir)
4. Nosotros ______________________ la comida italiana. (preferir)
5. Parece que Uds. ______________________ el calor mucho. (sentir)
6. Esa empresa ______________________ muchos edificios en la ciudad. (construir)
7. ¿Tú ______________________ mensajes por correo electrónico? (enviar)
8. Yo ______________________ los datos para el informe. (corregir)
9. Sara siempre ______________________ convencernos. (conseguir)
10. ¿Vosotros ______________________ arroz o papas con la carne? (pedir)
11. El centro comercial ______________________ a las once de la noche. (cerrar)
12. Creo que Uds. ______________________ en tren. (volver)
13. Nosotros ______________________ al béisbol los domingos. (jugar)
14. Uds. ______________________ con sus estudios. (continuar)
15. ¿Tú ______________________ la siesta todos los días? (dormir)
16. Yo ______________________ el proyecto el mes próximo. (empezar)
17. Los estudiantes no ______________________ el problema. (entender)
18. Ud. no ______________________ la fecha. (recordar)
19. Adriana no ______________________ acompañarnos. (poder)
20. Tú y yo ______________________ a las dos hoy. (almorzar)
21. Uds. ______________________ en las vacaciones. (pensar)
22. Vosotros ______________________ a discutir. (comenzar)
23. Este año ______________________ mucho. (llover)
24. No ______________________ en la sierra hoy. (nevar)
25. La casa ______________________ a flores. (oler)

Ser and estar

Spanish has two verbs that are equivalent to the English verb *to be:* **ser** and **estar.** Both verbs are irregular in the present tense. Both have **-oy** in the **yo** form, like **ir (voy)** and **dar (doy).**

SER	
soy	somos
eres	sois
es	son

ESTAR	
estoy	estamos
estás	estáis
está	están

Uses of ser

Ser is used before phrases beginning with **de** to express origin, possession, and the material something is made of.

Soy de Estados Unidos.	***I'm from** the United States.*
La cartera **es de Felipe.**	*The wallet **is Phillip's.***
La blusa **es de seda.**	*The blouse **is (made of) silk.***

Ser is used before adjectives to indicate that the condition expressed by the adjectives does not result from a change. Thus, these adjectives express inherent qualities and characteristics such as nationality, age, physical and moral attributes, personality, religion, and color.

Mis amigas **son** españolas.	*My friends **are** Spanish.*
El presidente **es** joven.	*The president **is** young.*
Carlos **es** alto y rubio.	*Carlos **is** tall and blond.*
Nora **es** inteligente.	*Nora **is** intelligent.*
Mis primos **son** graciosos.	*My cousins **are** witty.*
Esos señores **son** protestantes/ judíos/católicos.	*Those men and women **are** Protestant/ Jewish/Catholic.*
Nuestro coche **es** azul.	*Our car **is** blue.*

Ser is used to link two nouns or pronouns or a noun and a pronoun. Both nouns and pronouns may appear in the sentence or merely be understood. **Ser** is therefore the verb used to indicate someone's profession. Unlike English, Spanish omits the indefinite article **un/una** before a noun expressing one's profession.

El señor Lara **es arquitecto.**	*Mr. Lara **is an architect.***
Pilar Suárez **es médica.**	*Pilar Suárez **is a doctor.***
Somos ingenieros.	***We're engineers.***

Ser is used to express time, dates, days of the week, and to indicate the place where an event takes place.

¿Qué hora **es**? — *What time **is it**?*
Son las ocho. — ***It's** eight o'clock.*

¿Cuál **es** la fecha de hoy? — *What**'s** today's date?*
Es el seis de octubre. — ***It's** October sixth.*

¿Qué día **es** hoy? — *What day **is** today?*
Es miércoles. — ***It's** Wednesday.*

¿El baile **es** en la universidad? — ***Is** the dance at the university?*
No, **es** en el Hotel Palacio. — *No, **it's** at the Palace Hotel.*

Uses of estar

Estar is used to express location or position, whether it is permanent or temporary.

Santiago **está** en Chile. — *Santiago **is** in Chile.*
El perro **está** al lado del gato. — *The dog **is** next to the cat.*
La papelería **está** enfrente de la pastelería. — *The stationery store **is** opposite the pastry shop.*

Estar is used before adjectives to indicate that the condition expressed by the adjective results from a change. The condition may be a state of health or emotion, a temporary state of being (tired, seated), or the result of an action (a window being closed). **Estar** also may indicate that the adjective is the subjective impression of the speaker. **Estar** is therefore more common with adjectives that describe mental or physical states.

¿Cómo **está** Inés? — *How's Inés?*
La pobre **está** enferma. — *The poor girl **is** (has gotten) sick.*

¿**Están** levantados los niños? — ***Are** the children up?*
No, **están** acostados todavía. — *No, **they're** still in bed.*

¿**Están** abiertas las ventanas? — ***Are** the windows open?*
No, **están** cerradas. — *No, **they are** closed.*

¿No reconoces a Luis? — *Don't you recognize Luis?*
Apenas. **Está** muy delgado. — *Hardly. **He's** so skinny. (He's gotten very skinny./He looks so skinny to me.)*

Estar is used in the formation of the progressive tenses: **estar** + *the gerund.* The gerund or **-ndo** form is equivalent to the *-ing* form in English.

Están esperando. — ***They're waiting.***
Estaba viviendo en París. — ***He was living** in Paris.*

Ser and **estar** are used with the past participle of a verb. **Ser** + *the past participle* is passive; it can have an agent phrase introduced by **por. Estar** + *the past participle* expresses the result of an action. (See Chapter 9, p. 189 for more detail.)

La puerta **fue abierta por** la chica. — *The door **was opened by** the girl.*
La puerta **está abierta.** — *The door **is open.***

El trabajo **fue hecho por** él. — *The work **was done by** him.*
El trabajo **estaba hecho.** — *The work **was done.***

The choice of **ser** or **estar** in a sentence can be crucial to the meaning. A change in the verb will sometimes change the meaning.

Lola **es** delgada.	*Lola* **is** *thin. (Lola is a thin person.)*
Lola **está** delgada.	*Lola* **is** *thin. (Lola has gotten thin./Lola looks thin to me.)*
Mario **es** nervioso.	*Mario* **is** *nervous. (He is a nervous person.)*
Mario **está** nervioso.	*Mario* **is** *feeling nervous. (Mario has gotten nervous/seems nervous to me.)*
Esos profesores **son** aburridos.	*Those professors* **are** *boring.*
Esos profesores **están** aburridos.	*Those professors* **are** *bored.*
Fernando **es** listo.	*Fernando* **is** *clever.*
Fernando **está** listo.	*Fernando* **is** *ready.*
La actriz **es** vieja.	*The actress* **is** *old.*
La actriz **está** vieja.	*The actress* **is** *(looks) old.*
Los hombres **son** vivos.	*The men* **are** *sharp/quick.*
Los hombres **están** vivos.	*The men* **are** *alive.*
Beatriz **es** pálida.	*Beatriz* **is** *pale-complexioned.*
Beatriz **está** pálida.	*Beatriz* **is** *pale.*
Es seguro.	***It's*** *safe.*
Está seguro.	***He's*** *sure.*
Paquito **es** bueno.	*Paquito* **is** *good (a good boy).*
La torta **está** buena.	*The cake* **is** *(tastes) good.*
Amalia **es** feliz.	*Amalia* **is** *happy (a happy person).*
Amalia **está** feliz.*	*Amalia* **is** *happy (feels happy).*
La carne **es** rica.	*Meat* **is** *delicious. (in general)*
La carne **está** rica.	*The meat* **is** *(tastes) delicious. (specific dish)*

***Estar feliz** is more common in Spanish America than in Spain.

NOTE Adjectives used with **ser** and **estar** must agree with the subject in number and gender.

Expressions with **ser**

¿Cómo es Ud.? *What are you like?, What do you look like?*
¿Cuál es la fecha de hoy? *What's today's date?*
¿Cuál es su nacionalidad? *What is your nationality?*
¿Cuál es su profesión? *What is your profession?*
¿De dónde es Ud.? *Where are you from?*
¿De qué color es... ? *What color is . . . ?*
¿De qué origen es Ud.? *What is your origin/background?*
Es importante/necesario/posible... *It's important/necessary/possible . . .*
Es que... *The fact is that . . .*
¿Qué hora es? *What time is it?*

PART I

Expressions with **estar**

¿Cómo está Ud.? *How are you?*
estar a punto de + infinitive *to be about to*
estar conforme *to be in agreement*
estar de acuerdo (con) *to agree (with)*
estar de vacaciones *to be on vacation*
estar de vuelta *to be back*
estar para + infinitive *to be about to*
estar por *to be in favor of*
estar por + infinitive *to be inclined to*
¿A cuánto(s) estamos hoy? *What is today's date?*
Estamos a seis de junio. *It's June sixth.*

Actividad 1 **Soy yo.** Escriba en español quién llama a la puerta. Escriba la forma correcta del verbo **ser.** Siga el modelo.

MODELO ¿Quién es? (yo)
Soy yo.

1. ¿Quién es? (ella)
____
2. ¿Quién es? (Uds.)
____
3. ¿Quién es? (nosotros)
____
4. ¿Quién es? (yo)
____
5. ¿Quién es? (tú)
____
6. ¿Quién es? (él)
____
7. ¿Quién es? (ellas)
____
8. ¿Quién es? (Ud.)
____
9. ¿Quién es? (vosotros)
____

Actividad 2 **¿De dónde son? ¿De qué origen son?** Escriba de dónde son y de qué origen son los amigos del Club Internacional. Siga el modelo.

MODELO Clara / Inglaterra / alemán
Clara es de Inglaterra pero es de origen alemán.

CHAPTER 3

1. Pablo / Argentina / inglés

2. nosotros / El Salvador / ruso

3. vosotros / Canadá / japonés

4. Ud. / Estados Unidos / irlandés

5. Ramón y Virginia / Puerto Rico / polaco

6. tú / España / portugués

7. Ud. y Raquel / México / griego

8. yo / Venezuela / italiano

Actividad 3 **Una encuesta** Ud. prepara una encuesta y necesita hacerles unas preguntas a sus amigos hispanos. Exprese en español las preguntas que va a hacerles. Use el verbo **ser** en todas las oraciones.

1. Who are you?

2. Where are you from?

3. What is your nationality?

4. What is your background?

5. What are you like? / What do you look like?

6. What color are your eyes?

7. What is your profession?

PART I

Actividad 4 **Están de vacaciones.** Escriba dónde y cómo están las siguientes personas usando el verbo **estar.** Siga el modelo.

> **MODELO** Alicia / Los Ángeles / ocupada
> Alicia está en Los Ángeles y está ocupada.

1. Patricio / Madrid / contento

____

2. nosotros / Lima / cansados

____

3. Ud. / Istanbul / nervioso

____

4. Consuelo y su hermana / Helsinki / aburridas

____

5. tú / Londres / enferma

____

6. yo / Roma / feliz

____

7. Uds. / Las Vegas / preocupados

____

8. vosotras / Beijing / tristes

____

Actividad 5 **¿Cuál fue la pregunta?** Lea Ud. lo que escribió una persona al contestar las preguntas de un formulario. Ahora escriba Ud. las preguntas. Para cada pregunta use el verbo **ser.**

1. Roberto Iglesias.

____

2. Uruguayo.

____

3. Programador de computadoras.

____

4. Soltero. (estado civil)

____

5. El quince de febrero de 1980. (fecha de nacimiento)

____

6. Alto, moreno, de ojos castaños.

____

Actividad 6 **Biografías** Escriba con la forma correcta del verbo **ser** o **estar** para completar los textos biográficos de las siguientes personas.

Baltasar Estévez ________(1) director de cine. Él ________(2) célebre por sus comedias. Sus películas ________(3) realmente muy cómicas. Estévez ________(4) muy gracioso. ________(5) mexicano pero ________(6) en Barcelona este año porque filma una comedia allí. Todos sus aficionados ________(7) entusiasmados con esa nueva película.

Camila de la Vega ________(8) modista de ropa para mujeres. Su ropa ________(9) de alta costura y ________(10) muy cara. Este año los vestidos y los trajes que diseña ________(11) de seda y lana. ________(12) blancos, negros y de otros colores claros. La empresa de de la Vega ________(13) en Madrid, que ________(14) la capital de la moda.

Actividad 7 **El museo de arte** Ud. es guía en un museo de arte y lleva a unos turistas a conocer el museo. Complete la descripción de la visita con las formas correctas de **ser** o **estar.**

Buenas tardes, señoras y señores. Aquí (nosotros) ________(1) en la entrada principal. A la derecha ________(2) la librería. ________(3) nueva y moderna. Y enfrente de la librería ________(4) la sala de conferencias y conciertos. Esta noche precisamente hay una conferencia. Va a hablar Francisco Velázquez que ________(5) profesor de arte en la universidad. ________(6) especialista en la

CHAPTER 3

PART I

pintura renacentista y ______(7)______ muy inteligente. La conferencia ______(8)______ a las ocho. Va a ______(9)______ muy interesante. Ahora vamos a subir la escalera. Aquí a la derecha ______(10)______ la sala de pintura impresionista. Esta exposición ______(11)______ muy importante. Muchos de los cuadros que ______(12)______ colgados aquí ______(13)______ de otros museos europeos. Uds. ______(14)______ viendo unas obras maestras que nunca habían salido de su país hasta ahora. Bueno, ya ______(15)______ las tres y me parece que ______(16)______ hora de terminar nuestra visita. Yo ______(17)______ muy contenta de haber podido enseñarles el museo.

Nota cultural

El arte español

El Museo del Prado es una de las pinacotecas (art museums) *más importantes del mundo. Tiene la colección más completa de pintura española, exponiendo obras maestras de Diego Velázquez de Silva, Francisco de Goya, El Greco, José de Ribera, Francisco de Zurbarán y Bartolomé Esteban Murillo. Entre los pintores de otras nacionalidades se encuentran Rembrandt, El Bosco, Rubens, Brueghel, Tiziano, Caravaggio, Van Dyck, Tintoretto y Gainsborough. Los cuadros se exhiben en el edificio Villanueva, edificio de estilo neoclásico que fue construido por el arquitecto Juan de Villanueva por orden del rey español Carlos III (1716–1788), y en el Casón del Buen Retiro, palacio que fue mandado construir para descanso y recreo del rey Felipe IV (1605–1665). Construido en 1637, el Casón fue incorporado al museo en 1971.*

Actividad 8 **Un semestre en el extranjero** Ud. está pasando un semestre en Madrid. Toma clases en la universidad y vive en casa de una familia española. Ud. les escribe una carta a sus padres en la cual describe cómo es su vida en Madrid. Complete cada oración con la forma correcta de **ser** o **estar.**

Queridos padres:

Ya hace dos meses que ______________ (1) *en Madrid y* ______________ (2) *muy contento.* ______________ (3) *una ciudad vieja y también moderna. Hay cafés, restaurantes, teatros, cines y una maravillosa vida nocturna. ¡Claro que asisto a mis clases también! La clase de literatura española* ______________ (4) *un poco difícil a veces porque el profesor habla muy rápido. El profesor* ______________ (5) *inteligente y simpático. Por desgracia, la profesora de lengua* ______________ (6) *aburrida. La casa donde vivo* ______________ (7) *en la calle Serrano. En frente de la casa* ______________ (8) *el Museo Arqueológico. Algunas tiendas* ______________ (9) *al lado de la casa también. La casa de la familia Ruiz* ______________ (10) *grande y bonita y mi cuarto* ______________ (11) *muy cómodo. Los señores Ruiz tienen cuatro hijos. Esteban, el hijo mayor* ______________ (12) *un buen amigo mío.* ______________ (13) *listo y simpático. Estela, la hija mayor,* ______________ (14) *encantadora y muy guapa.*

¿Cómo ______________ (15) *Uds.? Papá, ¿*______________ (16) *muy ocupado en la empresa? Mamá, ¿cómo* ______________ (17) *la nueva computadora? ¿Y mis hermanos? Todos* ______________ (18) *muy bien, espero. Claudia debe* ______________ (19) *contenta en el colegio, ¿verdad? Espero recibir muchas noticias de Uds. Faltan dos meses y voy a* ______________ (20) *de vuelta en casa con Uds.*

Hasta pronto.

Un abrazo muy fuerte de

Miguel

Nota cultural

Madrid: su historia

Madrid, capital de España y de la Comunidad Autónoma de Madrid, queda en la Meseta Central, una extensa llanura (plain) *en el centro de España. Es la capital más alta de Europa. La provincia de Madrid forma parte de la región histórica de Castilla la Nueva. La ciudad, a orillas del río Manzanares, se llamaba «Matrice» en tiempos de los romanos y «Mayerit» bajo los árabes, que se apoderaron de la península en 711 y se quedaron hasta 1492 cuando fueron derrotados definitivamente en Granada bajo Fernando e Isabel, los Reyes Católicos. En 1561, el rey Felipe II trasladó la Corte de Toledo a Madrid. Los reyes borbones, especialmente Carlos III (1716–788), hicieron construir muchos monumentos y edificios y convirtieron la ciudad en el centro intelectual y artístico de España.*

Actividad 9 **¿Qué preguntó?** A continuación hay unas respuestas que dio su amigo(a). Pero Ud. no oyó las preguntas que le hizo otro(a) amigo(a). ¿Puede imaginarse cuáles son las preguntas? Escoja entre **ser** y **estar** al formular cada pregunta. Siga el modelo.

MODELO ¿Hoy? Es el dos de mayo.
¿Cuál es la fecha de hoy?

1. ¿La papelería? Enfrente del correo.

 ____

2. ¿Gloria? Rubia, alta y delgada.

 ____

3. ¿Los hermanos García? Brasileños.

 ____

4. ¿Juanito y Gracia? Preocupados y nerviosos.

 ____

5. ¿La familia Méndez? De origen español.

 ____

6. ¿Las primas de Paco? Encantadoras.

 ____

7. ¿El profesor Mora? En Costa Rica.

8. ¿El vestido? De algodón.

9. ¿La camisa y la corbata? Azules.

10. ¿Yo? Muy ocupado y cansado.

11. ¿Aquella casa? De los abuelos de Sara.

12. ¿Micaela? De Inglaterra.

Actividad 10 **Unos nuevos estudiantes extranjeros** Exprese en español una conversación entre dos amigas sobre los nuevos estudiantes extranjeros en su colegio.

1. Who are the new foreign students? Do you know where they're from?

2. I know María del Mar. She's in my math class. She's from Argentina.

3. I'm sure her background is Italian. She's very nice and smart.

4. But she's sad because she wants to go back to Buenos Aires.

5. Lorenzo Tomé is English but his grandparents are of Spanish origin.

6. He's clever and funny.

7. Lorenzo is studying biology and chemistry this year.

8. He says he wants to be a doctor.

Actividad 11 **Actividad oral** Pregúnteles a sus compañeros de clase cómo están los miembros de su familia y cómo son. Pregúnteles también dónde están sus familiares ahora.

Actividad 12 **Estructuras en acción** Lea el artículo.

Snowboarding ¡Llegó el invierno! Uno de los mayores atractivos de la temporada es irse a esquiar para sentir el placer de deslizarse por una montaña de nieve y borrar la idea de que los días de frío son tediosos y aburridos. En Estados Unidos, más de cinco millones de personas, desde chicos hasta viejos, deciden cada año pasar sus vacaciones en sitios como Colorado, Nueva York, California, Pennsylvania, etc., con el único propósito de hacer "snowboarding" o "skiing", que aunque son disciplinas muy parecidas, se diferencian en cuanto a las técnicas e implementos que usa cada una.

Son modalidades fáciles de aprender, y en la medida en que adquieras habilidades y conocimientos, podrás disfrutar más la experiencia. Los deportes de nieve están entre los mejores para aliviar el estrés. También son excelentes formas de hacer ejercicios aeróbicos, porque se calcula que, en cada jornada de un par de horas, puedes quemar hasta 700 calorías. El mejor horario para aprovechar las jornadas es temprano en la mañana o al atardecer, porque son los horarios en que las laderas están más despejadas.

¿Qué es el "snowboarding"? Es una disciplina relativamente joven, que se ha popularizado en los últimos diez años. Tiene el espíritu del "surfing", y no puede hablarse de una fecha exacta de cuándo salió al mercado la actual tabla. Su origen se asocia con el producto conocido como "snurfer" (parecido a una tabla), inventado por Shervin Popper en la segunda mitad de los '60, con el propósito de hacer "surfing" en la época de nieve. En los años '70, otros ingenieros también idearon sus modelos, pero no fue hasta 1972 que se aprobó una patente para una "ski-board".

Actividad 13 **Estructuras en acción** Complete las oraciones con las formas correctas del presente de los verbos **ser** y **estar.**

El snowboarding

actual *present*
adquirir *to acquire (irreg. present tense forms* **adquiero, adquieres, adquiere, adquieren.** *The same* **-ie** *appears in the present subjunctive:* **adquiera, adquieras, adquiera, adquieran.***)*
aprobar (o→ue) *to approve*
asociarse con *to be associated with*
el atractivo *attraction*
borrar *to erase*
los conocimientos *knowledge*
deslizarse *to slide, slip*
despejado(a) *clear, not crowded*
diferenciarse *to be different*
la habilidad *skill, ability*
idear *to think up, devise, design*
la jornada *period of activity*
la ladera *slope*
la medida: en la medida en que *measure: to the degree that*
la modalidad *variety (here: variety of winter sports)*
parecido(a) *similar*
la patente *patent*
salir al mercado *to appear on the market*
la tabla *board*
la temporada *season (time period for an activity)*

1. Mucha gente cree que el invierno ______________ aburrido.
2. El snowboarding ______________ un nuevo deporte de invierno.
3. Esquiar y hacer el snowboarding ______________ entre las mejores formas de aliviar el estrés.
4. El esquí y el snowboarding ______________ excelentes para bajar de peso.
5. Es mejor aprender a esquiar cuando las laderas ______________ despejadas.
6. Esquiar o hacer el snowboarding te ayuda(n) a ______________ en forma.

Actividad 14 **Estructuras en acción** Conteste las preguntas oralmente o por escrito.

1. ¿Qué estación del año le gusta más? ¿Por qué?
2. ¿Ha hecho Ud. snowboarding alguna vez? ¿Le gustó? ¿Por qué sí o por qué no?
3. ¿Qué ventajas tienen los deportes de nieve?
4. ¿Cuál es el origen del snowboarding?
5. ¿Cómo se desarrolló el deporte en los años setenta?
6. ¿Por qué es importante el año 1972 en la historia del snowboarding?

CHAPTER 3 TEST

Ser y estar

1 **Ser** Complete las oraciones con la forma correcta del presente del verbo **ser.**

1. Yo ______________________ ingeniero.
2. Nosotros ______________________ de Estados Unidos.
3. Tú ______________________ inteligente.
4. Lucía ______________________ alta y morena.
5. Uds. ______________________ de origen italiano.
6. Ellos ______________________ hombres de negocios.
7. Ud. ______________________ protestante.
8. Vosotras ______________________ jóvenes.

2 **Estar** Complete las oraciones con la forma correcta del presente del verbo **estar.**

1. Nosotros ______________________ contentos.
2. Ud. ______________________ en Chile.
3. Uds. ______________________ de vacaciones.
4. Yo ______________________ en casa.
5. Mis amigas ______________________ levantadas.
6. Tú ______________________ bien.
7. Vosotros ______________________ muy ocupados.

3 **¿Ser o estar?** Complete las oraciones con la forma correcta del presente del verbo **ser** o **estar.**

1. Yo ______________________ de acuerdo contigo.
2. ______________________ las nueve y media.
3. Felipe y Pilar ______________________ de buen humor hoy.
4. La reunión ______________________ en la sala de conferencias.
5. Córdoba ______________________ en España.
6. La videocámara ______________________ de mi hermano.
7. ______________________ el dieciséis de junio.
8. Estas camisas ______________________ de algodón.
9. ______________________ a quince de julio.
10. Tú ______________________ trabajando.

Preterite tense

Regular verbs

The preterite tense is used to express events that were completed in the past. The preterite is formed by adding special sets of endings to the stems of regular **-ar, -er,** and **-ir** verbs.

TOMAR *to take; to drink*	
tom**é**	tom**amos**
tom**aste**	tom**asteis**
tom**ó**	tom**aron**

COMER *to eat*	
com**í**	com**imos**
com**iste**	com**isteis**
com**ió**	com**ieron**

VIVIR *to live*	
viv**í**	viv**imos**
viv**iste**	viv**isteis**
viv**ió**	viv**ieron**

All preterite forms are stressed on the endings rather than on the stem.

For **-ar** verbs, the first person singular (**yo** form) of the present tense and the third person singular (**él, ella, Ud.** form) of the preterite are distinguished only by the stress: tomo/tom**ó.** The first person plural (**nosotros[as]** form) is the same in the present tense and the preterite tense: **tomamos.** The meaning is clarified by context.

Hoy **tomamos** el autobús. — *Today we're **taking** the bus.*
Ayer **tomamos** el metro. — *Yesterday we **took** the subway.*

The preterite endings are the same for both **-er** and **-ir** verbs.

For **-ir** verbs, the first person plural (**nosotros[as]** form) is the same in the present tense and the preterite tense: **vivimos.** The meaning is clarified by context.

Hoy **escribimos** un resumen. — *Today we're **writing** a summary.*
Ayer **escribimos** el informe. — *Yesterday we **wrote** the report.*

For **-er** verbs, the present and preterite of the **nosotros(as)** forms are different: com**emos**/com**imos.**

Hoy **comemos** en el centro. — *Today we're **eating** downtown.*
Ayer **comimos** en casa. — *Yesterday we **ate** at home.*

Stem changing **-ar** and **-er** verbs in the present tense do not have a stem change in any of the preterite forms. For example: pi**e**nso/pensé, vu**e**lven/v**o**lvieron.

Stem changing **-ir** verbs in the present tense have a stem change in the preterite tense. In the preterite the vowel changes from **e→i** or from **o→u** in the third person singular and plural.

SENTIR *to regret*	
siento	sentimos
sientes	sentís
siente	sienten

PEDIR *to ask for*	
pedí	pedimos
pediste	pedisteis
pidió	pidieron

DORMIR *to sleep*	
dormí	dormimos
dormiste	dormisteis
durmió	durmieron

Verbs like **pedir**

advertir *to point out, warn*
convertir *to convert*
convertirse en *to become*
divertirse *to have a good time*
medir *to measure*
mentir *to lie*
preferir *to prefer*
repetir *to repeat*
sentirse *to feel*
servir *to serve*

Morir(se) *to die* is conjugated like **dormir.**

The verbs **reír** *(to laugh)* and **sonreír** *(to smile)* have a written accent mark on the **-i** of the endings of the **yo, tú, nosotros(as),** and **vosotros(as)** forms in the preterite.

REÍR	
reí	reímos
reíste	reísteis
rió	rieron

SONREÍR	
sonreí	sonreímos
sonreíste	sonreísteis
sonrió	sonrieron

-Ir verbs that have **-ñ** directly before the ending drop the **-i** of the ending in the third person singular and plural.

gruñir *to grunt* → **gruñó/gruñeron**
reñir *to scold* → **riñó/riñeron**

Verbs with spelling changes

-Ar verbs whose stems end in the letters **-c, -g,** or **-z** have spelling changes in the **yo** form of the preterite. While these verbs are regular in speech, the rules of Spanish spelling require that the sounds /k/, /g/, and /s/ (written **z**) be written differently before **-e** and **-i.**

/k/	ca, **que, qui,** co, cu
/g/	ga, **gue, gui,** go, gu
/s/ (written **z**)	za, **ce, ci,** zo, zu

Compare the spelling of the **yo** form of the present and preterite of the verbs **buscar, llegar,** and **comenzar.**

busco → **busqué**
llego → **llegué**
comienzo → **comencé**

Verbs like **buscar**

acercarse *to approach*
arrancar *to pull up/out; to start up (vehicle)*
colocar *to put, place*
dedicarse *to devote oneself*
embarcarse *to embark, go on board*
equivocarse *to be mistaken*
explicar *to explain*
fabricar *to make, manufacture*
indicar *to indicate*
marcar *to dial, mark*
mascar *to chew*
masticar *to chew*
pescar *to fish*
platicar *to chat*
practicar *to practice*
publicar *to publish*
sacar *to take out*
tocar *to touch; to play a musical instrument*

Verbs like **llegar**

agregar *to add*
ahogarse *to drown*
apagar *to put out, extinguish*
cargar *to load, upload*
castigar *to punish*
colgar (o→ue) *to hang*
encargar *to put in charge, entrust, order*
entregar *to hand in, hand over*
jugar (u→ue) *to play*
madrugar *to get up early*
navegar *to surf (the Web)*
negar (e→ie) *to deny*
pagar *to pay*
pegar *to stick, beat*
rogar (o→ue) *to beg, ask*
tragar *to swallow*

Verbs like **comenzar**

abrazar *to hug, embrace*
actualizar *to update*
alcanzar *to reach, overtake*
almorzar (o→ue) *to have lunch*
amenazar *to threaten*
cruzar *to cross*
deslizarse *to slip*
empezar (e→ie) *to begin*
gozar *to enjoy*
lanzar *to throw*
realizar *to realize, carry out, accomplish*
rechazar *to reject, turn down*
rezar *to pray*
tranquilizarse *to calm down*
tropezar (e→ie) *to trip, stumble*

-Er and -ir verbs with stems ending in a vowel

-Er and **-ir** verbs that have a vowel immediately preceding the preterite ending change **-ió** to **-yó** in the third person singular and **-ieron** to **-yeron** in the third person plural in the preterite. These verbs also add a written accent to the **-i** of the **tú, nosotros(as),** and **vosotros(as)** endings.

LEER *to read*	
leí	leímos
leíste	leísteis
le**yó**	le**yeron**

OÍR *to hear*	
oí	oímos
oíste	oísteis
o**yó**	o**yeron**

Traer does not follow the above pattern. See p. 73 for its irregular forms.

PART I

Verbs that end in **-uir** have a similar pattern; however, there is no written accent on the **tú, nosotros(as),** and **vosotros(as)** forms of the verbs.

CONSTRUIR *to build*	
constru**í**	construimos
construiste	construisteis
constru**yó**	constru**yeron**

Verbs ending in **-guir** such as **seguir** *(to follow)* and **conseguir** *(to get, to manage to)* are conjugated like **pedir** in the preterite.

SEGUIR	
seguí	seguimos
seguiste	seguisteis
siguió	siguieron

CONSEGUIR	
conseguí	conseguimos
conseguiste	conseguisteis
consiguió	consiguieron

Verbs like **leer** and **oír**

caer *to fall* **creer** *to think, believe* **poseer** *to have, possess*

Verbs like **construir**

concluir *to conclude*
contribuir *to contribute*
distribuir *to distribute*
huir *to flee*
incluir *to include*
intuir *to have a sense of, feel*

Actividad 1 **¡Tanta tarea!** Escriba las cosas que Ud. y sus compañeros de clase hicieron ayer. Siga el modelo.

MODELO Bárbara / practicar el japonés en el laboratorio
Bárbara practicó el japonés en el laboratorio.

1. Esteban / estudiar la historia de la Edad Media

____

2. Rosa y Elena / solucionar problemas de cálculo

____

3. tú / escribir una revista electrónica

____

4. nosotros / trabajar en la librería

____

5. yo / visitar el museo de historia natural

____

6. Uds. / contestar preguntas de filosofía

____

7. Ud. / aprender fechas de historia de memoria

____

8. vosotros / correr en la universidad

____

Actividad 2 **¡Vaya un día de examen!** Describa lo que le pasó a Alejo el día del examen. Escriba las formas correctas del pretérito de los verbos indicados. Siga el modelo.

MODELO Mamá me despertó (despertar) a las siete.

En seguida yo me __________ (1) (levantar) y me __________ (2) (arreglar). __________ (3) (Bajar) a la cocina donde __________ (4) (saludar) a mis padres y a mi hermano. Mamá me __________ (5) (preparar) cereal y pan tostado. Mi amigo Carlos __________ (6) (pasar) por mí y __________ (7) (desayunar) con nosotros. Él y yo __________ (8) (terminar) el desayuno y yo __________ (9) (coger) mi mochila de la sala. Carlos y yo __________ (10) (salir) corriendo para la parada de autobuses. Nosotros __________ (11) (subir) al autobús y __________ (12) (viajar) quince minutos hasta llegar al colegio. Nosotros __________ (13) (bajar) casi en la puerta principal. Tan pronto como el autobús __________ (14) (arrancar) yo __________ (15) (buscar) mi mochila. No la __________ (16) (encontrar). «¡No __________ (17) (recordar) coger la mochila al bajar!». Carlos __________ (18) (explicar), «Chico, no te preocupes. ¡Aquí la tienes!»

PART I

Actividad 3 **Salimos a cenar.** Escriba qué tal Ud. lo pasó cuando salió a cenar con sus amigos. Siga el modelo.

MODELO mis amigos y yo / salir a cenar / anoche
Mis amigos y yo salimos a cenar anoche.

1. Felipe / escoger / el café Valencia

____

2. nosotros / llegar / al restaurante a las siete

____

3. nosotros / leer / la carta

____

4. el mozo / recomendar / la paella

____

5. Lorenzo / pedir / ternera y sopa

____

6. Eva y Diana / pedir / pescado y ensalada

____

7. Uds. / preferir / la carne con papas

____

8. tú / comer / torta de postre

____

9. todos / tomar / café

____

10. nadie / beber / té

____

11. yo / pagar / la cuenta

____

12. Isabel / dejar / la propina

____

13. yo / gozar / mucho de la comida

____

14. todos nosotros / divertirse mucho

____

Actividad 4 **¡Todo hecho ya!** Su amigo le pregunta si va a hacer ciertas cosas hoy. Para responderle, escriba que ya las hizo. Siga el modelo.

MODELO ¿Vas a apagar las luces?
Ya apagué las luces.

1. ¿Vas a sacar libros de la biblioteca?

____

2. ¿Vas a jugar al tenis?

____

3. ¿Vas a tocar la flauta?

____

4. ¿Vas a colocar los documentos en el archivo?

____

5. ¿Vas a arrancar la mala hierba del jardín?

____

6. ¿Vas a navegar en la Red?

____

7. ¿Vas a colgar los cuadros?

____

8. ¿Vas a almorzar con Victoria?

____

9. ¿Vas a entregar el informe?

____

10. ¿Vas a actualizar los datos?

____

Actividad 5 **Pasaron los años** Hace ocho años que Ud. no ve a estas personas. Ahora tiene noticias de ellas. Escriba lo que les pasó a lo largo de los años. Siga el modelo.

MODELO Jacinta / caer / enferma
Jacinta cayó enferma.

1. los hermanos Serrat / construir / muchas casas

____

2. el profesor Burgos / influir / mucho en política

____

3. Francisca / leer / libros para una casa editora

____

4. Marco e Isabel / huir / a otro pueblo por una tempestad

____

5. doña Elvira / contribuir / mucho dinero a las caridades

____

6. Leonardo / concluir / los trámites de la empresa

____

Actividad 6 **¡Qué mala suerte!** Ayer todo le salió mal. Complete las oraciones con las formas correctas del pretérito de los verbos indicados. Siga el modelo.

MODELO Yo me caí en la escalera. (caer)

1–2. Yo me _______________ de número de teléfono y _______________ mal cuatro veces. (equivocar, marcar)

3–4. Luego _______________ con la pared y me _______________ en el hueso de la alegría *(funny bone).* (tropezar, pegar)

5. Luego me _______________ en una cáscara de plátano. (deslizar)

6–7. En la cena _______________ la carne demasiado rápido y _______________ mal. (mascar, tragar)

8. Para tranquilizarme, me _______________. (bañar)

9. Casi me _______________ en la bañera. (ahogar)

10. ¡Claro que no me _______________! (tranquilizar)

Actividad 7 **Yo no hice eso.** Complete las oraciones con las formas correctas de los verbos indicados para describir lo que hicieron otras personas y lo que hizo Ud. Siga el modelo.

MODELO Alicia encargó unos vestidos. (encargar)
Yo encargué una camisetas.

1. Jorge _______________ la pelota en el partido. (lanzar)
   Yo _______________ el bate.
2. Álvaro _______________ unos cuentos. (publicar)
   Yo _______________ una novela.
3. Tú te _______________ a la pintura. (dedicar)
   Yo me _______________ a la música.

4. Uds. ______________________ los datos. (cargar)

   Yo ______________________ los programas.

5. Los Sierra ______________________ un viaje a Turquía. (realizar)

   Yo ______________________ un viaje a Israel.

6. Ud. ______________________ para Córcega *(Corsica)*. (embarcar)

   Yo ______________________ para Mallorca.

CHAPTER 4

Actividad 8 **Una entrevista** Ud. acaba de volver de Puerto Rico donde pasó tres semanas con sus amigos. Ahora un periodista del periódico del colegio le hace unas preguntas sobre el viaje. Contéstelas. Siga el modelo.

> **MODELO** ¿Qué día llegó a Puerto Rico? (el veinte de diciembre)
> Llegué el veinte de diciembre.

VOCABULARIO V

Turismo

el aeropuerto *airport*
almorzar (o→ue) *to have lunch*
aterrizar *to land*
la estancia *stay*
la fortaleza *fortress*
gozar (de) *to enjoy*
la iglesia *church*
el lugar turístico *tourist attraction*
el mar *sea, ocean*
el museo *museum*
pescar *to fish*
la playa *beach*
rezar *to pray*
la sinagoga *synagogue*
visitar *to visit*

1. ¿Dónde aterrizaron Uds.? (el aeropuerto de San Juan)

   ____

2. ¿Qué lugares turísticos visitó? (fortalezas, museos e iglesias)

   ____

3. ¿Rezó Ud. en una iglesia? (yo en la iglesia de San Juan y Sara en una sinagoga)

   ____

4. ¿Almorzó Ud. en la playa? (en varias playas de la isla)

   ____

5. ¿Avanzaron Uds. en su dominio del español? (mucho)

   ____

6. ¿Qué tal el viaje que realizaron? (maravilloso)

   ____

7. ¿Gozó de su estancia en Puerto Rico? (muchísimo)

   ____

PART I

Nota cultural

Puerto Rico

El Estado Libre Asociado de Puerto Rico tiene el océano Atlántico al norte y el mar Caribe al sur. Es la isla más oriental de las Antillas Mayores cuyas otras islas más grandes son La Española (la República Dominicana y Haití), Jamaica y Cuba. La isla fue llamada «Borinquen» por los indígenas arawacos y caribes. Cristóbal Colón desembarcó en la isla en su segundo viaje en 1493. De gran interés histórico son el Viejo San Juan; la fortaleza de El Morro; el museo de arte de Ponce; el Yunque (bosque); y la Casa Blanca de Ponce de León, explorador de Puerto Rico y fundador de San Juan (1508). Hay también muchos festivales por toda la isla como el Festival Casals de música clásica que tiene lugar a mediados de junio. El célebre violonchelista Pablo Casals, de madre puertorriqueña y padre catalán, nacío en España. Los puertorriqueños llaman a Puerto Rico «la Isla».

Actividad 9 **¿Cómo reaccionó la gente?** Exprese en español cómo reaccionaron estas personas a una situación o a una noticia. Siga el modelo.

> **MODELO** Laura denied it.
> Laura lo negó.

1. You **(tú)** smiled.

   ____

2. The boys had a second helping **(repetir).**

   ____

3. Patricio grunted.

   ____

4. We laughed.

   ____

5. You **(Uds.)** fell asleep **(dormirse).**

   ____

6. Mrs. Gil served the soup.

   ____

7. Our friends warned us.

   ____

8. Paquita had a good time.

   ____

Irregular verbs

Many Spanish verbs have an irregular stem plus a special set of endings in the preterite. The endings for these verbs are: **-e, -iste, -o, -imos, -isteis, -ieron.** Note that the **yo** and **él** forms are stressed on the stem, not on the ending.

DECIR *to say, tell*	
dije	dijimos
dijiste	dijisteis
dijo	dijeron

ESTAR *to be*	
estuve	estuvimos
estuviste	estuvisteis
estuvo	estuvieron

HACER *to do, make*	
hice	hicimos
hiciste	hicisteis
hizo	hicieron

PODER *to be able, can*	
pude	pudimos
pudiste	pudisteis
pudo	pudieron

PONER *to put*	
puse	pusimos
pusiste	pusisteis
puso	pusieron

QUERER *to want, love*	
quise	quisimos
quisiste	quisisteis
quiso	quisieron

SABER *to know*	
supe	supimos
supiste	supisteis
supo	supieron

TENER *to have*	
tuve	tuvimos
tuviste	tuvisteis
tuvo	tuvieron

TRAER *to bring*	
traje	trajimos
trajiste	trajisteis
trajo	trajeron

VENIR *to come*	
vine	vinimos
viniste	vinisteis
vino	vinieron

ANDAR *to walk*	
anduve	anduvimos
anduviste	anduvisteis
anduvo	anduvieron

CABER *to fit*	
cupe	cupimos
cupiste	cupisteis
cupo	cupieron

PART I

PRODUCIR *to produce*	
produje	produjimos
produjiste	produjisteis
produjo	produjeron

NOTES

- For the third person singular of **hacer** in the preterite, the stem is spelled **hiz- (hizo).** The spelling change **c** → **z** before **o** retains the /s/.
- Irregular preterites whose stem ends in **-j**, such as **dij- (decir)** and **traj- (traer)**, have **-eron** and not **-ieron** in the third person plural form: **dijeron, trajeron, produjeron.** Other verbs ending in **-ducir** are conjugated like **producir** in the preterite: **tradujeron (traducir** *to translate*), **condujeron (conducir** *to drive*).
- Compound forms of the verbs **hacer (rehacer, satisfacer), poner (proponer, reponerse), tener (mantener, sostener), traer (atraer, distraer),** and **venir (convenir, prevenir)** are conjugated the same way as the main verb.
- The preterite form of **hay** *(there is, there are)* is **hubo.**

Dar *(to give)* takes the endings of regular **-er** and **-ir** verbs in the preterite. Note that the first and third person singular forms are written without an accent mark. **Ver** *(to see)*, which is regular in the preterite, has no written accent marks, like **dar.**

DAR	
di	dimos
diste	disteis
dio	dieron

VER	
vi	vimos
viste	visteis
vio	vieron

Ser *(to be)* and **ir** *(to go)* have the same forms in the preterite tense. Although isolated sentences may be ambiguous (for example, **fue** means both *he was* and *he went*), context usually clarifies the meaning.

SER/IR	
fui	fuimos
fuiste	fuisteis
fue	fueron

CHAPTER 4

Some verbs take on a different meaning when they are used in the preterite. The distinction in meaning will be especially important when you study the difference between the preterite tense and the imperfect tense, which are two ways of looking at past events. When these verbs are used in the preterite, they focus on the beginning or completion of an action. For example, **conocí** means *I began to know*, that is, *I met*.

VERB	SPANISH	ENGLISH
saber *to know*	Supe la fecha hoy.	*I found out the date today.*
conocer *to know*	Conocimos a Carmen ayer.	*We met Carmen yesterday.*
tener *to have*	Tuvo una idea.	*He got an idea.*
poder *to be able to*	No pudieron salir.	*They didn't manage to go out.*
querer *to want*	No quisiste trotar.	*You refused to jog.*

Actividad 10 **El pronóstico meteorológico** Su amiga está leyendo el periódico y comenta sobre el tiempo que hace en varios lugares. Escriba que no ha cambiado desde ayer. Siga el modelo.

MODELO Hace buen tiempo en la Ciudad de México.
Hizo buen tiempo ayer también.

1. Llueve en Bilbao.

   ____

2. Hace viento en Montevideo.

   ____

3. Está despejado en Guadalajara.

   ____

4. Hace fresco en Madrid.

   ____

5. Nieva en los Andes.

   ____

6. Está nublado en Barcelona.

   ____

7. Hace ochenta y dos grados en Quito.

   ____

8. Hace mucho calor en Cartagena.

   ____

PART I

Nota cultural

El clima

Montevideo es la capital de Uruguay, el país más pequeño de América del Sur. Montevideo es una estación veraniega (summer resort) *y el punto de partida para llegar a los balnearios* (beach resorts) *de la costa uruguaya.*

Guadalajara, segunda ciudad de México, es la capital del estado de Jalisco. Goza de un clima templado, seco y despejado aunque las noches pueden ser tormentosas.

*Los Andes, cordillera de América del Sur, se extiende desde el mar de las Antillas o el Caribe hasta la Antártida. Va por la costa del Pacífico, y con sus 7.500 kilómetros** (about 4,500 miles) *de largo es la mayor cadena del mundo. El clima varía de una parte de la cordillera a otra, con lluvia en el sur, un clima tropical, cálido y húmedo y zonas de desierto en el centro y nieves perpetuas a partir de los 4.000 metros* (about 13,000 feet) *en el norte.*

Quito, capital de Ecuador, queda a 25 kilómetros (14 millas) *del ecuador o la línea ecuatorial. Con una altitud de 2.850 metros* (about 9,300 feet), *Quito tiene los días calurosos y las noches frescas.*

Cartagena es una moderna ciudad industrial e importante puerto de Colombia. Queda en la costa caribeña donde siempre hace mucho calor.

***kilómetro** = .62 or 5/8 mile **metro** = 3.281 feet

Actividad 11 **Escenas breves** Escriba las formas correctas del pretérito de los verbos indicados para saber lo que se dice en los diálogos breves.

1. ¿Qué ____________________ Ud. entonces? (decir)

   Pues, no ____________________ nada.

2. ¿A qué hora ____________________ Uds. al cibercafé? (ir)

   ____________________ a las nueve.

3. ¿Dónde (tú) ____________________ el sábado? (estar)

   ____________________ en el centro comercial.

4. ¿Las mozas les ____________________ los platos principales? (traer)

   No, una moza nos ____________________ el pan y nada más.

5. ¿Tú ____________________ enviar el correo electrónico anoche? (poder)

   No, ____________________ que salir. (tener)

6. ¿Uds. ________________________ en coche? (venir)

Yo ________________________ en coche pero Teri

________________________ en tren.

7. Yo ________________________ con Catalina anteayer. (dar)

¿Ah, sí? ¿Dónde la ________________________ (Ud.)? (ver)

8. ¿Clara ________________________ lo que pasó? (oír)

Sí, lo ________________________ la semana pasada. (saber)

9. Tú ________________________ la comida, ¿verdad? (hacer)

Claro. Y ________________________ la mesa también. (poner)

10. ¿José ________________________ el correo basura? (leer)

No, no ________________________. (querer)

11. ¿Quién ________________________ las investigaciones? (hacer)

________________________ yo. (Ser)

Actividad 12 **¿Y qué pasó después?** Para cada situación descrita abajo hay una reacción. Para saber cuál es, complete las oraciones con la expresión correcta de la lista y conjugue el verbo en el pretérito. Siga el modelo.

> **MODELO** Yo invité a Marta a mi casa.
> Marta vino a verme.

hacerse daño	**ir tras ella**	**poder distinguir**
tener frío	**poner la mesa**	**hacerse médico**
decir que sí	**estar feliz**	**venir a verme**

1. Matilde ganó la lotería.

Ella ____.

2. Juan Carlos se graduó en la facultad de medicina.

Él ____.

3. Bajó mucho la temperatura entre las cinco y las seis de la tarde.

Los niños ____.

4. Preparamos una cena para veinte invitados.

Nosotros ____.

5. El pintor se cayó de la escalera.

Él ____.

6. Fue un día de mucha niebla.

   Yo ni _______________________________ la carretera.

7. Uds. le pidieron prestado el coche a Rodrigo.

   Rodrigo _______________________________.

8. Tu novia salió de la conferencia.

   Y tú _______________________________.

Actividad 13 **Ayer, al contrario...** Generalmente Ud. hace cosas de cierta manera. Ayer, sin embargo, no fue así. Escriba cómo salieron sus actividades empleando la información indicada. Siga el modelo.

MODELO Generalmente me acuesto a las diez. (las once)
Pero ayer me acosté a las once.

1. Generalmente me despierto a las ocho. (las siete)

   ____

2. Generalmente almuerzo en el café París. (el café Atenas)

   ____

3. Generalmente voy de compras por la tarde. (por la mañana)

   ____

4. Generalmente hago un plato de pollo. (un plato de pescado)

   ____

5. Generalmente juego al tenis con Roberto. (con Ricardo)

   ____

6. Generalmente sigo por la calle Toledo. (la calle Atocha)

   ____

7. Generalmente empiezo a trabajar después del desayuno. (antes del desayuno)

   ____

8. Generalmente vengo en tren. (en taxi)

   ____

9. Generalmente navego en la Red por una hora. (dos horas)

   ____

10. Generalmente ando rápidamente. (más lentamente)

   ____

CHAPTER 4

Actividad 14 **Una merienda en el campo** Unos amigos recuerdan lo bien que lo pasaron ese domingo en julio cuando fueron a merendar en el campo. Complete las oraciones con los verbos de la lista. Escriba los verbos en el pretérito.

tener	**oír**	**ver**	**comenzar**	**estar**
hacer	**conducir**	**poder**	**divertirse**	
recoger	**traer**	**ir**	**dar**	

1. ¡Todos nosotros _______________ tanto ese día!
2. Todos nosotros _______________ en carro.
3. Antonio y Francisco _______________ los carros.
4. Por desgracia Juliana no _______________ acompañarnos.
5. _______________ muy buen tiempo.
6. Diego _______________ un paseo con los niños.
7. Lila y Berta _______________ flores.
8. Yo _______________ sándwiches y ensaladas.
9. Leticia y Manuel _______________ fruta y jugo.

10–11. Los chicos _______________ vacas y caballos y _______________ cantar los pájaros.

12–13. A las cinco de la tarde _______________ a llover y nosotros _______________ que volver a la ciudad.

14. ¡Nosotros _______________ muy contentos ese día!

Actividad 15 **¡Qué suspenso!** Ud. es escritor(a) de cuentos de misterio. Escriba un cuento de misterio expresando las oraciones en español.

1. The monster came to the city.

   ____

2. It smashed **(hacer pedazos)** cars and destroyed buildings.

   ____

3. When the people saw the monster they shouted **(dar gritos).**

   ____

4. I got **(ponerse)** pale.

   ____

5. My friend Lorenzo got a headache **(darle un dolor de cabeza a uno).**

   ____

PART I

6. My friend Marisol got a stomachache **(darle un dolor de estómago a uno).**

____

7. We all started **(echarse a)** to run.

____

8. Some people didn't manage **(poder)** to escape.

____

Actividad 16 **¿Qué dice Ud.?** Conteste las siguientes preguntas personales.

1. ¿Adónde fuiste el fin de semana pasado?

____

2. ¿Qué hiciste el sábado (el domingo)?

____

3. ¿Adónde fuiste cuando saliste a comer?

____

4. ¿Con quiénes fuiste?

____

5. ¿Qué pidieron Uds.?

____

6. ¿Qué tal estuvo la comida?

____

7. ¿Qué tal sirvieron los mozos?

____

8. ¿Quién pagó la cuenta?

____

9. ¿Quién dejó la propina?

____

10. ¿Dónde pasó Ud. las vacaciones de verano (invierno)?

____

11. ¿Con quiénes fue Ud.?

____

12. ¿Qué hicieron Uds. allí?

____

Actividad 17 **Actividad oral** Con un(a) compañero(a) compare su horario diario. Diga las cosas que hizo ayer y a qué hora las hizo. Hable de las comidas y cuándo se despertó, se acostó, tuvo clases, fue al cine, se reunió con sus amigos, usó la computadora y vio televisión. Luego describa lo que hizo durante el fin de semana.

Actividad 18 **Estructuras en acción** Lea el artículo.

Guatemala prehispánica

La mayoría de los arqueólogos está de acuerdo en que Guatemala fue el centro cultural del Nuevo Mundo y que la civilización maya tuvo su punto de partida en Guatemala.

Los mayas desarrollaron una civilización basada en complejas estructuras sociales y políticas, al mismo tiempo que incursionaron con sorprendente maestría en las ciencias, sobre todo en el terreno de las matemáticas y la astronomía. Asimismo desarrollaron un sistema de escritura jeroglífica que ha permitido a los especialistas interpretar no sólo sus contribuciones a dichas disciplinas, sino también poner en claro muchos aspectos de su evolución histórica.

Igualmente impresionante resulta el arte maya, el cual se evidencia en el cuidadoso planeamiento urbano de sus centros ceremoniales; su arquitectura basada en la erección de pirámides escalonadas; su escultura, conservada en los altares y monumentos históricos; los vestigios de sus pinturas; y la belleza de sus trabajos en barro, jade y piedra.

Tikal, considerada la más espectacular ciudad de la antigua civilización maya, ubicada en el corazón del Petén, floreció durante los siglos III y IV de la era cristiana y representa, en la actualidad, lo que Atenas significó para el Viejo Mundo: la cuna de la civilización. En 1979 fue declarada por la UNESCO "Monumento del Patrimonio Mundial Cultural y Natural".

Excavaciones más recientes en el área de Tikal descubrieron un conjunto de estructuras más antiguas denominadas por los arqueólogos Mundo Perdido.

PART I

Actividad 19 **Estructuras en acción** Complete el resumen del artículo con el pretérito de los verbos indicados.

La civilización maya—Guatemala

la actualidad *present time*
el acuerdo: estar de acuerdo *to agree*
el barro *clay*
complejo(a) *complex*
el conjunto *group, set*
la cuna *cradle*
desarrollar *to develop*
dicho *aforesaid, above-mentioned*
escalonado(a) *terraced*
evidenciarse *to be evident*
florecer *to flourish*
incursionar en *to tackle a subject or area of learning*
el jeroglífico *hieroglyphic*
la maestría *mastery*
la mayoría de *most of (+ singular verb)*
no sólo... sino también *not only . . . but also*
el patrimonio *heritage, inheritance*
el Petén *area in northern Guatemala*
el planeamiento *planning*
poner en claro *to reveal*
el punto de partida *starting point*
resultar *to turn out, prove to be*
sorprendente *surprising*
el terreno *area, field*
Tikal *city in Petén*
ubicado(a) *located*
el vestigio *remain, vestige*

1. Muchos arqueólogos ______________ las ruinas de Guatemala. (estudiar)
2. Creen que Guatemala ______________ el centro cultural del Nuevo Mundo. (ser)
3. Creen que la civilización maya ______________ su punto de partida en Guatemala. (tener)
4. Los mayas ______________ una civilización compleja. (desarrollar)
5. Ellos ______________ estructuras políticas y sociales avanzadas. (crear)
6. Con su astronomía, ellos ______________ comprender el movimiento de los astros *(heavenly bodies)*. (poder)
7. Los mayas ______________ crear un sistema de escritura jeroglífica. (conseguir)
8. Los científicos ______________ a poder leer la escritura maya. (llegar)
9. Así, ellos ______________ en claro muchos aspectos de su civilización. (poner)
10. Los mayas ______________ pirámides escalonadas. (construir)
11. El planeamiento urbano ______________ en los centros ceremoniales. (evidenciarse)
12. Ellos ______________ el barro, el jade y la piedra. (trabajar)

13. Tikal ________________________ la ciudad más espectacular de los mayas. (ser)
14. Tikal ________________________ durante los siglos tres y cuatro de la era cristiana. (florecer)
15. La UNESCO ________________________ a Tikal «Monumento del Patrimonio Mundial Cultural y Natural». (declarar)
16. Los arqueólogos ________________________ a excavar cerca de Tikal. (empezar)
17. Allí ________________________ estructuras más antiguas que las de Tikal. (descubrir)
18. Ellos ________________________ a estas estructuras «Mundo Perdido». (llamar)
19. Los arqueólogos ________________________ excavaciones en el Petén. (hacer)
20. Los científicos ________________________ los vestigios del arte maya. (ver)

Actividad 20 **Estrusturas en acción** Conteste las preguntas.

1. ¿Dónde originó la civilización maya?

____

2. ¿Qué clase de escritura desarrollaron los mayas?

____

3. ¿Cuál era la ciudad más importante de la civilización maya?

____

4. ¿Dónde queda Tikal?

____

5. ¿Qué es el Mundo Perdido?

____

6. ¿En qué estaba basada la arquitectura maya?

____

7. ¿De qué materiales eran las obras artísticas de los mayas?

____

8. ¿En qué estaba basada la civilización maya?

____

CHAPTER 4 TEST

Preterite tense

Al pretérito Vuelva a escribir las oraciones cambiando el verbo del presente al pretérito.

1. Compramos libros por Internet.

____

2. Subes al tercer piso.

____

3. Comemos en el comedor.

____

4. Saco los documentos del archivo.

____

5. Vamos al teatro.

____

6. Claudia vuelve el miércoles.

____

7. Hago las maletas.

____

8. ¿Uds. no quieren ver esa película?

____

9. Hay una reunión el lunes.

____

10. ¿Ud. sirve pescado o carne?

____

11. Uds. doblan en la esquina.

____

12. Juego tenis por la tarde.

____

13. Sofía conduce un coche deportivo.

____

14. ¿No podéis salir?

____

CHAPTER 4 TEST

Preterite tense

15. El concierto empieza a las ocho.

____

16. Nuestros amigos dan un paseo por el jardín botánico.

____

17. Eres arquitecta.

____

18. Sé el precio.

____

19. Ud. viene tarde.

____

20. Los jefes están en su oficina.

____

21. La nieve cae todo el día.

____

22. David tiene hambre.

____

23. No decimos nada del problema.

____

24. Traigo flores.

____

25. ¿Pones los papeles en el escritorio?

____

Imperfect tense

Forms of the imperfect

The imperfect tense is used to describe an ongoing condition or a repeated or incomplete action in the past. It is formed by adding the imperfect endings to the stem of the verb. The imperfect endings of **-ar** verbs all begin with **-aba** and the imperfect endings of **-er** and **-ir** verbs all begin with **-ía.**

VIAJAR *to travel*	
viaj**aba**	viaj**ábamos**
viaj**abas**	viaj**abais**
viaj**aba**	viaj**aban**

CORRER *to run*	
corr**ía**	corr**íamos**
corr**ías**	corr**íais**
corr**ía**	corr**ían**

SALIR *to go out, leave*	
sal**ía**	sal**íamos**
sal**ías**	sal**íais**
sal**ía**	sal**ían**

NOTES

- The first and third person singular forms are identical for all verbs in the imperfect: **(yo/él/ella/Ud.) viajaba, corría, salía.**
- For **-ar** verbs, only the **nosotros(as)** form has a written accent.
- For **-er** and **-ir** verbs, all forms have a written accent over the **-í.**
- The imperfect of **hay** is **había** *(there was, there were).*

All verbs are regular in the imperfect tense except for **ir, ser,** and **ver.**

IR *to go*	
iba	íbamos
ibas	ibais
iba	iban

SER *to be*	
era	éramos
eras	erais
era	eran

VER *to see*	
veía	veíamos
veías	veíais
veía	veían

CHAPTER 5

Uses of the imperfect

The imperfect tense is used to express an event or action going on in the past without any reference to its beginning or end. Because the imperfect does not indicate the beginning or completion of an action, it is the tense used for expressing repeated actions in past time. Adverbs and adverbial phrases such as **todos los días, siempre,** and **muchas veces** are often clues for the selection of the imperfect rather than the preterite. The imperfect is therefore also the tense used for description and expressing background in the past. Common English equivalents for the Spanish imperfect are *used to do, was doing.*

¿**Eras** estudiante entonces? — ***Were you*** *a student then?*
No, **yo era** ingeniero ya. — *No,* ***I was*** *already an engineer.*

Querían tocar en la orquesta. — ***They wanted*** *to play in the orchestra.*
¿No **querían** cantar en el coro? — ***Didn't they want*** *to sing in the choir?*

¿Dónde **estaban** anoche? — *Where* ***were you*** *last night?*
Estábamos en el teatro. — ***We were*** *at the theater.*

Leía el periódico todos los días, ¿no? — ***You used to read*** *the newspaper every day, didn't you?*
Sólo cuando **tenía** tiempo. — *Only when* ***I had*** *time.*

¿Qué tiempo **hacía**? — *What* ***was*** *the weather like?*
Hacía frío y **llovía.** — ***It was*** *cold and* ***it rained.***

The imperfect tense is used to tell what time it was in the past. The preterite is never used.

¿Qué hora **era**? — *What time* ***was*** *it?*
Era la una en punto. — ***It was*** *exactly one o'clock.*

PART I

The imperfect tense is used in *indirect discourse* (in other words, to retell or report what someone said) after the preterite form of verbs such as **decir, escribir, avisar,** and **anunciar.**

¿Qué te dijo Loli? Me **dijo** que **venía.**	*What did Loli tell you?* ***She told** me **she was coming.***
¿Les escribiste? Sí, les **escribí** que **viajaba.**	*Did you write to them?* *Yes, **I wrote** them that **I was traveling.***
Paco nos **anunció** que **se casaba.**	*Paco **announced** to us that **he was getting married.***
¡Y a mí me **informó** que **pensaba** romper con su novia!	*And **he informed** me that **he intended** to break up with his fiancée!*

Actividad 1 **Cuando yo era niño(a)...** Ud. tiene nostalgia por esos años tan inolvidables de su niñez. Escriba con sus recuerdos en su diario. Complete las oraciones con el imperfecto de los verbos indicados. Siga el modelo.

MODELO Yo visitaba (visitar) a mis amigos.

El campo

al atardecer *at the end of the day*
el bosque *woods*
el campo *field*
la casa de campo *country house*
cultivar *to grow, raise*
la flor *flower*
fresco(a) *fresh*
el lago *lake*
merendar (e→ie) *to have a picnic*
el monte *mountain*
nadar *to swim*
la sierra *mountains, mountain range*

Yo ______1______ (vivir) en Madrid con mis padres y mis hermanos Jaime y Marisol. Jaime ______2______ (ser) el mayor de los tres. Yo ______3______ (ir) al colegio y ______4______ (hacer) todas las cosas que ______5______ (soler) hacer los niños. Mis hermanos, mis amigos y yo ______6______ (ir) al cine, a los partidos de fútbol y a las fiestas. Lo que más me ______7______ (gustar) de aquellos años ______8______ (ser) la estancia en la casa de campo. Allí en la sierra de Guadarrama mis padres, mis hermanos y yo ______9______ (pasar) el mes de agosto. El aire ______10______ (ser) tan fresco y puro y no

______________ (hacer) tanto calor como en Madrid.
11

______________ (Haber) un campo detrás de la casa donde
12

mis hermanos y yo ______________ (jugar) al fútbol. Mi
13

mamá ______________ (cultivar) rosas y buganvillas en el
14

jardín. ¡Qué hermosas ______________ (ser)! Toda la casa
15

______________ (oler) divinamente a flores. Nosotros
16

______________ (salir) a merendar en el bosque todas las
17

tardes. (Nosotros) ______________ (Subir) en el monte
18

hasta llegar a un lugar desde donde se ______________
19

(ver) todo el valle. Mamá nos ______________ (servir) los
20

bocadillos más sabrosos del mundo. A veces papá nos

______________ (leer) un cuento. Nosotros siempre
21

______________ (ir) a nadar en uno de los lagos cristalinos
22

de la sierra. Al atardecer (nosotros) ______________ (estar)
23

muy cansados. Mis hermanos ______________ (volver)
24

caminando a la casa pero papá me ______________ (llevar)
25

a mí en brazos porque yo ______________ (ser) el bebé de
26

la familia. ¡Qué felices recuerdos!

Nota cultural

De vacaciones en la sierra

La Sierra de Guadarrama es una cadena de montañas que queda en el centro de España, muy cerca de Madrid, Ávila y Segovia. El pico más alto de la sierra es el de Peñalara, a 2.430 metros de alto. Muchos madrileños pasan sus vacaciones de verano o de invierno en la sierra. San Lorenzo de El Escorial es uno de los principales pueblos de la Sierra. Aquí fue donde el rey Felipe II mandó construir el majestuoso monasterio y palacio de El Escorial.

Actividad 2 **Reunión de la clase del año X** Ud. y sus compañeros de secundaria se reúnen después de no verse por muchos años. Se hacen preguntas para ponerse al tanto *(catch up on the news)*. Escriba lo que contestan empleando el imperfecto. Siga el modelo.

MODELO Oye, Clara, ¿todavía estudias arte?
Antes estudiaba arte, pero ya no.

1. Oye, Manolo, ¿todavía escribes para *El tiempo?*

2. Oye, Dora, ¿todavía vas de vacaciones a Málaga?

3. Oye, Pepe, ¿todavía sales con Lola?

4. Oye, Jorge, ¿todavía te gusta la cocina tailandesa?

5. Oye, Ana María, ¿todavía cuidas a tu prima?

6. Oye, Paco, ¿todavía juegas en un equipo de fútbol?

7. Oye, Carmen, ¿todavía vienen tú y tu marido al pueblo en invierno?

8. Oye, Paula, ¿todavía almuerzas con tus padres los sábados?

9. Oye, Mario, ¿todavía eres socio del Club Atlántico?

10. Oye, Sofía, ¿todavía tocan tus hijos la trompeta?

11. Oye, Juan, ¿todavía le mandas bombones a Elena?

12. Oye, Laura, ¿todavía prefieres vivir en el centro?

13. Oye, Ramón, ¿todavía ves a los profesores?

14. Oye, Maribel, ¿todavía te despiertas a las cinco de la mañana?

CHAPTER 5

Actividad 3 **Un vuelo** Ud. acaba de aterrizar en el aeropuerto donde lo/la espera su familia. Mientras van a buscar su equipaje, Ud. les habla de los viajeros que conoció en el vuelo. Escriba qué eran y adónde iban con las formas del imperfecto de los verbos irregulares **ser** e **ir.** Siga el modelo.

MODELO Conocí al señor Torres. (abogado / Chicago)
El señor Torres era abogado. Iba a Chicago.

1. Conocí a la señorita Fajardo. (gerente de fábrica / Miami)

____

2. Conocí a unos señores italianos. (dueños de una pastelería / Buenos Aires)

____

3. Conocí a Isabela Iriarte. (profesora de economía / Irlanda)

____

4. Conocí a la señora Montoya. (banquera / Suiza)

____

5. Conocí a don Pedro Domínguez. (candidato a senador / Monterrey)

____

6. Conocí a Lorena Iglesias. (ama de casa / Costa Rica)

____

7. Conocí a los hermanos Machado. (músicos / Nueva York)

____

8. Conocí al señor Rubio. (cirujano / India)

____

Nota cultural

De México a Centroamérica

Monterrey queda al este de México, cerca de la frontera con Tejas. Es la capital del estado de Nuevo León y la tercera ciudad de México. Es un gran centro industrial y comercial.

Costa Rica, país centroamericano, queda entre Nicaragua y Panamá con una costa en el Pacífico y otra en el Caribe. El país se destaca por su tradición democrática, celebrando su centenario de la democracia en noviembre de 1989. Costa Rica ha tenido más adelantos económicos y sociales que ningún otro país centroamericano y goza del nivel de vida más alto de toda esa región.

Actividad 4 **¿Qué tal se veía?** La gente no podía ver ciertas cosas muy bien desde el lugar donde estaba. Escriba las formas correctas del imperfecto del verbo irregular **ver** para describir la situación de esas personas. Siga el modelo.

MODELO Carla / el edificio suyo / la calle Mercado
Carla no veía el edificio suyo desde la calle Mercado.

1. Carolina y Ramón / el mar Caribe / el avión
____
2. nosotros / la cara de los actores / el paraíso *(highest balcony)* del teatro
____
3. doña Federica / el embotellamiento / la ventana del dormitorio
____
4. Uds. / toda la cancha de fútbol / la tribuna *(stand)* del estadio
____
5. yo / la cumbre de la montaña / el valle
____
6. Daniel / la discoteca / la esquina
____
7. tú / al público / la parte derecha de la escena
____

Imperfect and preterite: two aspects of past time

The imperfect and preterite tenses express different ways of looking at past actions and events. The imperfect tense designates an action as going on in the past without any reference to its beginning or end. The preterite tense designates an action as completed in the past. Spanish speakers must select one of these two tenses—imperfect or preterite—for every past action they refer to. The differences between the tenses can be expressed in English, but it is not obligatory to do so.

Cuando **estaba** en la universidad, **estudiaba** chino.	*When **I was** in college, **I studied** Chinese* (or ***I used to study** Chinese).*
Ayer **estudié** chino.	*Yesterday **I studied** Chinese.*

Sometimes English uses entirely different verbs to express the difference between the imperfect and the preterite of some Spanish verbs. For example, **tenía** means *I was in the process of having* or *I had;* **tuve** means *I began to have* or *I got, received.*

Sabía el precio.	***I knew** the price.*
Supe el precio.	***I found** out the price.*

Conocían a Sergio.	***They knew*** *Sergio.*
Conocieron a Sergio.	***They met*** *Sergio.*
No podíamos llegar para las cuatro.	***We couldn't*** *arrive by four o'clock. (Doesn't say whether we arrived by four or not.)*
No pudimos llegar para las cuatro.	***We couldn't*** *arrive by four o'clock. (We didn't arrive by four.)*
Laura **no quería** ir en metro.	*Laura* ***didn't want*** *to take the subway.*
Laura **no quiso** ir en metro.	*Laura* ***refused to*** *(didn't want to and didn't) take the subway.*

The imperfect and the preterite can be used in two different clauses in the same sentence. The imperfect expresses the background, a continuing action, or ongoing state, against which a completed action or event takes place.

Mientras **trabajábamos,** Julia **durmió** la siesta.	*While* ***we were working,*** *Julia* ***took*** *a nap.*

It is possible to have sentences with all verbs in the imperfect if the speaker sees the past actions or events as ongoing processes.

Pilar **leía** mientras Marta **jugaba** al tenis.	*Pilar* ***was reading*** *while Marta* ***was playing*** *tennis.*

It is possible to have sentences with all verbs in the preterite if the speaker views the actions mentioned as a series of completed events.

Cené, me arreglé y **fui** al teatro.	***I ate dinner, got ready,*** *and* ***went*** *to the theater.*

Actividad 5 **¿Qué tiempo hacía cuándo… ?** Sus amigos quieren saber qué tiempo hacía cuando sucedieron ciertas cosas. Escriba las oraciones con el imperfecto para hablar del tiempo y el pretérito para hablar de los sucesos. Siga el modelo.

MODELO Ud. / salir / hacer buen tiempo
Hacía buen tiempo cuando Ud. salió.

1. Beatriz y tú / volver / llover

____

2. los Sorolla / levantarse / hacer frío

____

3. tú / ir a la biblioteca / estar despejado

____

4. José Antonio / venir a la casa / hacer viento

____

5. nosotros / terminar el trabajo / nevar

____

PART I

6. Ud. / entrar en el cine / tronar

____

7. yo / llegar a la universidad / hacer sol

____

8. Uds. / irse / lloviznar

____

9. vosotros / ponerse en marcha / hacer calor

____

Actividad 6 **¿Qué hora era cuando… ?** Su amigo quiere saber a qué hora pasaron ciertas actividades. Escriba las oraciones con el imperfecto para hablar de la hora y el pretérito para hablar de las actividades. Siga el modelo.

MODELO Carmen y Víctor / llamar / las ocho
Eran las ocho cuando Carmen y Víctor llamaron.

1. Consuelo y Berta / despedirse / las nueve y media

____

2. el programa / comenzar / la una

____

3. Sara / servir el almuerzo / mediodía

____

4. el empleado / abrir la taquilla / las diez en punto

____

5. nosotros / regresar de la estación / medianoche

____

6. Uds. / dormirse / muy tarde

____

7. el cartero / traer la correspondencia / temprano

____

8. yo / hacer un logon *(to log on)* / las cinco y cuarto

____

9. tú / reunirse con tus amigos / las tres cuarenta

____

10. el avión / aterrizar / las veintitrés

____

Actividad 7 **Mientras estábamos de vacaciones...** Durante las vacaciones de invierno pasaron muchas cosas. Escriba las oraciones con el imperfecto para hablar del fondo *(background)* de las vacaciones y el pretérito para hablar de las cosas que sucedieron durante las vacaciones. Siga el modelo.

MODELO nosotros / estar de vacaciones / yo / leer cinco libros
Mientras estábamos de vacaciones, yo leí cinco libros.

1. tú / viajar / acabar / la telenovela

____

2. Marta y Miguel / quedarse en un hotel / un ladrón / forzar una entrada *(to break in)*

____

3. Eunice / vivir / en el extranjero / sus padres / vender su casa de campo

____

4. Uds. / hacer un viaje / sus vecinos / montar una nueva empresa

____

5. yo / ver / las siete maravillas del mundo / otras siete / añadirse a la lista

____

6. Benito / pasear por San Antonio / su novia / romper con él

____

7. el avión de Diego / aterrizar en Los Ángeles / el de su hermana / despegar en Atlanta

____

8. los turistas / conocer Estados Unidos / la guerra / estallar en su país

____

9. nosotros / estar en el puerto / haber / un incendio en el barco

____

10. vosotros / caminar al cibercafé / yo / alcanzaros

____

11. Laura y yo / platicar / mi teléfono celular / sonar

____

12. tú / leer / nosotros / enviar el correo electrónico

____

Nota cultural

Nombres españoles de lugares estadounidenses

La influencia de la colonización española de Estados Unidos sigue visible en los nombres de los estados, ciudades y otros lugares geográficos. Los españoles pusieron los nombres de los santos católicos a muchos lugares.

La ciudad de San Agustín (Saint Augustine) *en la Florida fue fundada en 1565 por el conquistador asturiano Pedro Menéndez de Avilés después que Juan Ponce de León descubrió las tierras en 1513. San Agustín, habitada sin interrupción desde su fundación, es la ciudad más antigua de Estados Unidos.*

San Antonio, ciudad de Tejas, es otro nombre epónimo, es decir, lleva nombre de una persona. En esta ciudad fundada en 1718 ocurrió la batalla del Álamo (poplar tree). *Antes de servir de fortaleza, el Álamo era la misión San Antonio de Valero construida por los españoles.*

¿Sabe Ud. que estos nombres son de origen español? Florida, California, Nevada, Colorado, Montana, New Mexico, San Francisco, San Diego, San Jose, Los Angeles, Santa Cruz, Santa Barbara, Alcatraz Island, Fresno, Las Vegas, El Paso, Corpus Christi, Boca Raton, Cape Canaveral, Santa Fe, Los Alamos, Alamogordo y Las Cruces.

Actividad 8 **Me sorprende.** Su amiga le dice que varias personas ya no hacen ciertas cosas. A Ud. le sorprende porque antes las hacían. Para expresar esta idea Ud. dirá «Me sorprende» y cambiará las formas verbales del presente al imperfecto. Siga el modelo.

MODELO Margarita ya no escucha CDs.
Me sorprende. Antes escuchaba CDs todos los días.

1. Felipe ya no corre quince millas.

____

2. Los tíos ya no duermen la siesta.

____

3. Anita ya no juega al tenis.

____

4. Martín ya no visita los museos.

____

5. El director ya no ensaya con la orquesta.

____

6. Las señoritas ya no ven la telenovela.

____

7. Carmen y Pablo ya no van al cine.

____

8. Felipe ya no conduce su coche.

____

Actividad 9 **Y al mismo tiempo...** Escriba las cosas que hacían las personas al mismo tiempo. Escriba oraciones usando el imperfecto para hablar de estas actividades. Escoja las actividades de la siguiente lista o invente otras. Siga el modelo.

MODELO Sara escribía mensajes de correo electrónico mientras Teresa dibujaba.

trabajar en	**ir de compras**	**jugar**	**divertirse**
comer	**bañarse**	**cocinar**	**tocar**
estudiar	**esperar el tren**	**salir para**	**practicar**
leer	**ver una película**	**ensayar**	**arreglarse**
escribir	**caminar**	**dibujar**	**tomar algo**

1. ____
2. ____
3. ____
4. ____
5. ____
6. ____
7. ____
8. ____
9. ____
10. ____

Actividad 10 **Perspectivas** Las siguientes personas hablan de sus experiencias. Complete las oraciones con el verbo en el imperfecto o en el pretérito para saber cómo estas personas recuerdan el pasado. La primera, Gabriela Godoy, recuerda la primera vez que la llevaron a una ópera.

PART I

El teatro

el/la acomodador(a) *usher*
el/la aficionado(a) a la ópera *opera fan*
apagar las luces *to put out the lights*
el/la cantante *singer*
el decorado *scenery*
hacer el papel de *to play the role of*
la obra *work, piece*
la ópera *opera*
el programa *playbill, program*
sube el telón *the curtain goes up*

Cuando yo ________(1) (tenía/tuve) once años, mis padres me ________(2) (llevaban/llevaron) por primera vez a ver una ópera. La acomodadora nos ________(3) (sentaba/sentó) y nos ________(4) (dio/daba) el programa. Mientras ________(5) (leíamos/leímos) las notas sobre la obra, las luces ________(6) (se apagaban/se apagaron). Luego ________(7) (subía/subió) el telón y ________(8) (veíamos/vimos) la escena. ________(9) (Había/Hubo) un decorado de palacio. Una cantante que ________(10) (hizo/hacía) el papel de la reina ________(11) (estaba/estuvo) sentada en el trono. Ella ________(12) (llevó/llevaba) una corona *(crown)* de oro y ________(13) (vestía/vistió) una capa de terciopelo *(velvet)* verde con armiño *(ermine)*. El cantante que ________(14) (hacía/hizo) el papel del rey ________(15) (salió/salía) a la escena y ________(16) (se ponía/se puso) a cantar. Yo ________(17) (quedaba/quedé) tan impresionada con lo que vi y oí que ________(18) (me hice/me hacía) aficionada a la ópera para siempre.

Nota cultural

El Teatro Colón

El Teatro Colón, uno de los teatros de ópera más importantes del mundo, se inaugura en 1857 con la ópera «La Traviata». En este hermoso lugar ponen ópera, conciertos de la Filarmónica de Buenos Aires, recitales y obras de ballet. Entre los grandes artistas que se han presentado en el escenario del Colón figuran directores de orquesta como Arturo Toscanini, Fritz Reiner, Riccardo Muti y Kurt Mazur; compositores que dirigieron sus propias obras como Richard Strauss, Manuel de Falla, Aaron Copland, Igor Stravinsky, Paul Hindemith y Camille Saint-Saëns; y famosos cantantes de ópera como Enrico Caruso, Maria Callas, Plácido Domingo, Luciano Pavarotti y Cecilia Bartoli. La temporada del Colón es de abril a diciembre y está cerrado en enero y febrero. Recuerde que las estaciones están al revés en el hemisferio austral (sur).

Actividad 11 **La vida de un periodista** Carlos Vega habla de su carrera y de su vida. Complete las oraciones con el verbo en el imperfecto o en el pretérito para saber lo que dice.

Hace ocho años ________(1) (me gradué/me graduaba) en la universidad. ________(2) (Saqué/Sacaba) mi título en periodismo. ________(3) (Esperaba/Esperé) encontrar trabajo en uno de los periódicos grandes de la ciudad donde ________(4) (nacía/nací). ________(5) (Quería/Quise) quedarme en Tejas porque mis padres y mis hermanos vivían allí. Por desgracia, no ________(6) (hubo/había) empleo en ningún periódico del estado. Por lo tanto, yo ________(7) (mandé/mandaba) mi currículum vitae a varios periódicos por todo el país. ________(8) (Tenía/Tuve) suerte. ________(9) (Encontré/Encontraba) trabajo de reportero en un periódico que ________(10) (se publicaba/se publicó) en Maine. Al principio la vida en Maine me

PART 1

_______________ (fue/era) muy difícil. Yo no
11

_______________ (conocí/conocía) a nadie donde
12

_______________ (viví/vivía) y no
13

_______________ (estaba/estuve) acostumbrado al clima.
14

¡_______________ (Hacía/Hizo) un frío horrible en
15

invierno! Pero un día yo _______________ (conocía/conocí)
16

a Juana quien _______________ (trabajó/trabajaba) en el
17

periódico también. Ella _______________ (fue/era) editora.
18

¡Y _______________ (era/fue) un flechazo para nosotros
19

(love at first sight)! En fin, Juana y yo _______________ (nos
20

casamos/nos casábamos). Yo _______________
21

(llegaba/llegué) a ser jefe de redacción *(editor-in-chief)* del periódico.

Juana y yo _______________ (tuvimos/teníamos) dos hijos.
22

¡Y todos _______________ (vivimos/vivíamos) muy felices
23

(we all lived happily ever after)!

Actividad 12 **Contrastes** Exprese las siguientes ideas en español. Los contrastes surgen de la diferencia entre el imperfecto y el pretérito.

1. Bárbara thought Tomás knew her sister Luz.

   ____

   Actually, he met Luz last night at dinner.

   ____

2. The businesspeople wanted to discuss the issues.

   ____

   But their lawyers refused to.

   ____

3. The bride **(la novia)** didn't have any gifts.

   ____

   Then she got twenty gifts this morning.

   ____

4. We didn't know who had the documents.

____

We found out yesterday.

____

5. I wasn't able to assemble **(armar)** the toy.

____

Javier (tried but) couldn't assemble it either.

____

Actividad 13 **¡Castillos de España!** Para describir una visita a un castillo español, complete las oraciones con la forma correcta del verbo indicado, usando el pretérito o el imperfecto.

El turismo

el alcázar *citadel, fortress*
el billete de avión *plane ticket*
el castillo *castle*
la gira *tour, excursion*
hacer la reservación *to book*
hacer un viaje *to take a trip*
el lugar histórico *historic site*
el palacio *palace*
el parador *government-owned hotel (Spain)*
patrocinado(a) por *sponsored by*

Yo siempre ____________(1) (querer) visitar un castillo en España. Por eso cuando mi esposo y yo ____________(2) (ir) a hacer un viaje en mayo, yo le ____________(3) (decir) a Rolando que me ____________(4) (interesar) visitar un castillo español. A Rolando le ____________(5) (gustar) la idea porque no ____________(6) (conocer) España. Rolando ____________(7) (comprar) los billetes de avión y también ____________(8) (hacer) la reservación para el hotel. Nosotros ____________(9) (pensar) hacer una gira de tres semanas con visitas a Madrid, Toledo, Sevilla, Segovia y Santiago de Compostela. Nosotros ____________(10) (tomar) el avión y ____________(11) (llegar) a Madrid el tres de mayo. Durante

PART I

las tres semanas nosotros ____________ (visitar) varios
12

lugares históricos y naturalmente ____________
13

(conocer) el Palacio Real en Madrid, el alcázar de Sevilla, Segovia y Toledo y otros castillos y palacios. Al llegar a Santiago de Compostela yo

____________ (tener) una gran sorpresa. En vez de
14

simplemente visitar un castillo, nosotros ____________
15

(poder) quedarnos en uno por tres días. Es que el famoso castillo

____________ (ser) un parador. Los paradores,
16

es decir, hoteles patrocinados por el gobierno español,

____________ (estar) por todas partes del país.
17

¡Por fin yo ____________ (realizar) mi sueño de visitar
18

un castillo en España!

Nota cultural

El alcázar

El origen más remoto de la palabra «alcázar» es la palabra latina «castrum» que significa «campamento militar». La palabra pasó al árabe y después al español, como tantos sustantivos árabes con el prefijo **al-**, *que es el artículo definido del árabe. En español «alcázar» significa palacio fortificado. Es una de las cuatro mil palabras árabes que entraron en la lengua española durante los ocho siglos que los árabes vivieron en España. La construcción del alcázar de Sevilla comenzó bajo los Almohades, una dinastía árabe, en el siglo doce y se siguió construyendo durante los siglos catorce a dieciséis. Sus apartamentos reales y jardines son impresionantes. El alcázar de Toledo está situado en la parte más alta de la ciudad donde hubo un palacio de la época romana. Fue restaurado por los reyes Alfonso VI en el siglo once y Alfonso X «el Sabio» en el siglo trece. En el alcázar de Segovia, construido en el siglo catorce por Alfonso XI, hay exposición de armas, cuadros y muebles de la época medieval. Se dice que el alcázar de Segovia fue modelo para el castillo de Disneylandia. ¿Le parece cierto?*

Actividad 14 **Del diario de un detective** Aquí tiene Ud. una página de la libreta de apuntes del famoso detective privado Samuel Espada. Para poder leer los apuntes e intentar desenredar el misterio, complete las oraciones usando el imperfecto o el pretérito de los verbos indicados.

El crimen

la cita *appointment*
el/la chantajista *blackmailer*
el/la detective privado(a) *private detective*
el/la ladrón(ona) *thief*
maltés(esa) *Maltese*
la pandilla *gang*
la policía *police*
el rescate *ransom*
seguir la pista *to follow the lead*
sobresaltado(a) *startled*

______ (1) (Ser) las diez de la mañana cuando ______ (2) (sonar) el teléfono en mi oficina. Yo ______ (3) (estar) despierto desde la noche anterior. Yo ______ (4) (descolgar) y ______ (5) (oír) la voz sobresaltada de una mujer. La mujer me ______ (6) (decir) que una pandilla de ladrones le ______ (7) (robar) su estatuilla (*figurine*) del halcón (*falcon*) maltés y que ahora le ______ (8) (pedir) un rescate por el halcón. Además, la señorita me ______ (9) (explicar) que ______ (10) (tener) miedo de ir a la policía por razones especiales. Ella y yo ______ (11) (quedar) en vernos en el vestíbulo del Hotel Casablanca. Ya ______ (12) (ser) las siete de la tarde cuando yo ______ (13) (llegar) al hotel. Toda la tarde yo ______ (14) (seguir) la pista de los chantajistas hasta que ______ (15) (llegar) la hora de la cita. En el vestíbulo yo ______ (16) (ver) a una señorita

PART I

guapísima que ______________ (estar) sentada en un sofá.
17

Ella ______________ (tener) el pelo castaño y largo, los ojos
18

verdes como dos esmeraldas y ______________ (llevar) una
19

gardenia en la chaqueta. Yo me ______________ (acercar) y
20

me ______________ (sentar) a su lado. Ella
21

______________ (oler) a un perfume exótico. Yo le
22

______________ (hablar) primero. «¿Es Ud. la señorita
23

María Aster?», le ______________ (preguntar). Ella se
24

______________ (poner) a llorar y me
25

______________ (decir) sollozando *(sobbing)*: «Samuel,
26

es que tú no comprendes». Pero sí, yo ______________
27

(comprender) muy bien. ¡Esto ______________ (ir) a
28

ser otro dramón *(sob story)*!

Imperfect with expressions of time

Remember that the Spanish construction **hace** + *expression of time* + **que** + *verb in the present tense* is used to label an action that began in the past and is continuing in the present. Similarly, the construction **hacía** + *expression of time* + **que** + *verb in the imperfect tense* is used to label an action that was continuing in the past when something else happened. The corresponding question is **¿Cuánto tiempo hacía… ?** The word **tiempo** may be omitted.

¿**Cuánto (tiempo) hacía que esperabas** cuando llegó el tren?	***How long had you been waiting*** *when the train arrived?*
Hacía más de una hora que **esperaba.**	***I had been waiting more than an hour.***

A *verb in the imperfect tense* + **desde hacía** + *expression of time* is also used to label an action that was continuing in the past when something else happened.

¿**Desde cuándo rodaban** la película cuando **hubo** un terremoto?	***How long had they been shooting*** *the film when* ***there was*** *an earthquake?*
Rodaban la película **desde hacía siete semanas** cuando **hubo** un terremoto.	***They had been shooting*** *the film* ***for seven weeks*** *when* ***there was*** *an earthquake.*

CHAPTER 5

Actividad 15 **¿Cuánto tiempo hacía que… ?** Haga preguntas usando **¿Cuánto tiempo hacía que… ?** y contéstelas usando la construcción **hacía** + expresión de tiempo + **que** + verbo en el imperfecto. Siga el modelo.

> **MODELO** Leonor / estudiar inglés / salir para Inglaterra (dos años)
> ¿Cuánto tiempo hacía que Leonor estudiaba inglés cuando salió para Inglaterra?
> Hacía dos años que estudiaba inglés.

1. Montserrat Pujol / cantar ópera / firmar un contrato con la Metropolitana (ocho años)

____

____

____

2. los señores Salazar / estar casados / su hija / nacer (cuatro años)

____

____

____

3. tú / vivir en Filadelfia / tus padres / mudarse a Londres (once meses)

____

____

____

4. Susana y Lía / ser amigas / Susana / quitarle el novio a Lía (doce años)

____

____

____

5. Ud. / comprar billetes de lotería / ganar el premio (quince años)

____

____

____

6. Patricio y Ud. / tocar el violonchelo / el conservatorio / darles una beca (nueve años)

____

____

____

PART I

Actividad 16 **Cambios políticos y económicos** Pasaban unas cosas desde hacía tiempo cuando ocurrieron otras cosas en la vida política y económica del país. Escriba las oraciones con la construcción verbo en imperfecto + **desde hacía** + expresión de tiempo para describir los cambios. Junte las dos frases con «hasta que». Siga el modelo.

MODELO el gobierno / prometer muchas cosas / dos años / los ciudadanos / empezar a reclamar
El gobierno prometía muchas cosas desde hacía dos años hasta que los ciudadanos empezaron a reclamar.

Política y economía

controlar la inflación *to control inflation*
establecer la democracia *to establish democracy*
explotar el petróleo *to exploit, develop oil*
intentar *to try, attempt*
privatizar la industria *to privatize industry*
reclamar *to demand*
los bienes *goods*
la década *decade*
el dictador *dictator*
el gobierno *government*
el golpe de estado *coup d'état*
el/la economista *economist*
la libertad *liberty*
el libre mercado *free market*
el/la obrero(a) *worker*
la prensa *press*
el/la presidente *president*
el pueblo *the people*
el sindicato *union*
el sueldo *salary*

1. el gobierno / explotar el petróleo / treinta años / el presidente / privatizar la industria

____

____

____

2. la gente / sufrir por la inflación / cinco años / los economistas / intentar controlarla

____

____

____

3. la prensa / no ser libre / cincuenta años / haber / un golpe de estado

____

____

____

CHAPTER 5

4. los obreros / no recibir un sueldo decente / cinco décadas / formarse los sindicatos

5. el país / no producir los bienes necesarios / varios años / el gobierno establecer el libre mercado

6. el pueblo / no tener ninguna libertad / cuarenta y cinco años / morir el dictador y establecerse la democracia

Actividad 17 **¿Qué dice Ud.?** Conteste las siguientes preguntas personales.

1. ¿Cuántos años tenía cuando se vestía solo(a)?

2. ¿Cuántos años tenía cuando empezó a estudiar en el colegio?

3. Cuando era niño(a), ¿adónde iba de vacaciones?

4. ¿Qué le gustaba hacer cuando era niño(a)?

5. ¿Cómo era de niño(a)?

6. Hable Ud. de las cosas que solía hacer todos los días cuando asistía al colegio.

7. ¿Qué sueños quería realizar en la vida?

8. ¿Pudo realizar algunos ya?

PART I

Actividad 18 **Un viaje a México** Exprese esta historia en español. Escoja entre el pretérito y el imperfecto para hablar del pasado.

1. The first day Beatriz and I spent in Mexico City, we went to Chapultepec Park.

    ____

2. The weather was beautiful. It was sunny and warm.

    ____

3. There were many people in the park.

    ____

4. Little children were playing on the slides **(los resbalines)** and riding their bicycles.

    ____

5. As we walked through the park, we saw Moctezuma's Tree and the Chapultepec Castle.

    ____

6. We arrived at the National Museum of Anthropology and went in.

    ____

7. We walked from room to room and saw the exhibit of pre-Columbian **(precolombino)** art.

    ____

8. We spent two hours in the museum.

    ____

9. Then we went to the bookstore where I bought a book about the Aztecs and the Mayas.

    ____

10. We had lunch in the museum cafeteria.

    ____

11. It was five o'clock when we left the museum.

    ____

12. We weren't in a hurry because we were on vacation.

    ____

13. That evening our Mexican friends took us to the Palacio de Bellas Artes.

    ____

Nota cultural

El Bosque de Chapultepec

El Bosque de Chapultepec queda al final del Paseo de la Reforma en plena Ciudad de México. Este hermoso parque tiene miles de ahuhuetes, que son árboles coníferos como los cipreses, laberintos de caminos, lagos, un jardín botánico, un zoológico y unos museos, incluso el célebre Museo Nacional de Antropología. El Castillo de Chapultepec, situado en un cerro, da hermosas vistas del Valle de México. Desde que se inició su construcción en 1785, era residencia de diferentes mandatarios (jefes del estado) mexicanos. El emperador Maximiliano de Habsburgo fue nombrado emperador de México por Napoleón III en 1864 y vivió con su esposa Carlota en el Alcázar del Castillo de Chapultepec hasta 1867 cuando fue fusilado. Hoy el castillo es sede del Museo Nacional de Historia.

Actividad 19 **Actividad oral** Prepare una lista de algunas actividades que Ud. hacía cuando era niño(a). Luego pregúnteles a sus compañeros de clase si ellos también hacían esas actividades. Algunas posibilidades:

Jugaba al fútbol.
Pintaba cuadros al aire libre.
Pasaba los veranos en un campamento.
Cocinaba con mi mamá o papá.
Tocaba un instrumento musical.
Montaba en bicicleta.
Buceaba en el mar.
Iba al centro comercial.

Actividad 20 **Estructuras en acción** Lea el artículo sobre las catedrales españolas fijándose especialmente en los verbos en tiempo imperfecto.

PIEDRA SANTA

Las catedrales españolas—construcciones religiosas y comunitarias

En aquellos tiempos—el siglo XII, el XIII, inclusive el XIV—cuando se construyeron las grandes catedrales españolas, la religiosidad lo llenaba todo, y la vida entera de una ciudad giraba en torno a esa manifestación suprema de la religión que era el interminable y exaltante trabajo de la construcción de la catedral. A diferencia de los templos paganos, reservados a los dioses y a sus sacerdotes, las iglesias cristianas estaban construidas para recibir la comunión de los fieles: por eso no eran meras fachadas, sino grandes cavernas en donde cabían todos. Y se construían entre todos, ricos y pobres, curas y reyes, canteros y orfebres, y durante generaciones trabajaban en ellas de padres a hijos los escultores y los maestros de obra, los arquitectos y los tallistas de madera. Decía a mediados del siglo XII el abad de Saint Pierre sur Dive: «¿Quién vio u oyó alguna vez algo semejante, que grandes señores y príncipes de este mundo que tenían riquezas y de honores, que aun damas nobles inclinaron su orgullosa cabeza y se ataron a los carros como animales de tiro para transportar vino, aceite, cal, piedras y madera a los obreros que construían una iglesia?»

PART I

Actividad 21 Complete las oracioues con la respuesta correcta.

La catedral española

el abad *abbot*
el animal de tiro *pack animals, team of animals*
atar *to tie*
la cal *limestone*
el/la cantero(a) *stonemason*
el carro *cart*
el cura *priest*
diferencia: a diferencia de *in contrast to*
la fachada *facade*
fiel *faithful*
girar en torno a *to revolve around*
impregnar *to fill, pervade*
el/la maestro(a) de obras *construction supervisor*
mediados: a mediados de *around the middle of*
el/la orfebre *goldsmith*
el sacerdote *priest*
semejante *similar*
el/la tallista de madera *wood carver*

1. El factor dominante en los siglos cuando se construyeron las catedrales era ________.
   a. la riqueza
   b. la religión
   c. el trabajo
2. La tarea central de una ciudad era ________.
   a. el transporte de aceite
   b. la busca de curas competentes
   c. la construcción de su catedral
3. En la construcción de una catedral participaban ________.
   a. personas de todas las clases sociales
   b. varios dioses y sacerdotes paganos
   c. los obreros solamente
4. El interior de las catedrales era inmenso para ________.
   a. rivalizar con los templos paganos
   b. guardar la cal, la piedra y la madera
   c. recibir a todos los fieles que querían entrar
5. Hasta los nobles, hombres y mujeres tiraban carros para ________.
   a. quitarles trabajo a los obreros
   b. transportar materiales de construcción
   c. llevar a los curas a la iglesia

CHAPTER 5 TEST

Imperfect tense

1 **En el imperfecto** Complete las oraciones con la forma correcta del imperfecto de los verbos indicados.

1. El programador ______________________ en un programa de gráficas. (trabajar)
2. Nosotros ______________________ en la biblioteca. (leer)
3. Los Lapesa ______________________ en las afueras. (vivir)
4. Yo ______________________ a Antonio en el estadio los sábados. (ver)
5. Ud. ______________________ de compras. (ir)
6. Beatriz y yo ______________________ al aire libre. (almorzar)
7. ______________________ ochenta y tres grados. (Hacer)
8. Tú ______________________ razón. (tener)
9. Uds. ______________________ en la discoteca. (estar)
10. ¿Vosotros ______________________ que sí? (creer)
11. Yo ______________________ profesora de química. (ser)
12. Paquito y Paulita ______________________ sus juguetes. (romper)

2 **El imperfecto o el pretérito** Complete las oraciones con la forma correcta del imperfecto o del pretérito de los verbos indicados.

1. ______________________ las tres y media cuando yo ______________________. (llegar, ser)
2. El mozo ______________________ la cuenta mientras Uds. ______________________ el postre. (terminar, traer)
3. Mientras Ud. ______________________ en Inglaterra, su sobrino ______________________. (nacer, vivir)
4. Nosotros ______________________ al cine cuando tú nos ______________________. (ver, ir)
5. Vosotros ______________________ para la universidad cuando ______________________ a llover. (comenzar, salir)
6. Mientras nosotros ______________________ en el problema, yo ______________________ una idea. (pensar, tener)
7. Cuando José Alfredo ______________________ a la fiesta, sus amigos ya no ______________________. (venir, estar)
8. ______________________ cuando Susana y yo ______________________ a casa. (volver, llover)

Future and conditional tenses

Forms of the future

The future tense is one of several forms that Spanish uses to refer to future time. The future tense is formed by adding a special set of endings to the infinitive. These endings of the future tense are the same for all verbs in Spanish.

FIRMAR *to sign*	
firmar**é**	firmar**emos**
firmar**ás**	firmar**éis**
firmar**á**	firmar**án**

CORRER *to run*	
correr**é**	correr**emos**
correr**ás**	correr**éis**
correr**á**	correr**án**

ASISTIR *to attend*	
asistir**é**	asistir**emos**
asistir**ás**	asistir**éis**
asistir**á**	asistir**án**

A small number of Spanish verbs uses a modified form of the infinitive in the future tense, thus creating an irregular future stem. For example, some verbs replace the vowel **-e** or **-i** before the **-r** of the infinitive with **-d.**

poner → **pondré**	tener → **tendré**	venir → **vendré**
salir → **saldré**	valer → **valdré**	

Some verbs drop the vowel **-e** before the **-r** of the infinitive in the future tense.

caber → **cabré**	poder → **podré**	saber → **sabré**
haber → **habré**	querer → **querré**	

Two verbs shorten the infinitive.

decir→**diré** hacer→**haré**

-Ir verbs that have an accent mark in the infinitive—**oír, reír, sonreír**—drop the accent mark in the future.

oiré	**reiré**	**sonreiré**

The future of **hay** is **habrá** *(there will be).*

Compounds of the verbs with irregular future stems have the same irregularities.

componer→**compondré**	prevenir→**prevendré**	satisfacer→**satisfaré**
retener→**retendré**	contradecir→**contradiré**	

Uses of the future

The future tense is used in Spanish and English to express future time.

¿A qué hora **llegarán Uds.**? — *At what time **will you arrive?***
Estaremos para las tres. — ***We'll be there** by three o'clock.*

The future tense in Spanish is often replaced by the **ir a** + *infinitive* construction. This commonly used construction refers to the immediate future whereas the future tense refers to both the immediate and the remote future.

Esquiaré en los Pirineos. — ***I'll ski** in the Pyrenees.*
Voy a esquiar en los Pirineos. — ***I'm going to ski** in the Pyrenees.*

The future tense is often replaced by the simple present tense when there is another element of the sentence that indicates future time.

Llamo **el jueves.** — *I'll call **on Thursday.***

Note that Spanish uses the present tense to ask for instructions where English uses *shall* or *should.*

¿**Doblo** aquí? — ***Shall (Should) I turn** here?*
¿Los **invitamos** o no? — ***Shall (Should) we invite** them or not?*

The future tense is commonly used in the main clause of a conditional sentence when the **si** clause (*if* clause) has the verb in the present tense.

Si Juana **va,** yo **iré** también. — *If Juana **goes, I'll go,** too.*

NOTE

The order of the clauses can be reversed with the **si** clause following the main clause.

Yo **iré si** Juana **va.**

PART 1

Actividad 1 **Mis planes para el futuro** Cambie los verbos del presente al futuro en las oraciones para saber lo que piensa hacer su amigo Daniel después de graduarse. Siga el modelo.

> **MODELO** Trabajo en una oficina.
> Trabajaré en una oficina.

1. Me gradúo en junio.
   ____
2. Mis amigos y yo celebramos con una fiesta.
   ____
3. Nuestros padres están muy contentos.
   ____
4. Yo hago un viaje a Europa en el verano.
   ____
5. Miguel me acompaña.
   ____
6. Nos encanta el viaje.
   ____
7. Vamos a los países de la Europa oriental.
   ____
8. Andrés y Manuel quieren ir también.
   ____
9. Salimos para Polonia a mediados de junio.
   ____
10. Pasamos dos meses viajando.
   ____

11–12. Andrés vuelve antes porque tiene que buscar empleo.
   ____

13. Al regresar yo empiezo a trabajar en una compañía internacional.
   ____
14. Miguel puede trabajar en la empresa de sus padres.
   ____
15. Manuel sigue con sus clases en la Facultad de ingeniería.
   ____
16. ¡Tenemos tiempo de vernos, espero!
   ____

Actividad 2 **¡Qué reacciones!** Ud. sabe cómo reaccionarán ciertas personas al oír unas noticias. Escriba sus reacciones usando el futuro de los verbos. Siga el modelo.

MODELO Luisa / sonreír
Luisa sonreirá.

1. Mari Carmen / llorar

   ____

2. las tías / decir «¡ay de mí!» gimiendo *(groaning)*

   ____

3. Ramón / tener vergüenza

   ____

4. tú / volverse loco

   ____

5. Juan y Alicia / poner el grito en el cielo *(scream blue murder)*

   ____

6. Uds. / enfadarse

   ____

7. Roberto / reírse a carcajadas

   ____

8. Ud. / ponerse de buen humor

   ____

9. nosotros / estar contento

   ____

Actividad 3 **¡Qué día!** Mañana será un día sumamente ajetreado *(hectic)*, con muchas ocupaciones para Ud. Diga lo que pasará poniendo los verbos en el futuro. Siga el modelo.

MODELO Estudiamos todo el día.
Estudiaremos todo el día.

1. ¡Mañana es un ajetreo continuo *(hustle and bustle)*!

   ____

2. ¡Tenemos un día lleno de frenética actividad!

   ____

3. Hay clases todo el día.

4. Tomamos exámenes también.

5. Además, yo voy al almacén.

6. Le compro un regalo a mi hermana.

7. Sarita cumple diecisiete años pasado mañana.

8. Mamá hace una comida y una torta.

9. Papá y yo salimos para comprar jugo.

10. También quiero ir a la biblioteca.

11. Mis amigos y yo trabajamos hasta muy tarde.

12. ¡Trasnochamos *(We go to bed very late)* porque tenemos exámenes pasado mañana también!

Actividad 4 **Actividad y descanso** Ud. y sus amigos se dedicarán a ciertas cosas durante las vacaciones de invierno. Diga lo que piensan hacer, escribiendo los verbos en el futuro. Siga el modelo.

MODELO Felipe / escuchar CDs todo el día
Felipe escuchará CDs todo el día.

1. Yolanda y Ana / patinar

2. tú / cocinar yacu-chupe

3. Julio / bailar en la discoteca toda la noche

4. Consuelo / querer alquilar videos

____

5. yo / venir al cibercafé

____

6. Magdalena / conocer el nuevo centro comercial

____

7. nosotros / hacer una fiesta de disfraces *(costume party)*

____

8. Ud. / salir al teatro

____

Nota cultural

La cocina peruana

La cocina peruana tiene muchos platos de origen indígena, es decir, de la civilización incaica. Yacu-chupe es una sopa verde a base de papas con queso, ajo, cilantro (coriander), *perejil* (parsley), *pimientos, huevos, cebollas y menta. Otros platos típicos son el sancochado, un guiso de carne con legumbres y condimentado con ajo molido* (ground), *y el ceviche, que se hace con pescado crudo sazonado con limón, cebolla y pimientos rojos. En la cocina peruana abundan los platos con papas. La papa es uno de los productos agrícolas de América desconocidos por los europeos hasta que los conquistadores españoles los trajeron a Europa. Ud. puede probar estos platos en las picanterías, restaurantes de precio módico, de Lima.*

Actividad 5 **Todo depende.** Ciertas cosas pasarán a condición de que pasen otras cosas. Para expresar esta idea escriba oraciones que tienen una cláusula con **si** con el verbo en el presente y otra cláusula principal con el verbo en el futuro. Siga el modelo.

MODELO tú / estudiar en la biblioteca / yo / trabajar allí también
Si tú estudias en la biblioteca, yo trabajaré allí también.

1. María / querer salir / nosotros / salir con ella

____

2. ellos / ir / Ud. / poder verlos

____

PART I

3. yo / hacer la comida / tú / venir a almorzar

4. Uds. / trabajar mucho / Uds. / tener éxito

5. tú / no saber qué pasó / yo / decirte

6. nosotros / no comprar harina / no haber tortillas esta noche

7. hacer calor / Carlos y Pedro / ir a la playa

8. hacer fresco / Celeste / querer ir al cine

Expressing probability or conjecture with the future

The future tense in Spanish is also used to express probability or conjecture in the present. The English equivalents of the future of probability *(I wonder, it's probably, it might)* are usually very unlike the Spanish structures.

¿Qué hora es? **Serán** las ocho.	*What time is it?* ***It's probably** eight o'clock.*
¿Quién tendrá las llaves? Las **tendrá** Mario.	***I wonder who has** the keys.* *Mario **probably has** them.*

Context determines whether a verb in the future tense refers to the future or to a probability in the present. For example, **¿Quién llamará?** means *Who will call?* as well as *I wonder who's calling.*

Deber de + *infinitive* is also used to express probability in the present. For example, **Deben de ser las diez** means the same thing as **Serán las diez.**

Actividad 6 **¿Qué será?** Su amiga no está segura de varias cosas. Ud. tampoco está seguro(a) y por cada cosa expresa probabilidad o conjetura. Escriba los verbos en el futuro. Quite la palabra o las palabras que indican probabilidad. Siga el modelo.

MODELO Probablemente los Hidalgo están en casa.
Los Hidalgo estarán en casa.

1. Probablemente son las seis.

2. Me imagino que Teodoro tiene catorce años.

3. Supongo que el reloj vale mucho.

4. Probablemente hay problemas entre los socios.

5. Supongo que Teresa sabe la hora de la conferencia.

6. Me imagino que Lola quiere ir a la reunión.

7. Supongo que las muchachas vuelven pronto.

Actividad 7 **¿Qué habrá en esa caja?** Ud. y sus amigos han visto a Juan Pedro llevando una caja enorme. Todos se mueren por saber lo que hay adentro. Uds. hacen conjeturas sobre el contenido usando el futuro de probabilidad. Siga los modelos.

MODELOS It's probably big.
Será grande.

I wonder if it's beautiful.
¿Será hermoso?

1. I wonder if it's green (blue, red, yellow).

2. It probably has batteries.

3. I wonder if there are many parts.

4. Do you think it's made of wood (metal, plastic)?

5. Could it cost a lot?

6. It probably makes noise.

7. It must be bigger than a breadbox **(una caja para el pan).**

8. Could everybody have one?

PART I

9. I wonder if it's alive.

____

10. It probably fits in your hand.

____

Forms of the conditional

The conditional tense (English *would*) expresses what might happen or what would happen if certain conditions existed. Spanish forms the conditional by adding the imperfect tense endings of **-er** and **-ir** verbs to the infinitive. These endings are used for all verbs in the conditional, including **-ar** verbs.

COBRAR *to cash*	
cobrar**ía**	cobrar**íamos**
cobrar**ías**	cobrar**íais**
cobrar**ía**	cobrar**ían**

ENTENDER *to understand*	
entender**ía**	entender**íamos**
entender**ías**	entender**íais**
entender**ía**	entender**ían**

RECIBIR *to receive, get*	
recibir**ía**	recibir**íamos**
recibir**ías**	recibir**íais**
recibir**ía**	recibir**ían**

NOTE When *would* means *used to,* the imperfect tense rather than the conditional is used.

Cuando yo era niño, mi familia y yo **íbamos** al campo todos los veranos. — *When I was a child, my family and I **would go** to the country every summer.*

The verbs that have modified infinitives in the future tense have the same changes in the conditional tense.

caber → **cabría**
decir → **diría**
haber → **habría**
hacer → **haría**
poder → **podría**
poner → **pondría**
querer → **querría**
saber → **sabría**
salir → **saldría**
tener → **tendría**
valer → **valdría**
venir → **vendría**

The conditional of **hay** is **habría** *(there would be).*

Compounds of verbs with irregular future stems have the same irregularities in the conditional.

componer → **compondría**
retener → **retendría**
prevenir → **prevendría**
contradecir → **contradiría**
satisfacer → **satisfaría**

Uses of the conditional

The conditional tense is commonly used in subordinate (dependent) clauses after main verbs of communication **(decir)** and knowledge or belief **(saber, creer)** when the main verb is in the past tense. There is a similar correspondence of tenses in Spanish and English: *present/future* and *past/conditional.*

Juan **dice** que **irá.**	*Juan* ***says he will go.***
Juan **dijo** que **iría.**	*Juan* ***said he would go.***
Sé que **llamarán.**	***I know they will call.***
Sabía que **llamarían.**	***I knew they would call.***

The conditional tense is used in contrary-to-fact sentences where the dependent **si** clause is expressed in the imperfect subjunctive and the main clause is expressed in the conditional. This pattern is practiced in greater depth in Chapter 12.

Si Elena **saliera,** yo **saldría** también.	***If** Elena **were to leave, I'd leave,*** *too.*

The conditional tense in Spanish is also used to express probability or conjecture in past time. The verbs most commonly used to express probability with the conditional are **ser, haber, tener,** and **estar.**

Sería la una.	***It was probably*** *one o'clock.*
Habría algunas dificultades.	***There were probably*** *some difficulties.*
El niño **tendría** nueve años.	*The boy* ***was probably*** *nine years old.*
¡Qué desilusionados **estarían** los aficionados!	*The fans* ***were probably*** *so disappointed.*
El coche **costaría** un dineral.	*The car* ***probably cost*** *a fortune.*

Context will determine whether a verb in the conditional tense refers to the conditional or to probability in past time. For example, **Serían las tres** means *It would be three o'clock (by the time we got there)* as well as *It was probably three o'clock.*

Deber de in the imperfect + *infinitive* may be used to express probability in past time. For example, **Debían de ser las diez** means the same thing as **Serían las diez.**

Actividad 8 **Y Ud., ¿qué haría?** ¿Qué harían ciertas personas en cada una de las siguientes situaciones? Escriba los verbos usando el condicional. Siga el modelo.

MODELO Estás en la clase de historia. La profesora hace preguntas. ¿Qué harías?

a. contestar
Yo contestaría.

b. cambiar el tema
Yo cambiaría el tema.

1. Ud. está en un almacén y busca los abrigos, pero no puede encontrarlos. ¿Qué haría?

   a. hablar con la dependienta

   ____

   b. ir a otro almacén

   ____

2. Carolina cena en casa de los Cela. Le encanta el arroz con pollo. ¿Qué haría?

   a. repetir

   ____

   b. pedir la receta

   ____

3. Estamos en el metro. Un pasajero grita «¡fuego!». ¿Qué haríamos?

   a. salir corriendo

   ____

   b. llamar a los bomberos

   ____

4. Osvaldo está en el teatro. Mientras busca su asiento le pisa el pie a una señora. ¿Qué haría?

   a. disculparse con la señora

   ____

   b. sentarse en su regazo *(lap)*

   ____

5. La madre quiere bañar a sus hijos pero no hay agua caliente. ¿Qué haría?

   a. acostarlos sin bañarlos

   ____

   b. llamar al fontanero

   ____

6. Hay un choque de coches no muy serio. Ud. es testigo del accidente. ¿Qué haría?

   a. decirle al policía lo que pasó

   ____

   b. ponerles vendas a los heridos

   ____

CHAPTER 6

Actividad 9 **¡Qué bonanza!** Ud. y sus amigos acaban de comprar un billete para la lotería que esta semana llegó a veinte millones de dólares. ¿Qué harían Uds. con veinte millones de dólares? Escriba algunas ideas empleando el condicional. Siga el modelo.

MODELO yo / comprar un chalet *(country house)* en el campo
Yo compraría un chalet en el campo.

1. Ud. / pagar la matrícula en la universidad
____
2. mi prima Celia / venir de Australia a visitarnos
____
3. Uds. / hacer un viaje a Barcelona
____
4. Juan Pablo y Ana María / poner la plata en el banco
____
5. tú / ya / no tener deudas *(debts)*
____
6. mi hermano y yo / querer donar dinero a las caridades
____
7. nosotros / jugar a la Bolsa *(stock market)*
____
8. vosotros / salir a cenar todos los días
____

Nota cultural

Barcelona

Barcelona, la segunda ciudad de España, es la capital de la comunidad autónoma de Cataluña («Catalunya» en catalán). Es una ciudad hermosa y cosmopolita, con anchas avenidas e impresionantes plazas. Las Ramblas, la avenida más conocida de la ciudad, lleva al puerto donde se puede ver el monumento a Cristóbal Colón que marca el lugar donde el explorador desembarcó al regresar de su primer viaje al Nuevo Mundo. En el barrio gótico se encuentra la catedral de Barcelona y el palacio de la Generalidad, sede del gobierno catalán desde 1403. Al sur de Barcelona se encuentra Montjuïc que es un hermoso parque con vistas al puerto y al mar. Es el sitio del famoso Pueblo Español, museo de los estilos arquitectónicos españoles construido para la Exposición de 1929. Las espléndidas obras arquitectónicas del arquitecto catalán Antonio Gaudí (1852–1926), la Sagrada Familia, la Casa Battlló, la Casa Milá y el Parque Güell, se encuentran en esta ciudad animada y bulliciosa.

PART 1

Actividad 10 **¿Qué dijeron?** Escriba lo que la gente dijo y preguntó sobre los planes para una fiesta. Complete las oraciones usando el condicional de los verbos indicados en las cláusulas subordinadas. Siga el modelo.

> **MODELO** Pedro me dijo que llamaría. (llamar)

1. Victoria nos dijo que le ______________________ tener una fiesta en su casa. (gustar)
2. Pablo le preguntó a Victoria si ella ______________________ planearla para el sábado. (querer)
3. Victoria nos aseguró que no ______________________ problema con ese día. (haber)
4. Isabel quería saber lo que nosotros ______________________ traer. (poder)
5. Victoria nos dejó saber que su mamá se ______________________ de la comida. (ocupar)
6. José y yo le dijimos que ______________________ galletas y pasteles para la fiesta. (hacer)
7. Marta y Carlos dijeron que ______________________ la mesa antes de la fiesta. (poner)
8. Todos le prometimos a Victoria que ______________________ muy temprano para ayudarla con los preparativos. (venir)

Actividad 11 **Probabilidad en el pasado** Exprese probabilidad o conjetura en el pasado al contestar las preguntas de su amiga. Escriba los verbos usando el condicional. Siga el modelo.

> **MODELO** ¿Cuántos años tenía el primo de Fernando? (quince años)
> Tendría quince años.

1. ¿Qué hora era cuando Uds. volvieron a casa? (las once)

   ____

2. ¿Cuántos invitados había en la fiesta? (sesenta)

   ____

3. ¿Cómo estaban tus padres después del viaje? (cansados)

   ____

4. ¿Cuánto costaba el carro de Sandra? (quince mil dólares)

   ____

5. ¿Cómo eran los nuevos vecinos? (simpáticos)

   ____

6. ¿Dónde estaba Elena cuando fuiste a su casa? (la librería)

   ____

CHAPTER 6

Actividad 12 **Al contrario** Si ciertas personas fueran *(were going)* a la fiesta, algunas cosas pasarían. Para saber qué pasaría, escriba los verbos indicados usando el condicional. Las formas del verbo **ir** aparecen aquí en el imperfecto de subjuntivo. Siga el modelo.

MODELO Si fuera Matilde a la fiesta, Guillermo iría también. (ir)

1. Si fueran los Bello, nosotros ______________ contentos. (estar)
2. Si fueran Uds., yo ______________ llevarlos. (poder)
3. Si fuera Catalina, Tomás ______________ bailar con ella. (querer)
4. Si fuéramos todos nosotros, los Herrera no ______________ en el coche. (caber)
5. Si fuera Ud., ______________ conmigo. (venir)
6. Si fueras, te ______________ un esmoquin *(tuxedo)*. (poner)
7. Si fueran todos los invitados, no ______________ lugar en la pista de baile *(dance floor)*. (haber)

Actividad 13 **Gustos e intereses** Use el condicional para expresar lo que le gustaría hacer y lo que a otros les gustaría hacer. Use los verbos **gustar, encantar, interesar, preferir** y **querer.**

1. I'd like to . . .

____

2. My parents would prefer to . . .

____

3. My sister would want to . . .

____

4. My friend ______ would love to . . .

____

5. My friend ______ would be interested in . . .

____

6. My brother would like to . . .

____

7. I'd love to . . .

____

8. Our teachers would prefer to . . .

____

9. My classmates would be interested in . . .

____

10. My family would want to . . .

____

Actividad 14 **Actividad oral** Con un(a) compañero(a) de clase, haga un diálogo que tiene lugar en una oficina de la compañía donde Uds. trabajan. Uno(a) de Uds. es el jefe y la otra es directora de la empresa. La directora le hace preguntas al jefe sobre el viaje de negocios que va a hacer. El jefe contesta sus preguntas. Use el futuro y el condicional lo más posible. Por ejemplo:

Directora: ¿Adónde iré primero? Me gustaría hacer los preparativos para el viaje lo antes posible.

Jefe: Bueno, primero visitará la oficina en Madrid. Luego hará el viaje a Barcelona.

Directora: Tendré que comprar cheques de viajero. ¿Cuánto valdrá el viaje?

Jefe: Se lo podrían calcular en contabilidad. Ahora, en cuanto al itinerario...

Actividad 15 **Estructuras en acción** Lea el artículo.

Nota preliminar

Zaragoza

Zaragoza es una hermosa ciudad española situada en el río Ebro entre Madrid y Barcelona. Su nombre viene de Caesar Augusta, el nombre romano de la ciudad, pero la forma actual Zaragoza muestra la influencia de la pronunciación árabe de su nombre. Zaragoza está en Aragón, región tradicional y Comunidad Autónoma española entre Cataluña y Castilla.

Zaragoza es la ciudad de la Virgen del Pilar. Según la tradición, la Virgen María vino a confortar al apóstol Santiago mientras él predicaba el cristianismo por la península Ibérica. La Virgen le dejó un pilar de jaspe (jasper column) *y una talla* (carving), *pidiéndole que en este lugar se construyera una capilla en su honor.*

Hoy en día la enorme catedral del Pilar de Zaragoza ocupa este lugar y el doce de octubre vienen decenas de miles de personas con fabulosas ofrendas (offerings) *de flores. Durante toda la semana del doce de octubre Zaragoza está en fiestas, como se ve en el artículo a continuación.*

CHAPTER 6

Zaragoza ha visto toda la historia española. Los periódos históricos que se mencionan en el artículo son:

a. la época romana: 205 a.C. a 409 d.C.
b. la época musulmana: 711 a 1031
c. el siglo de las luces o la Ilustración *(The Enlightenment)*
d. la guerra de la Independencia (1808–1814): guerra contra Napoleón y los franceses que habían ocupado la península Ibérica
e. la transición a la democracia: después de la muerte de Francisco Franco que gobernó España desde 1939 hasta su muerte en 1975

UN DESFILE QUE ES UNA LECCIÓN DE HISTORIA

Las fiestas del Pilar del 7 al 13 de octubre, arrancan con un largo desfile en la calle. El año pasado estuvo dedicado al mundo del libro, al anterior al del cine y en esta edición se abordará de la ciudad. Más de 150 actores recrearán distintos acontecimientos, con nueve carrozas preparadas al detalle para este evento. La ciudad viajará al pasado y se proyectará también al futuro. Plebeyos y patricios llevarán en primer lugar la carroza romana de *Caesar Augusta*, a la que seguirá la de la época musulmana, la guerra de la Independencia—con Agustina de Aragón disparando un cañón—, el siglo de las luces—de la mano de los ilustrados aragoneses—, la estampa urbana de un tranvía de principios del siglo veinte, los años de la transición a la democracia, un homenaje a dos viejas salas de variedades de la ciudad—El plata y El Oasis—, una estampa de fútbol y, para cerrar el despliegue, una recreación futurista de la ciudad de Zaragoza en el 3003.

Actividad 16 **Estructuras en acción** Complete las oraciones con el futuro de los verbos indicados.

Unas fiestas en Zaragoza

abordar: se abordará de *it will deal with*
el acontecimiento *event*
aragonés(esa) *Aragonese*
arrancar *to start, take off*
el cañón *cannon*
la carroza *float*
el desfile *parade*
el despliegue *show*
el detalle: al detalle *detail: in detail*
disparar *to shoot*
distintos(as) *(before noun) different, various*
edición: en esta edición *in this year's celebration, festivities*
la época *era, age, time*
la estampa *print, engraving*
el homenaje *tribute, homage*
ilustrados *Enlightenment thinkers*
el/la patricio(a) *person of the upper class in Roman society*
el/la plebeyo(a) *person of the lower class in Roman society*
el principio: de principios del siglo veinte *beginning: from the beginning of the twentieth century*
recrear *to recreate*
la sala de variedades *music hall*
el tranvía *trolley car*

1. Las fiestas del Pilar ______________________ este año del 7 al 13 de octubre. (celebrarse)
2. Zaragoza ______________________ en fiestas por una semana. (estar)
3. La celebración ______________________ con un largo desfile. (empezar)
4. Miles de personas ______________________ flores a la Virgen del Pilar. (traer)
5. El desfile ______________________ la historia de Zaragoza. (recrear)
6. ______________________ nueve carrozas. (Prepararse)
7. La primera carroza ______________________ la de la época romana. (ser)
8. Después ______________________ la carroza de la época musulmana. (venir)
9. ______________________ la guerra de la Independencia mostrando a la mujer patriota Agustina de Aragón disparando un cañón. (Recordarse)
10. ______________________ varias representaciones de la época moderna. (Haber)
11. ______________________ homenaje a dos viejas salas de variedades de la ciudad. (Hacerse)
12. El desfile ______________________ con una recreación futurística de Zaragoza. (terminar)

Actividad 17 **Estructuras en acción** Complete las oraciones con el condicional de los verbos indicados.

1. A nosotros nos ______________________ participar en las fiestas del Pilar. (encantar)
2. Nosotros ______________________ recorrer la ciudad en una carroza. (querer)
3. Yo ______________________ hacer investigaciones sobre la historia de España. (poder)
4. Tú ______________________ de excursión para conocer la región aragonesa. (salir)
5. Uds. ______________________ mucho de la historia zaragozana después de su visita. (saber)
6. Vosotros ______________________ muchas ganas de volver a Zaragoza. (tener)

Actividad 18 **Estructuras en acción** Trabajando en grupos, ideen las carrozas que serían necesarias para mostrar la historia de su ciudad o región y expliquen lo que representa cada una.

CHAPTER 6 TEST

Future and conditional tenses

1 **Al futuro** Vuelva a escribir las oraciones cambiando el verbo del presente al futuro.

1. Yo quiero asistir al concierto.

____

2. Nuestros amigos vienen pasado mañana.

____

3. César hace el papel de don Juan en la obra.

____

4. La reunión tiene lugar en mi oficina.

____

5. Vivimos en el extranjero hasta diciembre.

____

6. ¿Uds. vuelven al mismo hotel?

____

7. Ud. sirve a la patria.

____

8. Vosotros estudiáis informática.

____

9. Llueve toda la semana.

____

10. Vamos al cibercafé por la tarde.

____

11. Hay un congreso en San Francisco en el otoño.

____

12. El tren sale a las diez de la mañana.

____

Future and conditional tenses

2 **En el condicional** Complete las oraciones con la forma correcta del condicional de los verbos indicados.

1. ¿Qué ______________________ Uds. en ese caso? (hacer)
2. ¿Seis personas? No ______________________ en nuestro coche deportivo. (caber)
3. Creíamos que tú ______________________ muy contento. (estar)
4. Si yo pudiera, te ______________________. (acompañar)
5. Beatriz sabía que nosotros no ______________________ quedarnos. (poder)
6. No nos dijeron cuánto ______________________ el microondas. (valer)
7. No ______________________ ninguna dificultad en terminar el trabajo. (hay)
8. Nos ______________________ ver una película. (gustar)
9. Si nosotros fuéramos vosotros ______________________ también. (ir)
10. María Elena estaba segura que Ud. no ______________________ nada. (entender)
11. Si hiciera buen tiempo nosotros ______________________ al aire libre. (comer)
12. No ______________________ fácil encontrar el lugar sin mapa. (ser)
13. ¿Tú ______________________ conocer Castilla o Aragón primero? (preferir)

CHAPTER 7

Reflexive verbs

Reflexive verbs

Reflexive verbs are verbs that always appear with a reflexive pronoun that refers to the same person or thing as the subject. Most Spanish reflexive verbs correspond to English intransitive verbs that don't have a direct object or English verb phrases consisting of *to be* or *to get + an adjective* or *past participle.* The infinitives of reflexive verbs have the reflexive pronoun **se** attached to the end of each word: **acostarse** *(to go to bed),* **lavarse** *(to wash),* **sentarse** *(to sit down),* **vestirse** *(to get dressed).*

In the conjugations below, note that the reflexive pronoun precedes the conjugated verb.

ACOSTARSE *(present tense)*	
me acuesto	nos acostamos
te acuestas	os acostáis
se acuesta	se acuestan

VESTIRSE *(preterite)*	
me vestí	nos vestimos
te vestiste	os vestisteis
se vistió	se vistieron

LAVARSE *(imperfect)*	
me lavaba	nos lavábamos
te lavabas	os lavabais
se lavaba	se lavaban

For most reflexive verbs there is a corresponding transitive verb in which the subject and direct object refer to different things or people. (Transitive verbs are those which take a direct object.)

Lavo el carro.	*I wash the car. (I = subject; car = direct object)*
Me lavo.	*I wash. (subject and direct object refer to* **yo***)*
Acuestas a los niños.	*You put the children to bed. (you = subject; children = direct object)*
Te acuestas.	*You go to bed. (subject and direct object refer to* **tú***)*

PART I

When the infinitive of a reflexive verb is used with another verb, such as **querer, poder, deber,** or **ir a,** the reflexive pronoun agrees with the subject. The reflexive pronoun may be placed either before the first verb of these constructions or after the infinitive. When placed after the infinitive, the reflexive pronoun is attached to the end of the infinitive.

QUEDARSE *to stay, remain*	
Me quiero **quedar.**	Quiero **quedarme.**
Te quieres **quedar.**	Quieres **quedarte.**
Se quiere **quedar.**	Quiere **quedarse.**
Nos queremos **quedar.**	Queremos **quedarnos.**
Os queréis **quedar.**	Queréis **quedaros.**
Se quieren **quedar.**	Quieren **quedarse.**

Reflexive pronouns as indirect objects

With some verbs the reflexive pronoun is an indirect object rather than a direct object. These verbs, such as **ponerse** + *article of clothing,* have a direct object (the article of clothing) in addition to the reflexive pronoun.

Los niños se ponen **el abrigo.**	*The children put on* ***their coats.***
Y se ponen **las botas** también.	*And they put on* ***their boots*** *also.*
Marta se lavó **las manos.**	*Marta washed* ***her hands.***
Nos lavamos **la cara.**	*We washed* ***our faces.***

NOTES

- Spanish uses a singular noun for articles of clothing and parts of the body, even with plural subjects. It is assumed that each person has one item. Only if each person has more than one item does Spanish use a plural noun.
- In these reflexive constructions the Spanish definite article is the equivalent of a possessive adjective in English.

Common reflexive verbs and expressions

ponerse + article of clothing *to put on*
quitarse + article of clothing *to take off*
romperse + article of clothing *to tear*
lastimarse + part of the body *to hurt*
lavarse + part of the body *to wash*
quebrarse (e→ie) + part of the body *to break*
quemarse + part of the body *to burn*
romperse + part of the body *to break*

Arreglándose

abrocharse los cordones *to tie one's shoelaces*
amarrarse los cordones *to tie one's shoelaces*
atarse los cordones *to tie one's shoelaces*
cepillarse los dientes *to brush one's teeth*
cortarse el pelo *to get a haircut*
desabrocharse los cordones *to untie one's shoelaces*
desamarrarse los cordones *to untie one's shoelaces*
desatarse los cordones *to untie one's shoelaces*
lastimarse el dedo *to hurt one's finger*
lavarse la cabeza *to wash one's hair*
limarse las uñas *to file one's nails*
limpiarse los dientes *to brush one's teeth*
maquillarse la cara *to put makeup on*
pintarse los labios *to put lipstick on*
torcerse el tobillo (o→ue) *to twist one's ankle*

Actividad 1 **¿Reflexivo o no?** Complete las oraciones escogiendo la forma transitiva o reflexiva del verbo indicado. Use el tiempo verbal indicado. Siga el modelo.

MODELO Rosita <u>bañó</u> a los niños y después se <u>bañó</u> ella. (bañar—*preterite)*

1. Mañana yo ______________________ a las siete y ______________________ a mi hermana a las siete y cuarto. (despertar—*present)*
2. Aunque el profesor Vélez ______________________ a sus estudiantes, Miguel y Carlota no ______________________. (aburrir—*imperfect)*
3. Los novios ______________________ en la catedral de Burgos. El cura de la novia los ______________________. (casar—*preterite)*
4. Nosotros ya ______________________ y ______________________ al perro también. (pasear—*preterite)*
5. La carta que Carmen recibió ayer no la ______________________. Sin embargo Martín al leerla ______________________. (tranquilizar—*preterite)*
6. Yo ______________________ durante el primer acto de la obra pero los otros dos actos no me ______________________. (divertir—*preterite)*
7. Pepe me hacía tantas preguntas que francamente yo ______________________. ¡Ese chico ______________________ a todo el mundo! (marear—*imperfect)*
8. Daniela no tiene ganas de hacer nada. A ver si nosotros la ______________________. Vamos a invitarla a jugar al tenis. A ver si ella ______________________. (animar—*present)*
9. Cuando Pablo y Laura eran niños ______________________ al ver las películas de terror. Las películas con fantasmas *(ghosts)* los ______________________ más que nada. (asustar—*imperfect)*
10. Uds. ______________________ por cualquier cosa. Menos mal que no ______________________ a otras personas. (ofender—*present)*

PART I

Actividad 2 **Todavía no, abuelita.** La abuela llama desde Buenos Aires para hablar con sus nietos gemelos en Filadelfia. Ella les pregunta que si pueden hacer ciertas cosas solos *(by themselves)*. Los niños le dicen a su abuela que no pueden hacerlas solos todavía, que se las hace su mamá. Practique los verbos como verbos transitivos y reflexivos. Siga el modelo.

MODELO bañarse
abuelita: ¿Uds. ya se bañan solos?
nietos: No, abuelita. Nos baña mamá.

1. despertarse
   abuelita: ______
   nietos: ______
2. lavarse la cabeza
   abuelita: ______
   nietos: ______
3. peinarse
   abuelita: ______
   nietos: ______
4. quitarse los zapatos
   abuelita: ______
   nietos: ______
5. prepararse el desayuno
   abuelita: ______
   nietos: ______
6. acostarse
   abuelita: ______
   nietos: ______

Nota cultural

El huso horario (time zone)

Buenos Aires figura en un huso horario internacional una hora más tarde que el huso horario de Filadelfia. La Ciudad de México está en otro huso horario, una hora más temprano que Filadelfia. Madrid está en otro, seis horas más tarde que Filadelfia.

CHAPTER 7

Actividad 3 **Una excursión al campo** Ud. y sus amigos pasaron un día en el campo. Escriba lo que cada persona llevó ese día. Practique el uso del verbo reflexivo **ponerse** en el pretérito. Siga el modelo.

> **MODELO** tú / los zapatos de tenis
> Te pusiste los zapatos de tenis.

La ropa

el abrigo *overcoat*
la blusa *blouse*
las botas *boots*
la bufanda *scarf*
los calcetines *socks (Spain)*
la camisa *shirt*
la camiseta *T-shirt*
el chaleco *vest*
el cinturón *belt*
la corbata *tie*
la chaqueta *jacket*
el gorro *cap*
los guantes *gloves*
el impermeable *raincoat*
los jeans, el pantalón vaquero *jeans*
las medias *socks (Latin America); stockings (Spain)*
los pantalones *pants*
el saco *jacket*
las sandalias *sandals*
el smoking, el esmoquin *tuxedo*
el suéter *sweater*
el traje *suit*
el traje de baño *bathing suit*
el vestido *dress*
los zapatos de tacón alto *high-heeled shoes*

1. Marina y yo / los jeans
____
2. Arturo / un traje de baño
____
3. Uds. / un impermeable
____
4. yo / un suéter de lana
____
5. Víctor y Paz / un gorro
____
6. todos nosotros / una camiseta
____
7. tú / sandalias
____
8. Ud. / una chaqueta
____

Actividad 4 **¿Qué se llevarán para ir al trabajo?** Escriba lo que llevarán ciertas personas para ir al trabajo. Practique el uso del verbo reflexivo **ponerse** en el futuro. Siga el modelo.

MODELO Alberto / un saco
Alberto se pondrá un saco.

1. yo / calcetines

2. Alicia / una blusa

3. nosotros / zapatos

4. Uds. / una camisa

5. los jefes / un traje

6. tú / una corbata

7. Ud. / un cinturón

8. vosotros / una bufanda

Actividad 5 **¡Ya llega el baile de gala *(prom)*!** Ud. y sus amigos están emocionados porque el baile de gala es el sábado. Todos Uds. necesitan probarse la ropa que van a llevar. Practique el uso del verbo reflexivo **probarse** en el presente. Siga el modelo.

MODELO nosotros / los zapatos de charol.
Nos probamos los zapatos de charol.

¿De qué es? Las telas

el algodón *cotton*
el cuero *leather*
el charol *patent leather*
la lana *wool*
el nailon *nylon*
el poliéster *polyester*
la seda *silk*
el terciopelo *velvet*

1. Pilar y Luz / el traje largo de lana

2. yo / el abrigo de cuero

3. Lorenzo / el smoking de seda

4. Uds. / los zapatos de tacón alto

5. tú / la blusa de terciopelo

6. Antonio y Esteban / la corbata de seda

7. nosotros / el chaleco de poliéster

8. vosotros / los guantes de nailon

Actividad 6 **¡Qué malas noticias!** Un(a) amigo(a) que acaba de volver de México pregunta por sus amigos. Le toca a Ud. darle las malas noticias. Escriba los verbos reflexivos en el pretérito. Siga el modelo.

MODELO Alfonso / caerse / cruzando la calle
Alfonso se cayó cruzando la calle.

1. Miguel / romperse la pierna / montando a caballo

2. Ana / quemarse la mano / cocinando

3. el perro de Bernardo / perderse / corriendo en las afueras

4. Eunice / torcerse el tobillo / patinando en hielo

5. todos nosotros / enfermarse / comiendo hamburguesas poco cocidas

6. yo / hacerse daño / cortando el césped

7. los hermanos de Anita / quebrarse el dedo / jugando al básquetbol

PART I

Actividad 7 **Estimados televidentes...** Ud. es locutor(a) en la tele. Por desgracia las noticias de hoy son todas malas. Escriba los verbos reflexivos en el pretérito. Siga el modelo.

> **MODELO** dos panaderos / quemarse las manos / cuando hubo una explosión en el horno
> Dos panaderos se quemaron las manos cuando hubo una explosión en el horno.

1. la actriz Ramona Taylor / lastimarse / en el rodaje *(filming)* de su nueva película

   ____

2. el futbolista Diego Suárez / romperse el pie / en el partido de hoy

   ____

3. unos turistas norteamericanos / caerse / en la escalera mecánica del metro

   ____

4. una carpintera / cortarse la mano / aserruchando *(sawing)* madera

   ____

5. diez arqueólogos / hacerse daño / en una excavación en las pirámides

   ____

6. un bombero / quemarse / apagando un incendio

   ____

7. los bailarines / divorciarse / después de cuarenta años de bailar juntos

   ____

Actividad 8 **El aseo personal** ***(personal hygiene)*** Escriba oraciones explicando cuándo y cómo algunas personas hacen su aseo personal. Practique el uso de los verbos reflexivos en el presente. Siga el modelo.

> **MODELO** Guillermo / limpiarse los dientes / dos veces al día
> Guillermo se limpia los dientes dos veces al día.

El aseo personal

afeitarse *to shave*
arreglarse *to get ready to go out*
bañarse *to take a bath*
cepillarse el pelo/los dientes *to brush one's hair/teeth*
cortarse el pelo/las uñas *to cut one's hair/nails*
ducharse *to take a shower*
lavarse *to wash up*
limarse las uñas *to file one's nails*
lavarse los dientes *to brush one's teeth*
maquillarse *to put makeup on*
peinarse *to comb one's hair*
pintarse *to put makeup on*
vestirse *to get dressed*

1. Felisa / lavarse la cabeza / todos los días

____

2. yo / vestirse / rápidamente por la mañana

____

3. Uds. / ducharse / por la noche

____

4. Carlos / afeitarse / con una maquinilla de afeitar

____

5. Laura y Teresa / limarse las uñas / antes de poner el esmalte de uñas *(nail polish)*

____

6. tú / peinarse / con cuidado

____

7. Benjamín y yo / arreglarse / en el dormitorio

____

8. Ud. / cepillarse el pelo / después de maquillarse

____

Actividad 9 **Hay que hacerlo.** Escriba oraciones en las cuales se expresa que las personas **quieren, van a, acaban de** (u otra expresión) hacer ciertas cosas. Practique la construcción del verbo conjugado con el verbo reflexivo en el infinitivo. Escriba las oraciones de dos maneras. Siga el modelo.

> **MODELO** Guillermo se afeita todos los diás. (necesitar)
> Guillermo necesita afeitarse todos los días.
> Guillermo se necesita afeitar todos los días.

1. Ud. se coloca en una sucursal de la empresa. (querer)

____

____

2. Nosotros nos desayunamos antes de las ocho. (deber)

____

____

3. Los amigos se reúnen en casa de Felipe esta noche. (pensar)

____

____

4. Teresa se pesa todas las semanas. (necesitar)

____

____

5. Yo me voy de vacaciones en julio. (ir a)

6. Las señoras se aprovechan de las liquidaciones. (acabar de)

7. ¿Te sientas en esta fila? (querer)

8. Uds se secan el pelo. (tener que)

Imperative of reflexive verbs

Reflexive pronouns precede negative command forms but follow affirmative commands and are attached to them in writing.

Acuéstense ahora, chicos.	***Go to bed*** *now, kids.*
No se levanten hasta las ocho.	***Don't get up*** *until eight.*

NOTE A written accent mark is added to affirmative command forms of more than one syllable when the reflexive pronoun is added.

Here are some common reflexive verbs that refer to the daily routine. Their nonreflexive forms, usually transitive verbs, and meanings are also given.

Reflexive	Nonreflexive
acostarse (o → ue) *to go to bed*	**acostar (o → ue)** *to put (someone) to bed*
afeitarse *to shave*	**afeitar** *to shave (someone)*
arreglarse *to get ready (fix hair, clothing)*	**arreglar** *to arrange, fix*
bañarse *to bathe, take a bath*	**bañar** *to bathe (someone)*
cansarse *to get tired*	**cansar** *to tire (someone)*
colocarse *to get a job*	**colocar** *to place, put*
cortarse *to cut oneself*	**cortar** *to cut*
despedirse (e → i) de *to say good-bye to*	**despedir (e → i)** *to fire, dismiss*
despertarse (e → ie)* *to wake up*	**despertar (e → ie)** *to wake someone up*
dormirse (o → ue) *to fall asleep*	**dormir (o → ue)** *to sleep*
ducharse *to take a shower*	
enfermarse *to get sick*	**enfermar** *to make ill*
lastimarse *to hurt oneself*	**lastimar** *to hurt*
lavarse *to wash up*	**lavar** *to wash someone, something*
levantarse *to get up*	**levantar** *to raise, pick up*
maquillarse *to put on makeup*	**maquillar** *to put makeup on someone*
peinarse *to comb one's hair*	**peinar** *to comb someone's hair*
reunirse (con) *to get together (with)*	**reunir** *to join, gather*
vestirse (e → i) *to dress, get dressed*	**vestir (e → i)** *to dress (someone)*

*__Despertarse__ may be used nonreflexively with the meaning *to wake up.*

Here are some common reflexive verbs expressing feelings and emotions. Corresponding nonreflexive verbs are usually transitive.

aburrirse *to get/be bored*	**aburrir** *to bore someone*
alegrarse *to be glad, happy*	**alegrar** *to make someone happy*
animarse *to cheer up, take heart, feel like doing something*	**animar** *to cheer someone up, encourage someone*
asustarse *to get scared*	**asustar** *to frighten someone*
calmarse *to calm down*	**calmar** *to calm someone down*
decidirse (a) *to make up one's mind*	**decidir** *to decide*
divertirse (e→ie) *to have a good time*	**divertir (e→ie)** *to amuse*
enfadarse *to get angry*	**enfadar** *to make (someone) angry*
enojarse *to get angry*	**enojar** *to make (someone) angry*
entusiasmarse *to get excited, feel thrilled*	**entusiasmar** *to excite, thrill, stir*
exasperarse *to get exasperated, lose one's patience*	**exasperar** *to exasperate, make (someone) lose his/her patience*
interesarse (en) *to be interested in*	**interesar** *to interest*
marearse *to get/feel dizzy*	**marear** *to make (someone) dizzy*
molestarse *to get annoyed*	**molestar** *to annoy, bother*
ofenderse *to get offended, insulted, feel hurt*	**ofender** *to offend, insult, hurt someone*
preocuparse *to worry*	**preocupar** *to worry someone*
probarse (o→ue) *to try on*	**probar (o→ue)** *to try, taste*
sorprenderse *to be surprised*	**sorprender** *to surprise someone*
tranquilizarse *to calm down, stop worrying*	**tranquilizar** *to calm someone down, reassure*

Actividad 10 **Dando consejos** Lea las situaciones y luego dé algunos consejos. Escriba los verbos indicados con la forma formal e informal singular del mandato. Siga el modelo.

MODELO Tengo calor. (quitarse el suéter)
Quítese el suéter.
Quítate el suéter.

1. Me gustan los dos trajes. (probarse los dos)

____

____

2. Tengo muchísimo sueño. (acostarse temprano)

____

____

3. ¡Tengo cita a las tres y ya son las tres menos cuarto! (darse prisa)

____

____

4. Empieza a llover. (ponerse el impermeable)

____

____

5. Voy a ver la nueva película española esta noche. (divertirse mucho)

6. Me encanta Sevilla. (quedarse otra semana entonces)

Nota cultural

Sevilla

Sevilla, a orillas del río Guadalquivir, es la capital de la comunidad autónoma de Andalucía y la cuarta ciudad de España, después de Madrid, Barcelona y Valencia. Sevilla ofrece el contraste de muchas ciudades españolas, una asombrosa riqueza histórica que existe dentro de una ciudad moderna y dinámica. Es una ciudad de barrios, cada uno de los cuales tiene su carácter especial. El barrio de Santa Cruz, el antiguo barrio judío en la Edad Media, se conoce por sus calles estrechas, casas blancas con hermosos patios interiores y balcones llenos de flores. El barrio de El Arenal tiene el teatro de la Maestranza y la plaza de Toros. El Centro, la antigua ciudad amurallada (walled)*, tiene muchas de las atracciones culturales de Sevilla. De gran importancia son la catedral gótica del siglo quince (la tercera del mundo por su tamaño); la Giralda, la torre de la catedral (minarete de la antigua mezquita árabe); los Reales Alcázares* (royal palaces)*; el Archivo General de Indias, que contiene importantes documentos de la conquista y colonización de América; y la Universidad de Sevilla, antigua fábrica de tabaco que era la escena de la ópera «Carmen». Sevilla es famosa por su celebración de Semana Santa y su Feria de Abril. La isla de la Cartuja, en el río Guadalquivir, fue sitio de la exposición universal Expo-92.*

Actividad 11 **¡No lo haga!** Déle a la persona un mandato negativo empleando el verbo indicado con la forma formal e informal singular. Siga el modelo.

MODELO Me gusta el pelo largo. (no cortarse el pelo entonces)
No se corte el pelo entonces.
No te cortes el pelo entonces.

1. Tengo fiebre. (no levantarse todavía)

2. Tengo los pies mojados por la lluvia. (no enfermarse)

3. A Roberta se le rompió mi reloj. (no enfadarse con ella)

4. Voy a coger el tren de las ocho. (no despertarse tarde)

5. Necesito estudiar para un examen de biología. (no dormirse antes de terminar)

6. Yo no tengo la menor idea de lo que pasó. (no hacerse el desentendido)

7. Voy a hacer alpinismo en diciembre. (no marearse)

Actividad 12 **¡Niños, hagan esto!** Déles mandatos a los niños y escriba la forma del mandato de los verbos indicados. Dígales las cosas que deben hacer. Siga el modelo.

MODELO ducharse ahora
Niños, dúchense ahora.

1. vestirse para salir
2. cepillarse los dientes
3. atarse los cordones
4. ponerse serios
5. lavarse las manos
6. peinarse

7. levantarse

8. probarse los zapatos

Actividad 13 **¡Niños, pórtense bien!** Déles mandatos a los niños y escriba la forma del mandato de los verbos indicados. ¡Esta vez, dígales las cosas que no deben hacer! Siga el modelo.

MODELO no quitarse los guantes
Niños, no se quiten los guantes.

1. no ensuciarse la cara

2. no hacerse los sordos

3. no caerse patinando

4. no olvidarse de guardar sus juguetes

5. no irse del jardín

6. no quebrarse el pie jugando fútbol

7. no quejarse tanto

8. no hacerse daño

Reflexive pronouns with the progressive tenses

In the progressive tenses, the reflexive pronouns may either precede the forms of **estar** or follow the present participle (gerund). When they follow, they are attached in writing and a written accent is added to the vowel before the **-ndo** of the gerund.

Me estoy vistiendo.	***I'm getting dressed.***
Ana **está arreglándose.**	*Ana **is getting ready.***

CHAPTER 7

Here are some commonly used reflexive verbs that refer to motion or to a change in position. In most cases, the corresponding nonreflexive verb is transitive. Note the prepositions that accompany certain verbs.

acercarse (a) *to come closer, approach*	**acercar** *to bring something closer, over*
alejarse (de) *to move away from*	**alejar** *to move something away*
caerse *to fall down*	**caer** *to fall (usually figurative)*
correrse *to move over, make room for*	**correr** *to move (an object)*
detenerse *to stop, come to a halt*	**detener** *to stop, bring to a halt*
instalarse *to move in*	**instalar** *to install*
irse *to go away*	**ir** *to go*
levantarse *to get up, rise*	**levantar** *to lift*
moverse (o→ue) *to move, stir, budge*	**mover (o→ue)** *to move (put in motion)*
pararse *to stand up (Latin America)*	**parar** *to stop*
pasearse *to stroll*	**pasear** *to take for a walk, walk*
perderse (e→ie) *to get lost*	**perder (e→ie)** *to lose*
quedarse *to stay, remain*	**quedar** *to remain, be left*
tirarse *to jump, throw oneself/lie down*	**tirar** *to throw*
volcarse (o→ue) *to get knocked over*	**volcar (o→ue)** *to knock over*

The following verbs of motion or change of position are used primarily as reflexives.

apresurarse de *to hurry*
echarse *to lie down*
escaparse *to escape*
inclinarse *to bend over*
mudarse *to move (change residence)*
ponerse de pie *to stand up (Spain)*
recostarse (o→ue) *to lie down*

Here are some verbs that are used primarily or exclusively as reflexives in Spanish, at least in the meanings given. Verbs marked with an asterisk exist only as reflexives.

acordarse (o→ue) (de) *to remember*
apoderarse (de) *to take possession (of)*
aprovecharse (de) *to take advantage (of)*
apuntarse (a/para) *to register, sign up (for)*
arrepentirse (e→ie) (de) *to regret, repent*
***atreverse (a)** *to dare to do something*
ausentarse *to be out, away*
burlarse (de) *to laugh at, make fun of*
casarse (con) *to get married (to)*
comprometerse *to get engaged*
***desmayarse** *to faint*
***divorciarse** *to get divorced*
empeñarse (en) *to insist (on), persist (in)*
enamorarse (de) *to fall in love (with)*
enterarse (de) *to find out (about)*
fiarse (de) *to trust*
figurarse *to imagine*
fijarse (en) *to notice*
llevarse bien/mal (con) *to get along/not get along (with)*
***jactarse (de)** *to boast about*
negarse (e→ie) (a) *to refuse to*
ocuparse (de) *to take care of*
ofrecerse a + infinitive *to offer to do something*
olvidarse (de) *to forget*
oponerse (a) *to oppose, be against*
parecerse (a) *to resemble*
portarse bien/mal *to behave well/badly*
***quejarse (de)** *to complain about*
reírse (de) *to laugh at*
sentirse (e→ie) *to feel*

PART I

NOTES

- **Olvidar** is followed by a direct object. **Olvidarse** is followed by the preposition **de.**

Olvidaron el número. **Se olvidaron del número.**	*They forgot the number.*

- **Olvidarse** is also used with the indirect object pronoun. See Chapter 19 on unplanned occurrences.

Se les olvidó el número.	*They forgot the number.*

- The verb **desayunar** *(to have breakfast)* can also be used as a reflexive: **desayunarse.**

Todavía **no (me) he desayunado.**	*I still **haven't had breakfast.***

Actividad 14 **¡Haciendo diabluras *(Making mischief)*!** En una reunión dominical *(Sunday)*, los niños están haciendo sus diabluras como siempre. Y los adultos están reaccionando como siempre. Escriba oraciones con los verbos en el presente progresivo para describir la escena. Escriba cada oración de dos maneras. Siga los modelos.

MODELOS Sarita / mojarse con la sopa
Sarita está mojándose con la sopa.
Sarita se está mojando con la sopa.

la hermana de Sarita / quejarse
La hermana de Sarita está quejándose.
La hermana de Sarita se está quejando.

1. Luisito / portarse mal

____

____

2. los abuelos de Luisito / ponerse rojos

____

____

3. Fernandito / esconderse en un armario

____

____

4. el tío de Fernandito / asustarse

____

____

5. los gemelos *(twins)* / escaparse de su padre

____

____

6. el padre de los gemelos / enojarse

____

____

7. Mari Carmen / ensuciarse con el guacamole

____

____

8. la madre de Mari Carmen / avergonzarse

____

____

CHAPTER 7

Nota cultural

El guacamole y el aguacate

El guacamole es una salsa hecha con aguacate (avocado), *jitomate («tomato» en México) y cebolla. Se come en México, Centroamérica y Cuba. La palabra guacamole viene del náhuatl (nombre del idioma de los aztecas) y significa «salsa de aguacate».*

El aguacate es uno de los productos agrícolas que tiene su origen en América. Semejante en su forma a una pera, el aguacate tiene una cáscara (shell, skin) *verde y un hueso* (pit) *grande y duro. La carne verde del aguacate es muy sabrosa y nutritiva, y tiene mútiples usos en la cocina.*

Los europeos descubrieron muchos productos agrícolas en América como la papa, la batata, el maíz, el tomate y el tabaco y los trajeron a Europa. Algunos de estos productos como la papa y el tomate transformaron la cocina tradicional de Europa y llegaron a ser alimentos esenciales de la dieta europea.

PART I

Actividad 15 **Están en movimiento.** Hay mucha actividad en el barrio hoy. Escriba las oraciones en el presente progresivo para decir lo que está haciendo cada persona. Siga el modelo.

MODELO ¿Dónde está Juan Pedro? (levantarse)
Se está levantando.
Está levantándose.

1. ¿Qué hace tu mamá? (apresurarse para salir)

____

____

2. ¿Qué hacen los Pereira? (mudarse a otro barrio)

____

____

3. ¿Dónde están los niños? (acercarse a la escuela)

____

____

4. ¿Qué hacen tus abuelos? (pasearse por el centro)

____

____

5. ¿Qué haces tú? (divertirse)

____

____

6. ¿Qué hacen Uds.? (reunirse en casa de Pepe)

____

____

7. ¿Qué hace Elena? (vestirse para ir a un baile)

____

____

8. ¿Qué hace Nicolás? (instalarse en su nuevo apartamento)

____

____

Reciprocal reflexive verbs

The plural forms of reflexive verbs are used to express reciprocal action corresponding to the English phrase *each other*. Because **se ven** means either *they see each other* or *they see themselves* (e.g., in the mirror), the meaning must be inferred from the context.

Jacinto y Laura **se quieren** mucho.	*Jacinto and Laura* ***love each other*** *very much.*
Se ven todos los días.	***They see each other*** *every day.*
¿Dónde **se conocieron Uds.**?	*Where* ***did you meet each other?***
Nos conocimos en una conferencia.	***We met*** *at a lecture.*

Spanish uses the phrase **el uno al otro** (or **uno a otro**) to focus on or to clarify the meaning *each other.* This phrase agrees with the gender and number of the people referred to: **el uno al otro/la una a la otra/los unos a los otros/las unas a las otras.**

Mis hermanos se ayudan **el uno al otro.**	*My brothers help* ***each other.***
Las chicas se miran **la una a la otra.**	*The girls look at* ***each other.***

The reflexive pronoun is not used to express *each other* with prepositions other than **a.**

Diana y Felisa no pueden ir de compras **la una sin la otra.**	*Diana and Felisa can't shop* ***without each other.***

Actividad 16 **Mi mejor amigo(a) y yo** Escriba oraciones en las cuales describe cómo es la relación entre Ud. y su mejor amigo(a). Practique el uso del reflexivo con el significado *each other*. Use el tiempo presente del verbo. Siga el modelo.

> **MODELO** Pablo y yo / conocer muy bien
> Pablo y yo nos conocemos muy bien.

1. Marisol y yo / hablar por teléfono cuatro veces al día

____

2. Jorge y yo / entender perfectamente

____

3. María y yo / ver todos los días

____

4. Consuelo y yo / escribir mucho durante las vacaciones

____

PART I

5. Alicia y yo / ayudar con la tarea

6. Victoria y yo / prestar ropa

7. Claudia y yo / querer mucho

8. Daniel y yo / llamar por teléfono móvil

Actividad 17 **Un gran amor** ¿Cómo llegaron Alejandra y Claudio a comprometerse? Escriba oraciones en el pretérito con la forma recíproca del reflexivo para explicarlo. Siga el modelo.

> **MODELO** ver por primera vez hace un año
> Se vieron por primera vez hace un año.

1. conocer en una fiesta
2. llamar a menudo
3. escribir mensajes por correo electrónico
4. hablar constantemente
5. comprar regalos
6. comprender muy bien
7. dar la mano
8. decir muchas cosas importantes
9. hacer promesas
10. llegar a querer

CHAPTER 7

Nota cultural

La familia hispánica

En las sociedades tradicionales de los países hispánicos, las familias solían arreglar el matrimonio para sus hijos. Los padres y abuelos sólo dejaban que la hija saliera con un joven bien educado y de cierto nivel económico. Y cuando salía con el joven iban acompañados de una chaperona o dueña. Después de varios años de noviazgo (courtship and engagement), *entre cinco y diez quizás, los novios se casaban. Hoy en día los jóvenes se conocen, se enamoran y escogen un cónyuge* (mate) *sin tanta intervención de la familia. Y claro que ahora las mujeres trabajan también. Pero con todos estos cambios, la opinión de los familiares y su influencia en el matrimonio de los jóvenes sigue siendo más fuerte en el mundo hispánico que en Estados Unidos.*

Actividad 18 **Travesuras (*Mischief*) en el parque** Dos niños estaban en el parque ayer. Complete el relato con el pretérito de los verbos indicados para saber lo que les pasó. Ud. practicará el uso del reflexivo con el significado de *each other*.

1. Luisito y Juanito ______________________ en el parque ayer. (conocerse)
2. ______________________ a jugar. Pronto Luisito le quitó el camión a Juanito. (Ponerse)

3–4. ______________________ tanto que ______________________. (Enojarse, pegarse)

5. Las dos mamás ______________________ y trataron de calmar a sus hijos. (acercarse)

6–8. Los niños ______________________ y ______________________ y ______________________ un beso. (tranquilizarse, abrazarse, darse)

9–10. Las mamás ______________________ hasta que todos ______________________ para su casa. (hablarse, irse)

PART I

How to say *become* in Spanish

The English verb *to become* has several different translations in Spanish. When *to become* is followed by an adjective, the most common Spanish expression is **ponerse** + *adjective*. It is used for physical or emotional changes, where no effort is implied.

Esteban **se puso bravo** al leer la carta.	*Esteban* ***got angry*** *when he read the letter.*
Lidia y María **se pusieron pálidas** del susto.	*Lidia and María* ***turned pale*** *from fright.*
Juanita **se pone roja** porque es tímida.	*Juanita* ***blushes (gets red)*** *because she's shy.*

Volverse + *adjective* is used to express a sudden, involuntary change, most commonly in the expression **volverse loco** *(to go crazy, mad)*. Changes indicated by **ponerse** may be superficial while those indicated by **volverse** are more profound.

Daniela **se volvió loca** al recibir la noticia.	*Daniela* ***went crazy*** *when she received the news.*
Los políticos **se volvieron muy arrogantes.**	*The politicians* ***got very arrogant.***
¡Ese niño **se ha vuelto imposible**!	*That child* ***has become impossible!***

Hacerse and **llegar a ser** also mean *to become* and are used with nouns expressing profession or adjectives expressing social status. They imply effort on the part of the subject. **Pasar a ser,** stressing the process of change, is also used.

Manolo **se hizo abogado.**	*Manolo* ***became a lawyer.***
Lola **llegó a ser abogada** también.	*Lola* ***became a lawyer*** *also.*
Pedro y yo **nos hicimos amigos.**	*Pedro and I* ***became friends.***
Pedro y Tomás nunca **llegaron a ser amigos.**	*Pedro and Tomás never* ***got to be friends.***
Laura **pasó a ser directora ejecutiva** de la compañía.	*Laura* ***got to be executive director*** *of the company.*
Y **se hizo rica** también.	*And* ***she got rich,*** *too.*

The idioms **convertirse en (e → ie)** and **transformarse en** also express ideas related to the verb *to become.*

Atlanta **se convirtió en** una ciudad importante.	*Atlanta* ***became*** *an important city.*
El príncipe **se transformó en** sapo.	*The prince* ***turned into*** *a toad.*

Very often the idea of *to become* or *to get* is expressed by a reflexive verb in Spanish.

alegrarse *to become happy*	**deprimirse** *to get depressed*	**enojarse** *to get angry*
asustarse *to get frightened*	**emocionarse** *to become excited*	**enredarse** *to get entangled, involved*
cansarse *to get tired*	**enfadarse** *to become angry*	

Some ideas can be expressed both with a verb meaning *to become* followed by an adjective and with a reflexive verb; the latter is more literary.

hacerse rico(a)/enriquecerse *to become rich*
ponerse furioso(a)/enfurecerse *to become furious*
volverse orgulloso(a)/enorgullecerse *to become haughty*

There are some verbs in Spanish that express a change of state similar to **cansarse** and **enojarse** that are not reflexive. These verbs have alternate constructions consisting of one of the verbs for *to become* followed by an adjective.

adelgazar/ponerse delgado(a) *to get thin*
enflaquecer/ponerse flaco(a) *to get thin*
engordar/ponerse gordo(a) *to get fat*
enloquecer/volverse loco(a) *to go mad*
enmudecer/volverse mudo(a) *to become speech impaired*
ensordecer/volverse sordo(a) *to become hearing impaired*
envejecer/ponerse viejo(a) *to grow old*
palidecer/ponerse pálido(a) *to turn pale*

*The verbs ending in **-ecer** have a **yo** form ending in **-ezco** in the present tense.

Actividad 19 **¿Cómo se dice *to become* en español?** Complete las oraciones con la expresión correcta que significa *to become.*

1. Los chicos _______ contentísimos al ver su nueva bicicleta.
   a. se pusieron
   b. se hicieron
2. Después de unas campañas políticas muy duras, Jorge Cuevas _______ senador.
   a. se volvió
   b. llegó a ser
3. ¡_______ locos por la cantidad de trabajo!
   a. Nos volvemos
   b. Nos hacemos
4. Rita _______ brava cuando el taxi chocó con su coche.
   a. se hizo
   b. se puso
5. Este pueblo está _______ en un centro turístico.
   a. poniéndose
   b. convirtiéndose
6. Adela y yo _______ grandes amigas.
   a. nos hicimos
   b. nos convertimos

PART I

Actividad 20 ***To become* y *to get*** Exprese las oraciones en español usando la expresión correcta para *become* or *get* en cada caso.

1. Ricardo became a millionaire.

   ____

2. The archaeologists got excited when they saw the ruins.

   ____

3. Magdalena often blushes (gets red) because she's very shy.

   ____

4. They became furious when they found out the truth.

   ____

5. Carlitos has become impossible!

   ____

6. Felisa is getting very fat because of the cake and ice cream she eats every day!

   ____

7. The region became an important technological center.

   ____

8. Isabela became a programmer.

   ____

Other reflexive verbs

There are cases of reflexive verbs that do not fit exactly into the preceding categories and that require special attention.

Equivocarse has a basic meaning of *to be mistaken, be wrong.*

Si crees que Paula te va a devolver el dinero, **te equivocas.**	*If you think Paula is going to return the money to you, **you're mistaken.***

NOTES

- **Equivocarse** means *to be wrong* only when the subject is a person. **Estar equivocado** means *to be wrong* both for persons and things.

El físico **se equivocó.**	*The physicist **was wrong.***
El físico **estuvo equivocado.**	*The physicist **was wrong.***
La respuesta **está equivocada.**	*The answer **is wrong.***

- The expression **equivocarse de** can be used for other uses of the English word *wrong.*

Ud. **se ha equivocado** de casa.	*You've come to the **wrong** house.*
Nos equivocamos de carretera.	*We took the **wrong** highway.*

Quedarse has a basic meaning of *to remain, stay.*

Quédate en casa si no te sientes bien.	***Stay at home*** *if you don't feel well.*
Pensamos quedarnos en un parador en Segovia.	***We intend to stay*** *at a government-run inn in Segovia.*

Quedarse can express *to become* to indicate a new state, either physical or emotional.

Todos **se quedaron atónitos.**	*Everyone* ***was astonished.***
Dos víctimas del terremoto **se quedaron ciegas y sordas.**	*Two victims of the earthquake* ***became visually and hearing impaired.***

Nonreflexive **quedar** is used to mean different things.

El cuarto **queda bien/mal** con las nuevas cortinas.	*The room* ***looks good/bad*** *with the new curtains.*
Tu corbata roja **queda bien** con tu camisa azul.	*Your red tie* ***goes well*** *with your blue shirt.*
Paco **quedó bien** regalándole flores a su suegra.	*Paco* ***made a good impression*** *giving flowers to his mother-in-law.*
El director de la orquesta **quedó mal** con los músicos.	*The conductor* ***made a bad impression*** *on the musicians.*
El soldado **quedó inválido.**	*The soldier* ***became disabled.***

Hacerse, when followed by a definite article and an adjective, means *to pretend to be, to act like.*

El ladrón **se hizo el desentendido** al ser encontrado por la policía.	*The thief* ***played dumb (pretended not to understand)*** *when he was found by the police.*
Lola **se hizo la sorda** cuando su hermana le pidió prestado el coche.	*Lola* ***turned a deaf ear*** *when her sister asked to borrow the car.*
Berta **se hizo la dormida** para no tener que hacer las labores domésticas.	*Berta* ***pretended to be asleep*** *so that she wouldn't have to do the household chores.*
Nicolás **se hacía el tonto** en la fiesta.	*Nicolás* ***was acting silly (playing the fool)*** *at the party.*

Both **acordarse de** and **recordar** mean *to remember.*

Si no **me acuerdo** mal...	*If* ***I remember*** *correctly . . .*
Si no **recuerdo** mal...	*If* ***I remember*** *correctly . . .*

Recordar also means *to remind.*

Les recuerdo que mañana tenemos ensayo.	***I'm reminding them*** *that we have a rehearsal tomorrow.*
Me recuerdas a tu mamá.	***You remind me*** *of your mother.*

PART I

Expressions with reflexive verbs

darse cuenta (de) *to realize*
darse prisa *to hurry*
echarse a + infinitive *to begin to*
hacerse daño *to hurt oneself*
hacerse tarde *to get/grow late*
ponerse a + infinitive *to begin to*
ponerse de acuerdo *to come to an agreement*
quedarse con *to keep, hold onto*
referirse a *to refer to*
servirse de *to use*
tratarse de *to be about, be a question of*
valerse de *to use*

Certain verbs are made reflexive to stress participation by the subject or to convey an intensification of the action.

Compré un coche.	***I bought*** *a car.*
Me compré un coche.	***I bought (myself)*** *a car.*
Leo **comió** los pasteles.	*Leo* ***ate*** *the pastries.*
Leo **se comió** los pasteles.	*Leo* **gobbled up** *the pastries.*

Actividad 21 **Preposiciones con verbos reflexivos** Complete las oraciones con las preposiciones correctas.

1. Este niño malcriado *(spoiled)* no se lleva bien ____________________ nadie.
2. Los turistas se fijaron ____________________ la arquitectura de los castillos.
3. No debemos aprovecharnos ____________________ las demás personas.
4. Gabriela se arrepiente ____________________ haberles mentido a sus padres.
5. Yo me intereso mucho ____________________ la historia europea.
6. Los Cela se negaron ____________________ hacer cola en la taquilla.
7. ¿No te fías ____________________ tu abogado?
8. El vecino se ofreció ____________________ cortarnos el césped.
9. La abuela siempre se jacta *(brag)* ____________________ sus nietos.
10. Ud. se olvidó ____________________ desenchufar los aparatos eléctricos.
11. Daniel se casará ____________________ Luz en mayo.
12. No nos atrevemos ____________________ viajar de noche sin linterna.
13. Ponte ____________________ contestar el correo electrónico.
14. ¿Por qué se empeñan ____________________ llamarnos todos los días?

CHAPTER 7

Actividad 22 **En otras palabras** Vuelva a escribir las oraciones usando un sinónimo de los verbos o expresiones que aparecen en bastardilla.

1. *Si me acuerdo bien*, los Aranda se mudaron a Los Ángeles.

 ____

2. Ud. *no tiene razón*. Lima es la capital de Perú, no de Ecuador.

 ____

3. Dos personas *perdieron la vista* a causa del accidente.

 ____

4. *Parece que* la niña *está dormida, pero no lo está.*

 ____

5. Juan Carlos *ha bajado mucho de peso.*

 ____

6. Creíamos que íbamos a *volvernos locos* por el desorden de la casa.

 ____

7. Todos los habitantes *están enfureciéndose* por el número de robos en el barrio.

 ____

8. Diego se *ponía pálido* corriendo la última milla de la carrera.

 ____

9. *Te lastimaste* esquiando.

 ____

10. Uds. *se apresuraron* por llegar al aeropuerto.

 ____

11. *Es cuestión de* hacer una base de datos primero.

 ____

Actividad 23 **Actividad oral** Con sus compañeros de clase describa su día típico. Hable de sus actividades diarias y a qué hora las hace. Por ejemplo: **despertarse, levantarse, vestirse, peinarse, ducharse, bañarse, desayunarse, acostarse.**

Actividad 24 **Estructuras en acción** Lea el artículo.

¿Qué es Meritene?

Meritene es un complemento nutritivo que aporta proteínas, energía, vitaminas y minerales. Se presenta en cómodos sobres que diluidos en agua o leche, se convierten en deliciosos batidos o exquisitas sopas.

¿Cuándo y por qué tomar Meritene?

Meritene es ideal cuando comemos poco, situación en la que ponemos en riesgo nuestras defensas, y siempre que necesitemos un aporte extra de nutrientes esenciales.

Para sentirnos fuertes y saludables es muy importante que nos alimentemos bien, a partir de una dieta equilibrada y en cantidad suficiente. Sin embargo, cuando no es posible seguir la dieta adecuada, un complemento nutricional como Meritene es la mejor alternativa para conseguir los nutrientes y las defensas que necesitamos. Para fortalecerse hay que nutrirse bien.

¿Qué aporta un sobre de Meritene?

240 Calorías

y **todas las vitaminas**

Sin Colesterol

Sin Sacarosa

* Disuelto en 200 ml de leche entera

Actividad 25 **Estructuras en acción** Complete las oraciones con la forma correcta del presente del verbo reflexivo indicado para ver qué problemas de salud tienen estos amigos y cómo tratan de remediarlos.

La nutrición

a partir de *starting with*
alimentarse *to eat, feed oneself*
el antioxidante *antioxidant, nutritional factor that slows aging*
aportar *to supply, contribute*
el aporte *supply, contribution*
β *Greek letter beta*
el batido *shake, malted*
el calcio *calcium*
la cantidad *quantity, amount*
el caroteno *carotene (nutritional factor)*
cómodo(a) *convenient*
el complemento *supplement, complement*
el crecimiento *growth*
diluir *to dilute*
disuelto(a) *dissolved*
entero(a) *whole*
equilibrado(a) *balanced*
exquisito(a) *delicious*
fortalecerse (-ezco) *to get stronger*
el fósforo *phosphorus*
g = gramo(s) *gram(s)*
el hierro *iron*
las lentejas *lentils*
el magnesio *magnesium (essential mineral)*
la merluza *hake*
ml = mililitro(s) *milliliter(s) (1 millileter = .033 oz.)*
el nutriente *nutrient*
nutrirse *to nourish, feed oneself*
nutritivo(a) *nourishing*
presentarse *to appear; be packaged*
el riesgo: poner en riesgo *risk: to put at risk*
la sacarosa *sucrose*
saludable *healthy*
el selenio *selenium (essential trace mineral)*
siempre que + subjunctive *whenever*
el sobre *envelope*
el zinc *zinc (essential mineral)*

1. Marta no ______________________ bien. (sentirse)
2. Luis y Elena también ______________________ débiles. (sentirse)
3. Los chicos no ______________________ bien. (alimentarse)
4. Ellos tienen que ______________________ con un complemento nutritivo. (fortalecerse)
5. Yo conozco uno que ______________________ en cómodos sobres. (presentarse)
6. Cuando lo echas al agua ______________________ en un batido muy rico. (convertirse)
7. Aporta muchos minerales y muchas vitaminas. Con aquel complemento la gente ______________________ bien. (nutrirse)
8. Yo siempre ______________________ con complementos nutritivos. (fortalecerse)

PART I

Actividad 26 **Estructuras en acción** Complete el párrafo con las palabras correctas de la lista.

cantidad	**un aporte**	**diluido**	**en riesgo**
nutritivos	**equilibrada**	**convertirse**	**alimentarse**

Los complementos ______(1) son ideales cuando no nos alimentamos bien. Si no comemos lo que debemos comer, ponemos ______(2) nuestras defensas. Por eso hay que buscar ______(3) de vitaminas y minerales. Así tendremos una dieta ______(4) y consumiremos nutrientes en ______(5) suficiente. El mejor complemento se toma ______(6) en agua o leche para ______(7) en un batido o en una sopa. Es muy importante ______(8) bien.

Actividad 27 **Estructuras en acción** Busque en el anuncio un equivalente o un sinónimo de estos términos.

1. cada vez que ______
2. fácil de usar ______
3. contribuir ______
4. paquetito de papel ______
5. poner en peligro ______
6. balanceado ______
7. riquísimo ______
8. ponerse fuerte ______

Actividad 28 **Estructuras en acción** Conteste las preguntas oralmente o por escrito.

1. ¿Qué alimentos aportan calcio, según el anuncio? ¿Hay otros que lo aporten? ¿Cuáles?
2. ¿Qué aportan las lentejas? ¿Hay otros alimentos ricos en este mineral? ¿Cuáles consume Ud.?
3. ¿De qué alimentos conseguimos las proteínas que necesitamos?
4. ¿En qué consiste una dieta equilibrada?
5. ¿Cómo es la dieta suya? ¿Qué come? ¿Qué complementos nutritivos toma?

CHAPTER 7 TEST

Reflexive verbs

1 **Verbos reflexivos** Complete las oraciones con la forma correcta del reflexivo del verbo indicado.

En el presente

1. Yo ______________________ con mis amigos esta noche. (reunirse)
2. Nosotros ______________________ por el centro histórico. (pasearse)
3. Cristina ______________________ de haber dicho una mentira. (arrepentirse)
4. Uds. ______________________ mucho en la discoteca. (divertirse)
5. Se hace tarde. ¿Tú no ______________________? (acostarse)

En el pretérito

6. Ud. ______________________ en plena película. (dormirse)
7. Antonio ______________________ programador. (hacerse)
8. Los chicos ______________________ esquiando. (caerse)
9. Tú ______________________ pálida del susto. (ponerse)
10. ¿Uds. ya ______________________ de los invitados? (despedirse)

En el imperfecto

11. Nosotros ______________________ cuando llegaron. (irse)
12. La niña ______________________ mucho a su mamá. (parecerse)
13. ¿Tú ______________________ al plan? (oponerse)
14. Uds. ______________________ antes de peinarse. (vestirse)
15. Vosotros ______________________. (tranquilizarse)

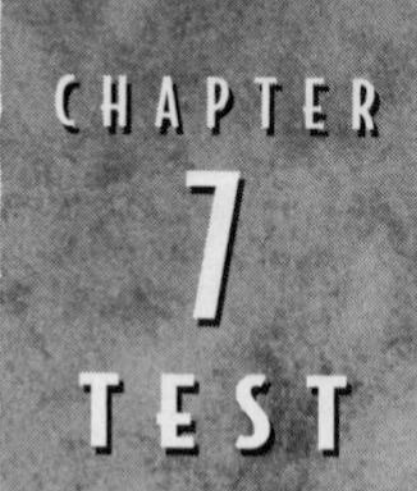

Reflexive verbs

2 **Construcción verbo + infinitivo** Vuelva a escribir las oraciones con los verbos indicados. Guarde el tiempo verbal de la oración original.

1. Yo me pondré un abrigo. (querer)
____
2. ¿Te probarías los zapatos con cordones? (preferir)
____
3. Paz no se acordará del suceso. (poder)
____
4. Ellos se decidieron ayer. (tener que)
____
5. El futbolista se tuerce el tobillo. (acabar de)
____

3 **Reflexivo recíproco** Complete las oraciones con el futuro de los verbos indicados.

1. David y yo ______________________. (hablar)
2. Uds. y Mario ______________________ en el cibercafé. (ver)
3. Tú y tus amigas ______________________. (llamar)
4. Nosotros y nuestros amigos ______________________. (ayudar)
5. Ud. y Consuelo ______________________ algún día. (entender)

Preparándose para un viaje

el baúl *trunk (car)*
el cheque de viajero *traveler's check*
desenchufar los aparatos eléctricos *to unplug the appliances*
el equipaje *luggage*
hacer las maletas *to pack*
la linterna *flashlight*
llenar el tanque del coche *to fill the tank*
el mapa *map*
la pila *battery (flashlight)*
prepararse *to get ready*
la ventanilla *car window*

1. Pedro / apagar / las luces

   ____

2. Cecilia y Pilar / hacer / las maletas

   ____

3. papá / llenar / el tanque del coche

   ____

4. Berta / desenchufar / los aparatos eléctricos

   ____

5. Sara y Juan Carlos / meter / el equipaje en el baúl

   ____

6. yo / decirles / a los vecinos / que nos vamos

   ____

7. mamá / poner / pilas en la linterna

   ____

8. Paco y yo / despedirse / de nuestros amigos

   ____

9. tú / limpiar / las ventanillas del coche

   ____

Actividad 2 **Una receta de cocina *(Recipe)*** Ud. y unos amigos están preparando un plato especial para servir en la cena. Describa paso a paso lo que han hecho. Escriba los verbos usando el pretérito perfecto. Siga el modelo.

> **MODELO** Vera / comprar / mariscos
> Vera ha comprado mariscos.

PART I

Una receta de cocina

el aguacate *avocado*
añadir *to add*
la cacerola *saucepan*
el camarón *shrimp*
la cebolla *onion*
cortar *to cut*
cubrir *to cover*
encender el fuego *to turn on the flame*
la ensalada *salad*
los espárragos *asparagus*
freído *fried* **(frito**—*more commonly used)*
freír *to fry*
la mayonesa *mayonnaise*
picar *to chop*
la pimienta picante *hot pepper*
el pollo *chicken*
poner al horno *to put in the oven*
quemar *to burn*
la sal *salt*
la salchicha *sausage*
la sartén *frying pan*

1. nosotros / leer / la receta

____

2. Jorge / encender / el fuego

____

3. yo / hacer / la mayonesa

____

4. Alicia y Juan Diego / picar / las pimientas picantes

____

5. Ud. / freír / las cebollas

____

6. Estrella y yo / cortar / la salchicha

____

7. tú / lavar / los espárragos y los aguacates

____

8. Marianela / añadir / sal

____

9. Uds. / poner / el pollo al horno

____

10. yo / mezclar / la ensalada de camarones

____

11. Martín / cubrir / la cacerola

____

12. Lupe y Julio / quemar / las sartenes

____

CHAPTER 8

Actividad 3 Vuelva a escribir las oraciones de la Actividad 2 cambiando los sustantivos que son complementos directos de los verbos a pronombres. Siga el modelo.

> **MODELO** Vera ha comprado **mariscos.**
> Vera **los** ha comprado.

1. ______________________
2. ______________________
3. ______________________
4. ______________________
5. ______________________
6. ______________________
7. ______________________
8. ______________________
9. ______________________
10. ______________________
11. ______________________
12. ______________________

Actividad 4 **¡Nos aburrimos como una ostra *(oyster)*! *(We're dying of boredom!)*** Ud. y sus amigos quieren escaparse de una fiesta muy aburrida. Describa lo que Uds. han hecho, cambiando los verbos del tiempo presente al pretérito perfecto. Siga el modelo.

> **MODELO** Pablo trata de huir.
> Pablo ha tratado de huir.

1. María Dolores se duerme.

   ____

2. Ud. bosteza.

   ____

3. Yo me pongo el abrigo.

   ____

4. Carlos y Beatriz se despiden de la anfitriona *(hostess)*.

   ____

5. ¡Nos matan de aburrimiento!

   ____

PART I

6. Tú te quejas que la comida te cayó mal.

7. Ud. y Clara dan excusas.

8. Ramón dice que se enferma.

Actividad 5 **Preguntas personales** Conteste las preguntas usando el pretérito perfecto.

1. ¿Qué materias ha tomado Ud. este año?
2. ¿Qué notas ha sacado en estas materias?
3. ¿Se ha hecho Ud. socio(a) de *(Have you joined)* un club? ¿Del cuál?
4. ¿A qué países han viajado Ud. y sus padres?
5. ¿Qué planes han hecho Ud. y sus amigos para el verano?
6. ¿Ha decidido Ud. lo que va a estudiar en la universidad?
7. ¿Qué películas ha visto Ud. este año? ¿Cuál le ha gustado más?
8. ¿Cómo ha celebrado Ud. su último cumpleaños?
9. ¿Qué regalos ha recibido? ¿Quién le ha dado cada regalo?
10. ¿Qué cosas han hecho Ud. y sus amigos hoy?
11. ¿Qué libros ha leído Ud. recientemente?
12. ¿Cuál le ha interesado más?

Actividad 6 **¡Hecho consumado! (¡Cosa hecha!)** Conteste las preguntas usando el pretérito perfecto del verbo reflexivo en la oración original para explicar que las cosas ya están hechas. Siga el modelo.

> **MODELO** ¿Cuándo van Uds. a mudarse?
> Nos hemos mudado ya.

1. ¿Cuándo va Cristóbal a matricularse?
   ____
2. ¿Cuándo van Uds. a apoderarse de la finca?
   ____
3. ¿Cuándo vas a instalarte en la nueva casa?
   ____
4. ¿Cuándo van Irene y Jaime a comprometerse?
   ____
5. ¿Cuándo va Nora a enterarse de los líos de la familia?
   ____
6. ¿Cuándo vas a apuntarte en la lista de voluntarios?
   ____
7. ¿Cuándo van los Roldán a ausentarse de la ciudad?
   ____

Past perfect

The past perfect consists of the imperfect of the auxiliary verb **haber** + *past participle.* The English equivalent of the past perfect is *had done something.* This tense is called **el (pretérito) pluscuamperfecto** in Spanish.

LLEGAR, COMER, SUBIR	
(yo) **había** llegado, comido, subido	(nosotros[as]) **habíamos** llegado, comido, subido
(tú) **habías** llegado, comido, subido	(vosotros[as]) **habíais** llegado, comido, subido
(él/ella/Ud.) **había** llegado, comido, subido	(ellos/ellas/Uds.) **habían** llegado, comido, subido

The past perfect, or pluperfect tense, designates an event that happened prior to another past event.

Yo ya me había despertado cuando sonó el despertador. — ***I had already awakened*** *when the alarm clock went off.*

María ya había ido al teatro cuando Pedro la llamó. — ***María had already gone to the theater*** *when Pedro called her.*

Nosotros habíamos vuelto a casa cuando empezó a nevar. — ***We had gotten back home*** *when it began to snow.*

PART I

Actividad 7 **No, fue antes.** Explique que las cosas mencionadas no pasaron ayer sino antes. Escriba las oraciones usando el pretérito pluscuamperfecto. Siga el modelo.

> **MODELO** ¿Llegó Lorenzo ayer? (la semana pasada)
> No, había llegado la semana pasada.

1. ¿Fueron Uds. a ver la exposición en el museo ayer? (hace unos meses)
2. ¿Se cortó Amelia el pelo anteayer? (el sábado)
3. ¿Se casaron Ricardo y Leonor en abril? (dos meses antes)
4. ¿Hiciste el asado el cuatro de julio? (el primero de julio)
5. ¿Celebró Pepita su santo hace quince días? (hace un mes)
6. ¿Cambió Ud. de idea hace unos días? (hace mucho tiempo)
7. ¿Pusieron Uds. los papeles en orden esta semana? (hace tres semanas)
8. ¿Te devolvió Javier los libros esta semana? (la semana pasada)
9. ¿Escribimos los informes en febrero? (noviembre)
10. ¿Se rompió Ud. el codo hace seis meses? (hace casi un año)

Nota cultural

El día del santo

En los países hispánicos las personas celebran su santo, es decir, el día de su santo. El santo que se celebra depende del nombre de pila (given name) *de la persona. El calendario hispánico incluye el santoral en el cual nombran a los santos de cada día del año. En ciertos países hispánicos no sólo se celebra el santo sino el cumpleaños también. El cumpleaños ha cobrado más importancia en algunos países por la influencia de Estados Unidos.*

CHAPTER 8

Actividad 8 **Tomás, el holgazán *(loafer)*** Los amigos de Tomás no pueden contar con él porque no le gusta trabajar y siempre llega tarde. Ya cuando Tomás llega, todo está hecho. ¡Los amigos lo habían hecho todo! Escriba oraciones en las cuales Ud. explica lo que ya habían hecho los amigos cuando llegó Tomás por fin. Siga el modelo.

> **MODELO** Cuando Tomás llegó por fin / los amigos / lavar el carro
> Cuando Tomás llegó por fin, los amigos ya habían lavado el carro.

1. Cuando Tomás llegó por fin / Raúl / hacer la pizza

   ____

2. Cuando Tomás llegó por fin / Uds. / poner la mesa

   ____

3. Cuando Tomás llegó por fin / Diana y Judit / recoger las manzanas

   ____

4. Cuando Tomás llegó por fin / Ud. / sacar la basura

   ____

5. Cuando Tomás llegó por fin / yo / subir las cajas a la buhardilla *(attic)*

   ____

6. Cuando Tomás llegó por fin / tú / ir de compras

   ____

7. Cuando Tomás llegó por fin / Plácido y yo / volver de la tienda de videos

   ____

Actividad 9 **Ya habíamos hecho muchas cosas.** Explique lo que Ud. y otras personas habían hecho ya cuando pasaron ciertas cosas. Escriba oraciones usando el pretérito para una frase y el pretérito pluscuamperfecto para la otra. Siga el modelo.

> **MODELO** sonar el teléfono / ellos / cenar
> Cuando sonó el teléfono, ellos ya habían cenado.

1. Julia / venir a buscarnos / nosotros / hacer ejercicio

   ____

2. yo / ir a su casa / Virginia / dar una vuelta

   ____

3. Ud. / levantarse / sus padres / desayunar

   ____

4. nosotros / volver a casa / Juanita / escribir su composición

5. los bomberos / llegar / Uds. / apagar el incendio en la cocina

6. los bisnietos / lograr ver a su bisabuelo / el bisabuelo / enfermarse

Actividad 10 **Nunca habíamos visto...** Ud., sus padres y sus hermanos vuelven mañana a Estados Unidos después de pasar seis semanas en España. Ahora que Uds. se van se ponen a pensar en las cosas que no habían visto ni hecho en los viajes anteriores. Escriba oraciones en el pretérito pluscuamperfecto en las cuales Uds. describen las cosas que no habían visto ni hecho antes. Siga el modelo.

MODELO mamá / visitar la catedral de Burgos
Mamá no había visitado la catedral de Burgos hasta este viaje.

1. Laura / ver una corrida de toros en Madrid

2. Rodolfo y Eva / dar un paseo por Santiago de Compostela

3. yo / hacer una excursión a El Escorial

4. tú y Susana / pasearse por el barrio de Santa Cruz

5. mamá, papá y yo / subir al monte Tibidabo

6. Jaime / conocer la Alhambra

7. tú / pasar Semana Santa en Sevilla

8. nosotros / conocer lugares tan impresionantes

9. yo / interesarse tanto en la arquitectura gótica

10. vosotros / ir a tantos restaurantes y discotecas

Nota cultural

Un viaje por España

Burgos, capital de la provincia de Burgos, queda en Castilla la Vieja al norte céntrico de España. Su gran catedral gótica, cuya construcción comenzó en el siglo trece, es por sus dimensiones la tercera catedral española después de las de Sevilla y Toledo.

La corrida de toros es el espectáculo español segundo en importancia después del fútbol. Hay plazas de toros en Madrid, Sevilla, Barcelona y por toda España.

Santiago de Compostela, capital de Galicia, es uno de los lugares más importantes de la cristiandad. La catedral, construida en el siglo doce, fue centro de peregrinación al sepulcro del apóstol Santiago.

El Escorial es el monasterio, palacio y panteón real que el rey español Felipe II (1556–1598) hizo construir para honrar la memoria de su padre el emperador Carlos V. Queda en la sierra de Guadarrama, a poca distancia de Madrid.

El monte Tibidabo queda al noroeste de Barcelona. Desde la cima, a la cual se llega en funicular (cable car), *se ve un hermoso panorama de Barcelona y del Mediterráneo.*

La Alhambra es el lujoso palacio construido por los reyes musulmanes en Granada durante los siglos trece y catorce.

La Semana Santa va desde el Domingo de Ramos hasta el Domingo de la Resurrección. Van miles de turistas a presenciar las famosas procesiones sevillanas durante esta celebración religiosa.

Future perfect

The future perfect consists of the future tense of the auxiliary verb **haber** + *the past participle.*

LLEGAR, COMER, SUBIR	
(yo) **habré** llegado, comido, subido	(nosotros[as]) **habremos** llegado, comido, subido
(tú) **habrás** llegado, comido, subido	(vosotros[as]) **habréis** llegado, comido, subido
(él/ella/Ud.) **habrá** llegado, comido, subido	(ellos/ellas/Uds.) **habrán** llegado, comido, subido

PART I

In Spanish, as in English, the future perfect tense designates an event that will be completed in the future before another event occurs or before some point of time in the future. This tense is called **el futuro perfecto** or **el futuro compuesto** in Spanish.

Habrán vuelto para finales del mes.	*They'll have returned by the end of the month.*
Lo habré terminado todo antes de irme.	*I'll have finished everything before I leave.*

The future perfect is also used to express probability in past time. The future perfect of probability corresponds to the preterite or the present perfect.

Habrá pasado algo. Probablemente pasó algo. Probablemente ha pasado algo.	*Something probably happened.*

Deber de + *perfect infinitive,* which is the infinitive **haber** + *the past participle,* can be used instead of the future perfect to express probability in past time.

Marta **debe de haber llamado.**	*Marta must have (probably) called.*

Actividad 11 **¿Qué habrá ocurrido?** Escriba oraciones usando el futuro perfecto para explicar para cuándo habrán ocurrido ciertas cosas. Siga el modelo.

> **MODELO** nosotros / almorzar / para las dos
> Nosotros habremos almorzado para las dos.

1. Elena / graduarse / para el año próximo

   ____

2. Alfredo y Armando / mejorarse / antes de regresar al colegio

   ____

3. nosotros / ahorrar dinero / antes de las vacaciones de invierno

   ____

4. yo / darte tu regalo / antes de tu fiesta de cumpleaños

   ____

5. Ud. y Laura / mudarse / para mediados del mes

   ____

6. tú / sacar un pasaporte / para julio

   ____

7. Uds. / volver del centro comercial / para las ocho

   ____

8. vosotros / abrir una cuenta bancaria / para el veinte de enero

   ____

CHAPTER 8

Actividad 12 **Conjeturas** *(Conjectures)* Exprese sus conjeturas sobre lo que pasó. Escriba las oraciones usando el futuro perfecto para expresar probabilidad en el pasado. Siga el modelo.

> **MODELO** Probablemente llegó el cartero.
> Habrá llegado el cartero.

1. Su coche probablemente le costó un ojo de la cara.

   ____

2. Clara probablemente escribió la carta.

   ____

3. Felicia y Eduardo probablemente ganaron la regata.

   ____

4. Uds. probablemente tomaron la merienda.

   ____

5. Martín y yo probablemente no entendimos el motivo.

   ____

6. Ud. probablemente no hizo cola por mucho tiempo.

   ____

Conditional perfect

The conditional perfect consists of the conditional tense of the auxiliary verb **haber** + *the past participle.* It corresponds to the English *would have done something.*

LLEGAR, COMER, SUBIR	
(yo) **habría** llegado, comido, subido	(nosotros[as]) **habríamos** llegado, comido, subido
(tú) **habrías** llegado, comido, subido	(vosotros[as]) **habríais** llegado, comido, subido
(él/ella/Ud.) **habría** llegado, comido, subido	(ellos/ellas/Uds.) **habrían** llegado, comido, subido

The conditional perfect is used to designate an action or event that would have been completed in the past or when there is a real or implied condition.

Yo no lo **habría dicho.** — *I* ***wouldn't have said*** *it.*

Nosotros **nos habríamos quedado** más tiempo. — *We* ***probably would have stayed*** *longer.*

The conditional perfect is also used to express probability in past time. It corresponds to the past perfect + *probably.*

Ya **se habría ido,** me imagino. — ***He had probably left,*** *I imagine.*

PART I

The perfect infinitive consists of the infinitive **haber** + *the past participle.* It is used after prepositions and as the complement of some verbs. The conditional perfect is called **el condicional/potencial perfecto** or **el condicional/potencial compuesto** in Spanish.

Lorenzo ha sacado excelentes notas **por haber estudiado** tanto.	*Lorenzo has gotten excellent grades **for having studied** so much (because he studied so much).*
No recuerdo **haberlo visto.**	*I don't remember **having seen him.***

Actividad 13 **No lo habríamos hecho.** Escriba oraciones que expresan que Ud. y otras personas no habrían hecho las cosas que hicieron algunas personas. Siga el modelo.

> **MODELO** Gregorio pidió el plato de langosta con salsa de chocolate. (yo)
> Yo no lo habría pedido.

1. Diego y Jaime salieron a la calle durante la tormenta. (Patricia y yo)

 ____

2. Tere rompió su compromiso con su novio. (Sofía)

 ____

3. Uds. hicieron el viaje a California en autobús. (los turistas venezolanos)

 ____

4. Ariana se cortó el pelo en la peluquería Melenas. (tú)

 ____

5. Nosotros creímos lo que nos dijo Cecelia. (Ud.)

 ____

6. Te reíste cuando se te cayeron los vasos. (yo)

 ____

Actividad 14 **¡Felicidades!** Ud. es el/la maestro(a) de ceremonias del programa del premio Óscar. Les presenta la estatuilla del Óscar a los ganadores de las diferentes categorías artísticas de las películas del año. Practique el uso del infinitivo compuesto *(perfect infinitive)* tras *(after)* **por.** Siga el modelo.

> **MODELO** Maribel Sánchez / trabajar en «Alma y corazón»
> A Maribel Sánchez por haber trabajado en «Alma y corazón».

1. Lope Cernuda / dirigir «Plátanos y cerezas»

 ____

2. Ernesto del Olmo / componer la música de «Mosquitos mágicos»

 ____

CHAPTER 8

3. Ela Pantoja y Roberto Campillo / escribir el guión de «Agua hervida»

4. Agustín Domingo / cantar en «Después de haber bailado»

5. Beatriz Perales / ser primera actriz en «Salchichas al sol»

6. Mateo de León y Diana Duque / producir «Grapadora en la mesa»

7. Silvia Siles / hacer la escenografía de «Narices al aire»

8. Memo Morado / actuar en «Langostas en el cielo»

9. Edit Revueltas / diseñar el vestuario de «Tijeras de poliéster»

10. Pepe del Oeste / maquillar a los actores de «Tamales quemados»

Actividad 15 **Allá en el rancho grande** Exprese en español sus conjeturas sobre el rancho o la estancia que tenía su familia hace muchos años. Escriba oraciones de probabilidad usando el condicional perfecto.

1. The ranch had probably been very big.

2. The farmers probably had had hens in a henhouse.

3. The farm workers probably had picked cherries and strawberries.

4. The landscape of the countryside probably had been beautiful.

5. The people probably had made barbecues every Sunday.

6. My great-grandfather probably had gone fishing in the lake that was nearby.

PART I

7. My great-grandmother probably had cooked fresh fruits and vegetables from the harvest.

8. There probably had been horses and cows on the ranch.

9. The farmers had probably sowed seeds in the vegetable garden.

10. We probably would have loved life on the ranch.

Actividad 16 **Actividad oral** Trabaje con un(a) compañero(a) para discutir las cosas que Uds. **han hecho** este año y las cosas que **habrían hecho** este año. Por ejemplo, Ud. dice: **Yo he estudiado latín este año**. Su compañero(a) responde: **Yo habría estudiado griego**. Se puede hablar de las materias, los deportes, los amigos, los pasatiempos, las vacaciones y otros temas.

Actividad 17 **Estructuras en acción** Lea los artículos y resuma los esfuerzos de Venezuela para aumentar el turismo al país.

Venezuela—Una en un millón

Tres años de trabajo constante, orientado fundamentalmente hacia la promoción internacional de Venezuela, han comenzado a rendir significativos frutos. Al incremento sostenido de visitantes registrado desde 1994 se ha sumado el empeño de todos los venezolanos por mejorar la oferta turística del país, lo que ha hecho que el turismo alcance el segundo lugar en importancia como actividad generadora de divisas, luego del petróleo.

Arte Peruano H.STERN

En 1532, los conquistadores españoles que llegaron al Perú ya sabían, por referencias, de la riqueza y el prodigio que aquí les esperaban. Su sorpresa fue mayor al depararse con 5.000 años de cultura y varias civilizaciones de artistas que se enlazaban unas con otras en el tiempo. Muchas de estas culturas ya habían desaparecido, y otras, más recientes, como las de Nazca, Mochica y Tiahuanaco, ya habían alcanzado su esplendor y sucumbido al ímpetu regenerador de Imperio Inca. Así, 1.800 años de orfebrería — la más antigua y depurada del continente — fueron asimilados e irradiados por el universo andino.

H. STERN Joyeros seleccionó piezas fundamentales del mejor arte del Perú precolombino, y confeccionó reproducciones en oro de 18 quilates, piedras y materiales originales, procurando preservar, con el máximo de calidad y fidelidad, el espíritu de estas fascinantes civilizaciones.

Actividad 18 **Estructuras en acción** Complete las oraciones usando el pretérito perfecto de los verbos indicados.

El turismo y el arte

alcanzar *to reach*
andino(a) *pertaining to the Andes mountains*
confeccionar *to manufacture*
depararse con *to be presented with*
depurado(a) *refined*
las divisas *money, currency*
el empeño *effort, resolve*
enlazarse con *to be connected with*
la fidelidad *faithfulness*
los frutos *fruit*
generar: generador(a) de *to generate: that produces*
el ímpetu *impetus, force*
el incremento *increase*
irradiar *to spread, diffuse*
luego de *after*
el máximo *maximum*
la oferta *offer*
la orfebrería *goldsmith's work; work in precious metals*
la pieza *piece (here: of jewelry)*
precolombino(a) *before the arrival of Columbus*
procurar + infinitive *to try to*
el prodigio *marvel, wonder*
el quilate *carat*
la referencia *report, account*
regenerador(a) *regenerative*
registar *to record*
rendir (e→i) *to yield*
sostener *to sustain, keep up*
sucumbir a *to succumb to*
sumar: sumarse *to add: to be added*
el universo *universe (here: world)*

1. Venezuela ________________ mejorar el turismo. (procurar)
2. Los venezolanos ________________ constantemente durante tres años. (trabajar)
3. Sus esfuerzos ________________ frutos. (rendir)
4. El número de visitantes ________________. (aumentar)
5. Todos ________________ al esfuerzo. (sumarse)
6. El empeño de los venezolanos ________________ la oferta turística. (mejorar)
7. El turismo ________________ el segundo lugar en importancia económica. (alcanzar)
8. El turismo ________________ y sigue generando muchas divisas para el país. (generar)
9. El petróleo ________________ la actividad generadora de divisas más importante. (ser)
10. Venezuela ________________ un incremento de visitantes. (registrar)

PART I

Actividad 19 **Estructuras en acción** Hable de la importancia y del impacto del arte peruano. Complete las oraciones con el pluscuamperfecto de los verbos indicados.

1. Los conquistadores españoles ya ______________________ de la riqueza del Perú. (oír)
2. Pero no se dieron cuenta de que el Perú ______________________ un centro cultural importante a través de 5.000 años. (ser)
3. Muchas de las antiguas culturas ya ______________________. (desaparecer)
4. Otras ______________________ al ímpetu regenerador del Imperio inca. (sucumbir)
5. Los incas ______________________ 1.800 años de orfebrería. (asimilar)
6. La empresa H. Stern ______________________ reproducciones en oro de 18 quilates. (hacer)
7. Los joyeros ______________________ piezas del mejor arte de Perú precolombino. (seleccionar)

Actividad 20 **Estructuras en acción** Empareje la palabra en la columna A con su sinónimo en la columna B.

	A	B
1. ______	empeño	**a.** depurado
2. ______	procurar	**b.** después de
3. ______	aumento	**c.** confeccionar
4. ______	hacer, fabricar	**d.** alcanzar
5. ______	refinado	**e.** prodigio
6. ______	maravilla	**f.** incremento
7. ______	luego de	**g.** esfuerzo
8. ______	llegar a	**h.** tratar de

Actividad 21 **Estructuras en acción** Conteste las preguntas oralmente o por escrito.

1. ¿Qué ha tratado de hacer Venezuela en los últimos tres años?
2. ¿Qué resultados han dado sus esfuerzos?
3. ¿Qué lugar ha alcanzado el turismo en la economía venezolana?
4. ¿Con qué se encontraron los conquistadores españoles cuando llegaron al Perú?
5. ¿Cuál era la situación de las culturas Nazca, Mochica y Tiahuanaco al llegar los españoles?
6. ¿Qué clase de empresa es H. Stern y qué ha tratado de hacer?

CHAPTER 8 TEST

Past participle and perfect tenses

1 **Participio pasado** Complete las oraciones con la forma correcta del participio pasado del verbo indicado.

1. Los apartamentos que más me interesan están ya ______________________. (alquilar)
2. Hay que buscar otro mapa porque éste está ______________________. (romper)
3. Sólo falta la salsa ya que las enchiladas están ______________________. (hacer)
4. La computadora portátil está ______________________. (descomponer)
5. El pescado ______________________ es el plato más rico de todos. (freír)
6. ¿Encontraste los documentos ______________________? (perder)
7. La agencia de viajes está ______________________ entre las nueve y las seis. (abrir)
8. Todas las farmacias están ______________________ ahora. (cerrar)
9. Los pueblos costeños están ______________________. (destruir)

2 **Tiempos perfectos** Complete las oraciones con la forma correcta de los verbos indicados. Use el tiempo perfecto indicado.

Pretérito perfecto

1. Yo ______________________ mensajes de correo electrónico. (escribir)
2. Uds. ______________________ cuenta del problema. (darse)
3. Nosotros no ______________________ el libro todavía. (leer)
4. Juan ______________________ daño jugando baloncesto. (hacerse)

Pluscuamperfecto

5. Tú ya ______________________ cuando llegué. (salir)
6. Nosotros no los ______________________ por mucho tiempo. (ver)
7. Ellos no nos ______________________ adónde iban. (decir)
8. ¿Ud. ______________________ del accidente? (enterarse)

CHAPTER 8 TEST

Past participle and perfect tenses

Futuro perfecto

9. Los dueños ______________________________ la tienda para el verano. (abrir)
10. Tú y yo ______________________________ para fines del mes. (irse)
11. Vosotros ______________________________ para junio. (graduarse)
12. Yo ______________________________ mis exámenes. (terminar)

Condicional perfecto

13. Yo no ______________________________ tal cosa. (decir)
14. Ellos no ______________________________ tu cuento. (creer)
15. Ud. no ______________________________ tanto tiempo. (quedarse)
16. Ya ______________________________ a llover. (empezar)

Passive constructions

Passive voice

The passive voice in Spanish consists of a form of **ser** + *the past participle.* (See Chapter 8 for the formation of the past participle.) This is often followed by the agent phrase introduced by the preposition **por.** In passive voice, the past participle agrees in number and gender with the subject of the sentence.

La cena fue servida **por Margarita.**	*Dinner was served by Margarita.*
Los paquetes serán entregados **por el cartero.**	*The packages will be delivered by the letter carrier.*
El coche ha sido reparado **por los mecánicos.**	*The car has been repaired by the mechanics.*

The passive voice is used in Spanish when the speaker wishes to deemphasize the performer of the action. In the passive construction, the speaker can focus on the direct object by making it the subject of the passive sentence.

(active voice)	Los obreros construirán el rascacielos.
(passive voice)	El rascacielos será construido por los obreros.

NOTES

- The direct object of the active sentence, **el rascacielos,** becomes the subject of the passive sentence. The subject of the active sentence, the performer of the action, **los obreros,** appears in the *agent phrase* introduced by **por.** In the rephrasing of the active sentence into a passive sentence, the speaker focuses on **el rascacielos** and on its building rather than on the performer of the action, **los obreros.**
- The passive voice in Spanish is more common in writing and formal speech. It is not as common in everyday spoken Spanish as it is in English.

Actividad 1 **En la oficina** Vuelva a escribir las oraciones, cambiando la construcción activa a la construcción pasiva para describir las actividades que ocurren en la oficina. Mantenga el tiempo verbal de la oración en voz activa. Siga el modelo.

> **MODELO** El secretario arregló los papeles.
> Los papeles fueron arreglados por el secretario.

La oficina

actualizar *to update*
el/la administrador(a) de Web *webmaster*
la base de datos *data base*
el correo electrónico *e-mail*
el folleto *brochure, pamphlet*
el formulario *form*
el/la gerente *manager*
la impresora *printer*
el ordenador *computer (Spain)*
la pantalla *screen*
el/la programador(a) *programmer*

1. La recepcionista leyó el correo electrónico.
2. Los empleados llenarán los formularios.
3. El bibliotecario ha preparado el folleto.
4. La programadora hizo la base de datos en su nuevo ordenador.
5. El administrador de Web actualizará el sitio Web.
6. Los agentes de viajes tradujeron los documentos.
7. El programador reparó la pantalla.
8. Los mensajeros han puesto los recados en los escritorios.

Actividad 2 **Día de mudanza** Escriba oraciones con verbos en la voz pasiva y en el pretérito para describir lo que pasó en casa de los Pidal el día de su mudanza de San Salvador a Nueva York. Siga el modelo.

> **MODELO** los muebles / llevar / los cargadores *(movers)*
> Los muebles fueron llevados por los cargadores.

1. las camas / subir a los dormitorios / tres hombres
2. la alfombra de la sala / correr / la señora Pidal
3. los cuadros / colgar en las paredes / Benita y Ramona

4. la secadora / bajar al sótano / un cargador

___

5. el sillón azul / colocar al lado de la ventana / el señor Pidal

___

6. las lámparas / poner en las mesas / la abuela

___

CHAPTER 9

Nota cultural

La emigración hispánica a Estados Unidos

Hay mucha emigración de ciertos países hispánicos a Estados Unidos por razones económicas, políticas y personales. Los inmigrantes hispanos más numerosos son de México, la República Dominicana, El Salvador, Colombia, Perú, Ecuador y Cuba. Muchos inmigrantes necesitan los servicios de las empresas de mudanza internacional. Por eso se ven tantos anuncios para las mudanzas en los periódicos hispánicos que se publican en Estados Unidos; por ejemplo, en El Diario/La Prensa *de Nueva York o* El Tiempo Latino *de Washington, D.C. El Salvador es el país centroamericano más pequeño y más densamente poblado. Muchos salvadoreños emigraron a Estados Unidos como resultado de los muchos años de guerra civil que desgarraron* (tore apart) *su país.*

Se constructions with passive meaning

Spanish uses the construction **se** + *verb* in third person singular or plural to deemphasize the subject. The agent phrase beginning with **por** is not used in this construction. Notice that in English this **se** construction (**se** + *verb*) can be translated in many different ways, including by the passive voice. The verb in this construction is either third person singular or third person plural depending on whether the grammatical subject is singular or plural.

El locutor **dio** los premios.	*The announcer* ***gave out (awarded)*** *the prizes.*
Los premios **fueron dados** por el locutor.	*The prizes* ***were given out (awarded)*** *by the announcer.*
Se dieron los premios.	*The prizes* ***were given out (awarded).***
Se sabe el motivo.	*The reason* ***is known./You (They, People) know*** *the reason./****One knows*** *the reason.*
Se entregó el informe.	*The report* ***was handed in.***
Se entregaron los informes.	*The reports* ***were handed in.***

PART I

For intransitive verbs, that is, those that do not take a direct object, the verb is always in third person singular.

Se sale por aquí.	***You go out*** *this way./This* ***is the way out.***
Se vive bien en este país.	***People live*** *well in this country.*
Se trabaja con entusiasmo.	***We (You, They) work*** *enthusiastically.*

When an infinitive is the subject of a **se** construction, the verb is third person singular.

¿Por dónde **se puede entrar?**	*Which way can you enter?*
¿Se puede ir en autobús?	*Can one go by bus?*
Se prohibe fumar.	*Smoking is forbidden.*
No **se permite mascar** chicle.	*Gum-chewing is not allowed.*

Note that reflexive verbs such as **divertirse** and **despertarse** can only show an unidentified or deemphasized subject with the addition of **uno** (or **una** if the reference is feminine) to a third person singular verb.

Uno se divierte mucho en el canal de conversación.	***You*** *have a lot of fun in the chat room.*
Uno se despierta más tarde los domingos.	***People*** *wake up later on Sundays.*

Spanish also uses **la gente** with a third person singular verb to label an indefinite subject. Compare this usage to the use of *people* in English. This Spanish construction is less common than its English equivalent.

Para divertirse, **la gente** va a un concierto.	*To have a good time,* ***people*** *go to a concert.*

Spanish also uses the third person plural of the verb to label an indefinite subject. In this case, the subject pronouns **ellos/ellas** cannot be used.

Dicen que va a llover.	***They say*** *it's going to rain.*
Me **van** a invitar a la boda.	***They're going*** *to invite me to the wedding. (I'm going to be invited to the wedding.)*
Lo **entrevistaron** la semana pasada.	***They interviewed*** *him last week. (He was interviewed last week.)*

Actividad 3 **¡Se están instalando todavía!** A los Pidal les quedan muchas cosas que hacer para instalarse. Diga qué son estas cosas escribiendo oraciones con la construcción con **se** + el verbo en el futuro. Fíjese que esta vez no hay agente en las oraciones. Siga el modelo.

MODELO correr / las cortinas
Se correrán las cortinas.

1. enchufar / la nevera

____

2. encender / las lámparas

____

3. guardar / las cajas

4. poner / el sofá / en la sala

5. colocar / el lavaplatos / en la cocina

6. meter / las sábanas / en el armario

7. poner / las sillas / con la mesa del comedor

8. subir / el escritorio / al dormitorio

CHAPTER 9

Actividad 4 **Titulares y anuncios del periódico** Escriba oraciones usando la construcción con el sujeto indefinido **se** + verbo. Use el mismo tiempo verbal que en la oración original. Siga el modelo.

MODELO Los políticos estudian los problemas económicos.
Se estudian los problemas económicos.

1. La empresa busca programadores de computadoras.

2. La ley prohíbe el fumar en los restaurantes.

3. Los contadores *(accountants)* calculaban los impuestos.

4. Los inquilinos *(tenants)* alquilaron el apartamento en la playa.

5. El Café Alicante entrega comida a la casa hasta la una de la mañana.

6. Los clientes pagan con cheque o tarjeta de crédito.

7. Esta sucursal del Banco de Barcelona solicitará gerentes.

8. La compañía necesita secretarios bilingües.

Nota cultural

Servicio a domicilio

Otro servicio de conveniencia que ha tenido un gran impacto en la sociedad de ciertos países hispánicos es el servicio a domicilio. Cada día hay más repartidores (delivery people) *que, llamados por sus clientes, llegan a la casa de estos en su furgoneta de reparto* (delivery van). *Actualmente en Madrid no sólo se entrega comida—paella, mariscos, pizza, bocadillos, comida china y comida congelada—sino también hay servicio de recoger y planchar ropa el mismo día y de llevar a casa todo tipo de productos que venden las farmacias de guardia* (twenty-four-hour drugstores). *Se le envía al cliente cualquier cosa que necesite, que sea un fontanero* (plumber), *un chófer o reservas de billetes para espectáculos. Hay empresas de servicio a domicilio en todas las ciudades españolas tanto como en las ciudades grandes de los países hispanoamericanos.*

Actividad 5 **Una excursión al zoológico** Escriba oraciones usando el sujeto definido para describir una excursión al zoológico. Use los sujetos indicados. Siga el modelo.

MODELO Se visita el zoológico. (nosotros)
Visitamos el zoológico.

1. Se hace una excursión al zoológico. (mis amigos y yo)

____

2. Para llegar al zoológico, se toma el autobús en la calle Azorín. (nosotros)

____

3. Se ven leones, tigres, leopardos y panteras. (yo)

____

4. Se da de comer a los animales. (los guardianes)

____

5. Se come bambú. (los pandas)

____

6. Se tiran cacahuetes a los elefantes. (tú)

____

7. Se juega tirando plátanos. (un mono)

____

8. Se compran palomitas y refrescos. (Pilar y Arturo)

____

Nota cultural

El zoológico de México

En plena Ciudad de México se encuentra el maravilloso zoológico de Chapultepec «Alfonso L. Herrera» que fue nombrado por el biólogo mexicano. Aquí viven miles de animales incluso los famosos pandas gigantes que fueron traídos de China. El zoológico tenía el primer panda que nació fuera de China y que quedó vivo. De los pocos pandas que están fuera de China la mayoría de ellos están en zoológicos estadounidenses y mexicanos. El zoológico de Chapultepec como otros grandes zoológicos de hoy no son simples lugares recreativos sino centros de investigaciones dedicadas a la protección de los animales y la conservación de las especies.

Uses of the past participle

The Spanish past participle enters into a number of constructions. It is used with the auxiliary verb **haber** to form the perfect tenses (see Chapter 8). When used with **haber**, the past participle is invariable.

La profesora **nos ha dado** mucha tarea.	*The teacher **has given us** a lot of homework.*
¿Ya **habrán llegado** las chicas?	*I wonder if the girls **have arrived.***

The past participle can be used as an adjective, either modifying a noun directly or following **ser**, **estar,** or other verbs such as **aparecer.**

un papel **roto**	*a **torn** piece of paper*
una puerta **cerrada**	*a **closed** door*
coches recién **pintados**	*freshly **painted** cars*
máquinas **descompuestas**	*broken **machines***
La clase **es aburrida.**	*The class **is boring.***
Los estudiantes **están aburridos.**	*The students **are bored.***

The past participle as a predicate adjective is more common after **estar** than **ser.**

El papel **está roto.**	*The piece of paper **is torn.***
La puerta **está cerrada.**	*The door **is closed.***
Los coches **están recién pintados.**	*The cars **are freshly painted.***
Las máquinas **están descompuestas.**	*The machines **are broken.***

Ser and **estar** may contrast with each other when used with the past participle. Passive sentences use **ser** + *past participle* and usually have an agent phrase introduced by **por.** These sentences focus on the action itself. Sentences that use **estar** + *past participle* focus on the result of the action rather than on the action itself. These sentences do not have an agent phrase introduced by **por.**

La torta **fue hecha** por el cocinero.	*The cake **was made** by the chef.*
La torta **estaba hecha.**	*The cake **was made** (done, completed, finished).*

PART I

Actividad 6 **Todo estaba hecho.** Cuando Ud. llegó todo estaba hecho ya. Dígaselo a su amiga. Siga el modelo.

MODELO ¿Quién abrió las ventanas?
No sé. Cuando yo llegué, las ventanas ya estaban abiertas.

1. ¿Quién arregló el cuarto?
   ____
2. ¿Quién preparó el almuerzo?
   ____
3. ¿Quién cerró la puerta?
   ____
4. ¿Quién apagó el microondas?
   ____
5. ¿Quién puso la computadora?
   ____
6. ¿Quién rompió los vasos?
   ____
7. ¿Quién mandó el fax?
   ____
8. ¿Quién prendió las luces?
   ____

Actividad 7 **Observaciones** Escriba estos intercambios. Una persona confirma la observación de la otra. Siga el modelo.

MODELO tu camisa/romper *(to break, tear)*/sí, tengo
Tu camisa está rota.
Sí, tengo la camisa rota.

1. tus papeles / estrujar *(to crush, crumple)* / sí, tengo
   ____
   ____
2. esta torta / quemar / sí, tiremos esta
   ____
   ____
3. tus regalos / envolver *(to wrap)* / sí, traigo
   ____
   ____

4. tu informe / terminar / sí, hoy entrego

5. tus papeles / archivar *(to file)* / sí, tengo

6. la tortilla / recalentar *(to warm up, reheat)* / sí, hoy sirvo una

Actividad 8 **¿Qué significa?** Su amigo español está pasando las vacaciones de verano en su casa. Mientras Uds. se pasean por la ciudad, su amigo le pregunta qué quieren decir los letreros que ve. Explíquele lo que dicen en español usando la construcción con **se.**

1. Newspapers and magazines are sold here.
2. You park here.
3. One turns right.
4. You enter this way.
5. Spanish is spoken here.
6. Travelers checks cashed.

Actividad 9 **¿Qué dice Ud.?** Un nuevo estudiante en su colegio le hace unas preguntas sobre la vida diaria. Conteste sus preguntas usando la construcción con **se.**

1. ¿Qué materias toman en el colegio?
2. ¿A qué hora almuerzan en el colegio?
3. ¿Cómo llegan al colegio?

4. ¿Dónde compran sus libros de texto?

____

5. ¿Cómo pueden sacar buenas notas?

____

6. ¿Qué hacen para divertirse los fines de semana?

____

7. ¿En qué restaurantes comen?

____

8. ¿Qué deportes juegan?

____

Actividad 10 **Actividad oral** En este juego de adivinanza Ud. y sus compañeros de clase intentan adivinar quién escribió una famosa obra literaria. Uno de Uds. dice el título de la obra, por ejemplo, *Don Quijote*, y los otros estudiantes tienen que decir lo más rápido posible quién la escribió. Se contesta así: **Fue escrito por Cervantes.** Hay que contestar empleando la voz pasiva.

Actividad 11 **Estructuras en acción** Lea los anuncios de un periódico argentino sobre los cursos y conferencias que se dan.

CURSOS Y CONFERENCIAS

Historia del arte. La Alianza Francesa de Mendoza organizó un curso de historia del arte «Desde Constantino el Grande[1] hasta el fin de la Guerra de los Cien Años[2]. El arte del occidente medieval». Estará a cargo del profesor Horacio Rosa y se desarrollará el 5, 12, 19 y 26, de 18.30 a 20.30. Mayores informes se ofrecen en la sede de la Alianza, Chile 1754.

Oratoria. Un curso sobre «Oratoria y comunicación oral» será ofrecido por el profesor Luis Osvaldo Perrotin y la licenciada Ana Gloria Ortega de Sevilla, en el Centro Cultura Matesis, Belgrano 29000, de Godoy Cruz, teléfonos 221864 y 240033.

Alemán. El Instituto Goethe anunció que hoy iniciará un ciclo de cursos de alemán. El primer año intensivo se desarrollará los lunes y miércoles de 16.30 a 19.45, mientras que de 15.15 a 17 tendrá lugar el de introducción a las técnicas de traducción simultánea. Para mayor información llamar al teléfono 340323.

UNIVERSIDADES

Facultad de Artes. La Escuela de Teatro informó sobre los seminarios internacionales que se ofrecerán este mes: del 12 al 14, Guillermo Heras (España), dictará uno sobre «Experiencia de montaje»; el 22 y 23, Alberto Isola (Perú) se referirá a «El training del actor» y Ramón Griffero (Chile) hablará sobre «Dramaturgia desde el espacio.»

Se indicó que estos cursos se efectuarán en cooperación con el Teatro General San Martín, de Buenos Aires, y son coordinados por el Centro de Estudios e Investigación Teatral de la Escuela de Teatro. Las inscripciones se reciben de 15 a 20.

[1]**Constantino el Grande** emperador romano (306–337); primer emperador convertido al cristianismo
[2]**Guerra de los Cien Años** serie de conflictos entre Inglaterra y Francia entre 1337 y 1453.

Actividad 12 **Estructuras en acción** Escriba los ejemplos de construcción pasiva (**ser** + el participio pasado o **se** + verbo en tercera persona singular o plural) que se encuentran en los anuncios y tradúzcalos al inglés.

CHAPTER 9

Cursos y conferencias

la alianza *alliance*
a cargo de uno *to be in one's charge*
el ciclo *cycle*
desarrollar *to develop*
dictar un seminario *to give a seminar*
la dramaturgia *dramatic art*
efectuarse *to take place*
el espacio *space*
la investigación *research*
la inscripción *registration*
el/la licenciado(a) *holder of the university degree called* **la licenciatura**
mayores informes *more information*
el montaje *staging*
el occidente *the West, the Western World*
la oratoria *oratory, oratorical art*
referirse a *to refer to, speak about*
la sede *headquarters*
la traducción simultánea *simultaneous translation*

Historia del arte

1. ______________________________

traducción ______________________________

2. ______________________________

traducción ______________________________

Oratoria

3. ______________________________

traducción ______________________________

Alemán

4. ______________________________

traducción ______________________________

Facultad de artes

5. ______________________________

traducción ______________________________

6. ______________________________

traducción ______________________________

7. ______________________________

traducción ______________________________

8. ______________________________

traducción ______________________________

9. ______________________________

traducción ______________________________

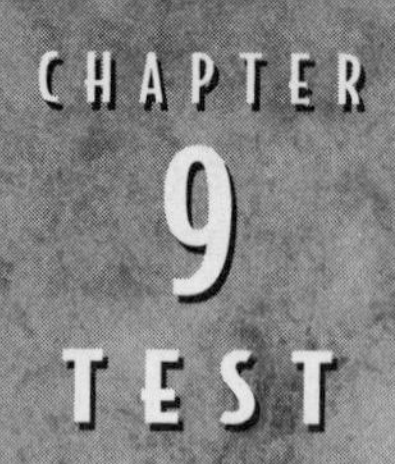

Passive constructions

1 **Voz pasiva** Escriba oraciones usando la voz pasiva con los verbos en el pretérito.

1. el sitio Web / visitar / miles de visitantes
____
2. las empresas / aconsejar / unos consultores
____
3. la revista electrónica / escribir / tres estudiantes de informática
____
4. los informes / leer / el secretario
____
5. las compañías / fundar / los hermanos García
____
6. las llamadas telefónicas / hacer / la recepcionista
____
7. el cibercafé / abrir / el señor Maldonado
____
8. el correo electrónico / enviar / la directora de marketing
____
9. el ordenador / poner / la gerente
____
10. el software / ejecutar / los programadores
______________________________.

2 **Construcción se + la tercera persona del verbo** Escriba oraciones con la construcción **se** + la tercera persona singular o plural del verbo. Guarde el tiempo verbal de la oración original.

1. El químico hizo experimentos.
____
2. Las mujeres de negocios firmarán el contrato.
____

CHAPTER 9 TEST

Passive constructions

3. Los estudiantes estudian administración de empresas.

4. El canal de televisión necesitaba locutores.

5. Los consumidores compran muchos productos.

6. El comprador de casa ha solicitado un préstamo.

7. Las compañías buscaban administradores de Web.

8. La arquitecta ha abierto una oficina.

9. Leeremos las obras clásicas.

3 **Verbos intransitivos** Escriba oraciones usando la construcción **se** + verbo en la tercera persona singular.

1. Hablan por teléfono celular.

2. Navegamos en la Red.

3. Entran por la puerta principal.

4. Vivimos en una sociedad de información.

5. Trabajamos en equipo.

6. Deben prestar atención.

Gerund and progressive tenses

Formation of the gerund (present participle)

The gerund, or **-ndo** form in Spanish, corresponds to the *-ing* form in English. The gerund (present participle) is called **el gerundio (el participio presente)** in Spanish. To form the gerund of **-ar** verbs add the ending **-ando** to the stem of the verb. To form the gerund of **-er** and **-ir** verbs add the ending **-iendo** to the stem of the verb.

INFINITIVE	STEM	GERUND
tomar	tom-	tom**ando**
ensayar	ensay-	ensay**ando**
aprender	aprend-	aprend**iendo**
comer	com-	com**iendo**
escribir	escrib-	escrib**iendo**
abrir	abr-	abr**iendo**

-Er and **-ir** verbs whose stems end in a vowel use **-yendo**, not **-iendo**, to form the gerund.

INFINITIVE	STEM	GERUND
caer	ca-	ca**yendo**
creer	cre-	cre**yendo**
leer	le-	le**yendo**
traer	tra-	tra**yendo**
oír	o-	o**yendo**

-Ir verbs that have a change in the vowel of the stem in the third person singular of the preterite have the same change in the gerund.

INFINITIVE	PRETERITE	GERUND
decir	dijo	**diciendo**
dormir	durmió	**durmiendo**
morir	murió	**muriendo**
pedir	pidió	**pidiendo**
repetir	repitió	**repitiendo**
sentir	sintió	**sintiendo**
servir	sirvió	**sirviendo**
venir	vino	**viniendo**

Poder and **ir** have irregular gerunds.

poder→**pudiendo**
ir→**yendo**

Object and reflexive pronouns are attached to the present participle in writing and an accent mark is written over the **-a** or **-e** of the gerund ending.

esperando + lo→**esperándolo**
dando + me + los→**dándomelos**
viendo + las→**viéndolas**
levantando + se→**levantándose**

The gerund in Spanish is usually equivalent to an English clause or gerund phrase beginning with *by, while, if, when,* or *because.*

Se aprende mucho **estudiando** con la profesora Padilla. — *You learn a lot **studying (when you study)** with Professor Padilla.*
Viajando en marzo, Nicolás ahorró mucho dinero. — ***By traveling** in March, Nicolás saved a lot of money.*

With verbs of perception, such as **ver, mirar, oír,** and **escuchar,** either the infinitive or the gerund can be used, as in English.

Los oímos **cantar.**
Los oímos **cantando.** — *We heard them **sing/singing.***

Actividad 1 **¡La vecina entremetida *(busybody)*!** ¡Su vecina se mete en todo! Ahora quiere saber lo que Ud. y otras personas hicieron hoy porque no los vio en todo el día. Contéstele usando **pasar** + el gerundio. Siga el modelo.

MODELO ¿Trabajó Ud. en la oficina hoy?
Sí, pasé el día trabajando en la oficina.

1. ¿Llamó Ud. por teléfono hoy?

____

2. ¿Estudiaron Carlos y Celeste en la biblioteca hoy?

____

3. ¿Durmió la siesta hoy el señor Marqués?

4. ¿Leyeron hoy Ud. y su hermano?

5. ¿Oíste las noticias hoy?

6. ¿Se peinó hoy la señora Pelayo?

Actividad 2 **¡Cómo va volando el tiempo! *(How time flies!)*** Ud. piensa en las cosas que hizo ayer y en cuánto tiempo le llevó cada cosa. ¡Qué rápido se te fue el día! Escriba oraciones usando **pasar** + el gerundio para describir su horario de ayer. Siga el modelo.

MODELO yo / desayunar (media hora)
Pasé media hora desayunando.

1. yo / arreglarse (cuarenta y cinco minutos)

2. Estrella y yo / montar en bicicleta (hora y media)

3. yo / escribir un informe (dos horas)

4. Fernando, Chelo y yo / comprar cosas en el centro comercial (un par de horas)

5. mis amigos y yo / vestirse (una hora y cuarto)

6. yo / ver un documental (una hora)

Progressive tenses

The progressive tenses consist of the present, past, future, or conditional forms of the verb **estar** followed by the gerund.

present progressive **(presente progresivo)**
Estoy oyendo música. — ***I'm listening to*** *music.*

imperfect progressive **(imperfecto progresivo)**
Estaba oyendo música. — ***I was listening to*** *music.*

preterite progressive **(pretérito progresivo)**
Estuve oyendo música hasta que salimos. — ***I was listening to*** *music until we went out.*

future progressive **(futuro progresivo)**
Estaré oyendo música toda la tarde. — ***I'll be listening to*** *music all afternoon.*

conditional progressive **(condicional progresivo)**
Estaría oyendo música. — ***I'd be listening to*** *music.*

The verbs **estar, ir,** and **venir** are not commonly used in the progressive tenses.

The present, imperfect, and future progressive are different from the corresponding simple tenses in that they emphasize that the action is or was in progress. They may also suggest that the action is temporary, not habitual, or represents a change from the usual pattern.

Miguel juega al fútbol. — *Miguel plays soccer.* (habitual action)

Miguel está jugando al fútbol. — *Miguel's playing soccer.* (He's playing soccer right now *or* He's begun to play soccer.)

The preterite progressive is used to show an action that was in progress in the past but is now completed. Sentences with the preterite progressive usually have a time phrase or a clause with **hasta que** that indicates the end of the action.

Estuvimos estudiando Latín **hasta que Óscar vino a buscarnos.** — ***We were studying*** *Latin* ***until Óscar came to get us.***
Estuve hablando con él **dos horas.** — ***I was speaking*** *with him* ***for two hours.***
Estuvieron viajando en coche **hasta el anochecer.** — ***They were driving until nightfall.***

The imperfect progressive, like the simple imperfect tense, indicates that an action was in progress in the past without focusing on the beginning or end of that action.

Estábamos estudiando Latín **cuando Óscar vino a buscarnos.** — ***We were studying*** *Latin* ***when Óscar came to get us.***
Estaba hablando con él **y los dos nos reímos mucho.** — ***I was talking*** *with him* ***and both of us were laughing a lot.***
Estaba viajando en un coche que no tenía aire acondicionado. — ***They were driving*** *in a car which didn't have air-conditioning.*

PART I

The present progressive in Spanish can never refer to the future as the present progressive in English does. To express future time, Spanish uses the simple present, the **ir a** + *infinitive* construction, or the future tense.

Sacamos los boletos mañana. **Vamos a sacar** los boletos mañana. **Sacaremos** los boletos mañana.	***We're buying** the tickets tomorrow.*

In the progressive tenses, object and reflexive pronouns may either precede the form of **estar** or be attached to the gerund in writing, in which case a written accent is added.

Isabel y Juan **se** están paseando. Isabel y Juan están **paseándose.**	*Isabel and Juan are strolling.*

The verb **seguir** is used with the gerund to mean *to be still doing something, to keep on doing something.*

Marta **sigue despertándose** antes de las seis.	*Marta **is still waking up** before six o'clock.*
Sigan buscando la llave.	***Keep on looking for** the key.*

Ir is commonly used with the gerund as well. It is used to convey the idea of *gradually* or *little by little.*

La empresa **va prosperando.**	*The company is **gradually prospering.***
Las flores **se fueron secando** poco a poco.	*The flowers **withered away** little by little.*

Actividad 3 **En el campamento *(camp, campground)* de verano** Escriba lo que están haciendo los niños en un día típico en el campamento. Use el verbo en el presente progresivo. Siga el modelo.

> **MODELO** Eva y Ángela trabajan en un campamento.
> Eva y Ángela están trabajando en un campamento.

En el campamento

acampar *to camp*
la araña *spider*
asar *to roast*
desenvolver (o→ue) *to unroll*
encender (e→ie) el fuego *to light the fire*
la hormiga *ant*
el hormiguero *anthill*
el lago *lake*
la linterna *flashlight*
la mochila *backpack, knapsack*
el mosquito *mosquito*
nadar *to swim*
el perro caliente *hot dog*
la picadura *bite*
la pila *battery*
el saco (la bolsa) de dormir *sleeping bag*
la sierra *mountains*
la tienda de campaña *tent*

1. Los niños acampan en la sierra.

____

2. Ricardo nada en el lago.

____

3. Lupe y yo llenamos la mochila.

4. Ester desenvuelve el saco de dormir.

5. Pablo se acuesta en el saco de dormir.

6. Yo observo las hormigas en el hormiguero.

7. Tú enciendes el fuego para asar los perros calientes.

8. Pepe y Lucía meten las pilas en la linterna.

9. Todos nosotros nos quejamos de las picaduras de los mosquitos.

10. Ud. se asusta al ver las arañas en la tienda de campaña.

Actividad 4 **Acciones en progreso** Escriba oraciones usando el presente, el imperfecto o el futuro progresivo. Cambie los sustantivos que son complementos directos a pronombres. Haga todos los cambios necesarios. Siga el modelo.

> **MODELO** Carlos practica el ruso.
> Carlos está practicándolo.
> Carlos lo está practicando.

1. Leíamos los periódicos.

2. Uds. harán las maletas.

3. Me pongo el traje.

4. Ud. se lavaba la cabeza.

5. Nos dirás los planes.

____

____

6. Rita busca el sitio Web.

____

____

Actividad 5 **¡Cuando estalló *(broke out)* el fuego, ... !** Cuando estalló el fuego en la cocina del Hotel Dos Reyes en Cartagena, los huéspedes y los empleados del hotel estaban haciendo ciertas cosas. Escriba oraciones usando el imperfecto progresivo que describen lo que estaban haciendo estas personas. Escriba cada oración de dos maneras cuando sea posible. Siga el modelo.

MODELO la señora Escudero / bañarse
La señora Escudero estaba bañándose.
La señora Escudero se estaba bañando.

En el hotel

el aire acondicionado *air-conditioning*
el ascensor *elevator*
el botones *bellhop*
el equipaje *luggage*
el/la gerente *manager*
el/la huésped(a) *guest (in a hotel)*
el lavado *wash*
el/la lavandero(a) *laundry worker*
el/la mozo(a) *server*
el noveno piso *ninth floor*
la recepción *check-in desk*
registrarse *to check in*
tocar el timbre *to ring the bell*

1. los señores Sotomayor / registrarse

____

____

2. el botones / subirles el equipaje a unos huéspedes

____

____

3. los mozos / servirles la cena a los clientes

____

____

4. el gerente / prender el aire acondicionado

____

____

5. la lavandera / devolverle el lavado a la señora Casona

6. los huéspedes del noveno piso / bajar en el ascensor

7. los turistas ingleses / tocar el timbre en la recepción

8. los cocineros / ¡jactarse de los plátanos flameados que habían preparado!

Nota cultural

Cartagena

La ciudad colombiana de Cartagena queda al noroeste del país en el mar Caribe. Fue fundada por Pedro de Heredia en 1533. Es un puerto importante que fue una de las bases principales en la época de la colonia. Cartagena servía de almacén para las mercancías y riquezas que España recogía en sus colonias americanas destinadas a España y para mercancías enviadas a las colonias de España. Se construyeron murallas y fortalezas alrededor de la ciudad para protegerla de ataques por piratas.

Actividad 6 **¡Qué va! Siguen haciéndolo.** Su amiga acaba de volver de Bogotá donde pasó un semestre estudiando español. Ella supone que ha habido muchos cambios mientras estaba en el extranjero. Ud. le dice que **¡qué va!**, que todo sigue siendo igual. Escriba oraciones usando formas de **seguir** + el gerundio. Cambie los sustantivos que son complementos directos a pronombres. Siga el modelo.

MODELO Ya no estudias química, ¿verdad?
¡Qué va! Sigo estudiándola.

1. Elena ya no dice chismes (*gossip*), ¿verdad?

2. Ya no construyen la autopista, ¿verdad?

3. Ya no lees ciencia ficción, ¿verdad?

4. Tus hermanos ya no tocan el violín, ¿verdad?

____

5. Ud. ya no asiste a los conciertos de jazz, ¿verdad?

____

6. Nosotros, los Gatos Azules, ya no jugamos fútbol en el estadio, ¿verdad?

____

Nota cultural

Bogotá

Bogotá, capital de Colombia, se encuentra en un altiplano a 2.650 metros de alto. Santa Fe de Bogotá, su nombre original, fue fundada por Gonzalo Jiménez de Quesada en 1538. La ciudad siempre ha sido el centro principal del país desde la conquista. Lo más interesante de la ciudad es el centro histórico llamado La Candelaria. En este barrio se encuentra la Plaza Bolívar con una estatua del Libertador, Simón Bolívar (1783–1830), el general y estadista venezolano que fue responsable por la independencia de Colombia, Venezuela y otros países hispanoamericanos de España.

Actividad 7 **¡Nosotros, los trasnochadores *(night owls)*!** A Ud. y a sus amigos les gusta trasnochar *(stay up late)*. Escriba oraciones usando el futuro progresivo para describir lo que Uds. estarán haciendo a esas horas. Siga el modelo.

MODELO yo / hablar por teléfono móvil / a la una de la mañana
Yo estaré hablando por teléfono móvil a la una de la mañana.

1. Luisa / ver televisión / a las dos y media

____

2. Ud. / ducharse / a medianoche

____

3. mis amigos y yo / morirnos de sueño / a las cuatro

____

4. Pablo y Ramona / jugar al ajedrez / a las doce y media

____

5. yo / oír música / a la una y media

____

6. tú / comerse unos bocadillos / a las tres

____

7. Uds. / enviarme un mensaje electrónico / a las seis cuarenta

____

Progressive tenses with llevar

In addition to **hace** + *expression of time* + **que** + *verb in present tense*, Spanish expresses actions that begin in the past and that continue into the present with the present tense of **llevar** + *gerund*.

Llevo tres años **estudiando** español.
Hace tres años que estudio español.
Estudio español desde hace tres años.
I've been studying Spanish for three years.

The gerund of **estar** is not used in the **llevar** + *gerund* construction. **Llevar** is used by itself.

Llevo dos horas aquí. *I've been here for two hours.*

Actividad 8 **Una entrevista** Un periodista le entrevista al famoso pintor-escultor peruano Pablo de Lima. Las preguntas se hacen usando la construcción **hace** + expresión de tiempo y se contestan con **llevar** + el gerundio. Siga el modelo.

MODELO ¿Cuánto tiempo hace que Ud. hace esculturas? (quince años)
Llevo quince años haciendo esculturas.

La pintura

el autorretrato *self-portrait*
la cerámica *ceramics, pottery*
colgar (u→ue) *to hang*
el cuadro *painting*
dibujar *to draw*
el/la escultor(a) *sculptor*
la escultura *sculpture*
exhibir *to exhibit*
la galería *gallery*
el/la modelo *model*
el mural *mural*
el paisaje *landscape*
el pincel *paintbrush*
pintar *to paint*
el/la pintor(a) *painter*
la pintura *painting, paint*
el retrato *portrait*

1. ¿Cuánto tiempo hace que Ud. pinta retratos? (doce años)

____

2. ¿Cuánto tiempo hace que Ud. usa estos pinceles? (unos meses)

____

3. ¿Cuánto tiempo hace que Ud. dibuja con modelos? (varios años)

____

PART I

4. ¿Cuánto tiempo hace que Ud. se dedica a la pintura? (toda la vida)

____

5. ¿Cuánto tiempo hace que Ud. cuelga sus cuadros de paisajes en la galería Olmo? (un año)

____

6. ¿Cuánto tiempo hace que Ud. se interesa en los murales? (poco tiempo)

____

7. ¿Cuánto tiempo hace que Ud. trabaja en cerámica? (nueve años)

____

8. ¿Cuánto tiempo hace que Ud. vive en Colombia? (cinco años)

____

9. ¿Cuánto tiempo hace que su esposa lo ayuda? (un par de años)

____

10. ¿Cuánto tiempo hace que Ud. escribe libros sobre el arte? (tres años)

____

11. ¿Cuánto tiempo hace que Ud. pinta autorretratos? (muchos años)

____

12. ¿Cuánto tiempo hace que Ud. exhibe en el Museo de Arte Moderno? (once meses)

____

Nota cultural

Lima

Lima, capital de Perú, queda a orillas del río Rimac, no muy lejos del océano Pacífico. La ciudad fue fundada como «La ciudad de los Reyes» por Francisco Pizarro, conquistador español, en 1535. Lima tuvo una enorme importancia durante la época de la colonia hasta que se independizó Perú de España en 1821. Hay mucho que ver en Lima incluso la Universidad Nacional Mayor de San Marcos (fundada en 1551), la Catedral e iglesias, edificios públicos y casas históricas, varios museos de las culturas precolombinas e historia desde la conquista—el Museo Nacional de Antropología y Arqueología, el Museo de la Nación, el Museo de Oro, el Museo Nacional de Historia y el Museo del Tribunal de la Santa Inquisición entre otros y de arte—el Museo de Arte, el Museo de Arte Italiano, la Colección Pedro de Osma y la Pinacoteca (museo de arte, galería) Municipal donde hay una exposición grande de artistas peruanos, como Ignacio Merino (1817–1876).

CHAPTER 10

Actividad 9 **Un partido de fútbol** Un locutor de televisión describe un partido de fútbol. Complete las oraciones usando el presente progresivo de los verbos indicados.

1. Los aficionados ______________________________ ______________________________ a sus equipos. (animar *[to cheer]*).
2. Redondo ______________________________ ______________________________ el balón *(ball)*. (robar)
3. Nosotros ______________________________ ______________________________ un partido emocionante. (ver)
4. Manrique ______________________________ ______________________________ un gol. (marcar *[to score]*)
5. Los entrenadores *(trainers)* ______________________________ ______________________________ al campo de fútbol. (salir)
6. Martínez ______________________________ ______________________________ el balón. (regatear *[to dribble]*)
7. Los técnicos *(managers)* ______________________________ ______________________________ un gran esfuerzo a los jugadores. (pedirles)
8. Los aficionados ______________________________ ______________________________. (entusiasmarse)
9. Uds., los televidentes, ______________________________ ______________________________ los gritos de los aficionados. (oír)
10. Este partido de campeonato ______________________________ ______________________________ mucha atención. (atraer)

Actividad 10 **¡En español!** Exprese las oraciones en español usando los tiempos progresivos.

1. We're having a wonderful time!

   ____

2. You **(Ud.)** were jogging until it began to rain. *(use preterite progressive)*

   ____

3. They're still serving dinner at the Hotel Palacio.

   ____

4. I'm getting to know Madrid little by little.

   ____

PART I

5. Mateo and Victoria will be playing tennis all afternoon.

____

6. Pedro and I kept on reading.

____

Actividad 11 **Actividad oral** Trabaje con un(a) compañero(a) de clase para describir lo que están haciendo los amigos durante su hora libre en el colegio.

Actividad 12 **Estructuras en acción** Lea el artículo.

Artesanía en Honduras

ARTESANIA EN HONDURAS

ARTESANIA

Es todo lo que se hace con la mano, con la materia prima que existe en el medio, que presta un servicio que es creativo del hombre y no utiliza maquinaria sofisticada para su elaboración.

IMPORTANCIA DE LAS ARTESANIAS

Las artesanías tienen gran importancia para el desarrollo de los pueblos. En Honduras se está apoyando esta actividad, estimulando al artesano, apoyando la producción, la comercialización y la exportación.

CLASIFICACION DE LAS ARTESANIAS

Según la carta Interamericana se clasifican en:

1. Artesanía Popular: obra manual basada en motivos tradicionales que se transmite de generación en generación.

2. Artesanía Artística: es la que expresa el sentimiento individual de su autor.

3. Artesanía Utilitaria: produce artículos sin caracterización artística especial, son productos que pueden ser elaborados a mano por el artesano como por la industria mecanizada.

Actividad 13 **Estructuras en acción** Escriba las oraciones en el presente progresivo.

La artesanía

apoyar *to support*
la artesanía *handicrafts*
el/la artesano(a) *artisan, producer of handicrafts*
la comercialización *marketing*
el desarrollo *development*
la elaboración *manufacture*
elaborar *to make, manufacture*
la mano: a mano *by hand*
la maquinaria *machinery*
la materia prima *raw material*
mecanizar *to mechanize*
el medio *milieu, environment*
el motivo *theme, motif*
prestar un servicio *to furnish, supply a service*
el pueblo *people (in the sense of nation)*
transmitir *to transmit, hand down*
utilitario(a) *utilitarian; for everyday use*

1. Los artesanos prestan un servicio importante.
______
2. Algunos utilizan maquinaria moderna.
______
3. El gobierno hondureño apoya el desarrollo de la artesanía.
______
4. El gobierno hondureño estimula a los artesanos.
______
5. El gobierno hondureño desarrolla la exportación de la artesanía.
______
6. Muchos artesanos usan motivos tradicionales.
______
7. Algunos artesanos expresan sus sentimientos en su obra.
______
8. Otros artesanos producen cosas utilitarias.
______

Actividad 14 **Estructuras en acción** Conteste las preguntas oralmente o por escrito.

1. ¿Cómo se puede definir la artesanía?
2. ¿Qué importancia tiene la artesanía?
3. ¿Cómo está ayudando el gobierno hondureño a los artesanos del país?
4. ¿Cuáles son las tres categorías de artesanía?
5. Dé algunos ejemplos de artesanía norteamericana. ¿Cómo se elaboran hoy? ¿Dónde se pueden comprar?

Gerund and progressive tenses

1 **El gerundio** Escriba el gerundio de cada verbo.

1. escribir ______________________
2. decir ______________________
3. oír ______________________
4. hacer ______________________
5. venir ______________________
6. traer ______________________
7. dormir ______________________
8. pedir ______________________
9. pensar ______________________
10. sentir ______________________

2 **Tiempos progresivos** Vuelva a escribir las oraciones usando el tiempo progresivo que corresponde al verbo original. Escriba cada oración de dos maneras. Siga el modelo.

> **MODELO** Yo me despierto.
> Yo estoy depertándome.
> Yo me estoy despertando.

1. Ellos se reunían.

____

____

2. Ud. se lo dará.

____

____

3. Ella se vistió.

____

____

4. Tú nos la muestras.

____

____

5. Nosotros nos divertíamos.

____

____

CHAPTER 10 TEST

Gerund and progressive tenses

6. Yo me los pongo.

7. Uds. se las enviarán.

8. Vosotros lo leísteis.

3 **Llevamos una hora esperando.** Conteste las preguntas usando **llevar** + el gerundio. Siga el modelo.

MODELO ¿Cuánto tiempo hace que Ud. escribe cuentos cortos? (cinco años)
Llevo cinco años escribiéndolos.

1. ¿Cuánto tiempo hace que Uds. viajan por Estados Unidos? (tres meses)
2. ¿Cuánto tiempo hace que Marco Antonio juega al béisbol? (dos horas)
3. ¿Cuánto tiempo hace que asistes a estas conferencias? (seis meses)
4. ¿Cuánto tiempo hace que Asunción enseña física? (poco tiempo)
5. ¿Cuánto tiempo hace que los esperáis? (veinte minutos)
6. ¿Cuánto tiempo hace que Uds. estudian derecho constitucional? (dos años)
7. ¿Cuánto tiempo hace que Alonso y Brígida discuten? (una hora)

Subjunctive: present and present perfect

Forms of the present subjunctive of regular verbs

The present subjunctive **(el presente de subjuntivo)** is formed by changing the vowel **-a** of the present indicative to **-e** in **-ar** verbs and the vowels **-e** and **-i** of the present indicative to **-a** in **-er** and **-ir** verbs. Regular **-er** and **-ir** verbs have identical endings in all persons of the subjunctive.

ESTUDIAR			
Quiere que	estudi**e**	idiomas.	*He wants me to study languages.*
	estudi**es**		*He wants you to study languages.*
	estudi**e**		*He wants her to study languages.*
	estudi**emos**		*He wants us to study languages.*
	estudi**éis**		*He wants you to study languages.*
	estudi**en**		*He wants them to study languages.*

COMPRENDER		
Espera que	comprend**a**.	*She hopes I'll understand.*
	comprend**as**.	*She hopes you'll understand.*
	comprend**a**.	*She hopes he'll understand.*
	comprend**amos**.	*She hopes we'll understand.*
	comprend**áis**.	*She hopes you'll understand.*
	comprend**an**.	*She hopes they'll understand.*

VIVIR			
Prefieren que	viv**a**	aquí.	*They prefer that I live here.*
	viv**as**		*They prefer that you live here.*
	viv**a**		*They prefer that she live here.*
	viv**amos**		*They prefer that we live here.*
	viv**áis**		*They prefer that you live here.*
	viv**an**		*They prefer that they live here.*

In the present subjunctive the **yo** form and the **él/ella/Ud**. form are identical.

-Ar and **-er** verbs that have changes in the vowel of the stem in the present indicative have these same changes in the present subjunctive.

Le aconsejan que p**ie**nse más.	*They advise her to think more.*
Nos aconsejan que pensemos más.	*They advise us to think more.*
Espera que yo enc**ue**ntre las llaves.	*He hopes that I find the keys.*
Espera que encontremos las llaves.	*He hopes that we find the keys.*

-Ir verbs that have the change **e → ie** or **e → i** in the present indicative also have these changes in the present subjunctive. These verbs also have **-i** in the stem of the **nosotros(as)** and **vosotros(as)** forms in the present subjunctive. **Dormir** and **morir** have the **o → ue** change in the present subjunctive and **-u** in the stem of the **nosotros(as)** and **vosotros(as)** forms.

SENTIR	
s**ie**nta	s**i**ntamos
s**ie**ntas	s**i**ntáis
s**ie**nta	s**ie**ntan

SEGUIR	
s**i**ga	s**i**gamos
s**i**gas	s**i**gáis
s**i**ga	s**i**gan

DORMIR	
d**ue**rma	d**u**rmamos
d**ue**rmas	d**u**rmáis
d**ue**rma	d**ue**rman

Some verbs that end in **-iar** or **-uar** have an accent mark on the **-i** or the **-u** in all forms except **nosotros(as)** and **vosotros(as).**

ENVIAR	
env**í**e	enviemos
env**í**es	enviéis
env**í**e	env**í**en

CONTINUAR	
contin**ú**e	continuemos
contin**ú**es	continuéis
contin**ú**e	contin**ú**en

Actividad 1 **¡Pero yo sí quiero!** Un amigo suyo le menciona varias cosas que no están sucediendo. Ud. le dice que sí quiere que pasen. Escriba los verbos usando el presente del modo *(mood)* subjuntivo. Siga el modelo.

MODELO Alicia no estudia química.
Pero yo quiero que estudie química.

1. Marcos no trabaja en el informe.

____

2. Yo no consigo empleo.

____

PART I

3. Federico y Paula no nos escriben.

4. Juanita no sigue nuestros consejos.

5. Nosotros no comemos fuera hoy.

6. Yo no vuelvo temprano.

7. Los niños no duermen por la tarde.

8. Tú y yo no pedimos taxi.

9. Los dueños no abren la tienda hoy.

10. Juan no entiende.

11. Amalia no piensa en nosotros.

12. La oficina no envía el paquete.

13. Yo no cierro las ventanas.

14. Tú y yo no nos divertimos.

15. Tú y yo no repetimos el vocabulario.

Forms of the present subjunctive of irregular verbs

Verbs that have an irregularity such as **-g** or **-zc** in the **yo** form of the present indicative have that irregularity in all persons of the present subjunctive. These irregularities occur only in **-er** and **-ir** verbs and therefore all the present subjunctive endings have the vowel **-a.** Note the following **-g** verbs.

INFINITIVE	PRESENT INDICATIVE (YO FORM)	PRESENT SUBJUNCTIVE
caer	**caig**o	caiga, caigas, caiga, caigamos, caigáis, caigan
decir	**dig**o	diga, digas, diga, digamos, digáis, digan
hacer	**hag**o	haga, hagas, haga, hagamos, hagáis, hagan
oír	**oig**o	oiga, oigas, oiga, oigamos, oigáis, oigan
poner	**pong**o	ponga, pongas, ponga, pongamos, pongáis, pongan
salir	**salg**o	salga, salgas, salga, salgamos, salgáis, salgan
tener	**teng**o	tenga, tengas, tenga, tengamos, tengáis, tengan
traer	**traig**o	traiga, traigas, traiga, traigamos, traigáis, traigan
venir	**veng**o	venga, vengas, venga, vengamos, vengáis, vengan

Note the present subjunctive of other verbs that are irregular in the **yo** form.

INFINITIVE	PRESENT INDICATIVE (YO FORM)	PRESENT SUBJUNCTIVE
caber	**quep**o	quepa, quepas, quepa, quepamos, quepáis, quepan
conocer	**conozc**o	conozca, conozcas, conozca, conozcamos, conozcáis, conozcan
nacer	**nazc**o	nazca, nazcas, nazca, nazcamos, nazcáis, nazcan
parecer	**parezc**o	parezca, parezcas, parezca, parezcamos, parezcáis, parezcan
construir	**construy**o	construya, construyas, construya, construyamos, construyáis, construyan
destruir	**destruy**o	destruya, destruyas, destruya, destruyamos, destruyáis, destruyan
ver	**ve**o	vea, veas, vea, veamos, veáis, vean

Dar and **estar** are regular in the present subjunctive except for the accent marks. The first and third person singular forms of **dar** have the written accent **(dé)** and all of the present subjunctive forms of **estar** have the written accent, except the first person plural form **estemos.**

DAR	
dé	demos
des	deis
dé	den

ESTAR	
esté	estemos
estés	estéis
esté	**estén**

PART I

Haber, ir, saber, and **ser** have irregular stems in the present subjunctive; however, their endings are regular.

INFINITIVE	SUBJUNCTIVE STEM	PRESENT SUBJUNCTIVE
haber	**hay-**	haya, hayas, haya, hayamos, hayáis, hayan
ir	**vay-**	vaya, vayas, vaya, vayamos, vayáis, vayan
saber	**sep-**	sepa, sepas, sepa, sepamos, sepáis, sepan
ser	**se-**	sea, seas, sea, seamos, seáis, sean

Actividad 2 **Le parece muy bien.** Su amiga María se alegra de muchas cosas. Dígalo usando el presente de subjuntivo. Siga el modelo.

MODELO ¿Sabe María que viene Juan Carlos?
Sí. Se alegra de que venga.

1. ¿Sabe María que conoces a Pedro?

____

2. ¿Sabe María que tenemos un día libre?

____

3. ¿Sabe María que Alfredo le trae flores?

____

4. ¿Sabe María que los Ibáñez construyen una casa?

____

5. ¿Sabe María que Marcos y Julia salen juntos?

____

6. ¿Sabe María que su hermanito obedece a su profesora?

____

7. ¿Sabe María que Raquel compone música?

____

8. ¿Sabe María que la fiesta es mañana?

____

9. ¿Sabe María que hay reunión la semana que viene?

____

10. ¿Sabe María que sus primos van a España?

____

Spelling changes in the present subjunctive

-Ar verbs whose stems end in **-c, -g,** or **-z** change those letters as follows in the present subjunctive.

c → qu	Buscamos casa.	Es necesario que bus**que**mos casa.
g → gu	Llegan el lunes.	Espero que lle**gue**n el lunes.
z → c	Almorzamos aquí.	Prefiero que almor**ce**mos aquí.

-Er and **-ir** verbs whose stems end in **-g, -gu,** or **-c** change those letters as follows in the present subjunctive.

g → j	Esco**ge**s otro plato.	Queremos que esco**ja**s otro plato.
gu → g	Si**gue**n andando.	Es posible que si**ga**n andando.
c → z	Te conven**ce**.	Espero que te conven**za**.

-Ar verbs whose stems end in **-j** do not change **-j** to **-g** before **-e**.

Trabajo los domingos.	Quieren que traba**je** los domingos.

Irregular verbs such as **hacer** and **conocer** don't follow the spelling change in the second rule above but show the irregularities of the **yo** form of the present indicative.

Haces la cena.	Quiero que ha**g**as la cena.
Conocen a Marta.	No creo que cono**zc**an a Marta.

Actividad 3 **Ortografía *(Spelling)*** Escriba los verbos indicados usando el presente de subjuntivo. Recuerde el cambio ortográfico.

1. Espero que tú ______________________ tus planes. (realizar)
2. Es necesario que Uds. ______________________ más. (acercarse)
3. ¡Qué lástima que ______________________ a llover! (comenzar)
4. Se alegran que yo ______________________ la orquesta. (dirigir)
5. Es probable que los chicos ______________________ muy buenas notas. (sacar)
6. Nos piden que ______________________ las manzanas. (recoger)
7. Es importante que Ud. ______________________ a los negocios. (dedicarse)
8. Te aconsejamos que ______________________ el informe mañana. (entregar)
9. Ojalá que Daniel ______________________ el puesto. (conseguir)
10. Tal vez Uds. ______________________ la reunión. (organizar)
11. No creo que Bárbara ______________________ antes de las dos. (almorzar)
12. Es difícil que yo los ______________________. (convencer)
13. Tenemos miedo que nuestros jugadores no ______________________ al otro equipo. (vencer)

PART I

Uses of the present subjunctive in noun clauses

A noun clause is a clause that functions as a noun, that is, it can serve as either the subject or the object of a verb. Noun clauses that are incorporated into a longer sentence are called "dependent" or "subordinate" clauses and are introduced in Spanish by the conjunction **que.**

All the Spanish tenses studied so far belong to the indicative mood. Verbs in the indicative mood express events or states that are considered factual, definite, or part of reality as experienced by the speaker. The following examples have dependent noun clauses in the indicative. They show events perceived as part of reality because they are the objects of verbs such as **saber, parecer, oír, ver.**

Sabes **que lo hizo Sandra.**	*You know* ***that Sandra did it.***
Nos parece **que está lloviendo.**	*We think* ***it's raining.***
He oído **que hay una buena noticia.**	*I've heard* ***there's good news.***
Verán **que Juan no entiende.**	*You'll see* ***that Juan doesn't understand.***

The present subjunctive in Spanish is used in dependent noun clauses that mark events or states that the speaker considers not part of reality or of his or her experience. These dependent noun clauses follow main clauses that express expectation, skepticism, doubt, uncertainty; demands, wants, needs, insistence, advice, impositions of will; negated facts. The verbs in the main clauses are in the present, present perfect, future, or imperative.

Dudo que Uds. **lleguen** para las tres.	***I doubt you'll arrive*** *by three o'clock.*
Paula **quiere** que la **visites.**	*Paula* ***wants you to visit*** *her.*
No es cierto que **nos quedemos.**	***It's not certain*** *that* ***we'll stay.***

Verbs such as **desear** *(to want)*, **esperar** *(to hope)*, **insistir en** *(to insist)*, **necesitar** *(to need)*, **preferir** *(to prefer)*, and **querer** *(to want)* are followed by a dependent noun clause in the subjunctive and not by an infinitive unless the subjects of both clauses are the same.

Verb in main clause + dependent noun clause in subjunctive (two clauses: two different subjects)

Espero que Roberto **vaya.**	*I hope Roberto goes.*
Quieren que **salgamos.**	*They want us to go out.*
Insistimos en que Uds. **se queden.**	*We insist that you stay.*

Verb in main clause + infinitive (the same subject in both parts of the sentence)

Espero ir.	*I hope to go.*
Quieren salir.	*They want to go out.*
Insistimos en quedarnos.	*We insist on staying.*

The verbs **decir** *(to tell someone to do something)* and **pedir** *(to ask someone to do something)* are followed by a subjunctive clause. They may occur with an indirect object.

Le dicen a Felipe que **tenga** cuidado.	*They tell Felipe to be careful.*
Susana **nos pide** que **traigamos** el periódico.	*Susana asks us to bring the newspaper.*

Decir is followed by a dependent clause in the indicative when the dependent clause reports what someone said. For example, **José les dice: Leo mucho** or **Leí mucho.** Contrast the use of the indicative and subjunctive after **decir.** Note that the imperfect subjunctive is used after past tenses of **decir** (see Chapter 12).

José les dice que **lee** mucho.	*José tells them he reads a lot.*
José les dijo que **leyó** mucho.	*José told them he read a lot.*
José les dice que **lean** mucho.	*José tells them to read a lot.*
José les dijo que **leyeran** mucho.	*José told them to read a lot.*

Some verbs can be followed either by a noun clause in the subjunctive or by an infinitive without a change in meaning. An indirect object pronoun is optional if these verbs are followed by a subjunctive clause, but is obligatory when these verbs are followed by the infinitive. These verbs include **aconsejar** *(to advise)*, **exigir** *(to demand)*, **impedir** *(to prevent)*, **mandar** *(to order)*, **permitir** *(to permit)*, **prohibir** *(to forbid)*, **recomendar** *(to recommend)*, **rogar** *(to request, beg)*, and **sugerir** *(to suggest)*.

(Les) aconsejo que **tomen** el tren.
Les aconsejo tomar el tren.
I advise you to take the train.

(Le) exigimos a Beatriz que **regrese.**
Le exigimos a Beatriz **regresar.**
We demand that Beatriz return.

The verb **dejar** *(to let, allow)* can also be followed by a noun clause in the subjunctive or by an infinitive without a change in meaning. **Dejar** takes a direct object pronoun before a subjunctive clause.

(Los) **dejan** que **entren.**
Los **dejan entrar.**
They let them come in.

Some verbs that express an emotional state, an attitude, or a bias are followed by dependent noun clauses in the subjunctive. These verbs include **alegrarse (de)** *(to be glad, happy)*, **extrañar** *(to surprise)*, **gustar** *(to like)*, **sentir** *(to regret)*, **sorprender** *(to surprise)*, **temer** *(to fear)*, and **tener miedo (de)**, *(to be afraid [of])*.

Me alegro (de) que Uds. **visiten** Lima.	*I'm glad that you're visiting Lima.*
¿No **te extraña** que Claudia no **llame**?	*Aren't you surprised that Claudia doesn't call?*
Los Ayala **temen** que sus hijos no **saquen** buenas notas.	*Mr. and Mrs. Ayala are afraid their children won't get good grades.*

NOTE

Gustar, extrañar, and **sorprender** are commonly used with an indirect object pronoun (See Chapter 19).

Actividad 4 **¿Indicativo o subjuntivo?** Complete las oraciones usando el presente de indicativo o el presente de subjuntivo de los verbos indicados. Siga los modelos.

MODELOS Creo que Fernando llega el miércoles. (llegar)
Prefiero que Fernando llegue el miércoles. (llegar)

PART I

1. Daniel quiere que nosotros le ______________ lo que pasó. (decir)
2. Vemos que estas chicas ______________ muchas fechas de memoria. (aprender)
3. Siento que Anita no ______________ este año. (graduarse)
4. Piensan que tú ______________ de todo. (quejarse)
5. Mis padres insisten en que yo ______________ lo antes posible. (matricularse)
6. Me alegro de que Juan y Diana ______________ a casarse. (ir)
7. Parece que Ud. no ______________ hasta más tarde. (salir)
8. Isabel comprende que nosotros no ______________ ayudarla. (poder)
9. Le aconsejamos a Diego que ______________ más responsable. (ser)
10. Les gusta que ya no ______________ problemas con la casa. (haber)
11. Todo el mundo entiende que Uds. ______________ ocupadísimos. (estar)
12. Yo exijo que tú me ______________ caso. (hacer)
13. Mercedes cree que yo lo ______________ todo. (saber)
14. Debes darte cuenta que ya no se ______________ ese libro. (conseguir)

Actividad 5 **¡Viva México!** Ud. y sus amigos están emocionados pensando en el viaje que van a hacer a México durante el verano. Escriba oraciones que expresen lo que quieren hacer en México. El sujeto de la cláusula principal y el de la subordinada (dependiente) deben ser el mismo. Incluya el verbo conjugado + infinitivo. Siga el modelo.

MODELO yo / querer / ver las pirámides de San Juan de Teotihuacán
Yo quiero ver las pirámides de San Juan de Teotihuacán.

1. Laura / esperar / perfeccionar su español

____

2. Ricardo y Beti / preferir / visitar la catedral del Zócalo

____

3. Ud. / deber / conocer Taxco

____

4. Pablo y yo / desear / ir a Puebla

____

5. tú / preferir / hacer una excursión a la Ciudad Universitaria

6. yo / sentir / no poder quedarme más tiempo en la Ciudad de México

7. Uds. / insistir en / escaparse un par de días a Mérida

8. todos nosotros / alegrarse de / estar en Oaxaca

Nota cultural

México

La catedral, la más antigua y la más grande de Latinoamérica, queda en el Zócolo, la plaza mayor de la parte más antigua de la Ciudad de México. Su construcción empezó en 1525. Aquí se encuentran las ruinas del Templo Mayor o Teocalli azteca.

Mérida, capital del estado mexicano de Yucatán en la península de Yucatán, fue fundada en 1542 en el sitio de la ciudad maya de Tihoo.

Actividad 6 **¡Con la palomilla (*group of friends, [Mexico]*) en México!** Ahora escriba oraciones que expresan lo que Ud. quiere que hagan los otros amigos en México. El sujeto de la cláusula principal es diferente de la subordinada. Por eso, se usa el subjuntivo. Siga el modelo.

MODELO yo / querer / Paco y Mari / ver las pirámides de San Juan de Teotihuacán
Yo quiero que Paco y Mari vean las pirámides de San Juan de Teotihuacán.

1. Laura / esperar / nosotros / perfeccionar nuestro español

2. Ricardo y Beti / preferir / Ud. / visitar la catedral del Zócalo

3. Ud. / necesitar / Leo / conocer Taxco

4. Pablo y yo / desear / Uds. / ir a Puebla

5. tú / preferir / yo / hacer una excursión a la Ciudad Universitaria

6. yo / sentir / nosotros / no poder quedarse más tiempo en la Ciudad de México

7. Uds. / insistir en / los cuates *(pals, [Mexico])* / escaparse un par de días a Mérida

8. todos nosotros / alegrarse de / tú / estar en Oaxaca

Nota cultural

México

Las pirámides de San Juan de Teotihuacán quedan a unos 45 kilómetros al noreste de la Ciudad de México. Fueron construidas por los toltecas quienes formaron una de las civilizaciones precolombinas del Valle de México. Teotihuacán fue un importante centro religioso y cultural. La Pirámide del Sol se construyó a fines del siglo primero y la Pirámide de la Luna se terminó alrededor del siglo dos. La civilización tolteca estaba ya en decadencia a principios del siglo trece cuando llegaron los aztecas al Valle de México. Los aztecas fundaron su imperio en 1325 con su capital en Tenochtitlán, actualmente la Ciudad de México.

Puebla (de los Ángeles) es una de las ciudades más antiguas y hermosas de México. Esta ciudad colonial es conocida por su catedral, sus sesenta iglesias y sus vistas panorámicas de los volcanes.

Taxco es una ciudad colonial muy pintoresca. El primer cargamento de plata enviado a España desde América fue de las minas de Taxco.

Actividad 7 **Una familia unida *(close)*** Los miembros de la familia Ayala son muy unidos. Todos se quieren mucho y comparten sus pensamientos y sentimientos. Escriba oraciones que expresen lo que quieren para los demás miembros de la familia. Use el subjuntivo. Siga el modelo.

MODELO el abuelo / desear / su familia / vivir bien
El abuelo desea que su familia viva bien.

Lazos familiares (*family ties*)

el/la ahijado(a) *godson, goddaughter*
los ahijados *godchildren*
el/la bisabuelo(a) *great-grandfather, great-grandmother*
los bisabuelos *great-grandparents*
el/la cuñado(a) *brother-in-law, sister-in-law*
los familiares *relatives*
el/la nieto(a) *grandson, granddaughter*
los nietos *grandchildren*
el/la novio(a) *groom/bride, fiancé/ fiancée*
los novios *bride and groom*
el/la padrino(a) *godfather, godmother*
los padrinos *godparents*
el/la suegro(a) *father-in-law, mother-in-law*

1. Elena / esperar / sus cuñados / tener éxito

2. el señor Ayala / pedirles / sus suegros / venir a verlos los domingos

3. la madrina / alegrarse / su ahijado / sacar buenas notas en el colegio

4. los padres / querer / sus hijos / ganarse la vida (*to earn a living*)

5. a la señora Ayala / gustarle / los bisabuelos / ser felices en la tercera edad (*old age*)

6. yo / aconsejarle / la nieta / hacerse arquitecta

7. Terencio / prohibirles / las ahijadas / ir solas al extranjero

8. tú / sentir / el cuñado / no estar contento con el nuevo empleo

9. la suegra / preferir / los novios / mudarse con ella

10. Uds. / rogarles / los padrinos / aceptar su regalo

11. Ricardo y yo / necesitar / los nietos / darnos muchos besos y abrazos

12. los hijos / no dejar / sus padres / trabajar demasiado manteniéndolos

PART I

Actividad 8 **El correo electrónico** Ana María Vázquez vive en Bogotá, Colombia. Le escribe un correo electrónico a su amiga Isabel García que vive en Los Ángeles. Complete las oraciones usando el presente de subjuntivo o el presente de indicativo de los verbos indicados.

Querida Isabel:

Espero que tú ______1______ *(encontrarse) bien. Mis papás, hermanos y yo* ______2______ *(estar) perfectamente. Recibí tu correo electrónico ayer. Me alegro que tú* ______3______ *(poder) venir a verme durante las vacaciones. Creo que yo* ______4______ *(ir) a ir a la playa con mi familia todo el mes de julio. Por eso es mejor que tú* ______5______ *(llegar) a principios de agosto. Mis padres quieren que tus papás y hermanos* ______6______ *(pasar) el mes con nosotros también. Les recomiendo que* ______7______ *(comprar) los boletos de avión lo antes posible. Les aconsejo también que* ______8______ *(traer) ropa un poco gruesa* (heavy), *un impermeable y un paraguas porque* ______9______ *(hacer) fresco,* ______10______ *(estar) nublado y* ______11______ *(llover). Tú* ______12______ *(deber) recordar que Bogotá queda en las montañas. Yo* ______13______ *(saber) que tú no* ______14______ *(ir) a aburrirte en Bogotá. Tú* ______15______ *(ir) a ver que* ______16______ *(haber) tantas cosas que ver y hacer aquí. Voy a inisistir en que Uds.* ______17______ *(despertarse) muy temprano todos los días aunque vamos a trasnochar* (stay up late) *oyendo música y bailando en la discoteca. Así yo* ______18______ *(poder) enseñarles las muchas cosas que hay en la ciudad y en las afueras. Bueno, querida amiga, yo* ______19______ *(tener) muchas ganas de volver a verte. ¡Espero que tú me* ______20______ *(escribir) con la buena noticia de que* ______21______ *(venir) tu familia también!*

Cariños de Ana María

Nota cultural

Colombia

Además de sus excelentes museos, edificios históricos y paisajes, Bogotá tiene también mucha vida nocturna. Hay clubes y discotecas en la Zona Rosa, la región Carrera 15, con la calle 82 en el plano. Este sistema de la carrera que cruza la calle a un ángulo cuadrado se usa por toda Colombia. Las avenidas, bulevares anchos e importantes, pueden ser calles o carreras.

Colombia se conoce por su variedad de música folklórica debido a sus cuatro regiones musicales que van de los Andes al Caribe: montañas, costa del Pacífico, costa del Caribe y los llanos (plains) *orientales. El instrumento nacional es el tiple, una pequeña guitarra de doce cuerdas. El baile nacional es el bambuco. La música del Caribe, recién integrada en el repertorio de la salsa, es buena para bailar la cumbia, baile típico de esta región.*

Uses of the present subjunctive with impersonal expressions

Impersonal expressions (expressions with no specific subject) require the subjunctive in dependent noun clauses if they suggest that the event or state mentioned in the dependent clause is not part of perceived reality. For example: **es necesario que** *(it's necessary that)*, **es importante que** *(it's important that)*, **es imposible que** *(it's impossible that)*, **es improbable que** *(it's improbable that)*, **es posible que** *(it's possible that)*, **es preciso que** *(it's necessary that)*, **es probable que** *(it's probable that)*, **tal vez** *(perhaps, maybe)*, **quizás** *(perhaps, maybe)*, and **Ojalá (que)** *(I hope [that])*.

Es necesario que discutamos el asunto.	***It's necessary that we discuss*** *the matter.*
Es posible que yo no tenga tiempo hoy.	***It's possible I won't have*** *time today.*
Pero es importante que resolvamos el problema.	***But it's important that we resolve*** *the problem.*
De acuerdo. **Es probable que podamos** discutirlo mañana.	*Agreed.* ***It's probable we can*** *discuss it tomorrow.*
Tal vez sea posible.	***Maybe it will be*** *possible.*
Ojalá que tengas razón.	***I hope you're*** *right.*

PART I

Impersonal expressions that show the speaker's emotional attitude or bias toward the event or state of the dependent clause also require the subjunctive: **es bueno que** *(it's good that)*, **es inútil que** *(it's useless that)*, **es malo que** *(it's bad that)*, **es mejor que** *(it's better that)*, **es peor que** *(it's worse that)*, **es triste que** *(it's sad that)*, **es útil que** *(it's useful that)*, and **más vale que** *(it's better that)*. **Es una lástima que** *(It's a pity that)* and **¡qué lástima que!** *(what a pity that!)* are impersonal expressions that may be followed by either the subjunctive or the indicative in the dependent clause.

Es bueno que José Luis **tenga** correo de voz.	***It's good*** *that José Luis* ***has*** *voicemail.*
Es útil que **naveguemos** en la Red.	***It's useful*** *for us* ***to surf*** *the Net.*
Es una lástima que no **encuentres** tu teléfono celular.	***It's a pity you*** *can't* ***find*** *your cell phone.*

When the speaker does not identify a specific subject in the dependent clause, the impersonal expression is followed by an infinitive. Study the following pairs of sentences.

Es preciso saber la fecha.	***It's necessary to know*** *the date.*
Es preciso que sepamos la fecha.	***It's necessary that we know*** *the date.*
Es útil hacer investigaciones.	***It's useful to do*** *research.*
Es útil que hagas investigaciones.	***It's useful for you to do*** *research.*

There are certain verbs and expressions in Spanish that require the subjunctive in the dependent clause only when they are negative, that is, when they suggest that the event or state in the dependent clause is a negated fact. For example: **no es cierto que, no es evidente que, no es obvio que, no es que, no es/está seguro, no es verdad que, no creer que,** and **no pensar que.** When they are not negative they are followed by the indicative.

Es cierto que la clase **es** interesante.	*It's true that the class is interesting.*
No es cierto que la clase **sea** interesante.	*It's not true that the class is interesting.*
Es que Juan **conoce** bien la ciudad.	*The fact is that Juan knows the city well.*
No es que Juan **conozca** bien la ciudad.	*It's not the case that Juan knows the city well.*
Es evidente que Laura **sabe** quién lo hizo.	*It's evident that Laura knows who did it.*
No es evidente que Laura **sepa** quién lo hizo.	*It's not evident that Laura knows who did it.*
Estamos seguros de que Paco **viene** hoy.	*We're sure that Paco is coming today.*
No estamos seguros de que Paco **venga** hoy.	*We're not sure that Paco is coming today.*
Creo que Lola y Víctor **van** al cine.	*I think Lola and Víctor are going to the movies.*
No creo que Lola y Víctor **vayan** al cine.	*I don't think Lola and Víctor are going to the movies.*

NOTE

Sometimes the indicative is used after **no creer que, no pensar que, quizás,** and **tal vez.** The choice of the indicative indicates a greater degree of certainty about the action on the part of the speaker. The use of the subjunctive is always correct after these expressions, however.

No creo que ella se **dé** cuenta de lo que pasa.	*I don't think she realizes what's happening.*
No creo que ella se **da** cuenta de lo que pasa.	*I really don't think she realizes what's happening.*
Tal vez estén enfadados.	*Maybe they're angry. (Who knows?)*
Tal vez están enfadados.	*Maybe they're angry. (There is a good chance they are.)*
Quizás vengan.	*Maybe they will come. (I have no idea whether or not they are coming.)*
Quizás vendrán.	*Maybe they will come. (I think there is a good chance that they are coming.)*

When used in the affirmative, **dudar** *(to doubt)* and **es dudoso** *(it's doubtful)*, require the use of the subjunctive in the dependent clause. Conversely, when **dudar** and **es dudoso** appear in the negative, the verb in the dependent clause is in the indicative.

Dudamos que Andrés **vuelva** hoy.	***We doubt*** *Andrés* ***is coming back*** *today.*
Es dudoso que Andrés **vuelva** hoy.	***It's doubtful*** *Andrés* ***is coming back*** *today.*
No dudamos que Andrés **vuelve** hoy.	***We don't doubt*** *Andrés* ***is coming back*** *today.*
No es dudoso que Andrés **vuelve** hoy.	***It's not doubtful*** *Andrés* ***is coming back*** *today.*

Actividad 9 **¡Qué desorden! ¡Y vienen los padres!** Ud. comparte un apartamento con tres compañeras de cuarto. Este fin de semana vienen los padres a visitar. Uds. están contentos de ver a sus padres. Están también un poco preocupadas porque ellos van a ver que el apartamento es una pocilga *(pigsty)*. Escriba las expresiones impersonales usando el subjuntivo para describir la situación. Siga el modelo.

MODELO Vienen mis papás. (es bueno)
Es bueno que vengan mis papás.

Haciendo la limpieza

el desorden *mess*
fregar las cacerolas *to scour the pans*
guardar *to put away*
limpiar el polvo *to dust*
meterse en *to get involved in*
ordenar *to clean up*
el producto para la limpieza *cleaning product*
la telaraña *cobweb, spiderweb*
el trapo *cleaning rag*

PART I

1. Ellos ven el desorden. (es malo)

____

2. Hacemos la limpieza del apartamento. (es necesario)

____

3. Lupe friega las cacerolas. (es importante)

____

4. Uds. recogen las cajas de pizza. (es probable)

____

5. Los padres traen trapos y productos para la limpieza. (más vale que)

____

6. Los padres se meten en todo esto. (es dudoso)

____

7. Yo limpio el polvo. (es preciso)

____

8. María y Griselda guardan su ropa sucia en la cómoda. (es posible)

____

9. Tú quitas las telarañas del techo. (es mejor)

____

10. No nos relajamos en todo el día. (¡qué lástima que!)

____

Actividad 10 **Reacciones** Ud. reacciona a unas afirmaciones. Al reaccionar, tiene que escoger entre el presente de subjuntivo y el presente de indicativo. Siga los modelos.

MODELOS Manuela trabaja de moza. (es verdad)
Es verdad que Manuela trabaja de moza.

Manuela trabaja de moza. (no es verdad)
No es verdad que Manuela trabaje de moza.

1. Lorenzo sigue enfermo. (no estoy seguro)

____

2. Teresa y Jesús se quieren mucho. (es obvio)

____

3. Uds. tienen problemas con el coche. (no es cierto)

____

4. Julia llega el sábado. (es que)

____

5. Carmen es de origen ruso. (no es seguro)

____

6. Los niños están aburridos. (no es evidente)

____

7. Tú lo sabes todo. (no es que)

____

8. Martín renuncia a su puesto. (es cierto)

____

Actividad 11 **Pereza del fin de año** Ahora que termina el año escolar y hace tan buen tiempo, sus amigos prefieren jugar al béisbol en vez de estudiar. Le toca a Ud. convencerlos que deben trabajar más. Escriba las oraciones usando el presente de subjuntivo. Siga el modelo.

> **MODELO** Pedro: No quiero asistir a la clase de química hoy. (es necesario)
> Ud.: Oye, Pedro, es necesario que asistas a la clase de química hoy.

1. Anita: No voy a estudiar para los exámenes finales. (insisto en que)

____

2. Miguel: No deseo trabajar en la librería. (me sorprende)

____

3. Rebeca: No pienso escribir el informe para sociología. (más vale que)

____

4. Tomás: No me gusta practicar chino en el laboratorio de lenguas. (es útil)

____

5. Graciela: No me interesa tomar apuntes en historia. (es importante)

____

6. Alfredo: Prefiero no hacer la tarea. (te ruego)

____

7. Carolina: No me importa sacar buenas notas. (espero)

____

8. Ana: Voy a jugar al béisbol todo el día. (te prohíbo)

____

PART I

Actividad 12 **En un coloquio *(discussion)*** Exprese en español las ideas de los participantes de un coloquio sobre el mundo a principios del siglo veintiuno. Use el presente de subjuntivo cuando sea necesario.

1. It's good there are so many technological advances **(adelantos).**

____

2. We prefer to use nuclear energy even more.

____

3. Everyone's happy to have the computer.

____

4. It's evident that wars continue to break out **(estallar).**

____

5. It's probable that environmental pollution is doing much harm.

____

6. It's obvious that the free market economy is best.

____

7. We advise the political leaders to spend money more accountably **(con más responsabilidad).**

____

8. I hope **(Ojalá)** there will be free elections in every country.

____

9. It's important that there be more high tech **(alta tecnología)** in the twenty-first century.

____

Forms and uses of the present perfect subjunctive

The present perfect subjunctive consists of the present subjunctive of **haber** + *the past participle.*

Esperan que lo	**haya visto.**	*They hope I saw him.*
	hayas visto.	*They hope you saw him.*
	haya visto.	*They hope he saw him.*
	hayamos visto.	*They hope we saw him.*
	hayáis visto.	*They hope you saw him.*
	hayan visto.	*They hope they saw him.*

The present perfect subjunctive is used in the same kinds of dependent clauses as the present subjunctive. It is used to indicate that the action of the dependent clause happens before the action of the main clause.

Me alegro de que Uds. **vayan.** — *I'm glad you **are going**.* *(two actions in the present)*

Me alegro de que **hayan venido Uds.** — *I'm glad you **came**.* *(dependent clause action happens prior to action of main clause)*

Actividad 13 **¿Qué les parece?** Escriba oraciones empleando la frase indicada en la cláusula principal y cambiando el verbo del pretérito al perfecto de subjuntivo. Siga el modelo.

> **MODELO** Los Fernández llegaron. (es bueno)
> Es bueno que los Fernández hayan llegado.

1. Uds. no vieron la exposición de arte. (Clara siente)
___
2. Patricia escribió la revista electrónica. (dudamos)
___
3. Carlos se hizo ciudadano. (me alegro)
___
4. Viste la nueva película policíaca. (esperan)
___
5. Murió el bisabuelo de Martín. (es una lástima)
___
6. Las chicas no dijeron nada. (es mejor)
___
7. Hubo un incendio en el metro. (nos sorprende)
___
8. Luz se puso brava. (no piensan)
___
9. Me encantó el concierto. (se alegran)
___

Actividad 14 **Expresar en español** Exprese las oraciones en español.

1. I'm glad Julia and Paco got married.
___
2. It's good that a bookstore opened in this neighborhood.
___
3. They doubt that the Tigers won the soccer championship.
___
4. We hope Fernando got rich.
___
5. Are you **(Ud.)** surprised that the Núñez family moved?
___
6. Ana doesn't think the boys broke the window.
___

PART I

Actividad 15 **Actividad oral** Con un(a) compañero(a) de clase hable de las cosas que le mandan hacer y que Ud. manda que hagan los demás. Diga en cada caso quién manda y lo que le dice a Ud. que haga. ¿A su compañero(a) le mandan hacer las mismas cosas que a Ud.?

Actividad 16 **Estructuras en acción** Lea los comentarios sobre los exámenes finales en España.

Exámenes: La prueba final

El curso se acaba y estudiantes y padres sufren los agobios de los exámenes finales. El mejor aliado para aprobar es la autoconfianza, además del dominio de la materia. El peor enemigo son los nervios. A ver qué dicen estudiantes y padres.

Hablan los estudiantes:

«No me gusta memorizar» *(Silvia Rivero, 17 años)*

«Intento comprender los temas, no me gusta memorizar. Me hago esquemas, leo, procuro entender y escribo los temas porque así se te quedan mejor. Pongo en común los temas con la gente de clase y, si no entendemos algo, nos llamamos por teléfono. Mi madre me dice que me tranquilice y que ‹lo hecho, hecho está›. Me pongo insoportable, no hay quien me hable.»

«La selectividad es lo más difícil del mundo» *(Carlos Gustavo García, 18 años)*

«Soy tranquilo para los exámenes, pero con la selectividad me pongo muy nervioso: es lo más difícil que hay. Tengo miedo de que me pregunten cosas que no han entrado en el temario. Las chuletas no ayudan.»

«Tengo pesadillas» *(Silvia Heredia, 15 años)*

«Ante los exámenes me pongo muy nerviosa, muy nerviosa. Tomo mucho café y tengo pesadillas: sueño con los exámenes. Para estudiar copio los temas en un papel y luego me lo voy preguntando o le pido a mi madre que me lo pregunte ella. Estudio de todas las formas posibles: tumbada, de pie, andando... Pero siempre estudio sola, porque hablo mucho y si no, me distraigo.»

Hablan los padres:

«No hay quien le hable» *(Josefa Sánchez)*

«Tengo dos hijos estudiando. Beatriz está muy nerviosa y se agobia mucho. Hasta que no acabe los exámenes no hay quien le hable. Mi marido es psicólogo y les dice a nuestros hijos que se tranquilicen y que no se agobien.»

«No me gusta que estudie tanto» *(Germana Baile)*

«Mi hijo José Jorge está en segundo curso de Telecomunicaciones. Estudia demasiadas horas y hay que reñirle para que salga. La verdad, no me gusta que estudie tanto.»

«Sólo les exijo lo que puedan dar de sí» *(Benito de Lucas)*

«Sólo les exijo lo que puedan dar de sí. Me da igual que saquen sobresalientes o aprobados. Si suspenden tampoco pasa nada. Lo que quiero es que trabajen, porque los buenos resultados vienen solos.»

«Son un poco vagos» *(Carmen Martín)*

«Está claro que los que se ponen nerviosos es porque no han estudiado. Los que no han dado palo al agua en todo el curso es imposible que puedan aprobar. Yo les digo a mis hijos que no se preocupen porque otros saquen un 10 y ellos no. Pero la verdad es que son un poco vagos y podrían sacar más.»

CHAPTER 11

Actividad 17 **Estructuras en acción** Escriba oraciones que expresen sus sentimientos. Use el presente de subjuntivo. Siga el modelo.

MODELO Me alegro de graduarme este año. (tú)
Me alegro (de) que tú te gradúes este año.

Los exámenes

agobiarse *to get tired*
el agobio *exhaustion, worry*
el/la aliado(a) *ally*
el aprobado *passing grade*
aprobar (o→ue) *to pass an exam*
la autoconfianza *self-confidence*
la chuleta (slang) *cheat sheet*
copiar *to copy*
dar de sí *to do one's best*
dar palo al agua *(here) to study, work*
el dominio *mastery, good knowledge*
el/la enemigo(a) *enemy*
el esquema *outline*
lo hecho, hecho está *what's done is done*
insoportable *unbearable*
la materia *subject*
me distraigo (distraerse) *my mind wanders, I get distracted*
la pesadilla *nightmare*
procurar *to try*
reñir (e→i) *to scold*
la Selectividad *(Spain)* *university entrance exams*
el sobresaliente *excellent grade*
suspender *to fail*
las telecomunicaciones *telecommunications*
el tema *question (on an exam)*
el temario *exam questions*
tumbado(a) *lying down*
vago(a) *lazy*

PART I

1. Quiero sacar sobresalientes. (nosotros)

2. Me gusta tener autoconfianza. (Rosario)

3. Prefiero estudiar administración de empresas. (Uds.)

4. Necesito hacer un esquema. (tú)

5. Me alegro de ser becario. (Juan Manuel)

6. Siento no saber los resultados de los exámenes todavía. (vosotros)

7. Tengo miedo de distraerme durante el examen. (Catalina y Jacobo)

8. Espero no ver a nadie con chuleta. (la profesora)

9. No me gusta ponerme nerviosa por el examen. (mis compañeros de clase)

Actividad 18 **Estructuras en acción** Escriba oraciones con la frase indicada. Use el perfecto de subjuntivo. Siga el modelo.

MODELO Ud. estudió mucho. (es bueno)
Es bueno que Ud. haya estudiado mucho.

1. Yo memoricé los datos. (es útil)

2. Nicolás se hizo esquema. (es mejor)

3. Tú escribiste los temas. (esperamos)

4. Los estudiantes tenían dominio de la materia. (es importante)

5. Vosotros os agobiasteis estudiando. (es una lástima)

6. Uds. no leyeron con cuidado. (es malo)

7. Nosotros dimos palo al agua en todo el curso. (es bueno)

____

8. Carmen sacó sobresalientes en todas las materias. (me alegro)

____

9. Te pusiste nervioso por la Selectividad. (no creen)

____

10. Ud. entendió el temario. (dudamos)

____

11. Vosotros os preocupasteis mucho por los exámenes. (sienten)

____

12. Gabriela no les dijo los resultados de los exámenes a sus papás. (nos sorprende)

____

13. Alejo y Mirián copiaron los temas en su cuaderno. (es probable)

____

14. Vimos las chuletas. (no es cierto)

____

15. Ud. estudió telecomunicaciones. (no piensan)

____

Actividad 19 **Estructuras en acción** Conteste las preguntas oralmente o por escrito.

1. ¿Cómo se prepara Ud. para los exámenes?
2. ¿Ud. estudia solo(a) o con sus amigos?
3. ¿Ud. prefiere estudiar sentado(a), tumbado(a) o andando? ¿De qué otra manera?
4. ¿Qué estrategias emplea Ud. para estudiar?
5. ¿En qué materias saca Ud. aprobados o sobresalientes?
6. ¿Qué consejos le dan sus padres sobre los exámenes? ¿Y sus profesores y amigos?
7. ¿Es ético usar una chuleta? ¿Por qué?

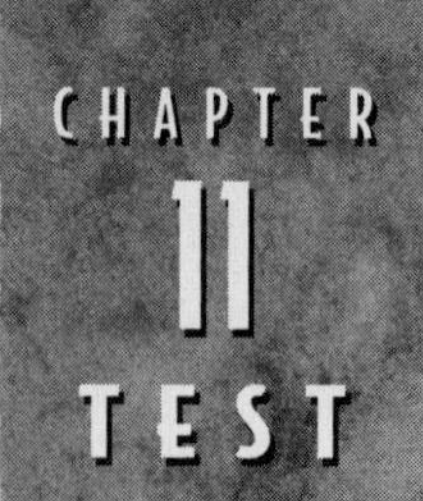

Subjunctive: present and present perfect

1 **El presente de subjuntivo** Complete las oraciones con la forma correcta del presente de subjuntivo de los verbos indicados.

1. Me alegro de que Uds. ______________________ del asunto. (ocuparse)
2. Es necesario que Ud. les ______________________ una explicación. (dar)
3. No quieren que Manolo ______________________ videojuegos todo el día. (jugar)
4. Es importante que ellos ______________________ una copia de seguridad. (hacer)
5. Es dudoso que el partido ______________________ a las dos por la lluvia. (empezar)
6. Esperamos que ellos ______________________ de acuerdo. (ponerse)
7. Nos piden que no ______________________ todavía. (irse)
8. Es útil que tú ______________________ en la Red para informarte. (navegar)

2 **¿Subjuntivo o indicativo?** Complete las oraciones usando el presente de subjuntivo o el presente de indicativo de los verbos indicados.

1. Prefieren que nosotros nos ______________________ en el cibercafé. (ver)
2. Es preciso que tú me ______________________ en el aeropuerto. (recoger)
3. Creo que Pilar ______________________ a escribir el informe. (negarse)
4. Es bueno que Ud. ______________________ bilingüe. (ser)
5. No dudamos que vosotros ______________________ contentos. (estar)
6. Te digo que yo no ______________________ ningún inconveniente en ayudar. (tener)
7. Me parece que ellas ______________________ el viernes. (venir)
8. Quieren que nosotros ______________________ mucho en la fiesta. (divertirse)
9. Ojalá que nuestro equipo ______________________ terminar el proyecto hoy. (conseguir)
10. No entiendo por qué tú ______________________. (enojarse)

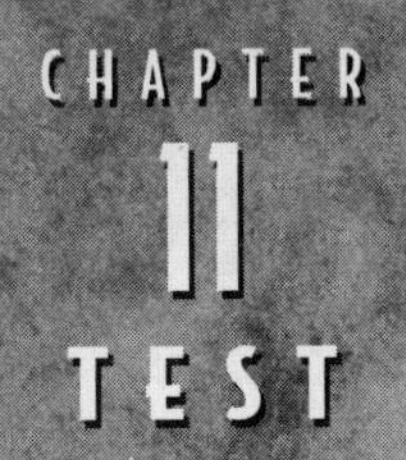

Subjunctive: present and present perfect

3 **El perfecto de subjuntivo** Escriba oraciones empleando la frase indicada en la cláusula principal y cambiando el verbo del pretérito al perfecto de subjuntivo.

1. Isabela vio ese video. (no pienso)

   ____

2. Yo escribí el correo electrónico. (esperan)

   ____

3. Hiciste un trabajo excelente. (nos alegramos)

   ____

4. Ellos volvieron del centro comercial. (dudas)

   ____

5. Ud. se hizo daño jugando fútbol. (sienten)

   ____

6. Felipe no se sintió bien. (es una lástima)

   ____

7. Nosotros no dijimos nada de lo ocurrido. (es bueno)

   ____

Subjunctive: imperfect and past perfect

Forms of the imperfect subjunctive

The forms of the imperfect subjunctive **(el imperfecto de subjuntivo)** are derived from the third person plural form of the preterite. Any irregularity or vowel change in the stem of the third person plural of the preterite occurs in all persons of the imperfect subjunctive: **hablaron** → que yo **hablara, comieron** → que yo **comiera, escribieron** → que yo **escribiera, pidieron** → que yo **pidiera, hicieron** → que yo **hiciera, fueron** → que yo **fuera, durmieron** → que yo **durmiera, trajeron** → que yo **trajera.** The preterite ending **-ron** is replaced by the following endings in all verbs.

-ra		**hablara**	**comiera**	**escribiera**
-ras		**hablaras**	**comieras**	**escribieras**
-ra	Querían que	**hablara**	**comiera**	**escribiera**
-ramos		**habláramos**	**comiéramos**	**escribiéramos**
-rais		**hablarais**	**comierais**	**escribierais**
-ran		**hablaran**	**comieran**	**escribieran**

Meaning: *They wanted me/you/him/her/us/them to speak/eat/write.*

The **yo** and **él/ella/Ud.** forms are identical in the imperfect subjunctive and the **nosotros(as)** form has a written accent mark on the vowel before the **-r: habláramos, comiéramos, escribiéramos.**

There is an alternate form of the imperfect subjunctive that has endings in **-se.** The **-ra** and **-se** forms are interchangeable, but the **-se** forms are less common in colloquial speech. In the **-se** form of the imperfect subjunctive, as in the **-ra** form, the **yo** and **él** forms are identical and the **nosotros(as)** form has a written accent on the vowel before the **-s** of the ending.

-se		**hablase**	**comiese**	**escribiese**
-ses		**hablases**	**comieses**	**escribieses**
-se	Querían que	**hablase**	**comiese**	**escribiese**
-semos		**hablásemos**	**comiésemos**	**escribiésemos**
-seis		**hablaseis**	**comieseis**	**escribieseis**
-sen		**hablasen**	**comiesen**	**escribiesen**

Actividad 1 **Imperfecto de subuntivo** Complete las oraciones con los verbos indicados en el imperfecto de subjuntivo. Escriba cada verbo con las dos desinencias *(endings)* **-ra** y **-se.**

1. Yo esperaba que Manolo ____________ / ____________ cuenta. (darse)
2. Nos alegramos que Lorna ____________ / ____________ su collar de perlas. (encontrar)
3. Rita insistió en que los niños ____________ / ____________ las botas. (ponerse)
4. No era cierto que nosotros lo ____________ / ____________ (saber).
5. Ojalá que ____________ / ____________ pescado en la carta. (haber)
6. Te aconsejaron que ____________ / ____________ derecho. (seguir)
7. Dudaban que Ud. ____________ / ____________ la siesta. (dormir)
8. No fue posible que yo los ____________ / ____________ hasta el jueves. (ver)
9. Habíamos querido que Uds. ____________ / ____________ con nosotros. (reunirse)
10. Le gustaría que nosotros ____________ / ____________ esta sinfonía. (oír)
11. Preferiríamos que Elena nos lo ____________ / ____________. (decir)
12. No creían que los turistas ____________ / ____________ de Inglaterra. (ser)
13. Era preciso que se ____________ / ____________ nuevas casas en las afueras. (construir)
14. Yo querría que tú ____________ / ____________ los documentos. (traer)
15. Le dijeron a Mateo que no ____________ / ____________. (irse)

PART I

Imperfect subjunctive in noun clauses; the sequence of tenses

The imperfect subjunctive is used in dependent noun clauses instead of the present subjunctive when the verb in the main clause is in the imperfect, preterite, past perfect, or conditional.

imperfect
Queríamos que lo **hicieras.** — *We wanted you to do it.*

preterite
Quisimos que lo **hicieras.** — *We wanted you to do it.*

past perfect
Habíamos querido que lo **hicieras.** — *We had wanted you to do it.*

conditional
Querríamos que lo **hicieras.** — *We would want you to do it.*

The present subjunctive is used when the verb in the main clause is in the present, present perfect, future, or imperative.

Queremos que lo **hagas.** — *We want you to do it.*
Hemos querido que lo **hagas.** — *We've wanted you to do it.*
Querremos que lo **hagas.** — *We'll want you to do it.*

The English equivalents of many noun clauses in Spanish are in the infinitive so the English sentences do not show the tense distinctions seen in the Spanish subjunctive clauses.

Queremos que lo **hagas.** — *We want you **to do** it.*
Queríamos que lo **hicieras.** — *We wanted you **to do** it.*

Remember that in Spanish, if the subjects of the main clause and the dependent clause are the same, the infinitive is used, not the present or imperfect subjunctive.

Queremos **hacerlo.** — *We want **to do it.***
Queríamos **hacerlo.** — *We wanted **to do it.***

Ojalá used with the present subjunctive means *I hope.* **Ojalá** used with the imperfect subjunctive means *I wish.*

Ojalá que **saquen** boletos. — ***I hope** they'll get tickets.*
Ojalá que **sacaran** boletos. — ***I wish** they'd get tickets.*

Spanish uses the imperfect subjunctive, as well as the conditional, to soften a request or suggestion. The imperfect, used only with **querer, poder,** and **deber,** is more courteous than the conditional, which is used with any verb. In English, *would* is also used to soften a request: ¿Me lo **explicarías?** ***Would you explain** it to me?*

Quisiera hablar con Ud. — ***I'd like** to speak with you.*
¿**Pudiera** prestármelo? — ***Could you** lend it to me?*
Uds. debieran volver a casa. — ***You ought** to return home.*

CHAPTER 12

Actividad 2 **Un caso de celos** Narre la historia de dos chicos que quieren a Angélica. Cambie los verbos de la cláusula independiente según los verbos indicados, y los verbos de las cláusulas dependientes del presente de subjuntivo al imperfecto de subjuntivo. Siga el modelo.

MODELO Felipe les dice a sus amigos que salgan. (dijo)
Felipe les dijo a sus amigos que salieran.

1. Felipe les sugiere que vayan a una discoteca. (sugirió)

 ____

2. Felipe espera que Angélica baile con él toda la tarde. (esperaba)

 ____

3. Teodoro también desea que Angélica pase la tarde con él. (deseaba)

 ____

4. Angélica teme que los chicos tengan celos. (temía)

 ____

5. Es posible que Felipe y Teodoro se peleen por Angélica. (Era)

 ____

6. Felipe no cree que sea una buena idea ir a la discoteca. (no creía)

 ____

7. Felipe le propone a Angélica que vean una película. (propuso)

 ____

8. A Angélica le agrada que Felipe y Teodoro la quieran, ¡pero ella estaba enamorada de Julio! (agradaba)

 ____

Actividad 3 **Expectativas** Cuando Timoteo fue a pasar un semestre en la Ciudad de Guatemala para estudiar español, tenía ciertas expectativas y preocupaciones sobre cómo iba a ser su experiencia. Lea lo que pensaba y escriba los verbos indicados en el imperfecto de subjuntivo. Siga el modelo.

MODELO Timoteo deseaba que la casa donde iba a vivir quedara cerca de la universidad. (quedar)

1. Timoteo esperaba que ______________ un chico de su edad en la familia. (haber)
2. Sentía que su mejor amigo no ______________ a la Ciudad de Guatemala también. (ir)
3. Temía que nadie ______________ comprender su español. (poder)

PART I

4. Era posible que Timoteo no ______________________ bien con sus compañeros de clase. (llevarse)

5. Tenía miedo que la comida le ______________________ mal. (caer)

6. Dudaba que sus profesores le ______________________ en todas las materias. (aprobar)

7. Era probable que Timoteo ______________________ mudarse a un hotel. (querer)

Nota cultural

La Ciudad de Guatemala

La Ciudad de Guatemala, capital de Guatemala, queda a 1.500 metros sobre el nivel del mar en una meseta de la Sierra Madre. La capital fue fundada por decreto (decree) *de Carlos III de España en 1776 después que un terremoto acabó con la capital anterior, Antigua Guatemala, en 1773. Antigua, fundada en 1543, fue una de las ciudades más atractivas de Centroamérica con una población de 60.000, varias iglesias grandes, una universidad (1680), una imprenta (1660) y famosos pintores, escultores, escritores y artesanos. La Ciudad de Guatemala es actualmente uno de los lugares más populares de Hispanoamérica para aprender español; muchos estudiantes norteamericanos y canadienses pasan el verano o el año académico allí estudiando el idioma.*

Actividad 4 **¿Qué tal le fue a Timoteo?** Para saberlo, complete las oraciones usando el imperfecto de subjuntivo. Siga el modelo.

> **MODELO** Los señores de la casa insistían en que Timoteo se quedara con ellos un mes más. (quedarse)

1. Era bueno que sus clases ______________________ tan interesantes. (ser)

2. Los señores permitían que Timoteo ______________________ con su hija Aurora. (salir)

3. La madre le pidió a Timoteo que los ______________________ a la sierra. (acompañar)

4. Los hijos de la familia le rogaron a Timoteo que ______________________ al fútbol con ellos. (jugar)

5. A Timoteo le sorprendió que todos lo ______________________ tan bien. (tratar)

6. La señora dejó que Timoteo ______________________ el coche. (conducir)

CHAPTER 12

Actividad 5 **Vida de familia** Describa lo que los padres esperaban que sus hijos hicieran. Complete las oraciones con los verbos indicados usando el imperfecto de subjuntivo. Siga el modelo.

MODELO Mis papás querían que nosotros estudiáramos mucho. (estudiar)

1. Papá esperaba que yo ______________ ingeniera. (hacerse)
2. Mamá insistía en que nosotros ______________ sus tradiciones. (seguir)
3. Nuestros papás nos aconsejaban que ______________ valores tradicionales. (tener)
4. Papá prefería que Pepe ______________ con él en la empresa. (trabajar)
5. Nuestros padres deseaban que mis hermanos y yo ______________. (casarse)
6. A nuestros papás les era importante que nosotros ______________ responsables, honrados y trabajadores. (ser)
7. Mamá nos pedía que ______________ a nuestra familia. (dedicarse)
8. Papá nos decía que ______________ los unos a los otros. (ayudarse)
9. A nuestros padres les era necesario que mis hermanas ______________ cerca. (vivir)

Actividad 6 **¡Me sobra tiempo!** (***I have plenty of time!***) Sus padres le pidieron que hiciera unas cosas para ayudarlos. Ud. creía que le sobraba tiempo para hacerlas y fue a jugar al béisbol con sus amigos. Al llegar a casa, sus padres ven que todo ha quedado sin hacer. Complete las oraciones usando el imperfecto de subjuntivo de los verbos indicados. Siga el modelo.

MODELO Hijo(a), yo quería que buscaras el correo. (buscar)

1. Hijo(a), te pedí que ______________ el césped. (cortar)
2. Hijo(a), ¿no te dijimos que ______________ la carne? (descongelar)
3. Hijo(a), te exigí que ______________ los arbustos *(bushes)*. (regar *[to water]*)
4. Hijo(a), esperábamos que ______________ la compra. (hacer)
5. Hijo(a), yo quería que ______________ al perro. (bañar)

PART I

6. Hijo(a), te rogamos que ______________________ el garaje en orden. (poner)
7. Hijo(a), yo deseaba que ______________________ las herramientas *(tools)*. (guardar)
8. Hijo(a), insistíamos en que ______________________ la basura. (sacar)
9. Hijo(a), tu hermanito necesitaba que le ______________________ su bicicleta. (reparar)

Actividad 7 **¡Josefina, la muy pesada!** A Josefina no le queda ni un solo amigo porque se porta mal con todo el mundo. Para saber lo que pasó con sus amigos, escriba el imperfecto de subjuntivo de los verbos indicados. Siga el modelo.

MODELO Josefina le pidió al novio de Lola que la llevara al baile. (llevar)

1. A los amigos no les gustaba que Josefina les ______________________. (mentir)
2. Josefina le aconsejó a Paquita que ______________________ con su novio. (romper)
3. Sus amigos sentían que Josefina ______________________ mala lengua *(vicious tongue)*. (tener)
4. Josefina exigió que Pedro ______________________ la tarea de cálculo por ella. (hacer)
5. Josefina insistió en que los chicos la ______________________ a todas sus reuniones. (invitar)
6. Los amigos no querían que Josefina les ______________________ el pelo. (tomar)
7. Josefina les impidió a los amigos que ______________________ al cine sin ella. (ir)
8. A nadie le gustaba que Josefina ______________________ a los amigos en líos. (meter)

Actividad 8 **¡Ojalá!** Ud. quiere que sucedan ciertas cosas pero duda que pasen. Escriba lo que son esas cosas usando el imperfecto de subjuntivo. Siga el modelo.

MODELO los primos / venir a visitarme
Ojalá que los primos vinieran a visitarme.

1. yo / ir / de vacaciones / en abril

____

2. Uds. / recibir / el cheque

____

3. Diana / no quejarse / de todo

____

4. nuestro equipo / ganar / el campeonato

____

5. Bernardo y Marta / no discutir / tanto

____

6. tú / no preocuparse / por nada

____

7. tú y yo / poder asistir / al congreso *(conference)* en San Diego

____

8. Juan Carlos / invitarnos / a su hacienda

____

CHAPTER 12

Past perfect (or pluperfect) subjunctive

The past perfect subjunctive **(el pluscuamperfecto)** consists of the imperfect subjunctive of **haber** + *the past participle*. The most important use of the past perfect subjunctive is in conditional sentences. The past perfect subjunctive is also used to express a contrary-to-fact wish in the past after **ojalá (que).**

Ojalá (que)	**hubiera sabido.**	*I wish I had known.*
	hubieras sabido.	*I wish you had known.*
	hubiera sabido.	*I wish she had known.*
	hubiéramos sabido.	*I wish we had known.*
	hubierais sabido.	*I wish you had known.*
	hubieran sabido.	*I wish they had known.*

The past perfect subjunctive is used instead of the present perfect subjunctive to indicate that the action of the dependent clause happens before the action of the main clause when the main clause is in the preterite, imperfect, or conditional.

Yo me alegré de que ella **hubiera llegado.**	***I was glad*** *that she* ***had arrived.***
Dudábamos que tú **hubieras podido** hacerlo.	***We doubted*** *that you* ***could have done it.***
Fue poco probable que el avión **hubiera salido.**	***It was improbable*** *that the plane* ***had left.***

Actividad 9 **¿Qué les parecía?** Escriba las oraciones empleando las frases indicadas en la cláusula principal y el verbo de la cláusula dependiente en el pluscuamperfecto de subjuntivo. Siga el modelo.

MODELO Néstor había ganado la lotería. (esperábamos)
Esperábamos que Néstor hubiera ganado la lotería.

PART I

1. Rebeca había llegado a ser arquitecta. (era bueno)

____

2. Las hermanas Cela habían hecho un viaje a Santo Domingo. (nos gustó)

____

3. Uds. se habían quedado tanto tiempo. (me extrañó)

____

4. Tú habías comprado una computadora nueva. (era necesario)

____

5. Yo había conocido Roma. (era importante)

____

6. Juan y yo nos habíamos comprometido. (todos se alegraron)

____

Nota cultural

Santo Domingo

Santo Domingo, capital de la República Dominicana, es la más antigua de las ciudades americanas fundadas por los conquistadores. Fue fundada en 1496 por Bartolomé Colón, un hermano de Cristóbal Colón. La ciudad fue modernizada después que un huracán la dejó casi totalmente destruida, pero conserva cierto carácter colonial con sus muchos edificios y monumentos de interés histórico.

Actividad 10 **Expresar en español** Exprese las oraciones en español.

1. You **(tú)** were hoping that they had been successful.

____

2. They were afraid that someone had told me.

____

3. We were sorry that you **(Ud.)** hadn't heard what happened.

____

4. Sarita doubted that we had come back from the country.

____

5. I was glad that it had been warm and sunny.

____

6. I wish you **(Uds.)** had told us as soon as possible.

____

Conditional sentences

In Spanish and English, conditional sentences consist of two clauses: a **si** clause *(if clause)* and a main clause. Both languages use similar tenses for the two clauses. The **si** clause may come before or after the main clause.

Possible conditions are expressed in both languages by using the present in the **si** clause and the future in the main clause.

SI CLAUSE	MAIN CLAUSE	
PRESENT	**FUTURE**	
Si vas,	**yo iré** también.	*If you go, I'll go, too.*

To express a condition that is contrary to a fact or situation in present time, Spanish uses the imperfect subjunctive in the **si** clause and the conditional in the main clause.

SI CLAUSE	MAIN CLAUSE	
IMPERFECT SUBJUNCTIVE	**CONDITIONAL**	
Si fueras,	**yo iría** también.	*If you were going, I'd go, too.*

The sentence **Si fueras, yo iría también.** expresses a condition that is contrary to fact. The fact is that **tú no vas** and the result is that **yo no voy.** The meaning is **(Pero) si fueras** *(But if you were going, which you're not)*, **yo iría** también *(I'd go, too)*.

Spanish expresses a condition that is contrary to a fact or situation in past time by using the past perfect subjunctive in the **si** clause and the conditional perfect or the past perfect subjunctive in the main clause.

SI CLAUSE	MAIN CLAUSE	
Si hubieras ido,	**yo habría ido** también.	*If you had gone, I would have gone, too.*
Si hubieras ido,	**yo hubiera ido** también.	

The main clause may precede the **si** clause, but the use of the tenses remains the same.

Yo habría ido también, si tú hubieras ido. — *I would have gone too, if you had gone.*

Como si...

The imperfect subjunctive is used after **como si** *(as if)* to express an action contemporaneous with the action of the main clause.

Él habla **como si fuera** profesor. — *He speaks **as if he were** a teacher.*
Se abrazarán **como si no estuvieran** enfadados. — *They'll hug each other **as if they weren't** angry.*
Actúa **como si quisieras** estar con ellos. — *Act **as if you wanted** to be with them.*
Entraron **como si tuvieran miedo.** — *They came in **as if they were afraid.***

The pluperfect subjunctive is used after **como si** to express an action that occurred prior to the action of the main clause.

Trabajaban **como si no hubieran entendido** las intrucciones.	*They were working **as if they hadn't understood** the instructions.*
Contestó **como si no hubiera leído** el libro.	*He answered **as if he hadn't read the book.***
Él nos aconseja **como si hubiera estudiado** derecho.	*He advises us **as if he had studied** law.*

Actividad 11 **Todo está pendiente *(up in the air)*.** Complete las oraciones con la forma correcta de los verbos indicados. El verbo de la cláusula que empieza con **si** emplea el presente de indicativo. Siga el modelo.

MODELO Si Uds. van, yo los veré. (ir, ver)

1. Si yo ______________, los ______________. (poder, visitar)
2. Si ellos le ______________ el puesto a Daniel, lo ______________. (ofrecer, aceptar)
3. Pepita y yo ______________ si ______________ tiempo. (salir, tener)
4. Si Mario me ______________, yo se lo ______________. (llamar, decir)
5. Si tú ______________ la mesa, Isabel y Leo ______________ la cena. (poner, hacer)
6. Si Uds. no le ______________ a Marisol, no ______________ qué pasó. (preguntar, saber)
7. Todos nosotros ______________ en taxi si no ______________ lugar en el coche de Carolina. (venir, haber)

Actividad 12 **Si fuera posible...** Complete las oraciones con la forma correcta de los verbos indicados. El verbo de la cláusula que empieza con **si** emplea el imperfecto de subjuntivo. Siga el modelo.

MODELO Si fuera posible, nosotros iríamos. (ser, ir)

1. Si yo ______________ tiempo, ______________ un viaje a todos los países del mundo. (tener, hacer)
2. Los Madariaga ______________ a visitarnos si nosotros los ______________. (venir, invitar)
3. Laura ______________ esa obra de teatro si ______________ entradas. (ver, haber)

4. Si Diego ______________________ más dinero, ______________________ un coche deportivo. (ganar, comprarse)
5. Si ______________________ mucho viento, nosotros ______________________ con la cometa *(kite)*. (hacer, salir)
6. Daniel ______________________ la siesta si ______________________ cansado. (dormir, sentirse)
7. Si tú ______________________, ______________________ el problema. (poder, resolver)
8. Uds. ______________________ más temprano si ______________________ posible, ¿no? (salir, ser)
9. Si Ana María y Esteban ______________________ los motivos, se los ______________________ a Uds. (saber, decir)

CHAPTER 12

Actividad 13 **Cuentos de hadas *(fairy tales)*** Recuerde lo que pasa en estos cuentos de hadas. Complete las oraciones con la forma correcta de los verbos indicados. El verbo de la cláusula que empieza con **si** emplea el imperfecto de subjuntivo. Siga el modelo.

> **MODELO** Si Ricitos de Oro no se durmiera en la cama del osito, los tres osos no la verían. (dormirse, ver)

1. «Si yo ______________________ a la señorita que perdió la zapatilla de cristal, ______________________ con ella», pensó el príncipe. (encontrar, casarse)
2. «Si una princesa me ______________________, yo ______________________ de ser sapo (*toad*) y ______________________ en príncipe». (besar, dejar, convertirse)
3. «Si ______________________ un guisante debajo de mi colchón, yo lo ______________________», se dijo la princesa. (haber, notar)
4. «Si Hansel y Gretel ______________________ a mi casa, yo me los ______________________», pensó la bruja. (venir, comer)
5. «Si yo no ______________________, no se me ______________________ la nariz», se dijo Pinocho. (mentir, crecer)
6. «Si yo le ______________________ un beso a la bella durmiente, ella ______________________», se dijo el príncipe. (dar, despertarse)
7. «Si la reina no ______________________ celos de mí, no ______________________ que vivir con los siete enanos», pensó Blancanieves. (tener, tener)

Actividad 14 **¡Viajes soñados!** Complete las oraciones con la forma correcta de los verbos indicados. El verbo de la cláusula que empieza con **si** emplea en el imperfecto de subjuntivo y la cláusula principal emplea el condicional.

1. Si yo ____________________ a Costa Rica, me ____________________ hacer ecoturismo en los bosques nacionales. (ir, gustar)
2. Si Graciela y Miguel ____________________ un viaje a Brasil, ____________________ a Río de Janeiro para ver el Carnaval. (hacer, ir)
3. Si Uds. ____________________ visitar Uruguay, ____________________ en Montevideo. (poder, quedarse)
4. Si nosotros ____________________ las vacaciones en Puerto Rico, ____________________ el sol en la playa de Dorado. (pasar, tomar)
5. Si tú ____________________ Venezuela, ____________________ sancocho, arepas y cachapas. (visitar, probar)
6. Si Felipe ____________________ viajar al Ecuador, ____________________ Quito. (querer, conocer)

Nota cultural

Viajando por Hispanoamérica

Hay mucho ecoturismo en Costa Rica gracias a su red de bosques nacionales. En el de Monteverde, por ejemplo, hay más de cuatrocientos especies de aves (incluso el quetzal), monos, jaguares, pumas, reptiles y otros animales, dos mil quinientos especies de plantas y más de seis mil especies de insectos.

El Carnaval es el período de diversiones que empieza el día de los Reyes y termina el martes anterior al miércoles de Ceniza (Ash Wednesday). *Se celebra por toda Latinoamérica. El de Río de Janeiro es el más célebre.*

El sancocho, las arepas y las cachapas son platos típicos de Venezuela. El sancocho es un guisado de yuca y legumbres con carne, pollo o pescado. Las arepas son un pan de maíz blanco y las cachapas son tortillas blandas de maíz. Las arepas y las cachapas se llenan de un queso blanco u otras cosas.

Actividad 15 **Si hubiera sido posible...** Complete las oraciones con la forma correcta de los verbos indicados. El verbo de la cláusula que empieza con **si** emplea el pluscuamperfecto de subjuntivo. El verbo de la cláusula principal emplea el potencial compuesto *(conditional perfect)* y el pluscuamperfecto de subjuntivo. Siga el modelo

MODELOS Si hubiera sido posible, nosotros habríamos / hubiéramos ido. (ser, ir)

1. Si Uds. nos ____________, les ____________ / ____________. (preguntar, decir)
2. Yo te ____________ / ____________ la cartera si te ____________. (devolver, ver)
3. Si Jaime ____________ médico, ____________ / ____________ más contento. (hacerse, estar)
4. Eva y yo ____________ / ____________ en seguida si lo ____________. (llamar, saber)
5. Si yo ____________ béisbol en el parque, no ____________ / ____________ la ventana de la casa. (jugar, romper)
6. Si tú ____________ tú correo electrónico, ____________ / ____________ el problema. (leer, entender)

Actividad 16 **¿Campo o ciudad?** Pablo se crió en el campo y su prima Amelia se crió en la ciudad. Hablan de las maneras en las cuales hubiera sido diferente su vida si Pablo se hubiera criado en la ciudad y Amelia en el campo. El verbo de la cláusula que empieza con **si** emplea el pluscuamperfecto del subjuntivo. El verbo de la cláusula principal emplea el potencial compuesto *(conditional perfect)* o el pluscuamperfecto del subjuntivo. Siga el modelo.

MODELO Pablo / estudiar en un colegio grande / criarse en la ciudad
Pablo habría / hubiera estudiado en un colegio grande si se hubiera criado en la ciudad.

1. Pablo / asistir al teatro / vivir en la ciudad
____
2. Amelia / ordeñar *(to milk)* las vacas / nacer en una finca
____

3. Pablo / ponerse más nervioso / oír tanto ruido todos los días

____

4. Amelia / respirar aire no contaminado / vivir en el campo

____

5. Pablo / tomar el metro y los taxis / trabajar en la ciudad

____

6. Amelia / aprender a montar a caballo / pasar su vida en el campo

____

7. Pablo / comprar toda la comida en el supermercado / hacer la compra en la ciudad

____

8. Amelia / comer frutas y legumbres muy frescas / criarse en el campo

____

9. Pablo / llevar un traje, camisa y corbata / ganarse la vida trabajando en una empresa

____

10. Amelia usar un sombrero de paja *(straw)* / cultivar la tierra

____

Actividad 17 **¡Julio el tardón *(slow poke)*!** A Julio le lleva tanto tiempo hacer cosas que siempre llega tarde a sus citas. Acaba de llegar a la fiesta de sus amigos pero no ve a nadie. Despierta a su amigo Memo que le explica que la fiesta terminó a las dos de la mañana. Julio piensa en cómo le habría salido si hubiera llegado antes. El verbo de la cláusula que empieza con **si** emplea el pluscuamperfecto de subjuntivo y el de la cláusula principal emplea el potencial compuesto *(conditional perfect)* o el pluscuamperfecto de subjuntivo.

1. Si yo _______________ mi trabajo para las diez, _______________ llegar a tiempo. (terminar, poder)
2. Si yo _______________ mejor mi horario, no me _______________ la fiesta. (planear, perder)
3. Si yo _______________ mi trabajo más eficazmente, _______________ con Julieta, la mujer de mis sueños. (hacer, bailar)
4. Si yo no _______________ tanto tiempo echándome agua de colonia, _______________ de una comida rica. (gastar, disfrutar)

5. Si yo ______________________ más rápido, no ______________________. (manejar, atrasarse)

6. Si mis amigos ______________________ más, ellos ______________________ hasta las tres de la mañana. (divertirse, quedarse)

7. Si Memo no ______________________ de inmediato, yo no ______________________ que tocar el timbre cien veces. (acostarse, tener)

CHAPTER 12

Actividad 18 **Expresar en español** Exprese las oraciones en español.

1. If Victoria had had the key, she would have opened the suitcase.
____
2. If you **(Ud.)** were to take a trip this summer, where would you go?
____
3. If they had been more careful, they wouldn't have lost their cell phone.
____
4. If you **(Uds.)** turn right at the corner, you'll see the museum.
____
5. I would pay attention to Roberto if he gave good advice.
____
6. If you **(tú)** had surfed the Web, you would have found the Web site.
____

Actividad 19 **Como si lo dijera** Complete las oraciones con la forma correcta del imperfecto de subjuntivo de los verbos indicados.

MODELO Aurelia nos habla de Mallorca como si conociera la isla. (conocer)

1. Uds. se despiden como si ______________________ por última vez. (ser)
2. Los Madariaga me describían la casa como si ______________________ en ella. (vivir)

PART I

3. Laura se ríe como si no ______________________ ninguna preocupación. (tener)
4. Felipe te pedirá tu dirección electrónica como si ______________________ escribirte. (pensar)
5. Dígale a Ester la razón como si ella no la ______________________ ya. (saber)
6. Hablas como si no ______________________ nada de la conversación. (oír)
7. Ud. anda como si le ______________________ los pies. (doler)
8. Vosotros contestáis como si no ______________________ la pregunta. (comprender)

Actividad 20 **Como si lo hubiera dicho** Complete las oraciones con la forma correcta del pluscuamperfecto de subjuntivo de los verbos indicados.

> **MODELO** Raimundo los saludó como si hubiera estado muy preocupado. (estar)

1. Los niños comían como si no ______________________ en todo el día. (comer)
2. Raquela está temblando como si ______________________ un fantasma. (ver)
3. Uds. reprendieron a Sara como si ella ______________________ la culpable. (ser)
4. Te quejabas de la fiesta como si no ______________________. (divertirse)
5. Gregorio gritó como si ______________________ daño. (hacerse)
6. Me hicieron unas preguntas como si yo ______________________ contestarlas. (poder)

Actividad 21 **Actividad oral** Converse con otros estudiantes sobre lo que harían en cada caso. Pregúnteles, por ejemplo: **¿Qué harías si tuvieras un millón de dólares?** o **Si tuvieras un año de vacaciones, ¿adónde irías?**

Actividad 22 **Estructuras en acción** Lea el anuncio.

Actividad 23 **Estructuras en acción** Escriba oraciones usando los elementos indicados. Siga el modelo.

MODELO Ud. / volver a tener la edad de sus hijos / querer estudiar en un colegio como éste
Si volviese/volviera a tener la edad de sus hijos, querría estudiar en un colegio como éste.

Un colegio bilingüe

abierto: abierta matrícula *open: enrollment still open*
la asignatura *school subject*
el bachillerato *(Spain) optional academic high school degree granted after a rigorous two-year course for students aged sixteen to eighteen. The* **bachillerato** *follows the ESO.*
bilingüe *bilingual*
la creatividad *problem solving and creative thinking*
ESO: Escuela secundaria obligatoria *(Spain) a required four-year stage of schooling after elementary school for students aged twelve to sixteen*
el internado *boarding school*
la matrícula *registration*
el mediopensionado *half-board*
la primaria *elementary school*
la recuperación *make-up*
el refuerzo *(here) extra help*
el régimen *system, routine*
la Selectividad *(Spain) university entrance exams*
la técnica de estudios *study strategies*
volver a + infinitive *to do something again*

PART I

1. el estudiante / pasar el verano en Irlanda / hablar mejor el inglés

____

2. sus hijos / tomar cursos de refuerzo / sacar mejores notas

____

3. Ud. / no tener coche / poder usar el servicio de transporte del colegio

____

4. su hijo(a) / ir a este colegio / tener vacaciones divertidas

____

5. nosotros / estudiar en este colegio / ser bilingües

____

6. Uds. / cursar el programa de bachillerato / necesitar estudiar muchísimo

____

7. yo / inscribirse en este programa / mis papás / optar por el mediopensionado

____

8. tú / pensar perfeccionar tu inglés / matricularse en el colegio Monfort

____

Actividad 24 **Estructuras en acción** Conteste estas preguntas oralmente o por escrito.

1. ¿Qué querrían hacer los padres si pudieran volver a tener la edad de sus hijos?
2. Si Ud. pudiera asistir a un colegio como éste, ¿lo haría? ¿Por qué sí o por qué no?
3. Si Ud. tuviera ahora diez años, ¿qué aspecto del programa de verano le interesaría más?
4. ¿Qué exámenes importantes se pueden preparar en el Colegio Montfort?
5. Si a un(a) estudiante de su colegio le hiciera falta un curso de refuerzo o de recuperación, ¿adónde iría para seguirlo?
6. ¿Qué posibilidades hay donde Ud. vive para un(a) estudiante que quisiera perfeccionar su español durante el verano?

CHAPTER 12 TEST

Subjunctive: imperfect and past perfect

1 **El imperfecto de subjuntivo** Complete las oraciones con la forma correcta del imperfecto de subjuntivo de los verbos indicados. Escriba los verbos usando las dos desinencias **-ra** and **-se.**

1. Me gustaría que tú ____________________ / ____________________ con nosotros esta noche. (salir)
2. Era preciso que la programadora ____________________ / ____________________ otro programa. (instalar)
3. Me recomendaron que ____________________ / ____________________ la exposición de arte prehispánico. (ver)
4. Ojalá que Uds. ____________________ / ____________________ mucho en el balneario. (divertirse)
5. Julio nos pidió que ____________________ / ____________________ el documento por correo normal. (enviar)
6. Nos alegramos que ellos ____________________ / ____________________ tan felices en su nueva casa. (ser)
7. Era importante que Ud. ____________________ / ____________________ el informe. (imprimir)
8. ¿No fue posible que vosotros ____________________ / ____________________ en contacto? (ponerse)

2 **El pluscuamperfecto** Complete las oraciones con la forma correcta del pluscuamperfecto de subjuntivo del verbo indicado. Use la desinencia **-ra.**

1. Era bueno que Ud. ____________________ administración de empresas. (estudiar)
2. Ojalá que nosotros ____________________ antes. (enterarse)
3. Sentíamos que Orlando ____________________. (ofenderse)
4. Tenían miedo que tú no ____________________ por la tempestad. (volver)
5. Era dudoso que su coche ____________________ descompuesto. (estar)
6. Esperaban que vosotros ____________________ una beca. (recibir)
7. ¿No te gustó que yo ____________________ todos los planes? (hacer)
8. Nos alegramos que Uds. ____________________ a nuestra ciudad. (mudarse)

CHAPTER 12 TEST

Subjunctive: imperfect and past perfect

3 **Cláusulas con si** Complete las oraciones con la forma correcta del verbo indicado. Use la desinencia **-ra.**

1. Si Uds. salen al cibercafé esta tarde, yo los ____________________. (acompañar)
2. Si nosotros ____________________ a la hacienda, montaríamos a caballo. (ir)
3. Si tú ____________________ a la reunión, yo te habría visto. (asistir)
4. Ellos ____________________ otras ciudades si hubieran tenido más tiempo. (conocer)
5. Yo le mandaría un mensaje electrónico si ____________________ su dirección. (saber)
6. Les daré los datos si Uds. los ____________________. (querer)
7. Trini se quedaría hasta fines del mes si ____________________. (poder)
8. Nosotros lo habríamos pasado bien si vosotros ____________________. (estar)
9. Si ____________________ todo el día, me gustaría alquilar unas películas. (llover)

Subjunctive in adverb and adjective clauses

Adverb clauses that require the subjunctive

A clause that modifies a verb the way an adverb does is called an *adverb clause*. Compare the use of adverbs and adverb clauses in the following pairs of sentences.

Salimos **temprano.**	*We went out **early.***
Salimos **cuando terminamos.**	*We went out **when we finished.***
Cantaron **bien.**	*They sang **well.***
Cantaron **como les habían enseñado.**	*They sang **as they had been taught.***

Adverb clauses are introduced by conjunctions, such as **cuando** and **como** in the previous examples. The following conjunctions introduce adverb clauses in which the verb must be in the subjunctive: **a fin de que** *(in order that, so that)*, **a menos que** *(unless)*, **antes (de) que** *(before)*, **con tal (de) que** *(provided that)*, **en caso de que** *(in case)*, **para que** *(so that)*, **sin que**, *(without)*. The same sequence-of-tense rules apply in adverb clauses as in noun clauses.

Saldré **antes de que** vuelvan.	*I'll leave **before** they get back.*
Salí **antes de que** volvieran.	*I left **before** they got back.*
Tito va a comprar huevos **para que** hagamos la torta.	*Tito's going to buy eggs **so that** we can make the cake.*
Tito compró los huevos **para que** hiciéramos la torta.	*Tito bought eggs **so that** we might make the cake.*
Escondemos el regalo **sin que** Olga sepa dónde.	*We're hiding the gift **without** Olga knowing where.*
Escondimos el regalo **sin que** Olga supiera dónde.	*We hid the gift **without** Olga knowing where.*

A menos que and **con tal (de) que** are followed by the present subjunctive if the action of the dependent (subordinate) clause occurs at the same time as the action of the main clause. They are followed by the present perfect subjunctive if the action of the dependent clause occurs before the action of the main clause.

Estudiará matemáticas con tal que le **devuelvas** su libro.	*He'll study math provided that **you return** his book to him.*
Estudiará matemáticas con tal que le **hayas devuelto** su libro.	*He'll study math provided that **you've returned** his book to him.*

Adverb clauses with indicative or subjunctive

Certain conjunctions are followed by the indicative when the action of the dependent (subordinate) clause is considered a known or established fact. They are followed by the subjunctive when the action of the dependent clause is considered uncertain or indefinite. In these dependent clauses with the subjunctive, the conjunction often has the English equivalent of *ever* attached to it, as in *whenever, however,* or *wherever*. These conjunctions include **como** *(how)*, **aunque** *(although, even though)*, **según** *(according to)*, **donde** *(where)*, **mientras** *(while)*, **de manera que** *(so that)*, **de modo que** *(so that)*.

Iremos **donde** tú **quieres.**	*We'll go **where** you want. (We know where you want to go.)*
Iremos **donde** tú **quieras.**	*We'll go **wherever** you want to go. (We don't know yet where you want to go.)*
Hágalo **como** ellos **dicen.**	*Do it **how (the way)** they say. (I know the way they say.)*
Hágalo **como** ellos **digan.**	*Do it **however** they say. (I don't know the way they say.)*
Aunque va Elena, yo no voy.	***Even though Elena is going,** I'm not going. (I know Elena is going.)*
Aunque vaya Elena, yo no voy.	***Even though Elena may go,** I'm not going.*

Adverb clauses introduced by conjunctions of time such as **después (de) que** *(after)*, **cuando** *(when)*, **hasta que** *(until)*, **tan pronto (como)** *(as soon as)*, **en cuanto** *(as soon as)*, **luego que** *(as soon as)*, and **así que** *(as soon as)* are followed by the subjunctive when the main clause refers to the future or is a command.

Me quedaré **hasta que terminemos.**	*I'll stay **until we finish.***
Hablaremos **después de que se vayan** los invitados.	*We'll talk **after the guests leave.***
Díselo **cuando lleguen.**	*Tell it to them **when they arrive.***
Avísame **tan pronto como te llamen.**	*Let me know **as soon as they call you.***

If the action of the dependent clause is considered to be a habitual occurrence, the indicative, not the subjunctive, is used.

Se lo das **cuando llegan.**	*You (usually) give it to them **when they arrive.***
Me quedo **hasta que terminamos.**	*I (usually) stay **until we finish.***
Los niños se levantan de la mesa **en cuanto terminan de comer.**	*The children leave the table **as soon as they finish eating.***

When the sentence relates a past action, the indicative is used after the conjunction of time since the event in the adverbial clause is considered to be part of reality.

Se lo dijiste **cuando llegaron.**	*You told it to them **when they arrived.***
Me quedé **hasta que terminamos.**	*I stayed **until we finished.***
Los niños se levantaron de la mesa **en cuanto terminaron de comer.**	*The children left the table **as soon as they finished eating.***

The conjunction of time **antes (de) que** is an exception because it is followed by the subjunctive even when the verb of the main clause is in a past tense.

Nora **mandó** el correo electrónico **antes que** Pablo la **llamara.**	*Nora **sent** the e-mail **before** Pablo **called** her.*

If the subject of the main clause and the dependent clause is the same, the clause is replaced by an infinitive.

Estudien hasta que Beti lo **entienda.**	*Study until Beti understands it.*
Estudien hasta **entender**lo.	*Study until you understand it.*
Voy a leer antes que **juguemos** tenis.	*I'm going to read before we play tennis.*
Voy a leer antes de **jugar** tenis.	*I'm going to read before I play (playing) tennis.*
Salimos sin que Uds. **almorzaran.**	*We went out without your having lunch.*
Salimos sin **almorzar.**	*We went out without having lunch.*

Actividad 1 **No se sabe todavía.** Diga que Ud. no sabe cómo son las cosas mencionadas. Complete las cláusulas adverbiales usando el presente de subjuntivo de los verbos indicados.

1. Lo haré según Uds. ____________________. (mandar)
2. Viviremos donde Pepita ____________________. (aconsejar)
3. Aunque ____________________ habrá un partido de fútbol. (llover)
4. Guillermo quiere pintar los cuadros donde ____________________ mucha luz. (haber)
5. Realizarán el proyecto como tú ____________________. (querer)
6. Voy a leer el informe aunque no ____________________ muy interesante. (ser)
7. Anabel comerá donde Ud. ____________________. (preferir)
8. Prepara el plato según nosotros ____________________. (decir)
9. Van al cine aunque yo no ____________________. (ir)

Actividad 2 **Haciendo las diligencias *(Running errands)*** Explique que algunas personas hicieron ciertas cosas antes de que otras personas hicieran otras. Escriba las oraciones usando el pretérito para el verbo de la cláusula principal y el imperfecto de subjuntivo para la cláusula adverbial. Siga el modelo.

MODELO Marta / ir a la pastelería / yo / ir a la carnicería
Marta fue a la pastelería antes de que yo fuera a la carnicería.

Las tiendas

la cita *appointment, date*
la discoteca *discotheque*
la droguería *drugstore*
la gasolinera *gas station*
la joyería *jewelry store*
la librería *bookstore*
la peluquería *beauty salon, barber shop*
el sello *stamp*
la tienda de videos *video store*
la tintorería *dry cleaner's*

1. Elena y Mario / salir del cibercafé / nosotros / entrar en la zapatería

2. Ud. / alquilar una película en la tienda de videos / yo / volver de la droguería

3. Uds. / comprar los sellos en el supermercado / Miguel / poder ir al correo

4. Fernando y yo / estacionar en el centro comercial / tú / llegar a la discoteca

5. yo / sacar la ropa de la tintorería / Juana / tener su cita en la peluquería

6. tú / ir a la joyería / Arturo y Bárbara / buscar una librería

7. vosotros / llegar a la gasolinera / Pedro y yo / regresar de la universidad

Nota cultural

Las compras

En las ciudades de los países hispánicos se hacían las compras tradicionalmente en las tiendas especializadas de barrio. Los vecindarios iban a diario a la panadería, la pastelería, la carnicería, la lechería, la frutería y la tienda de comestibles («tienda de ultramarinos» en España) donde compraban comida y charlaban con sus amigos. Los dueños y empleados de las tiendas conocían a sus clientes y les atendían muy atentamente. Por su parte, los clientes contaban con la atención personal que se les brindaba. Todavía se encuentran estas tiendas «al peso», es decir, las que venden productos por kilos o piezas, pero que son cada vez menos por la influencia de los supermercados, hipermercados, grandes superficies y centros o parques comerciales. Hoy día los consumidores acuden a los centros comerciales de las ciudades o a los parques comerciales que quedan en las afueras de las ciudades para comprarlo todo en un solo lugar. Pero lo que va teniendo más impacto que nada en el sistema comercial de los países hispánicos es el comercio electrónico por medio del cual los consumidores hacen sus compras por Internet. Por el mundo hispánico compradores y vendedores están conectados mediante la Red.

Actividad 3 **¿Indicativo o subjuntivo?** Complete las oraciones con la forma correcta de los verbos indicados. Escoja entre el indicativo y el subjuntivo (en presente o imperfecto). Siga el modelo.

MODELO No queremos ir al museo sin que tú vayas. (ir)

1. Llamaré a Julio para que él ________________ lo que está pasando. (saber)
2. Se quedaron hasta que Federico ________________. (venir)
3. Iremos al centro comercial a menos que Uds. nos ________________. (necesitar)
4. Le presté el dinero a Marisol para que ________________ comprarse el vestido. (poder)
5. Tú puedes venir a la casa sin que nosotros te ________________. (invitar)
6. Los vimos tan pronto como nosotros ________________ en la librería. (entrar)
7. Carmen se puso de pie en cuanto ________________ la conferencia. (terminar)
8. Hazme saber cuando ________________ los paquetes. (llegar)

Actividad 4 **Expresar en español** Exprese las oraciones en español.

1. I'll call them when I get to the airport.

   ____
2. Consuelo set the table an hour before her friends arrived.

   ____
3. They stood in line at the box office after they had lunch.

   ____
4. You **(Ud.)** didn't want to go shopping without our going, too.

   ____
5. Do it **(Uds.)** whichever way they want.

   ____
6. Even though it's cold out, we should take a walk.

   ____
7. I'll lend you **(tú)** the book so that you won't have to take it out of the library.

   ____
8. Carlos is going to study for his exam before playing tennis.

   ____

Adjective clauses that require the subjunctive

An adjective clause modifies a noun the way an adjective does. All relative clauses are adjective clauses. In the example, **una obra que se titula *Don Quijote*, "que se titula *Don Quijote*"** modifies **obra** the way that **"maravillosa"** does in **una obra maravillosa.** The noun modified by an adjective clause is called the antecedent. Thus, **obra** is the antecedent of the **que** clause.

In Spanish, there are two types of antecedents—those considered part of reality, definite or existent, and those that are not part of reality, indefinite or nonexistent. In the sentence **Tenemos un profesor que habla chino**, the antecedent, **un profesor**, is a definite person who can be identified by name. Therefore, the indicative **habla** is used.

For adjective clauses that modify antecedents that are not part of reality or the speaker's experience, the subjunctive is used. These include indefinite, undetermined, and negative antecedents.

Buscamos un profesor que **hable** chino.	*We're looking for a professor who speaks Chinese.*
Queremos un profesor que **hable** chino.	*We want a professor who speaks Chinese.*
Necesitamos un profesor que **hable** chino.	*We need a professor who speaks Chinese.*
No conozco a nadie que **hable** vasco.	*I don't know anyone who speaks Basque.*
No hay revista que le **guste.**	*There's no magazine he likes.*

Note that **buscar, querer, necesitar,** and other such verbs may also have direct objects that are definite and identifiable. In this case, adjective clauses that modify these objects are in the indicative. In the example below, the professor being sought is known to the speakers.

Buscamos a la profesora que **habla** chino.	*We're looking for the professor who speaks Chinese.*
Necesitamos a la profesora que **habla** chino.	*We need the professor who speaks Chinese.*

The sequence-of-tense rules apply in adjective clauses also.

Quiero una novela que **tenga** un buen argumento.	***I want*** *a novel that* ***has*** *a good plot.*
Quería una novela que **tuviera** un buen argumento.	***I wanted*** *a novel that* ***had*** *a good plot.*
No hay casa que les **guste.**	***There's no*** *house they* ***like.***
No había casa que les **gustara.**	***There was no*** *house they* ***liked.***

In addition to **que,** other relative words such as **donde** and **quien** can introduce adjective clauses.

Buscan una florería **donde vendan** tulipanes.	*They're looking for a flower shop* ***where they sell*** *tulips.*
Tere quería una amiga **con quien pudiera** jugar tenis.	*Tere wanted a friend* ***with whom she could*** *play tennis.*

CHAPTER 13

Actividad 5 **Se busca apartamento.** Describa el apartamento que Ud. y sus amigas esperan encontrar. Escriba las oraciones usando el presente de subjuntivo en la cláusula adjetival y el presente de indicativo en la cláusula principal. Siga el modelo.

> **MODELO** nosotros / buscar un apartamento / tener cuatro dormitorios
> Nosotros buscamos un apartamento que tenga cuatro dormitorios.

1. tú / querer un apartamento / tener dos baños

   ____

2. Marta / necesitar un apartamento / donde / haber aire acondicionado

   ____

3. Juana y yo / buscar un apartamento / estar cerca de la universidad

   ____

4. Uds. / necesitar un apartamento / no costar un ojo de la cara *(not cost an arm and a leg)*

   ____

5. yo / querer un apartamento / no necesitar renovación

   ____

6. Adela y Leonor / desear un apartamento / ser moderno y fácil de limpiar

   ____

7. Gabriela / buscar un apartamento / dar a una calle poco transitada *(a street with little traffic)*

   ____

8. Ud. / necesitar un apartamento / donde / caber todos los fiesteros *(party-lovers)*

   ____

Actividad 6 **¡Mi novio ideal!** Para saber lo que Sara le cuenta a su amiga Raquel sobre el hombre ideal que busca, complete las cláusulas adjetivales de las oraciones usando el presente de subjuntivo de los verbos indicados.

1. Busco un novio que ______________ ser un buen amigo. (saber)
2. Quiero un chico con quien ______________ hablar fácilmente. (poder)
3. Me hace falta un hombre que me ______________. (comprender)
4. Quiero tener un novio con quien yo ______________. (divertirse)
5. Necesito un chico que ______________ inteligente. (ser)
6. Estoy buscando un novio que ______________ un buen sentido del humor. (tener)

PART I

Actividad 7 **¡No hay candidatas al puesto!** ***(There are no candidates for the job!)*** Por desgracia, Felipe no puede ayudar a Esteban porque no tiene amigas que tengan las cualidades que su amigo quiere. Complete las cláusulas adjetivales de las oraciones usando el presente de subjuntivo de los verbos indicados.

1. No conozco a ninguna chica que ______________________ todas estas características. (reunir)
2. No hay nadie que ______________________ tan perfecta. (ser)
3. No conozco a ninguna mujer con quien tú ______________________ salir. (querer)
4. No hay ninguna que te ______________________ a interesar mucho. (ir)
5. No conozco a ninguna muchacha que ______________________ un cociente intelectual *(I.Q.)* tan alto. (tener)
6. ¡No hay ninguna chica que ______________________ de ti en cuanto te vea! (enamorarse)

Actividad 8 **¡En la cumbre!** ***(At the top!)*** Hacía varios años que Isabel Soriano trepaba en los peldaños del éxito hasta llegar a la cumbre. Ahora es presidenta de su propia empresa multinacional y conoce el éxito y la prosperidad. A veces Isabel se pone a pensar en el pasado. Complete las cláusulas adjetivales usando el imperfecto de subjuntivo de los verbos indicados para saber cómo eran las cosas.

Los negocios

la compañía *company*
compartir *to share*
confiar en *to trust*
la cumbre *the top*
el dineral *fortune, a lot of money*
la empresa *firm, company*
esforzarse por (o→ue) *to strive to, try hard to*
el éxito *success*
la fama *name, reputation*
el horario de trabajo *work schedule*
invertir (e→ie) *to invest*
los peldaños del éxito *ladder of success*
la prosperidad *prosperity*
realizar *to achieve*
trepar *to climb*
el valor *value*

1. Yo buscaba una profesión que me ______________________ un dineral, fama y felicidad. (dar)
2. No había nadie que ______________________ más que yo por conseguir el éxito. (esforzarse)
3. Yo quería tener un horario de trabajo que me ______________________ pasar mucho tiempo con mi familia. (permitir)

4. Yo necesitaba un esposo que ________________ mis ideas y valores sobre la vida. (compartir)
5. No conocía a nadie que ________________ más plata en su compañía que yo. (invertir)
6. No había ninguna persona que ________________ de vacaciones menos que yo. (ir)
7. Me hacían falta unos empleados en quienes ________________ confiar. (poder)
8. Mi esposo y yo buscábamos una casa donde ________________ mucho lugar para mi oficina y para los niños. (haber)
9. Yo quería tener una empresa donde se ________________ mis ambiciones. (realizar)

CHAPTER 13

Nota cultural

Abreviaturas comerciales

En muchos países hispánicos las letras **S.A.** *aparecen tras el nombre de una empresa.* **S.A.** *es la abreviatura de Sociedad Anónima, el equivalente de* Inc. *en inglés. También se ve comúnmente las letras* **S.R.L.** *tras el nombre de una empresa.* **S.R.L.** *representa «Sociedad de responsabilidad limitada», es decir,* Limited Liability Company or Corporation. *De uso común son las abreviaturas* **Cía.,** *que significa «compañía», como en «Isabela Soriano y Cía.»;* **Hnos.** *que significa «Hermanos», como en «Octavio Iriarte y Hnos.»;* **Bco.** *que significa «Banco»; y* **nº** *que significa «número».*

Adjective clauses with indicative or subjunctive

In Spanish, a noun may be followed by a relative clause beginning with **que** that has a verb either in the indicative or the subjunctive. If the indicative is used, it suggests that the antecedent has already been identified. If the relative clause is in the subjunctive, it suggests that the antecedent has not been identified.

Traigo la torta que **quieres.**	*I'll bring the cake you want. (I know which of the cakes you liked.)*
Escoge la torta que **quieras.**	*Choose the cake you want. (I don't know your tastes.)*
Podemos comer **donde ellos prefieren.**	*We can eat at (the place) they prefer. (We know where they prefer to eat.)*
Podemos comer **donde ellos prefieran.**	*We can eat wherever they prefer. (We don't yet know where they prefer to eat.)*

PART I

The meaning of the subjunctive in these adjective clauses can be conveyed in English by words ending in *-ever*.

Iremos a la hora que tú **digas.**	*We'll go at **whatever** time you say.*
Ceno en el restaurante que ellos **quieran.**	*I'll have dinner in **whichever** restaurant they want.*

Actividad 9 **Expresar en español** Exprese las oraciones en español.

1. Mario and Carmen are looking for a house that has nine rooms.

____

2. There's no food that he likes.

____

3. I wanted a friend who would go to museums with me.

____

4. Don't you **(Ud.)** know anyone who's arriving before three o'clock?

____

5. Rosa will prepare whatever dish we choose.

____

6. They needed a secretary who worked on Saturdays.

____

7. We'll take the class with whichever professor teaches best.

____

8. I'll take the train at whatever time it arrives.

____

9. Roberto was looking for a Web site that had all the necessary information.

____

10. We'll stay at whatever hotel you **(Uds.)** like.

____

11. There was no cybercafé that was open at 1:00 A.M.

____

12. They're looking for the programmers who work on the weekends.

____

Actividad 10 **Actividad oral** Con tres o cuatro compañeros de clase, complete oraciones con cláusulas adjetivales como: Busco unos(as) profesores(as) que..., Quiero un(a) novio(a) que..., Necesito unos amigos que..., Deseo un empleo que..., Busco una casa que...

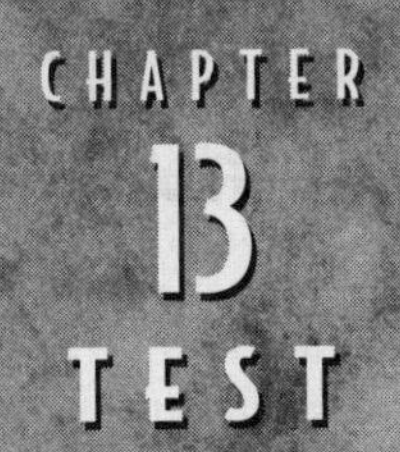

Subjunctive in adverb and adjective clauses

1 **El subjuntivo en cláusulas adverbiales** Complete las oraciones usando la forma correcta del presente o imperfecto de subjuntivo de los verbos indicados.

1. Asistiremos al concierto con tal que tú ____________ las entradas. (sacar)
2. Carolina me trajo el libro de química para que yo ____________ estudiar para el examen. (poder)
3. Ellos se fueron sin que nosotros ____________ de ellos. (despedirse)
4. Saldré tan pronto como ellos me ____________. (recoger)
5. Ponte el impermeable en caso de que ____________. (llover)
6. Nos sentaron un poco antes de que ____________ el espectáculo. (empezar)
7. Juanito escondió el cochecito a fin de que Joselito no ____________ con él. (jugar)
8. Se servirá la cena en cuanto los invitados ____________. (llegar)
9. El partido no seguirá hasta que ____________ de llover. (dejar)
10. Paz se enteró de lo ocurrido sin que nadie le ____________ nada. (decir)

2 **Cláusulas adverbiales ¿Subjuntivo o infinitivo?** Complete las oraciones usando el presente o imperfecto de subjuntivo o el infinitivo de los verbos indicados.

1. Sigue trabajando hasta que ____________. (yo/llegar)
2. Voy a navegar en la Red después de ____________. (yo/volver)
3. Le dimos dinero a Roberto para que ____________ algo. (él/comprarse)
4. ¿Leíste un libro antes de ____________? (tú/acostarse)
5. Uds. fueron a la discoteca sin ____________. (Uds./avisarnos)
6. Pueden ir con nosotros con tal de que ____________ lugar en el coche. (hay)

CHAPTER 13 TEST

Subjunctive in adverb and adjective clauses

3 **El subjuntivo en cláusulas adjetivales** Complete las oraciones usando la forma correcta del presente o imperfecto de indicativo o subjuntivo de los verbos indicados.

1. Buscaban un programador que ________________ trabajar los sábados. (poder)
2. No había ningún sitio Web que ________________ los datos necesarios. (tener)
3. Busco al técnico que me ________________ la computadora. (reparar)
4. Tenían una profesora que no ________________ exámenes. (dar)
5. Querían encontrar un centro comerical que ________________ cerca de su casa. (estar)
6. No hay película que les ________________ la atención. (llamar)
7. Necesitabas amigos que ________________ tus intereses. (compartir)
8. Conozco un restaurante que ________________ la mejor comida mexicana. (servir)
9. Queremos una casa que ________________ muy moderna. (ser)

Commands

Command forms for Ud. and Uds.

The command forms of a verb are used to tell someone to do or not to do something. The formal command forms for **Ud.** and **Uds.** are the same as the corresponding present subjunctive forms.

Escuche el ruido.	***Listen*** *to the noise.*
Lea el libro.	***Read*** *the book.*
Escriban el informe.	***Write*** *the report.*
Traigan el periódico.	***Bring*** *the newspaper.*

Negative commands are formed by the addition of **no** before the affirmative command.

No escuche el ruido.	***Don't listen*** *to the noise.*
No escriban el informe.	***Don't write*** *the report.*

A polite tone can be given to the command to soften it by the addition of **Ud.** or **Uds.** This is similar to the addition of *please* in English commands.

Espere.	*Wait.*
Espere Ud.	*Please wait.*
No griten.	*Don't shout.*
No griten Uds.	*Please don't shout.*

Actividad 1 **Una receta: La tortilla española** Póngase el gorro de cocinero y aprenda a preparar este plato español típico. Escriba las oraciones cambiando el infinitivo de los verbos al imperativo formal. Siga el modelo.

MODELO calentar el aceite de oliva en una sartén
Caliente el aceite de oliva en una sartén.

La cocina

a fuego lento *low heat, slowly*
añadir *to add*
batir *to beat*
calentar (e→ie) *to heat*
la cebolla *onion*
cocinar *to cook*
dorar *to brown*
espolvorear *to sprinkle*
freír (e→i) *to fry*
la fuente *serving dish*
la patata *potato (Spain)*
pegar *to stick*
pelar *to peel*
picar *to chop*
la pimienta *pepper*
rehogar *to brown (Spain)*
remover (o→ue) *to stir*
la sal *salt*
salpimentar *to season*
la/el sartén *frying pan*

PART I

1. añadir las patatas y cebollas peladas y picadas

2. cocinar a fuego lento

3. no rehogar las patatas y las cebollas

4. espolvorear con sal

5. batir los huevos

6. poner los huevos en la sartén

7. hacer dorar los huevos

8. no dejar que se pegue la tortilla

9. servir en una fuente

Actividad 2 **Una formación profesional *(Professional training)*** Unos jóvenes ingenieros comienzan un programa de formación profesional con la empresa de alta tecnología que acaba de contratarlos. Como jefe(a) del programa, Ud. les dice lo que tienen que hacer. Escriba las oraciones usando el imperativo. Siga el modelo.

MODELO llegar a las ocho menos cuarto todos los días
Lleguen a las ocho menos cuarto todos los días.

1. asistir a la reunión semanal en la oficina de la señora Aguilar

2. traer la calculadora

3. tener una base de datos

4. enviar el correo electrónico

5. seguir los consejos del gerente

6. actualizar *(update)* el sitio Web

7. leer el manual sobre el programa de gráficas

8. hacer copias de seguridad

Actividad 3 **Trámites de banco *(Bank transactions)*** Ud. está de vacaciones en Santiago de Chile. Mientras cambia unos cheques de viajero en el banco, oye algunas conversaciones. Escriba los verbos que aparecen en las preguntas usando el imperativo. Cambie los sustantivos complementos directos a pronombres. Siga el modelo. (See page 283 to review the position of object pronouns with command forms.)

MODELO ¿Debo abrir la cuenta?
Sí, ábrala.
No, no la abra.

VOCABULARIO

En el banco

la banca electrónica *electronic, on-line banking*
el cajero automático *ATM*
calcular *to compute*
el cheque de viajero *traveler's check*
la clave personal *PIN (personal identification number)*
la cuenta *(bank) account*
la cuenta corriente *checking account*
firmar *to sign*
el formulario *form (paper)*
el interés *interest*
llenar *to fill out*
el peso *monetary unit of Chile and other Latin American countries*
la planilla de retiro *withdrawal form, slip*
la plata *money*
seleccionar *to select, choose*

1. ¿Debo buscar el cajero automático?

2. ¿Tengo que firmar la planilla de retiro?

3. ¿Debo llenar el formulario?

4. ¿Le doy la plata en pesos?

5. ¿Puedo seleccionar una clave personal?

6. ¿Le calculo los intereses?

7. ¿Cierro la cuenta corriente?

8. ¿Le cobro los cheques de viajero?

9. ¿Debo probar la banca electrónica?

Nota cultural

Chile

Santiago, capital de Chile, queda a las orillas del río Mapocho. Tiene hermosos jardines públicos y se puede ver los picos de los Andes desde la ciudad. Fundada por Pedro de Valdivia en 1541, Santiago tiene una universidad del estado, una universidad católica y numerosas instituciones culturales, científicas y artísticas además de una pintoresca zona antigua.

El peso es la moneda de Chile. Los otros países latinoamericanos cuya moneda se llama «peso» son Argentina, México, Colombia, Uruguay, Bolivia, la República Dominicana y Cuba. El peso de cada país es diferente, como lo son el dólar estadounidense y el dólar canadiense.

Command forms for nosotros

The present subjunctive forms for **nosotros(as)** are used as commands.

Tomemos el tren.	*Let's take the train.*
No hagamos nada.	*Let's not do anything.*

The affirmative **nosotros(as)** command is often replaced by **vamos a** + *infinitive.* **Vamos a estudiar** may mean either *We're going to study* or *Let's study.* **No vamos a estudiar** can only mean *We're not going to study.*

Vamos a salir esta noche. **Salgamos** esta noche.	*Let's go out tonight.*

Vamos is used instead of **vayamos** for *let's go.* The regular present subjunctive form is used for the negative: **no vayamos.**

Vamos al centro.	*Let's go downtown.*
No vayamos al cine.	*Let's not go to the movies.*

In affirmative **nosotros(as)** commands the final **-s** of the verb ending is dropped when the reflexive pronoun **nos** or the indirect object pronoun **se** is added. An accent mark is written over the stressed syllable. For example: **Lavémonos (Lavemos + nos)** *Let's wash* or **Prestémoselo (Prestemos + se + lo)** *Let's lend it to her.*

(quedarse)	**Quedémonos.**	*Let's stay.*
(sentarse)	**Sentémonos.**	*Let's sit down.*
(irse)	**Vámonos.**	*Let's go.*
(enseñarse)	**Enseñémosela.**	*Let's show it to them.*
(hacerse)	**Hagámoselos.**	*Let's make them for him.*

Actividad 4 **¡Veámoslo todo en Perú!** Ud. y sus amigos están pasando las vacaciones en Perú. Recién llegados a Lima, Uds. hablan de sus planes. Escriba las oraciones usando la primera persona del plural del imperativo. Siga el modelo.

MODELO viajar a Nazca
Viajemos a Nazca.
Vamos a viajar a Nazca.

1. dar un paseo por la zona de la Plaza de Armas

____

____

2. ir de compras en el Jirón de la Unión

____

____

3. conocer la Universidad de San Marcos

____

____

PART I

4. hacer una excursión a Machu Picchu

5. visitar la catedral y unas iglesias de Cuzco

6. quedarse en Miraflores

Nota cultural

De excursión en Lima

Lima, capital de Perú, fue fundada por los españoles en 1535. Fue una ciudad rica e importante hasta que fue destruida por un terremoto en 1746. El casco antiguo (old part) *de la ciudad conserva la arquitectura de la época colonial. Aquí se puede ver la Plaza de Armas alrededor de la cual se encuentran el Palacio de Gobierno, la Catedral y otros lugares históricos. Las nuevas zonas de Lima se encuentran en la Plaza San Martín, al sur del Jirón* (calle larga) *de la Unión, la principal calle comercial. Lima es también una ciudad moderna con rascacielos, contaminación del ambiente y «pueblos jóvenes»* (shantytowns).

La Universidad de San Marcos fue fundada en 1551.

Machu Picchu, una ciudad inca, queda en el departamento de Cuzco al sudeste de Lima. Las ruinas de la ciudad sagrada, que consiste en una fortaleza, terrazas, escaleras, templos, palacios, torres, fuentes y un reloj de sol, fueron descubiertas en 1911.

La ciudad de Cuzco fue fundada en el siglo once por Manco Cápac y era capital del Imperio incaico hasta que los conquistadores españoles se apoderaron de la ciudad en 1533, nombrándola ciudad española en 1534. Hay varias iglesias incluso las de La Merced, San Francisco y Belén de los Reyes y una catedral de estilo barroco que data del siglo diecisiete.

Nazca es una ciudad que queda al sudeste de Lima. A unos 22 kilómetros al norte de Nazca se puede ver las famosas líneas nazcas que son líneas paralelas, formas geométricas y figuras de un perro, un mono, una araña, un árbol, aves y otras cosas. Se cree que fueron grabadas en las arenas de la Pampa Colorada por tres pueblos indígenas diferentes a partir de 900 a.C.

Actividad 5 **¡Cómo no!** Sus amigos le dicen que quieren hacer ciertas cosas hoy. Ud. les dice que está conforme. Escriba las oraciones usando el imperativo para **nosotros(as)** de dos maneras. Siga el modelo.

MODELO Quiero comprarle un regalo a Elisa.
Cómo no. Comprémoselo.
Cómo no. Vamos a comprárselo.

1. Quiero darle a Maximiliano los CDs.

____

____

2. Quiero sacar entradas para el concierto de la Sinfónica.

____

____

3. Me gustaría ir al museo por la tarde.

____

____

4. Sería agradable caminar por el parque.

____

____

5. Quiero inscribirme en la clase de computación.

____

____

6. Me gustaría jugar tenis.

____

____

7. Me interesa conocer el nuevo parque de atracciones.

____

____

8. Me encantaría enseñarle el cibercafé a nuestros amigos.

____

____

9. Sería lindo tumbarse *(to lie down)* en la playa.

____

____

PART I

Command forms for tú and vosotros

Negative informal commands for **tú** and **vosotros(as)** are derived from the present subjunctive.

tú	**No compres** más.	*Don't buy more.*
	No comas tanto.	*Don't eat so much.*
	No pidas ese plato.	*Don't order that dish.*
	No digas eso.	*Don't say that.*
vosotros(as)	**No compréis** más.	*Don't buy more.*
	No comáis tanto.	*Don't eat so much.*
	No pidáis ese plato.	*Don't order that dish.*
	No digáis eso.	*Don't say that.*

Affirmative informal commands for **tú** and **vosotros(as)** have their own endings. The affirmative informal commands are derived from the present indicative **tú** form minus the person ending **-s.**

PRESENT INDICATIVE	COMMAND	
Contestas el teléfono.	**Contesta** el teléfono.	***Answer*** *the telephone.*
Vendes el coche.	**Vende** el coche.	***Sell*** *the car.*
Abres la ventana.	**Abre** la ventana.	***Open*** *the window.*
Sirves la cena.	**Sirve** la cena.	***Serve*** *dinner.*

The following verbs have irregular affirmative **tú** commands. Note that the negative **tú** commands of these verbs are regular. They are derived from the present subjunctive forms, for example **no digas, no hagas, no vayas.**

decir→di	**poner→pon**	**tener→ten**
hacer→haz	**salir→sal**	**venir→ven**
ir→ve	**ser→sé**	

NOTE The affirmative **tú** commands for **ir** and **ver** are the same: **ve.**

Affirmative **vosotros(as)** commands are formed by replacing the **-r** of the infinitive with **-d.** They lose their final **-d** when the reflexive pronoun **os** is attached: **acordaos** *(remember).* The one exception to this rule is **idos** *(go away).*

(contestar)	Contesta**d** el teléfono.	*Answer the telephone.*
(vender)	Vende**d** el coche.	*Sell the car.*
(abrir)	Abri**d** la ventana.	*Open the window.*
(servir)	Servi**d** la cena.	*Serve dinner.*
(arreglarse)	Arregl**aos.**	*Get ready.*

Actividad 6 **¡Venid a la fiesta!** Vosotros estáis en España donde estáis organizando una fiesta para esta noche. Decid lo que los demás tienen que hacer usando la segunda persona del plural **(vosotros[as])** del imperativo. Siga el modelo.

MODELO preparar las ensaladas / no cocinar la carne todavía
Preparad las ensaladas, pero no cocinéis la carne todavía.

1. hacer la torta / no ponerle el glaseado *(icing)* todavía

2. abrir las botellas de agua mineral / no cortar las rebanadas *(slices)* de limón todavía

3. sacar los platitos para las tapas / no preparar el chorizo y el pulpo todavía

4. poner la mesa / no colocar los claveles todavía

5. salir a comprar aceitunas / no ir todavía

6. remover *(stir)* el jugo / no servirlo en un jarro todavía

7. invitar a Pilar / no decirle nada a Consuelo

8. traer discos compactos / no traer videos

Nota cultural

A la española

Las tapas son bocados (snacks) *que acompañan las bebidas en España. Algunas tapas que se sirven comúnmente son las aceitunas, la tortilla española, el salchichón* (seasoned pork sausage), *el chorizo* (sausage seasoned with red peppers), *el pulpo en su tinta* (octopus in its ink), *albóndigas y champiñones* (mushrooms). *El verbo «tapear» significa «comer estas pequeñas raciones».*

El clavel (carnation) *es una flor muy apreciada por los españoles. Hay una canción española tradicional titulada* Clavelitos.

Actividad 7 **Expresar en español** Exprese en español los mandatos usando la segunda persona del plural del imperativo **(vosotros[as])**.

1. Be patient.

2. Go away.

3. Tell the truth.

PART I

4. Be charming.

5. Take a bath.

6. Write a short story.

7. Attend the lecture.

8. Play the piano.

9. Go to bed early.

Actividad 8 **¡Tengo los nervios de punta! *(I'm on edge!)*** Manuela está nerviosísima estos días por los exámenes y el trabajo, y se peleó con su novio. Dígale lo que debe hacer y no hacer para calmarse usando el imperativo. Siga los modelos.

MODELOS	hacer mucho ejercicio Haz mucho ejercicio.	no hacer mucho ejercicio No hagas mucho ejercicio.

1. dar un paseo todos los días

2. salir a divirtirse

3. tomar una infusión de manzanilla *(chamomile tea)*

4. tranquilizarse escuchando música

5. no beber mucha cafeína

6. no ponerse pesimista

7. reunirse con los amigos

8. no preocuparse por tonterías

9. buscarse otro novio más compasivo

Nota cultural

A la española

La infusión de manzanilla se toma mucho en España para curar toda clase de problemas digestivos. Se conoce como calmante natural.

Actividad 9 **¡Paquito, deja de poner el grito en el cielo! *(Paquito, stop kicking up a fuss!)*** Ud. está cuidando a un niño malcriado *(spoiled)* que hace diabluras *(is up to mischief)*. Escriba las oraciones usando el imperativo para decirle que haga o no haga ciertas cosas. Siga el modelo.

MODELO limpiar la mancha del jugo
Limpia la mancha del jugo.

1. portarse bien

2. no hacer payasadas *(to clown around)*

3. no ser terco *(stubborn)*

4. dejar al perro en paz *(to leave alone)*

5. recoger las migas de las galletas

6. no derramar *(to spill)* el perfume de tu mamá

7. hacerme caso

8. no encerrarse en el baño

9. venir acá inmediatamente

Actividad 10 **¡Tito el desgraciado *(unlucky guy)!*** Todo le pasa a Tito porque tiene mala suerte. Ayúdele a hacer o no hacer ciertas cosas con consejos. Escriba las oraciones usando el imperativo de los verbos indicados. Siga los modelos.

> **MODELOS** Tito, mira. (mirar)
> Tito, no corras. (no correr)

1. Tito, ______________________. (darse prisa)
2. Tito, ______________________. (no lastimarse)
3. Tito, ______________________. (no cortarse el dedo)
4. Tito, ______________________. (tener cuidado)
5. Tito, ______________________. (no romperse el pie)
6. Tito, ______________________. (no encender los fósforos)
7. Tito, ______________________. (conducir más lentamente)
8. Tito, ______________________. (ponerse una armadura *[suit of armor]*)

Actividad 11 **El médico aconseja...** Carlitos se quebró el tobillo jugando fútbol. Su mamá lo lleva al consultorio donde el médico les da consejos a Carlitos y a su mamá. Complete las oraciones usando el imperativo de los verbos indicados para saber lo que dice el médico. Siga los modelos.

> **MODELOS** Señora, póngale esta crema. (ponerle)
> Carlitos, anda con cuidado. (andar)

Las fracturas

la quebradura *fracture, break*
escayolado(a) *in a plaster cast*
la muleta *crutch*
quebrarse (e→ie) *to break*
el tobillo *ankle*
el vendaje *dressing*

1. Señora, ________________ ir al colegio. (dejarlo)
2. Carlitos, no ________________ la pierna escayolada. (mojarse)
3. Señora, ________________ estas pastillas si le duele el tobillo. (darle)
4. Carlitos, no ________________ deportes por ahora. (jugar)
5. Señora, ________________ esta receta. (hacerle)
6. Carlitos, no ________________ el vendaje. (quitarse)
7. Señora, ________________ al consultorio la semana próxima. (traerlo)
8. Carlitos, ________________ a verme el miércoles o el jueves. (venir)
9. Carlitos, ________________ a la calle con muletas. (salir)

Position of object pronouns with commands

Object pronouns (direct, indirect, reflexive) are placed in their usual position before the verb in negative commands.

No **lo** hagas.	*Don't do it.*
No **se lo** digas.	*Don't tell it to him.*
No **me la** traiga.	*Don't bring it to me.*
No **se** preocupen Uds.	*Please don't worry.*
No **nos** sentemos.	*Let's not sit down.*
No **te los** pongas.	*Don't put them on.*

Object pronouns follow affirmative commands and are attached to them. When pronouns are attached, an accent mark is placed over the stressed syllable, except when a single object pronoun is added to a one-syllable command form: **dime** *(tell me)*; **dímelo** *(tell me it)*. However, **dé, esté,** and **está** may keep their accent marks when a single object pronoun is added: **deme** or **déme.**

Haz**lo.**	Do it.
Ve**te.**	*Go away.*
Dí**selo.**	*Tell it to him.*
Tráiga**mela.**	*Bring it to me.*
Quéden**se** Uds.	*Please stay.*
Sentémo**nos.**	*Let's sit down.*
Pónte**los.**	*Put them on.*

Actividad 12 **Sí, hágalo.** Conteste las preguntas con la forma correcta del imperativo—**Ud., tú, Uds.** Cambie los sustantivos que son complementos directos a pronombres y haga todos los cambios necesarios. Siga el modelo.

MODELO ¿Quieres que yo te traiga las revistas?
Sí, tráemelas.

1. ¿Quieres que yo les dé los informes a los jefes?

____

2. ¿Uds. quieren que yo les mande las cartas (a Uds.)?

____

3. ¿Ud. necesita que le entreguemos la tarea (a Ud.)?

____

4. ¿Quieres que te ponga el abrigo?

____

5. ¿Uds. necesitan que yo les prepare los bocadillos (a ellos)?

____

6. ¿Uds. quieren que les sirvamos el postre (a ellas)?

____

PART I

7. ¿Prefieres que te explique la idea?

____

8. ¿A Ud. le interesa que le diga los motivos? (a Ud.)

____

Actividad 13 **No, no lo haga.** Ahora, conteste las preguntas de la Actividad 12 con imperativos negativos. Siga el modelo.

MODELO ¿Quieres que yo te traiga las revistas?
No, no me las traigas.

1. ¿Quieres que yo les dé los informes a los jefes?

____

2. ¿Uds. quieren que yo les mande las cartas (a Uds.)?

____

3. ¿Ud. necesita que le entreguemos la tarea (a Ud.)?

____

4. ¿Quieres que te ponga el abrigo?

____

5. ¿Uds. necesitan que yo les prepare los bocadillos (a ellos)?

____

6. ¿Uds. quieren que les sirvamos el postre (a ellas)?

____

7. ¿Prefieres que te explique la idea?

____

8. ¿A Ud. le interesa que le diga los motivos (a Ud.)?

____

Indirect commands

Indirect commands in Spanish consist of **que** + *present subjunctive.* Object and reflexive pronouns are placed before the verb. English equivalents are *Let* or *Have him/her/it/them do something.* Sometimes *I hope* is suggested in these sentences.

Que pase.	*Have him come in.*
Que espere.	*Let her wait.*
Que me llamen.	*Have them call me.*
Que se matriculen.	*Let them register.*
Que no se lo dé.	*Don't let him give it to them.*

CHAPTER 14

Subject pronouns are added to indirect commands for emphasis.

Que lo haga **él.**	*Let* ***him*** *do it.*
Que salga **ella.**	*Let* ***her*** *go out.*
Que nos ayuden **ellos.**	*Have* ***them*** *help us.*
Que no se queden **ellas.**	*Don't let* ***them*** *stay.*

Indirect commands of **se** constructions with indirect object pronouns (see Chapter 19—unplanned occurrences) are usually the equivalents of regular commands in English.

Que no se te olvide el carnet.	***Don't forget*** *your driver's license.*
Que no se les acaben los cheques de viajero.	***I hope you don't run out of*** *traveler's checks.*

Actividad 14 **¡Que lo hagan los otros!** Rosario se niega a colaborar con sus compañeros de clase en el proyecto de ciencias. Incluso manda que los amigos se ocupen de todo. Escriba lo que Rosario propone que los otros hagan usando el imperativo indirecto. Siga el modelo.

MODELO No quiero participar en el proyecto. (los demás)
Que participen los demás.

1. No voy a leer los libros de consulta *(reference books).* (Manolo)
____
2. No me interesa dibujar tablas *(charts).* (Terencio y Elena)
____
3. No quiero observar los experimentos en el laboratorio. (Paulina)
____
4. Me niego a hacer los gráficos *(plot graphs).* (los otros)
____
5. No tengo ganas de investigar estas teorías. (Samuel)
____
6. No quiero dedicarme a las ciencias. (mis amigos)
____
7. No pienso escribir un informe. (Celinda)
____

Actividad 15 **Expresar en español** Exprese los mandatos indirectos en español.

1. Have her give it **(el cheque)** to you **(Ud.).**
____
2. Let them go away.
____

PART I

3. Have him send them **(las tarjetas)** to her.

4. I hope you **(tú)** don't lose your wallet. (use **se** construction with indirect object pronoun)

5. Let them come back in the afternoon.

6. I hope you **(Uds.)** don't run out of soft drinks. (use **se** construction with indirect object pronoun)

Other ways of giving commands

Often in newspaper ads for employment, recipes, notices, and instructions the infinitive of the verb is used as an imperative rather than the command form.

Interesados **mandar** currículum vitae.	*Interested persons,* ***send*** *your curriculum vitae.*
Enviar historial con fotografía a…	***Send*** *résumé with photograph to. . .*
Interesados **llamar** al teléfono…	*Interested persons,* ***call. . .***
Secar las berenjenas, **pasarlas** por harina y **freírlas** en aceite hirviendo.	***Dry*** *the eggplants,* ***dip them*** *into flour and* ***fry them*** *in boiling oil.*

The infinitive rather than the command form is used with the following expressions that convey formality and politeness. They are the English equivalent of asking something with *please.*

Favor de llamarme mañana.	***Please call me*** *tomorrow.*
Favor de esperar.	***Please wait.***
Tenga la bondad de sentarse.	***Please sit down.***
Haga el favor de firmar el documento.	***Please sign*** *the paper.*
Hágame el favor de enviar el cheque.	***Please send*** *the check.*

Actividad 16 **Libro de cocina** Escriba los verbos usando el infinitivo como imperativo. Siga el modelo.

MODELO Limpie el pollo.
Limpiar el pollo.

1. Córtelos a tiritas *(in strips).*

2. Añada el aceite.

3. Pártalos en trozos.

4. Seque los tomates.

5. Añádalas a la salsa.

6. Remuévalo *(stir)*.

7. Póngala en una fuente *(serving dish)*.

Actividad 17 **El primer día de clase** El/La profesor(a) de español les dice a sus estudiantes que hagan unas cosas. Cambie el imperativo al infinitivo usando las expresiones indicadas. Siga el modelo.

MODELO Estudien el primer capítulo del libro. (Favor de)
Favor de estudiar el primer capítulo del libro.

1. Vayan al laboratorio de lenguas. (Hagan el favor de)

2. Aprendan los diálogos de memoria. (Tengan la bondad de)

3. Traigan el diccionario. (Favor de)

4. Matricúlense si no lo han hecho. (Tengan la bondad de)

5. Compren el libro de texto y el cuaderno de trabajo. (Háganme el favor de)

6. Apúntense en esta lista. (Favor de)

7. Hagan hincapié *(emphasize)* en los ejercicios de fonética todos los días. (Hagan el favor de)

8. Busquen sitios Web en español. (Tengan la bondad de)

9. Vean películas y lean periódicos en español. (Favor de)

PART I

Actividad 18 **Busque empleo.** Complete los anuncios de periódico para empleos con el imperativo de los verbos indicados. Use el infinitivo en cada caso. Elija entre: **enviar, dirigirse, llamar, mandar, concertar, remitir, escribir, ponerse en contacto, adjuntar, presentarse.**

MODELO Interesados enviar currículum vitae. *(send)*

1. Interesados ____________________ lunes día 3 al teléfono (91) 742–42–63. *(call)*
2. ____________________ historial y fotografía al Apto. (**apartado**=*box*) 36492, 28080 Madrid. *(Send)*
3. Interesados ____________________ a: ARA Publicidad, 08008 Barcelona. *(write)*
4. Interesados ____________________, lunes 3 de 9,30 a 14 horas y de 15,30 a 17,30 horas, en C/Alcalá, 54, Srta. Núñez. *(apply)*
5. Interesados ____________________ a: PAR-7. Avda. del Mediterráneo, 22, 28007 Madrid. *(go to)*
6. Interesados ____________________ fotografía reciente al apartado de Correos número 2.059 de Madrid. *(attach)*
7. Los interesados deben ____________________ con Ignacio Doncel llamando de 9 a 14 horas y de 16 a 18 horas al teléfono (91) 585–83–64. *(get in touch)*
8. Las personas interesadas, ____________________ entrevista en el teléfono (91) 653–95–00. *(arrange)*

Actividad 19 **Actividad oral** Dos o tres estudiantes crean escenas en las cuales los personajes emplean el imperativo. Por ejemplo: en el consultorio, el/la médico(a) aconseja a sus pacientes sobre sus problemas de salud; los padres les dicen a sus hijos que arreglen su cuarto; un(a) profesor(a) de computación enseña a sus estudiantes cómo hacer funcionar la computadora; jugar *Simon Says,* juego en el cual un(a) estudiante da mandatos a los demás.

Actividad 20 **Estructuras en acción** Puerto Rico es uno de los destinos preferidos de los turistas de todo el mundo. Sus playas, sus ciudades, su arquitectura colonial, sus universidades y sus tiendas prometen a todos los que visitan la Isla unas vacaciones espléndidas. Lea este anuncio de una agencia de viajes española.

CHAPTER 14

PUERTO RICO *Deja de soñar y ven a verlo*

Puerto Rico, descúbrela en pleno Caribe:
ciudades con sabor colonial, magníficos campos de golf y deportes náuticos en sus paradisiacas playas.
Todo un lujo que Viajes El Corte Inglés te ofrece.

HOTEL CARIBE Primera Superior	HOTEL SAN JUAN BEACH Turista Superior
Salidas del 1 al 17 de septiembre	Salidas del 15 al 31 de julio
Desde **1.394** €	Desde **1.554** €

9 días / 7 noches. Precios por persona en habitación doble (con vistas al mar en el hotel Caribe) en régimen de alojamiento y desayuno. Incluyen: vuelos en línea regular con Iberia desde Madrid o Barcelona y traslados. Tasas aéreas no incluidas. Consulta precios para otras fechas y salidas desde otras ciudades.

* Infórmate de las condiciones de aplicación.

Solicita el folleto "Puerto Rico"

VIAJES
El Corte Inglés

PUERTO RICO

Información y reservas: 902 400 454
Adelanta la reserva de tu billete. ¡No te quedes sin plaza!

Actividad 21 **Estructuras en acción** Fíjese que el anuncio utiliza mandatos informales para crear una relación de amistad e intimidad entre la agencia y el/la lector(a). Imagine que Ud. trabaja en una agencia publicitaria *(advertising).* Ud. quiere rehacer el anuncio con mandatos dirigidos a **Uds.** Escriba el mandato para **Uds.** que corresponde a cada uno de estos mandatos del anuncio.

Los viajes

adelantar *to move up, move forward*
aéreo(a) *air (adj.)*
el alojamiento *lodging, room*
la aplicación *to whom and when it applies*
dejar de + infinitive *to stop doing something*
los deportes náuticos *water sports*
el descuento *discount*
en pleno + noun *in the middle of*
el folleto *brochure*
informarse *to get information*
el lujo *luxury*
paradisiaco(a) *(also* **paradisíaco***)* *paradisical*
la plaza *seat*
primera (primera clase) *first-class*
quedarse sin algo *to be left without something*
el régimen: en régimen de *on a plan of*
la reserva *reservation*
el sabor *taste, flavor*
la salida *departure*
solicitar *to ask for*
la tasa *tax*
todo un/toda una + noun: **todo un lujo** *a real + noun: a real luxury*
el traslado *transfer, ground transportation*
turista *(here) tourist class*
la vista: con vistas a *view: with a view of*

1. Deja de soñar.

____

2. Ven a verlo.

____

3. Descúbrela en pleno Caribe.

___

4. Consulta precios.

___

5. Infórmate de las condiciones.

___

6. Solicita el folleto.

___

7. Adelanta la reserva de tu billete.

___

8. ¡No te quedes sin plaza!

___

Actividad 22 **Estructuras en acción** Una señora ha entrado en su oficina y le pide información sobre viajes a Puerto Rico. Escriba oraciones con mandatos para **Ud.** para darle los siguientes consejos.

MODELO reservar ahora
Reserve ahora.

1. ir a Puerto Rico

___

2. consultar estos folletos

___

3. buscar un paquete que incluya alojamiento y desayuno

___

4. escoger un hotel en la playa

___

5. recibir un descuento de un 8 por ciento

___

6. informarse de las posibilidades de hacer turismo

___

7. comprar el pasaje en avión lo antes posible

___

8. no quedarse sin vuelo

___

CHAPTER 14

Actividad 23 **Estructuras en acción** Su amigo(a) le pide consejos sobre un viaje que quiere hacer a Puerto Rico. Contéstele escribiendo oraciones con mandatos para **tú.**

MODELO ¿Debo adelantar la reserva de mi billete?
Sí, adelántala.

1. ¿Debo solicitar los folletos?
____
2. ¿Debo recorrer la isla?
____
3. ¿Debo alojarme en el Hotel San Juan Beach?
____
4. ¿Debo hacer reservas en Viajes Corte Inglés?
____
5. ¿Debo pedirle al agente el descuento?
____
6. ¿Debo conocer las ciudades coloniales?
____
7. ¿Debo informarme lo antes posible?
____
8. ¿Debo visitar el bosque llamado el Yunque?
____

Actividad 24 **Estructuras en acción** Conteste las preguntas oralmente o por escrito.

1. ¿Dónde se encuentra Puerto Rico?
2. ¿Qué le ofrece Puerto Rico a los turistas que se interesan en los deportes?
3. ¿Qué tienen las ciudades de Puerto Rico?
4. ¿Cuál es la diferencia entre los dos hoteles?
5. ¿En qué moneda se dan los precios?
6. ¿Los precios son por habitación?
7. ¿Qué se puede ver desde las habitaciones de los hoteles?
8. ¿Cuántas comidas al día incluye la oferta?
9. ¿Qué aspectos del transporte incluyen los precios?
10. ¿Qué no incluyen?
11. ¿Hay otras opciones para fecha y ciudad donde origina el viaje?
12. ¿Cómo se puede conseguir un ocho por ciento de descuento?
13. ¿Cómo sabe Ud. que hay limitaciones en la aplicación del descuento?
14. ¿Para qué llamaría uno al 902 400 454?
15. ¿Por qué deben los turistas adelantar la reserva de su billete?

CHAPTER 14 TEST

Commands

1 **El imperativo** Complete las oraciones con la forma correcta del imperativo para **Ud.** de los verbos indicados. Cambie los sustantivos complementos directos a pronombres y haga los cambios necesarios.

1. ____________________ a la oficina de turismo a las dos. (Ir)
2. ____________________ en contacto con otros cibernautas. (Ponerse)
3. ¿El archivo? ____________________. (Abrirme)
4. ____________________ para ver los detalles del cuadro. (Acercarse)
5. ¿Los papeles? ____________________. (Traernos)

2 **El imperativo** Complete las oraciones con la forma correcta del imperativo para **Uds.** de los verbos indicados. Cambie los sustantivos complementos directos a pronombres y haga los cambios necesarios.

1. ____________________ mucho en la fiesta. (Divertirse)
2. ____________________ tenis con nosotros. (Jugar)
3. ¿El clave de acceso? No ____________________. (decirles)
4. No ____________________ haciendo alpinismo. (perderse)
5. ____________________ cuando deje de llover. (Salir)

3 **El imperativo** Complete las oraciones con la forma correcta del imperativo para **nosotros(as)** de los verbos indicados. Cambie los sustantivos complementos directos a pronombres y haga los cambios necesarios.

1. ____________________ en la Red. (Navegar)
2. ¿El correo electrónico? ____________________ ahora mismo. (Enviarle)
3. ¿Las galletas de chocolate? ____________________. (Comerse)
4. ¿La videocámara? ____________________ en el maletín. (Buscar)
5. No ____________________ nada hasta que nos avisen. (hacer)

CHAPTER 14 TEST

Commands

4 **El imperativo** Complete las oraciones con la forma correcta del imperativo para **tú** de los verbos indicados. Cambie los sustantivos complementos directos a pronombres y haga los cambios necesarios.

1. ______________________ paciencia. (Tener)
2. ¿El anorak? No ______________________. (ponerse)
3. ¿Los disquetes? ______________________ lo antes posible. (Devolverme)
4. No ______________________ nada más. (decirle)
5. ______________________ a ver la exposición. (Ir)

5 **El imperativo** Complete las oraciones con la forma correcta del imperativo para **vosotros(as)** de los verbos indicados. Cambie los sustantivos complementos directos a pronombres y haga los cambios necesarios.

1. ______________________ el manual. (Leer)
2. ______________________ por terminar el informe. (Esforzarse)
3. No ______________________ estas cuentas hasta septiembre. (pagar)
4. ______________________ tan pronto como podáis. (Irse)
5. No ______________________ tan desagradables. (ser)

CHAPTER 15

Infinitives

Conjugated verb + infinitive

In Spanish, an important function of the infinitive of the verb is to serve as a complement or completion form in *verb + infinitive* constructions. The conjugated verb can be followed directly by an infinitive.

Debe cursar durante el verano.	***He should take courses*** *during the summer.*
Necesitamos tomar una decisión.	***We have to make*** *a decision.*
Querían salir a cenar.	***They wanted to go out*** *to have dinner.*
¿**Has podido encontrar**los?	***Have you been able to find*** *them?*
Prefiero ir al concierto.	***I prefer to go*** *to the concert.*
Procure llegar para las siete.	***Try to arrive*** *by seven o'clock.*
Creo poder tenerlo listo para mañana.	***I think I can*** *have it ready for tomorrow.*

Verbs followed directly by an infinitive

conseguir (e→i) *to succeed in, manage to*
creer *to think, believe*
deber *should, ought to*
decidir *to decide*
dejar *to let, allow*
desear *to want*
esperar *to hope, expect, wait*
extrañar *to surprise*
hacer *to make*
impedir (e→i) *to prevent from*
intentar *to try to*
lograr *to succeed in*
mandar *to order to*
merecer *to deserve to*
necesitar *to need, have to*
ofrecer *to offer*
oír *to hear*
olvidar *to forget*
ordenar *to order*
parecer *to seem to*
pedir (e→i) *to ask to*
pensar (e→ie) *to intend*
permitir *to allow*
poder (o→ue) *can, to be able to*
preferir (e→ie) *to prefer*
pretender *to try to*
procurar *to try to*
prohibir *to prohibit*
prometer *to promise to*
querer (e→ie) *to want*
recordar (o→ue) *to remember to*
resolver (o→ue) *to resolve to*
saber *to know how to*
sentir (e→ie) *to regret, be sorry*
soler (o→ue) *to be used to, accustomed to*
sorprender *to surprise*
temer *to be afraid to*
ver *to see*

Many verbs that usually appear with an indirect object pronoun (see Chapter 19, p. 418) may be followed by the infinitive without a preposition. When the infinitive is the subject of the verb, the verb is third person singular. Here are some common examples. (The phrase **hacer eso** in the list represents any infinitive. **Me** represents any indirect object pronoun.)

Me agrada hacer eso.	*I like to do that.*
Me conviene hacer eso.	*It's suitable, good for me to do that.*
Me encanta hacer eso.	*I love to do that.*
Me entusiasma hacer eso.	*I'm excited to do that.*
Me fascina hacer eso.	*I love to do that.*
Me gusta hacer eso.	*I like to do that.*
Me hace falta hacer eso.	*I need to do that.*
Me importa hacer eso.	*It's important for me to do that.*
Me interesa hacer eso.	*I'm interested in doing that.*
Me toca hacer eso.	*It's my turn to do that.*
Me urge hacer eso.	*It's urgent for me to do that.*

The infinitive is also used after **se me olvidó, se me pasó** *(I forgot)*.

Se nos olvidó reservar una mesa.	*We forgot to reserve a table.*
Se me pasó decírtelo.	*I forgot to tell you.*

Actividad 1 **Fiestas y celebraciones** Practique la construcción del verbo conjugado + infinitivo. Vuelva a escribir las oraciones añadiendo los verbos indicados a las oraciones originales. Guarde el tiempo verbal de la oración original. Siga el modelo.

MODELO Los Arriaga pasan la Nochebuena en casa. (preferir)
Los Arriaga prefieren pasar la Nochebuena en casa.

1. Los españoles celebraron el santo del Rey Juan Carlos el veinticuatro de junio. (querer)
____

2. Uds. siempre iban de vacaciones en Semana Santa. (procurar)
____

3. Paco no salió con su novia el Día de los Enamorados. (poder)
____

4. Comes una uva por cada campanada *(bell ringing)* el treinta y uno de diciembre. (soler)
____

5. Alejandra y Pepita no asistieron a la Misa del Gallo este año. (conseguir)
____

6. Los niñitos recibían muchos regalos lindos el Día de Reyes. (esperar)
____

7. Hay unos desfiles *(parades)* grandes el Día de la Raza. (deber)
____

8. Les traje flores y bombones a los tíos por el Año Nuevo. (decidir)
____

Nota cultural

Días festivos

*La **Nochebuena**, es decir, el veinticuatro de diciembre, se celebra en todos los países hispánicos. Las familias suelen festejarla con una cena tradicional. Muchas personas van a la Misa del Gallo a las doce de la noche. Para el treinta y uno de diciembre, el **Fin de Año,** cuando se oyen las campanadas a las doce de la noche, la gente come una uva por cada campanada. ¡Así asegura la buena suerte para el año nuevo! El seis de enero es la **Epifanía** o el **Día de Reyes.** Este día, cuando los Reyes Magos* (Magi) *les traen regalos a los niños, señala el fin de las fiestas de Navidad. **Semana Santa** es el período de la Pascua Florida* (Easter) *cuando mucha gente toma sus vacaciones. **El Día de la Raza** (o el Día de la Hispanidad) se celebra el doce de octubre en el mundo hispánico y coincide con el Día de Cristóbal Colón en Estados Unidos. Para muchas personas hispánicas el santo es más importante que el cumpleaños. Hay gente que celebra las dos cosas. En España, el veinticuatro de junio es **el día de San Juan** y también se celebra el santo del Rey Juan Carlos.*

Actividad 2 **Expansión de oraciones** Practique la construcción del verbo conjugado + infinitivo. Vuelva a escribir las oraciones añadiendo los verbos indicados a las oraciones originales. Guarde el tiempo verbal de la oración original. Siga el modelo.

> **MODELO** Sirvió la comida. (mandar)
> Mandó servir la comida.

1. Nadaban muy bien. (saber)
   ____
2. Terminé el proyecto. (lograr)
   ____
3. Se sale por esa puerta. (prohibir)
   ____
4. Han tocado un vals. (ofrecer)
   ____
5. Limpiábamos la casa. (hacer)
   ____
6. No escuchaste los discos compactos. (dejar)
   ____

CHAPTER 15

Conjugated verb + preposition + infinitive

Some verbs require a preposition before an infinitive. The most common prepositions are **a** and **de**, but some verbs require **en** or **por.**

Van a pedir paella.	***They're going to order*** *paella.*
Comenzó a llover hace media hora.	***It began to rain*** *half an hour ago.*
Yo me encargué de hacer las investigaciones.	***I took charge of doing*** *the research.*
No insistas en sentarte en la primera fila.	***Don't insist on sitting*** *in the first row.*
¿Uds. no se interesaban por coleccionar sellos?	***Weren't you interested in collecting*** *stamps?*

Verbs that take **a** before an infinitive

acercarse a *to approach*
acostumbrarse a *to be accustomed to*
animar a *to encourage to*
aprender a *to learn to*
atreverse a *to dare to*
ayudar a *to help*
bajar a *to go down to*
comenzar a (e→ie) *to begin to*
cuidar a/de *to take care of*
decidirse a *to decide to*
dedicarse a *to devote oneself to*
disponerse a *to get ready to*
echar(se) a *to begin to*
empezar a (e→ie) *to begin to*
enseñar a *to show how, teach to*
invitar a *to invite to*
ir a *to be going to*
llegar a *to get to, succeed in*
llevar a *to lead to*
meterse a *to start to*
negarse a (e→ie) *to refuse to*
obligar a *to force, compel to*
persuadir a *to persuade to*
ponerse a *to begin to*
prepararse a *to get ready to*
renunciar a *to give up doing something, quit*
volver a (o→ue) *to do (something) again*

¿Te decidiste **a** seguir trabajando en esta oficina?	*Did you make up your mind to continue working in this office?*
Sí. Ya me he acostumbrado **a** trabajar aquí.	*Yes. I've already gotten used to working here.*
Mañana empiezo **a** estudiar en serio.	*Tomorrow I'll start studying seriously.*
Yo también debo ponerme **a** trabajar.	*I also ought to begin working.*
¿Volvieron **a** pedirte dinero?	*Did they ask you for money again?*
No. No se atrevieron **a** pedirme nada.	*No. They didn't dare ask me for anything.*

After verbs of motion **a** indicates the purpose of the action.

Bajo/Subo **a** ayudarte.	*I'm coming downstairs/upstairs (in order) to help you.*

Verbs that take **de** before an infinitive

acabar de *to have just (done something)*
acordarse de (o→ue) *to remember*
arrepentirse de (e→ie) *to regret*
avergonzarse de (o→üe) *to be ashamed of*
cuidar de/a *to take care of*
dejar de *to stop*
encargarse de *to take charge of*
jactarse de *to boast of*
olvidarse de *to forget*
presumir de *to boast about*
terminar de *to stop*
tratar de *to try to*

No te olvides **de** venir a cenar el jueves. — *Don't forget to come have dinner on Thursday.*

No te preocupes. Acabo **de** anotar el día y la hora. — *Don't worry. I've just written down the day and the time.*

Verbs that take **en** before an infinitive

consentir en (e→ie) *to consent, agree to*	**empeñarse en** *to insist on, be determined to*	**interesarse en/por** *to be interested in*
consistir en *to consist of*	**esforzarse (o→ue) en/por** *to strive, try hard, make an effort*	**quedar en** *to agree to*
demorar en *to delay, put off, take long in*	**insistir en** *to insist on*	**tardar en** *to delay in, take long in*
dudar en *to hesitate over*		**vacilar en** *to hesitate over*

Carlos se interesa mucho **en** hablarme. — *Carlos is very interested in talking to me.*

¿Consentiste **en** verlo? — *Did you agree to see him?*

Sí. Quedamos **en** vernos mañana. — *Yes. We agreed to see each other tomorrow.*

Verbs that take **con** before an infinitive

amenazar con *to threaten to*	**contar con (o→ue)** *to count on, rely on*	**soñar con (o→ue)** *to dream of, about*

En vez de trabajar, Juanita sueña todo el día **con** hacerse actriz. — *Instead of working, Juanita dreams all day of becoming an actress.*

Por eso el jefe amenazó **con** despedirla. — *That's why the boss threatened to fire her.*

The verb **tener** is followed by **que** before an infinitive. **Tener que** means *to have to do something.*

Teníamos que estacionar el coche. — ***We had to park** the car.*

Tengo que buscar un cajero automático. — ***I have to look for** an ATM.*

- Many of the preceding verbs take the same preposition before a noun object as well.

¿Se dedica la señora Gómez **a su familia**? — *Does Mrs. Gómez devote herself to her family?*

Sí, se encarga **de la casa** y **de sus hijos.** — *Yes, she's in charge of the house and her children.*

¿Juan renunció **a su puesto de contable**? — *Did Juan quit his job as an accountant?*

Sí, se metió **a profesor.** — *Yes, he became a teacher.*

CHAPTER 15

Actividad 3 **¿Qué hacen los estudiantes?** Practique el uso de las preposiciones. Complete las oraciones con las preposiciones correctas. Siga el modelo.

MODELO Empiezan ___a___ estudiar portugués.

1. Carolina y Miguel quedaron ______________ verse en la clase de física.
2. Jorge se empeña ______________ sacar buenas notas este semestre.
3. Isabel se ha dedicado ______________ hacer investigaciones.
4. Marco presume ______________ saberlo todo.
5. Fernanda volverá ______________ cursar biología.
6. Tú y yo nos encargaremos ______________ organizar los archivos.
7. Teresa se decidió ______________ matricularse en la escuela de verano.
8. Pancho cuenta ______________ terminar la carrera *(course of study)* este año.
9. Julia y Lorenzo acaban ______________ completar sus requisitos *(requirements)*.
10. Nosotros tendríamos ______________ buscar otras optativas *(electives)*.

Actividad 4 **Expresar en español** Exprese las oraciones en español.

1. We were accustomed to having dinner at 9:00 P.M.

____

2. Why did they take so long in calling us?

____

3. Patricia refused to lend Diego money.

____

4. Try **(Ud.)** to pay with a credit card.

____

5. Sing **(Uds.)** that song again.

____

6. I'm going to attend the lecture.

____

7. Silvia threatened to leave immediately.

____

8. They dream about becoming millionaires.

____

Actividad 5 **Sinónimos** Escoja un sinónimo de las listas de verbos con y sin preposiciones para cada expresión escrita en bastardilla *(italics)*. Siga el modelo.

MODELO Los miembros del comité *acuerdan* reunirse el martes.
Los miembros del comité convienen en reunirse el martes.

1. Pedro *logró* hacerse presidente de la empresa.
2. Consuelo *se jacta de* ser la mejor futbolista del equipo.
3. El profesor *mandó* cerrar los libros.
4. Uds. *sintieron* perderse la boda.
5. Yo no *recordé* recoger los pasteles.
6. ¿Cómo es que *te pusiste a* hacer la tarea a las dos de la mañana?
7. No se *dejaba* entrar en las salas de escultura.
8. Están *dudando en* invertir dinero en la compañía.

Infinitive after prepositions

The infinitive can be used after many prepositions, such as: **a, al, antes de, a pesar de, con el objeto de, con tal de, después de, en caso de, en lugar de, en vez de, hasta, para, por** y **sin.**

Almorcemos **después de montar** en bicicleta.	*Let's have lunch after we go for a bicycle ride.*
Estudie más **para aprender** más.	*Study more (in order) to learn more.*
Me alegré **al oír** la buena noticia.	*I became happy when I heard the good news.*
Mario irá **con tal de ver** a Susana.	*Mario will go provided that he sees Susana.*
Llenen el formulario **antes de firmarlo.**	*Fill out the form before you sign it.*
¿Entraste **sin vernos**?	*Did you come in without seeing us?*

Actividad 6 **Expresar en español** Exprese las oraciones en español. Practique usando el infinitivo después de ciertas preposiciones.

1. We'll call you **(tú)** before we go out.

 ____

2. They traveled to Ponce by car without stopping.

 ____

3. Children, go to bed **(Uds.)** after you brush your teeth.

 ____

4. Bernardo should read a book instead of watching television.

 ____

5. I'll be in the library until I come home.

 ____

6. Elena will skate provided that Daniel skates, too.

 ____

7. Invite **(Ud.)** them in case you see them.

 ____

8. When we got to the party we started to dance.

 ____

Al + *infinitive*

The construction **al** + *infinitive* can replace an adverbial clause beginning with **cuando** when the subject of both clauses is the same.

Lo vieron cuando entraron. → Lo vieron **al entrar.**	*They saw him when they came in.*
Lo perdí cuando me fui. → Lo perdí **al irme.**	*I lost it when I left.*

The clause beginning with **cuando** may refer to future time and be in the subjunctive.

Te lo diremos cuando lleguemos. → Te lo diremos **al llegar.**	*We'll tell you when we get there.*
Muéstrame el informe cuando lo termines. → Muéstrame el informe **al terminarlo.**	*Show me the report when you finish it.*

The **al** + *infinitive* phrase may be at the beginning of a sentence.

Al entrar, lo vieron.	*When they came in, they saw him.*
Al llegar, te lo diremos.	*When we get there, we'll tell you.*

The English equivalent to the **al** + *infinitive* construction is *upon doing something,* but this construction is literary and formal while **al** + *infinitive* is part of everyday speech in Spanish. Thus, **Lo vieron al entrar** may be translated as *They saw him upon entering,* but this English translation is much less used.

PART I

In everyday language, including in much modern writing, the **al** + *infinitive* construction may be used even when the subjects of the two verbs are different. The subject of the infinitive is merely placed after it.

Lo vieron cuando él entró en el café.
→ Lo vieron **al entrar él** en el café.
They saw him when he came into the café.

Me devolvió el libro cuando tú se lo recordaste.
→ Me devolvió el libro **al recordárselo tú.**
She returned the book to me when you reminded her about it.

Decidimos mudarnos cuando papá consiguió un ascenso.
→ Decidimos mudarnos **al conseguir papá** un ascenso.
We decided to move when Dad got a promotion.

Saldremos para la playa cuando salga el sol.
→ Saldremos para la playa **al salir el sol.**
We'll leave for the beach when the sun comes out.

Avíseme Ud. cuando los programadores terminen el proyecto.
→ Avíseme Ud. **al terminar los programadores** el proyecto.
Let me know when the programmers finish the project.

Note the difference in meaning in the following pairs of sentences.

Lo vieron **al entrar** en el café.	*They saw him when they came into the café.*
Lo vieron **al entrar él** en el café.	*They saw him when he came into the café.*
Al llegar, te lo diremos.	*We'll tell you when we get there.*
Al llegar ellos, te lo diremos.	*We'll tell you when they get there.*

Actividad 7 **La salud ante todo** Cuente lo que hacen estas personas para estar en forma. Reemplace las cláusulas que empiecen con **cuando** con la construcción **al** + infinitivo. Siga el modelo.

> **MODELO** Hago ejercicios cuando me levanto.
> Hago ejercicios al levantarme.

Para estar en forma

los alimentos naturales *health foods*
el gimnasio *gym(nasium)*
levantar pesas *to lift weights*
sentirse en forma *to feel fit*
trotar *to jog*

1. Mis padres toman sus vitaminas cuando desayunan.

____

2. Mi amigo Pablo y yo siempre salimos a trotar cuando acabamos la tarea.

____

3. Cuando salen del trabajo, Teresa y Laura van al gimnasio.

____

4. Tú levantarás pesas cuando te sientas en forma.

____

5. Uds. caminan cuando terminan de almorzar.

____

6. Cuando tomo café, yo no como pasteles.

____

7. Llámenme cuando salgan para la piscina.

____

8. Y cuando vaya a la tienda de alimentos naturales, yo los avisaré.

____

Actividad 8 **¡Qué oficina!** Cuente lo que pasa en la oficina del señor Montalbán. Reemplace las cláusulas que empiecen con **cuando** con la construcción **al** + infinitivo. Fíjese que en algunas de las oraciones los sujetos son diferentes en las dos cláusulas. Siga el modelo.

MODELO El señor Montalbán se enoja cuando sus empleados no cumplen con su deber.
El señor Montalbán se enoja al no cumplir sus empleados con su deber.

El mundo del trabajo

chismear *to gossip*
convocar una reunión *to call a meeting*
cumplir con su deber *to do one's duty, do what one is supposed to*
exigir *to demand*
gruñón(a) *grumpy, grouchy*
molestarse *to get annoyed*
ponerse gruñón(ona) *to get grouchy*
reinar *to reign, prevail*

1. Los empleados se quejan cuando el señor Montalbán exige demasiado.

____

2. Cuando ve un problema grande, el señor Montalbán convoca una reunión.

____

3. Los empleados se ponen gruñones cuando reciben el aviso de la reunión.

____

4. En la reunión, todo el mundo se calló cuando entró el señor Montalbán.

____

5. El señor Montalbán se puso muy serio cuando se dirigió a sus empleados.

____

6. Pero cuando salió el señor Montalbán, todos empezaron a chismear.

____

PART 1

Infinitive after verbs of perception

The infinitive is used after verbs of perception such as **ver** and **oír** to signal a completed action. The gerund rather than the infinitive is used to show an incomplete or in-progress action, but the gerund of verbs of motion is not common.

Los **oí cantar.**	*I heard them sing.*
Los oí **cantando.**	*I heard them singing.*
¿Uds. no nos **vieron entrar**?	*Didn't you see us come in?*
¿Uds. no los vieron **haciendo** la tarea?	*Didn't you see them doing their homework?*

The gerund is often replaced by **que** + *imperfect* in everday Spanish.

Los oí **que cantaban.**	*I heard them singing.*
Los vimos **que leían.**	*We saw them reading.*

The construction consisting of **que** + *imperfect* is preferred for verbs of motion.

Te vi **que salías.**	*I saw you going out.*
Los oímos **que caminaban** arriba.	*We heard them walking upstairs.*

Actividad 9 **¿Qué oyó?** Lorenzo tiene problema del oído y va con una audioprotesista *(hearing aid specialist)* porque necesita un aparato. La especialista le pregunta lo que oyó. Siga el modelo.

> **MODELO** ¿Oyó Ud. el ruido de los coches? (frenar)
> Sí, los oí frenar.

Los ruidos

el aterrizaje *landing*	**retumbar** *to thunder*
aterrizar *to land*	**roncar** *to snore*
despegar *to take off*	**los ronquidos** *snoring*
el despegue *takeoff*	**susurrar** *to whisper*
frenar *to break*	**el susurro** *whisper*
maullar *to meow*	**el trueno** *thunder*
el maullido *meow*	

1. ¿Oyó Ud. el trueno? (retumbar)

   ____

2. ¿Oyó Ud. el maullido del gato? (maullar)

   ____

3. ¿Oyó Ud. el despegue y el aterrizaje de los aviones? (despegar/aterrizar)

   ____

4. ¿Oyó Ud. el susurro de las hojas? (susurrar)

5. ¿Oyó Ud. los gritos de sus hijos? (gritar)

6. ¿Oyó Ud. los ronquidos de su mujer? (roncar)

Actividad 10 **¿Qué vieron Uds.?** Escriba oraciones con el verbo de percepción **ver.** Siga el modelo.

MODELO María / bailar
La vimos bailar.

1. José y Pablo / trotar
2. Anita y Rosita / hacer los bocadillos
3. Roberto / entrar en la discoteca
4. la señorita Barba / dictar una conferencia
5. Uds. *(masc.)* / hablar por teléfono celular
6. tu / escanear los documentos
7. Ud. *(fem.)* / salir de la tienda de deportes

Infinitive preceded by que

The infinitive is often preceded by **que;** however, the **que** + *infinitive* construction cannot be used with verbs of searching, needing, and requesting. In these cases **para** is used.

Me queda mucho **que hacer.**	*I have a lot left to do.*
Nos han dado tantas cosas **que/para hacer.**	*They've given us so many things to do.*
Compra algo **que/para leer.**	*Buy something to read.*
Pidió algo **para aplacar** su sed.	*He ordered something to quench his thirst.*
Queríamos algo **para comer.**	*We wanted something to eat.*

PART I

Actividad 11 **¿Qué o para?** Complete las oraciones con **que** o **para** antes del infinitivo cuando sea necesario.

1. Teníamos mucho ______________________ hacer.
2. Están buscando algo ______________________ comer.
3. Compraré algo ______________________ leer.
4. Hay muchas cosas ______________________ ver.

Adjective + de + *infinitive*

The construction *adjective* + **de** + *infinitive* is used when the infinitive of a transitive verb is not followed by an object or a clause. The **de** is omitted when an object or a clause appears.

El vasco es muy difícil **de** aprender.	*Basque is very difficult to learn.*
Es muy difícil aprender vasco.	*It's very difficult to learn Basque.*
Su teoría es imposible **de** comprobar.	*His/Her theory is impossible to prove.*
Es imposible comprobar su teoría.	*It's impossible to prove his/her theory.*

Actividad 12 **¿De o nada?** Complete las oraciones con **de** antes del infinitivo cuando sea necesario. Si no es necesario, escriba una X.

1. No es posible ______________________ comprenderlo.
2. Eso es fácil ______________________ ver.
3. Es triste ______________________ pensar que ya no vuelven.
4. El japonés no es difícil ______________________ aprender.

Actividad 13 **Actividad oral** Se juega entre dos equipos de estudiantes. Uno de los equipos da una oración y un verbo para expandirla al otro equipo como en la Actividad 2 de este capítulo. Cada respuesta correcta vale un punto. Se juega hasta que uno de los equipos tenga veinte puntos.

Actividad 14 **Estructuras en acción** Lea el artículo.

Nota preliminar

En Tamaulipas, un estado del noreste de México junto al golfo de México, el gobierno inició un programa por medio del cual todos los estudiantes de secundaria aprenden a utilizar la computadora. Mientras los alumnos aprenden a hacer tareas digitales los profesores también tienen que ser capacitados en la informática.

ESCUELAS COMPUTARIZADAS Este año se recibe la primera generación de alumnos que recibieron educación con tecnología en las escuelas secundarias de Tamaulipas. Son aproximadamente 45.000 muchachos que saben hacer presentaciones con audio y video, y saben utilizar hojas de cálculo, entre otras tareas.

El revuelo digital en materia educativa galopa en Tamaulipas porque el gobierno le asignó al tema prioridad número uno. El proyecto tiene un nombre aburrido: *Modernización educativa*. Pero su contenido, que es lo importante, consiste en colocar al maestro en el centro del proceso educativo y dotar los salones de clase con infraestructura de telecomunicaciones, informática y contenido actualizado y en línea.

LA CLAVE SON LOS MAESTROS No fue fácil capacitar a los profesores de matemáticas, física, biología, historia y geografía. Pero hoy, el 93% de personal está habilitado en el uso del portal educativo estatal y en las metodologías digitales de enseñanza y aprendizaje.

Los muchachos aprenden primero a utilizar la computadora, luego a trabajar en procesadores de textos, hojas de cálculo y programas para realizar presentaciones. En el último año de secundaria realizan tareas y trabajos directamente en la PC. "Hasta entregan tareas en disquete", cuenta la maestra de química, que para dar su clase de "ácidos y bases" se apoya en un trabajo realizado por sus alumnos del curso pasado.

LOS LABORATORIOS DE CÓMPUTO Se instalaron laboratorios de cómputo con aproximadamente 25 máquinas en red y conexión a internet. Cada laboratorio cuenta con escáner, quemador de CD e impresora. En sus ratos libres, los alumnos acuden a este laboratorio y charlan en foros que organiza la Secretaría de Educación local o la Red Escolar sobre drogadicción, valores, nutrición, deportes, entre otros temas. El acceso a páginas prohibidas está controlado vía un *firewall* físico (un ruteador) y software.

LAS AULAS DE MEDIOS Hay tres tipos de aula. Las más elementales son las que imparten clases de biología, historia y geografía, y constan de una computadora conectada a internet (manipulada por el maestro), una televisión, una videocasetera y un amplificador de audio. En las segundas, se imparten clases de matemáticas, y están dotadas de lo anterior más calculadoras para todos los alumnos de la clase; y luego están las de física, que cuentan con dispositivos conectados a sensores para que los alumnos puedan ver las gráficas y las reacciones en la pantalla de la televisión. En todas ellas se implantó un sistema de rotación de alumnos para que todos pasaran por estos salones por lo menos dos horas a la semana.

Cada laboratorio cuenta con escáner, quemador de CD e impresora.

Se han instalado aulas de medios y laboratorios de cómputo en 184 secundarias técnicas y generales, que benefician a unos 125.000 alumnos y 3.200 maestros.

PART I

Actividad 15 **Estructuras en acción** Vuelva a escribir las oraciones añadiendo los verbos indicados a las oraciones originales. Guarde el tiempo verbal de la oración original. Siga el modelo.

MODELO Los profesores salen del laboratorio de cómputo. (acabar de)
Los profesores acaban de salir del laboratorio de cómputo.

Escuelas computarizadas

actualizado(a) *up-to-date*
el amplificador de audio *amplifier, loudspeaker*
apoyarse *to rely on*
el aprendizaje *learning*
asignar *to assign, give*
el aula de medios *media room*
beneficiar *to benefit*
la bodega del laboratorio *laboratory storage/utility room*
capacitar *to train*
la clave *key*
constar de *to consist of*
contar con *to count on*
el contenido *content*
el dispositivo *system, appliance*
dotar de/con *to provide with, give*
el escáner *scanner*
escolar *school (adj.)*
estatal *state (adj.)*
evitar *to avoid*
el foro *group, forum*
galopar *to gallop, go quickly*
la gráfica *chart, diagram, graph*
habilitado(a) *trained, qualified*
la hoja de cálculo *electronic spreadsheet*
impartir *to provide, give*
implantar *to introduce*
la impresora *printer*
inalámbrico(a) *wireless*
la informática *computer science*
instalar *to install, set up*
el laboratorio de cómputo *computer laboratory*
la navegación por internet *surfing*
las páginas prohibidas *restricted access sites*
la PC *computadora personal*
el personal *personnel, staff*
el portal *portal*
la prioridad *priority*
el procesador de textos *word processor*
el quemador de CD *CD burner*
realizar *to do, make, carry out*
la Red *Web*
el revuelo digital *technological revolution*
el ruteador *router, firewall*
el sensor *sensor*
el servidor *server*
la videocasetera *videocassette player*

1. Los estudiantes hacen presentaciones con audio y video. (saber)

___

2. El gobierno capacita a los profesores de física y matemáticas. (ir a)

___

3. Los alumnos han visto las gráficas en la pantalla de la televisión. (poder)

___

4. Los profesores utilizarán la computadora. (lograr)

___

5. Los muchachos trabajaron en procesadores de textos. (aprender a)

___

6. Había acceso inalámbrico a internet. (tener que)

___

7. Los maestros están habilitados en el uso del portal educativo. (empezar a)

___

8. El gobierno dota los salones de clase con contenido en línea. (querer)

___

Actividad 16 **Estructuras en acción** Complete las oraciones con una preposición cuando sea necesario. Si no es necesario, escriba una X.

1. Cuentan ___ tener dispositivos conectados a sensores.
2. El gobierno procura ___ tener escuelas computarizadas.
3. Las aulas constan ___ una computadora y una videocasetera.
4. Dotan los salones de clase ___ infraestructura de telecomunicaciones.
5. El profesor les enseña a sus estudiantes ___ entregar sus tareas en disquete.
6. Usan la computadora ___ realizar sus trabajos directamente en la PC.
7. Pusieron el firewall ___ evitar la intrusión de *hackers*.
8. El proyecto debe ___ colocar al maestro en el centro del proceso.
9. Los profesores comienzan ___ conocer las metodologías digitales de enseñanza.
10. Al gobierno le urge ___ capacitar a los maestros de historia y geografía.
11. Los alumnos se interesan ___ el contenido en línea.
12. Todos se empeñan ___ trabajar en procesadores de textos.

Actividad 17 **Estructuras en acción** Desarrolle unas nuevas oraciones. Siga el modelo.

MODELO Es bueno que entreguen los disquetes.
Es bueno entregar los disquetes.

1. No es fácil que capaciten a los maestros.

___

2. Es malo que no realicen todos los trabajos en la computadora.

___

CHAPTER 15

PART I

3. Es necesario que tengan acceso inalámbrico a internet.

____

4. No es difícil que utilicen las hojas de cálculo.

____

5. Es preciso que implanten un sistema de rotación de alumnos.

____

6. Es importante que la profesora dé la clase de ácidos y bases.

____

7. Es mejor que instalen más laboratorios de cómputo en las secundarias técnicas.

____

8. Es posible que usen calculadoras en el aula de medios para matemáticas.

____

9. Es útil que los alumnos vean las gráficas en la pantalla de la televisión.

____

10. Es bueno que hagan la tarea antes de ir al foro.

____

Actividad 18 **Estructuras en acción** Conteste las preguntas oralmente o por escrito.

1. ¿Qué avances tecnológicos hay en Tamaulipas?
2. ¿Cómo entregan los estudiantes sus tareas en el último año de secundaria?
3. ¿Cuál es el papel del maestro en el proyecto?
4. ¿Cuáles son las materias computarizadas?
5. ¿Cómo es el sistema de rotación de alumnos?
6. ¿Adónde van los estudiantes para charlar en sus ratos libres? ¿De qué hablan?
7. ¿Tiene Ud. computadora? ¿Impresora? ¿Escáner? ¿Videocasetera? ¿Quemador de CD?
8. ¿Cree Ud. que el acceso a páginas prohibidas debe ser controlado? Explique.

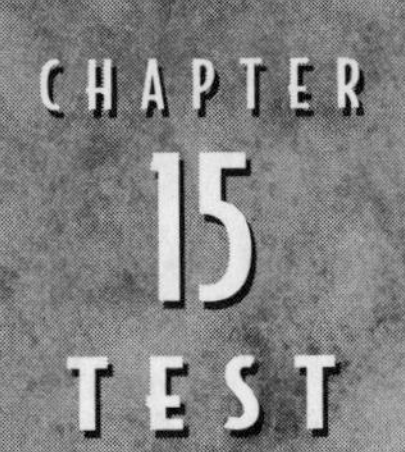

Infinitives

1 **¿Con o sin preposición?** Complete las oraciones con las preposiciones que faltan—**a, de, en, con** o **por.** Si no falta ninguna escriba una X.

1. Empiezan ______________ mandar el correo electrónico.
2. Consiguió ______________ comprar billetes para el vuelo.
3. Cuento ______________ verte en el partido.
4. Dejen ______________ meterse en líos.
5. Víctor temía ______________ borrar los datos.
6. No dudes ______________ hablarle con franqueza.
7. Va acostumbrándose ______________ ejecutar el programa.
8. Es posible que ofrezcan ______________ llevarte al balneario.
9. La profesora Uriarte hace ______________ pensar a sus estudiantes.
10. ¿Por qué se niegan ______________ trabajar en equipo?
11. Se arrepiente ______________ haber dicho una mentira.
12. Se esfuerzan ______________ triunfar en la vida.
13. Diana sueña ______________ ser célebre en su campo.
14. ¿Os interesáis ______________ conocer el barrio histórico?
15. Esteban se empeña ______________ salir con la suya.
16. No creo que ellos sepan ______________ utilizar esta computadora.

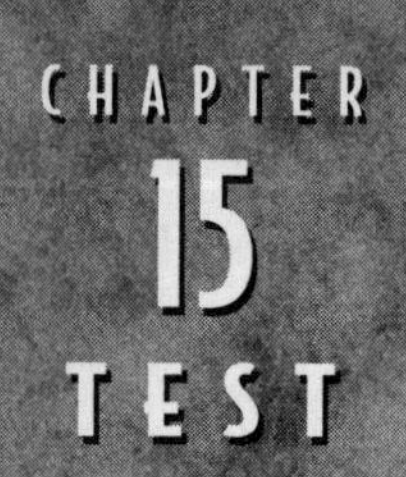

Infinitives

2 **Expansión de oraciones** Vuelva a escribir las oraciones añadiendo los verbos indicados a las oraciones originales. Guarde el tiempo verbal de la oración original.

1. Haré investigaciones en los sitios Web. (poder)

   ____

2. Ellos nos invitaron a comer. (insistir en)

   ____

3. Benjamín ganó el campeonato de golf. (jactarse de)

   ____

4. Alquilas videos los viernes, ¿verdad? (soler)

   ____

5. ¿No pasabais un mes en el campo? (ir a)

   ____

6. Nos vemos delante del cine. (quedar en)

   ____

7. Juliana ha escuchado su correo de voz. (tener que)

   ____

8. ¿Encontraste el libro que buscabas? (lograr)

   ____

9. ¿Uds. le dijeron eso? (atreverse a)

   ____

PART TWO

Nouns and Their Modifiers; Pronouns

lo increíble

el mundo antiguo

bella

PART TWO

Nouns and Their Modifiers; Pronouns

CHAPTERS

Nouns and articles

Gender of nouns

In Spanish, all nouns are either masculine or feminine. There are ways to determine the gender of most nouns.

Most nouns that end in **-o** or that refer to males are masculine.

Masculine nouns		
el libro	**el padre**	**el doctor**
el banco	**el hijo**	**el hombre**
el laboratorio	**el señor**	**el duque**
el piano	**el profesor**	**el toro**

Most nouns that end in **-a** or that refer to females are feminine.

Feminine nouns		
la revista	**la hija**	**la duquesa**
la librería	**la señora**	**la vaca**
la oficina	**la profesora**	**la computadora**
la madre	**la mujer**	**la flauta**

There are many nouns that end in **-a** and **-ma** that are masculine and some nouns that end in **-o** that are feminine. The gender of these words must be memorized.

Masculine nouns in **-a**		
el día	**el mediodía**	**el problema**
el mapa	**el idioma**	**el programa**
el tranvía	**el planeta**	**el sistema**
el panda	**el clima**	**el poema**

Feminine nouns in **-o**		
la mano	**la foto** (*abbreviation of* **la fotografía**)	**la moto** (*abbreviation of* **la motocicleta**)
la radio		

The gender of most nouns that end in **-e** or a consonant cannot be predicted and must therefore be memorized.

Nouns ending in -e or consonant

MASCULINE		FEMININE
el lápiz	**el disfraz** *disguise*	**la base**
el papel	**el jarabe** *syrup*	**la clase**
el arroz	**el desván** *attic*	**la gente**
el aceite	**el alfiler** *pin*	**la llave**
el examen	**el cine**	**la torre** *tower*
el buzón *mailbox*	**el informe** *report*	**la piel** *skin*
el cobre *copper*	**el disquete**	**la luz**

PART 2

Nouns that have endings in **-dad, -tad, -tud, -umbre, -ión, -ie, -cia, -ez, -eza, -nza, -sis,** and **-itis** are usually feminine.

Nouns feminine by suffix

la ciudad	**la cumbre** *mountain top*	**la diferencia**
la verdad	**la certidumbre** *certainty*	**la sencillez** *simplicity*
la felicidad	**la nación**	**la pereza** *laziness*
la fraternidad	**la reunión**	**la esperanza** *hope*
la libertad	**la serie**	**la tesis** *thesis*
la juventud	**la superficie** *surface*	**la crisis**
la multitud	**la presencia**	**la faringitis** *pharyngitis*

Nouns that refer to people (and some animals) that end in **-or, -és -ón,** and **-ín** are usually masculine and add **-a** to make the feminine form. The accent mark of the masculine form is dropped in the feminine.

Nouns referring to people

MASCULINE		FEMININE	
el consultor	**el francés**	**la consultora**	**la anfitriona** *hostess*
el doctor	**el anfitrión** *host*	**la doctora**	**la campeona**
el profesor	**el campeón** *champion*	**la profesora**	**la leona** *lioness*
el león *lion*	**el bailarín** *dancer*	**la francesa**	**la bailarina** *dancer*

Nouns that end in **-aje, -ambre, -or, -án,** or a stressed vowel are usually masculine.

Nouns masculine by suffix

el equipaje	**el enjambre** *swarm (of bees)*	**el refrán** *proverb*
el paisaje	**el valor** *value*	**el champú**
el calambre *cramp*	**el amor**	**el rubí**

In forming the feminine, some nouns that refer to people (or some animals) change only their article but not their form. Many of these nouns end in **-e, -a, -ista, -nte,** or a consonant.

Nouns feminine by articles

el/la joven *young man/woman*
el/la líder
el/la intérprete
el/la atleta
el/la mártir
el/la tigre *(also,* **tigresa***)*
el/la dentista
el/la artista
el/la turista
el/la agente
el/la cantante
el/la dependiente
el/la estudiante

Some speakers change **-nte** to **-nta** for the feminine: **la dependienta, la estudianta.**

Sometimes the feminine form of a noun is not predictable from the masculine.

MASCULINE		FEMININE	
el rey	*king*	**la reina**	*queen*
el príncipe	*prince*	**la princesa**	*princess*
el emperador	*emperor*	**la emperatriz**	*empress*
el actor	*actor*	**la actriz**	*actress*

The days of the week are masculine.

Iremos a la sierra **el jueves** y volveremos **el lunes.** — *We'll go to the mountains* ***on Thursday*** *and we'll come back* ***on Monday.***

The months of the year are masculine.

el enero más frío *the coldest January*
el agosto más caluroso *the hottest August*

The names of languages are masculine.

El español se habla en más de veinte países. — ***Spanish*** *is spoken in more than twenty countries.*
El inglés es la lengua de muchos países también. — ***English*** *is the language of many countries also.*

Compound nouns that consist of a verb and a noun are masculine.

Compound nouns

el abrelatas *can opener*
el cumpleaños *birthday*
el lavaplatos *dishwasher*
el limpiabrisas *windshield wiper*
el parabrisas *windshield*
el parachoques *bumper*
el paraguas *umbrella*
el portaaviones *aircraft carrier*
el saltamontes *grasshopper*
el salvavidas *lifeguard, life preserver*

CHAPTER 16

Numbers **(los números)** are masculine.

El veintisiete de enero es el cumpleaños de Mozart.	*January **twenty-seventh** is Mozart's birthday.*
Mi número de suerte es **el quince.**	*My lucky number is **fifteen.***

Colors are masculine when used as nouns.

Me gusta **el azul** más que **el marrón.**	*I like **blue** more than **brown.***

Many names of trees are masculine while their fruit is feminine.

El árbol

el almendro *almond tree*	**el ciruelo** *plum tree*	**el melocotonero** *peach tree*
el castaño *chestnut tree*	**el limonero** *lemon tree*	**el naranjo** *orange tree*
el cerezo *cherry tree*	**el manzano** *apple tree*	**el peral** *pear tree*

PART 2

La fruta

la almendra	**la ciruela**	**el melocotón** *peach*
la castaña	**el limón**	**la naranja**
la cereza	**la manzana**	**la pera**

All infinitives used as nouns are masculine.

El fumar hace daño.	***Smoking** is harmful.*
El navegar en la Red es divertido.	***Surfing** the internet is fun.*

Nouns that begin with stressed **-a** or **-ha** are feminine and take the masculine article in the singular, but the feminine article **las** in the plural.

Nouns beginning with stressed -a or -ha

el agua *water*	**el hacha** *hatchet*	**las aguas tibias del Caribe** *the warm waters of the Caribbean*
el águila *eagle*	**el hambre** *hunger*	
el alma	**el agua fría del lago** *the cold water of the lake*	
el área		
el ave *bird*		

The names of rivers, seas, and oceans are masculine.

Los Estados Unidos tiene costa en **el (océano) Atlántico** y **el Pacífico.**	*The United States has coasts on **the Atlantic Ocean** and **on the Pacific.***
El (río) Amazonas atraviesa Brasil.	***The Amazon River** passes through Brazil.*

Some Spanish nouns have both a masculine and feminine gender, but with a difference in meaning.

Nouns: gender determining meaning

MASCULINE		FEMININE	
el busca *beeper, pager*	**el frente** *front (weather, military)*	**la busca** *the search*	**la frente** *forehead*
el capital *money*	**el orden** *order (tidiness)*	**la capital** *capital city*	**la orden** *order (command)*
el coma *coma*	**el policía** *police officer*	**la coma** *comma*	**la policía** *police officer, police force*
el cometa *comet*		**la cometa** *kite*	
el mañana *tomorrow*		**la mañana** *morning*	

The word **arte** is masculine in the singular but feminine in the plural.

el arte español *Spanish art*
las bellas artes *fine arts*

Some nouns do not vary in gender and are applied to males and females, in some cases with a change in article.

Nouns referring to males and females

el ángel	**la persona**	**el/la testigo** *witness*
el/la bebé	**el personaje** *character (in a book, play)*	**la víctima**
el/la genio *genius*		
el/la modelo		

Thus you say **Juan fúe *la* víctima más joven del accidente** but **Marta es *la* testigo más importante.**

Spanish has borrowed many words from English in various technical and cultural fields. These borrowings are almost always masculine.

Nouns borrowed from English

el campus	**el login/logon/logoff**	**el poster**
el fax	**el marketing**	**el ranking**
el jazz	**el módem**	**el software**

The borrowed word **Web** can be either masculine or feminine. The use of the feminine **la Web** is conditioned by the Spanish term for the Worldwide Web, **la telaraña.**

When words are borrowed from a language that has a feminine gender, especially other Romance languages, the feminine may be preserved in Spanish.

la pizza *(from Italian)*
la suite *(from French)*

CHAPTER 16

A few nouns can appear in either gender with no change in meaning.

el/la lente *lens*
el/la sartén *frying pan*

Many speakers change **la radio** to **el radio** under the influence of the ending **-o.** For other speakers, **el radio** refers to a radio receiver while **la radio** refers to the medium of radio.

Se me descompuso **el radio.**	*My radio broke.*
Siempre escucho **la radio** mexicana.	*I always listen to Mexican radio.*

El mar often becomes feminine when referring to conditions of the sea.

mar gruesa *rough sea*
mar brava *very rough sea*
mar rizada *choppy sea*
mar llena *high tide*

La mar de + *adjective* is used in colloquial speech to mean *very, extremely.*

Él es **la mar de** simpático.	*He is extremely nice.*

FEMININE		MASCULINE	
la cámara	*camera*	**el** cámara	*cameraperson*
la trompeta	*trumpet*	**el** trompeta	*trumpet player*
las medias	*socks*	**los** Medias Rojas	*the Red Sox*

Sometimes an inanimate feminine noun can be applied to a male person with a change in meaning. In this case, the new noun is masculine.

PART 2

Actividad 1 **¿Masculino o femenino?** Escriba la forma masculina o femenina del artículo definido para cada sustantivo de la lista.

1. ____________ concierto
2. ____________ sistema
3. ____________ escritor
4. ____________ tierra
5. ____________ drama
6. ____________ mano
7. ____________ natación
8. ____________ día
9. ____________ natalidad *(birthrate)*
10. ____________ legumbre
11. ____________ guión *(script)*
12. ____________ capital *(capital city)*
13. ____________ computadora
14. ____________ rompecabezas *(riddle)*
15. ____________ dirección *(address)*
16. ____________ escocés
17. ____________ verde
18. ____________ frente *(forehead)*
19. ____________ ascensor
20. ____________ parabrisas *(windshield)*

Actividad 2 **Por parejas** Escriba quién es la pareja femenina *(counterpart)* de cada hombre. Practique usando la forma femenina de los sustantivos. Escriba el artículo también.

1. el profesor ______
2. el rey ______
3. el artista ______
4. el abogado ______
5. el príncipe ______
6. el gobernador ______
7. el representante ______
8. el policía ______
9. el emperador ______
10. el actor ______
11. el estadista *(statesperson)* ______
12. el holandés *(Dutch person)* ______
13. el cliente ______
14. el atleta ______
15. el programador ______

Actividad 3 **Expresar en español** Exprese las oraciones en español.

1. Ms. Galíndez is leaving on a business trip on Tuesday and will return on Thursday.

   ______

2. Don't put **(Ud.)** the frying pan in the dishwasher.

   ______

3. English and French are the official languages of Canada.

   ______

4. Beethoven was born on December 16, 1770.

   ______

5. My favorite colors are green and blue.

   ______

6. Let's pick apples from that (apple) tree.

   ______

CHAPTER 16

7. The official bird of the United States is the eagle.

8. Did they like the cruise **(crucero)** in the Mediterranean or the Caribbean better?

9. Reading is so pleasant.

10. A tropical front will arrive tomorrow.

11. We'll invest our capital in an international company.

12. What are the names of the characters in the novel?

13. The cameraman lost his camera.

14. In the film we saw, the angels saved the baby.

15. The witnesses talked to the victim of the accident.

PART 2

Number of nouns

In Spanish, nouns that end in a vowel form the plural by adding **-s**.

Nouns plural in -s

SINGULAR		PLURAL	
el hermano	**la placa** *license plate*	**los hermanos**	**las placas**
el espejo *mirror*	**el clarinete**	**los espejos**	**los clarinetes**
la carretera	**el café**	**las carreteras**	**los cafés**

Nouns that end in a consonant, including **-y**, form the plural by adding **-es.**

Nouns plural in -es

SINGULAR		PLURAL	
el autobús	**el mes**	**los autobuses**	**los meses**
el azúcar	**la opinión**	**los azucares**	**las opiniones**
el examen	**el origen**	**los exámenes**	**los orígenes**
el huracán *hurricane*	**el país**	**los huracanes**	**los países**
el inglés	**el peatón** *pedestrian*	**los ingleses**	**los peatones**
el joven	**el pez**	**los jóvenes**	**los peces**
el lápiz	**el titular** *headline*	**los lápices**	**los titulares**
la ley *law*	**la vez**	**las leyes**	**las veces**
el limón	**la voz**	**los limones**	**las voces**

Nouns stressed on the last syllable in the singular lose their accent mark in the plural: **limón→limones, opinión→opiniones, inglés→ingleses, autobús→autobuses.** Exception: **país→países.**

Lápices and all nouns that have a written accent on the next-to-the last syllable in the singular retain that accent in the plural: **azúcar→azúcares.**

Examen, joven and **origen** have an accent mark in the plural: **exámenes, jóvenes** y **orígenes.**

A few common nouns shift their stress in the plural: **el carácter→los caracteres, el régimen→los regímenes, el espécimen→los especímenes.**

When **-es** is added to a word that ends in **-z**, the **-z** is changed to **-c**: **pez→peces, voz→voces, lápiz→lápices.**

The plural of a noun that ends in **-í** or **-ú** is formed by adding **-es: el rubí →los rubíes, tabú→los tabúes.**

Nouns of more than one syllable ending in an unstressed vowel plus **-s** do not add a plural ending.

el viernes→los viernes
el miércoles→los miércoles
la crisis→las crisis
el atlas→los atlas
el paraguas→los paraguas
el abrelatas→los abrelatas

The masculine plural of nouns referring to people can refer to a group of males or a group of males and females.

los hijos *children, sons and daughters*
los hermanos *brothers and sisters*
los tíos *aunt and uncle*
los Reyes de España *The King and Queen of Spain*

CHAPTER 16

These words can also refer to males only. The context clarifies the exact meaning.

los hermanos *brothers*
los hijos *sons*
los tíos *uncles*
los reyes *kings*

If a proper name refers to a family, it has no plural form. If a group of individuals happens to have the same name, a plural form is used. Names that end in **-z** are usually invariable.

Los Prado viven en esta calle.	***The Prado family*** *lives on this street.*
La guía telefónica tiene tantos **Morelos** y **Blancos.**	*The telephone book has so many* ***Morelos*** *and* ***Blancos*** *(people named Morelo and Blanco).*
¿No conoces a **los Fernández**?	*Don't you know the* ***Fernándezes****?*

PART 2

Some nouns are always plural in Spanish as they are in English.

los anteojos *eyeglasses*
los auriculares *earphones*
las gafas *eyeglasses*
los gemelos *twins, binoculars, cuff links*
las tijeras *scissors*

Some nouns are usually plural in Spanish. Many of them appear in set expressions.

las afueras *outskirts*
los alrededores *surroundings*
los bienes *goods*
las cosquillas *tickling*
las ganas *urge, desire*
hacer cosquillas a alguién *to tickle someone*
tener ganas de *to feel like*
las vacaciones *vacation*

NOTE

The phrase **las ganas** is used in a singular form in the following instance.

No me da la gana.	*I don't feel like it.*

The Spanish equivalent of *They washed their hair* is **Se lavaron la cabeza.** Notice that Spanish uses the singular noun **la cabeza** implying there is one for each person.

Se cortaron **la rodilla.**	*They cut* ***their knees.***
Se pusieron **la chaqueta.**	*They put on* ***their jackets.***
¿Tienen Uds. **novia**?	*Do you have* ***girlfriends?***

Actividad 4 **En plural** Escriba la forma plural de los sustantivos.

1. el guante ______________
2. el lavaplatos ______________
3. la religión ______________
4. el origen ______________
5. el color ______________
6. la amistad ______________
7. el rey ______________
8. la tos ______________
9. el martes ______________
10. el irlandés ______________
11. el paréntesis ______________
12. la luz ______________
13. el té ______________

Actividad 5 **El arca de Noé** No se olvide que hay dos animales de cada especie que suben al arca de Noé. Practique usando el plural de los sustantivos. Siga el modelo.

MODELO caballo <u>caballos</u>

1. vaca ______________
2. orangután ______________
3. elefante ______________
4. avestruz *(ostrich)* ______________
5. león ______________
6. castor *(beaver)* ______________
7. loro *(parrot)* ______________
8. cóndor ______________
9. delfín *(dolphin)* ______________
10. faisán *(pheasant)* ______________
11. pantera *(panther)* ______________
12. tigre ______________
13. oveja ______________
14. mono *(monkey)* ______________

Actividad 6 **Sobre gustos no hay nada escrito.** ***(Everyone to his or her own taste.)*** Escriba oraciones en las cuales Ud. explica lo que le gusta comer a cada persona. Cambie el sustantivo (la comida) al plural. Siga el modelo.

MODELO Carlos / comer / haba
Carlos come habas.

Los alimentos

el aguacate *avocado*
el espárrago *asparagus*
el chile *chile (chili) pepper*
el frijol *kidney bean*
el guisante *pea*
el haba *bean*
la palomita de maíz *popcorn (one)*

1. Lucía / pedir / guisante
2. yo / preferir / el espárrago
3. tú / ordenar / papa frita
4. Claudia y Jesús / querer / chile
5. nosotros / tener ganas de comer / aguacate
6. Ud. y Luis / pedir / frijol
7. Ud. / querer / palomita de maíz

Nota cultural

Elementos básicos de la alimentación

Los frijoles, el maíz, el aguacate y el chile, elementos básicos de la alimentación mexicana, son los mismos alimentos que comían los indígenas precolombinos de México. También figuran en los libros de cocina por todo el mundo hispanoamericano. A veces tienen otro nombre, por ejemplo, en Perú el aguacate se llama «palta» y el chile se conoce como «ají» o «pimiento» en unos países de Hispanoamérica. En España los frijoles se llaman «judías» o «alubias». La palabra «papa» es de origen quechua que es el idioma hablado por los incas de Perú. Llamada «patata» en España, la papa fue llevada a Europa por los conquistadores en el siglo dieciséis.

Actividad 7 **¡Que toque la orquesta!** Escriba estos instrumentos en la forma plural con el artículo definido.

1. piano ____________________
2. flauta ____________________
3. viola ____________________
4. clarinete ____________________
5. violonchelo ____________________
6. violín ____________________
7. trompeta ____________________
8. trombón ____________________
9. arpa ____________________
10. oboe ____________________
11. tambor ____________________
12. tuba ____________________

CHAPTER 16

Forms and uses of definite articles

In Spanish, the definite article, which in English is the word *the*, changes its form to agree with the noun in gender (masculine/feminine) and number (singular/plural).

	MASCULINE	FEMININE
SINGULAR	**el**	**la**
PLURAL	**los**	**las**

	MASCULINE	FEMININE
SINGULAR	**el** cuerpo	**la** cabeza
PLURAL	**los** cuerpos	**las** cabezas

In Spanish, unlike in English, the definite article is used before a noun to refer to something in a general way (mass or uncountable nouns) or to refer to all the members of its class. Colors, like abstract nouns, also require the article.

La democracia es el mejor sistema de gobierno.	***Democracy*** *is the best system of government.*
El agua mineral es buena para la digestión.	***Mineral water*** *is good for digestion.*
El verde es el color que más me gusta.	***Green*** *is the color I like best.*
No le gustan **las espinacas.**	*She doesn't like* ***spinach.***

Note that the sentence **No le gustan las espinacas** is ambiguous out of context because it can mean she doesn't like all spinach, that is, spinach in general, or she doesn't like a particular spinach already mentioned in the conversation.

The definite article **el** is used before the names of languages except directly after **hablar** and after the prepositions **de** and **en.** It is also commonly omitted directly after the verbs **aprender, enseñar, estudiar, leer, practicar**, and **saber.**

Hablamos bien **el** español.	*We speak Spanish well.*
Hablamos español.	*We speak Spanish.*
Escribió la carta **en** alemán.	*He wrote the letter in German.*
Os presto el diccionario **de** chino.	*I'll lend you the Chinese dictionary.*
Saben hebreo y estudian japonés.	*They know Hebrew and they're studying Japanese.*

The definite article is used before titles except when the person is being addressed directly. It is not used before **don/doña** and **Santo/San/Santa.**

El señor Lerma está bien.	***Mr.** Lerma is well.*
Señor Lerma, ¿cómo está Ud.?	***Mr.** Lerma, how are you?*
José nació el día de **San José**.	*José was born on San José's day.*

PART 2

The definite article is used to express the time of day.

Son **las cuatro y media.**	*It's **four-thirty.***
Se acostaron a **la una** de la mañana.	*They went to bed at **one** A.M.*

The definite article is used with the days of the week.

Nos vemos **el jueves,** entonces.	*We'll see each other **on Thursday,** then.*
Los lunes el museo está cerrado.	***On Mondays** the museum is closed.*
¿Quién enseña la clase **del martes**?	*Who's teaching **Tuesday's** class?*

The definite article is omitted after forms of **ser.**

Hoy es **miércoles.**	*Today is **Wednesday.***

However, the definite article is used after forms of **ser** when **ser** means *to happen, to take place.*

Eso fue **el domingo.**	*That was (happened) **on Sunday.***
El concierto fue **el sábado.**	*The concert was **on Saturday.***

The definite article is omitted before the names of the days of the week when a date follows.

viernes, cinco de agosto	***Friday,** August fifth*

The definite article is used with the names of the seasons. It can be omitted after the preposition **en** when it is suggested that the event mentioned occurs in that season every year.

Me encanta **el verano.**	*I love **summer.***
Alano va a Madrid **en el otoño.**	*Alano is going to Madrid **in the fall.***
Gonzalo viaja a Barcelona **en invierno.**	*Gonzalo travels to Barcelona **in winter.***

Spanish uses the definite article rather than the possessive adjective that English prefers with parts of the body and articles of clothing, especially with reflexive verbs.

Mauricio está cepillándose **los dientes.**	*Mauricio is brushing **his teeth.***
Sofi se puso **los jeans.**	*Sofi put on **her jeans.***

The definite article is used before infinitives that function as nouns. The article is often omitted when the infinitive is the subject of the sentence.

(El) robar es malo. — ***Stealing*** *is bad.*
El estafar es también un vicio. — ***Cheating*** *(swindling) is also a vice.*

The definite article is used with the names of rivers, oceans, and mountains.

El Sena pasa por París y **el Támesis** por Londres. — ***The Seine*** *flows through Paris and* ***the Thames*** *through London.*
Los Pirineos quedan entre España y Francia. — ***The Pyrenees*** *are between Spain and France.*

The definite article is traditionally used before the names of some countries, although it tends to be omitted more and more in the language today. However, the definite article must be used before the name of a country, city, or continent that is modified.

en **(los)** Estados Unidos *in the United States*	por **(la)** Argentina *through Argentina*	**la** Europa central *Central Europe*
a través de **(del)** Canadá *through Canada*	hacia **(el)** Perú *toward Peru*	**la** España medieval *Medieval Spain*
	sobre **(el)** Japón *about Japan*	

When the definite article is part of the name of a country or city, it is not omitted.

El Salvador *El Salvador*	**Los Ángeles** *Los Angeles*	**La Coruña** *La Coruña (city in northwestern Spain)*
La República Dominicana *The Dominican Republic*	**La Paz** *La Paz (capital of Bolivia)*	**El Cairo** *Cairo*

Some place names always take the definite article.

la India *India*
el Reino Unido *United Kingdom*
los Países Bajos *Netherlands*

The definite article is used before nouns of measurement.

un dólar **la libra** *a dollar per pound*
cincuenta centavos **el kilo** *fifty centavos per kilo*

In Spanish, many set phrases that require the definite article do not usually have it in their English equivalents.

a/en/de **la** iglesia *to/in/from church*
en **la** televisión *on television*
en **el** mar *at sea, on/in the sea*

Actividad 8 **El artículo definido** Complete con la forma correcta del artículo definido en singular. Luego escriba el sustantivo y el artículo definido en la forma plural.

ARTÍCULO DEFINIDO SINGULAR		PLURAL
1. ______	aceituna	______
2. ______	ensayo	______
3. ______	agua	______
4. ______	árbol	______
5. ______	sal	______
6. ______	pasaporte	______
7. ______	volcán	______
8. ______	actividad	______
9. ______	origen	______
10. ______	mes	______
11. ______	serpiente	______
12. ______	lápiz	______
13. ______	francés	______
14. ______	vez	______
15. ______	sacapuntas	______
16. ______	jugador	______

Actividad 9 **Retrato de la heroína romántica** Armando, un pintor romántico, pinta el retrato de su mujer ideal. ¿Cómo es? Para saberlo complete las frases con la forma correcta del artículo definido y el sustantivo.

MODELO Para mí la mujer ideal tiene: <u>los pies</u> pequeños *(feet)*

1. ______________ azules *(eyes)*
2. ______________ rosadas (*cheeks* **[mejillas]**)
3. ______________ suaves *(hands)*
4. ______________ como cerezas *(lips)*
5. ______________ como perlas *(teeth)*
6. ______________ como el oro *(hair)*
7. ______________ como cisne *(swan) (neck)*
8. ______________ bien formadas *(ears)*

PART 2

Actividad 10 **¿Artículo definido o no?** Complete las oraciones con la forma correcta del artículo definido cuando sea necesario. Si no es necesario escriba una X.

1. Bogotá, ______________ capital de Colombia, se encuentra en las montañas.
2. Nos interesa ______________ cine.
3. Laura y Pedro saben perfectamente ______________ ruso.
4. Hay multa por ______________ ensuciar las calles.
5. ¿Adónde va Ud., ______________ Señor Maldonado?
6. Volvimos a casa a ______________ diez y cuarto.
7. Estas revistas están escritas en ______________ catalán.
8. La comida fue ______________ miércoles.
9. ______________ legumbres son buenas para ______________ salud.
10. ______________ verano es la estación más agradable del año.
11. Hoy es ______________ domingo.
12. Hicimos investigaciones sobre ______________ España contemporánea.
13. ______________ duraznos se venden a siete y nueve centavos ______________ libra en verano.
14. ¿Habrá algo interesante en ______________ televisión?
15. ______________ señorita Suárez llega de ______________ iglesia.

Actividad 11 **Expresar en español** Exprese las oraciones en español.

1. The Sánchez family is going to Florida in the spring.

____

2. Florencia put on her socks.

____

3. Give **(Ud.)** us the Latin books.

____

4. Juli and Nicolás love swimming.

____

5. What did the tourists do at sea?

____

CHAPTER 16

6. The twins washed their faces.

____

7. Elías knows Portuguese, speaks Italian, reads Russian, and is learning German.

____

8. The masked ball **(baile de disfraz)** was on Saturday. It began at 9:30 P.M.

____

9. The novel was written in Polish and translated into Greek.

____

PART 2

Omission of definite articles

The definite article is omitted before mass or count nouns which do not refer to the whole of their class, but only to some of it or a part of it (an unspecified quantity).

Guadalupe tiene **paciencia.**	*Guadalupe is patient.*
Toman **aspirinas.**	*They're taking aspirin.*
Amparo compró **carne.**	*Amparo bought meat.*

Spanish usually omits the definite article after **haber.**

Hay gente en el comedor. — ***There are people** in the dining room.*

When two nouns are joined by **de** to form a compound noun, the definite article is omitted before the second noun. Note that in these compound nouns, the order of nouns is the reverse of their English equivalents.

la chuleta de ternera *veal chop*	**el objeto de valor** *valuable object*
el dolor de cabeza *headache*	**la sala de espera** *waiting room*
el libro de historia *history book*	**el traje de baño** *bathing suit*

When you want to pluralize a compound noun joined by **de,** you make only the first noun plural.

las chuletas de ternera *veal chops*	**los objetos de valor** *valuable objects*
los dolores de cabeza *headaches*	**las salas de espera** *waiting rooms*
los libros de historia *history books*	**los trajes de baño** *bathing suits*

In some compound nouns joined by **de,** the second element is always plural.

la bolsa de valores *stock exchange*
el traje de luces *bullfighter's costume*
la tienda de muebles *furniture store*

The plural of these nouns is made by pluralizing the first noun.

las bolsas de valores *stock exchanges*
los trajes de luces *bullfighter's costumes*
las tiendas de muebles *furniture stores*

The definite article is usually omitted in apposition.

Caracas, capital de Venezuela *Caracas, the capital of Venezuela*
Santa Fe, capital de Nuevo México *Santa Fe, the capital of New Mexico*
Simón Bolívar, libertador de Sudamérica *Simón Bolívar, the liberator of South America*
Mario Vargas Llosa, novelista *Mario Vargas Llosa, the novelist*

The definite article is omitted before ordinal numbers with kings and other rulers.

Alfonso X (décimo) *Alfonso the Tenth*
Carlos V (quinto) *Charles the Fifth*

In Spanish, there are many set adverbial phrases that do not take the definite article whereas their English equivalents usually do.

en nombre de *in the name of*
a corto/largo plazo *in the short/long term*
en camino *on the way*

Actividad 12 **¿Falta el artículo definido?** Complete con el artículo definido cuando sea necesario. Cuando no es necesario escriba una X.

1. Plácido Domingo, ____________ tenor, y Montserrat Caballé, ____________ soprano, son españoles.
2. Juan Carlos ____________ I (primero) subió al trono español en 1975.
3. ¡Alfonsito tiene dolor de ____________ estómago y Luisito tiene dolor de ____________ muelas por los bombones que se comieron!
4. Los chicos compraron ____________ refrescos más naturales para la fiesta.
5. Aurelia no está en casa porque ya está en ____________ camino.
6. No hay ____________ sillones en la sala todavía.
7. Tomamos ____________ vitaminas para tener ____________ energía.

PART 2

Nota cultural

La música clásica

Hay varios artistas hispánicos que han conseguido la fama internacional en la música clásica. Entre los españoles figuran Plácido Domingo y José Carreras, que con el italiano Luciano Pavarotti formaban el trío «Los tres tenores», las sopranos Montserrat Caballé y Victoria de los Ángeles, la pianista Alicia de Larrocha, el violonchelista Pablo Casals, el guitarrista Andrés Segovia y el director de orquesta Rafael Frühbeck de Burgos. España ha tenido compositores de renombre como Manuel de Falla, Isaac Albéniz, Enrique Granados, Joaquín Rodrigo y Rodolfo, Ernesto y Cristóbal Halffter. Entre los artistas de países hispanoamericanos se destacan el pianista chileno Claudio Arrau y el pianista cubano Horacio Gutiérrez. El joven tenor peruano Juan Diego Flórez ha triunfado en los teatros de ópera más importantes del mundo. También muy conocidos son el mexicano Carlos Chávez, que era compositor y director de orquesta y el argentino Astor Piazzolla, que era compositor y bandoneonista.

Neuter article lo

Spanish has a neuter article **lo** which is placed before an adjective used as a noun to express an abstract idea or a certain quality. The form **lo** is invariable and is used with masculine and feminine and singular and plural *adjectives* + **que** to express *how.* **Lo** is also used with adverbs and adverbial phrases.

lo bueno	*the good part, what's good*
lo fácil	*the easy part, what's easy*
Lo importante es que nosotros pensamos **lo mismo.**	***The important thing** is that we think **the same.***
Vi **lo listo(a)** que es.	*I saw **how clever he/she** is.*
Oí **lo graciosos(as)** que son.	*I heard **how witty they** are.*
Pensaban en **lo bien** que lo iban a pasar.	*They were thinking about **the good time** they were going to have.*

Lo is used before a **de** phrase which means *the matter concerning.*

lo del ingeniero	***the matter concerning** the engineer*
lo de tus documentos	***the business about** your papers*

Lo is used in the phrases **lo más/menos posible** *as much as possible/as little as possible* and **lo antes posible** *as soon as possible.*

Actividad 13 **¡Artículos en el museo!** Cuando Ud. fue al museo con su amiga vieron muchas cosas interesantes. Complete las oraciones con la forma correcta del artículo cuando sea necesario. Escoja entre el artículo neutro **lo,** el definido y el indefinido. No se olvide de escribir las contracciones **al** y **del** cuando sean necesarias. Cuando no son necesarias escriba una X.

________(1) viernes yo fui con Edita a ________(2) museo de ________(3) arte. Todo ________(4) de ________(5) arte nos interesa mucho. ________(6) bello de ________(7) museo son ________(8) salas de ________(9) escultura. Hay tantos artículos y piezas de ________(10) gran valor. No pudimos ver ________(11) esculturas porque ________(12) mes pasado hubo ________(13) robo en ________(14) museo. Parece que ________(15) ladrones entraron a ________(16) museo a ________(17) tres de ________(18) mañana. Se llevaron ________(19) estatuas preciosas. ________(20) guardia muy simpático nos dijo que ________(21) de ________(22) seguridad en ________(23) museo es ________(24) problema. Edita y yo decidimos ir a ver ________(25) salas de ________(26) pintura. Subimos a ________(27) segundo piso y entramos primero a ________(28) sala de pintura de ________(29) Renacimiento. Vimos ________(30) obras realmente impresionantes. Después bajamos a ________(31) tienda donde yo compré ________(32) libro y ________(33) carteles y Edita compró ________(34) pulsera de ________(35) plata.

CHAPTER 16

Forms, uses, and omissions of indefinite articles

The Spanish indefinite article (English *a, an*) appears as **un** before a masculine noun and as **una** before a feminine noun.

	MASCULINE	FEMININE
SINGULAR	**un**	**una**
PLURAL	**unos**	**unas**

The plural indefinite articles **unos/unas** are the equivalent of the English *some, a few, or a couple of.*

El and **un** are always used before feminine nouns that begin with a stressed **a-** or **ha-.** The plural of these nouns always uses **las** and **unas.** This rule does not apply where the first vowel is not stressed: **la alfombra, la ambición.** Also, the name of the letter *a* is **la a** and the letter *h* is **la hache.**

PART 2

Feminine nouns with stressed -a, -ha

SINGULAR		PLURAL	
el/un agua	**el/un** arma *arm, weapon*	**las/unas** aguas	**las/unas** armas
el/un águila *eagle*	**el/un** arpa *harp*	**las/unas** águilas	**las/unas** arpas
el/un alma *soul*	**el/un** haba *bean*	**las/unas** almas	**las/unas** habas
el/un arca *ark*	**el/un** habla *language*	**las/unas** arcas	**las/unas** hablas
el/un área	**el/un** hambre *hunger*	**las/unas** áreas	**las/unas** hambres

The indefinite article is omitted before predicate nouns that denote profession, occupation, nationality, religion, social status, and gender. If, however, the noun is modified by a phrase or an adjective, the indefinite article is expressed.

Amparo es violinista.	*Amparo is a violinist.*
Es una violinista brillante.	*She's a brilliant violinist.*
Francisco es carpintero.	*Francisco is a carpenter.*
Esos chicos son argentinos.	*Those kids are Argentine.*
Ester es judía / católica / protestante.	*Ester is Jewish/Catholic/Protestant.*

The indefinite article is usually omitted after the verbs **tener, llevar, usar, comprar, buscar,** and **sacar.**

Asunción tiene jardín.	*Asunción has a garden.*
Nieves y Julián usan anteojos.	*Nieves and Julián wear glasses.*
Compra pasteles.	*Buy pastries.*

The indefinite article is omitted in phrases with **¡qué... !** *(what a . . . !)* and before **otro(a)** *(another)*, **cierto(a)** *(a certain)*, **tal** *(such a)*, **medio(a)** *(half a)*, **ciento** *(a hundred)*, and **mil** *(a thousand)*. The English equivalents of these words have the indefinite article.

¡Qué día!	*What a day!*
otro color y otro estilo	*another color and another style*
cierta persona	*a certain person*
tal problema	*such a problem*
medio kilo	*half a kilo*
cien dólares	*a hundred dollars*
mil dólares	*a thousand dollars*

Actividad 14 **El artículo indefinido** Complete con la forma correcta del artículo indefinido en singular. Luego escriba el sustantivo y el artículo indefinido en la forma plural.

ARTÍCULO INDEFINIDO SINGULAR		PLURAL
1. ______	mar	______
2. ______	verdad	______
3. ______	orden	______
4. ______	parador	______
5. ______	olor	______
6. ______	oboe	______
7. ______	área	______
8. ______	mochila	______
9. ______	joven	______
10. ______	papel	______
11. ______	irlandés	______
12. ______	paraguas	______
13. ______	voz	______
14. ______	desfile	______
15. ______	nación	______
16. ______	lavaplatos	______
17. ______	sucursal	______
18. ______	ascensor	______
19. ______	habla	______
20. ______	agua	______
21. ______	aula	______
22. ______	mapa	______
23. ______	programa	______
24. ______	crisis	______

Actividad 15 **En el taller** El pintor Dionisio está pintando en su taller donde se encuentran las siguientes cosas. Escriba la forma correcta del artículo indefinido al lado del sustantivo.

1. ______________________ cuadro
2. ______________________ artista *(m.)*
3. ______________________ pinceles
4. ______________________ mural
5. ______________________ modelos *(f.)*
6. ______________________ colección
7. ______________________ paisajes
8. ______________________ escultura
9. ______________________ retratos
10. ______________________ pinturas
11. ______________________ naturaleza muerta
12. ______________________ marco

PART 2

Actividad 16 **¿Artículo indefinido o no?** Complete con la forma correcta del artículo indefinido cuando sea necesario. Cuando no es necesario escriba una X.

1. Sergio es ______________________ ingeniero.
2. Es ______________________ día muy caluroso.
3. Gabriel es ______________________ judío y Carmen es ______________________ católica.
4. Verónica tiene entre ______________________ cien y ______________________ mil sellos en su colección.
5. ¿Puede Ud. enseñarme ______________________ otro estilo de abrigo, por favor?
6. Simón Colón es ______________________ pianista muy talentoso.
7. La nueva vecina es ______________________ mexicana.
8. Todos los niños de esa familia usan ______________________ gafas.
9. No se puede encontrar ______________________ paraguas grande.
10. Nosotros no dijimos tal ______________________ cosa.
11. El cocinero preparó ______________________ cierto postre.
12. ¡Qué ______________________ idea!

Contractions del and al

There are two contractions in Spanish. The masculine article **el** combines with the preposition **de** to form **del** *of the* and with **a** to form **al** *to the*. These prepositions do not contract with the other forms of the definite article **la, los,** or **las.** The contractions are not used if the definite article is part of a proper name.

Mateo es el gerente **del hotel.**	*Mateo is the manager* ***of the hotel.***
Álvaro fue **al museo.**	*Álvaro went* ***to the museum.***
Cervantes es el autor **de El Quijote.**	*Cervantes is the author* ***of El Quijote.***
Sol fue **a El Prado.**	*Sol went* ***to El Prado.***
Teresa y Ramón regresaron **a El Salvador.**	*Teresa and Ramon went back* ***to El Salvador.***

CHAPTER 16

Actividad 17 **¿Dónde están todos?** Diga que las personas no están porque fueron a distintos lugares. Escriba oraciones usando la contracción **al** cuando sea necesario. Siga el modelo.

> **MODELO** Nieves / teatro
> Nieves fue al teatro.

1. Concepción y Simón / puesto de periódicos

   ____

2. yo / ayuntamiento *(town hall)*

   ____

3. vosotros / supermercado

   ____

4. Ud. / parque de atracciones

   ____

5. Lourdes / iglesia

   ____

6. mi hermano / la bolsa *(stock exchange)*

   ____

7. nosotros / estación de tren

   ____

8. tú / centro comercial

   ____

9. Uds. / cibercafé

   ____

10. Juan Diego / facultad

   ____

PART 2

Actividad 18 **¿De dónde salieron?** Diga de qué lugares salieron o volvieron estas personas. Escriba las oraciones con la contracción **del** cuando sea necesario. Siga el modelo.

MODELO Ud. / salir / restaurante mexicano
Ud. salió del restaurante mexicano.

1. tú y yo / volver / cibercafé
____
2. Mercedes y Julio / salir / cine
____
3. yo / regresar / librería
____
4. Uds. / volver / tienda de videos
____
5. Pedro / salir / apartamento
____
6. tú / regresar / galería de arte
____
7. vosotros / salir / museo de ciencias naturales
____
8. Ud. / volver / aeropuerto
____

Possession

In Spanish, possession is expressed by the use of a prepositional phrase with **de.** Spanish titles such as **señor** and **profesora** must be preceded by the definite article when referring to the specific person.

Leí el informe **de Jacinta.**	*I read **Jacinta's** report.*
Leí todos los capítulos **del libro.**	*I read all the chapters **of the book.***
Hoy es el día **del** examen final.	*Today is the day **of the** final exam.*
Cenaron en el restaurante **del** hotel.	*They had dinner **in the** hotel restaurant.*
¿Conoces el comercio **del** señor Bermúdez?	*Are you familiar with Mr. Bermúdez' store?*

In Spanish, **¿De quién?** followed by **ser** is equivalent to the English *Whose.*

¿De quién es el cinturón?	***Whose** belt **is** it?*
¿De quién son estos pendientes?	***Whose** earrings **are** these?*
¿De quién son estas postales?	***Whose** postcards **are** these?*

A form **¿De quiénes?** also exists to refer to a plural possessor but is not common in the spoken language.

¿De quién(es) es el barco? *Whose boat is it?*

Actividad 19 **¿De quién es?** Escriba preguntas y respuestas que demuestran posesión. Siga el modelo.

MODELO los libros de texto / el profesor
¿De quién son los libros de texto?
Son del profesor.

1. el almacén / el señor Acosta

2. los peines / Adela y Matilde

3. el equipaje / las turistas

4. los discos compactos / el pianista

5. este llavero / la empleada

6. las sartenes / el cocinero

7. las raquetas / estas tenistas

8. el reloj / el doctor Villanueva

CHAPTER 16

Actividad 20 **¿De quiénes son estas cosas?** Exprese las frases en español.

1. Mr. Valle's florist shop
2. the president's *(m.)* office
3. the programmer's *(f.)* disks
4. the dentist's *(f.)* schedule
5. Dr. *(m.)* Arriaga's employees *(m.)*
6. the students' notebooks
7. Professor *(f.)* Salas' lectures
8. the engineer's *(m.)* project
9. Mr. and Mrs. Aznar's children
10. the boss's *(f.)* report
11. the little boy's toys

Actividad 21 **Actividad oral** El presentador del programa lee sustantivos a los dos equipos que luego tienen que ponerles el artículo definido o indefinido correcto. Se puede variar con frases de posesión, las contracciones **al** y **del,** etc. Al final se calculan los puntos ganados por cada equipo para saber quiénes sacaron el premio gordo *(grand prize).*

Actividad 22 **Estructuras en acción** Lea el artículo.

EL MUSEO NACIONAL DE ANTROPOLOGÍA Fue inaugurado el 17 de septiembre de 1964. Se considera el museo más grande de América Latina, ya que cuenta con 44.000 m^2 de áreas cubiertas y 35.700 m^2 de áreas descubiertas. Lo integran 23 salas de exhibición permanentes, una sala de exposiciones temporales y 3 auditorios con un total de 630 butacas.

El recorrido total para visitar las salas es 5 km. La planta baja está dedicada a la Arqueología, donde se pueden visitar las salas:

- Introducción a la Antropología
- Mesoamérica
- Orígenes
- Preclásico
- Teotihuacán
- Tolteca
- Mexica
- Oaxaca
- Golfo de México
- Maya
- Norte
- Occidente

La planta alta está dedicada a la Etnografía, con las salas:

- Pueblos Indios de México
- Gran Nayar
- Purépecha
- Los Otomianos
- Sierra de Puebla
- Oaxaca
- Golfo de México
- Mayas de Tierras Bajas
- Mayas de Tierras Altas
- Noroeste
- Nahuas

CHAPTER 16

INFORMACIÓN GENERAL Museo Nacional de Antropología Av. Paseo de la Reforma y Calzada Gandhi, s/n, Col. Chapultepec Polanco, C.P. 11560, México, D.F.

ESTACIONAMIENTO Cuenta con dos espacios a un costado del museo, con capacidad para 294 cajones (servicio concesionado).

GRUPOS ESCOLARES Niveles preescolar, primaria y secundaria, previa cita al tel. 55 5362 53, o en el sótano del museo, en el Departamento de Servicios Educativos.

SILLAS DE RUEDAS Están a disposición del público en el vestíbulo del museo.

GUARDARROPA Se encuentra en el ala sur del vestíbulo. Todos los paquetes deben entregarse ahí antes de entrar a las áreas de exhibición. El museo no hace responsable por objetos de valor.

MONITOR ELECTRÓNICO Transmite información de las actividades mensuales que se llevan a cabo en el museo, y se encuentra ubicado en el vestíbulo.

PRIMEROS AUXILIOS Acuda con el guardia de seguridad o el personal del museo más cercano a usted; él lo guiará a la enfermería.

RESTAURANTE Se ubica en la planta baja del museo. Servicio concesionado, exclusivo para visitantes.

BUZÓN DE QUEJAS, SUGERENCIAS Y FELICITACIONES Situado en el vestíbulo, a la salida del museo. Nos interesa su opinión; por favor anote sus datos.

HORARIO Martes a domingo, de 9:00 a 19:00 hrs. Cerrado los lunes, excepto los festivos oficiales. ENTRADA GRATUITA LOS DOMINGOS Y DÍAS FESTIVOS OFICIALES.

VISITAS GUIADAS De martes a sábado, de 9:30 a 17:30 hrs, en español, inglés y francés. Para visitas especiales a grupos, llame a los teléfonos 55 5363 81 y 55 5363 86.

ACTIVIDADES ADICIONALES Cursos a maestros, adultos, adolescentes, talleres infantiles y juveniles. Atención, previa cita, en actividades ofrecidas a discapacitados.

ELEVADOR Se cuenta con este servicio para el acceso de los discapacitados (solicítelo al personal de seguridad).

CÁMARAS FOTOGRÁFICAS Para su uso durante el horario normal del museo, se requiere de un permiso que deberá pagar a la entrada. Por ningún motivo se permite usar flash o tripié. Para fotos profesionales se requiere un permiso especial de la Dirección de Asuntos Jurídicos del Instituto Nacional de Antropología e Historia. Más informes en los tels. 55 3322 63 y 55 1108 44 (fax).

BIBLIOTECA Se localiza en la planta alta del área de oficinas, y su horario es, de lunes a viernes, de 9:00 a 20:00 horas. Más informes en los tels. 55 5349 76 y 55 5362 63.

TIENDA Se localiza a un costado del vestíbulo. Venta de reproducciones de obras que forman parte de la colección del museo, joyería, libros, postales, diapositivas, textiles y más.

PASEOS CULTURALES Viajes y recorridos culturales a diferentes partes de la república y del extranjero, a los tels. 55 5323 65 y 55 5338 22.

NOTA Está prohibido tocar los objetos de las salas, tomar fotografías con flash o tripié, y fumar. Si observa cualquier anomalía de este tipo, por favor repórtela con el guardia más cercano.

En la Sala de Orientación se presenta un espectáculo de multimedia.

Actividad 23 **Estructuras en acción** Complete la tabla con la forma correcta del sustantivo y de los artículos.

Sustantivos y artículos

el ala *wing*
la anomalía *improper activity or behavior*
los asuntos jurídicos *legal affairs*
el buzón *box*
el cajón *parking space*
el costado *side*
el día festivo *holiday*
la diapositiva *slide*
el festivo oficial *official holiday*
el guardarropa *checkroom*
mensual *monthly*
la planta baja *first floor*
los primeros auxilios *first aid*
el recorrido *excursion, trip*
el servicio concesionado *food service*
la silla de ruedas *wheelchair*
el sótano *basement*
el taller infantil/juvenil *children's/young person's workshop*
el tripié *tripod*
la visita guiada *guided tour*

	ARTÍCULO DEFINIDO + SUSTANTIVO SINGULAR	ARTÍCULO DEFINIDO + SUSTANTIVO PLURAL	ARTÍCULO INDEFINIDO + SUSTANTIVO SINGULAR	ARTÍCULO INDEFINIDO + SUSTANTIVO PLURAL
1. paseo				
2. exposición				
3. área				
4. taller				
5. actividad				
6. nivel				
7. cita				
8. buzón				
9. origen				
10. cajón				
11. colección				
12. guardarropa				
13. paquete				
14. elevador				
15. exhibición				
16. adolescente				
17. textil				
18. monitor				
19. espectáculo				
20. fotografía				

PART 2

Actividad 24 **Estructuras en acción** Empareje los sustantivos de la columna A con los de la columna B, formando una frase de dos sustantivos unidos por **de.** Escriba las frases y el plural de cada frase.

A	B
1. la sala	a. multimedia
2. el buzón	b. valor
3. el objeto	c. obras
4. la silla	d. exposiciones
5. la reproducción	e. seguridad
6. el espectáculo	f. ruedas
7. la guardia	g. sugerencias

	SINGULAR	PLURAL
1.	______________________	______________________
2.	______________________	______________________
3.	______________________	______________________
4.	______________________	______________________
5.	______________________	______________________
6.	______________________	______________________
7.	______________________	______________________

Actividad 25 **Estructuras en acción** Complete las oraciones con las preposiciones **a** o **de** o las contracciones **del** o **al,** según el caso.

1. Bajemos ______________________ sótano ______________________ museo.
2. La biblioteca está en la planta alta ______________________ área ______________________ oficinas.
3. Están ______________________ disposición ______________________ público.
4. Solicítelo ______________________ personal ______________________ seguridad.
5. Se encuentra en el ala sur ______________________ vestíbulo.
6. Son áreas ______________________ exhibición.
7. La planta baja está dedicada ______________________ la arqueología.
8. En la tienda hay venta ______________________ reproducciones ______________________ obras.
9. Llame ______________________ teléfono 55 5363 81.

Actividad 26 **Estructuras en acción** Complete las frases con la proposición **de** o ponga una X si no es necesario. Exprese las frases en inglés.

1. el buzón ________________ quejas
   ____
2. los días ________________ festivos
   ____
3. la visita ________________ guiada
   ____
4. el objeto ________________ valor
   ____
5. el grupo ________________ escolar
   ____
6. la entrada ________________ gratuita
   ____
7. el museo ________________ antropología
   ____
8. la guardia ________________ seguridad
   ____
9. los servicios ________________ educativos
   ____

Actividad 27 **Estructuras en acción** Conteste las preguntas oralmente o por escrito.

1. ¿A qué parte del museo iría Ud. para ver objetos materiales de Teotihuacán? ¿De la sierra de Puebla?
2. ¿Qué tendría Ud. que hacer si tuviera paquetes?
3. ¿Cómo podría Ud. enterarse de las actividades mensuales en el museo?
4. Si Ud. quisiera hacer investigaciones sobre una cultura prehispánica de México, ¿adónde iría? ¿Cuándo tendría que ir?
5. ¿Cómo podría Ud. comunicarle a la dirección del museo que le gustó mucho su recorrido?
6. ¿Por qué motivos hablaría Ud. con un guardia de seguridad?

Nouns and articles

1 **Sustantivo + artículo definido** Complete la tabla con las formas correctas de los sustantivos y de los artículos definidos.

SUSTANTIVO	ARTÍCULO DEFINIDO SINGULAR	PLURAL + SUSTANTIVO
1. aeropuerto	________	________
2. pantalla	________	________
3. estación	________	________
4. cibercafé	________	________
5. agua	________	________
6. nacionalidad	________	________
7. cumpleaños	________	________
8. vez	________	________
9. sistema	________	________

CHAPTER 16 TEST

Nouns and articles

2 **Sustantivo + artículo indefinido** Complete la tabla con las formas correctas de los sustantivos y de los artículos indefinidos.

SUSTANTIVO	ARTÍCULO INDEFINIDO SINGULAR	PLURAL + SUSTANTIVO
1. empresa	__________	__________
2. documento	__________	__________
3. inglés	__________	__________
4. colección	__________	__________
5. collar	__________	__________
6. paquete	__________	__________
7. habla	__________	__________
8. jueves	__________	__________
9. ley	__________	__________

3 **¿Del o al?** Complete las oraciones con la contracción **del** o **al** o la preposición **de** o **a**.

1. Conozco la compañía __________ el señor Maldonado.
2. ¿Uds. irán __________ el club esta tarde?
3. Estas jugadoras son __________ El Salvador.
4. Mandó los datos __________ el banco.
5. Han leído estos libros __________ texto.
6. Viajaron __________ la República Dominicana.
7. Las salas __________ el museo son hermosas.

Adjectives

Agreement of adjectives

Spanish adjectives agree in gender and number with the nouns they modify. Adjectives that have a masculine singular form ending in **-o** have four forms.

	MASCULINE	FEMININE
SINGULAR	bonit**o**	bonit**a**
PLURAL	bonit**os**	bonit**as**

	MASCULINE	FEMININE
SINGULAR	maravillos**o**	maravillos**a**
PLURAL	maravillos**os**	maravillos**as**

Adjectives that have a masculine singular ending in a consonant or in **-e** have only two forms, a singular and a plural. They do not change for gender.

	MASCULINE AND FEMININE
SINGULAR	difícil
PLURAL	difícil**es**

	MASCULINE AND FEMININE
SINGULAR	triste
PLURAL	triste**s**

A small number of adjectives of nationality end in **-a** or in stressed **-í** or **-ú**. These also have only two forms.

belga *Belgian*

	MASCULINE AND FEMININE
SINGULAR	belga
PLURAL	belga**s**

israelí *Israeli*

	MASCULINE AND FEMININE
SINGULAR	israelí
PLURAL	israelí**es**

hindú *Hindu, Indian*

	MASCULINE AND FEMININE
SINGULAR	hindú
PLURAL	hindú**es**

Other similar adjectives are **azteca** *(Aztec)*, **marroquí** *(Moroccan)*, **iraní** *(Iranian)*, **iraquí** *(Iraqi)*, **pakistaní** *(Pakistani)*, and **bantú** *(Bantu)*. There are also adjectives ending in **-ista, -sta**, and **-ita** that follow the preceding pattern: **entusiasta, realista, nacionalista, cosmopolita.**

Adjectives ending in the suffixes **-dor, -ón**, and **-án** add **-a** to form the feminine and therefore have four forms like adjectives ending in **-o.** These adjectives form their masculine plural by adding **-es** and their feminine plural by adding **-as.** The accented suffixes lose their accent when an ending is added.

hablador *talkative*

	MASCULINE	FEMININE
SINGULAR	hablador	habladora
PLURAL	habladores	habladoras

preguntón *inquisitive*

	MASCULINE	FEMININE
SINGULAR	preguntón	preguntona
PLURAL	preguntones	preguntonas

holgazán *lazy*

	MASCULINE	FEMININE
SINGULAR	holgazán	holgazana
PLURAL	holgazanes	holgazanas

Spanish adjectives usually follow the nouns they modify.

En esa tienda de ropa venden **cosas maravillosas.**	*In that clothing store they sell* ***wonderful things.***
Sí. Veo que te has comprado unos **vestidos** muy **bonitos.**	*Yes. I see that you've bought yourself some very* ***pretty dresses.***

CHAPTER 17

Actividad 1 **¿Cómo están?** Su amigo(a) le pregunta cómo están ciertas personas. Contéstele las preguntas usando los adjetivos indicados. Haga las concordancias necesarias. Siga el modelo.

MODELO ¿Cómo está tu hermana? (ocupado)
Está ocupada.

1. ¿Cómo están tus padres? (feliz)
____

2. ¿Cómo estás? (contento)
____

3. ¿Cómo se encuentra Raquel? (nervioso)
____

4. ¿Cómo se siente Claudio? (deprimido)
____

5. ¿Cómo se encuentran las hermanas de Augusto? (triste)
____

6. ¿Cómo están Uds.? (cansado)
____

7. ¿Cómo se sienten los primos de Paco? (enfermo)
____

Actividad 2 **¡Don de gentes!** Jacobo y su hermana Luisa son estudiantes de intercambio que llegaron de Tegucigalpa, capital de Honduras, el año pasado. Viven con una familia norteamericana y se llevan muy bien con todo el mundo. ¿Qué piensa la gente de los hermanos hondureños? Para saberlo, escriba oraciones usando los adjetivos indicados. Haga las concordancias necesarias. Siga el modelo.

MODELO Elena cree / Luisa / honesto
Elena cree que Luisa es honesta.

Carácter y personalidad

buena gente *nice (person/people)*
cortés *courteous*
el don de gentes *charm, getting on well with people*
encantador(a) *charming*
generoso(a) *generous*
gracioso(a) *witty*
honesto(a) *honest*
independiente *independent*
inteligente *intelligent*
listo(a) *clever*
responsable *reliable*
serio(a) *serious*
simpático(a) *nice, pleasant*
sincero(a) *sincere*
tener personalidad *to have personality or character*
trabajador(a) *hard-working*

PART 2

1. Paco cree / Jacobo / listo
____
2. la señora Alvarado piensa / Luisa / encantador
____
3. el profesor de cálculo encuentra / a los hermanos / inteligente y trabajador
____
4. Nieves cree / Jacobo / sincero
____
5. el señor Alvarado dice / Luisa / gracioso y generoso
____
6. las profesoras de literatura europea encuentran / a Jacobo / serio y responsable
____
7. los hijos de los Alvarado creen / Luisa / independiente y simpático
____
8. todo el mundo dice / Jacobo y Luisa / buena gente y cortés
____

Actividad 3 **¿Qué se piensa de ellos?** Juan y Teresa no le caen bien a nadie. ¿Qué piensa la gente de ellos? Complete las oraciones usando los adjetivos indicados. Haga las concordancias necesarias. Siga el modelo.

> **MODELO** Laura dice: No soporto a Juan porque es antipático. (antipático)

Más carácter y personalidad

aguantar *to stand*
antipático(a) *unpleasant*
desleal *disloyal*
engañoso(a) *deceitful*
gruñón(ona) *grumpy, grouchy*
Me cae mal. *I don't like him/her.*
mentiroso(a) *lying*
molesto(a) *annoying*
No los puedo ver. *I can't stand them.*
odiar *to hate*
soportar *to stand*
tacaño(a) *mean*
tonto(a) *silly, stupid*

1. Ramón dice: Creo que Teresa es muy ______________. (arrogante)
2. Patricio dice: No aguanto a Juan porque es ______________. (molesto)
3. Matilde dice: Los encuentro ______________. (tacaño)
4. Ana dice: No los puedo ver porque son ______________. (tonto)
5. Luisa dice: Teresa me cae mal porque es ______________. (mentiroso)
6. Joaquín dice: Yo odio a los dos porque son ______________. (desleal)
7. Adán dice: Yo encuentro a los dos ______________. (engañoso)
8. Bárbara dice: No los soporto porque son ______________. (gruñón)

Actividad 4 **Pintura mexicana** Los estudiantes de «Pintura mexicana del siglo veinte» están viendo unas diapositivas. Comentan sobre los colores del cuadro titulado «Campamento zapatista». Escriba adjetivos de color haciendo las concordancias necesarias.

Campamento zapatista

la diapositiva *slide*
el fusil *rifle*
la jarra *jug*
el pliegue *fold*
saltar a la vista *to stand out*

1. Es impresionante la capa ________________ de la Virgen de Guadalupe. *(blue)*
2. Salta a la vista el sombrero ________________. *(yellow)*
3. Es bonita la piel ________________ de los campesinos. *(brown)*
4. Me encanta la camisa ________________. *(pink)*
5. Los pantalones ________________ tienen pliegues ________________. *(white, blue)*
6. Los ojos ________________ de los campesinos son muy sensibles. *(black)*
7. El campesino tiene en la mano un fusil ________________. *(brown)*
8. Llama la atención la jarra ________________. *(red)*
9. Se nota la piña ________________ y ________________. *(green, brown)*

PART 2

Nota cultural

Un cuadro mexicano

«Campamento zapatista» fue pintado por el pintor mexicano Fernando Leal en 1922. Leal, que nació en 1900 y murió en 1964, fue uno de los primeros pintores en usar temas indigenistas para los murales grandes. Los muralistas mexicanos más célebres son José Clemente Orozco, Diego Rivera y David Alfaro Siqueiros. El campamento zapatista se refiere a Emiliano Zapata, político y revolucionario mexicano (1883–1919), que reclamó tierras para los campesinos. La Virgen de Guadalupe fue símbolo de los zapatistas. La Virgen apareció al indio Juan Diego y su imagen quedó grabada (imprinted) *en su manta (poncho). Desde 1910, año en que empezó la Revolución Mexicana, la Virgen de Guadalupe es patrona* (patron saint) *de México.*

Actividad 5 **El Príncipe Azul *(Prince Charming)*** El Príncipe Azul estudia su ropa. Escriba lo que tiene en su armario empleando los adjetivos de color. Fíjese bien si tiene ropa apropiada para pescar una princesa *(to catch a princess).*

Para montar a caballo

1. una chaqueta ________________ (rojo)
2. unos pantalones ________________ (amarillo)
3. unas botas ________________ (marrón)
4. unos guantes ________________ o ________________ (negro, rojo)
5. un sombrero con plumas ________________ ________________ y ________________ (amarillo, anaranjado, verde)

Para ir a un baile de etiqueta *(formal ball)*

6. un esmoquin *(tuxedo)* ______________________ (negro)
7. un sombrero de copa *(top hat)* ______________________ (negro)
8. una faja *(cummerbund)* ______________________ (morado)
9. unos calcetines ______________________ y ______________________ (morado, gris)

Position of adjectives and shortened forms of adjectives

Although descriptive adjectives in Spanish usually follow the noun they modify, descriptive and other adjectives can also appear before nouns in certain cases.

An adjective can precede a noun when it expresses an inherent characteristic of the noun that is known to all and does not add any new information about the noun.

la **blanca nieve**	*white snow*
el **tímido cordero**	*the timid lamb*
una **olorosa rosa**	*a fragrant rose*

An adjective can precede a noun when it expresses a subjective judgment of the speaker. **Bueno, malo,** and their comparatives **mejor** and **peor** fall into this category.

Vivimos en una **pequeña ciudad.**	*We live in a small city.*
Tenemos que leer una **larga novela.**	*We have to read a long novel.*
Sobrevolaron la **enorme selva.**	*They flew over the huge jungle.*
Es el **peor libro** que leímos.	*It's the worst book that we read.*
Prepararon una **buena comida.**	*They prepared a good meal.*

Adjectives that express quantity precede the noun: **mucho, poco, bastante, suficiente, cuánto, alguno, ninguno, ambos** *(both)*, and **varios** *(several)*.

Alberto siempre tiene **muchas ideas.**	*Alberto always has a lot of ideas.*
¿Hay **alguna farmacia** por aquí?	*Is there a (any) drugstore around here?*
No ganan **suficiente dinero.**	*They don't earn enough money.*

Adjectives can precede nouns in exclamations beginning with **¡Qué!**

¡Qué **mala** suerte!	*What bad luck!*
¡Qué **hermosa** plaza!	*What a beautiful square!*

When an adverb such as **más, tan,** or **muy** modifies the adjective, the adjective usually follows the noun.

¡Qué plaza **más hermosa**!	*What a beautiful square!*
Prepararon una comida **muy buena.**	*They prepared a very good meal.*
Fue una clase **especialmente interesante.**	*It was an especially interesting class.*

CHAPTER 17

The adjectives **bueno, malo, primero, tercero, uno, alguno,** and **ninguno** lose their final **-o** before a masculine singular noun. **Alguno** and **ninguno** add an accent mark when shortened: **algún, ningún.** The cutting off of the last sound or syllable(s) of a word called *apocope* **(el apócope).**

¿No conoces a **ningún** estudiante?	*Don't you know any students?*
No conozco a nadie todavía. Es mi **primer** día aquí.	*I don't know anyone yet. It's my first day here.*
¿Hay **algún** consejo que te puedo dar?	*Is there any advice that I can give you?*
No, he tenido un **mal** día, nada más.	*No, I've had a bad day, that's all.*

The adjectives **grande** and **cualquiera** *(any)* shorten to **gran** and **cualquier,** respectively, before any singular noun.

Cualquier restaurante por aquí es un **gran** restaurante.	*Any restaurant around here is a great restaurant.*

Cualquiera has its full form in the phrases **cualquiera de los/las dos** *either one of the two.*

The adjective **Santo** shortens to **San** before all masculine saints' names except those that begin with **To-** and **Do-** as in **Santo Tomás** and **Santo Domingo.** For example, **San Francisco** and **San Antonio.** The feminine form **Santa** has no shortened form, as in **Santa Bárbara** and **Santa María.**

Some adjectives have different English equivalents depending on whether they precede or follow the nouns they modify.

nuestro **antiguo** jefe *our former boss*	una ciudad **antigua** *an old, ancient city*
cierto país *a certain country, some countries*	una cosa **cierta** *a sure thing, a true thing*
una **nueva** casa *another house*	una casa **nueva** *a new house*
la **misma** profesora *the same teacher*	la profesora **misma** *the teacher herself*
un **pobre** hombre *a poor man (unfortunate)*	un hombre **pobre** *a poor man (penniless)*
un **gran** presidente *a great president*	un hombre **grande** *a big man*
diferentes libros *various books*	libros **diferentes** *different books*
Paco es **medio** español. *Paco is half Spanish.*	el español **medio** *the average Spaniard*
Este café es **pura** agua. *This coffee is nothing but water.*	Prefiero beber agua **pura.** *I prefer to drink pure water.*
Juan es un **simple** camarero. *Juan is just a waiter.*	Juan es un muchacho **simple.** *Juan is a simple boy.*
Me interesa **cualquier** película española. *I'm interested in any Spanish film.*	Vamos a alquilar una película **cualquiera.** *Let's rent any old film.*
María es la **única** mexicana aquí. *María is the only Mexican here.*	María es una chica **única.** *María is a unique girl.*

Actividad 6 **Adjetivos pre- y pospuestos** Complete las oraciones con los adjetivos indicados poniédolos o antes o después de los sustantivos. Haga los cambios necesarios.

1. ¡Éste es el ______________ día ______________ de mi vida! (mejor)
2. Hay ______________ discos compactos ______________ en el escritorio. (alguno)
3. Ha habido ______________ días ______________ de lluvia este año. (mucho)
4. Los estudiantes leyeron unos ______________ poemas ______________. (renacentista)
5. El profesor dará el examen a ______________ clases ______________ el miércoles. (ambos)
6. Pili tiene los ______________ ojos ______________. (castaño)
7. No retiraron ______________ plata ______________ de su cuenta de ahorros. (suficiente)
8. Pedro tomó la ______________ decisión ______________ posible. (peor)
9. Miguel y Paloma se dedican al análisis de ______________ teorías ______________. (político)

Actividad 7 **¡Qué exclamación!** Amplíe cada exclamación con la forma correcta de los adjetivos indicados. Haga los cambios necesarios. Siga el modelo.

> **MODELO** ¡Qué casa! (más lindo)
> ¡Qué casa más linda!

1. ¡Qué situación! (absurdo)
____
2. ¡Qué clima! (tan perfecto)
____
3. ¡Qué partido! (más emocionante)
____
4. ¡Qué paella! (tan rico)
____
5. ¡Qué ideas! (más estupendo)
____

CHAPTER 17

6. ¡Qué problemas! (más complicado)

____

7. ¡Qué niños! (cariñoso)

____

8. ¡Qué reunión! (tan animado)

____

Actividad 8 **Adjetivos: ¿forma apócope *(shortened)* o no?** Complete las oraciones con la forma correcta de los adjetivos indicados.

1. El cinco de septiembre es el ______________ día del semestre. (primero)
2. No es ______________ idea llevar el paraguas hoy. (malo)
3. Estos estadistas son ______________ hombres. (grande)
4. Unas canicas *(marbles)* son un ______________ juguete para Juanita. (bueno)
5. Ya es la ______________ vez que me han invitado a salir. (tercero)
6. Esperamos que vengan a vernos ______________ día. (alguno)
7. No hemos hecho ______________ plan hasta ahora. (ninguno)
8. Yo nací el día de ______________ Juan. (santo)
9. Albéniz fue un ______________ compositor español. (grande)
10. No les gustó ______________ bicicleta. (ninguno)
11. Pruebe ______________ recetas de este libro de cocina italiana. (alguno)
12. ______________ librería tendrá el libro que buscas. (Cualquiera)
13. Carlos es el ______________ rey de la dinastía. (tercero)
14. ¡No des ______________ ejemplo para los niños! (malo)

Actividad 9 **Adjetivos: antes o después del sustantivo** Complete las oraciones usando los adjetivos indicados poniéndolos antes o después de los sustantivos.

1. Beti y yo vamos al ______________ dentista ______________. *(same)*
2. Atenas es una ______________ ciudad ______________. *(ancient)*

3. La fecha de su boda es una ______________ cosa ______________. *(sure)*
4. Tino es ______________ portugués ______________ y ______________ mexicano ______________. *(half/half)*
5. Bolívar fue un ______________ general ______________. *(great)*
6. ¡El ______________ dramaturgo ______________ no aguanta su obra! *(himself)*
7. La sopa que pedí es ______________ agua ______________. *(nothing but)*
8. Benita es una ______________ persona ______________. *(unique)*
9. ______________ empresa ______________ sigue perdiendo dinero. *(a certain)*
10. La ______________ casa ______________ de Daniela y Pablo quedaba en las afueras de la ciudad. *(former)*
11. Mi biblioteca tiene ______________ libros ______________ sobre el ______________ tema ______________. *(several/same)*
12. A Leonor le va a encantar ______________ regalo ______________ que le demos. *(any)*

Adjectives of nationality

Adjectives of nationality that end in **-o** in the masculine singular have the expected four forms that all adjectives whose masculine singular ends in **-o** have.

chileno *Chilean*

	MASCULINE	FEMININE
SINGULAR	chileno	chilena
PLURAL	chilen**os**	chilen**as**

mexicano *Mexican*

	MASCULINE	FEMININE
SINGULAR	mexicano	mexicana
PLURAL	mexican**os**	mexican**as**

Adjectives of nationality or of origin that end in a consonant also have four forms. An **-a** is added to form the feminine. The masculine plural ends in **-es,** not **-os.** Adjectives of nationality that have an accent mark on the last syllable of the masculine singular lose that accent mark when an ending is added.

español *Spanish*

	MASCULINE	FEMININE
SINGULAR	español	español**a**
PLURAL	español**es**	español**as**

inglés *English*

	MASCULINE	FEMININE
SINGULAR	inglés	ingles**a**
PLURAL	ingles**es**	ingles**as**

alemán *German*

	MASCULINE	FEMININE
SINGULAR	alemán	aleman**a**
PLURAL	aleman**es**	aleman**as**

andaluz *Andalusian*

	MASCULINE	FEMININE
SINGULAR	andaluz	andaluz**a**
PLURAL	andalu**ces**	andaluz**as**

Adjectives of nationality or of origin that end in a vowel other than **-o** have only two forms. Many of these have the suffix **-ense** such as **canadiense** *(Canadian)*, **bonaerense** *(from Buenos Aires)*.

PART 2

Adjetivos de nacionalidad (gentilicios*)

CONTINENTE
África africano(a)
la Antártida antártico(a)
el Ártico ártico(a)
Asia asiático(a)

CONTINENTE
Australia australiano(a)
Europa europeo(a)
Norteamérica norteamericano(a)
Sudamérica sudamericano(a)

***El gentilicio** is the name of an inhabitant of a country, city, or region.

Islas

las Antillas antillano(a)
las Bahamas bahamiano(a)
las Baleares balear
las Canarias canario(a)
las Filipinas filipino(a)
Mallorca mallorquín(ina)
las Malvinas *Falkland islands*
malvinense/malvinero(a)

PAÍS	GENTILICIO
Afganistán	**afgano(a)**
Alemania	**alemán(ana)**
Arabia Saudita	**saudí/saudita**
Argelia	**argelino(a)**
(la) Argentina	**argentino(a)**
Australia	**australiano(a)**
Austria	**austríaco(a)**
Azerbaiján	**azerbaijanés(esa)**
Bélgica	**belga**
Bolivia	**boliviano(a)**
(el) Brasil	**brasileño(a)**
Cachemira	**cachemir(a)**
Camboya	**camboyano(a)**
(el) Canadá	**canadiense**
Chile	**chileno(a)**
China	**chino(a)**
Colombia	**colombiano(a)**
Corea (del Sur/del Norte)	**coreano(a)**
Costa Rica	**costarricense**
Cuba	**cubano(a)**
Dinamarca	**danés(esa)**
(el) Ecuador	**ecuatoriano(a)**
Egipto	**egipcio(a)**
El Salvador	**salvadoreño(a)**
Escocia	**escocés(esa)**
España	**español(a)**
(los) Estados Unidos	**norteamericano, estadounidense**
Finlandia	**finlandés(esa)**
Francia	**francés(esa)**
Gales *(Wales)*	**galés(esa)**
Gibraltar	**gibraltareño(a)**

(continued)

PAÍS	GENTILICIO	PAÍS	GENTILICIO
Gran Britaña	britanico(a)	Nueva Zelanda	neocelandés(esa)
Grecia	griego(a)	los Países Bajos	holandés(esa)
Guatemala	guatemalteco(a)	(el) Panamá	panameño(a)
Haití	haitiano(a)	(el) Paraguay	paraguayo(a)
Holanda	holandés(esa)	(el) Perú	peruano(a)
Honduras	hondureño(a)	Polonia	polaco(a)
Hungría	húngaro(a)	Portugal	portugués(esa)
(la) India	indio(a), hindú	Puerto Rico	puertorriqueño(a)
Indonesia	indonesio(a)	(la) República Dominicana	dominicano(a)
Inglaterra	inglés(esa)		
Iraq/Irak	iraquí, irakí	Rusia	ruso(a)
Irán	iraní	Serbia (Servia)	serbio(a), servio(a)
Irlanda	irlandés(esa)	Siria	sirio(a)
Israel	israelí	Sudáfrica	sudafricano(a)
Jamaica	jamaicano(a)	Sudán	sudanés(esa)
(el) Japón	japonés(esa)	Suecia	sueco(a)
Jordania	jordano(a)	(la) Suiza	suizo(a)
Kosovo	kosovano(a)	Tailandia	tailandés(esa)
Kuwait	kuwaití	Taiwán	taiwanés(esa)
Laos	laosiano(a)	Túnez	tunecino(a)
Líbano	libanés(esa)	Turquía	turco(a)
Luxemburgo	luxemburgués(esa)	Ucrania	ucraniano(a), ucranio(a)
Madagascar (República Malgache)	malgache	(el) Uruguay	uruguayo(a)
Marruecos	marroquí	Venezuela	venezolano(a)
México	mexicano(a)	Vietnám (del Sur, del Norte)	vietnamita(a)
Nicaragua	nicaragüense		
Noruega	noruego(a)	Yemen	yemení

CIUDAD	GENTILICIO	CIUDAD	GENTILICIO
Barcelona	barcelonés(esa)	Nueva York	neoyorquino(a)
Bilbao	bilbaíno(a)	París	parisiense, parisino(a)
Bogotá	bogotano(a)		
Buenos Aires	bonaerense, porteño(a)	Quito	quiteño(a)
		Rio de Janeiro	carioca
Caracas	caraqueño(a)	Roma	romano(a)
Florencia	florentino(a)	Santiago	santiaguino(a) *(Chile)*, santiagués(esa) *(Spain)*
La Habana	habanero(a)		
Lima	limeño(a)		
Londres	londinense		
Madrid	madrileño(a)	Sevilla	sevillano(a)
Málaga	malagueño(a)	Toledo	toledano(a)
Moscú	moscovita	Valencia	valenciano(a)

CHAPTER 17

Actividad 10 **¿De dónde son?** Ud. y su amiga están preparando una lista de los estudiantes extranjeros de la facultad de ingeniería *(school of engineering).* Su amiga le pregunta si son de cierto país y Ud. lo confirma con el adjetivo de nacionalidad. Siga el modelo.

MODELO Catalina es de Italia, ¿verdad?
Sí, es italiana.

1. Abrahán es de Rusia, ¿verdad?
____
2. Rosalinda y Arturo son de Canadá, ¿verdad?
____
3. David es de Israel, ¿verdad?
____
4. Mercedes es de Costa Rica, ¿verdad?
____
5. Hugo es de Guatemala, ¿verdad?
____
6. Alano es de Japón, ¿verdad?
____
7. Bárbara es de India, ¿verdad?
____
8. Manolo y Lucía son de Egipto, ¿verdad?
____
9. Margarita es de Inglaterra, ¿verdad?
____
10. Gerardo es de Corea del Sur, ¿verdad?
____
11. Cristina y Oliverio son de Francia, ¿verdad?
____

Actividad 11 **¡De muchos uno solo!** Estados Unidos es un país de habitantes de miles de orígenes distintos. Sin embargo, son todos norteamericanos. Escriba oraciones que dicen de qué origen son estos habitantes usando el adjetivo del nombre del país. Siga el modelo.

MODELO Josefa e Ignacio / Panamá
Josefa e Ignacio son de origen panameño.

1. yo / Estados Unidos

2. Teodoro e Irene / El Salvador

3. Uds. / Corea del Sur

4. Gabriel / Vietnám del Sur

5. Adela y Rosa / la India

6. vosotros / Grecia

7. tú / México

8. Ud. y yo / Taiwán

9. Gualterio / Hungría

CHAPTER 17

Nota cultural

Panamá

Panamá tiene al norte el océano Atlántico o mar Caribe, al este Colombia, al sur el océano Pacífico y al oeste Costa Rica. El Canal de Panamá es una gran encrucijada (crossroad) *estratégica del mundo que hace comunicar los dos mares. El Canal, construido por Estados Unidos, fue abierto en 1914. Estados Unidos controlaba la Zona del Canal hasta 1978 cuando Estados Unidos y Panamá ratificaron un nuevo tratado* (treaty) *cambiando el nombre de la Zona al Área del Canal y dando soberanía* (sovereignty) *sobre el Canal a Panamá. Estados Unidos entregó el control del Canal a Panamá en el año 2000 y mantiene bases militares en el área.*

More on the agreement of adjectives

Adjectives modifying two plural nouns of the same gender are in the plural of that gender.

libros y periódicos argentin**os**	*Argentine books and newspapers*
ciudades y provincias argentin**as**	*Argentine cities and provinces*

If two nouns of different genders, whether singular or plural, are modified by a single adjective, the adjective is masculine plural.

pantalones y chaquetas bara**tos**	*inexpensive pants and jackets*
un colegio y una universidad anti**guos**	*an ancient school and university*

When a noun is used as an adjective, it usually does not agree in gender and number with the noun it modifies.

una visita **relámpago** (relámpago *lightning*)	*a quick visit*
la luz **piloto** (piloto *pilot*)	*pilot light (stove)*
apartamentos **piloto**	*model apartments*

Some of these nouns eventually begin to function like adjectives and show agreements. This is especially true of some nouns used as adjectives of color.

zapatos **marrón/marrones**	*brown shoes*
medias **café/cafés**	*light brown stockings*

PART 2

Actividad 12 **Sustantivos en plural** Complete las oraciones usando la forma plural de los adjetivos indicados.

1. Hay ____________________ almacenes y restaurantes en el centro comercial. (bueno)
2. Conocimos varios pueblos y aldeas ____________________. (español)
3. Queremos manzanas y cerezas recién ____________________. (recogido)
4. Tengo mapas y guías ____________________. (inglés)
5. Compre pan y torta ____________________. (fresco)
6. José Luis necesita una camisa y unos calcetines ____________________. (rojo)
7. Busquen un lavaplatos y una máquina de lavar ____________________. (rebajado)
8. Después del choque tuvieron que poner un parachoques y una puerta ____________________. (nuevo)
9. Hay ofertas y liquidaciones ____________________ toda esta semana. (magnífico)
10. Clara tiene el pelo y las pestañas ____________________. (negro)
11. Tecnolandia tiene computadoras y teléfonos celulares ____________________. (caro)
12. El administrador de Web y la programadora eran muy ____________________. (creativo)

Two or more adjectives modifying a noun

Typically, if two adjectives modify a noun, they both follow it and are joined by **y**.

una chica inteligente **y** simpática	*a nice, intelligent girl*
un día caluroso **y** agradable	*a warm, pleasant day*

If **y** is left out, the adjective that the speaker wishes to emphasize comes last.

artistas europeos **modernos**	***modern** European artists (out of all European artists, the modern ones)*
artistas modernos **europeos**	*modern **European** artists (out of all modern artists, the European ones)*

However, if one of the two adjectives usually precedes the noun, it is placed there.

cierto país europeo	***a certain** European country*
el único estudiante español	***the only** Spanish student*
diferentes libros científicos	***various** scientific books*
otra ciudad moderna	***another** modern city*
ese **pobre** hombre enfermo	*that **poor** sick man*

CHAPTER 17

Actividad 13 **El rodaje de una película *(The shooting of a film)*** Para comentar sobre el rodaje de una película por el director de cine Federico Felino, ponga los elementos de cada grupo en su orden correcto. Cada grupo consiste en un sustantivo, un adjetivo que aparece antes del sustantivo y un adjetivo descriptivo. Escriba la oración completa haciendo los cambios necesarios.

1. Federico Felino es director de cine / mejor / joven

   ____

2. "El tango rojo" es su film / primero / doblado *(dubbed)*

   ____

3. Será una película / grande / extranjero

   ____

4. Hay efectos / diferente / coreográfico

   ____

5. Escribieron guión *(script)* / uno / inteligente

   ____

6. Trabajaron en el film intérpretes *(m. and f.)* / alguno / principal *(star, lead)*

   ____

7. La película tiene argumento *(plot)* / uno / interesante

   ____

8. La película ganará un premio / importante / cinematográfico

   ____

Past participle as an adjective

The past participle **(el participio pasado)** of most verbs can function as an adjective.

El ladrón entró por la **ventana abierta.**	*The thief got in through the* ***open window.***
Quiero dominar la **lengua escrita** y la **lengua hablada.**	*I want to master the* ***written language*** *and the* ***spoken language.***
Encontré los **documentos perdidos.**	*I found the* ***lost documents.***
¡Trato **hecho**!	*It's a deal!*

The Spanish past participle is used to describe positions of people and objects where the present participle is used in English.

Todos están **sentados** en el comedor.	*Everyone is* ***sitting/seated*** *in the dining room.*
A estas horas hay mucha gente **parada** en el metro.	*At this hour there are a lot of people* ***standing*** *in the subway.*

PART 2

Actividad 14 **Diálogos** Complete los diálogos con la forma correcta del adjetivo. Todos los adjetivos son participios pasados. El adjetivo se encuentra en el modismo o se deriva del verbo del modismo. Siga el modelo.

> **MODELO** **estar mojado(a) hasta los huesos** *to be soaking wet*
> Felipe —Mírame. Estoy mojado hasta los huesos.
> Isabel —Si yo saliera sin paraguas, yo también estaría mojada hasta los huesos.

1. **estar frito** *to be done for*
   Diana —¡Qué mala nota saqué en el examen!
   ¡Estoy ____________________!
   Mateo —Yo también. ¡Los dos estamos ____________________!
2. **estar hecho una sopa** *to be soaking wet*
   Raúl —Está lloviendo a cántaros. *(It's raining cats and dogs.)*
   Estoy ____________________ una sopa.
   Sara —¡Gregorio y yo estamos ____________________ una sopa también.
3. **morirse de risa** *to die laughing*
   Roberto —Mira a Clara e Inés. Están ____________________ de risa.
   Dorotea —Fíjate que Pepe y Esteban también están
   ____________________ de risa.
4. **comerse de envidia** *to be consumed by envy*
   Julia —¿Sabes que Aurelia está ____________________ de envidia porque yo salgo con Matías?
   Anita —¡No sólo Aurelia sino todas las chicas están
   ____________________ de envidia!

5. **meterse en lo que no le importa** *to butt in*

Lola —Como siempre, Raúl está ______________________ en lo que no le importa.

Paco —Así son sus hermanos también, siempre ______________________ en lo que no les importa.

6. **estar muy pagado de sí mismo** *to have a high opinion of oneself*

Alfredo —Chico, ya no salgo con Brígida porque está muy ______________________ de sí misma.

Marco —Haces muy bien. ¡Yo rompí con Tere, Eva y Paloma porque están muy ______________________ de sí mismas!

7. **dormirse en los laureles** *to rest on one's laurels*

Tito —Veo que no te esfuerzas porque estás ______________________ en los laureles.

José —Cuando logres algo como yo, tú también estarás ______________________ en los laureles.

8. **estar hecho una lástima** *to be a sorry sight, in a sad state*

Leonor —¿Qué les pasa a Paula y Dora? Están ______________________ una lástima.

Alicia —A lo mejor tienen lo que tiene Mari que también está ______________________ una lástima.

Actividad 15 **¿Qué están haciendo?** Use adjetivos que terminan en **-do** para explicar la posición de ciertas personas. Complete las oraciones usando la forma correcta del adjetivo y del verbo **estar.** Siga el modelo.

MODELO Mario está levantado ya. (levantar)

1. Rosario ______________________ en el sofá. (echar)
2. Clemente ______________________ en la puerta de la casa esperando a su novia. (parar *[to stand]*)
3. Los García ______________________ a la mesa todavía por la sobremesa. (sentar)
4. Pili ______________________ a la ventana. (asomar *[to lean out]*)

5. Los niños ______________________ en el suelo jugando con sus cochecitos. (arrodillar)

6. Adolfo y Javier ______________________ en el suelo por los puñetazos que se dieron. (tirar)

7. Paloma ______________________ mientras el público le aplaude. (inclinar *[to bow]*)

Nota cultural

La sobremesa

La sobremesa se refiere a la conversación alrededor de la mesa después de comer. Es una costumbre española tradicional.

PART 2

Actividad 16 **¡Preparados! ¡Listos! ¡Ya! *(Ready! Set! Go!)*** Su amiga le pregunta cuándo Ud. y otras personas van a hacer ciertas cosas porque tiene prisa por salir. Conteste las preguntas diciendo que Uds. están listos porque esas cosas ya están hechas. Practique usando adjetivos que terminan en **-do.** Siga el modelo.

MODELO ¿Cuándo van Uds. a arreglarse?
Ya estamos arreglados(as).

1. ¿Cuándo va Gerardo a bañarse?

____

2. ¿Cuándo van Elías e Isaac a afeitarse?

____

3. ¿Cuándo va Juliana a maquillarse?

____

4. ¿Cuándo van Uds. a vestirse?

____

5. ¿Cuándo va Ud. a peinarse?

____

6. ¿Cuándo vais a ducharos?

____

7. ¿Cuándo vas a pintarte?

____

Actividad 17 **¡A comer pues!** Ya es hora de comer. Su mamá les dice a Ud. y a los otros miembros de su familia que hagan ciertas cosas. Pero parece que todo está ya. Explique eso derivando el adjetivo del verbo en el mandato. Siga el modelo.

MODELO Polo, prende el horno, por favor.
Ya está prendido.

1. Margara, pon los cubiertos *(place settings)*, por favor.
____
2. Benjamín, sirve el agua, por favor.
____
3. Abuela, prepara el dulce de leche, por favor.
____
4. Pancho, rompe los huevos, por favor.
____
5. Pepe y Nano, corten el pan, por favor.
____
6. Trini, haz la ensalada, por favor.
____
7. Tía, fríe el pollo, por favor.
____
8. Toni, pela unos dientes de ajo, por favor.
____

CHAPTER 17

Adjectives used as nouns

Spanish adjectives can be used as nouns when the noun they modify is deleted.

Las camisas verdes son más caras que **las rojas.**	*The green shirts are more expensive than* ***the red ones.***
De acuerdo. Pero prefiero **las verdes.**	*Agreed. But I prefer* ***the green ones.***
La casa vieja es más grande que **la moderna.**	*The old house is bigger than* ***the modern one.***
Por eso vamos a comprar **la vieja.**	*That's why we're going to buy* ***the old one.***

When the noun is deleted, the masculine singular indefinite article changes from **un** to **uno:** un libro nuevo → **uno nuevo,** un profesor comprensivo → **uno comprensivo.**

Él tiene dos carros, un carro grande y **uno** pequeño.	*He has two cars, a big car and a small one.*
Ella se compró dos vestidos azules y **uno** negro.	*She bought herself two blue dresses and one black one.*

Actividad 18 **Opciones y preferencias** Sus amigos le preguntan qué cosas prefiere. Conteste sus preguntas escribiendo una de las dos posibilidades primero y luego la otra. Es que, en realidad, le gustan ambas cosas. Use los adjetivos como sustantivos. Siga el modelo.

> **MODELO** ¿Cuál prefieres, la novela histórica o la novela fantástica?
> Prefiero la histórica.
> Prefiero la fantástica.

1. ¿Cúal te gusta más, la música instrumental o la música vocal?

____

____

2. ¿Cuáles prefieres, los programas serios o los programas cómicos?

____

____

3. ¿Dónde prefieres comer, en un restaurante chino o en un restaurante francés?

____

____

4. ¿Prefieres un apartamento moderno o un apartamento viejo?

____

____

5. ¿Cuál te gusta más, una universidad particular *(private)* o una universidad estatal *(state)*?

____

____

6. ¿Cuáles prefieres, las películas norteamericanas o las películas extranjeras?

____

____

7. ¿Dónde quieres vivir, en una ciudad grande o en una ciudad pequeña?

____

____

8. ¿Cuál te interesa más, las ciencias políticas o las ciencias naturales?

____

____

Comparative of adjectives

An object or person may be seen as having more, less, or the same amount of a characteristic as another. To express this, Spanish and English use the comparative construction.

Comparison of superiority (**más** + adjetivo + **que**):

La avenida es **más ancha que** nuestra calle.	*The avenue is **wider than** our street.*

Comparison of inferiority (**menos** + adjetivo + **que**):

Pero la avenida es **menos ancha que** la autopista.	*But the avenue is **less wide than** the superhighway.*

Comparison of equality (**tan** + adjetivo + **como**):

La avenida es **tan ancha como** el Paseo de Miraflores.	*The avenue is **as wide as** Miraflores Boulevard.*

NOTE

The English comparison of inferiority is usually expressed as *not as:* The avenue is *not as wide as* the superhighway.

The adjectives **bueno** and **malo** have irregular comparative forms.

bueno *good* → **mejor** *better*
malo *bad* → **peor** *worse*

Este restaurante es **mejor** que el otro.	*This restaurant is **better** than the other one.*
El ruido aquí es **peor** que en el barrio mío.	*The noise is **worse** here than in my neighborhood.*

The terms **más bueno** and **más malo** are used to refer to moral qualities.

Grande and **pequeño** have irregular comparative forms when they refer to age.

grande → **mayor** *older*
pequeño → **menor** *younger*

Mi hermano **menor** es más alto que mi hermana **mayor.**	*My **younger** brother is taller than my **older** sister.*

Adverbs are compared in the same way as adjectives.

Ella contesta **más cortésmente que** él.	*She answers **more politely than** he does.*
Ella contesta **menos cortésmente que** él.	*She answers **less politely than** he does.*
Ella contesta **tan cortésmente como** él.	*She answers **as politely as** he does.*

In comparing verbs and nouns, **tan** changes to **tanto. Tanto** is invariable with verbs, but agrees with the nouns that follow it.

Comparing verbs:

Yo trabajo **más que** tú.	*I work **more than** you do.*
Yo trabajo **menos que** tú.	*I work **less than** you do.*
Yo trabajo **tanto como** tú.	*I work **as much as** you do.*

Comparing nouns:

Creo que tú tienes **menos exámenes que** Amalia.	*I think you have **fewer exams than** Amalia.*
Te equivocas. Yo tengo **tantos exámenes como** ella, y **más trabajos escritos.**	*You're mistaken. I have **as many exams as** she has and **more papers.***

PART 2

Que *(than)* is followed by subject pronouns unless the pronoun is the direct or indirect object of the verb. In that case, **que** is followed by **a +** *stressed pronoun.*

Yo estudio más **que tú.**	*I study more **than you do.***
A mí me gusta más **que a ti.**	*I like it more **than you do.***

Que is followed by **nada, nadie,** and **nunca** where English uses *anything, anyone,* and *ever.*

El curso es difícil, más **que nada.**	*The course is hard, more **than anything.***
Luis Alberto baila mejor **que nadie.**	*Luis Alberto dances better **than anyone.***
Trabajamos más **que nunca.**	*We're working harder **than ever.***

Que is replaced by **de** before a numeral.

Ganan más **de** ochocientos dólares por semana.	*They earn more **than** eight hundred dollars per week.*

Que is replaced by **de lo que** before a clause implying a standard for comparison.

Este libro es más difícil **de lo que** cree el profesor.	*This book is more difficult **than** the teacher thinks. (How difficult the teacher thought the book was is the basis for comparison.)*
Y menos interesante **de lo que** yo me imaginaba.	*And less interesting **than** I imagined. (How interesting I imagined the book was is the basis for comparison.)*

Que is replaced by **de** before **el que, la que, los que, las que.** The article represents a deleted noun.

Necesito más plata **de la que** me prestaste. (la que = la plata que)	*I need more money than (the money) you lent me.*
Encontramos menos problemas **de los que** esperábamos. (los que = los problemas que)	*We found fewer problems than (the problems) we expected.*

Actividad 19 **En comparación** Combine las dos oraciones de cada grupo en una sola que expresa una comparación. Escriba dos oraciones de comparación para cada grupo. Siga el modelo.

> **MODELO** Loren es listo. / Julio es más listo.
> Julio es <u>más</u> listo que Loren.
> Loren es <u>menos</u> listo que Julio.

1. Ana es astuta. / Luisa es más astuta.

   ____

   ____

2. El museo de arte es bueno. / El museo de historia natural es mejor.

   ____

   ____

3. Mi novio(a) es inteligente. / Yo soy más inteligente.

   ____

   ____

4. El cuarto de Elena es hermoso. / Tu cuarto es más hermoso.

   ____

   ____

5. La película inglesa es aburrida. / La película francesa es más aburrida.

   ____

   ____

6. Los bailarines son talentosos. / Los cantantes son más talentosos.

   ____

   ____

7. Las blusas de algodón son elegantes. / Las blusas de seda son más elegantes.

   ____

   ____

8. Tu hermano es grande. / Tu hermana es mayor.

   ____

   ____

Actividad 20 **Comparación de adverbios** Complete las oraciones comparativas usando adverbios de tres maneras: **más, menos** y **tan(to).** Siga el modelo.

> **MODELO** Él corrió más rápidamente que ella.
> Ella corrió menos rápidamente que él.
> Él corrió tan rápidamente como ella.

1. José habló ____________ francamente ____________ Consuelo.
   Consuelo habló ____________ francamente ____________ José.
   José habló ____________ francamente ____________ Consuelo.
2. Los enfermeros trabajaron ____________ cuidadosamente ____________ los médicos.
   Los médicos trabajaron ____________ cuidadosamente ____________ los enfermeros.
   Los enfermeros trabajaron ____________ cuidadosamente ____________ los médicos.
3. Virginia resolvió los problemas ____________ fácilmente ____________ Mario.
   Mario resolvió los problemas ____________ fácilmente ____________ Virginia.
   Virginia resolvió los problemas ____________ fácilmente ____________ Mario.

Actividad 21 **Adjetivos: igualdad** Escriba oraciones que demuestran la comparación de igualdad de los dos sustantivos.

> **MODELO** Eduardo / diligente / Mercedes
> Eduardo es tan diligente como Mercedes.

1. la obra de teatro / divertida / la película
   ____
2. las clases de física / fáciles / las clases de cálculo
   ____
3. los documentales / artísticos / los reportajes
   ____

4. los platos griegos / sabrosos / los platos húngaros

____

5. esta actriz / célebre / ese actor

____

6. el arroz / bueno / el maíz

____

7. el príncipe / valiente / el rey

____

8. Francisca / aburrida / su hermana María

____

9. la inflación / baja / la inflación de hace tres años

____

10. el cibercafé / animado / la discoteca

____

CHAPTER 17

Superlative of adjectives and absolute superlative

Spanish has no special superlative form. Usually, the definite article (or possessive adjective) is used with the noun that the adjective modifies to imply a superlative. Compare the following comparative and superlative sentences.

Quiero ver **una película más emocionante.** *(comparative)*	*I want to see* ***a more exciting film.***
Ésta es **la película más emocionante** que alquilé. *(superlative)*	*This is* ***the most exciting film*** *that I rented.*

After a superlative, *in* is translated as **de.**

Estamos en la ciudad más importante **del** país.	*We're in the most important city* ***in*** *the country.*
Y ésta es la calle más elegante **de** la ciudad.	*And this is the most elegant street* ***in*** *the city.*

Spanish has a suffix **-ísimo** called the absolute superlative **(el superlativo absoluto),** that is added to adjectives. This suffix adds the idea of *very* to the adjective. Note that **-c** and **-g** change to **-qu** and **-gu,** and **-z** changes to **-c** when **-ísimo** is added. Adjectives ending in **-ísimo** are four-form adjectives.

lindo → lindísimo
fácil → facilísimo
feo → feísimo
rico → ri**qu**ísimo
largo → lar**gu**ísimo
feliz → feli**c**ísimo

PART 2

Actividad 22 **Nuestra clase** Use los signos aritméticos para escribir oraciones usando superlativos que describan a los estudiantes de la clase. Haga los cambios necesarios. Siga el modelo.

> **MODELO** Carlos / – atento
> Carlos es el estudiante menos atento.

1. Juan Pablo / + aplicado

   ____

2. Daniel y Arturo / – obediente

   ____

3. Silvia / + simpático

   ____

4. Irene y María / – trabajador

   ____

5. Verónica / + inteligente

   ____

6. Íñigo y Marisol / + hablador

   ____

7. Sergio / + encantador

   ____

8. Rosa y Jacinto / – preparado

   ____

Actividad 23 **¡Qué parque más precioso!** Confirme las observaciones de su amigo respecto al parque que están visitando. Escriba las oraciones usando el superlativo absoluto del adjectivo. Siga el modelo.

> **MODELO** El parque es lindo.
> Sí. Es <u>lindísimo</u>.

1. La vegetación es interesante.

   ____

2. Ese árbol es viejo.

   ____

3. Esas flores son hermosas.

   ____

4. El zoológico del parque es grande.

5. Ese león parece feroz.

6. Los monos son simpáticos.

7. Las veredas *(paths)* son largas.

8. El lago es bello.

Actividad 24 **Visitando la ciudad** Raquel les enseña su ciudad a sus amigos. Les explica todo lo que ven con superlativos. Escriba lo que les dice a los amigos. Haga los cambios necesarios. Siga el modelo.

MODELO aquí está / biblioteca / importante / ciudad
Aquí está la biblioteca más importante de la ciudad.

1. allí se encuentra / plaza / imponente / ciudad

2. aquí ven / centro comercial / moderno / estado

3. en frente hay / universidad / conocido / país

4. ésta es / calle / largo / ciudad

5. en esta calle hay / tiendas / hermoso / zona

6. allí está / tienda de comestibles / estimado / barrio

7. delante de nosotros hay / hotel / internacional / país

8. en este barrio se encuentran / restaurantes / concurrido *(busy, much frequented)* / ciudad

9. aquí ven / casa / viejo / ciudad

10. pronto veremos / estadio / grande / región

Actividad 25 **La clase de literatura** El profesor y los estudiantes describen las obras que estudian con superlativos. Escriba lo que dicen. Haga los cambios necesarios. Siga el modelo.

> **MODELO** novela / interesante / siglo
> Es la novela más interesante del siglo.

1. poema / conocido / literatura europea

2. obra de teatro / presentado / año

3. comedia / aplaudido / teatro nacional

4. novela / vendido / literatura moderna

5. tragedia / estimado / nuestro teatro

6. poeta *(f.)* / respetado / su siglo

7. novelista *(f.)* / leído / mundo

8. dramaturgo / apreciado / nuestra época

Actividad 26 **Expresar en español** Exprese las ideas en español.

1. I read more than you **(Ud.)** do.

2. They know less than we do.

3. Ignacio complains as much as his wife does.

4. I have more compact discs than Federico.

5. Eva sees fewer films than Margarita.

6. We take as many trips as they do.

7. We have more than ten thousand books in our library.

8. The soccer game was more exciting than they expected.

9. Ruiz is the best programmer in the company.

10. This is the most beautiful beach in the country.

11. You **(vosotros)** live in the most elegant neighborhood in the city.

12. She liked the film more than we did.

13. Rolando surfs the Web more than anyone.

14. You **(Uds.)** get together more than ever.

CHAPTER 17

Actividad 27 **Actividad oral** Converse con un(a) compañero(a) con el fin de describir a sus parientes y a sus amigos. Describa cómo son (carácter, personalidad, lo físico), cómo están, de dónde son, de qué origen son. Compárelos con otros familiares y amigos.

Actividad 28 **Estructuras en acción** ¿Ud. tendrá calor hoy? ¿Necesitará un paraguas? Para saber qué tiempo va a hacer por toda España consulte el pronóstico meteorológico que apareció en un periódico español. Léalo fijándose especialmente en los adjetivos. Consulte el mapa para saber qué tiempo hace en las ciudades españolas.

EL TIEMPO ESPAÑA HOY

Ligero ascenso térmico

Parcialmente nuboso en el litoral y prelitoral cantábrico, con nubosidad de estancamiento en la franja costera y laderas norte de la cordillera Cantábrica. La nubosidad irá siendo menor hacia el oeste, pero con bancos de niebla. Parcialmente nuboso, con nubes bajas, principalmente por la mañana, en el sureste y Baleares. Parcialmente nuboso en el norte de Canarias, centro de Cataluña, de Aragón, de Navarra, de Castilla y León y en La Rioja, con nubes altas en las horas centrales del día y de desarrollo por la tarde, con algunas tormentas en el Pirineo, Ibérico y en otros puntos del este de Castilla y León, Navarra, La Rioja, Aragón y Cataluña. Cielos casi despejados en el resto del país, especialmente por la mañana, con algunas nubes por la tarde en zonas altas del interior de Andalucía oriental y del este de La Mancha. Ligero ascenso térmico.

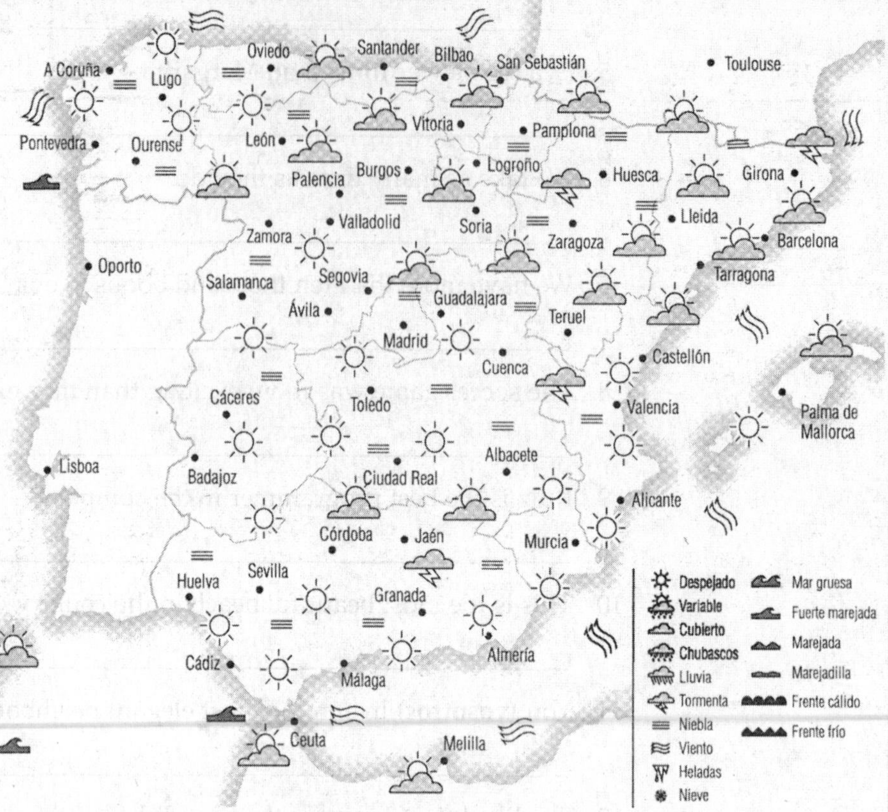

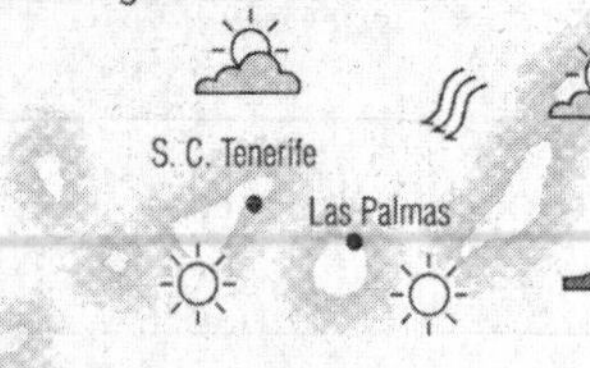

A Coruña = La Coruña; **a** es el artículo definido femenino en gallego, la lengua cooficial de Galicia
Las Palmas es capital de la isla Gran Canaria.
S.C. = Santa Cruz de Tenerife, capital de Tenerife, la isla más grande de las Canarias
Ceuta y Melilla son ciudades autónomas (city enclaves) que están en Marruecos.

PART 2

LUGARES GEOGRÁFICOS DE ESPAÑA

LUGAR	SITUACIÓN	GENTILICIO
Andalucía	región del sur	andaluz(a)
Aragón	región del nordeste	aragonés(esa)
las Baleares	islas del Mediterráneo	balear
las Canarias	islas del Atlántico, cerca de Marruecos	canario(a)
Cantabria	región del norte, Santander es la capital	cantábrico(a)
Castilla y León	región del centro norte	castellano(a) leonés(esa)
Cataluña	región del nordeste	catalán(ana)
la Mancha	llanura que queda al sudeste de la Meseta Central Española	manchego(a)
Navarra	región del norte	navarro(a)
La Rioja	región del norte	riojano(a)

Actividad 29 **Estructuras en acción** Escriba los adjetivos que aparecen en el pronóstico que están relacionados con las palabras que aparecen en la lista.

El tiempo

el ascenso térmico *warming*
el banco de niebla *cloud layer*
cantábrico(a) *Cantabrian; of/from Cantabria*
central: horas centrales del día *middle of the day*
los chubascos *heavy showers, downpours*
la cordillera *mountain range*
costero(a) *coastal*
cubierto(a) *overcast*
desarrollo: de desarrollo *developing*
despejado(a) *clear*
la franja *strip*
las heladas *frost*
la ladera *side*
ligero(a) *light, slight*
el litoral *coast*
la llanura *plain*
la lluvia *rain*
la mar gruesa *rough*
marejada *slight*
fuerte marejada *moderate*
marejadilla *smooth*
menor: irá siendo menor *will decrease: become less*
la niebla *fog*
la nieve *snow*
la nube *cloud*
la nubosidad de estancamiento *stagnant cloud cover*
nuboso(a) *cloudy*
oriental *eastern*
el prelitoral *mountain chain*
el punto *point*
el sureste *southeast*
la tormenta *storm*
la zona *region, area*

1. costa ______________________
2. nube ______________________
3. Oriente ______________________
4. centro ______________________
5. ligereza ______________________
6. cubrir ______________________
7. despejar ______________________
8. Cantábrica ______________________
9. bajar ______________________
10. fuerza ______________________

CHAPTER 17

Actividad 30 **Estructuras en acción** Escriba los sustantivos (con el artículo definido), verbos y adverbios que aparecen en el pronóstico que están relacionados con estos adjetivos.

1. estancado ______
2. ascendente (ascendiente) ______
3. parcial ______
4. matinal ______
5. norteño ______
6. principal ______
7. lluvioso ______
8. desarrollado ______
9. nevoso ______
10. ventoso ______

PART 2

Actividad 31 **Estructuras en acción** Consulte el pronóstico y el mapa para completar las oraciones con una descripción del tiempo que hace en ciertas regiones y ciudades de España.

1. En las Baleares ______.
2. En el interior de Andalucía oriental ______.
3. Por el litoral cantábrico ______.
4. En Madrid ______.
5. En Barcelona ______.
6. Por la costa mediterránea entre Valencia y Málaga ______.
7. En las Canarias ______.
8. En cuanto a las temperaturas en España, ______.

Actividad 32 **Estructuras en acción** Describa oralmente o por escrito el tiempo que hace donde Ud. vive.

1. ¿Vive Ud. en una región interior o costera? ¿En una llanura o cordillera?
2. ¿Hay inviernos fríos y veranos calurosos?
3. ¿Cuántos grados hace en invierno? ¿En verano/otoño/primavera?
4. ¿En qué estaciones o meses suele haber lluvia? ¿Nieve?
5. ¿Ud. vive en un clima seco o húmedo?
6. ¿Cómo es el tiempo que más le gusta?
7. Si Ud. hiciera un viaje a España, ¿a qué región o ciudad iría? ¿Por qué?

CHAPTER 17 TEST

Adjectives

1 **Adjetivos** Complete las oraciones con la forma correcta de los adjetivos indicados.

1. Ignacio es una persona muy ______________________. (independiente)
2. Probemos unos platos ______________________. (picante)
3. No son madrileñas. Son ______________________. (barcelonés)
4. Ponte las medias ______________________. (azul)
5. Verónica y María son ______________________. (feliz)
6. Pablo es de nacionalidad ______________________. (colombiano)
7. La arquitecta es de origen ______________________. (cubano)
8. ¡Qué problema más ______________________! (serio)
9. Quiero que conozcas la plaza más ______________________ de la ciudad. (hermoso)

2 **Adjetivos con apócope** Complete las oraciones con la forma correcta de los adjetivos indicados.

1. Roberto es un ______________________ programador. (bueno)
2. ¿No has recibido ______________________ mensaje electrónico? (ninguno)
3. Fue la ______________________ vez que comimos en aquel restaurante. (tercero)
4. Sus papás son ______________________ personas. (grande)
5. ______________________ Teresa nació en Ávila. (Santo)
6. ______________________ marca de celular te servirá. (Cualquiera)
7. El 20 de junio es el ______________________ día de nuestras vacaciones. (primero)
8. Ojalá que ______________________ día lo entendamos. (alguno)

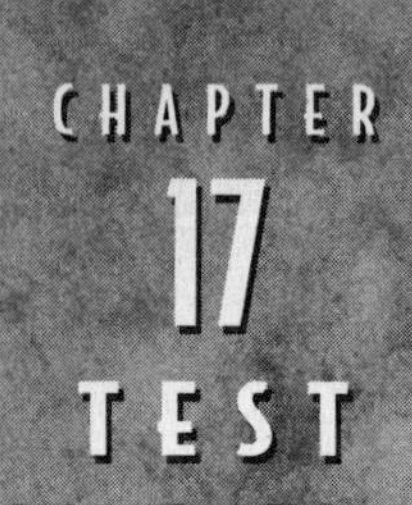

Adjectives

3 **Adjetivos usados como sustantivos** Conteste las preguntas usando los adjetivos como sustantivos.

MODELO ¿Conociste los barrios viejos? (nuevo)
No, los viejos no. Los nuevos.

1. ¿Verás la película inglesa? (español)

____

2. ¿Él se puso el traje gris? (negro)

____

3. ¿Uds. leyeron las revistas semanales? (mensual)

____

4. ¿Escuchasteis las canciones venezolanas? (mexicanos)

____

5. ¿Compraron el primer condominio que vieron? (tercero)

____

6. ¿Han pedido la sopa fría? (caliente)

____

7. ¿Ud. prefiere los juegos reales? (virtual)

____

8. ¿Preparamos una salsa dulce? (salado)

____

Demonstratives and possessives

CHAPTER 18

Demonstrative adjectives

Spanish has three demonstrative adjectives **(adjetivos demostrativos)**: **este** *this (near the speaker)*, **ese** *that (near the person spoken to)*, and **aquel** *that (removed from both the speaker and the person spoken to)*. The demonstrative adjectives agree in gender and number with the noun they modify.

	MASCULINE	FEMININE
SINGULAR	este	esta
PLURAL	estos	estas

	MASCULINE	FEMININE
SINGULAR	ese	esa
PLURAL	esos	esas

	MASCULINE	FEMININE
SINGULAR	aquel	aquella
PLURAL	aquellos	aquellas

Este apartamento tiene más habitaciones que **aquellas** casas. — ***This** apartment has more rooms than **those** houses (over there).*

Préstame **ese** bolígrafo que tienes. **Este** bolígrafo que tengo ya no escribe. — *Lend me **that** ballpoint pen that you have. **This** ballpoint pen that I have doesn't write any more.*

Note that the three demonstratives correspond to the three place words for *here* and *there*.

este → aquí
ese → ahí
aquel → allí

The demonstrative **ese** can be placed after the noun to convey a note of contemptuousness.

No sé por qué una muchacha tan inteligente como Margarita saldría con el chico **ese.** — *I don't know why a girl as intelligent as Margarita would go out with a guy like that.*

Actividad 1 **Útiles de escuela** Cambie el artículo definido o indefinido a la forma correcta del adjetivo demostrativo para hablar de sus útiles de escuela. Escriba cada oración de tres maneras. Siga el modelo.

MODELO Necesito un cuaderno.
Necesito este cuaderno.
Necesito ese cuaderno.
Necesito aquel cuaderno.

Útiles de escuela

la agenda electrónica *PDA (personal digital assistant), handheld computer*
la calculadora de bolsillo *pocket calculator*
el diccionario *dictionary*
el disquete *disk*
la enciclopedia *encyclopedia*
el libro de texto *textbook*

PART 2

1. Los libros de texto están bien escritos.

2. Prefiero los disquetes.

3. La marca de agenda electrónica es conocida.

4. Me gusta el diccionario de español.

5. Encontré la calculadora de bolsillo.

6. Las enciclopedias no tienen información sobre el tema.

Actividad 2 **De compras en El Corte Inglés** Complete los diálogos entre unos amigos que van de compras. Use la forma correcta del adjetivo demostrativo.

En la sección de ropa para mujeres

Irene —Oye, Trini, ¿qué te parece ______1______ *(this)* traje?

Trini —¿Cuál? ¿ ______2______ *(That)* traje azul?

Irene —Sí. ¿Verdad que ______3______ *(this)* color es muy bonito?

Trini —Francamente me gusta más ______4______ *(that, over there)* traje verde.

Irene —Pero me gustan ______5______ *(these)* blusas y no hacen juego con el traje verde.

Trini —Bueno chica, llévate ______6______ *(that)* traje azul y ______7______ *(those)* blusas entonces. Y si te queda dinero todavía, cómprate el traje verde con ______8______ *(that over there)* blusa negra. ¡El conjunto *(outfit)* te quedará fenómeno!

En la sección de ropa para hombres

Lupe —Bueno Tito, ayúdame. ¿Qué le regalo a Mateo por su cumpleaños? ¿ ______9______ *(This)* corbata roja o ______10______ *(that)* cinturón negro?

Tito —Querida hermana, no me gustan ni ______11______ *(these)* corbatas ni ______12______ *(those)* cinturones. Mateo es un gran chico. ______13______ *(This)* novio tuyo se merece algo más interesante e importante. Mira ______14______ *(this)* sección de deportes... ______15______ *(that over there)* bate, o ______16______ *(that)* guante para jugar béisbol... o quizás ______17______ *(this)* raqueta de tenis, o...

Lupe —Tito, yo comprendo lo que estás haciendo. Quieres que Mateo te preste su nuevo bate o guante o raqueta. ¡Es mejor que escoja el regalo yo!

Nota cultural

El Corte Inglés

El Corte Inglés es uno de los grandes almacenes españoles que tiene sucursales en Madrid, Barcelona, Bilbao, Sevilla, Toledo y varias otras ciudades españolas. ¿Qué es lo que se vende? Hay de todo para el hogar, deportes, ropa para toda la familia, ordenadores, hardware, software, escaners, cámaras fotográficas digitales, videojuegos, teléfonos móviles, televisores, aparatos electrodomésticos, juguetes, videos, discos compactos y libros. También hay supermercado, perfumería y cosmética. Si quiere sacar entradas para un espectáculo o comprar seguros o planear un viaje, el Corte Inglés le proporciona esos servicios también.

PART 2

Demonstrative pronouns

Demonstrative pronouns in Spanish have the same form as demonstrative adjectives. The noun is deleted and an accent mark is added over the stressed vowel of the demonstrative.

Estas tortas son más ricas que **aquéllas.**	*These cakes are more delicious than* ***those (over there).***
Pero aquellas galletas no son tan buenas como **éstas.**	*But those cookies (over there) aren't as good as* ***these.***
¿Qué camisa prefiere Ud.? **¿Ésta o ésa?**	*Which shirt do you prefer?* ***This one*** *or* ***that one?***
Creo que me gusta más **aquélla** que está en el otro mostrador.	*I think that I like* ***that one*** *on the other counter best.*
Aquellos anteojos son más bonitos que **ésos.**	*Those eyeglasses (over there) are prettier than* ***those.***
Puede ser, pero **éstos** tienen la montura que más me gusta.	*That may be, but* ***these*** *have the frame I like best.*
¿Quiénes son los dos muchachos que figuran en la foto?	*Who are the two boys in the photograph?*
Éste es mi primo Carlos y **ése** es su amigo.	***This one*** *is my cousin Carlos and* ***that one*** *is his friend.*

NOTE In modern usage, the written accent is sometimes left off demonstrative pronouns.

Spanish has three neuter demonstrative pronouns ending in **-o: esto, eso, aquello.** These never have a written accent. They refer to situations or ideas, not to specific nouns.

Dicen que Pedro toma y que después maneja.	*They say that Pedro drinks and then drives.*
No hay nada más peligroso que **eso.**	*There's nothing more dangerous than* ***that.*** (**eso**=*drinking and driving)*
La tía María tenía antes una tienda de ropa en el centro.	*Aunt María used to have a clothing store downtown.*
Aquello fue hace muchos años, ¿verdad?	***That*** *was many years ago, wasn't it?* (**aquello**=*that she had a clothing store downtown)*

The neuter demonstratives can be followed by **de** to express *this/that situation regarding* or *this/that matter of/about.*

Esto de trabajar demasiado no te hace ningún bien.	***This situation of (your) working too much*** *is not doing you any good.*
Aquello de tu hermano Íñigo me puso triste.	***That business about your brother Íñigo*** *made me sad.*

Esto de, eso de, and **aquello de** can be understood as referring to relative time differences. **Esto de** means *the matter I was just talking about.* **Eso de** means *the matter you were just talking about* or *the thing you just said.* **Aquello de** refers to a matter discussed in the past.

Actividad 3 **Un crítico de restaurantes** Ud. es crítico(a) de restaurantes. Alguien le hace una entrevista sobre ciertas comidas que probó. Contéstele usando los pronombres demostrativos en su respuesta. Siga el modelo.

MODELO ¿Qué queso le gustó más? ¿Este queso o ese queso?
Me gustó éste más que ése. *or*
Me gustó ése más que éste.

1. ¿Qué salsa de champiñones *(mushrooms)* le gustó más? ¿Esa salsa o aquella salsa?

____

2. ¿Qué fideos *(noodles)* le gustaron más? ¿Aquellos fideos o estos fideos?

____

3. ¿Qué bizcocho le gustó más? ¿Este bizcocho o ese bizcocho?

____

4. ¿Qué salchichas le gustaron más? ¿Esas salchichas o aquellas salchichas?

____

5. ¿Qué guisado *(stew)* le gustó más? ¿Este guisado o ese guisado?

____

6. ¿Qué panes le gustaron más? ¿Estos panes o aquellos panes?

____

7. ¿Qué sopa de legumbres le gustó más? ¿Esta sopa de legumbres o esa sopa de legumbres?

____

Possessive adjectives

Possessive adjectives in Spanish agree with the noun they modify. Possessive adjectives referring to the singular pronouns and to the third person plural have only two forms: a singular and a plural. The possessives **nuestro(a)** and **vuestro(a)** are four-form adjectives.

(yo)	**mi/mis**	(nosotros)	**nuestro (a) (os) (as)**
(tú)	**tu/tus**	(vosotros)	**vuestro (a) (os) (as)**
(él/ella/Ud.)	**su/sus**	(ellos/ellas/Uds.)	**su/sus**

The possessive adjective **su/sus** means *his, her, its, your,* and *their*. To clarify who is referred to, a phrase consisting of **de** + *pronoun* may be added.

¡Qué bueno! Allí están Sergio y Marisa. Necesito su libro.	*Great! There are Sergio and Marisa. I need (his/her/their) book.*
¿El libro **de él** o el libro **de ella**?	*His book or her book?*
¿Qué computadora te gustó más?	*Which computer did you like best?*
La computadora **de Uds**. La computadora **de ellos** no me gustó tanto.	*Your computer. I didn't like their computer so much.*

Spanish has a set of long-form or stressed possessive adjectives that can be used to contrast one possessor with another *(It's **my** book, not **your** book)*. These are all four-form adjectives and follow the noun they modify.

el libro **mío**	**la** computadora **mía**	**el** libro **nuestro**	**la** computadora **nuestra**
los libros **míos**	**las** computadoras **mías**	**los** libros **nuestros**	**las** computadoras **nuestras**
el libro **tuyo**	**la** computadora **tuya**	**el** libro **vuestro**	**la** computadora **vuestra**
los libros **tuyos**	**las** computadoras **tuyas**	**los** libros **vuestros**	**las** computadoras **vuestras**
el libro **suyo**	**la** computadora **suya**	**el** libro **suyo**	**la** computadora **suya**
los libros **suyos**	**las** computadoras **suyas**	**los** libros **suyos**	**las** computadoras **suyas**

The phrases consisting of **de** + *pronoun* clarify the person to whom **suyo** refers.

Rogelio y Paula escribieron muchos artículos.	*Rogelio and Paula wrote a lot of articles.*
Los artículos **de él** se publicaron en España y **los** artículos **de ella** en México.	***His** articles were published in Spain and **her** articles in Mexico.*
El teléfono celular **mío** no funciona. ¿Me prestas el teléfono celular **tuyo**?	***My** cell phone doesn't work. Can you lend me **your** cell phone?*
Lo siento. **El** teléfono celular **mío** no funciona tampoco.	*I'm sorry. **My** cell phone doesn't work either.*

The long-form possessive adjectives can also occur with the indefinite article.

unos amigos **míos**	*some friends of mine*
una idea **tuya**	*an idea of yours*

After **ser** the definite article is frequently omitted after long-form possessives.

Este coche es **mío.**	*This car is mine.*
Esas maletas son **nuestras.**	*Those suitcases are ours.*

When the definite article does appear with a long-form possessive after forms of **ser,** there is a difference in meaning that is difficult to express in English.

Esta casa es **mía.**	*This house is mine. (I own it. The focus is on ownership.)*
En esta calle hay varias casas. ¿Cuál es **la tuya**?	*There are several houses on this street. Which one is yours? (The focus is on which on of many belongs to someone.)*
Esta casa es la **mía.**	*This house is mine.*

Actividad 4 **En el depósito de artículos perdidos *(lost and found)*** ¿Adónde van a parar las cosas perdidas? Ud. y su amiga buscan esos artículos en el depósito donde suelen acabar. Dígale a su amiga que las cosas pertenecen a otra persona de la que creía. Use un adjetivo posesivo en su respuesta. Siga el modelo.

> **MODELO** Esta raqueta de tenis será de Paco, ¿no? (Jorge)
> No, no es suya. Será de Jorge.

1. Este guante será de Rebeca, ¿no? (Martina)

____

2. Estas llaves serán de Carlos y Pepe, ¿no? (nosotros)

____

3. Este disquete será de Amparo, ¿no? (Enrique)

____

4. Estos apuntes de historia serán del nuevo estudiante de intercambio, ¿no? (Uds.)

____

5. Estas calculadoras serán de Fernando y Graciela, ¿no? (tú)

____

6. Esta bolsa será de Anita, ¿no? (la profesora Márquez)

____

7. Esta agenda electrónica será de Uds., ¿no? (Eduardo)

____

Actividad 5 **Viajes** ¿Qué se lleva en un viaje? Escriba frases usando un adjetivo posesivo de forma larga. Siga el modelo.

> **MODELO** el paquete / (yo)
> el paquete mío

CHAPTER 18

Hacer un viaje

el billete electrónico de ida y vuelta *round-trip e-ticket*
el cheque de viajero *traveler's check*
la computadora portátil *laptop computer*
el equipaje de mano *hand luggage*
la maleta *suitcase*
el maletín *small suitcase*
la mochila *backpack*
el paquete *package*
la visa *visa*

PART 2

1. las maletas / (tú)

2. el equipaje de mano / (nosotros)

3. los cheques de viajero / (ellos)

4. la computadora portátil / (Ud.)

5. los maletines / (tú y yo)

6. la mochila / (Uds.)

7. el pasaporte / (yo)

8. las visas / (vosotras)

9. los billetes electrónicos de ida y vuelta / (tú)

Possessive pronouns

Spanish possessive pronouns consist of the definite article plus the long-form possessive adjective. The noun is deleted.

Javier se compró un coche espléndido.	*Javier bought himself a terrific car.*
Sí, **el suyo** costó mucho más que **el nuestro.**	*Yes, **his** cost much more than **ours** did.*

Los estudiantes **míos** son muy buenos este semestre. ¿Y **los suyos**?	***My*** *students are very good this semester. What about **yours**?*
Los míos también son excelentes.	***Mine*** *are excellent, too.*
Mira mi computadora nueva.	*Look at my new computer.*
Es fabulosa. Creo que **la tuya** tiene más memoria que **la mía.**	*It's fabulous. I think **yours** has more memory than **mine.***

The masculine plural of the possessive pronoun can refer to family members or to teams.

¿Cómo están **los tuyos**?	*How's **your family**?*
¿Los míos? Perfectamente, gracias.	***My family?*** *Just fine, thanks.*
Espero que ganen **los nuestros.**	*I hope **our team** wins.*
Vamos a ver. Los otros son muy buenos también.	*Let's see. The others are very good, too.*

The neuter article **lo** + *the masculine singular of the long-form possessive* forms a neuter possessive pronoun meaning *whose part*, or *whose task*.

Denme **lo mío** y me voy.	*Give me **my share** and I'll leave.*
Lo tuyo son veinte dólares.	***Your part*** *is twenty dollars.*
Lo suyo es crear la base de datos.	***His task*** *is to create the database.*
No encontramos **lo nuestro.**	*We can't find **our things.***

CHAPTER 18

Actividad 6 **Fernando el fanfarrón *(braggart)*** Cada vez que alguien dice que tiene algo bueno, Fernando se jacta *(brags)* de tener algo mejor. Escriba lo que dice Fernando usando los pronombres posesivos. Siga el modelo.

MODELO Martín —Mi coche es muy lujoso.
Fernando —¡Pero el mío es más lujoso que el tuyo!

1. Lucia —Mi raqueta de tenis es muy moderna.
   Fernando — ______________________________
2. Patricia —Mis discos compactos son nuevos.
   Fernando — ______________________________
3. Ricardo —Mi novia es muy simpática.
   Fernando — ______________________________
4. Dalia —Mi computadora funciona muy bien.
   Fernando — ______________________________
5. Carlos —Mis revistas de deportes son muy interesantes.
   Fernando — ______________________________
6. Clara —Mis notas son muy buenas.
   Fernando — ______________________________
7. Leo —Mi perro es sumamente inteligente.
   Fernando — ______________________________

Actividad 7 **¿Dónde está?** Explique dónde Ud. cree que están ciertas cosas. Conteste las preguntas usando los pronombres posesivos. Siga el modelo.

> **MODELO** ¿Dónde está el anillo de Virginia? (en el dormitorio)
> El suyo estará en el dormitorio.

1. ¿Dónde están los manuales de José? (en el estante *[shelf]*)
____
2. ¿Dónde está tu permiso de manejar? (en mi cartera)
____
3. ¿Dónde están las pulseras de Lola y Nieves? (en la cómoda)
____
4. ¿Dónde están sus sellos (de Uds.)? (en la gaveta *[drawer]*)
____
5. ¿Dónde está nuestra agenda electrónica? (en el escritorio)
____
6. ¿Dónde están vuestros frascos de agua de colonia? (en el baño)
____
7. ¿Dónde está su (de Ud.) guitarra? (encima del piano)
____

PART 2

Actividad 8 **¡Qué niño más repipí *(precocious brat)*!** Angelito siempre se sale con la suya *(gets his own way)*. ¿Y estas otras personas? ¿Siempre se salen con la suya? Escriba las oraciones usando el pronombre posesivo apropiado en contestar que sí o que no. Siga el modelo.

> **MODELO** la hermanita de Angelito (sí)
> Sí, se sale con la suya.

1. las hermanas grandes de Angelito (no)
____
2. Rafaelito (no)
____
3. Ud. (sí)
____
4. Bárbara (no)
____

5. Uds. (no)

____

6. tú (sí)

____

7. vosotros (sí)

____

Actividad 9 **Expresar en español** Exprese las oraciones en español.

1. This business about the company is difficult to understand.

____

2. That situation regarding our trip has to be resolved.

____

3. We'll have to talk about that matter of buying a new car.

____

4. An old friend of mine is arriving on Saturday.

____

5. How's your **(tú)** family? (use a possessive pronoun)

____

6. We hope our team wins. (use a possessive pronoun)

____

7. Your **(Ud.)** part (task) is to bring the flowers.

____

8. My part is to make copies **(fotocopiar).**

____

Actividad 10 **Actividad oral** Practique usando los demostrativos y los posesivos. Pregúnteles a otros estudiantes a quiénes pertenecen ciertas cosas. Por ejemplo, Ud. pregunta «¿De quién es este libro de texto?» Un(a) compañero(a) contesta: «Es mío» o «Es suyo», señalando a otro(a) compañero(a).

CHAPTER 18

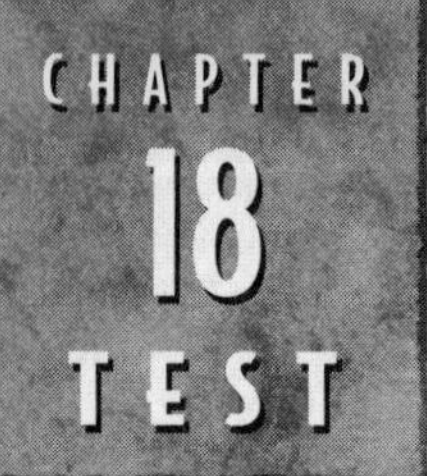

Demonstratives and possessives

1 **Adjetivos demostrativos** Escriba la forma correcta de los adjetivos demostrativos.

	este	ese	aquel	*sustantivo*
1.				computadora
2.				consultores
3.				avenida
4.				videojuego
5.				librerías
6.				informe
7.				programas
8.				pirámides

2 **Adjetivos posesivos** Escriba frases usando la forma larga de los adjetivos posesivos.

MODELO los carteles / de ella
los carteles suyos

1. la empresa / de ellos
2. el teléfono celular / de Ud.
3. los planes / de ti
4. el sitio Web / de mí
5. el módem / de nosotros
6. unas ideas / de Uds.

3 **Pronombres posesivos** Escriba oraciones usando los pronombres posesivos.

MODELO El jardín de los Évora es lindo. (de nosotros)
El nuestro también.

1. El trabajo de Carolina es interesante. (de ti)
2. La oficina de Pedro es moderna. (de ellos)
3. Los amigos de Uds. son encantadores. (de mí)
4. La ropa de Mercedes es elegante. (de Uds.)
5. Mis investigaciones son importantes. (de Ud.)
6. El chalet de los Lapesa es soleado. (de ella)

Pronouns: Subject, object, prepositional

CHAPTER 19

Subject pronouns

The subject pronouns in Spanish are:

SINGULAR	PLURAL
yo *I*	**nosotros(as)** *we*
tú *you (informal singular)*	**vosotros(as)** *you (informal plural, Spain only)*
él *he, it*	**ellos** *they (masculine)*
ella *she, it*	**ellas** *they (feminine)*
Ud. (usted) *you (formal singular)*	**Uds. (ustedes)** *you (formal and informal plural in Latin America, formal plural in Spain)*

Spanish has four forms for *you* that show politeness and number. However, **vosotros(as)** is used only in Spain. Latin American Spanish has three forms for *you*: two singular forms **tú** (informal) and **Ud.** (formal), and one plural form **Uds.** that can be used for any group of two or more people. Note that **Ud.** and **Uds.** are often abbreviated **Vd.** and **Vds.** in Spain.

Since all Spanish nouns are either masculine or feminine, **él** and **ella** refer to things as well as to people.

Subject pronouns are less common in Spanish than in English because the verb endings show who is performing the action. They are used, however, to contrast or emphasize the subject of the verb.

¿Qué hace**s** mañana? — *What are* ***you*** *doing tomorrow?*
Trabaj**o**. — ***I*** *am working.*

¿Qué hac**en** (Uds.) mañana? — *What are* ***you*** *doing tomorrow?*
Ella tiene el día libre, pero **yo** trabajo. — ***She*** *has the day off, but* ***I'm*** *working.*

Note the following use of the subject pronouns with **ser** (colloquial English translations appear in parentheses).

Soy yo. *It is I. (It's me.)*	**Somos nosotros(as).** *It is we. (It's us.)*
Eres tú. *It is you.*	**Sois vosotros(as).** *It is you.*
Es él. *It is he. (It's him.)*	**Son ellos.** *It is they (masculine). (It's them.)*
Es ella. *It is she. (It's her.)*	**Son ellas.** *It is they (feminine). (It's them.)*
Es Ud. *It is you.*	**Son Uds.** *It is you.*

Actividad 1 **El sujeto** Escriba el pronombre sujeto al lado de la oración. Si hay más de una posibilidad, escriba todos los pronombres posibles. Siga el modelo.

> **MODELO** Lees una cantidad de libros. ____tú____

1. Estacionemos en esta calle. ____________
2. Es español. ____________
3. Sois simpáticas. ____________
4. Buscaban casa. ____________
5. Tengo razón. ____________
6. Está contentísima. ____________
7. Cenasteis a las nueve. ____________
8. Lo verás. ____________
9. Eran bellas. ____________
10. Es inglesa. ____________

PART 2

Actividad 2 **Yo... pero tú...** Practique usando el pronombre sujeto en combinar las dos oraciones en una. Siga el modelo.

> **MODELO** Estudias español. Estudia (ella) francés.
> Tú estudias español, pero ella estudia francés.

1. Trabajo de lunes a viernes. Trabajas los fines de semana.

   ____

2. Estudiamos en una universidad particular. Estudian (Uds.) en una universidad estatal.

   ____

3. Viven (ellas) en pleno centro. Vive (Ud.) en las afueras.

   ____

4. Vas de compras el sábado. Vamos de compras el jueves.

   ____

5. Es (él) abogado. Soy profesor.

   ____

6. Escuchan (ellos) música clásica. Escucháis rock.

   ____

Pronouns after prepositions

After a preposition, Spanish uses the subject pronouns, except for **yo** and **tú**.

para **mí**	para **nosotros(as)**
para **ti**	para **vosotros(as)**
para **él**	para **ellos**
para **ella**	para **ellas**
para **Ud.**	para **Uds.**

NOTE **Mí** has a written accent but **ti** does not.

Three irregular forms exist with the preposition **con: conmigo** *(with me)*, **contigo** *(with you) (informal singular)*, and **consigo** *(with himself, with herself, with themselves)*.

¿Puedes ir **conmigo**?	*Can you go* ***with me?***
Hoy no. Mañana voy **contigo.**	*Not today. Tomorrow I'll go* ***with you.***
Alicia está enojada **con nosotros.**	*Alicia is angry* ***with us.***
Debería estar enojada **consigo** misma. Ella tiene la culpa de todo.	*She should be angry* ***with herself.*** *She's to blame for everything.*

After the prepositions **como** *(like)*, **según** *(according to)*, **salvo** *(except)*, **excepto** *(except)*, **menos** *(except)*, and **entre** *(between, among)*, subject pronouns are used even in the first and second person singular forms: **entre tú y yo** *(between you and me)*, **todos menos tú**, *(everyone except you)*, **según yo** *(according to me)*. **Yo** and **tú** replace **mí** and **ti** after **y** with other prepositions as well.

Lo dijo **delante de Ud. y yo.**	*He said it* ***in front of you and me.***

Actividad 3 **Pronombres preposicionales** Complete con la forma correcta de la preposición. Siga el modelo.

MODELO de __mí__ (yo)

1. para ________________ (él)
2. con ________________ (tú)
3. según ________________ (tú)
4. por ________________ (nosotros)
5. salvo ________________ (yo)
6. sobre ________________ (Ud.)
7. con ________________ (yo)
8. de ________________ (vosotros)
9. para ________________ (ellas)

10. por ______________________________ (tú)
11. menos ______________________________ (tú)
12. como ______________________________ (yo)
13. en ______________________________ (ella)
14. entre ______________________________ y yo (tú)

Actividad 4 **Más pronombres preposicionales** Conteste las preguntas usando los pronombres preposicionales correctos. Siga el modelo.

> **MODELO** ¿Trajiste algo para Elenita?
> Sí, traje algo para ella.

1. ¿Vive Ud. cerca de las tiendas?

____

2. ¿Trabajaba Timoteo en esa oficina?

____

3. ¿Lograron Uds. hablar sobre esos asuntos?

____

4. ¿Pagaste un dineral *(fortune)* por el estéreo?

____

5. ¿Salió Ud. con Isabel y Alfonso?

____

6. ¿Hay mucho trabajo para la clase de filosofía?

____

7. ¿Se casó María Elena con el pintor?

____

8. ¿Felicitaste a los jugadores por la victoria?

____

Actividad 5 **¡Te equivocas!** Su amigo cree que Ud. hizo algunas cosas con ciertas personas o para ellas. Dígale que no hizo las cosas ni con las personas que él cree ni para ellas. Escriba oraciones usando los pronombres preposicionales. Siga el modelo.

> **MODELO** Saliste con Gabriela, ¿verdad?
> No, con ella, no.

1. Almorzaste con Paquita y Laura, ¿verdad?

____

2. Fuiste al cine con Víctor, ¿verdad?

____

3. Hiciste el informe para la profesora Godoy, ¿verdad?

____

4. Trabajaste en la librería por tu hermana, ¿verdad?

____

5. Compraste un regalo para tus padres, ¿verdad?

____

6. Escribiste el trabajo por Daniel, ¿verdad?

____

7. Jugaste tenis con los Villa, ¿verdad?

____

8. Preparaste el almuerzo para mí, ¿verdad?

____

Personal a and direct objects

A direct object noun in Spanish is joined to its verb directly, without a preposition, if it refers to a thing. Direct object nouns that refer to specific people are preceded by **a.** This use of **a** is called *personal a.*

No veo **a tu abuela.**	*I don't see* ***your grandmother.***
Está en la cocina ayudando **a mi madre.**	*She's in the kitchen helping* ***my mother.***
¿Alquilaste **la película**?	*Did you rent* ***the film?***
Sí, y compré **palomitas de maíz.**	*Yes, and I bought* ***popcorn.***

In the preceding examples, the nouns **abuela, madre, película,** and **palomitas de maíz** are direct objects. Only the direct objects that refer to people use the personal **a.**

Personal **a** is not used before nouns referring to people if they are not specific.

Este restaurante busca **camareros.**	*This restaurant is looking for waiters.*
También necesitan **un cajero.**	*They also need a cashier.*
La empresa necesita **programadores.**	*The firm needs programmers.*
Admiten **cientos de estudiantes.**	*They admit hundreds of students.*

Often nouns preceded by numbers are considered not specific and usually do not take a personal **a.**

Contrataron **(a) cien empleados nuevos.**	*They hired one hundred new employees.*
Conozco **(a) diez primos suyos.**	*I know ten cousins of his.*

However, personal **a** is required before **alguien** and **nadie,** and before **alguno, ninguno,** and **cualquiera** when they modify a noun referring to people or are used as pronouns referring to people.

¿**A quién** llamas?	***Whom** are you calling?*
No puedo llamar **a nadie.** El teléfono está descompuesto.	*I can't call **anyone.** The phone is out of order.*
¿Despidieron **a alguien**?	*Did they fire **anyone?***
Creo que despidieron **a algunos empleados.**	*I think they fired **a few employees.***
¿Conoces **a algunos profesores** en Madrid?	*Do you know **any professors** in Madrid?*
No, no conozco **a ningún profesor.**	*No, I don't know **any.***
¿Invitaste **a alguien**?	*Did you invite **anyone?***
No, no invité **a nadie.**	*No, I didn't invite **anyone.***
Nunca he visto **a nadie** que hable tanto como él.	*I've never seen **anyone** who talks as much as he does.*
Sí, él es capaz de marear **a cualquiera.**	*Yes, he can make **anyone** dizzy.*
Laura está dispuesta a ayudar **a cualquier amigo.**	*Laura is willing to help **any friend.***
Sí, ella siempre ayuda **a todo el mundo.**	*Yes, she always helps **everyone.***

The personal **a** is also used before other pronouns that refer to people.

Hoy llevo **a los míos** al centro.	*Today I'm taking **my family** downtown.*
¿Puedo ir con Uds.? Me encantaría conocer **a los tuyos.**	*Can I go with you? I would love to meet **your family.***

Personal **a** is generally used before **¿cuántos?** when **cuántos** refers to people but, as mentioned above, is often omitted before the number that may appear in the answer to the question.

¿**A cuántos** conociste?	***How many of them** did you meet?*
Conocí **(a)** siete.	*I met **seven.***
¿**A cuántos candidatos** eligieron?	***How many candidates** did they elect?*
Eligieron **(a)** doce.	*They elected **twelve.***

Personal **a** is not usually used after **tener.**

¿**Qué profesora** tienes para sicología?	***Which teacher** do you have for psychology?*
Tengo **la mejor profesora** que hay.	*I have **the best teacher** there is.*

When personal **a** is used after **tener** it implies having a person in a certain condition or in a certain role.

Tiene **a su mujer** como asistenta.	*He has **his wife** as his assistant.*
Tengo **a mi hija** en la universidad ahora.	*I've got **my daughter** in college now.*

PART 2

Personal **a** is also used after **tener** when **tener** means to hold.

La mujer **tenía a su bebé** en brazos. *The woman **held her baby** in her arms.*

When personal **a** is used after **querer,** the verb means *to love, like*. When personal **a** is omitted after **querer,** the verb means *to want.*

Ricardo quiere **a** Sofía. *Ricardo loves Sofía.*
No quieren **a su cocinero.** *They don't like their cook.*
Quieren **otro cocinero.** *They want another cook.*

Several verbs that take a direct object in Spanish have English equivalents that have prepositions.

aprovechar algo *to take advantage of something*	**esperar algo/a alguien** *to wait for something/for someone*
buscar algo/a alguien *to look for something/for someone*	**mirar algo/a alguien** *to look at something/at someone*
escuchar algo/a alguien *to listen to something/to someone*	**pagar algo** *to pay for something*
	pedir algo *to ask for something*

Actividad 6 **La *a* personal** Complete las oraciones con la **a** personal cuando sea necesario. No se olvide de escribir la contracción **al (a + el)** cuando haga falta. Si no es necesario escriba una X.

1. Yo buscaba ____________ los sobres.
2. Encontré ____________ los niños en el patio.
3. Busquen ____________ los documentos en el escritorio.
4. Encontraron ____________ la arquitecta en su oficina.
5. Paco conoció ____________ su novia hace seis meses.
6. ¿____________ quién viste en el teatro?
7. Llevamos ____________ nuestros amigos a la sierra.
8. ¿No comprendes ____________ el problema todavía?
9. Me gustaría conocer ____________ la ciudad.
10. Llévate ____________ el paquete.
11. No he encontrado ____________ el número de teléfono.
12. Jesús y Tito llevan ____________ la camiseta de su equipo.
13. Ayuda ____________ tu hermana.
14. Voy a ver ____________ mis tíos mañana.
15. Nadie comprende ____________ el profesor Delgado.
16. ¿____________ quiénes llamaste?

Actividad 7 **¡Un flechazo! *(Love at first sight!)*** Simón le explica a su amigo Pedro cómo se enamoró en Palma de Mallorca. Complete las oraciones con la **a** personal cuando sea necesario. Si no es necesario escriba una X.

Pedro —Entonces, ¿ya conocías ______ (1) algunos estudiantes de la facultad de ciencias sociales?

Simón —Por desgracia, las primeras semanas no conocí ______ (2) ninguno de los estudiantes.

Pedro —¿Pero no viste ______ (3) muchos chicos en la universidad?

Simón — Claro que los vi pero no me presenté ______ (4) ellos porque no dominaba el español.

Pedro —¿Cómo es que cambió la situación entonces?

Simón —Bueno, después de un mes más o menos conocí ______ (5) alguien de la facultad de ingeniería que me llevó a una fiesta.

Pedro —Seguro que invitó ______ (6) estudiantes de la facultad. Allí conociste ______ (7) mucha gente, ¿verdad?

Simón —______ (8) muchas personas, no, pero ______ (9) una muy especial sí. Es que vi ______ (10) tantas chicas muy lindas.

Pedro —Y querías sacar a bailar ______ (11) todas, ¿no?

Simón —Sí, al principio. ¡Hasta que me fijé en una que me dejó boquiabierto!

Pedro —¡Un flechazo! Total, no invitaste ______ (12) ninguna a salir…

Simón —¡Excepto ______ (13) Josefa!

Actividad 8 **Verbos** Exprese las oraciones en español. No se olvide que varios verbos en español que tienen complemento directo y que no tienen preposición corresponden a verbos con preposición en inglés.

1. Ask **(Ud.)** for another bottle of juice.

 ____

2. Let's take advantage of this sale.

 ____

3. Look **(tú)** at the beautiful ocean.

 ____

4. I'll wait for them until three o'clock.

 ____

5. She's looking for her brother and sister.

 ____

6. Who paid for the tickets?

____

7. Let's listen to the orchestra.

____

Forms and position of direct object pronouns

Direct object nouns can be replaced by direct object pronouns. The direct object pronouns in Spanish are:

me	**nos**
te	**os**
lo/la	**los/las**

NOTES

- **Lo, la, los, las** refer to both people and things.
- **Lo, la, los, las** are also the direct object pronouns for **Ud.** and **Uds.,** so they mean *you* as well as *him, her, it, them.*
- In Spain, **lo** is replaced by **le** when referring to people.

Direct object pronouns precede the conjugated verb in Spanish, whereas in English they follow the conjugated verb.

¿Dónde estarán los niños? Hace quince minutos que **los** busco y no **los** encuentro.	*Where can the children be? I've been looking for* ***them*** *for fifteen minutes and I can't find* ***them.***
Los vi en el parque.	*I saw* ***them*** *in the park.*
¡Ay! No tengo el libro de química. **Lo** dejé en el colegio.	*Oh! I don't have the chemistry book. I left* ***it*** *at school.*
Aquí tengo el mío. ¿**Lo** quieres?	*I have mine here. Do you want* ***it?***
Me avisará si hay un cambio en el horario de mañana.	*You'll inform* ***me*** *if there's a change in tomorrow's schedule.*
Cómo no, señora. Cualquier cosa y **la** llamo en seguida.	*Of course, Madam. If anything comes up I'll call* ***you*** *immediately.*
¿Vas al centro ahora? ¿**Nos** llevas?	*Are you going downtown now? Will you take* ***us?***
Con mucho gusto. **Los** dejo delante del correo. ¿Está bien?	*Gladly. I'll leave* ***you*** *in front of the post office. Is that all right?*

In compound tenses the direct object pronouns are placed before the auxiliary verb **haber.**

Carlos, ¡qué milagro! No **te** hemos visto por tanto tiempo.	*Carlos, what a surprise! We haven't seen* ***you*** *for such a long time.*
Es que **me** han contratado en una empresa de las afueras.	*That's because they've hired* ***me*** *at a firm in the suburbs.*

In *verb + infinitive* constructions, the direct object pronoun may either precede the first verb or be attached to the infinitive.

¿Has visto la nueva película española?	*Have you seen the new Spanish film?*
No, pero **la** quiero ver.	*No, but I want to see **it**.*
or	
No, pero quiero ver**la**.	

In the progressive tenses, the direct object pronoun can be placed either before the form of **estar** or be attached to the present participle. When the pronoun is attached to the present participle, an accent mark is added to the vowel before the **-ndo.**

¿Y los vasos?	*What about the glasses?*
Los estoy lavando ahora mismo.	*I'm washing **them** now.*
or	
Estoy lav**á**ndo**los** ahora mismo.	
¿Has leído la nueva novela de Atienza?	*Have you read the new novel by Atienza?*
La estoy leyendo ahora.	*I'm reading **it** now.*
or	
Estoy ley**é**ndo**la** ahora.	
Antes los chicos no comían legumbres.	*The children didn't use to eat vegetables.*
Ahora **las** están comiendo.	*Now they eat **them**.*
or	
Ahora están comi**é**ndo**las.**	

The direct object pronoun is also attached to affirmative command forms. An accent mark is added to the stressed vowel of the command form, except in the case of one-syllable commands.

Éstas son las palabras nuevas, chicos. Apr**é**ndan**las** de memoria.	*These are the new words, kids. Learn **them** by heart.*
Por favor, rep**á**se**las** con nosotros, profesor.	*Please, review **them** with us, Sir.*
¿No tienes el periódico? **Búscalo.**	*Don't, you have the newspaper? Look for **it**.*
No, **cógelo** tú y **llévalo** arriba.	*No, you get **it** and take **it** upstairs.*

To emphasize or contrast direct object pronouns referring to people, a phrase consisting of **a** + *the corresponding disjunctive pronoun* is added to the sentence.

¿Reconociste a Laura y a Marcos?	*Did you recognize Laura and Marcos?*
La reconocí **a ella,** pero no **lo** vi **a él.**	*I recognized **her**, but I didn't see **him**.*
Parece que las secretarias son más simpáticas que la jefa.	*It seems that the secretaries are nicer than the boss.*
Sí, **a ellas las** encuentro encantadoras, pero **a ella** no **la** aguanto.	*Yes, I find **them** delightful, but I can't stand **her**.*

PART 2

When a direct object noun precedes the verb, the direct object pronoun must be present. This is true even if the direct object is a thing.

Veo **a Juan.**	**A Juan lo** veo.
Dejé **los libros** en la mesa.	**Los libros los** dejé en la mesa.

Actividad 9 **¡A jugar pues!** Sus amigos quieren pasar la tarde jugando juegos en casa porque está lloviendo. Diga si quiere jugar los juegos que proponen. Escriba la respuesta de dos maneras usando un complemento directo. Siga el modelo.

MODELO ¿Quieres jugar damas? (sí)
Sí, quiero jugarlas. *or* Sí, las quiero jugar.

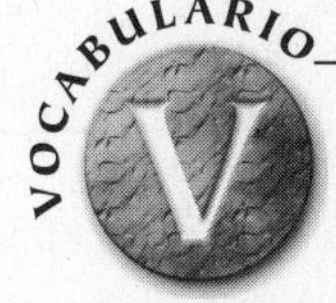

Juegos

la batalla naval *battleship*
la charada *charades*
las damas *checkers*
los dardos *darts*
el dominó *dominoes*
la lotería *lotto*
las palabras cruzadas *crossword puzzle*
el videojuego *video game*
el tres en raya *tic-tac-toe*

1. ¿Quieres jugar dominó? (sí)

____

2. ¿Prefieres jugar batalla naval? (sí)

____

3. ¿Quieres hacer un tres en raya? (no)

____

4. ¿Prefieres tirar dardos? (no)

____

5. ¿Quieres hacer la charada? (sí)

____

6. ¿Prefieres jugar lotería? (no)

____

7. ¿Quieres ver unas palabras cruzadas? (sí)

____

8. ¿Quieres jugar videojuegos? (sí)

____

Actividad 10 **Mi coche** Conteste las preguntas sobre el cuidado de su coche cambiando el sustantivo a un pronombre complemento directo. Escriba la respuesta de dos maneras. Siga el modelo.

MODELO ¿Compraste la bomba de aire *(air pump)*?
No, no la compré. Voy a comprarla.

El coche

la caja de herramientas *toolbox*
el faro *headlight*
el gato *jack*
el parachoques *bumper*
las piezas de repuesto *spare parts*
la placa de matrícula *license plate*
el silenciador *muffler*
el volante *steering wheel*

PART 2

1. ¿Cambiaste el aceite?

___

___

2. ¿Reparaste el parachoques?

___

___

3. ¿Pediste las placas de matrícula?

___

___

4. ¿Llevaste una caja de herramientas y piezas de repuesto?

___

___

5. ¿Usaste el gato?

___

___

6. ¿Arreglaste el volante?

___

___

7. ¿Instalaste el silenciador?

___

___

Actividad 11 **María y los coches** María acaba de sacar su licencia de conducir y piensa mucho en su coche. Escriba oraciones sobre la afición de María cambiando el sustantivo a un pronombre complemento directo. Escriba la respuesta de dos maneras. Siga el modelo.

MODELO María quiere limpiar el baúl.
María quiere limpiarlo. / María lo quiere limpiar.

El coche

la avería *breakdown*
el baúl *trunk*
cargar la batería *to charge the battery*
el coche descapotable *convertible*
el coche todo terreno *SUV*
el pinchazo *blowout*
la señal de tráfico *road sign*

1. Piensa comprar el coche todo terreno.

____

____

2. Tiene que llenar el tanque de gasolina.

____

____

3. Trata de leer todas las señales de tráfico.

____

____

4. Prefiere conducir un coche descapotable.

____

____

5. Debe cargar la batería.

____

____

6. Teme tener un pinchazo.

____

____

7. Procura evitar las averías.

____

____

Actividad 12 **Lo significa *you.*** El complemento directo **lo, la, los, las** también reemplaza **Ud.** y **Uds.** Conteste las preguntas usando el complemento directo en su respuesta. Siga el modelo.

> **MODELO** ¿Me conoce Ud.?
> Sí, señor, lo conozco.

1. ¿Me conoce Ud.?

   Sí, señorita, ______________________________.
2. ¿Nos comprende Ud.?

   Sí, señores, ______________________________.
3. ¿Me llama Ud.?

   No, arquitecta, no ______________________________.
4. ¿Nos busca Ud.?

   No, señoras, no ______________________________.
5. ¿Me lleva Ud.?

   Sí, señor, ______________________________.
6. ¿Nos conoce Ud.?

   No, señoritas, no ______________________________.
7. ¿Me ayuda Ud.?

   Sí, profesor, ______________________________.
8. ¿Nos ve Ud.?

   No, señores, no ______________________________.

Actividad 13 **¡Míralo!** Dé mandatos a varias personas diciéndoles lo que deben hacer y no hacer en ciertos deportes. Escriba mandatos afirmativos y negativos colocando el pronombre complemento directo en su posición correcta. Siga el modelo.

> **MODELO** ver / Ud. / los Juegos Olímpicos
> Véalos. / No los vea.

1. marcar / Ud. /goles

   ____

   ____
2. llamar / tú / al árbitro *(umpire)*

   ____

   ____
3. jugar / Uds. / béisbol

   ____

   ____

PART 2

4. saltar / Ud. / vallas *(hurdles)*

5. hacer / tú / gimnasia

6. lanzar / tú / la pelota

7. ser / Ud. / plusmarquista *(m.) (record holder)*

8. levantar / Uds. / las pesas

CHAPTER 19

Actividad 14 **¿Lo ha visto Ud.?** Unos amigos quieren saber si Ud. ha visto a ciertas personas y cosas hoy. Conteste usando el pronombre complemento directo. Siga el modelo.

MODELO ¿Ha visto a Paulina hoy? (sí/no)
Sí, la he visto.
No, no la he visto.

1. ¿Has visto al señor Domínguez hoy? (sí)

2. ¿Ha visto Ud. a los decanos de la universidad? (no)

3. ¿Han visto Uds. la cámara digital? (sí)

4. ¿Ha visto Ud. los alicates *(pliers)*? (no)

5. ¿Has visto a las hermanas Moya? (no)

6. ¿Han visto Uds. las tarjetas de crédito? (sí)

7. ¿Ha visto Ud. el recibo? (sí)

____

8. ¿Has visto a la ortodontista? (no)

____

Actividad 15 **La catedral de Sevilla** La catedral se remonta *(dates back)* al siglo quince cuando se empezó a construir. Ud. vive en la Edad Media y es testigo de la construcción. Describa las actividades que está viendo. Escriba las oraciones de dos maneras cambiando el sustantivo al pronombre complemento directo. Siga el modelo.

MODELO Yo estoy viendo la construcción.
Yo estoy viéndola.
Yo la estoy viendo.

PART 2

La catedral de Sevilla: su construcción

el albañil *bricklayer*
los andamios *scaffolding*
la argamasa *mortar* (mezcla de arena y agua)
el/la dibujante *draftsperson*
echar los cimientos *to lay the foundation*
el fraile *monk*
el/la maestro(a) de obras *master builder*
la mezquita *mosque*
la monja *nun*
rezar las oraciones *to say prayers*

1. Los arquitectos están empleando el estilo gótico.

____

____

2. Los constructores van cubriendo la mezquita.

____

____

3. Los dibujantes están dibujando las ventanas.

____

____

4. Los maestros de obras están echando los cimientos.

____

____

5. Los frailes y las monjas siguen rezando sus oraciones.

____

____

6. Los trabajadores siguen colocando los andamios.

____

____

7. Los albañiles van trayendo piedras.

____

____

8. Los obreros están poniendo argamasa.

____

____

CHAPTER 19

Nota cultural

La catedral de Sevilla

La catedral de Sevilla es por sus dimensiones la primera de España y la tercera del mundo cristiano después de San Pedro del Vaticano y San Pablo de Londres. Es una de las últimas catedrales góticas españolas y tiene algunas influencias renacentistas. La catedral fue comenzada en 1402 y terminada a principios del siglo dieciséis.

Hubo influencia árabe en España a partir de la batalla de Guadalete en 711 en la cual los árabes derrotaron a Don Rodrigo, el último rey visigodo, y se apoderaron de la península Ibérica. Duró la influencia árabe en España ocho siglos hasta que los árabes perdieron la campaña (campaign) *de Granada en 1492. Sin embargo, la influencia árabe en España perdura en la onomástica* (nombres de lugares), *comida, lingüística y arquitectura. La catedral de Sevilla fue construida sobre las ruinas de una mezquita.*

Actividad 16 **Pili lo arregla todo.** David Salas vuelve a su casa y quiere saber dónde están las cosas y la gente. Su sobrina Pili le contesta con oraciones que tienen el complemento directo en primer lugar. ¿Qué le dice Pili a su tío David? Siga el modelo.

MODELO ¿Dónde está tu tía? (ver salir hace una hora)
A mi tía la vi salir hace una hora.

1. ¿Dónde está mi calculadora de bolsillo? (poner en tu mesa de trabajo)

____

2. ¿Dónde están los chicos? (llevar al cine)

____

3. ¿Dónde está mi teléfono celular? (dejar en el jardín)

____

4. ¿Dónde está el bebé? (acostar)

____

5. ¿Dónde están mis libros? (arreglar en tu cuarto)

____

6. ¿Dónde están las cartas que escribí? (echar al correo)

____

7. ¿Dónde está mi camisa amarilla? (colgar en tu armario)

____

8. ¿Dónde están las galletas que compré? (comer)

____

PART 2

Forms and position of indirect object pronouns

Indirect objects are joined to the verb by the preposition **a.** Indirect objects most commonly refer to people.

The indirect object pronouns in Spanish are:

me	**nos**
te	**os**
le	**les**

Indirect object pronouns follow the same rules of position as direct object pronouns (See p. 405).

Te dije la verdad.
Le debo decir la verdad. *or* Debo decir**le** la verdad.
Les estoy diciendo la verdad. *or* Estoy diciéndo**les** la verdad.
Nos han dicho la verdad.
Díga**me** la verdad.

An indirect object noun in Spanish is usually accompanied by the corresponding indirect object pronoun (**le** or **les,** depending on whether the noun is singular or plural).

¿**Les** escribiste **a tus padres?**	*Did you write to your parents?*
Sí, y también **le** mandé un e-mail **a mi hermana.**	*Yes, and I also sent my sister an e-mail.*

Some verbs that take an indirect object in Spanish take a direct object in English.

contestarle a uno *to answer someone*
pedirle algo a uno *to ask someone for something*
preguntarle a uno *to ask someone*
recordarle a uno *to remind someone*

Many verbs take an indirect object of the person **(le... a uno)** and a direct object that is a thing **(algo).**

contarle algo a uno *to relate, recount something to someone*
darle algo a uno *to give something to someone*
decirle algo a uno *to tell, say something to someone*
devolverle algo a uno *to return something to someone*
enseñarle algo a uno *to show something to someone*
entregarle algo a uno *to hand over something to someone*
enviarle algo a uno *to send something to someone*
escribirle algo a uno *to write something to someone*
explicarle algo a uno *to explain something to someone*
mandarle algo a uno *to send something to someone*
mostrarle algo a uno *to show something to someone*
ofrecerle algo a uno *to offer something to someone*
pedirle algo a uno *to ask someone for something*
recordarle algo a uno *to remind someone of something*
regalarle algo a uno *to give something to someone as a gift*
traerle algo a uno *to bring something to someone*

The indirect object is often the equivalent of the English *from* with verbs meaning *take away, steal,* and *remove.*

arrebatarle algo a uno *to snatch, grab something from someone*
comprarle algo a uno *to buy something from someone*
esconderle algo a uno *to hide something from someone*
exigirle algo a uno *to demand something of/from someone*
ganarle algo a uno *to win something from someone*
ocultarle algo a uno *to hide something from someone*
pedirle prestado algo a uno *to borrow something from someone*
quitarle algo a uno *to take something away from someone*
robarle algo a uno *to steal something from someone*
sacarle algo a uno *to get something out of/from someone*
solicitarle algo a uno *to ask, request something of/from someone*
suspenderle algo a uno *to revoke, cancel something of someone*

¿**A quién le** compraste el coche?	*Whom did you buy the car from?*
Me exigieron mis documentos de identidad.	*They demanded my identification papers (of/from me).*
Le solicité trabajo **al padre de Lucas.**	*I applied for work with/from Lucas' father.*
Al turista le quitaron el pasaporte.	*They took the tourist's passport from him.*

To emphasize or contrast indirect object pronouns, a phrase consisting of **a** + *the corresponding disjunctive pronoun* is added to the sentence.

¿Qué **les** pidieron los aduaneros **a Uds.**?	*What did the customs officers ask **you** for?*
A mí me pidieron el pasaporte, pero **a ella le** pidieron todos los documentos.	*They asked for **my** passport, but they asked for all of **her** documents.*
¿**A Uds. les** regalaron algo?	*Did they give **you** anything as a gift?*
A nosotros nos regalaron muchas cosas, pero **a ellos no les** dieron nada.	*They gave **us** many things, but they didn't give **them** anything.*

Actividad 17 **El complemento indirecto** Vuelva a escribir las oraciones cambiando el pronombre del complemento indirecto. Siga el modelo.

MODELO Yo le pedí unas revistas. (a ellos)
Yo les pedí unas revistas.

1. Les traje los refrescos. (a ti)

____

2. Me dieron flores. (a nosotros)

____

3. Le mandó una tarjeta postal. (a mí)

____

4. Nos dijeron los precios. (a Ud.)

____

5. Te ofrecimos el escritorio. (a él)

____

6. Les preguntó la hora. (a ella)

____

7. Le expliqué mis ideas. (a vosotros)

____

8. Me recordaron el cumpleaños de Leo. (a Uds.)

____

Actividad 18 **Salir ganando o salir perdiendo** Complete las oraciones con una frase que consiste en **a** + el pronombre enfático para hacer énfasis en o contraste de los pronombres de complemento indirecto. Siga el modelo.

MODELO A mí me enviaron mucha plata, pero a ella (Roberta) no le enviaron nada.

1. _______________ nos mostraron el castillo, pero _______________ (Ud. y Felipe) les mostraron solamente el establo de caballos.
2. Marta me contó _______________ la pura verdad, pero _______________ te contó puras mentiras.
3. Yo le escribí una carta de amor _______________ (Daniel), pero le escribí una carta de odio _______________ (su novia).

PART 2

4. _________________________ te dimos la llave de la casa, pero _________________________ (Catarina y Jorge) les dimos una carta de despedida.

5. _________________________ os regalaron unos discos compactos fabulosos, pero _________________________ nos regalaron unos discos rayados *(scratched)*.

6. _________________________ (Elena y Margarita) les trajo unos bombones, pero _________________________ (Ud.) le trajo una caja vacía.

Actividad 19 **Un mal día en familia** La señora Parrondo cuenta todo lo que ha pasado hoy en su casa. Escriba oraciones con los elementos indicados para completar su narración. Debe haber un pronombre complemento indirecto en cada oración que Ud. escribe.

> **MODELO** ¿Conocen a mi vecina?
> nadie / comprar su casa
> Nadie le compró su casa.

1. Mi hijo Paquito se ha portado mal hoy.

   a su hermanita / quitar su muñeca

   ____

2. Mi sobrino Alfredo vino a verme.

   él / pedir prestado mucho dinero

   ____

3. El hijo de la vecina vino a nuestra casa y enojó a mi hijo.

   ese muchacho / quitar la bicicleta

   ____

4. Mi hija Rosalía enojó a Paquito.

   ella / esconder su juguete favorito

   ____

5. Llegó la señora de enfrente para hablar conmigo.

   ella / pedir un favor

   ____

6. Rosalía y Paquito empezaron a gritar y llorar.

   él / arrebatar su osito de peluche *(teddy bear)*

   ____

CHAPTER 19

Actividad 20 **Titulares de periódico** Componga estos titulares para el periódico de hoy. Debe haber un pronombre complemento indirecto en cada titular. Escriba las oraciones usando el presente de indicativo.

> **MODELO** (ellos) / a una señora / robarle el carro / mientras compra leche en una tienda
> A una señora le roban el carro mientras compra leche en una tienda.

1. (ellos) / a tres jóvenes / suspender el permiso de manejar

   ____

2. (los políticos) / a nosotros / ocultar los problemas del país

   ____

3. (ellos) / al pueblo / exigir más sacrificios

   ____

4. (nuestro país) / a España / ir a comprar barcos

   ____

5. (el gobierno) / a tres extranjeros / quitar la visa

   ____

PART 2

Verbs usually appearing with an indirect object pronoun

Certain verbs in Spanish are almost always used with an indirect object pronoun. This construction is different from the English equivalents of these verbs. The most common of these is **gustar.**

Me gusta la torta. *I like the cake.*	**Nos gusta** la torta. *We like the cake.*
Me gustan las galletas. *I like the cookies.*	**Nos gustan** las galletas. *We like the cookies.*
Te gusta la torta. *You like the cake.*	**Os gusta** la torta. *You like the cake.*
Te gustan las galletas. *You like the cookies.*	**Os gustan** las galletas. *You like the cookies.*
Le gusta la torta. *He, She likes/You like the cake.*	**Les gusta** la torta. *They/You like the cake.*
Le gustan las galletas. *He, She likes/ You like the cookies.*	**Les gustan** las galletas. *They/You like the cookies.*

NOTE The verb agrees with the subject of the Spanish sentence, **torta** or **galletas.**

When the grammatical subject of a verb like **gustar** is an infinitive, the verb is always third person singular.

Me encanta patinar sobre el hielo. — *I love to ice skate.*
A mí **me gusta** más **esquiar.** — *I like skiing better.*

Other verbs that function like **gustar**

agradarle a uno *to like something*
convenirle a uno *to suit someone, be good for someone*
encantarle a uno *to love something*
entusiasmarle a uno *to be excited about something*
faltarle a uno *to be missing something, not to have something*
fascinarle a uno *to love something, to be fascinated*
hacerle falta a uno *to need something*
importarle a uno *to care about something, to mind*
interesarle a uno *to be interested in something*
quedarle a alguien *to have something left*
sobrarle a uno *to have more than enough of something*
tocarle a uno *to be someone's turn*
urgirle a uno *to be urgent for someone to do something*

CHAPTER 19

¿**Te interesa** acompañarme a la exposición de arte? — *Would you be interested in accompanying me to the art show?*
Me encantaría. Me fascina mucho la pintura. — *I'd love to. I like painting a lot.*

Creo que **te convendría** salir un poco. — *I think it would be good for you to go out a little.*
Sé que **me hace falta,** pero **me sobra** trabajo. — *I know I need to, but I have too much work.*

Parece que no **te entusiasman** mucho estos juegos. — *It seems that you're not very excited about these games.*
Cada vez que **me toca a mí,** pierdo. — *Every time it's my turn, I lose.*

¿**Les hace falta** verla? — *Do you need to see her?*
Sí, **nos urge.** — *Yes, it is urgent that we do.*

Phrases consisting of **a** + *the corresponding disjunctive pronouns that emphasize or contrast indirect object pronouns* (see p. 415) are also used as short responses.

¿Cuánto dinero nos queda? — *How much money do we have left?*
A mí me quedan doscientos dólares. **¿Y a ti?** — *I have two hundred dollars left.* ***How about you?***

Chicos, ¿a quién le gusta la torta de chocolate? — *Kids, who likes chocolate cake?*
¡A mí! ¡A mí! ¡A mí! — ***I do! I do! I do!***

The phrase **¿Y a ti?** is short for **Y a ti, ¿cuánto dinero te queda?** The phrase **¡A mí!** is short for **A mí me gusta la torta de chocolate.**

Actividad 21 **En plural** Cambie el sujeto de las oraciones al plural. Todos los verbos son del tipo **gustar.** No se olvide de hacer todos los cambios necesarios. Siga el modelo.

MODELO Me gusta ese suéter.
Me gustan esos suéteres.

PART 2

1. Le encanta su perfume.

____

2. Nos interesa esta novela.

____

3. Les queda un examen.

____

4. Te entusiasma la comedia.

____

5. Os importa la idea.

____

6. Me hace falta una guía.

____

7. Les fascina esta materia.

____

8. Le falta un cuaderno.

____

9. Nos agrada su plan.

____

Nota cultural

Hispanos en Estados Unidos

Los hispanos representan el grupo minoritario más grande de Estados Unidos. Son un 13 por ciento de la población. El aumento demográfico desde el último censo es debido a la inmigración y a una índice de natalidad más alta que la de la población en general. Los hispanos han tenido un enorme impacto en la vida y la cultura de Estados Unidos por la influencia de sus diferentes cocinas nacionales y regionales, su música, sus cantantes, sus estrellas de cine y sus deportistas. Hay televisión, radio y prensa en español y sus televidentes pueden ver noticieros, programas de variedades, deportes y telenovelas veinticuatro horas al día en estaciones que transmiten en español. El número de empresas cuyos dueños son hispanos ha aumentado mucho.

Actividad 22 **En el futuro** Vuelva a escribir las oraciones con verbos como **gustar** usando la construcción **ir a** + infinitivo. Siga los modelos.

MODELOS Me gusta esa película.
Me va a gustar esa película.

Me gustan esas películas.
Me van a gustar esas películas.

1. Nos importan sus problemas.

___

2. No les queda mucho dinero.

___

3. Le encanta visitar a sus abuelos.

___

4. No les sobra comida.

___

5. Os conviene viajar en tren.

___

6. Te fascinan esos cuadros.

___

7. Me entusiasman sus obras.

___

8. No le interesan esos programas.

___

Actividad 23 **¿Quién y a quién?** Conteste las preguntas escogiendo entre los pronombres sujetos y las frases con **a.** Siga el modelo.

MODELO ¿Quién estudia chino? (Yo. / A mí.)
Yo.

1. ¿A quién le gusta jugar baloncesto? (Él. / A él.)

___

2. ¿Quiénes vieron a los niños? (Ellos. / A ellos.)

___

3. ¿A Juana le quedan cincuenta dólares? (Ella no. / A ella no.)

___

4. ¿Conociste a Diana? (Yo no. / A mí no.)

5. ¿Comprendieron al profesor? (Nosotros sí. / A nosotros sí.)

6. ¿A quién le interesan estos poemas? (Ud. / A Ud.)

7. ¿Te hace falta manejar? (Yo sí. / A mí sí.)

8. ¿Devolvieron los libros a la biblioteca? (Yo sí. / A mí sí.)

PART 2

Actividad 24 **Los Castellón planean un viaje.** Exprese en español la conversación que tienen los señores Castellón y sus tres hijos sobre el viaje que piensan hacer en el verano. Escriba oraciones usando en cada caso un verbo como **gustar.**

1. Alicia Castellón: I'd like to take a trip to Spain.

2. Rafael Castellón: I'd love to visit my relatives in Venezuela and Argentina.

3. Lorenzo: I'd be interested in going camping in New Mexico or Arizona.

4. Nora: And I'd be fascinated to see the new Italian fashions.

5. Carla: I'd be very enthusiastic about doing water sports.

6. Rafael Castellón: It would be good for us (would suit us) to make a decision as soon as possible.

7. Lorenzo: We have more than enough suggestions. Let's draw lots! **(echar suertes)**

8. Nora: It's my turn first!

Other uses of the indirect object

The indirect object in Spanish is often the equivalent of the English possessive with parts of the body and articles of clothing. This is also true of reflexive pronouns.

¿**Te quito** el abrigo?	*Shall I help you take off your overcoat?*
No, gracias. Siempre **me haces daño** en el brazo cuando me lo quitas.	*No, thank you. You always hurt my arm when you help me take it off.*
Ven, Carlitos. **Te lavo** las manos.	*Come, Carlitos. I'll wash your hands.*
No, no. Yo mismo **me las lavo.**	*No, no. I'll wash them myself.*

The indirect object tells for whose benefit or for whose disadvantage something is done.

¿**Me haces** el almuerzo, mamá?	*Can you make my lunch for me, Mom?*
Sí, si **me llevas** las bolsas de comida a la cocina.	*Yes, if you carry the bags of food to the kitchen for me.*
Espero que no **nos** caiga otra vez la vecina con sus dos hijos.	*I hope the neighbor doesn't drop in on us again with her two children.*
Sí, la última vez esos dos diablos casi **nos** destruyeron la casa.	*Yes, the last time those two rascals almost destroyed our house.*
¡Y **nos** comieron todas las galletas que teníamos!	*And they ate up all the cookies that we had!*

The indirect object pronouns can be added to certain impersonal expressions.

Es difícil caminar cuando nieva.	***It's hard*** *to walk when it snows.*
Me es difícil caminar cuando nieva.	***It's hard for me*** *to walk when it snows.*
Es necesario estudiar más.	***It's necessary*** *to study more.*
Nos es necesario estudiar más.	***It's necessary for us*** *to study more.*

The indirect object pronoun can be added to a **se** construction with certain verbs to express *unplanned occurrences*. These constructions focus on the object affected rather than on the person involved.

acabársele a uno *to run out of*
caérsele a uno *to drop*
hacérsele tarde a uno *to get/grow late*
ocurrírsele a uno *to dawn on, get the idea of*
olvidársele a uno *to forget*
perdérsele a uno *to lose*
quebrársele a uno *to break*
quedársele a uno *to leave something behind*
rompérsele a uno *to break*

Veo que **se te rompieron** los anteojos.	*I see that you broke your glasses.*
Sí, **se me cayeron** en la calle.	*Yes, I dropped them in the street.*
¿Cómo **se les ocurrió** venir ayer?	*How did they get the idea to come yesterday?*
Se les había olvidado que la reunión era mañana.	*They had forgotten that the meeting was tomorrow.*
Se nos está acabando la gasolina. Tenemos que comprar.	*We're running out of gas. We have to buy some.*
Pero **se me quedó** la tarjeta de crédito en casa.	*But I left my credit card at home.*

Actividad 25 **Sucesos inesperados** Complete las oraciones con los verbos indicados. Todas las oraciones expresan la idea de un suceso inesperado. Use el pretérito de los verbos indicados y el complemento directo + construcción con **se.**

1. No pudimos hacer los sándwiches. (acabársele)

   ______________________________ el pan.
2. Plácido no pudo entrar en su casa. (perdérsele)

   ______________________________ las llaves.
3. No le mandé una tarjeta a Beatriz. (olvidársele)

   ______________________________ la fecha de su cumpleaños.
4. ¡Pero estáis mojadísimos! (quedársele)

   ¿______________________________ el paraguas en casa?
5. ¡Cuidado de no cortarte la mano! (rompérsele)

   ¿Cómo ______________________________ los vasos?
6. ¡Pasando por Madrid, Uds. no visitaron a los tíos! (ocurrírsele)

   ¿Ni ______________________________ llamarlos?
7. Los niños están recogiendo todos los papeles en el suelo. (caérsele)

   ¿Cómo ______________________________?

Actividad 26 **Prevenir *(to warn)* contra lo inesperado** Escriba las oraciones previniendo a unas personas contra ciertas cosas. Fíjese que el imperativo de los verbos como **acabársele** es un mandato indirecto. Siga el modelo.

MODELO tú / no caérsele / los platos
Que no se te caigan los platos.

1. Uds. / no olvidársele / asistir a la conferencia

   ____
2. él / no perdérsele / los anteojos

   ____
3. Ud. / no acabársele / la paciencia

   ____
4. vosotros / no quedársele / los cheques de viajero

   ____
5. ella / no rompérsele / las estatuillas de porcelana *(china figurines)*

   ____

6. tú / no ocurrírsele / tales cosas

7. ellos / no caérsele / la torta de chocolate

Actividad 27 **Expresar en español** Exprese los diálogos en español usando la construcción del suceso inesperado.

1. Did you **(Ud.)** lose your wallet?

   No, I had left it at home.

2. They're running out of pastries at the bake shop.

   Didn't it occur to you **(tú)** to buy them this morning?

3. Be **(Uds.)** careful! You're going to drop the cups!

   We already broke two!

4. I forgot to pick Tere and Leo up.

   Didn't it dawn on you **(tú)** that they were waiting all night?

Double object pronouns

In Spanish a direct object pronoun and an indirect object pronoun can appear together with a verb. The indirect object pronoun precedes the direct object pronoun.

Necesito mil pesos. ¿**Me los** prestas?	*I need a thousand pesos. Will you lend **them to me?***
Te los presto con tal de que **me los** devuelvas la semana que viene.	*I'll lend **them to you** as long as you return **them to me** next week.*
Nos interesa tu colección de sellos. ¿**Nos la** enseñas?	*We're interested in your stamp collection. Will you show **it to us?***
Claro. Ahora **se la** traigo.	*Of course. I'll bring **it to you** right now.*

CHAPTER 19

When a third person indirect object pronoun **(le** or **les)** precedes a third person direct object pronoun (**lo, la, los, las**), the indirect object pronoun changes to **se.**

le/les + lo → se lo
le/les + la → se la
le/les + los → se los
le/les + las → se las

Double object pronouns cannot be separated from each other. Double object pronouns follow the same rules of position as single object pronouns. When double object pronouns are added to an infinitive, present participle, or affirmative command, an accent mark is always added, even to infinitives and command forms of one syllable: **Quiero dártelo, Dámelo.**

PART 2

¿Cuándo le va a entregar Ud. el informe al jefe?	*When are you going to submit the report to the boss?*
Ya **se lo** he entregado.	*I've already submitted **it to him.***
Hay un problema que no comprendo.	*There's a problem that I don't understand.*
Muéstra**melo.** A ver si **te lo** puedo explicar.	*Show **it to me.** Let's see if I can explain **it to you.***
or	
A ver si puedo **explicártelo.**	
¿Dónde están nuestras maletas?	*Where are our suitcases?*
El botones **nos las** está subiendo ahora.	*The bellhop is bringing **them up for us** now.*
or	
El botones está subiéndo**noslas** ahora.	

Sentences with **se** out of context can be ambiguous. Context or a phrase consisting of **a** + *prepositional pronoun* clarifies who **se** refers to.

¿La niñita se puso los zapatos?	*Did the little girl put on her shoes?*
Sí, **se los** puso. (**se** = reflexive pronoun referring to **la niña**)	*Yes, she put **them** on.*
¿La niñita se puso los zapatos?	*Did the little girl put on her shoes?*
No, **yo se los puse.** (**se** = indirect object pronoun referring to **la niña**)	*No, I put **them** on **(for her).***
¿El gerente y la directora tienen la copia del informe?	*Do the manager and the director have the copy of the report?*
Sí, **a él se la** mandé por correo y **a ella se la** di personalmente.	*Yes, I sent **it to him** by mail and I gave **it to her** personally.*

Actividad 28 **Dos pronombres complementos directo e indirecto** Escriba las oraciones cambiando el sustantivo complemento directo a un pronombre y haga todos los cambios necesarios. Algunas oraciones tienen dos respuestas posibles. Siga el modelo.

> **MODELO** Les entregaré las cartas el martes.
> Se las entregaré el martes.

1. Me dijeron los motivos.

   ____

2. Le hemos puesto los zapatos.

   ____

3. Está explicándoles la idea.

   ____

4. Os muestro el paquete.

   ____

5. ¿Te darían una beca?

   ____

6. Les cuentas los chismes.

   ____

7. Nos ha hecho las chuletas de cordero.

   ____

8. Devuélvame el cortacésped *(lawnmower)*.

   ____

9. Me estaban enseñando las fotos.

   ____

10. ¿A quién le vendiste tu velero?

    ____

11. Os había escrito una tarjeta postal.

    ____

12. ¿Nos prestarás los DVDs?

    ____

13. Apréndanse las fechas de memoria.

    ____

14. ¿Estáis preguntándole el por qué?

    ____

15. Le pusieron una multa.

16. Les preparó carne y arroz.

17. Estará bajándome el equipaje.

18. Vendámosles la casa.

19. Estuvimos trayéndole los periódicos ingleses.

20. Te apagaré la televisión.

PART 2

Actividad 29 **Algo pasará./Algo pasó.** Vuelva a escribir las oraciones usando la construcción **ir a** + infinitivo o **acabar de** + infinitivo. Haga los cambios necesarios respeto a los verbos y a los pronombres complementos directo e indirecto. Escriba cada oración de dos maneras. Siga los modelos.

MODELOS	Se los doy. (ir a)	(acabar de)
	Voy a dárselos.	Acabo de dárselos.
	Se los voy a dar.	Se los acabo de dar.

1. Me la traen. (ir a)

2. Te lo dice. (acabar de)

3. Se los hacemos. (ir a)

4. Os las pongo. (acabar de)

5. Se lo muestra. (ir a)

6. Nos la compráis. (acabar de)

7. Me los cuentas. (ir a)

8. Se las arreglo. (acabar de)

9. Te la suben. (ir a)

10. Os lo damos. (acabar de)

11. Se lo describimos. (ir a)

12. Se la pruebas. (acabar de)

13. Te los limpia. (ir a)

14. Se las encuentro. (acabar de)

15. Me la piden. (ir a)

Actividad 30 **¡Mami, papi, cómprenmelo!** Esta niña Rita vuelve loca a toda su familia. No deja de pedir cosas y, por desgracia, sus familiares se lo conceden todo. Por eso es una niña mal criada *(spoiled brat)*. Escriba diálogos entre Rita y sus familiares en los cuales Ud. emplea los pronombres complementos directo e indirecto con mandatos y verbos en el presente. Siga el modelo.

MODELO Mami / comprarme / una bicicleta
Rita —Mami, cómpramela.
Mamá —Sí, hijita, te la compro.

1. Papi / darme / bombones

   Rita —Papi, ____________________.

   Papá —Sí, hijita, ____________________.

2. Mami / comprarme / canicas *(marbles)*

   Rita —Mami, ____________________.

   Mamá —Sí, hijita, ____________________.

3. Juan / prestarme / tu patineta *(scooter)*

   Rita —Juan, ____________________.

   Juan —Sí, hermanita, ____________________.

4. Amparo / comprarme / soldaditos de plomo *(tin soldiers)*

   Rita —Amparo, ____________________.

   Amparo —Sí, hermanita, ____________________.

5. Abuelo / regalarme / un caballo

   Rita —Abuelo, ____________________.

   Abuelo —Sí, hijita, ____________________.

6. Elvira / servirme / todo el helado de chocolate

   Rita —Elvira, ____________________.

   Elvira —Sí, hermanita, ____________________.

7. Tía / ponerme / tus joyas de oro

   Rita —Tía, ____________________.

   Tía —Sí, hijita, ____________________.

8. Abuela / traerme / mi muñeca

   Rita —Abuela, ____________________.

   Abuela —Sí, hijita, ____________________.

Actividad 31 **¿Las cosas claras?** Exprese las oraciones en inglés aclarando a quién(es) se refiere el ambiguo **se.** Unas oraciones pueden tener más de una sola traducción.

1. a. Se la dio Adela.

   ____

   b. Se la dio a Adela.

   ____

2. a. Se lo dijeron los profesores.

   ____

   b. Se lo dijeron a los profesores.

   ____

3. a. Se las prestó el vecino.

   ____

   b. Se las prestó al vecino.

   ____

4. a. Se los pidieron mis colegas.

   ____

   b. Se los pidieron a mis colegas.

   ____

5. a. Se la devolvió Laura.

   ____

   b. Se la devolvió a Laura.

   ____

Special uses of the object pronouns

The object pronoun **lo** is used to replace a clause or an adjective or a predicate noun of both genders and numbers. This **lo** has no equivalent in English.

Los Ochoa se mudaron a Ecuador. Sí, **lo sé.** (**lo** = que se mudaron a Ecuador)	*The Ochoas moved to Ecuador.* *Yes, I know.*
¿María Elena es simpática? Sí, **lo es.** (**lo** = simpática)	*Is María Elena nice?* *Yes, she is.*
¿Son profesoras Marta y Sara? **Lo** fueron. Ahora son abogadas. (**lo** = profesoras)	*Are Marta and Sara teachers?* *They were. Now they're lawyers.*

CHAPTER 19

Nouns that follow forms of **hay** are considered direct objects and must be replaced by direct object pronouns.

¿Hay **papel**? *Is there any paper?*
Sí, **lo** hay. *Yes, there is.*

¿Hay **manzanas**? *Are there any apples?*
No, no **las** hay. *No, there aren't any.*

The object pronouns **la** and **las** appear in many idioms without any antecedent. They must be memorized as part of the idiom.

apañárselas *to manage, get by*
arreglárselas *to manage, get by*
componérselas *to manage, get by*
echárselas de + adjective, noun *to boast of being*
habérselas con *to be up against, face, have to deal with*
tenérsela jurada a uno *to have it in for someone*
vérselas con *to explain oneself to*

PART 2

Creo que el profesor Méndez **me la tiene jurada.** *I think Professor Méndez **has it in for me.***
No te preocupes. **Te las arreglarás** bien en su clase. *Don't worry. **You'll manage** fine in his class.*

Oscar siempre **se las echa de rico.** *Oscar always **boasts of being rich.***
Y no tiene dónde caerse muerto. No sé cómo **se las apaña.** *And he doesn't have a penny. I don't know how **he manages.***

Esta profesora tiene que **habérselas con** una clase mediocre. *This teacher has **to face** a class of mediocre students.*
Y si no hacen progresos, tiene que **vérselas con** el director. *And if they don't do well, she has to **explain why** to the principal.*

Actividad 32 **Expresar en español** Exprese las oraciones en español.

1. Do you **(tú)** know if the stores are open?

   I couldn't **(sabría)** tell you.

   ____

   ____

2. I don't know how Raúl manages. He thinks that everyone has it in for him.

   ____

3. Any student who behaves badly will have to explain himself or herself to me.

   ____

4. Are Ramón and Serena students?

No they're not. They're programmers.

I think they're very intelligent.

Yes, they are.

____

____

____

____

5. Mariagna couldn't put on her coat so I helped her with it.

____

6. Should I ask Alicia and Pablo for their history notes?

Ask **(tú)** him for them. Don't ask her for them.

____

____

7. Javier, please lend me your physics notes.

Pili, I gave them to you on Thursday.

I'm sorry. I lost them.

____

____

____

CHAPTER 19

Actividad 33 **Actividad oral** Hable de este año escolar con unos compañeros. Háganse preguntas sobre libros, exámenes, tareas, amigos y actividades. Usen pronombres de complemento directo e indirecto en las respuestas.

Actividad 34 **Estructuras en acción** Lea el artículo.

Nota preliminar

La cocina digital

Si a Ud. le interesa la cocina, no importa que sea principiante o experto en las artes culinarias, hace bien en enterarse de cómo la tecnología le pueda servir. Si tiene PC sólo necesita comprar el software adecuado para tener éxito en la cocina. ¿Cómo le facilita la vida un buen paquete de software? En primer lugar, así puede aprender a cocinar. En cuanto a los alimentos que Ud. prefiere, hay programas especializados que tienen recetas organizadas por tipo de comida y por nivel de habilidad y experiencia del usuario. ¿Quiere preparar sus postres favoritos? Seguro que encontrará las recetas para hacerlos. ¿Quiere calcular el valor nutricional de un plato? También se explica. Dicen que por el momento todos los programas de software están en inglés. Eso no le dificulta la vida, ¿verdad? ¡A cocinar pues!

Tecnología le pone la sazón

Mucho más que un libro de recetas, la computadora puede ser un gran aliado en la cocina, siempre y cuando tenga a la mano un ingrediente indispensable: el software adecuado.

Y no se trata sólo de aprender a cocinar o de encontrar ejemplo, sino de organizar las recetas, imprimirlas y armar el menú de la semana. Además ya existen programas con guías de alimentación para personas que padecen diabetes y colesterol alto.

Con el software adecuado, la computadora puede ser mucho más que un simple libro de recetas

Combinar los ingredientes exactos para preparar un platillo no es tan sencillo, y menos si no se tiene experiencia en la cocina, o si teniéndola se cuenta con un arsenal de recetas que no se sabe cuál es cuál.

Si te interesa la cocina, contar con una gran cantidad de recetas, organizarlas y compartirlas a tu gusto o sólo quieres aprender a cocinar, no hay nada mejor que la combinación de dos ingredientes: un software y la PC.

No se trata sólo de buscar recetas en Internet, que la verdad en mucho ayuda, sino de tener miles de ellas y poder encontrarlas fácilmente tecleando palabras clave, o de enviarlas de inmediato a tus conocidos, acompañadas de su respectiva fotografía digital, y hasta guardarlas en tu PDA.

¿Y qué tipo de alimentos prefieres? No importa que sean las carnes, la comida rápida o la vegetariana, existen programas de software especializados que puedes encontrar con recetas variadas por tipo de comida, de usario (si eres experto o si quieres aprender a cocinar) y hasta para quienes por salud tienen ciertas restricciones.

Muchos de estas aplicaciones te permiten también calcular los valores nutricionales de los alimentos que preparas en tu cocina, además de descontarlos de tu alacena para surtir la despensa más fácilmente.

Eso sí, toma en cuenta que por el momento todos están en idioma inglés, así es que tendrás que poner en práctica tus conocimientos en este idioma.

Bien organizado

¿Qué necesitas? ¿Un organizador de recetas interactivo, armar el menú de la semana, agregar recetas propias o imprimirlas y compartirlas con alguien más?

Todo esto es posible a través del programa Digi Recipes Suite 6.0 que cuenta con más de 12 mil recetas que puedes organizar incluso por tiempo de preparación, calorías y grasa, entre otras opciones, además de que te permite calcular el valor nutricional de cada receta.

El programa contiene 10 libros completos de diferentes tipos de platillos, entre ellos, comida internacional, vegetariana, recetas para fechas especiales, postres, platillos para niños y microondas, entre otros.

Actividad 35 **Estructuras en acción** Escriba el pronombre sujeto de cada oración. Si hay más de una posibilidad, escriba todos los pronombres posibles.

VOCABULARIO

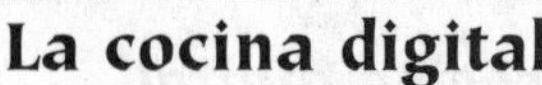

La cocina digital

agregar *to add*
la alacena *cupboard, closet*
el aliado *ally*
armar *to prepare*
la cocina *kitchen, cooking, cuisine*
contar con *to rely on*
descontar *to discount, not to count*
la despensa *pantry, larder*
la diabetes *diabetes*
el hogar *home*
el microondas *microwave*
padecer *to suffer from (a disease)*
la PC *personal computer*
el PDA *PDA (personal digital assistant), handheld computer*
el platillo ***(Amer.)*** *dish, course; saucer*
la sazón *flavor, seasoning*
se trata de *it's a matter of, has to do with*
surtir *to stock, supply*
teclear *to type*
tener en cuenta *to bear in mind, consider, take into account*
el usuario *user*

1. Prepara unos platillos ricos.

___

2. Pidieron comida vegetariana.

___

3. Tecleó las palabras clave.

___

4. Imprimimos las recetas.

___

5. Abrís la alacena.

___

6. Pondré la sazón.

___

7. Calculabas la grasa.

___

8. Agregué los ingredientes.

___

9. Organizaba la alacena.

___

Actividad 36 **Estructuras en acción** Conteste las preguntas usando los pronombres complemento directo. Siga el modelo.

MODELO ¿Leíste el libro de cocina?
No, no lo leí.
Voy a leerlo.
Lo voy a leer.

1. ¿Ud. organizó las recetas?

___

___

___

2. ¿Claudia armó el menú de la semana?

___

___

___

CHAPTER 19

3. ¿Uds. prepararon los platillos?

4. ¿Hiciste la comida vegetariana?

5. ¿Gonzalo tecleó la palabra clave?

6. ¿Vosotros usasteis este programa de software?

PART 2

Actividad 37 **Estructuras en acción** Escriba oraciones usando el imperativo o el imperativo negativo. Cambie los sustantivos que son complementos directos a pronombres y haga todos los cambios necesarios. Siga los modelos.

MODELOS comprar (Ud.) el libro de recetas
Cómprelo.
comprarle (tú) el libro de recetas
Cómpraselo.
no comprarme (Uds.) el libro de recetas
No me lo compren.

1. organizar (Ud.) las recetas

2. no armar (tú) el menú

3. mostrarle (Uds.) el organizador de recetas

4. darme (tú) los paquetes de software

5. no buscarles (Uds.) la receta en Internet

____

6. cocinarnos (tú) comida vegetariana

____

7. guardarme (Ud.) los alimentos

____

8. no calcularles (Ud.) los valores nutricionales

____

Actividad 38 **Estructuras en acción** Complete las oraciones con la forma correcta del pronombre preposicional. Siga el modelo.

> **MODELO** Preparamos unos platos ricos para ellos. (nuestros amigos)

1. Compraron la PC para ____________________. (yo)
2. La computadora es un aliado en ____________________. (la cocina)
3. Este organizador es de ____________________, ¿verdad? (Ud. y Sara)
4. Me gustaría armar el menú con ____________________. (tú)
5. No surten la alacena sin ____________________. (Alejandro y yo)
6. Estos platillos fueron hechos por ____________________. (Cristóbal)
7. Todo es posible a través de ____________________. (el programa de software)
8. Lee la receta con ____________________. (yo)

Actividad 39 **Estructuras en acción** Conteste las preguntas usando presente progresivo. Cambie los sustantivos que son complementos directos a pronombres y haga todos los cambios necesarios. Escriba cada oración de dos maneras. Siga el modelo.

> **MODELO** ¿Combinas los ingredientes?
> Sí, estoy combinándolos.
> Sí, los estoy combinando.

CHAPTER 19

1. ¿Ud. lee el libro de cocina?

____

____

2. ¿Mirián y Alejo le hacen los platillos mexicanos a Chelo?

____

____

3. ¿Teodoro pone en práctica sus conocimientos del inglés?

____

____

4. ¿Uds. le enseñan la receta a Silvio?

____

____

5. ¿Ud. me calcula los valores nutricionales?

____

____

6. ¿Verónica les ofrece las recetas a sus hermanas?

____

____

PART 2

Actividad 40 **Estructuras en acción** Conteste las preguntas oralmente o por escrito.

1. ¿Cuál es la importancia de un programa de software en la cocina?
2. ¿Por qué son importantes ingredientes un programa de software y la PC?
3. ¿Qué tienen los programas de software especializados?
4. ¿Qué se puede calcular con algunas aplicaciones?
5. ¿Qué se necesita saber para poder usar los programas de software?
6. ¿Qué se puede hacer con el programa Digi Recipes Suite 6.0?
7. ¿Qué se incluye en Digi Recipes Suite 6.0?
8. Según Ud., ¿cómo debe ser la cocina digital? ¿El hogar digital?

Actividad 41 **Estructuras en acción** Navegue en la Red para encontrar la receta del platillo que más le gusta o escoja la receta de un plato nuevo para probar. Explique la receta oralmente o por escrito.

CHAPTER 19 TEST

Pronouns: Subject, object, prepositional

1 **La a personal** Complete las oraciones usando la **a** personal (o la contracción **al**) cuando sea necesario. Si no es necesario, escriba una **X.**

1. ¿Ves ____________ profesor de español?
2. No, no veo ____________ nadie.
3. Buscan ____________ programadores en esta compañía.
4. ¿Conoces ____________ María Delgado?
5. Aceptaron ____________ doscientos estudiantes.

2 **Pronombres complementos del verbo** Vuelva a escribir las oraciones reemplazando los sustantivos en bastardilla *(italics)* por los pronombres correspondientes. Haga los cambios necesarios. Algunas oraciones tienen dos respuestas posibles.

1. Le devolvió *la bicicleta a su amiga.*
   ____
2. ¿Por qué no me mandaste *los artículos*?
   ____
3. Están estudiando *el nuevo vocabulario.*
   ____
4. Paco no quiere prestarle *el teléfono celular a su amigo.*
   ____
5. Dános *aquellas listas.*
   ____
6. A Uds. les expliqué *mis ideas.*
   ____
7. Raúl le regaló *flores a su novia.*
   ____
8. La niña está bebiendo *su leche.*
   ____
9. No te puedo decir *la fecha exacta.*
   ____
10. Envíeles *el correo electrónico.*
   ____

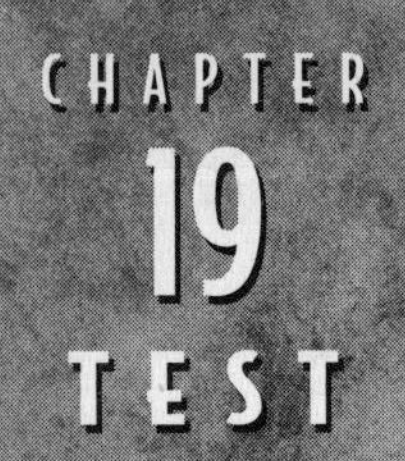

Pronouns: Subject, object, prepositional

3 **Verbos como *gustar*** Escriba oraciones usando los elementos indicados. Cada oración tendrá un verbo que se usa con un complemento indirecto.

> **MODELO** Juan / gustar / el helado
> A Juan le gusta el helado.

1. yo / interesar / las novelas de este autor

   ____

2. ella / hacer falta / una nueva computadora

   ____

3. nosotros / urgir / regresar ahora

   ____

4. tú / tocar / lavar los platos

   ____

5. ellos / entusiasmar / la idea de ir a Europa

   ____

4 **Cosas imprevistas** Escriba oraciones usando el pretérito. Cada oración expresa un suceso inesperado.

> **MODELO** él / olvidársele / la cita
> A él se le olvidó la cita.

1. nosotros / acabársele / el papel

   ____

2. tú / rompérsele / los anteojos

   ____

3. yo / perdérsele / las llaves

   ____

4. vosotros / no ocurrírsele / llamar

   ____

5. Beatriz / caérsele / el teléfono móvil

   ____

Relative pronouns

CHAPTER 20

The relative pronoun que

Relative pronouns are used to join two sentences into a single sentence. The clause introduced by the relative pronoun is the relative clause.

The relative pronoun **que** can refer to persons or things and can be either the subject or direct object of the verb of the relative clause it introduces. **Que** can refer to both singular and plural nouns and is the most common relative pronoun in everyday conversation.

el hombre **que** trabaja aquí *(**que** refers to **hombre** and is the subject of its clause)*	*the man **who** works here*
los paquetes **que** están en la mesa *(**que** refers to **paquetes** and is the subject of its clause)*	*the packages **that** are on the table*
los abogados **que** conozco *(**que** refers to **abogados** and is the direct object of its clause)*	*the lawyers **whom** I know*
la casa **que** compré *(**que** refers to **casa** and is the direct object of its clause)*	*the house **that** I bought*

In English the relative pronoun can be omitted when it is the object of the verb: *the lawyers I know, the house I bought.* In Spanish, **que** is never omitted.

Nadie and **alguien,** when antecedents, have **que** as the subject or direct object of a relative clause. **Todo** is followed by **lo que** to express *all that.*

Si hay **alguien que** comprende, es él.	*If there's **someone who** understands, it is he.*
No, él no comprende tampoco. No hay **nadie que** comprenda.	*No, he doesn't understand either. There's **no one who** understands.*
Esto es **todo lo que** tengo.	*This is **all (everything)** I have.*

Actividad 1 **Seamos precisos.** Conteste las preguntas de su amiga con una cláusula relativa para que ella sepa de qué objeto o persona se trata. Siga los modelos.

> **MODELOS** ¿Qué libro quieres? (El libro está en la estantería.)
> Quiero el libro que está en la estantería.
>
> ¿Qué suéter lleva Paula? (Su novio le compró el suéter en Ecuador.)
> Lleva el suéter que su novio le compró en Ecuador.

1. ¿A qué médico ves? (Tiene su consulta en aquel edificio.)

 ____

2. ¿Qué película quieres ver? (La película se rodó en Perú.)

 ____

3. ¿Qué revistas te gustan más? (Las revistas se publican en Asunción.)

 ____

4. ¿Qué restaurante prefieres? (El restaurante sirve comida del Caribe.)

 ____

5. ¿A qué peluquería vas? (La peluquería está en la calle del Conde.)

 ____

6. ¿Qué libros queréis comprar? (La profesora nos recomendó los libros.)

 ____

7. ¿Qué ordenador usas? (Mis padres me regalaron el ordenador para Navidad.)

 ____

8. ¿Con qué secretaria hablaban Uds.? (Contratamos a esa secretaria la semana pasada.)

 ____

9. ¿Qué mecánico repara tu coche? (El vecino conoce al mecánico.)

 ____

10. ¿Qué carta estás leyendo? (Silvia me mandó esta carta ayer.)

 ____

11. ¿A qué tienda de videos van Mirián y Alejo? (La tienda de videos queda al lado de la pizzería.)

 ____

12. ¿Qué discos compactos escuchan Uds.? (Claudia nos prestó los discos compactos.)

 ____

Actividad 2 **Más precisiones** La persona que habla usa cláusulas relativas para indicar exactamente a qué objeto o persona se refiere. Escriba sus precisiones según el modelo. Siga el modelo.

> **MODELO** ¿Qué computadora?
> (Olivia la usa.) La computadora que usa Olivia.
> (Tiene mucha memoria.) La computadora que tiene mucha memoria.

1. ¿Qué profesora?

   (Todos los estudiantes la admiran.)

   ____

   (Enseña francés y español.)

   ____

   (Acaba de casarse.)

   ____

   (Mis padres la conocen.)

   ____

2. ¿Qué casa?

   (Juana y Rafael la compraron.)

   ____

   (Tiene patio y piscina.)

   ____

   (La construyeron en 1995.)

   ____

   (Es de ladrillos.)

   ____

3. ¿Qué regalo?

   (Mis hermanos y yo lo recibimos hace dos días.)

   ____

   (Mis tíos nos lo mandaron.)

   ____

   (Te lo enseñé ayer.)

   ____

   (Nos gustó tanto.)

   ____

4. ¿Qué restaurante?

(Nuestros amigos cubanos lo abrieron el año pasado.)

____

(Sirve comida cubana auténtica.)

____

(Tiene fotos de La Habana.)

____

(Se encuentra en la Calle Ocho.)

____

5. ¿Qué senadora?

(Era jefa de una empresa.)

____

(Prometió reducir los impuestos.)

____

(Es casada con un ingeniero.)

____

(La eligieron hace dos años.)

____

PART 2

Nota cultural

Calle Ocho

Miles de cubanos que huyeron de Cuba a partir de 1959 cuando el dictador comunista Fidel Castro tomó el poder echaron raíces por la Calle Ocho Sudoeste de Miami. Trayendo consigo su comida, sus costumbres y tradiciones y su modo de vivir formaron la Pequeña Habana conocida simplemente como Calle Ocho. Pero hoy no sólo viven cubanos allí sino también nicaragüenses, hondureños, guatemaltecos, puertorriqueños, dominicanos, colombianos, venezolanos y gente de casi todos los países hispánicos. Hay muchísima vida de calle en este animado y bullicioso barrio. La gente se pasea y visita el histórico teatro Torre, el parque Máximo Gómez conocido como el parque del Dominó por los juegos de dominó que se juegan allí, el Paseo de las Estrellas y el célebre restaurante Versailles. Este ambiente alegre se intensifica durante el gran Festival de la Calle Ocho, la mayor fiesta callejera de Estados Unidos. Se inició en 1978 y todos los años el barrio se pone en plan de fiesta por diez días. Las calles se llenan de música latina—salsa, son, guaracha, merengue y cumbia—de espectáculos de artistas hispánicos y de comida hispanoamericana auténtica. El festival les da la oportunidad a los hispanos a celebrar su herencia y a presentar su cultura al millón y medio de visitantes que acuden cada año.

The relative pronoun quien

When **que** is the direct object of the verb in its clause and it has an antecedent that is a person, it can be replaced by **a quien** or, if the antecedent is plural, **a quienes. A quien, a quienes** are somewhat more formal than **que.**

El empleado **a quien** conocíamos ya no trabaja aquí.	*The employee* ***(whom)*** *we knew doesn't work here any longer.*
Busqué a los estudiantes **a quienes** vi ayer, pero no los encontré.	*I looked for the students* ***(whom)*** *I saw yesterday, but I couldn't find them.*

Quien and **quienes** can also serve as the subject of a relative clause if that clause is set off by commas (nonrestrictive clause).

José Pedro fue a hablar con la profesora Umbral, **quien** siempre tiene tiempo para sus estudiantes.	*José Pedro went to speak with Professor Umbral,* ***who*** *always has time for her students.*

CHAPTER 20

Actividad 3 **... a quien/... a quienes** Combine las oraciones en una con **a quien** o **a quienes** para describir a ciertas personas.

MODELO Las chicas vinieron a vernos. / Las conocimos en el teatro.
Las chicas a quienes conocimos en el teatro vinieron a vernos.

1. Mis primos están de vacaciones en Estados Unidos. / Los vi en Caracas hace dos años.

____

____

2. La pintora sólo pinta acuarelas. / La vieron en la exposición.

____

____

3. La muchacha me dio las gracias hoy. / Yo le di un regalo ayer.

____

____

4. Los amigos no quisieron salir. / Los llamamos a la una de la mañana.

____

____

5. Los vecinos se habían mudado. / Los buscábamos.

____

____

6. El dependiente ya no trabaja en esta tienda. / Ud. lo conoció el año pasado.

____

____

7. El señor es mi profesor de cálculo. / Lo encontraste en la calle.

____

____

PART 2

Nota cultural

Caracas

Caracas, capital de Venezuela, fue fundada por Diego de Losada en 1567. Es una ciudad modernísima que se extiende de la céntrica plaza de Bolívar a los alrededores por hermosas avenidas. La Guaira, que queda a 25 kilómetros de Caracas, le sirve de puerto en el Caribe. Caracas, como casi todas las ciudades hispánicas, nombró sus grandes avenidas y calles por sus héroes nacionales. Uno se pasea en la avenida Bolívar que fue nombrada por Simón Bolívar (1783–1830), el gran líder del movimiento independentista de los países sudamericanos. El Libertador, *que nació en Caracas, fue formado en las ideas de los pensadores y escritores de la Ilustración europea o el Siglo de las Luces* (The Enlightenment). *La avenida Andrés Bello fue nombrada por el gran filólogo, poeta y político caraqueño. Bello (1781–1865), fundador y rector de la universidad de Chile, escribió la importantísima* Gramática de la lengua castellana *(1847). Murió en Santiago donde también hay una avenida que lleva su nombre.*

Actividad 4 **El profesor, quien...** Combine las oraciones con **quien/quienes** para describir a algunas personas que están en la universidad. Siga el modelo.

> **MODELO** Cajal, Toledano y Puche aprobaron sus exámenes. / Ellos son compañeros de cuarto en una residencia universitaria.
> Cajal, Toledano y Puche, quienes son compañeros de cuarto en una residencia universitaria, aprobaron sus exámenes.

La universidad

aprobar (o→ue) *to pass*
los archivos *files*
el/la ayudante *assistant*
el congreso *conference*
el/la decano(a) *dean*
dictar una conferencia *to deliver a lecture*
jubilarse *to retire*
el salón de actos *assembly hall, auditorium*
el/la secretario(a) general *registrar*
el tribunal de exámenes *board of examiners*

1. La señora Mora es secretaria general de la universidad. / Ella se encarga de los archivos.

____

____

2. El profesor Uriarte enseña química. / Él asistió a un congreso en la UNAM.

____

____

3. Los estudiantes tienen que entregar una tesis. / Ellos se gradúan en junio.

____

____

4. La doctora Arrieta tiene dos ayudantes de laboratorio. / Ella figura en el tribunal de exámenes.

____

____

5. Estos decanos trabajan en la facultad de ingeniería. / Ellos planean el programa.

____

____

6. El rector de la universidad es abogado. / Él dicta conferencias de ciencias políticas.

____

____

7. Algunos estudiantes de medicina fueron a hablar con el profesor Quijano. / Él estaba ya en el salón de actos.

____

____

8. La profesora Arenas se jubila el año que viene. / Ella hace investigaciones de biología.

____

____

CHAPTER 20

Nota cultural

La UNAM

La UNAM es la Universidad Nacional Autónoma de México. La universidad mexicana fue fundada en 1551. La Ciudad Universitaria mexicana, que queda a 18 kilómetros al sur de la Ciudad de México, tiene una fama mundial por su arquitectura, obra del arquitecto mexicano Juan O'Gorman (1905–1982). Se destaca la torre de la biblioteca cubierta por fuera con mosaicos que narran la historia del conocimiento científico desde la astronomía azteca hasta la teoría molecular. La Rectoría (edificio administrativo del presidente de la universidad) es notable por su mural de David Siqueiros y el estadio Olímpico por su pintura-escultura de Diego Rivera.

La primera universidad fundada en América fue la de Santo Domingo en 1538. Las universidades hispanoamericanas fundadas después fueron las de San Marcos de Lima (1551), Córdoba (1621), Javierana de Bogotá (1622), Caracas (1721), La Habana (1728) y Buenos Aires (1821).

PART 2

Actividad 5 **¿Sujeto u objeto?** Complete las oraciones escogiendo **quien(es)** si se refiere al sujeto de una cláusula relativa o **a quien(es)** si se refiere al complemento directo del verbo. Subraye su respuesta.

1. Te presento al señor (quien/a quien) conocimos ayer.
2. Llamemos a aquella señorita (quien/a quien) siempre está dispuesta a ayudarnos.
3. Voy a la casa de los señores (a quienes/quienes) compraron la casa de enfrente.
4. ¿Conocéis a los chicos (a quienes/quienes) invité a la fiesta?
5. Esos arquitectos (a quienes/quienes) trabajan en el rascacielos nuevo, son mis cuñados.
6. ¿Comprende Ud. a la locutora (quien/a quien) yo no comprendo bien?
7. Jorge llama a su novia (a quien/quien) quiere muchísimo.
8. La novia de Jorge está enamorada de Alfredo (quien/a quien) es el mejor amigo de Jorge.

The relative pronouns el que, el cual

The relative pronouns **el que** and **el cual** have four forms each: **el que, la que, los que, las que; el cual, la cual, los cuales, las cuales.** They can replace **que** or **a quien/a quienes** when the antecedent is animate and the relative pronoun is the object of the verb.

los españoles **a los que** he conocido	*the Spaniards **(whom)** I met*
el electricista **al que** he llamado	*the electrician **(whom)** I called*
la vecina **a la que** no soportamos	*the neighbor **(whom)** we can't stand*

In nonrestrictive clauses (those set off by commas), **el que** and **el cual** can function as both subject and object and can refer to either people or things. Since **el que** and **el cual** show gender and number distinctions, they are used to avoid confusion when there is more than one possible antecedent for **que** or **quien.**

El amigo de mi prima, **el cual/el que** estudia física, llega mañana de Caracas.	*My (female) cousin's (male) friend,* ***who*** *(refers to the male friend) studies physics, is arriving from Caracas tomorrow.*
El amigo de mi prima, **la cual/la que** estudia física, llega mañana de Caracas.	*My (female) cousin's (male) friend,* ***who*** *(refers to the female cousin) studies physics, is arriving from Caracas tomorrow.*

The neuter relative pronouns **lo que** and **lo cual** refer to a preceding clause or idea. They only occur in clauses set off by commas (nonrestrictive clauses).

Su hija le dijo que no quería seguir estudiando biología, **lo que/lo cual** no le gustó para nada al señor Lara.	*His daughter told him that she didn't want to continue studing biology,* ***which*** *Mr. Lara didn't like at all.*

Actividad 6 **¿El que o lo que?** Complete las oraciones con el pronombre **el que (la que, los que, las que)** o **lo que.**

1. Me cayeron muy bien los turistas a ________________ conocimos en la excursión.
2. Los Merino nos invitaron a pasar el fin de semana en su barco, ________________ nos agradó mucho.
3. La hermana de Federico, ________________ vive en Bogotá, estudiará administración de empresas en Estados Unidos.
4. Nadie vio llegar a Isabel, ________________ nos sorprendió.
5. ¡Por fin subimos en la montaña rusa, ________________ nos dejó medio muertos!
6. El amigo de mi primo, ________________ trabaja en Barcelona, se casará en mayo.
7. Esas chicas tan antipáticas con ________________ saliste son mis primas.

CHAPTER 20

Actividad 7 **¿El cual o lo cual?** Ahora reemplace los pronombres relativos de la Actividad 6 con **el cual (la cual, los cuales, las cuales)** o **lo cual.**

1. Me cayeron muy bien los turistas a ______________________ conocimos en la excursión.
2. Los Merino nos invitaron a pasar el fin de semana en su barco, ______________________ nos agradó mucho.
3. La hermana de Federico, ______________________ vive en Bogotá, estudiará administración de empresas en Estados Unidos.
4. Nadie vio llegar a Isabel, ______________________ nos sorprendió.
5. ¡Por fin subimos en la montaña rusa, ______________________ nos dejó medio muertos!
6. El amigo de mi primo, ______________________ trabaja en Barcelona, se casará en mayo.
7. Esas chicas tan antipáticas con ______________________ saliste son mis primas.

PART 2

Relative pronouns after prepositions

Que may be used after the prepositions **a, de,** and **con** when the antecedent is not a person.

Éste es el tema **a que** nos limitamos.	*This is the subject to* ***which*** *we will limit ourselves.*
¿Comprendes los problemas **de que** te hablé?	*Do you understand the problems* ***that I*** *spoke to you about?*
Mi abuelo me mostró el bastón **con que** camina.	*My grandfather showed me the cane he walks with.*

En que is common after expressions of time and to express imprecise location.

el mes **en que** se fueron *the month they went away*
un siglo **en que** la vida era muy difícil *a century* ***in which*** *life was very difficult*
el edificio **en que** trabajamos *the building we work* ***in***
la materia **en que** se interesa *the subject she's interested* ***in***

The **en** of **en que** is often omitted after expressions of time.

El día **(en) que** la vi.	*The day I saw her.*

When **en** expresses physical location inside an object, **en el que/en la que/en los que/en las que** is used.

Abrió la gaveta **en la que** había metido las llaves.	*He opened the drawer* ***in which*** *he had put the keys.*

Donde can replace **en** + *relative pronoun* to express location. See page 453 of this chapter.

Quien/quienes or **el que** are used after prepositions for human antecedents. Some speakers also use **el cual.**

el tío **a quien/al que** Pablito se parece *the uncle **(whom)** Pablito looks like*
la chica **con quien/con la que** se casó mi hermano *the girl **(whom)** my brother married*
los amigos **de quienes/de los que** me fío *the friends **(whom)** I trust*

After prepositions other than **a, de, con,** and **en,** the relative pronoun **que** is not used. **Quien/quienes** may be used for people. **El que** and **el cual** may be used for both people and things. **El cual** is especially common after prepositions of more than one syllable **(para, según, hacia, desde, contra, mediante, durante, sobre)** and with compound prepositions **(a causa de, delante de, detrás de, encima de, debajo de, por medio de, en frente de, al frente de, antes de, después de).**

una guerra **durante la cual** cayeron muchos soldados	*a war **during which** many soldiers fell*
el edificio **delante del cual** la vi	*the building **in front of which** I saw her*
los problemas **a causa de los cuales** dejé de estudiar	*the problems **because of which** I stopped studying*
los señores **para quienes (para los que/para los cuales)** trabajo	*the men **for whom** I work*
las ancianas al lado **de quienes (al lado de las cuales)** vivimos	*the elderly women next door **to whom** we live*

CHAPTER 20

Actividad 8 **Te enseño mi ciudad.** Ud. le enseña su ciudad a una amiga extranjera. Usando la información indicada complete las oraciones con una cláusula relativa. Siga el modelo.

MODELO Hay un festival de teatro durante el verano.
El verano es la estación durante la cual hay un festival de teatro.

1. Hay varias líneas de metro debajo de estas calles.
   Éstas son las calles ______________________.
2. Vivimos cerca de la facultad.
   Allí ven la facultad ______________________.
3. Hay un restaurante en frente de ese cine.
   Allí está el cine ______________________.
4. Solemos pasar los domingos aquí.
   Ven y te presento a los muchachos ______________________.
5. Hay una exposición de arte en medio de la plaza.
   Ésta es la plaza ______________________.
6. Hay un mercado al aire libre detrás de aquellos edificios.
   Aquéllos son los edificios ______________________.

7. Ahora caminamos hacia un barrio muy antiguo.

   El barrio ____.

8. Unas tiendas elegantes se encuentran al otro lado de este río.

   Éste es el río ____.

Actividad 9 **«En» de varios significados** Complete las frases con el pronombre relativo correcto. Recuerde que hay una diferencia entre el **en** concreto que significa **dentro de** y el **en** que expresa una relación abstracta.

1. los libros ______________ me intereso (en que/en los que)
2. el armario ______________ cuelgo mi ropa (en que/en el que)
3. la exactitud ______________ insiste el profesor (en que/en la que)
4. el arreglo ______________ quedaron (en que/en el que)
5. el bolsillo ______________ tengo mis llaves (en que/en el que)
6. los cuadernos ______________ escribo (en que/en los que)
7. los métodos ______________ creemos (en que/en los que)
8. las bolsas ______________ llevaban la comida (en que/en las que)

Actividad 10 **Expresar en inglés** Exprese las oraciones en inglés.

1. El concierto benéfico fue un evento mediante el cual la universidad recibió mucho dinero.

   ____

2. Se ha construido un nuevo rascacielos desde el cual hay fabulosas vistas de la ciudad.

   ____

3. Éstos son los libros según los cuales la profesora Sorolla sacó sus conclusiones.

   ____

4. Siempre me acuerdo de las ruinas griegas entre las cuales caminamos.

   ____

5. Se abrió una librería al lado de la cual se abrirá una heladería.

   ____

6. Vamos a reunirnos en la confitería en frente de la cual nos conocimos.

____

7. Allí está la fuente delante de la cual nos enamoramos.

____

8. ¿Cómo se llama la empresa para la cual Antonio trabaja?

____

9. ¿Sabe Ud. cuáles son las ideas sobre las cuales los investigadores formularon sus teorías?

____

CHAPTER 20

The relative pronoun cuyo; donde as a relative pronoun

Cuyo means *whose*. It agrees in gender and number with the following noun.

La doctora Paredes es la profesora **cuyas clases** cursé con mucho provecho.	*Dr. Paredes is the teacher* ***whose classes*** *I took and benefited greatly from.*
Ése es el autor **cuyos libros** leemos en la clase de literatura.	*That's the author* ***whose books*** *we read in literature class.*
Él es un hombre sobre **cuya vida** se comenta mucho.	*He's a man about* ***whose life*** *people comment a lot.*

Donde is used after prepositions to refer to a place. It can also replace **en el que** when the relative pronoun refers to a concrete place. As a relative pronoun, **donde** does not take a written accent.

la avenida **donde** hay muchos cafés	*the avenue on* ***which/where*** *there are many cafés*
la puerta **por donde** salieron	*the door* ***through which*** *they went out*
la playa **hacia donde** caminábamos	*the beach* ***toward which*** *we were walking*

Actividad 11 **Cuyo** Complete las oraciones usando la forma correcta del pronombre relativo **cuyo.**

1. Ésta es la nueva cantante ____________________ canciones han ganado muchos premios.

2. Éstos son los señores ____________________ hijos asisten a la universidad con los nuestros.

3. Tengo que buscar a la persona ____________________ coche está estacionado delante de mi garaje.

4. Quieren conocer al compositor ____________________ sinfonía será estrenada el sábado.

5. Habla con tu vecino ____________________ perro ladra *(barks)* toda la noche.

6. Se habla mucho de la profesora de arqueología ________________ clases son tan interesantes.
7. Es un país ________________ historia no se estudia lo suficiente.
8. Ésos son los técnicos ________________ equipos han llegado al campeonato.

Actividad 12 **Expresar en inglés** Exprese las oraciones en inglés.

1. Ahora sabes la razón por la cual me enfadé.
____
2. Vivíamos en un barrio donde había muchas tiendas.
____
3. Allí a la derecha está la puerta por donde entran y salen los actores.
____
4. Yo no entiendo los motivos por los cuales el sindicato declaró la huelga.
____
5. Los muchachos no me dijeron para donde iban.
____
6. Son las horas durante las cuales Menchu hace su tarea.
____
7. Aquí está el quiosco detrás del cual Sergio y Sol quedaron en verse.
____
8. ¿Uds. conocen a los amigos con quienes salí anoche?
____
9. Te presentaré al joven cuyo padre era mi profesor de mercadeo.
____
10. Raquela no nos invitó a su fiesta, lo cual nos sorprendió.
____

Actividad 13 **Actividad oral** Invente un acertijo para un(a) compañero(a) de clase. Las pistas *(hints)* se formularán con cláusulas relativas: Es algo que... , Es alguien quien... , Es un lugar donde... , Es una persona con quien... Dé cinco pistas. ¡A ver si su compañero(a) adivina!

CHAPTER 20 TEST

Relative pronouns

1 **Pronombres relativos** Complete las oraciones con **que, quien,** or **quienes,** según el caso.

1. Allí está la mecánica ____________ conocemos.
2. Te voy a presentar al profesor con ____________ estudié informática.
3. Quiero que pruebes el flan ____________ yo preparé.
4. Éstas son las órdenes ____________ me dieron.
5. Los primos para ____________ compramos los juguetes llegan mañana.
6. ¿Es Ud. la señorita a ____________ le urge ver al señor Montalbán?
7. El presidente ____________ eligieron será muy bueno para el país.
8. ¿Quién es la muchacha con ____________ hablabas?

2 **Pronombres relativos** Complete las oraciones con **el que, la que, los que, las que** o con **el cual, la cual, los cuales, las cuales** según el caso. Haga las contracciones **al** o **del** donde sea necesario.

1. Éste es el cartapacio en ____________ metió los documentos.
2. Son asuntos con ____________ no tenemos nada que ver.
3. Allí ves la casa de ____________ salieron los chicos.
4. ____________ no puede venir es María.
5. Es una tienda delante de ____________ hay una parada de autobuses.
6. El escritorio encima de ____________ dejé todas mis cosas está en el estudio.
7. Es un mal plan a ____________ me opongo rotundamente.
8. Se me perdió el cuaderno en ____________ había apuntado su número de teléfono.

CHAPTER 20 TEST

Relative pronouns

9. Las instrucciones según ____________________ armamos la máquina eran inadecuadas.

10. Las muletas con ____________________ andaba eran de madera.

11. Todos vienen al festival durante ____________________ se puede ver arte de todo el mundo.

12. Allí están los edificios al otro lado de ____________________ hay un parque grande.

3 **Pronombres relativos** Complete las oraciones con **lo que/lo cual, donde** o la forma correcta de **cuyo.**

1. Él me dijo que no se sentía bien, ____________________ me tiene muy preocupada.

2. Ésa es la profesora ____________________ conferencias son muy interesantes.

3. La oficina ____________________ trabajo está en el centro de la ciudad.

4. Ella nunca me saluda, ____________________ no me gusta para nada.

5. ¿Te acuerdas de ese amigo mío ____________________ padres enseñan en la universidad?

PART THREE

Adverbs and Prepositions

PART THREE
Adverbs and Prepositions

CHAPTERS

Adverbs

Forms of adverbs

Spanish adverbs are formed by adding **-mente** to the feminine form of the adjective. The Spanish **-mente** corresponds to the English adverbial suffix *-ly*.

MASCULINE	FEMININE	ADVERB
histórico *historic*	histórica	históricamente *historically*
intenso *intense*	intensa	intensamente *intensely*
lento *slow*	lenta	lentamente *slowly*
cariñoso *loving*	cariñosa	cariñosamente *lovingly*
profundo *deep*	profunda	profundamente *deeply*
serio *serious*	seria	seriamente *seriously*

Adjectives that do not have a distinct feminine form add **-mente** to the masculine/feminine singular.

amable *kind* → amablemente *kindly*
fácil *easy* → fácilmente *easily*
feliz *happy* → felizmente *happily*
inteligente *intelligent* → inteligentemente *intelligently*
triste *sad* → tristemente *sadly*

Several adverbs either have irregular forms or are identical to the corresponding adjectives.

bueno(a) *good* → bien *well*
malo(a) *bad* → mal *badly*
mejor *better* → mejor *better*
peor *worse* → peor *worse*

Many adverbs of quantity have no suffix but are identical to the masculine singular of the adjective.

mucho	**demasiado**	**más**
poco	**tanto**	**menos**

CHAPTER 21

Adverbs referring to loudness and softness have no ending.

hablar alto/bajo *to speak loudly, softly*
hablar fuerte *to speak loudly*

Some adverbs have alternate forms that consist of the masculine singular form of the adjective.

El tren corre rápidamente. }
El tren corre rápido. } *The train moves quickly.*

In Latin American Spanish this category of masculine singular adjectives that can function as adverbs is larger than in Spain.

La niña dibuja muy bonito. *The girl draws very beautifully.*
¡Qué lindo juegan los niños! *How nicely the children play!*

NOTE

Solamente *only* has the alternate form **sólo.**

Sólo a ti te lo digo. *I'm telling only you.*

Actividad 1 **Para describir acciones** Escriba los adverbios que corresponden a los adjetivos. Siga el modelo.

MODELO maravilloso
maravillosamente

1. alegre ____________
2. descuidado ____________
3. cruel ____________
4. artístico ____________
5. normal ____________
6. abierto ____________
7. franco ____________
8. nervioso ____________
9. evidente ____________
10. responsable ____________
11. débil ____________
12. verdadero ____________
13. torpe ____________
14. violento ____________

PART 3

15. perspicaz *(perceptive)* ____________________
16. burlón *(mocking)* ____________________
17. comercial ____________________
18. sagaz *(wise)* ____________________
19. honrado ____________________
20. humilde ____________________
21. difícil ____________________
22. admirable ____________________
23. estupendo ____________________
24. afectuoso ____________________
25. vulgar ____________________

Actividad 2 **¿Cómo hablaron?** Escriba oraciones que describan cómo algunas personas hablaron en ciertas situaciones. Siga el modelo.

MODELO Marisol hablaba. ¿Fue sincera?
Sí, habló sinceramente.

1. Hernán pidió un préstamo en el banco. ¿Estaba nervioso?

____

2. Matías pidió disculpas *(apologized)*. ¿Fue honesto?

____

3. Anita y Bárbara contaron sus problemas. ¿Estaban tristes?

____

4. Ud. se enojó con un compañero de clase. ¿Estuvo furioso(a)?

____

5. La señorita Cortés se quejó. ¿Estaba malhumorada *(peevish)*?

____

6. A Uds. se les rompieron nueve vasos. ¿Estuvieron incómodos *(embarrassed)*?

____

7. Hablaste por teléfono. ¿Estabas distraído?

____

8. Gladis chocó con un árbol montando en bicicleta. ¿Estuvo incoherente?

____

Adverbs of manner; adverbs as intensifiers

Adverbs of manner (adverbs that tell how something is done), such as the ones presented in the previous section, come right after the verbs they modify or as close after the verb as possible.

Hiciste **mal** el trabajo.	*You did the work* ***poorly.***
¿Qué dices? Lo hice **bien.** De todas formas, lo hice **mejor** que tú.	*What are you talking about? I did it* ***well.*** *Anyway, I did it* ***better*** *than you did.*
Mentira. Yo trabajé **cuidadosamente.**	*Not true. I worked* ***carefully.***
A mí me parece que no hiciste nada **sistemáticamente.**	*I think you didn't do anything* ***systematically.***

Adverbs cannot come between an auxiliary verb and the main verb, as they often do in English.

El huracán ha destruido el pueblo **totalmente.**	*The hurricane has* ***totally*** *destroyed the town.*
El enfermo está mejorando **rápidamente.**	*The patient is* ***rapidly*** *improving.*

Direct objects, including negative and indefinite words such as **algo, nada, nadie,** and neuter demonstratives, often come between the verb and the adverb.

Leyó **el artículo** atentamente.	*He read* ***the article*** *attentively.*
No explicó **nada** claramente.	*She didn't explain* ***anything*** *clearly.*
Dijo **eso** torpemente.	*He said* ***that*** *awkwardly.*

When two or more adverbs ending in **-mente** modify the same verb, the suffix **-mente** is dropped from all but the last adverb.

Nos habló **franca** y **abiertamente.**	*He spoke to us* ***frankly*** *and* ***openly.***
Hay que explicar las cosas **clara** e **inteligentemente.**	*One has to explain things* ***clearly*** *and* ***intelligently.***
Hicieron su trabajo **diligente** y **cuidadosamente.**	*They did their work* ***diligently*** *and* ***carefully.***

Adverbs ending in **-mente** can often be replaced by **con** + *the corresponding noun.*

alegremente → con alegría
claramente → con claridad
cuidadosamente → con cuidado
elegantemente → con elegancia
inteligentemente → con inteligencia
torpemente → con torpeza

Intensifiers, or adverbs that modify adjectives and other adverbs, precede the adjective or adverb they modify.

muy bonito *very pretty*
extremadamente inteligente *extremely intelligent*
totalmente ridículo *totally ridiculous*
completamente inútil *completely useless*
elegantemente vestido *elegantly dressed*
sumamente bien *extremely well*
muy rápidamente *very quickly*
tan fácilimente *so easily*

PART 3

In colloquial speech the words **súper** and **medio** are used as adverbs that modify adjectives.

Es una carrera **súper** interesante.	*It's a really interesting course of study.*
Nos llevaron a un restaurante **súper** caro.	*They took us to a really expensive restaurant.*
Es un tipo **medio** cínico.	*He's a pretty cynical guy.*
Vivimos en una zona **medio** árida.	*We live in a pretty arid region.*

Actividad 3 **Cada adverbio en su lugar** Ordene los elementos para escribir oraciones colocando los adverbios en su lugar debido *(right)*. Siga el modelo.

MODELO problema / claramente / el / explicó
Explicó claramente el problema.

1. las / mal / frases / pronunciaron
____
2. responsablemente / trabajaron / muy
____
3. bien / cosas / las / andaban
____
4. hijos / que / felizmente / mis / quiero / vivan
____
5. su / interesante / última / fue / película / muy
____
6. esos / sumamente / Patricia / difíciles / encontró / problemas
____
7. totalmente / proyecto / encontramos / ridículo / el
____
8. súper / mi madre / ocupada / está / estos días
____

Actividad 4 **En otras palabras** Vuelva a escribir las oraciones, utilizando el verbo que corresponda al sustantivo y el adverbio que se forma del adjetivo. Siga el modelo.

MODELO Juan es un hablador apasionado.
Juan habla apasionadamente.

1. Martín y Fernando son unos trabajadores inteligentes.
____
2. Celia es una cantante maravillosa.
____
3. Carmen y Pilar son escritoras hábiles.
____

4. Paquito es un compositor estupendo.

____

5. Luisa es una estudiante diligente.

____

6. Margarita es una pintora divina.

____

7. Carla y Pedro son viajeros frecuentes.

____

8. Alfonso es un jugador enérgico.

____

Nota cultural

Dos músicos cubanos

Celia Cruz, «la Reina de la salsa», era una de las intérpretes de música latina más respetadas. Nacida en La Habana en 1924, estudió voz y piano en el Conservatorio Nacional de Cuba. Murió en Estados Unidos en 2003, cuarenta y tres años después que se exilió de Cuba por su oposición al dictador Fidel Castro. Nunca pudo realizar su sueño de volver a Cuba. La vivaz cantante interpretaba salsa, jazz latino y guaracha, la música cubana típica que le valía el título «la guarachera de Cuba». Dio conciertos por todo el mundo, grabó más de setenta álbumes y ganó varios premios incluso el Grammy.

Paquito D'Rivera, el célebre clarinetista, saxofonista y compositor, nació en La Habana. Era niño prodigio y solista con la Orquesta Sinfónica Nacional de Cuba a temprana edad. Estudió en el Conservatorio Nacional y fundó el innovador Irakere, un conjunto de jazz, rock, música cubana y música clásica. En 1981 D'Rivera huyó a Estados Unidos por su oposición al régimen castrista. Hace giras de concierto mundiales con varios grupos suyos. Tiene una impresionante discografía y ha ganado varios premios Grammy y el Premio al Logro de Vida por sus aportes a la música latina. D'Rivera es respetado como compositor y artista de música clásica tan bien como de jazz, música latina y música cubana tradicional.

Actividad 5 **Con + sustantivo = adverbio + -mente** Cambie el adverbio que termina en **-mente** a una frase que consiste en la preposición **con** + sustantivo.

1. inteligentemente ____________________
2. armónicamente ____________________
3. elegantemente ____________________
4. diligentemente ____________________
5. cariñosamente ____________________
6. alegremente ____________________
7. fuertemente ____________________
8. felizmente ____________________
9. tristemente ____________________
10. calurosamente ____________________
11. claramente ____________________

Actividad 6 **Un adverbio más otro** Escriba frases con dos adverbios para describir cómo se hicieron ciertas cosas. Cambie los adjetivos a la forma correcta del adverbio.

1. elegante y cuidadoso

____

2. lento y suave

____

3. cariñoso y caluroso

____

4. oportuno y apasionado

____

5. ligero y perezoso

____

6. fiel y leal

____

7. sabio y astuto

____

8. deprimido y triste

____

Adverbs of time and place

Ya means *already, now, right now.* **Ya no** means *no longer, not anymore.*

Tocan a la puerta.	*Someone's at the door.*
Ya voy.	*I'll be **right** there.*
¿**Ya** has visto la nueva película?	*Have you **already** seen the new film?*
No, **ya** no voy al cine.	*No, I don't go to the movies **anymore.***

The adverb **recién** appears before past participles with the meaning *newly, just, recently.* This is especially common in South American Spanish.

un niño **recién** nacido	*a newborn child*
los **recién** casados	*the recently married couple*
una casa **recién** construida	*a newly built house*

Common adverbs of time

ahora *now*	**en seguida** *right away*	**tarde** *late*
ahora mismo *right now*	**entonces** *then, afterwards*	**temprano** *early*
anteriormente *formerly*	**luego** *then, afterwards*	**todavía** *still, yet*
antes *before*	**mucho antes** *a long time before*	**todavía no** *not yet*
apenas *hardly, scarcely*	**posteriormente** *subsequently*	**ya** *already*
aún *still, yet*	**siempre** *always*	
después *after, afterwards*		

¿**Ya** han llegado los invitados?	*Have the guests arrived already?*
No, **todavía no.**	*No, not yet.*
¿Carlos salió **en seguida**?	*Did Carlos leave right away?*
No, salió **mucho después.**	*No, he left much later.*
Tenías que llamar **temprano**, a las nueve.	*You were supposed to call early, at nine.*
Sí, pero llamé **mucho antes.**	*Yes, but I called much before that.*

Spanish has several words meaning *even.* **Incluso** and **inclusive** are probably the most common. **Inclusive** is more widely used in the Americas than in Spain. The words **hasta** and **aun** are also used with the meaning of *even.* (Don't confuse **aún** *still, yet* and **aun** *even.*)

Incluso en los países ricos hay pobreza.	***Even** in rich countries there is poverty.*
Inclusive me prestaron dinero.	*They **even** lent me money.*
Hasta mi hijo de dos años lo sabía.	***Even** my two-year-old son knew it.*
Aun si nos invitan, no iremos.	***Even** if they invite us, we won't go.*

The phrase **ni siquiera** means *not even.*

The basic adverbs of place in Spanish are **aquí** *(here),* **ahí** *(there [near the person spoken to]),* and **allí** *(there [not near the speaker or the person spoken to]).* The adverbs **acá** and **allá** are used in the phrases **para acá** *(this way, in this direction),* and **para allá** *(that way, in that direction).* **Allá** means *way over there, somewhere over there.* In Spanish America, **acá** often replaces **aquí** in speech and even in writing.

Aquí hay excelentes escuelas.	*There are excellent schools* ***here.***
Allá en mi país también.	***Back*** *in my country also.*
¿Qué veo **ahí** en tu mecedora?	*What do I see* ***there*** *on your rocking chair?*
Es mi gato.	*It's my cat.*

Common adverbs of place

a la derecha/izquierda *on the right/left*
a mano derecha/izquierda *on the right/left*
abajo *down, downstairs; underneath*
al fondo *in back, at the bottom*
al lado *next door, next to it*
arriba *up, upstairs; above*
atrás *behind*
cerca *cerca, nearby*
delante *in front*
en lo alto *up, up there, up high*
encima *on top*
fuera, afuera *outside*
lejos *far off, far away*
por algún sitio/lado *somewhere*
por ningún sitio/lado *nowhere*

Adverbs of place can combine with various prepositions and with each other.

allí arriba *up there*
aquí abajo *down here*
aquí cerca *near here*
desde aquí *from here*
hacia allá *towards that place far away*
hasta allí *up to there*
para atrás *backwards, to the back*
por allá *around there (far away)*
por ahí *around there*
por allí *around there*
por aquí *around here*

Adverbs of place expressing time

de aquel momento para acá *from that time until now*
por allá por el año 1920 *around the year 1920*
de ayer acá *from yesterday until now*
allá en mi juventud *back then in my youth*

CHAPTER 21

Actividad 7 **Expresar en español** Exprese los diálogos en español. Tenga presente especialmente el uso de los adverbios.

1. Did you **(Uds.)** go to the supermarket already?

   ____

   Not yet. I haven't gotten dressed.

   ____

2. I'll be back right away.

   ____

   Come **(tú)** here right now!

   ____

3. Mariana can't find her cat anywhere.

____

Look **(Ud.)** up there! The cat's in the tree.

____

4. Are the boys around here?

____

They're probably inside the house.

____

Do you **(tú)** know if they're upstairs or downstairs?

____

They're probably hiding behind some piece of furniture.

____

They may even be in the garden.

____

5. Is the video store far away?

____

No, it's nearby. And there's a wonderful ice cream store next to it.

____

PART 3

Comparison of adverbs

Adverbs are compared much the way adjectives are (see Chapter 17, pp. 471–472).

Él habla **más claramente que** tú.	*He speaks more clearly than you do.*
Él habla **menos claramente que** tú.	*He speaks less clearly than you do.*
Él habla **tan claramente como** tú.	*He speaks as clearly as you do.*

The superlative of adverbs does not use the definite article and therefore has no special form. It's meaning is inferred from context.

El que **más claramente** habla soy yo. *The one who speaks most clearly is I.*

Adverbs can also be formed from the feminine form of the absolute superlatives of adjectives.

MASCULINE	FEMININE	ADVERB
clarísimo	clarísima	clarísimamente *very clearly*
malísimo	malísima	malísimamente *very badly*
tontísimo	tontísima	tontísimamente *very foolishly*

Actividad 8 **Comparaciones** Escriba oraciones que tienen comparaciones usando los elementos indicados. Siga los modelos.

MODELOS Luisa / trabajar / + hábil / sus compañeras
Luisa trabaja más hábilmente que sus compañeras.

Luisa / trabajar / - hábil / sus compañeras
Luisa trabaja menos hábilmente que sus compañeras.

Luisa / trabajar / = hábil / sus compañeras
Luisa trabaja tan hábilmente como sus compañeras.

1. él / escribir / + sarcástico / tú
2. tú / analizar el artículo / - crítico / yo
3. ellos / hacerlo / = fácil / nosotros
4. Ana / hablar / + franco / Lucía
5. este niño / jugar / - alegre / aquél
6. ella / expresarse / = lógico / tú
7. nosotros / mandar correo electrónico / + frecuente / ellos
8. vosotros / recibirnos / = afectuoso / Pablo y Lucero

Actividad 9 **Actividad oral** Un(a) estudiante le pregunta a otro(a) cómo se hicieron ciertas acciones. Por ejemplo: «¿Cómo hablaste con el profesor?» Su compañero(a) le contesta usando un adverbio: «Hablé francamente». Luego, los dos estudiantes cambian de papel para que tengan la oportunidad de preguntar y contestar.

CHAPTER 21

Actividad 10 **Estructuras en acción** Lea el artículo.

Nota Preliminar

En carrera: Astronomía

La Universidad de Chile ofrece la posibilidad de formarse como astrónomo(a). Se dice que Chile cuenta con el cielo de mejor calidad en el mundo para la observación científica. El Departamento de Astronomía originó en 1852 con la fundación del Observatorio Astronómico Nacional, idea sugerida por Andrés Bello, rector de la universidad y gran filólogo, poeta y político. Hoy el Observatorio Astronómico se encuentra en Cerro Calán donde se realizan laboratorios y prácticas. El profesorado se dedica a la investigación y hay programas de pre y posgrado. El programa de doctorado se realiza en conjunto con el Departamento de Astronomía de la Universidad de Yale y permite a los estudiantes estadías en Estados Unidos de un año o más. Lea lo que dicen algunos estudiantes del programa de astronomía en la Universidad de Chile. ¿A Ud. le interesa ser astrónomo(a)?

PART 3

CARRERAS

"Es una carrera que necesita mucha vocación y muchas ganas, porque literalmente te exprimen, es súper exigente. No se puede ser un astrónomo mediocre, hay que hacer prácticas, saber investigar, trabajar con unos profesores, se requiere gran trabajo personal", afirma Alejandra Castro, mientras baja unos papers de Internet para preparar su práctica de verano en la facultad. Imprescindible resulta saber inglés, "porque todo el material está en ese idioma, incluso el que elaboran los investigadores chilenos. La razón es que se publica en revistas internacionales, donde ése es el idioma oficial", comenta. Al evaluar su estado de tres años, Alejandra indica que "no hay problemas de infraestructura. La universidad está consciente de que los que entren tengan cupos en las clases y materiales para trabajar. Una gran cualidad de la UC es que es muy organizada administrativamente."

"Los primeros años son súper áridos, bueno, toda la carrera es medio árida, ¿no?", comenta Cristián Van Rysselbergh. "Pero definitivamente durante los primeros años esto no es astronomía. Es física, es ingeniería, es otra cosa. Ahora, en los últimos semestres me he estado dando cuenta cómo es el trabajo que tendré". Cristián considera que para ese ejercicio laboral, "se requiere una personalidad especial; es un trabajo bastante solo, con mucho computador; o sea se trabaja en equipo, pero a través del correo electrónico, con personas que están en Estados Unidos o en Europa. Así que si alguien no tiene feeling con el computador, mejor que ni piense estudiar astronomía". A pesar de esta aridez, "también se da la parte romántica de observar el cielo y usar telescopios", acota.

El caso de Paula Aguirre no es el más habitual, pero tampoco es el único. Ella estudia paralelamente astronomía e ingeniería civil. "Ingresé a ingeniería por la incertidumbre laboral que yo creí existía en astronomía, y he ido tomando ramos y combinando la malla, por lo que estoy en varios cursos a la vez", explica. "Estoy súper contenta con la universidad y con esta carrera, aunque admito que es muy teórica hasta casi el final. Al principio no tiene nada que ver con lo que uno se imagina, que va a estar todos los días mirando por el telescopio. Creo que es bueno saberlo antes de decidirse a ingresar", concluye.

> **"Es una carrera que necesita mucha vocación y muchas ganas, porque literalmente te exprimen, es súper exigente."**
> *—Alejandra Castro*

Actividad 11 **Estructuras en acción** Escriba el adverbio que termina en **-mente** que corresponde a los adjetivos.

Una carrera

acotar *to affirm*
la aridez *dryness*
la carrera *course of studies*
el cupo *limited enrollment*
elaborar *to produce*
la estada *stay*
exigente *demanding*
exprimir: te exprimen *to squeeze, get the most out of: they put you through the wringer*
en equipo *as a team*
la facultad *school of a university*
habitual *usual*
imprescindible *essential, indispensable*
la incertidumbre *uncertainty*
ingresarse *to enroll, enter*
investigar *to research, do research*
laboral *work (adj.)*
la malla *network*
las prácticas *classes*
el ramo *department, field*
UC *Universidad Católica*

1. teórico ______
2. consciente ______
3. electrónico ______
4. exigente ______
5. último ______
6. romántico ______
7. árido ______
8. especial ______
9. personal ______
10. imprescindible ______

Actividad 12 **Estructuras en acción** Vuelva a escribir las oraciones sustituyendo el adverbio indicado por el adverbio original. No se olvide de hacer los cambios necesarios para crear adverbios que terminan en **-mente.**

1. Ella estudia paralelamente astronomía e ingeniería civil. (sagaz)
______
2. La universidad es organizada administrativamente. (burocrático)
______
3. Es bueno saberlo antes de decidirse a ingresar. (después)
______
4. El astrónomo mira por el telescopio todos los días. (ahora mismo)
______

CHAPTER 21

5. Literalmente te exprimen. (efectivo)

6. Toda la carrera es medio árida. (muy)

7. Es un trabajo bastante solo. (completo)

8. El caso de Paula es el más habitual. (menos)

9. Pero realmente no es astronomía, es ingeniería. (definitivo)

Actividad 13 **Estructuras en acción** Vuelva a escribir las oraciones añadiendo el adverbio **súper.**

1. Los profesores son exigentes.

2. El observatorio astronómico es interesante.

3. Inés encontró el examen difícil.

4. Unas clases eran áridas.

5. Laura se sentía nerviosa.

6. Los estudiantes se encuentran bien.

Actividad 14 **Estructuras en acción** Conteste las preguntas.

1. Según Alejandra, ¿cómo es la carrera de astronomía en Chile? ¿En qué consiste?

2. ¿Por qué es imprescindible saber inglés?

3. ¿Se controla el número de estudiantes en las clases? ¿Cómo?

4. ¿Qué materias se toman durante los primeros años de astronomía?

5. ¿Por qué es el trabajo de estudiante de astronomía «bastante solo», según Cristián?

____

6. ¿Quiénes trabajan en equipo? ¿Cómo trabajan?

____

7. ¿Por qué estudia Paula astronomía e ingeniería paralelamente?

____

8. Para Paula, ¿la carrera de astronomía es exactamente cómo creía que iba a ser? Explique.

____

Actividad 15 **Estructuras en acción** Complete las oraciones con los adverbios que le gusten.

1. Los estudiantes de astronomía trabajan ________________________.
2. Estos astrónomos saben inglés ________________________.
3. La carrera de astronomía es ________________________ interesante.
4. Los investigadores enviaron sus artículos a las revistas

   ________________________.
5. Todos los profesores de física eran ________________________ exigentes.
6. Vayan al observatorio astronómico ________________________.
7. La carrera de ingeniería es ________________________ cómo creían que iba a ser.
8. Hay que resolver the problemas de infraestructura

   ________________________.

Actividad 16 **Estructuras en acción** Explique oralmente o por escrito las razones por las cuales le gustaría o no le gustaría estudiar astronomía. Describa la carrera que más le interesa.

CHAPTER 21

CHAPTER 21 TEST

Adverbs

1 **Adverbios que terminan en -mente** Escriba el adverbio que termina en **-mente** que corresponde a los adjetivos.

1. directo ____________________
2. feliz ____________________
3. reciente ____________________
4. inmediato ____________________
5. fácil ____________________
6. absoluto ____________________
7. electrónico ____________________
8. personal ____________________

2 **Con + sustantivo = adverbio + -mente** Cambie el adverbio que termina en **-mente** escribiendo una frase que consiste en la preposición **con** + sustantivo.

1. frecuentemente ____________________
2. alegremente ____________________
3. sinceramente ____________________
4. urgentemente ____________________
5. hábilmente ____________________
6. cariñosamente ____________________
7. francamente ____________________
8. responsablemente ____________________

3 **Dos adverbios y un solo verbo** Complete las oraciones usando adverbios que terminan en **-mente.** Cambie los adjetivos a los adverbios indicados y siga el orden en el que aparecen los adjetivos.

1. Siempre nos recibían en su casa ____________________ y ____________________. (amable/afectuoso)
2. Llevaron el proyecto a cabo ____________________ y ____________________. (eficiente/sistemático)
3. El administrador de Web hizo el sitio Web ____________________ e ____________________. (cuidadoso/inteligente)
4. No dudamos que ella explica la situación ____________________ y ____________________. (detallado/prudente)

Prepositions

Basic prepositions: a, de, en, con

A preposition is a word that links two elements of a sentence: el libro **de** Paula, entra **en** la cocina, darle el dinero **a** Pablo, dejar **de** fumar.

The preposition **a** has many uses in Spanish. Remember its contraction **a + el → al.**

The preposition **a** indicates motion toward a place.

ir a la ciudad *to go to the city*
llegar a la oficina *to arrive at the office*
regresar a casa *to return home*

A labels the animate, specific direct object—personal **a** (Chapter 19, pp. 401–403).

ver a Consuelo *to see Consuelo*
ayudar a los niños *to help the children*

A labels the indirect object, usually accompanied by the indirect object pronoun, especially in Spanish America.

Le di el paquete a Carla.	*I gave Carla the package.*
Les compré helado a los chicos.	*I bought the children ice cream.*

A connects verbs of motion to infinitives *(conveys the idea of purpose).*

salir a comer *to go out to eat*
venir a vernos *to come to see us*

A labels a rate or price.

¿A cuánto está el dólar hoy? *What's the exchange rate of the dollar today?*
a sesenta millas por hora *at sixty miles per hour*
Estos camiones se venden a veinte mil dólares. *These trucks sell at/for twenty thousand dollars.*
dos veces al día / a la semana *twice a day/a week*

A labels the manner in which something is done.

a pie *on foot*
a caballo *on horseback*
andar a gatas *to crawl on all fours*
a regañadientes *reluctantly*
a doble espacio *double-spaced*
escribir a lápiz *to write in pencil*
hecho(a) a mano *made by hand*
a la española *Spanish-style*
a la americana, a lo americano *American-style*

A expresses location (instead of en)

estar sentado(a) a la mesa *to be seated at the table*
tocar a la puerta *to knock at the door*
a la izquierda/derecha, a mano izquierda/derecha *on the left/right*
a la salida del pueblo *at the edge of town*
a la salida del trabajo *upon leaving work*
al final de la calle *at the end of the street*
Mi colegio está a dos kilómetros de aquí. *My school is two kilometers from here.*
a la vuelta de la esquina *around the corner*
a(l) mediodía/a medianoche *at noon/midnight*
a las dos de la tarde *at two in the afternoon*
a nuestra llegada *upon our arrival*
estar a dieta, a régimen *to be on a diet*

A in idiomatic expressions

al mes de trabajar aquí *after working here for one month*
paso a paso *step-by-step*
uno a uno *one by one*
a veces *sometimes*
a escondidas *stealthily, behind someone's back*
a espaldas de uno *behind someone's back*
a mi juicio, a mi parecer *in my opinion*

PART 3

Actividad 1 **¿A, al o nada?** Complete las oraciones con la preposición **a** donde sea necesaria. No se olvide de la contracción **al.** Si no es necesaria, escriba una X.

1. Les envié un mensaje electrónico ______________ mis amigos.
2. ¿Conociste ______________ la Alhambra?
3. No pudimos ir ______________ verlos.
4. Leonardo habló con nosotros ______________ dos veces.
5. Llegué ______________ el pueblo ______________ la una.
6. Viajaban ______________ cien millas por hora.
7. ¿______________ cuánto está el euro hoy?
8. Ya son ______________ las ocho.
9. La parada queda ______________ seis cuadras de mi casa.

Actividad 2 **Expresar en español** Exprese las oraciones en español.

1. I wrote the paper double-spaced.

____

2. Upon her arrival at midnight she went to bed.

____

3. The baby crawls on all fours.

____

4. I love the clothing that's made by hand.

____

5. The children ate all the cookies behind our backs.

____

6. The shopping center is ten miles from my house.

____

CHAPTER 22

Like **a**, the preposition **de** has many uses in Spanish. Remember the contraction **de** + **el** → **del.**

The preposition **de** indicates motion from a place.

El avión llega de Colombia.	*The plane is arriving from Colombia.*
Vengo de la farmacia.	*I'm coming from the drugstore.*
Salgo de casa a las ocho menos diez.	*I leave home at ten to eight.*

De indicates origin and possession.

Son de Venezuela.	*They're from Venezuela.*
el tren de Buenos Aires	*the train from Buenos Aires*
la mochila de Pedrito	*Pedrito's backpack*
la casa de mis tíos	*my aunt and uncle's house*

De indicates the material of which something is made or the contents of a container.

una casa de ladrillos *a brick house*
un reloj de oro *a gold watch*
una camisa de algodón *a cotton shirt*
una taza de café *a cup of coffee*
un vaso de agua *a glass of water*
una caja de juguetes *a box of toys*

De is often the equivalent of English *with* or *in* in descriptive expressions.

lleno(a) de agua *filled with water (also: full of water)*
cubierto(a) de nieve *covered with snow*
forrado(a) de plumón *down-lined, lined with down*
vestido(a) de negro *dressed in black*
pintado(a) de azul *painted (in) blue*

PART 3

De forms noun phrases that are the equivalent of *noun* + *noun* or *present participle* + *noun* constructions in English.

una lección de música *a music lesson*
una exposición de arte *an art show*
un programa de televisión *a television program*
la máquina de lavar *the washing machine*
la facultad de medicina *the medical school*
el cuarto de baño *the bathroom*
el libro de biología *the biology book*

De indicates a characteristic.

una persona de dinero *a wealthy person*
la mujer del sombrero rojo *the woman in the red hat*
una chica de talento *a talented girl*
un hombre de porte medio *a man of medium build*

De indicates a limitation or restriction on a verb or adjective.

Trabajo de programador. *I work as a programmer.*
ciego(a) del ojo izquierdo *blind in one's left eye*
alto(a) de estatura *tall*
ancho(a) de espaldas *broad-shouldered*
un metro de largo/de ancho/de alto *a meter long/wide/high*

De indicates time when in certain fixed expressions.

trabajar de día/de noche *to work days/nights*
de día/de noche *daytime/nighttime*
muy de mañana *very early in the morning*

De indicates the manner in which something is done.

ponerse de pie/de rodillas *to stand up/get on one's knees*
estar de luto *to be in mourning*
Se viste/se disfraza de policía. *He dresses as/disguises himself as a police officer.*
servir de intérprete *to serve/act as interpreter*
hacer algo de buena fe/de mala gana *to do something in good faith/unwillingly*
beber algo de un trago *to drink something in one gulp*

De connects nouns in humorous or mocking descriptions of people.

el loco de Pedro *crazy Pedro*
la muy tonta de Marta *silly Marta*
el pobre de mi cuñado *my poor brother-in-law*
aquel burro de recepcionista *that jerk of a receptionist*

De indicates the cause or reason.

saltar de alegría *to jump for joy*
gritar de dolor *to scream in pain, because of the pain*
morir de hambre *to starve to death*
estar loco de alegría *to be mad with joy*
no poder moverse de miedo *to be paralyzed with fear*

De indicates the topic (English *about*).

hablar de filosofía *to talk about philosophy*
saber poco de aquella familia *to know little about that family*

Actividad 3 **¿De, del o nada?** Complete las oraciones con la preposición **de** donde sea necesario. No se olvide de la contracción **del.** Si no es necesario, escriba una X.

1. ¡Qué hermosa es tu blusa ______________ seda!
2. Esos turistas son ______________ chilenos.
3. Diana lleva un vestido ______________ azul.
4. Estos son los documentos ______________ el ingeniero.
5. La niñita saltó ______________ alegremente.
6. Salieron ______________ casa a las diez y cuarto.
7. Pedro tomará su lección ______________ piano el jueves.
8. Sírvame una taza ______________ té, por favor.

Actividad 4 **Expresar en español** Exprese las oraciones en español.

1. They gave me (as a gift) a gold bracelet and silver earrings.

____

2. Bernardo is tall and broad-shouldered.

____

3. Do you **(tú)** want to work days or nights?

____

4. Her poor aunt is in mourning.

____

5. They got down on their knees.

____

6. They jumped for joy upon seeing us.

____

PART 3

The basic meaning of the preposition **en** is to express location. It may be the equivalent of the English *in, on,* or *at*.

The preposition **en** indicates location (English *in, on, at*).

en el comedor *in the dining room*
en la mesa *on the table*
en el aeropuerto *at the airport*

En indicates extent of time.

Vuelvo en unos minutos.	*I'll be back in a few minutes.*
Roma no se construyó en un día.	*Rome wasn't built in a day.*

En is used in some expressions of manner.

en serio *seriously*
en broma *not seriously, as a joke*
estar en contra *to be against something*

En labels the amount by which measured quantities differ.

Los precios han aumentado en un 20 por ciento.	*Prices have gone up (by) 20 percent.*
más alto que yo en una cabeza	*a head taller than I*

En labels price.

Te lo doy en diez dólares.	*I'll give it to you for ten dollars.*

En labels the means by which an action occurs.

Te reconocí en la voz.	*I recognized you by your voice.*
ir en avión/en coche/en tren/en barco	*to go by plane/by boat/by train/by car*

Actividad 5 **Expresar en inglés** Exprese las oraciones en inglés.

1. La reconocí en la voz.
2. Me lo vendieron en dos mil dólares.
3. El valor ha subido en un 15 por ciento.
4. Los obreros están en contra de la huelga.
5. ¿Nos lo dijiste en serio?

Actividad 6 **Expresar en español** Exprese las oraciones en español.

1. We plan to go by plane.
2. I'll pick you **(Uds.)** up at the airport.
3. Miguel is taller than Juan by a head.

4. Are you **(Ud.)** saying this seriously or as a joke?

____

5. Paula will arrive in a week.

____

The preposition **con** expresses the idea of accompaniment or the means by which something is done. Its most common English equivalent is *with.*

The preposition **con** expresses accompaniment.

salir con los amigos *to go out with friends*
llegar con un ramillete de flores *to arrive with a bouquet of flowers*
té con limón *tea with lemon*

Con expresses attitude (sometimes **para con**).

Es muy amable conmigo. *He's very nice to me.*
ser generoso(a) con uno(a) *to be generous to someone*
insolente para con el/la maestro(a) *fresh to the teacher*

Con labels the means by which something is done.

abrir la puerta con una llave *to open the door with a key*
atar el paquete con cuerda *to tie the package with string*

When preceding an infinitive, **con** labels the action as a means.

Con pulsar esta tecla, se guarda el archivo.	*By pushing this key, you save the file.*

Con labels the manner in which something is done.

Nos recibió con una sonrisa.	*She received us with a smile.*
Lo hice con mucho esfuerzo.	*I did it with a great deal of effort.*

Con expresses the phrases *in spite of* or *notwithstanding.*

Con todos sus problemas, se hizo abogado.	*In spite of all his problems, he became a lawyer.*
Con tener tanto dinero de su tío, acabó sin un centavo.	*Not withstanding all the money he had from his uncle, he wound up penniless.*

Con can label the content of a container and is less ambiguous than **de.**

una cesta con ropa *a basket of clothing*
una bolsa con cebollas *a bag of onions*

PART 3

Actividad 7 **¿Con qué?** Complete las oraciones con una de las expresiones de la lista.

con caramelos	**con gusto**	**con cuerda**
con llave	**con esfuerzo**	**con leche**

1. Tomó cafe ______________________________.
2. Abrieron la puerta ______________________________.
3. Se ató el paquete ______________________________.
4. Nos saludó ______________________________.
5. Búscame la caja ______________________________.
6. Lo hacen todo ______________________________.

Actividad 8 **¿Qué falta?** Complete las oraciones con la preposición correcta. Escoja entre **a, de, en** y **con.** No se olvide de escribir las contracciones **al** y **del** donde sean necesarias.

1. ¿Viste a la señora ____________________ el vestido rojo?
2. ____________________ todos sus defectos, José me parece una buena persona.
3. Vivo ____________________ dos cuadras de la oficina.
4. ¿Hablas ____________________ serio?
5. Tengo que terminar mi tesis ____________________ una semana.
6. El señor Salas es muy cariñoso ____________________ sus hijos.
7. Es una mujer ____________________ estatura media.
8. El dólar está ____________________ veintiocho pesos.
9. Las calles están cubiertas ____________________ nieve.
10. Limpio el suelo ____________________ un trapo.
11. ¿Me puedes dar agua ____________________ hielo?
12. Hay un buen restaurante ____________________ la estación de trenes.
13. Ahora me voy. Hablaremos ____________________ mi regreso.
14. Vengan a sentarse ____________________ la mesa.
15. La reconocí ____________________ el modo de andar.
16. El inocente ____________________ mi hermano se compró un coche usado que no funciona.
17. Este jarro fue hecho ____________________ máquina.
18. Hace frío. Ponte el gorro ____________________ lana.
19. No comprendo ____________________ esa profesora.

20. La sala es grande. Tiene cinco metros ______________________ largo.

21. ______________________ mes de trabajar en la empresa, Víctor renunció a su puesto.

22. ______________________ principio, no nos gustaba la casa.

The prepositions para and por

The prepositions **para** and **por** are difficult for English-speakers to use correctly since both correspond to English *for* in many cases. It is most useful to consider the different relationships each expresses.

The preposition **para** points to a destination or goal.

It labels the destination, the time by which something will occur, or the figurative goal.

Tomaron el tren para Córdoba.	*They took the train for Cordoba. (destination)*
Los chicos salieron para el colegio.	*The kids left for school. (destination)*
Terminaré para el martes.	*I'll finish by Tuesday. (time by which)*
El regalo es para ti.	*The gift is for you. (figurative goal)*
Estudio para médico.	*I'm studying to be a doctor. (figurative goal)*
Es un honor para nosotros.	*It's an honor for us. (figurative goal)*
Leo para mejorar mi español.	*I read to improve my Spanish. (infinitive as figurative goal)*
Busqué otro empleo para ganar más plata.	*I looked for another job in order to earn more money. (infinitive as figurative goal)*

Para labels the standard for comparison.

Para profesor, tiene poca paciencia.	*For a teacher, he doesn't have much patience.*
Para médica sabe poco.	*For a doctor, she doesn't know much.*

Para labels the information in the sentence as someone's opinion.

Para mí, la obra fue excelente.	*In my opinion, the play was excellent.*
Para ella, el precio es bueno.	*In her opinion, the price is good.*

Para appears in some common expressions and idioms.

para entonces *by that time*
para otra vez *for another (later) occasion*
para siempre *forever*
para variar *just for a change*
ser tal para cual *to be two of a kind*

PART 3

The preposition **por** indicates imprecise location, cause, motivation, or a replacement of one thing or person by another.

The preposition **por** expresses motion through a place, location, or imprecise location.

Salga por esa puerta.	*Go out through that door. (motion through)*
Hay varios restaurantes por este barrio.	*There are several restaurants in (around) this neighborhood. (imprecise location)*
por todas partes, por todos lados	*everywhere (imprecise location)*
No lo he visto por aquí.	*I haven't seen him around here. (imprecise location)*

Por expresses a duration of time or an imprecise point in time.

Trabajó por muchos años.	*She worked for many years. (duration)*
Tuve que hacer cola por tres horas.	*I had to stand in line for three hours. (duration)*
Se reunieron ayer por la tarde.	*They got together yesterday in the afternoon. (imprecise point in time)*
Nos veremos por Navidad.	*We'll see each other around Christmas. (imprecise point in time)*

Por designates a cause or reason.

Se ofenden por cualquier cosa.	*They get insulted at/over any little thing.*
Te felicito por tus buenas notas.	*I congratulate you on your good grades.*
Lo pasé mal en Panamá por el calor.	*I had a bad time of it in Panama because of the heat.*

Por designates the means by which something is done.

Mándeme un mensaje por correo electrónico.	*Send me a message by e-mail.*

Por designates motivation or inducement. It also designates the person for whose sake something is done.

Brindaron por el equipo vencedor.	*They toasted the winning team.*
Todo lo hice por mi familia.	*Everything I did was for my family.*
Me callé por ti.	*I kept quiet for your sake.*

Por expresses exchange or substitution.

Pagamos mucho dinero por la computadora.	*We paid a lot of money for the computer.*
Enseñé la clase por el profesor.	*I taught the class for the teacher. (instead of him)*

Por adds the idea of motion to prepositions of location.

El caballo saltó por encima de la valla.	*The horse jumped over the hurdle.*
El mozo pasó por detrás de las sillas.	*The waiter passed behind the chairs.*
El perro corrió por debajo de la mesa.	*The dog ran under the table.*

Por labels the agent in passive constructions (see Chapter 9).

El libro fue escrito por un historiador inglés.	*The book was written by an English historian.*
El sitio Web será creado por la administradora de Web.	*The Web site will be created by the Web master.*

Common expressions with **por**

por acá/ahí/allá/aquí *around here/there/there/here*
por ahora *for now*
por añadidura *in addition*
por aquel entonces *at that time*
por casualidad *by chance*
por cierto *certainly*
por completo *completely*
por lo común *usually*
por consecuencia *consequently*
por consiguiente *consequently*
por culpa de *the fault of*
por lo demás *furthermore*
por dentro y por fuera *inside and outside*
por desgracia *unfortunately*
por ejemplo *for example*
por esa época *around that time*
por escrito *in writing*
por eso *therefore, that's why*
por excelencia *par excellence*
por favor *please*
por fin *finally*
por lo general *generally*
por lo menos *at least*
por primera vez *for the first time*
por lo mismo *for that very reason*
por lo pronto *for the time being*
por lo que a mí me toca *as far as I'm concerned*
por lo tanto *therefore*
por lo visto *apparently*
por mi parte *as far as I'm concerned*
por poco *almost*
por si acaso *just in case*
por su cuenta *on one's own*
por su parte *as far as one is concerned*
por supuesto *of course*
por último *finally*
por un lado, por otro *on the one hand, on the other*

PART 3

Idioms with **por**

dar gato por liebre ***(hare)*** *to put something over on someone*
(de) una vez por todas *once and for all*
en un dos por tres *in a jiffy*
poner por las nubes *to praise to the skies*
por las buenas o por las malas *whether one likes it or not*
por los cuatro costados *on both sides (of the family)*
escaparse por un pelo *to have a narrow escape, to escape by the skin of one's teeth*
Pasó el examen por los pelos. *He barely got through the exam.*
traído por los pelos *far-fetched*
por motivo de *on account of*
por si las moscas *just in case*
siete por dos son catorce *seven times two are fourteen (mathematical)*
trabajar por cuatro *to work like a slave*

Por and **para** contrast with each other in certain contexts.

por esa época	*around that time*
para esa época	*by that time*
Por algo lo hizo.	*She did it for some reason or other.*
Para algo lo hizo.	*She did it for some purpose.*
¿Para quién trabaja Ud.?	*For whom are you working?*
Trabajo para el señor Domínguez.	*I'm working for Mr. Domínguez. (he's my boss)*
¿Por quién trabaja Ud.?	*For whom are you working?*
Trabajo por el señor Domínguez.	*I'm working for Mr. Domínguez. (in his place)*

Actividad 9 **¡Pepita la preguntona *(busybody)*!** Pepita pregunta muchas cosas por ser curiosa. Conteste sus preguntas usando la preposición **por** en sus respuestas. Siga el modelo.

MODELO ¿Por qué se durmió Ud. tan temprano? (un tremendo sueño)
Me dormí tan temprano por un tremendo sueño.

1. ¿Por qué fue Ud. al almacén? (un par de zapatos)

___

2. ¿Por qué felicitaron Uds. a Verónica? (su cumpleaños)

___

3. ¿Por qué te duele la espalda? (jugar tenis/cuatro horas)

___

4. ¿Por qué no terminó Javier el informe? (pereza)

___

5. ¿Cuándo veremos a Carlos y Elena? (la tarde)

___

6. ¿Cómo salieron los Salcedo de la ciudad? (el puente más céntrico)

___

7. ¿Por qué cosas irán Uds. a la bodega? (salchicha y queso)

___

8. ¿Cómo tendrás que hacer la tarea? (escrito)

___

9. ¿Por dónde darán un paseo los muchachos? (el bulevar Alameda)

____

10. ¿Por quiénes vas a pasar por la casa de los Granados? (Micaela y Angustias)

____

Nota cultural

La compra de comestibles

Hay varias palabras españolas que se usan para el grocery store *estadounidense. En la América hispánica se dice, según el país, tienda de comestibles, tienda de abarrotes, abarrotería, almacén, tienda de abastos, abacería, pulpería y colmado. En España se dice tienda de comestibles, tienda de ultramarinos y mantequería. Estas tiendas pequeñas de barrio tienen su clientela aunque mucha gente hace la compra grande de comida en los supermercados y los hipermercados. Actualmente el sistema comercial se ha modificado por influencia del comercio electrónico por medio del cual los clientes hacen los pedidos por Internet.*

PART 3

Actividad 10 **¿Una película encantadora?** A su amiga le gustó tanto la película «Mangos del Caribe» que la vio cinco veces. Ud. quiere saber por qué le gustó tanto porque Ud. la encontró francamente aburrida. Escriba sus respuestas usando la preposición **por.** Siga el modelo.

> **MODELO** ¿Por qué te gustó la película tanto? (los actores principales)
> Fue por los actores principales.

1. ¿Por qué la viste cinco veces? (la fotografía)

____

2. ¿Por qué te interesa tanto? (el argumento)

____

3. ¿Por qué quedaste tan impresionada? (la dirección)

____

4. ¿Por qué te llamó la atención? (el guión *[script]*)

____

5. ¿Por que estás loca por ella? (el galán tan guapo *[leading man]*)

____

6. ¿Por qué la encontraste tan buena? (la banda sonora *[soundtrack]*)

7. ¿Por qué le haces un relato entusiasta *(rave review)*? (los efectos especiales)

8. ¿Por qué estás tan entusiasmada por ella? (el diálogo)

Nota cultural

El cine español

El centenario del cine español se celebró el 14 de mayo de 1996, fecha de la primera proyección en Madrid. Algunos directores españoles han logrado una fama internacional, entre ellos Luis Buñuel, Carlos Saura, Luis García Berlanga, Víctor Erice, Juan Antonio Bardem y Pedro Almodóvar. De enorme popularidad actualmente Almodóvar ha formado parte de «la movida», el movimiento innovador y experimental en las artes que surgió con la muerte de Francisco Franco y el fin de la censura. Hay varios festivales de cine españoles como los de Valladolid, de Cine Ibero-Americano de Huelva, Madrid, Barcelona, Valencia, Bilbao y Sitges pero el más prestigioso de ellos es el Festival Internacional de Cine Donostia-San Sebastián que comenzó en 1953. Donostia es el nombre vasco de San Sebastián, una ciudad muy apreciada como centro cultural y balneario.

Actividad 11 **¿Para qué?** Ud. es el hermano modelo para su hermanito. Por eso él tiene interés en saber todo lo que Ud. hace y por qué lo hace. Ud. le contesta dándole muy buenos consejos. Use la preposición **para** + infinitivo en su respuesta. Siga el modelo.

MODELO ¿Para qué estudias tanto? (sacar buenas notas)
Para sacar buenas notas.

1. ¿Para qué trabajas en la biblioteca? (ganar plata)

2. ¿Para qué lees tantos libros? (aprender mucho)

3. ¿Para qué te quedas en casa los sábados hasta las tres? (ayudar a mamá y a papá)

4. ¿Para qué le compras flores y bombones a tu novia? (demostrarle mi cariño)

____

5. ¿Para qué practicas español cuatro horas al día todos los días? (perfeccionarlo)

____

6. ¿Para qué votas en todas las elecciones? (ser un buen ciudadano)

____

7. ¿Para qué hablas de los principios éticos? (llevar una vida moral y feliz)

____

Actividad 12 **¡Una semana muy ocupada!** Hay tantas cosas que hacer y tan poco tiempo para hacerlas. Escriba para cuándo todas las cosas se tienen que hacer. Conteste las preguntas usando la preposición **para.** Siga el modelo.

> **MODELO** ¿Para cuándo te cortas el pelo? (el jueves)
> Para el jueves.

1. ¿Para cuándo tienes que entregar el informe? (pasado mañana)

____

2. ¿Para cuándo arreglaste cita con el dentista? (la semana entrante)

____

3. ¿Para cuándo vas a entrevistarte para el empleo? (el martes)

____

4. ¿Para cuándo necesitas devolver los libros a la biblioteca? (finales del mes)

____

5. ¿Para cuándo precisas el regalo para el aniversario de tus papás? (el mes próximo)

____

6. ¿Para cuándo debes recoger la ropa en la tintorería? (las cinco de la tarde)

____

7. ¿Para cuándo vas a alquilar un coche? (el fin de semana)

____

PART 3

Actividad 13 **¿Por o para?** Complete los diálogos escogiendo **por** o **para.**

1. —¿Cuándo sale el tren de Madrid ______ Barcelona?

   —Sale ______ la mañana pasando

   ______ Zaragoza

   ______ la tarde.

2. —¿Van tú y Mari Carmen al centro comercial

   ______ ver los escaparates?

   —Ah, sí, vamos una vez ______ semana.

3. —______ peluquera, Teresa no sabe cortar el pelo.

   —______ eso ya no voy a esa peluquería.

4. —Hagamos una excursión ______ la sierra

   ______ mediados de julio.

   —______ variar, viajemos

   ______ las islas ______

   principios de agosto.

5. —¿______ quién es este hermoso traje hecho a la medida?

   —Es ______ mi hermana Rosa. Fue hecho

   ______ Gabriela, la famosa modista.

6. —¿Le dijiste a Juan lo de Armando ______ teléfono?

   —¡Qué va! ______ darle esta noticia tengo que

   hacerlo ______ escrito.

   —¿Vas a enviarle un mensaje ______ correo electrónico?

   —Claro que sí. Así llega en un dos ______ tres.

7. —¿Cuánto pagaste ______ los boletos?

   — ______ mí, un precio especial—¡el doble del precio normal!

CHAPTER 22

8. —Parece que el ladrón se escapó ______________ los pelos.

¿ ______________ dónde entró en la tienda?

—______________ lo que leí en el periódico, entró

______________ una ventana del sótano.

9. —Rodrigo estuvo enfermo ______________ la leche estropeada que tomó.

—Yo sé. Él me llamó ______________ pedirme que fuera

al trabajo ______________ él.

Nota cultural

Zaragoza

Zaragoza, capital de la Comunidad Autónoma de Aragón, queda a orillas del río Ebro en el noroeste de España. Está bien situada entre Madrid y Barcelona y entre Bilbao y Valencia. El matrimonio de Fernando e Isabel, los Reyes Católicos en 1469 unieron los reinos de Aragón y Castilla, base de la futura nación española. Zaragoza fue fundada por los romanos en el año 24 a.C. en el mismo sitio donde hubo un pueblo fortificado ibero. Nombrada Caesaraugusta por los romanos fue una importante colonia del Imperio romano. Fue conquistada por los árabes en 714 y por el rey Alfonso I de Aragón en 1118. Su monumento más conocido es la basílica barroca de Nuestra Señora del Pilar.

PART 3

Actividad 14 **Expresar en inglés** Exprese las oraciones en inglés. Fíjese especialmente en las preposiciones **por** y **para.**

1. Soy norteamericana por los cuatro costados.

____

2. Iremos con Uds. más temprano por si las moscas.

____

3. Ponen al compositor por las nubes.

____

4. Ricardo habrá llamado para algo.

____

5. Tres por ocho son veinticuatro.

____

6. «Te querré para siempre» le dijo don Quijote a Dulcinea.

7. Mortadelo y Filemón son tal para cual.

Nota cultural

Personajes

Don Quijote es el protagonista de la novela El ingenioso hidalgo don Quijote de la Mancha *que fue escrita por Miguel de Cervantes Saavedra (1547–1616), considerado el creador de la novela moderna. La primera parte del Quijote fue publicada en 1605 y la segunda en 1615. Cervantes escribió su obra maestra como una parodia de los libros de caballerías* (chivalry) *que eran muy populares. Cervantes cuenta la historia de un hidalgo* (nobleman) *manchego (de la Mancha) Alonso Quijano que pierde la razón leyendo libros de caballerías. Creyéndose un caballero andante* (knight-errant) *toma el nombre de don Quijote, escoge a Sancho Panza como su escudero* (squire) *e inventa una dama enamorada, Dulcinea del Toboso. Imita las hazañas de los héroes de las novelas confundiendo lo real con lo imaginario. Don Quijote como don Juan son personajes literarios que llegaron a ser figuras universales, los dos creados por autores españoles.*

Mortadelo y Filemón son los graciosos espías de las historietas españolas. Su creador Francisco Ibáñez empezó a escribir estas historias en forma de tiras cómicas en los tebeos, que son publicaciones infantiles ilustradas, en 1958. Mortadelo y Filemón comenzaron siendo una parodia de Sherlock Holmes y el doctor Watson.

CHAPTER 22

Actividad 15 **¡Vivan los fiesteros *(Hooray for the party lovers)*!** Les toca a los estudiantes hacer una fiesta del fin de curso. Cada persona salió a comprar algo y ahora cuenta lo que compró y cuánto costó. Escriba oraciones usando la preposición **por.** Siga el modelo.

MODELO yo / ir / los manteles : pagar / doce dólares
Yo fui por los manteles. Pagué doce dólares por ellos.

1. Beatriz / ir / panecillos : pagar / treinta dólares

2. Carlos y Leo / ir / refrescos : pagar / cincuenta y cinco dólares

3. Paula y yo / ir / servilletas : pagar / siete dólares

4. tú / ir / los fiambres *(cold cuts)* : pagar / ciento setenta y nueve dólares

5. yo / ir / torta : pagar / dieciocho dólares

6. Uds. / ir / limonada : pagar / cuarenta y tres doláres

7. Ud. / ir / fruta : pagar / veintidós dólares

Other simple prepositions

Other simple prepositions		
desde *from*	**hacia** *toward*	**según** *according to*
durante *during*	**hasta** *until*	**sin** *without*
entre *between, among*	**menos** *except*	**sobre** *above, about*
excepto *except*	**salvo** *except*	

PART 3

Desde is more specific than **de** in labeling a starting point.

Lo vi desde la ventana. — *I saw him from the window.*
Desde aquel día hemos sido buenos amigos. — *From that day on we have been good friends.*

Hacia can refer to attitudes and feelings as well as direction.

Siente mucho cariño hacia sus sobrinos. — *He feels deep affection toward his nieces and nephews.*

Note the following combinations of **hacia** + *adverb.*

hacia atrás *backwards; toward the rear*
hacia adelante *toward the front*
hacia arriba *upwards*
hacia abajo *downward*

Hasta can mean *even* as well as *until.*

Hasta mis abuelos vinieron a la fiesta. — *Even my grandparents came to the party.*

Sin + *infinitive* has a variety of English equivalents.

El trabajo quedó sin hacer.	*The work remained undone.*
Las calles están sin pavimentar.	*The streets are unpaved.*
Habla sin parar.	*She talks without a stop.*
Quedamos sin comer.	*We ended up not eating.*

Sobre means *about* as well as *above, on top of*. It can also mean *about* in the sense of *approximately*.

Leí un artículo sobre la industria mexicana.	*I read an article on (about) Mexican industry.*
Vamos a comer sobre las siete.	*We'll eat at about seven o'clock.*

Actividad 16 **En español, por favor.** Exprese las oraciones en español.

1. My homework is unfinished.

2. I put one book on top of the other.

3. I saw him go out toward the rear.

4. She lived for (during) many years among the indigenous people.

5. It's hot even in the mountains.

6. The immigrants feel love for their new country.

7. They followed us from the door of the movie theater.

8. I'm reading a book about Puerto Rico.

Sets of prepositions and compound prepositions

Sets of prepositions and compound prepositions

ante, antes de *before*
delante de *in front of*
bajo, debajo de *under*

contra, en contra de *against*
frente, en frente de *across from*

tras, detrás de, después de *behind, after*

CHAPTER 22

Antes de is used to mean *before* with time expressions; **ante** is figurative. **Delante de** expresses physical location.

antes de su llegada *before your arrival*
antes del verano *before the summer*
antes de las ocho *before eight o'clock*
comparecer ante el juez *to appear before the judge*
ante todo *first of all, above all*

No sé qué hacer ante tantas posibilidades.	*I don't know what to do faced with so many possibilities.*
Hay un jardín delante de la casa.	*There's a garden in front of the house.*

Bajo is mostly figurative, **debajo de** is usually literal.

bajo la administración de González *under the González government*
bajo Carlos V *under Charles the Fifth*
bajo ningún concepto *in no way*
diez grados bajo cero *ten degrees below zero*
bajo llave *under lock and key*
bajo juramento *under oath*
debajo del puente *under the bridge*

En contra de usually expresses being against someone's ideas, policies, or political views. **Contra** means *against* in most other contexts.

apoyarse contra el árbol *to lean against the tree*
pastillas contra la gripe *pills for the flu*
luchar contra el enemigo *to fight against the enemy*
escribir un artículo en contra de la guerra *to write an article against (opposing) the war*
hablar en contra del proyecto *to speak against the plan*
Los hechos van en contra de sus ideas. *The facts run counter to your ideas.*

Frente a and **enfrente de** *(opposite, facing, across from)* are synonyms. Note that **delante de** should be used to mean *in front of*.

Hay una parada de autobuses enfrente de/frente a nuestra casa.	*There's a bus stop across from our house.*

Tras means *behind, after* in certain set expressions. Generally, **detrás de** means *behind* and **después de** means *after*.

año tras año *year after year*
un artículo tras otro *one article after another*
detrás de la casa *behind the house*
después de la clase *after class*

Compound prepositions

a causa de *because of*
acerca de *about (concerning)*
al lado de *next to*
a lo largo de *along*
a pesar de *in spite of*
a través de *through*
cerca de *near; about (approximately)*
dentro de *inside of*
encima de *on, upon, on top of (similar to* **sobre,** *but cannot mean* approximately*)*
(a)fuera de *outside of*
junto a *close to, right next to*
lejos de *far from*
por medio de *by means of (a synonym of* **mediante***)*
respecto a *about (concerning)*

PART 3

The prepositions **a** and **de** in compound prepositions contract with the definite article **el** when **el** follows directly.

junto al parque *right next to the park*
cerca del teatro *near the theater*

Actividad 17 **Actividad de conjunto** Complete las oraciones con la respuesta correcta.

1. No pudieron lanzar el nuevo cohete _______ mal tiempo que hacía.
   a. por medio del
   b. junto al
   c. a causa del
2. Todo lo que sé lo supe _______ noticiero del Canal 7.
   a. encima del
   b. sobre el
   c. a través del
3. No puedo salir de la oficina a las cinco. Llegaré al restaurante _______ las seis.
   a. a pesar de
   b. respecto a
   c. después de
4. El señor Aranda tuvo un ataque de nervios _______ la perspectiva de perder su empleo.
   a. ante
   b. para
   c. al lado de
5. Marta mandó carta _______ carta y nunca recibió una respuesta.
   a. tras
   b. atrás
   c. detrás de

6. Si alquilas un apartamento tan ______ la oficina, tendrás que viajar por lo menos una hora para llegar al trabajo.

   a. junto a

   b. lejos de

   c. por medio de

7. En la radio están hablando constantemente ______ peligro de un ciclón.

   a. sobre el

   b. encima del

   c. cerca del

8. El coche resbaló, salió de la carretera, y fue ______ por la cuesta.

   a. afuera

   b. hacia abajo

   c. cerca

9. Miré por la ventanilla mientras el avión volaba ______ Nueva York.

   a. entre

   b. por encima de

   c. antes de

10. El tren de alta velocidad viaja ______ 270 kilómetros ______ hora.

    a. por, de

    b. en, para

    c. a, por

11. ______ culpa de él, el proyecto quedó ______ terminar.

    a. Para, en

    b. Con, hasta

    c. Por, sin

12. A esa sobrina mía la quiero ______ todo.

    a. a pesar de

    b. a lo largo de

    c. frente a

PART 3

13. Los ciclistas tienen que pasar _______ los coches cuando hay mucho tráfico.

a. por entre

b. ante

c. después de

14. Varios senadores se expresaron _______ tratado.

a. por medio del

b. en contra del

c. dentro del

15. Todos estos sarapes están hechos _______ mano.

a. a

b. con

c. de

16. Pedro Camacho es el señor _______ traje gris.

a. con el

b. dentro del

c. del

17. —¿No vino Zenaida?

—No. Vinieron todos _______ ella.

a. con

b. después de

c. menos

18. Este autor vivió _______ los Reyes Católicos.

a. debajo de

b. sin

c. bajo

Actividad 18 **Actividad oral** Dos o más equipos tratan de ganar puntos expresando en español o en inglés ciertas expresiones y oraciones presentadas por un presentador/mediador. Las expresiones y oraciones se deben sacar de las listas de este capítulo.

CHAPTER 22

CHAPTER 22 TEST

Prepositions

1 **Preposiciones** Complete las oraciones con la preposición correcta. Escoja entre **a, de, en** y **con.**

1. Regresaron ___________ dos horas.
2. El cibercafé queda ___________ la vuelta de la esquina.
3. Julio trabaja ___________ adminstrador de Web.
4. Ellos se portaban muy bien ___________ nosotros.
5. No sé mucho ___________ esa compañía.
6. Leemos nuestro correo electrónico varias veces ___________ el día.
7. ¿Lupe está ___________ línea?
8. Vosotras habláis español ___________ soltura.
9. ¿Quién es el joven vestido ___________ azul?
10. Vamos en metro o ___________ pie.
11. La oficina ___________ la profesora Reyes está en el segundo piso.
12. Dudo que lo haya dicho ___________ broma.

2 **Por y para** Complete las oraciones con la preposición **por** o **para.**

1. Entregaré el informe ___________ el jueves.
2. Jaime pagó una fortuna ___________ la impresora.
3. No pudimos ir al campo ___________ la tormenta.
4. ___________ gerente de ventas no sabe mucho de marketing.
5. Estos cuadros fueron pintados ___________ un artista holandés.
6. Vamos al centro ___________ ver una película.

3 **Otras preposiciones** Complete las oraciones con la preposición correcta. Escoja entre **sobre, según, hasta, durante, entre, hacia,** y **sin.** No emplee ninguna preposición más de una vez.

1. Se fueron ___________ avisarnos.
2. El restaurante queda ___________ el hotel y la florería.
3. Asistiremos a una conferencia ___________ la historia medieval.
4. Vayan caminando ___________ el pueblo.
5. ___________ las noticias, la guerra ya estalló.
6. No creo que se matriculen ___________ marzo.
7. Ha habido muchos avances tecnológicos ___________ los últimos años.

PART FOUR

Interrogatives and Negatives

PART FOUR
Interrogatives and Negatives

CHAPTERS

Interrogative words and question formation

Interrogative words in information questions

Questions that begin with an interrogative word **(palabra interrogativa)** such as **¿Cuándo?** or **¿Quién?** ask for a piece of information (When is the party?, Who is your teacher?, Which one do you want?). They are called *information questions.*

Interrogative words have a written accent.

Important interrogative words

¿cuál?, ¿cuáles? *which one(s)?*
¿cuándo? *when?*
¿cuánto(a)? *how much?*
¿cuántos(as)? *how many?*
¿cómo? *how?*
¿dónde? *where? (at what place?)*
¿adónde? *where? (to what place?)*
¿de dónde? *from where?*
¿qué? *what?, which?*
¿por qué? *why?*
¿para qué? *for what purpose?*
¿quién?, ¿quiénes? *who? (subject)*
¿a quién?, ¿a quiénes? *whom? (object)*
¿de quién?, ¿de quiénes? *whose?*

Some of the interrogatives are not used exactly like their English equivalents.

¿Cómo? is used to ask for repetition of something you didn't understand or to express surprise at something you have just heard (English uses *what* for this purpose).

Hay examen de física hoy. — *There's a physics exam today.*
¿Cómo? — *What?*

Unlike English *how* in questions such as *How heavy is the package?, How wide is the river?, How fast does he run?,* **¿cómo?** cannot precede adjectives or adverbs directly. Here are the ways Spanish asks for measurements.

¿Cuánto pesa el paquete?
¿Cómo es de pesado el paquete?
¿Cuánto es de pesado el paquete?
} *How heavy is the package?*

¿Cómo es el río de ancho?
¿Cuánto es el río de ancho?
¿Cuánto tiene el río de ancho?
¿Qué anchura tiene el río?
¿Cuánto mide el río de ancho?
} *How wide is the river?*

¿Con qué rapidez corre? — *How fast does he run?*

CHAPTER 23

NOTE

In Spanish America, a colloquial form **¿Qué tan ancho es el río?** exists.

¿Cómo? has different meanings depending on whether it is used with **ser** or **estar.**

¿Cómo está tu hermano?	*How is your brother? (asks about health or mental state)*
¿Cómo es tu hermano?	*What does your brother look like?* or *What is your brother like? (character, personality)*

¿Cuál? and **¿Cuáles?** are replaced by **¿Qué?** before a noun in standard Spanish.

¿Qué libros leíste?	*Which books did you read?*
¿Qué materias escogiste?	*Which subjects did you choose?*

In parts of Spanish America, such as Mexico and Cuba, sentences such as **¿Cuáles materias escogiste?** are acceptable.

¿Cuál? is used for English *what* when an identification is asked for.

¿Cuál es la diferencia?	*What's the difference?*
¿Cuál es la capital de Nicaragua?	*What's the capital of Nicaragua?*
¿Cuál es la fecha de hoy?	*What's today's date?*
¿Cuál fue el resultado?	*What was the result?*
¿Cuál fue el año de la crisis económica?	*What was the year of the crisis in the economy?*

Note that **¿qué?** before **ser** asks for a definition.

¿Qué es la programación?	*What is programming?*
¿Qué es un nanosegundo?	*What is a nanosecond?*

¿Dónde? is used to ask about location. **¿Adónde?** asks direction and is used with verbs of motion.

¿Dónde trabaja Jimena?	*Where does Jimena work?*
¿Adónde va Jimena?	*Where is Jimena going?*

NOTES

- Many speakers use **¿dónde?** instead of **¿adónde?** to ask directions and with verbs of motion.
- **¿Para dónde?** and **¿hacia dónde?** mean *toward where?*

Questions beginning with **¿De quién(es)?** have a different word order than their English equivalents.

¿De quién es el libro?	*Whose book is this?*

Prepositions always precede the interrogative word in Spanish.

¿Con cuántas personas llegó?	*How many people did he arrive with?*
¿Para quiénes es el regalo?	*Whom is the gift for?*
¿Sobre qué habló el profesor?	*What did the teacher talk about?*
¿En qué casa vive Nélida?	*Which house does Nélida live in?*

Actividad 1 **Los detalles, por favor.** Cuando su amiga le habla de lo que hacen unas personas, Ud. le pide más detalles usando las palabras interrogativas con las preposiciones apropiadas. Siga el modelo.

> **MODELO** Francisca se lamenta de todo.
> ¿De qué se lamenta?

1. Monserrat se quejaba de todo.

   ____

2. Jorge y Maribel se interesan en todo.

   ____

3. Eduardo se jacta de todo.

   ____

4. Carlota se casará con Octavio.

   ____

5. Luz se fija en todo.

   ____

6. Elvira se enamoró de Roberto.

   ____

7. Pablo soñó con muchas personas.

   ____

Actividad 2 **¿Quiénes son?** Lea la información dada sobre cada persona y derive preguntas con palabras interrogativas de ella. Escriba más preguntas cuando sea posible. Siga el modelo.

> **MODELO** Es venezolano.
> ¿De dónde es? *or* ¿De qué nacionalidad es?

A. Leonardo Gustavo Saénz

(1) Es argentino. (2) Es ingeniero. (3) Trabaja para una compañía argentina con sucursales en Estados Unidos. (4) Vive en Nueva York. (5) Es casado con una norteamericana. (6) Tiene tres hijos.

1. ______________________________
2. ______________________________
3. ______________________________
4. ______________________________
5. ______________________________
6. ______________________________

B. Delmira Danielo

(7) Nació en Francia. (8) Sus abuelos son de España. (9) Se mudó a Canadá cuando tenía cuatro años. (10) Hace estudios posgraduados en química en una universidad canadiense. (11) Estudia para química. (12) Vive con sus padres y hermanos en las afueras de Montreal.

7. ______________________________
8. ______________________________
9. ______________________________
10. ______________________________
11. ______________________________
12. ______________________________

C. Claudio del Mundo

(13) Ganó la gran carrera de bicicletas. (14) Es un héroe nacional en España. (15) Fue condecorado por el rey español. (16) Tiene cuarenta y dos bicicletas. (17) Le gusta más su italiana amarilla. (18) Quiere descansar. (19) Irá de vacaciones al Caribe. (20) Llevará a su mujer y a sus dos hijas.

13. ______________________________
14. ______________________________
15. ______________________________
16. ______________________________
17. ______________________________
18. ______________________________
19. ______________________________
20. ______________________________

Actividad 3 **¿Cómo? ¡Habla más fuerte!** Su amiga llama para invitarlo(la) a ir de compras con ella. Por desgracia, hay interferencias en la línea y Ud. le pregunta lo que dijo usando las palabras interrogativas apropiadas. Escriba más de una pregunta donde sea posible. Siga el modelo.

MODELO —Voy al centro comercial.
—¿Adónde vas?

1. —Pienso ir al centro comercial que queda en la carretera de Salamanca.

   — ______________________________

2. —Hay ochenta y siete tiendas en el centro comercial.

   — ______________________________

3. —Hay unos veintiséis restaurantes y cafés en el centro comercial.

   — ______________________________

PART 4

4. —Voy a comprar dos pares de zapatos.

— ______________________________

5. —Necesito comprarle un regalo a mi cuñada.

— ______________________________

6. —Trataré de gastar menos de cien dólares.

— ______________________________

7. —Quizás le compre una blusa de seda.

— ______________________________

8. —No sé si le gusta más la azul o la verde.

— ______________________________

9. —Pagaré con tarjeta de crédito o con cheque.

— ______________________________

10. —Voy a llegar en coche.

— ______________________________

11. —Saldré para el centro comercial a eso de las dos.

— ______________________________

12. —Volveré a casa antes de la cena.

— ______________________________

Actividad 4 **Estudiantes** Complete las oraciones con las palabras interrogativas correctas.

A.

1. Nati —¿______________ materias estás tomando este semestre?

   Sergio —Estoy tomando cinco.

2. Nati —¿______________ son?

   Sergio —Historia de Estados Unidos, literatura inglesa, física, español y el arte latino de Estados Unidos.

3. Nati —¿______________ enseña la clase de arte?

   Sergio —El profesor Durán.

4. Nati —¿______________ es la clase?

   Sergio —¡Excelente y fuerte! El profe es estupendo. No hay cosa que no sepa. Se aprende mucho sobre los artistas de origen hispánico de hoy.

5. Nati —¿______________ estudiantes hay en la clase?

6. Sergio —Creo que somos veintidós. ¿_______________ te interesa tanto?

7. Nati —Es que soy aficionada a la historia norteamericana. Es posible que tome la clase de oyente *(audit)*.

   ¿_______________ se reúnen Uds.?

   Sergio —En el edificio de ciencias políticas, aula número 387.

8. Nati —¿_______________ días?

   Sergio —Lunes, miércoles y jueves.

9. Nati —¿_______________ hora?

   Sergio —De las diez y media hasta las doce.

B.

10. Diana —Oye, Paco, ¿_______________ es esta carpeta *(briefcase)*? ¿De Adriana?

11. Paco —¿_______________ dice adentro? ¿No tiene nombre ni papeles?

12. Diana —¿_______________ ? *(Where?)* Yo no veo nada. Mira.

13. Paco —¿_______________ color es la de Jaime? ¿No tiene él una así?

14. Diana —No me acuerdo. Vamos a llamarlo.

    ¿_______________ es su número de teléfono?

    Paco —No creo que lo encontremos en la casa porque lo vi hace poco por aquí.

15. Diana —¿_______________ iba?

    Paco —No tengo la menor idea.

16. Diana —¿Con _______________ estaba?

    Paco —Ni te puedo decir porque yo hablaba con Aurelia.

17. Diana —¿_______________ ? *(What?)*

    ¿_______________ dices? ¿Tú y Aurelia otra vez?

18. Paco —Ay, chica, ¿_______________ quieres que yo haga? La quiero mucho. ¿_______________ me hablas de esto ahora?

19. Diana —Bueno, es tema para otro día. Por ahora,

    ¿_______________ estará Jaime?

PART 4

Nota cultural

Arte latino en Estados Unidos

La exposición de arte latino montado por el Smithsonian American Art Museum incluía sesenta y cuatro cuadros, esculturas, fotos e instalaciones de distintas tradiciones culturales a lo largo de doscientos años. La exposición, que hacía una gira por varios museos estadounidenses, presentaba artistas de origen hispánico nacidos en Estados Unidos o inmigrantes al país: puertorriqueños, chicanos, mexicanos, cubanos y otros latinoamericanos. Algunos de los artistas representados en la exposición: Carmen Lomas Garza (Camas para Sueños), *Patssi Valdez* (The Magic Room), *Angel Rodríguez-Díaz* (The Protagonist of an Endless Story), *Alfredo Arreguín* (Sueño [Dream: Eve Before Adam]), *María Brito* (El Patio de Mi Casa), *Amalia Mesa-Bains* (An Ofrenda for Dolores del Río) *y Jesse Treviño* (Mis Hermanos).

Actividad 5 **Un testigo** Ud. está paseándose por la calle cuando ve un choque de coches. Un policía acaba de llegar a la escena del accidente y quiere hacerle unas preguntas. Escriba las preguntas usando las palabras interrogativas correctas.

1. ¿__________________ estaba Ud. cuando vio ocurrir el accidente?
2. ¿__________________ pasó? Déme todos los detalles.
3. ¿__________________ pasó? Dígame la hora exacta.
4. ¿__________________ pasó la luz roja sin parar?
5. ¿__________________ iba el conductor del coche blanco?
6. ¿__________________ venía el conductor del coche rojo?
7. ¿__________________ peatones *(passersby)* se acercaron a la escena?
8. ¿__________________ minutos transcurrieron *(elapsed)* entre el choque y la llegada de la policía?

Actividad 6 **Una conversación telefónica** Ud. está escuchando lo que dice su amiga mientras habla por teléfono. Porque no oye lo que dice la otra persona, Ud. tiene que imaginarse lo que ésta le pregunta a su amiga. Escriba las preguntas que se habrán hecho. Siga el modelo.

MODELO —¿Qué tiempo hace?
—Hace calor.

1. — ____________________________________

   —De parte de Jaime Vega.

2. — ____________________________________

   —La casa queda en la calle Olmo.

3. — ______________________

—El coche es de Roberto.

4. — ______________________

—Es verde oscuro.

5. — ______________________

—Voy a llevar a Ofelia.

6. — ______________________

—Llegaremos a las nueve.

7. — ______________________

—Tengo veinte y uno.

8. — ______________________

—Pienso ver a Inés y a Matilde.

9. — ______________________

—Será el sábado.

10. — ______________________

—Llegan mis primos.

11. — ______________________

—Gasté mucha plata.

12. — ______________________

—Está lloviendo.

13. — ______________________

—Tito y Josefa se encuentran muy bien.

14. — ______________________

—Me quedo hasta el domingo.

15. — ______________________

—No quiero ninguno de los dos.

PART 4

Actividad 7 **Vamos a comprar boletos.** Exprese las oraciones en español. Preste mucha atención a las palabras interrogativas.

1. When are we going to buy the tickets for the play?

____

2. How about going tomorrow? Where's the box office?

____

3. On Pamplona Avenue. How many tickets do we need?

____

4. Six. How much do they cost?

____

5. Eighteen dollars each. Who's paying for them?

____

6. Each one will pay for his/her ticket. What day are we going?

____

7. Thursday. What time does the show start?

____

8. At eight o'clock. Whom are you inviting?

____

9. Nobody! The ticket is too expensive! How are we getting there?

____

10. By car or by train.

____

Actividad 8 **¡Maravillas naturales de las Américas!** Escriba preguntas acerca de la magnitud de estos lugares tan conocidos.

> **MODELO** el Río Grande / ser 1900 millas / largo
> ¿Cómo/Cuánto es el Río Grande de largo?

1. el río Iguazú / tener 1.320 kilómetros / largo

   ¿____?

2. el río Amazonas / tener 6.500 kilómetros / longitud

   ¿____?

3. el río Misisipí / medir 3.780 kilómetros / largo

   ¿____?

4. el lago Titicaca / ser 3.815 metros / ancho

   ¿____?

5. el desierto Atacama / tener 600 millas / largo

   ¿____?

6. el monte McKinley / tener 6.096 metros / altura

¿____?

7. la cumbre Aconcagua / medir 6.959 metros / alto

¿____?

Nota cultural

Datos geográficas

Un kilómetro (1.000 metros) equivale aproximadamente a 5/8 de una milla. Un metro equivale a 39,37 pulgadas (inches). *El río* ***Iguazú*** *se encuentra al sur del Brasil y desemboca en* (flows into) *el Paraná donde se unen Argentina, Brasil y Paraguay. El río* ***Amazonas*** *nace en los Andes de Perú y atraviesa* (crosses) *Brasil. El río* ***Misisipí*** *desemboca en el golfo de México por un ancho delta. El lago* ***Titicaca*** *se encuentra en la altiplanicie* (high plateau) *andina de Perú y Bolivia. El desierto* ***Atacama****, que queda al norte de Chile, es una región rica en cobre y nitrato* (saltpeter). *El monte* ***McKinley*** *es la cumbre* (peak) *más alta de las montañas* ***Rocosas*** (Rocky). *La sierra se extiende desde Alaska, donde se encuentra el monte McKinley, hasta México.* ***Aconcagua,*** *la cumbre más alta de América, se encuentra en los Andes argentinos.*

Actividad 9 **¿Cuál es?** Complete las oraciones con las palabras interrogativas correctas. Escoja **¿cuál?, ¿cómo?** o **¿qué?**

1. ¿__________________ es la capital de Costa Rica?
2. ¿__________________ es la computación?
3. ¿__________________ son tus hermanos?
4. ¿__________________ fue el problema?
5. ¿__________________ están por tu casa?
6. ¿__________________ es la fecha de hoy?
7. ¿__________________ es guacamole?

Actividad 10 **¿De qué se habla?** Escriba preguntas derivadas de las oraciones. Tenga presente que la preposición precede la palabra interrogativa. Siga el modelo.

MODELO Van *para el mar.*
¿Para dónde van?

1. Estas rosas son *para Susana.*
2. Los ingenieros hablaron *sobre el nuevo puente.*
3. Celeste trabaja *en aquella oficina.*
4. Alberto fue *con otras siete personas.*
5. Los CDs son *de Uds.*
6. Caminabas *hacia el río.*
7. Jeremías entró *por aquí.*
8. Sol jugará tenis con su hermana.
9. Se metieron *en un lío.*
10. Vienen *del centro comercial.*

Yes/no questions

Questions that do not begin with a question word require either *yes* or *no* as an answer. In English, they are called *yes/no* questions (in Spanish, **preguntas generales**).

To make a statement into a *yes/no* question in Spanish, the intonation changes from falling to rising at the end of the sentence without changing the word order.

¿Los chicos tienen juguetes?	*Do the children have toys?*
¿Alfonsina trabaja mañana?	*Is Alfonsina working tomorrow?*
¿Martín sacó las entradas?	*Did Martín buy the tickets?*

Yes/no questions can also be formed from statements by inverting the subject and the verb.

¿Tienen los chicos juguetes?	*Do the children have toys?*
¿Trabaja Alfonsina mañana?	*Is Alfonsina working tomorrow?*
¿Sacó Martín las entradas?	*Did Martín buy the tickets?*

The subject can also be placed at the end of the sentence to emphasize it. This is not very common.

¿Trabaja Alfonsina mañana?	*Is Alfonsina working* tomorrow? *(focus on* tomorrow)
¿Trabaja mañana Alfonsina?	Is Alfonsina *working tomorrow? (focus on* Alfonsina)

In *yes/no* questions consisting of just a subject and verb, either the subject or the verb may come at the end of the sentence, depending on which element is the focus of the question. Thus, the questions **¿Carlos se va?** and **¿Se va Carlos?** require different answers, since their focus is different.

¿Carlos se va?	*Is Carlos* leaving? *(focus on the verb)*
No, se queda.	*No, he's* staying.
¿Se va Carlos?	Is Carlos *leaving? (focus on who's leaving)*
No, Carlos no. Se va Raúl.	*No, not* Carlos. Raúl *is leaving.*

Statements consisting of a subject, **ser** or **estar,** and an adjective are usually made into *yes/no* questions by placing the subject at the end of the sentence, not right after the verb as in English.

El coche es caro.	*The car is expensive.*
¿Es caro el coche?	*Is the car expensive?*
Las tiendas están cerradas.	*The stores are closed.*
¿Están cerradas las tiendas?	*Are the stores closed?*

Spanish can add phrases such as **¿verdad?, ¿no es verdad?, ¿no es cierto?,** and **¿no?** to statements to turn them into questions. The added phrases are called *tags*. These tag questions signal that the speaker expects the answer *yes*. If the statement is negative, only **¿verdad?** can be used as a tag.

Vienen con nosotros, ¿no es cierto?	*You're coming with us, aren't you?*
Les gustó la clase, ¿no?	*They liked the class, didn't they?*
No tienes hambre, ¿verdad?	*You're not hungry, are you?*

Actividad 11 **¿Cuál es la pregunta?** Escriba preguntas generales derivadas de las oraciones colocando el sujeto inmediatamente después del verbo. Siga el modelo.

MODELO Raúl estudia arquitectura.
¿Estudia Raúl arquitectura?

1. Gustavo y Melinda aprenden francés.

____

2. Pepe trabaja en una tienda de videos.

____

3. Ud. toca piano.

____

4. Los niños se han vestido.

____

5. Cristóbal jugará béisbol.

____

6. Elena se matriculó anteayer.

____

7. Uds. deben quedarse unos días más.

____

8. Ramona está a dieta.

____

Actividad 12 **¿Ser/estar + adjetivo + sujeto?** Escriba preguntas generales derivadas de las oraciones. Ponga el verbo **ser** o **estar** primero seguido del adjetivo y al final el sujeto. Siga el modelo.

MODELO El edificio es alto.
¿Es alto el edificio?

1. Estos niños son traviesos.

____

2. Las margaritas *(daisies)* son bonitas.

____

3. El televisor estaba descompuesto.

____

4. El museo está abierto.

____

5. La revista es italiana.

___

6. Las joyas fueron robadas.

___

7. Los pantalones están rotos *(torn)*.

___

8. Esta marca es buena.

___

9. El espectáculo fue impresionante.

___

Actividad 13 **Para hacer un picnic** Unos amigos quieren hacer un picnic y necesitan hacer ciertas cosas para que resulte bien. ¿Quién se ocupa de cada cosa? Para saberlo, conteste las preguntas generales usando los nombres indicados. Siga el modelo.

MODELO ¿Trae la carne Marianela? (Clarita)
No, Marianela no. La trae Clarita.

1. ¿Compra los panes Pedro? (Memo)

___

2. ¿Domingo y Toni nos llevan en coche? (Salvador y Soledad)

___

3. ¿Dora va a preparar las ensaladas? (Leonor)

___

4. ¿Traerá Jorge el bate y la pelota? (Miguel)

___

5. ¿Piensa Carmen llevar los manteles? (Marcos)

___

6. ¿Harán Uds. los bocadillos? (Olivia y Nacho)

___

7. ¿Jesús y Marta invitarán a los amigos? (tú)

___

8. ¿Te ocupas tú de la fruta? (Mari)

___

PART 4

Questions in indirect speech

When a question is not asked directly, but incorporated into a larger sentence as a dependent clause, it is called an indirect question. Compare the following examples. The first one has a question quoted directly, the second one has the same question reported indirectly by being incorporated into a larger sentence.

She asked me, "Where is the post office?"
She asked me where the post office was.

Information questions are turned into indirect questions as subordinate clauses. The question word retains its accent mark.

Me preguntaron: —¿De dónde vienes?	*They asked me, "Where are you coming from?"*
Me preguntaron de dónde venía.	*They asked me where I was coming from.*
Te pregunté: —¿Cuándo regresarás?	*I asked you, "When will you return?"*
Te pregunté cuándo regresarías.	*I asked you when you would return.*
Siempre nos preguntan: —¿Qué quieren?	*They always ask us, "What do you want?"*
Siempre nos preguntan qué queremos.	*They always ask us what we want.*

Yes/no questions are turned into indirect questions by means of the word **si,** the equivalent of the English *whether, if.*

DIRECT QUESTION: ¿Sales, Juan?	*Are you going out, Juan?*
INDIRECT QUESTION: Le pregunté a Juan si salía.	*I asked Juan if he was going out.*

If **preguntar** is in the present or future, then the tense of the direct question is kept in the indirect questions.

DIRECT QUESTION: Me pregunta —¿Para qué lo haces?	*He asks me, "Why do you do it?"*
INDIRECT QUESTION: Me pregunta para qué lo hago.	*He asks me why I do it.*
DIRECT QUESTION: Nos pregunta —¿Cuándo vendrá Marta?	*He asks us, "When will Marta come?"*
INDIRECT QUESTION: Nos pregunta cuándo vendrá Marta.	*He asks us when Marta will come.*
DIRECT QUESTION: Me preguntará —¿Quiénes regresaron?	*She will ask me, "Who returned?"*
INDIRECT QUESTION: Me preguntará quiénes regresaron.	*She'll ask me who returned.*

The following table sums up the tense changes in indirect questions.

If the verb of the main clause **(preguntar)** is in the preterite:

The tense of the original question	changes to:
PRESENT ¿Para qué lo haces?	**IMPERFECT** Me preguntó para qué lo hacía.
FUTURE ¿Cuándo vendrá Marta?	**CONDITIONAL** Me preguntó cuándo vendría Marta.
PRETERITE ¿Quiénes regresaron?	**PLUPERFECT** Me preguntó quiénes habían regresado.
	or **PRETERITE** Me preguntó quiénes regresaron.

Actividad 14 **¡Cuántas preguntas!** Unas personas le machacaron los oídos *(repeated over and over again)* con tantas preguntas hoy que Ud. se encuentra mareado(a) *(dizzy)*. Ahora Ud. le cuenta a un(a) amigo(a) lo que le preguntaron usando la pregunta indirecta. Siga el modelo.

MODELO Anita me preguntó: —¿Adónde vas?
Anita me preguntó adónde iba.

1. Felipe me preguntó: —¿Qué harás en la tarde?

____

2. Isabel me preguntó: —¿Con quiénes saliste?

____

3. Carlos me preguntó: —¿Por qué no quieres jugar baloncesto?

____

4. Sol me preguntó: —¿A qué hora volviste a casa?

____

5. Claudio me preguntó: —¿Para cuándo necesitas escribir el informe?

____

6. Mi hermanita me preguntó: —¿Cuándo me llevas a una discoteca?

____

7. Mis primos me preguntaron: —¿Por qué no nos invitas al parque de atracciones?

____

8. Mi mamá me preguntó: —¿Por qué tienes dolor de cabeza?

____

9. Yo me pregunté a mí mismo: —¿Por qué te levantaste de la cama hoy?

____

10. Mis amigos me preguntaron: —¿De dónde vienes?

____

11. Mirián me preguntó: —¿Cómo vas a llegar al centro?

____

12. Alejo me preguntó: —¿Cuándo piensas regresar a Madrid?

____

Actividad 15 **Actividad oral** Uno(a) de los estudiantes piensa en una persona, una cosa o un acontecimiento histórico. Los otros estudiantes tienen que hacerle preguntas hasta adivinar lo que es. Le toca al (a la) estudiante que lo adivina pensar en otra persona, cosa o acontecimiento.

Actividad 16 **Estructuras en acción** Lea el artículo.

Nota Preliminar

Investigar, Preservar, Difundir

El Instituto Nacional de Antropología e Historia de México, cuyo lema es "Investigar, Preservar, Difundir", publica una agenda de museos subvencionados por el gobierno. La historia, antropología, arqueología, política y religión de México desde sus civilizaciones prehispánicas hasta el siglo veintiuno se presentan al público a través de exposiciones, colecciones y bibliotecas. Al leer los datos de la agenda fíjese Ud. en la dirección de los museos. Verá que México, como otros países hispanoamericanos, les pone a sus calles y avenidas los nombres de personajes y acontecimientos históricos importantes. Por ejemplo, el Museo Nacional de las Intervenciones queda en la Calle 20 de Agosto y General Anaya en la Colonia Churubusco. Durante la guerra entre Estados Unidos y México (1846–1848), el General mexicano Pedro María Anaya defendió el convento de Churubusco el 20 de agosto de 1847.

INSTITUTO NACIONAL DE ANTROPOLOGÍA E HISTORIA
Investigar, Preservar, Difundir
CONACULTA · INAH

Agenda

MUSEO NACIONAL DE ANTROPOLOGÍA

23 salas de exhibición permanente.
Horario: martes a domingo de 9:00 a 19:00 horas.
SERVICIOS EDUCATIVOS: 5553-6253
Donativo: $ 30.00. Para menores de 13 años, jubilados, tercera edad, pensionados, estudiantes y maestros.
Domingos entrada libre.
Av. Reforma y Gandhi, Bosque de Chapultepec.
Tels. Promoción Cultural: 5553-6381 y 5553-6386

METRO CHAPULTEPEC

MUSEO NACIONAL DEL VIRREINATO

Horario: martes a domingo de 9:00 a 18:00 horas.
Donativo: $25.00. Estudiantes y maestros con credencial no pagan boleto.
Domingos entrada libre.
Plaza Hidalgo 99, Centro.
Tepotzotlán, Estado de México.
Tel. 5876-0332 y 5876-0245.

MUSEO CUAUHNÁHUAC "PALACIO DE CORTÉS"

Horario: martes a domingo de 10:00 a 17:00 horas.
Donativo: $30.00
Domingos entrada libre.
Leyva No. 100 Col. Centro, Cuernavaca. Morelos.
Tel. 0173-12-81-71

MUSEO NACIONAL DE HISTORIA "CASTILLO DE CHAPULTEPEC"

Horario: martes a domingo de 9:00 a 17:00 horas.
SERVICIOS EDUCATIVOS, VISITAS GUIADAS, ASESORÍAS A ESCOLARES
Tel 5553-6396 ext. 235
BIBLIOTECA Y FOTOTECA
Tel. 5553-6224 ext. 239
Donativo: $30.00.
Domingos entrada libre.

METRO CHAPULTEPEC

CENTRO COMUNITARIO CULHUACÁN

Horario: martes a domingo de 10:00 a 17:00 horas.
Entrada libre.
Tel. 5608-0122 y 5608-0163
Morelos 10, esquina Av. Tláhuac.

MUSEO NACIONAL DE LAS CULTURAS

Es único en América Latina debido a su temática: la exhibición permanente de colecciones arqueológicas y etnográficas de culturas extranjeras.
Horario: martes a domingo de 9:30 a 18:00 horas.
Entrada libre.
Moneda 13. Centro Histórico.
Tels.: 5512-7452 y 5542-0187

METRO ZÓCALO

MUSEO DE EL CARMEN

Exhibición permanente de la colección: *El silencio de los carmelitas, historia de un convento.*
Horario: martes a domingo de 10:00 a 17:00 horas.
Donativo: $30.00. Estudiantes y maestros con credencial, niños menores de 12 años y personas con credencial del INSEN no pagan boleto.
Domingos entrada libre.
Av. Revolución esquina Monasterio, San Angel.
Tel. 5616-2816 y 5550-4896

MUSEO NACIONAL DE LAS INTERVENCIONES

Horario: martes a domingo de 9:00 a 18:00 horas.
Donativo: $25.00. Estudiantes y maestros con credencial no pagan boleto.
Domingos entrada libre.
Calle 20 de Agosto y General Anaya, Col. Churubusco.
Tel. 5604-0699 y 5688-7926

METRO GENERAL ANAYA

MUSEO DEL TEMPLO MAYOR

Horario: martes a domingo de 9:00 a 17:00 horas.
Donativo: $30.00. Maestros y estudiantes con credencial no pagan boleto.
Domingos entrada libre.
Tel. 5542-4943 y 5542-4784
Seminario 8, Centro Histórico.

METRO ZÓCALO

PART 4

Actividad 17 **Estructuras en acción** Escriba las palabras interrogativas correctas a base de la información subrayada en las oraciones. Siga el modelo.

MODELO	Nueve museos figuran en la agenda. ¿Cuántos museos figuran en la agenda?

Una visita de museo

la agenda *date book, appointment book*
la asesoría *consultant*
Av. *Avenida*
Col. *Colonia*
CONACULTA *Consejo Nacional para la Cultura y las Artes*
difundir *disseminate*
diseminar *to disseminate*
el donativo *donation*
el/la escolar *student*
la esquina *corner*
ext. *extensión*
INAH *Instituto Nacional de Antropología e Historia*
la intervención *(international law) intervention, interference in the affairs of one country by another by force or threat of force*
investigar *to research, do research*
el/la jubilado(a) *retiree*
el metro *subway*
N° *Número*
el/la pensionado(a) *retired person living on a pension*
Tel(s). *Teléfono(s)*
la temática *subject, theme*
la tercera edad *old age*
la visita guiada *guided tour*

1. El Museo Nacional de Historia queda en el Bosque de Chapultepec.
   ¿____________________ queda el Museo Nacional de Historia?
2. Hay entrada libre para niños menores de doce años.
   ¿____________________ hay entrada libre?
3. El Museo del Templo Mayor está en Seminario 8 del Centro Histórico.
   ¿____________________ es la dirección del Museo del Templo Mayor?
4. Dos museos siempre dan entrada libre.
   ¿____________________ museos siempre dan entrada libre?
5. Los domingos no se paga para entrar en el Museo Nacional de Antropología.
   ¿____________________ no se paga para entrar en el Museo Nacional de Antropología?
6. Se baja en la parada de metro Zócalo para ir al Museo Nacional de las Culturas.
   ¿____________________ parada de metro se baja para ir al Museo Nacional de las Culturas?

Actividad 18 **Estructuras en acción** Conteste las preguntas a base de la información que lee en la agenda.

1. ¿Qué museo aloja el Castillo de Chapultepec?
   ____
2. ¿A qué hora cierra el Museo Nacional del Virreinato?
   ____

3. ¿Cuántas salas de exhibición permanente tiene el Museo Nacional de Antropología?

____

4. ¿Cuál museo cierra más tarde que todos los otros museos?

____

5. ¿Qué museos se encuentran en el Centro Histórico de la Ciudad de México?

____

6. ¿Quiénes no pagan boleto en el Museo del Templo Mayor?

____

7. ¿Qué día de la semana hay entrada libre a los museos?

____

Actividad 19 **Estructuras en acción** Conteste las preguntas negativamente dando la información correcta.

1. ¿El Palacio de Cortés aloja el Museo Nacional de Historia?

____

2. ¿El Museo Nacional del Virreinato está en Cuernavaca, Estado de Morelos?

____

3. ¿Todos los museos abren a las nueve de la mañana?

____

4. ¿El "Palacio de Cortés" aloja biblioteca y fototeca?

____

5. ¿Se baja en la parada de metro Chapultepec para ir al Museo del Templo Mayor?

____

6. ¿El Centro Comunitario Culhuacán tiene servicios educativos?

____

Actividad 20 **Estructuras en acción** Describa oralmente o por escrito los museos que más le interesan.

1. Si Ud. pudiera visitar uno de los museos del INAH, ¿adónde iría? ¿Por qué?
2. ¿Le gusta más la historia política y militar, la antropología o la arqueología? ¿Por qué?

CHAPTER 23 TEST

Interrogative words and question formation

1 **Haga preguntas.** Complete las oraciones con las palabras interrogativas correctas a base de la información indicada.

1. Marisol viviá en Puerto Rico.

   ¿____________________ vivía Marisol?

2. Soy de origen italiano.

   ¿____________________ origen eres?

3. Sus amigos son graciosos.

   ¿____________________ son sus amigos?

4. Llegaron Patricia y Manolo.

   ¿____________________ llegaron?

5. Vuelve pasado mañana.

   ¿____________________ vuelve?

6. Vimos a vuestros colegas.

   ¿____________________ visteis?

7. Estos discos compactos son de Carolina.

   ¿____________________ son estos discos compactos?

8. Todos estamos muy bien.

   ¿____________________ están?

9. El regalo es para ti.

   ¿____________________ es el regalo?

10. Fuimos al centro comercial.

    ¿____________________ fueron?

2 **Palabras interrogativas** Complete las preguntas con las palabras interrogativas correctas. Escoja **¿Qué?, ¿Cuál?** o **¿Cuánto(s)?**

1. ¿____________________ es la macroeconomía?
2. ¿____________________ es la capital de Chile?
3. ¿____________________ pesan las cajas?
4. ¿____________________ es la fecha de hoy?

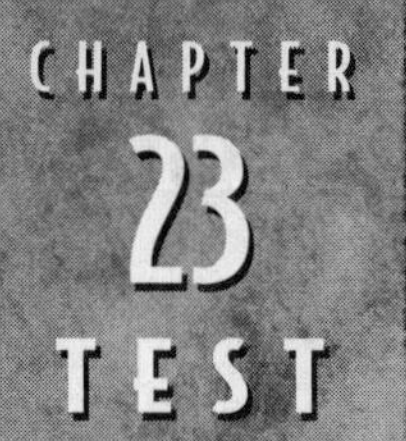

Interrogative words and question formation

5. ¿_______________ computadoras tienes?
6. ¿_______________ mide el Amazonas de largo?
7. ¿_______________ anchura tiene el cuarto?

3 **Preguntas generales** Escriba preguntas generales derivadas de las oraciones colocando el sujeto inmediatamente después del verbo. Siga el modelo.

MODELO Juan usó tu computadora.
¿Usó Juan tu computadora?

1. Lola compró una cámara fotográfica digital.

____

2. Uds. estudiaron ingeniería.

____

3. Mauricio perdió su teléfono móvil.

____

4. Ud. leyó su correo electrónico.

____

5. Tú hiciste una copia de seguridad.

____

6. Vosotros navegasteis en Internet.

____

7. El sitio Web está en obras.

____

8. Mariana y Rafael quieren alquilar un DVD.

____

Negative and indefinite words

Negative words and expressions

Study the following list of Spanish negative words and expressions and their affirmative counterparts.

Negative	Affirmative
nunca, jamás *never*	**alguna vez** *sometime* **algunas veces** *sometimes* **a veces** *sometimes* **muchas veces, a menudo** *often* **siempre** *always*
nunca más *never again*	**otra vez** *again*
nada *nothing*	**algo** *something*
nadie *no one, nobody*	**alguien** *someone, somebody*
tampoco *neither, not either*	**también** *also*
ni, ni siquiera *not even*	**o** *or*
ni... ni *neither . . . nor*	**o... o** *either . . . or*
en/por ninguna parte *nowhere*	**en/por alguna parte** *somewhere*
en/por ningún lado/sitio/lugar *nowhere*	**en/por algún lado/sitio/lugar** *somewhere*
ya no *no longer*	**todavía** *still*
de ninguna manera, de ningún modo *in no way*	**de alguna manera, de algún modo** *somehow, in some way*

Spanish also has negative and affirmative adjectives **ninguno** *(no, not a)* and **alguno** *(some)*. **Ninguno** and **alguno** are shortened to **ningún** and **algún** before a masculine singular noun.

Laura trabaja en **algún** edificio del centro.	*Laura works in **some** building downtown.*
Guillermo trabaja en **alguna** oficina.	*Guillermo works in **some** office.*
Hay **algunos** anuncios en el periódico.	*There are **some** ads in the newspaper.*
Conozco **algunas** tiendas elegantes por aquí.	*I know **some** elegant stores around here.*

Ninguno is not used in the plural unless the noun it modifies is always used in the plural such as **anteojos, tijeras,** or **vacaciones.**

No hay **ningún** hospital aquí.	*There is **no** hospital here. (There are no hospitals . . .)*
No recibí **ninguna** respuesta.	*I didn't receive **any** answer.*
Este año no tenemos **ningunas** vacaciones.	*This year we don't have **any** vacation.*

When negative words follow the verb, **no** precedes it.

No hice **nada** hoy.	*I didn't do **anything** today.*
Catalina **no** hizo **nada tampoco.**	*Catalina **didn't** do **anything either.***
No vamos **nunca** a esquiar.	*We **never** go skiing.*

However, if a negative word precedes the verb, then **no** is not used.

Nunca voy al cine.	*I **never** go to the movies.*
Yo **tampoco** voy mucho.	*I don't go much **either.***

Personal **a** is used before **alguien** and **nadie** when they are direct objects and also before forms of **alguno** and **ninguno** when they refer to people and are direct objects.

¿Viste **a alguien** en la plaza?	*Did you see **anyone** in the square?*
No, no vi **a nadie.**	*No, I didn't see **anyone.***
¿Invitaste **a alguno** de los vecinos?	*Did you invite **any** of the neighbors?*
No, no llamé **a ninguno.**	*No, I didn't call **any** (of them).*

When words joined by **ni... ni** or **o... o** are the subject of a sentence, the verb can be either singular or plural.

Debe venir **o Pepe o Rosa.**	***Either Pepe or Rosa** should be coming.*
¿Y si no vienen **ni él ni ella?**	*And what if **neither he nor she** comes?*

A single **ni** means *not even.* **Ni siquiera** is a more emphatic form.

¿Cuántos asistieron a la reunión?	*How many attended the meeting?*
Ni uno./**Ni siquiera** uno.	***Not even** one.*
¿Te ofrecieron algo?	*Did they offer you anything?*
Ni un vaso de agua.	***Not even** a glass of water.*

Actividad 1 **¡No!** Conteste las preguntas negativamente usando **no** y las palabras negativas que corresponden a las afirmativas. Siga el modelo.

MODELO ¿Quieres tomar *algo*?
No, no quiero tomar nada.

1. ¿Fuiste *alguna vez* a la Isla de Pascua?

____

2. ¿Aprendieron Uds. chino *también?*

____

3. ¿*Alguien* ha llamado esta tarde?

____

4. ¿Va Isabel a tomar álgebra *otra vez?*

____

5. ¿Leerás *o* la novela *o* el guión de la película?

____

PART 4

6. ¿*Algunos* jefes renunciaron al puesto?

7. ¿Conoció Osvaldo *a alguien* por fin?

8. ¿*Siempre* limpias la casa los sábados?

Nota cultural

Isla de Pascua

Isla de Pascua queda en el océano Pacífico a unas 2.300 millas de Valparaíso. Este territorio chileno es uno de los lugares más remotos y de condiciones ambientales más severas del mundo. La isla es conocida por sus enormes estatuas de piedra que fueron construidas por gente de origen polinesio. La isla se llamaba Rapa Nui en la lengua de la isla que es un idioma de la familia polinesia. Se cree que esta arquitectura monumental religiosa data de entre los siglos ocho y once d.C. El más antiguo será el ahu (estatua) Tahai con una fecha de 713 d.C. El Parque Nacional Rapa Nui, que ocupa un 40 por ciento de la isla, es Sitio de Patrimonio Mundial.

Actividad 2 **¡Angustias, la aguafiestas *(the wet blanket)*!** Angustias lo ve todo negro, es decir, es muy pesimista. Lea sus comentarios sobre una fiesta y cambie el orden de la palabra negativa. Siga el modelo.

MODELO Nadie se divierte.
No se divierte nadie.

1. Nada queda de la comida.

2. Tampoco hay refrescos.

3. Ni los chicos ni las chicas bailan.

4. Ningún cantante canta bien.

5. Nadie tiene ganas de quedarse.

6. Nunca dan fiestas divertidas.

Actividad 3 **¡Qué iluso (*dreamer*)!** Humberto pasa la vida soñando... pero son mirlos blancos *(impossible dreams;* [**mirlo** *blackbird*]). Dígale que no puede ser. Escriba las oraciones usando las palabras negativas apropiadas. Siga el modelo.

> **MODELO** Siempre gano becas.
> ¡Qué va! Nunca/Jamás ganas becas.

1. Alguien me regaló dos millones de dólares.

____

2. Algunas chicas dicen que soy un Adonis.

____

3. Muchas veces saco un 10 en mis exámenes.

____

4. Los reyes de España me mandaron algo.

____

5. Yo también voy a la luna.

____

6. Conchita va a salir conmigo otra vez.

____

7. Mis padres me van a regalar o un Jaguar o un Ferrari.

____

Further uses of negative words

Spanish, unlike English, allows two or more negative words in a sentence.

Nadie trae **nada nunca.**	***Nobody ever*** *brings* ***anything.***

Alguno can have an emphatic negative meaning when placed after the noun.

No hay problema **alguno.**	*There is no problem* ***at all.***
No recibimos carta **alguna.**	*We received no letter* ***at all.***

In Spanish, negative words are used in certain constructions where English uses indefinite words.

Spanish uses negatives after **que** *(than)* in comparative sentences.

La lluvia fue peor **que nada.**	*The rain was worse* ***than anything.***
Sí, y yo me mojé más **que nadie.**	*Yes, and I got wetter* ***than anyone.***
Lo que es la guerra lo sabe este país mejor **que ningún otro.**	*This country knows better* ***than any other*** *what war is.*
Se ha sufrido más aquí **que en ningún otro lugar.**	*People have suffered more here* ***than anywhere else.***

PART 4

Hoy habló la profesora mejor **que nunca.** — *Today the teacher spoke better **than ever.***

Y aprendimos más cosas **que en ningún otro momento.** — *And we learned more **than at any other time.***

Spanish uses negatives after **sin, antes de,** and **antes que.**

Lo hizo **sin** pedir **nada a nadie nunca.** — *He did it **without ever** asking **anything of anyone.***

Antes de hacer **nada,** lee las instrucciones. — ***Before** doing **anything,** read the instructions.*

Has llegado **antes que nadie.** — *You've arrived **before anyone else.***

Spanish uses negatives after **imposible, poco probable, inútil,** expressions of doubt, and other similar words that imply negation.

Es **imposible** hacer **nada** aquí. — *It's **impossible** to do **anything** here.*

Es **inútil** pedirle **nada.** — *It's **useless** to ask him for **anything.***

Dudo que venga **nadie.** — ***I doubt** that **anyone** will come.*

The conjunction **pero** is replaced by **sino** after a negative clause.

No viene ella, **sino** él. — *Not she, **but** he, is coming.*

NOTE

No solamente (sólo)... sino también *not only . . . but also* is another negative expression.

Actividad 4 **Hay que ser negativo.** Complete las oraciones con las expresiones negativas o indefinidas apropiadas.

1. Es imposible decirle ______________ a este chiquillo porque no le hace caso a ______________.
2. ¡______________ he oído tantas barbaridades!
3. El programa no fue ______________ bueno pero los locutores sí fueron ______________ interesantes.
4. ¿No probaste la sopa? Y salió mejor que ______________.
5. No sólo visitamos Córdoba ______________ nos quedamos ocho días en Granada.
6. ¡Qué señora más distinguida! Será ______________.
7. ¡Están más contentos ahora que en ______________ de su vida.
8. Mauricio es siempre el primero en llegar. Llega antes que ______________.
9. —¿Vino Alicia Delgado?

   —Sí, y ______________ ella, ______________ su hermano Francisco.
10. Muchos dicen que Toledo es más interesante por su arte e historia que ______________ otra ciudad española.

CHAPTER 24

Nota cultural

Tres ciudades españolas

Córdoba *es una pintoresca ciudad andaluza que queda a orillas del río Guadalquivir. Sus monumentos más importantes incluyen la catedral, que era mezquita* (mosque), *el Alcázar que es fortaleza y palacio real y un puente romano sobre el Guadalquivir. Córdoba y Granada impresionan por su arquitectura y arte árabes.* ***Granada*** *es otra hermosa ciudad andaluza. Queda al pie de la Sierra Nevada. Algunos monumentos que destacan son la Alhambra, el palacio de los reyes moros, el palacio de Carlos V, la Catedral y el Generalife, el palacio y jardines de los reyes moros. Granada, la última defensa de los árabes en España, fue conquistada por los Reyes Católicos en 1492* ***Toledo,*** *una gran ciudad rica en historia y arte, queda al sur de Madrid en Castilla-La Mancha. A orillas del río Tajo, Toledo fue la capital visigoda* (Visigothic) *y la residencia de la Corte española hasta 1560. El gran pintor El Greco, nacido en Creta en 1541, vivió muchos años en Toledo y murió allí en 1614. Su obra fue profundamente inspirada por Toledo y su pintura* La vista de Toledo (ca. 1597–1599) *es un magnífico paisaje espiritual de la ciudad.*

Negative words in conversation

Negative words frequently serve as one-word answers to questions.

¿Vas a menudo al café estudiantil? **Nunca.**	*Do you often go to the student café?* ***Never.***
¿Quién te ayudó con el trabajo? **Nadie.**	*Who helped you with the work?* ***Nobody.***

Negative words, including **no,** often appear with subject pronouns or with phrases consisting of **a** + *prepositional pronoun* as short answers to questions.

¿Cursan tú y Carla español? Yo, sí. **Ella, no.**	*Are you and Carla taking Spanish?* *I am.* ***She's not.***
No voy a la fiesta hoy. ¿Y tú?	*I'm not going to the party today. What about you?*
Yo tampoco.	***Neither am I.***
A mí no me gusta este plato. **A nosotros tampoco.**	*I don't like this dish.* ***We don't either.***
A mí siempre me escriben. **A nosotros nunca.**	*People are always writing to me.* ***Never to us.***

Some non-negative expressions such as **en absoluto** and **en la vida** can function as negatives.

En la vida he visto un espectáculo tan bueno.	*I have* ***never in my life*** *seen such a good show.*
Yo tampoco.	*Neither have I.*
¿Contrataría Ud. a ese señor? **En absoluto.**	*Would you hire that man?* ***Absolutely not.***

PART 4

Algo and **nada** can function as adverbs and modify adjectives and verbs.

El discurso fue **algo** confuso.	*The speech was **somewhat** confusing.*
Y no fue **nada** interesante.	*And it **wasn't at all** interesting.*
Tomás trabaja **algo.**	*Tomás works **a little.***
Pero no se concentra **nada.**	*But he doesn't concentrate **at all.***

Para nada is an emphatic replacement for **nada: No se concentra para nada.**

Algo de and **nada de** are used before nouns. **Algo de** is a synonym for **un poco de.**

¿Quieres **algo de** chocolate?	*Do you want **a little** chocolate?*
No, no debo comer **nada de** dulces.	*No, I'm not supposed to eat **any** sweets.*

Negative and indefinite words appear in many idiomatic expressions.

nunca and jamás

jamás de los jamases *never ever*
el cuento de nunca acabar *the never-ending story*
casi nunca *hardly ever*
¡Hasta nunca! *Good-bye forever!*
nunca jamás *never ever*
nunca más *never again, no more*

ni

ni hablar, ni modo *nothing doing*
No lo puedo ver ni en pintura. *I can't stand him at all.*
No tengo ni idea. *I haven't the slightest idea.*

nada

No por nada vendimos la casa. *We had good reason to sell the house.*
No por nada le llaman «tonto». *They don't call him "dumb" for nothing.*
¡De eso nada, monada! *(slang) None of that!, No way!*
De nada./Por nada. *You're welcome., Don't mention it.*
¡Nada de salir antes de terminar la tarea! *Forget about going out before you finish your homework!*
No me conoce de nada. *He doesn't know me from Adam.*
antes de nada *first of all*
casi nada *hardly*
como si nada *as if it were nothing at all*
dentro de nada *in a moment*
más que nada *more than anything*
nada de eso *nothing of the sort*
nada de extraordinario *nothing unusual*
nada de nada *nothing at all*
nada más *that's all*
no servir para nada *to be useless*
no tener nada de + noun *to not have _____ at all*
no tener nada de particular *to have nothing special about*
no tener nada que ver con *to have nothing to do with*
por nada del mundo *for nothing in the world*
quedarse en nada *to come to nothing*
tener en nada *to think very little of; take no notice of*

nadie

Es un don nadie. *He's a nobody.*

nadie más *nobody else*

tú no eres nadie para quejarte *you have no right to complain, who are you to complain*

Expressions with indefinite words

Algo es algo./Más vale algo que nada. *Something is better than nothing.*

Ya es algo. *That's something at least./It's a start.*

¡Por algo será! *There must be a reason!*

De algo lo conozco. *I know you from somewhere.*

algo así *something like that*

tener algo que ver con *to have something to do with*

ser alguien *to be somebody*

a la hora de siempre *at the usual time*

Es lo de siempre. *It's the same old story.*

para siempre *forever*

Actividad 5 **¿Cómo se dice eso en inglés?** Exprese las oraciones en inglés. Tenga en cuenta especialmente las expresiones con palabras negativas e indefinidas.

1. ¡No la puedo ver ni en pintura!

____

2. ¡De eso nada, monada!

____

3. Van a verse a la hora de siempre.

____

4. No por nada la llaman encantadora.

____

5. Guillermo dice que no tiene ni idea.

____

6. Todo el tiempo y todos los planes se quedaron en nada.

____

7. Al fin y al cabo todo el discutir no sirvió para nada.

____

8. Lo que dices no tiene nada que ver con la situación actual.

____

9. Me parece que el proyecto es algo desorganizado.

____

10. Si Laura te dijo eso por algo será.

____

Actividad 6 **¿Algo? ¿Nada? ¿Nunca?** Exprese las ideas escogiendo una de las expresiones con **nunca/jamás, algo** o **nada.**

1. Eso es inútil.
   a. No sirve para nada.
   b. Por nada del mundo.
2. ¿Ir al cine? ¡Ni hablar!
   a. Algo es algo.
   b. ¡Nada de salir!
3. Es lo de siempre.
   a. Nunca jamás.
   b. Nada de extraordinario.
4. X está relacionado con Y.
   a. X tiene algo que ver con Y.
   b. X se queda en nada.
5. No volveremos a vernos.
   a. Nos veremos más que nunca.
   b. Nunca más nos veremos.
6. Se le acabó la paciencia.
   a. No tiene nada de paciencia.
   b. Más vale algo que nada.
7. Camilo tendrá algún motivo.
   a. Por algo será.
   b. Por nada.
8. Van poco a ese café.
   a. Como si nada.
   b. Casi nunca.
9. Olga vuelve muy pronto.
   a. Dentro de nada.
   b. Antes de nada.
10. Algo es algo.
    a. Por nada.
    b. Mas vale algo que nada.

CHAPTER 24

Other indefinite words and constructions

The pronoun **cualquiera** means *anyone* or *any one* and can refer to people or things.

¿Cuál de los dos pasteles quieres? **Cualquiera** de los dos.	*Which of the two pastries do you want? **Any one (either one)** of the two.*
No cualquiera podría hacer esto.	***Not just anyone** would be able to do this.*
Al contrario. **Cualquiera** lo habría hecho mucho mejor.	*On the contrary. **Anyone** would have done it much better.*

NOTE

There is an idiomatic use of **cualquiera** as a noun.

Él es un cualquiera.	*He's a nobody.*

When used as an adjective, **cualquiera** becomes **cualquier.**

El tren puede llegar en **cualquier** momento.	*The train can arrive at **any** moment.*
La vida es más fácil en **cualquier** otro lugar.	*Life is easier **anywhere** else.*
Está contento con **cualquier** cosa.	*He's happy with **anything**.*

Spanish also indicates indefiniteness by the subjunctive. English often uses *whatever* or *wherever* in these cases. Compare the following pairs of sentences.

Lee el libro que recomiendan.	*Read the book that they recommend. (indicative: speaker knows which book it is)*
Lee el libro que **recomienden.**	*Read **whatever** book **they recommend.** (subjunctive: speaker does not know which book it is)*
Haga lo que quiere.	*Do what you want. (indicative: we already know what you want to do)*
Haga lo que **quiera.**	*Do **whatever you want.** (subjunctive: we don't know what you want to do)*

Todo is usually followed by a definite article and noun.

Por **todo el** país.	*Throughout **the whole** country.*
Toda la casa.	***The whole** house.*
Todos los estudiantes.	***All the** students.*
Todas las calles.	***Every** street.*

Todo followed by the indefinite article means *quite the, a real, just like a.*

Él es **todo un** cocinero.	*He's quite the cook.*
Ella es **todo una** reina.	*She's just like a queen.*

When **todo** is followed directly by a singular noun it means *every* or *any.*

Todo jugo de fruta es bueno.	***Any** fruit juice is good.*
Todo estudiante tiene computadora.	***Every** student has a computer.*
Nos sirvieron **toda** clase de fruta.	*They served us **every** kind of fruit.*

Note also the use of **todo** with place names.

Hay paradores por **toda España.**	*There are government inns* ***all over Spain.***
En casi **todo Santiago** hay servicio de metro.	*The subway serves almost* ***all of Santiago.***

Todo can also be used as a pronoun or in pronominal phrases.

Todo es interesante en España.	***Everything*** *is interesting in Spain (****Todo*** *takes a singular verb.)*
Todos son amables.	***Everyone*** *is nice. (****Todos*** *takes a plural verb.)*
Todo el mundo trata de ayudar.	***Everyone, everybody*** *tries to help. (****Todo el mundo*** *takes a singular verb.)*

Actividad 7 **¡En español, por favor!** Exprese las oraciones en español. Tenga en cuenta especialmente las expresiones con palabras negativas o indefinidas.

1. He had good reason to quit his job.

 ____

2. They'll call at any moment.

 ____

3. We walked the whole day through the whole city.

 ____

4. Anyone could help us with the work.

 ____

5. Every avenue is blocked during rush hour.

 ____

6. There are Roman ruins all over Spain.

 ____

Nota cultural

Las ruinas romanas

Al comenzar los tiempos históricos, España estaba poblada por los iberos y los celtas que se fundieron entre sí creando los celtíberos. Luego los fenicios y los griegos fundaron colonias en España. Hacia el siglo seis a.C. llegaron los cartagineses. Los romanos vencieron a los cartagineses en España en 202 a.C. A pesar de la heroica resistencia de las poblaciones indígenas, Roma logró someterlas a su poder unificador (unifying) a través de su lengua y su legislación. Los romanos construyeron acueductos, caminos, puentes, anfiteatros y arcos de triunfo algunos de los cuales se han conservado espléndidamente en Segovia, Sagunto, Mérida y Toledo.

Actividad 8 **Finales dramáticos o «Lo que el viento se llevó»** Le toca a Ud. como guionista *(scriptwriter)* escribir las últimas palabras de unas películas. Escríbalas en español. Tenga en cuenta las expresiones con palabras negativas e indefinidas.

1. Although I'll love you forever, I must say: "good-bye forever!"
______
2. Something is better than nothing.
______
3. Forget **(tú)** about going to Mars before you graduate!
______
4. And here ends the never-ending story!
______
5. I know you **(Ud.)** from somewhere. You must be somebody.
______
6. Do **(tú)** whatever you want! Go wherever you want! I shall never ever forget you!
______
7. This ending? That ending? I'm happy with either one!
______
8. That's all. Tomorrow is another day!
______
9. I won't leave you for anything in the world.
______
10. I can't stand her at all.
______
11. We'll get together at the usual time.
______
12. Stop **(Uds.)** crying. It's useless.
______

Actividad 9 **Actividad oral** Un(a) estudiante de cada pareja afirma algo. El/la otro(a) contesta haciendo negativa la afirmación. Luego, se hace al inverso: un(a) estudiante dice algo usando palabras o expresiones negativas y el/la otro(a) contesta con una respuesta afirmativa.

CHAPTER 24 TEST

Negative and indefinite words

1 **Palabras negativas** Conteste las preguntas negativamente usando **no** y las palabras negativas que correspondan a las afirmativas. Siga el modelo.

MODELO ¿Siempre ves a Cristina?
No, no veo nunca a Cristina.

1. ¿Ellos conocieron a alguien en la fiesta?
____
2. ¿Uds. piensan volver a ese restaurante otra vez?
____
3. ¿Paquita encontró su cartera en alguna parte?
____
4. ¿Alguien ha venido a vernos?
____
5. ¿Visitasteis algunos museos el domingo?
____
6. ¿Pedro podrá hacerlo de alguna manera?
____
7. ¿Todavía trabajas para una compañía de alta tecnología?
____
8. ¿Ud. iba a regalarles algo?
____
9. ¿Te interesan algunos negocios electrónicos?
____

2 **¿Algo o nada?** Complete las oraciones con las palabras correctas. Escoja **algo, nada, cualquiera, todo** o **tampoco.** Haga los cambios necesarios.

1. Nuestro hotel queda _______________ lejos del mar.
2. _______________ de los dos te puede informar.
3. Hace mal tiempo por _______________ la región.
4. En realidad lo que dijo no fue _______________ importante.

CHAPTER 24 TEST

Negative and indefinite words

5. ______________ los paradores son impresionantes.
6. Puedes dejar tus maletas en ______________ sitio.
7. Lourdes no ha vuelto. Nos sorprende que Adolfo no haya vuelto ______________.
8. Pamela tomó ______________ en la cafetería.
9. Luis no comprende y Laura no comprende ______________.

3 Expresiones Complete las oraciones con las palabras correctas.

1. No voy a acompañarlos por ______________ del mundo.
2. Nada cambia. Es lo de ______________.
3. Es el cuento de ______________ acabar.
4. No las puedo ver ______________ en pintura.
5. ¿Tienes ______________ que ver con esta situación?
6. La chica no tiene ______________ de talento.
7. —¿Quieres que yo invite a ese chico pesado?

   —¡______________ hablar!

PART FIVE

Numbers

PART FIVE
Numbers

CHAPTERS

Numbers; dates; time

Cardinal numbers

Cardinal numbers are used for counting.

The Spanish cardinal numbers from 1–99

0 *cero*	**13** *trece*	**26** *veintiséis*
1 *uno(a)*	**14** *catorce*	**27** *veintisiete*
2 *dos*	**15** *quince*	**28** *veintiocho*
3 *tres*	**16** *dieciséis*	**29** *veintinueve*
4 *cuatro*	**17** *diecisiete*	**30** *treinta*
5 *cinco*	**18** *dieciocho*	**31** *treinta y uno(a)*
6 *seis*	**19** *diecinueve*	**32** *treinta y dos*
7 *siete*	**20** *veinte*	**40** *cuarenta*
8 *ocho*	**21** *veintiuno(a)*	**50** *cincuenta*
9 *nueve*	**22** *veintidós*	**60** *sesenta*
10 *diez*	**23** *veintitrés*	**70** *setenta*
11 *once*	**24** *veinticuatro*	**80** *ochenta*
12 *doce*	**25** *veinticinco*	**90** *noventa*

Numbers ending in *one* agree in gender with the noun that follows. **Uno** shortens to **un** before a masculine noun. The number **veintiún** has a written accent in the masculine.

veintiún libros *twenty-one books*
veintiuna revistas *twenty-one magazines*
cincuenta y un estudiantes *fifty-one students*
cincuenta y una profesoras *fifty-one female teachers*

Una also shortens to **un** before a noun beginning with a stressed **a** sound.

un águila *one eagle*
veintiún aulas *twenty-one lecture halls*
cuarenta y un hachas *forty-one axes*

PART 5

Numbers ending in **uno** are used in counting and when no masculine noun follows directly.

¿Cuánto es? ¿Treinta y dos pesos? No, treinta y uno.	*How much is it? Thirty-two pesos? No, thirty-one.*

The numbers from sixteen to nineteen and from twenty-one to twenty-nine can be written as three words: **diez y seis, diez y siete, diez y ocho, diez y nueve, veinte y uno(a), veinte y dos, veinte y tres.** No accent marks are used when these numbers are spelled as three words. Compare **veintiséis** and **veinte y seis.**

Spanish numbers from 100 to 999

100	*cien*	**200**	*doscientos(as)*	**600**	*seiscientos(as)*
101	*ciento uno(a)*	**300**	*trescientos(as)*	**700**	*setecientos(as)*
110	*ciento diez*	**400**	*cuatrocientos(as)*	**800**	*ochocientos(as)*
167	*ciento sesenta y siete*	**500**	*quinientos(as)*	**900**	*novecientos(as)*

NOTES

- **Cien** becomes **ciento** before another number: **ciento sesenta** *one hundred and sixty.*
- Spanish does not use **y** to connect hundreds to tens or ones the way English often uses the word *and:* **doscientos cuarenta** *(two hundred **and** forty).*
- The hundreds from two hundred to nine hundred agree in gender with the noun they modify. This agreement takes place even when other numbers come between the hundreds and the noun.

doscient**os** edificios	*two hundred buildings*
doscient**as** cas**as**	*two hundred houses*
doscient**as** treinta y cuatro casas	*two hundred thirty-four houses*

- The masculine plural is used when the same number counts both masculine and feminine nouns.

trescientos cajas y cajones	*three hundred boxes and cases*

Spanish numbers above 1,000

1.000	*mil*	**10.000**	*diez mil*	**1.000.000**	*un millón*
2.000	*dos mil*	**100.000**	*cien mil*	**2.000.000**	*dos millones*
6.572	*seis mil quinientos setenta y dos*	**250.000**	*doscientos cincuenta mil*		

NOTES

- Numerals ending in **-cientos** agree across the word **mil:** seiscientos cincuenta mil pesos.
- Spanish uses the period to separate thousands in writing numbers and the comma as a decimal point: $7.560=**siete mil quinientos sesenta dólares;** $7,50=**siete dólares cincuenta centavos.**
- Spanish does not count by hundreds above 1,000. Thus, *seventeen hundred* must be rendered **mil setecientos,** *thirty-two hundred* as **tres mil doscientos.**
- **Millón** is a noun and is followed by **de** when it appears before another noun unless another number comes between **millón** and the noun that follows it: **un millón de pesos; dos millones de pesos; un millón doscientos mil pesos.**
- *A billion* in Spanish is **mil millones. Un billón** means *a trillion.*
- The Spanish word **o** is written **ó** between numerical figures to avoid confusion with zero: **5 ó 6.**

Actividad 1 **Para hacer un inventario *(inventory)*** Ud. trabaja de empleado(a) de tiempo parcial en una papelería. Hoy le toca hacer el inventario de las existencias *(stock)*. Ponga en la lista la cantidad de cada cosa que encuentra. Escriba los números en su forma completa. Siga el modelo.

MODELO gomas de borrar / 386
trescientas ochenta y seis gomas de borrar

La papelería

la agenda de entrevistas *appointment book*
el bloc de papel *writing pad*
el bolígrafo *ballpoint pen*
la caja *box*
el calendario *calendar*
la etiqueta *label*
las existencias *stock*
la goma *rubber band*
la goma de borrar *eraser*
la grapa *staple*
la grapadora *stapler*
hacer un inventario *to take inventory*
papel de escribir *stationery*
el pegamento *glue*
el rotulador *felt-tip pen*
el sobre *envelope*
los sujetalibros *bookends*
los sujetapapeles *paper clips*
el taco *writing pad (Spain)*
tiempo parcial *part-time*
tiempo completo *full-time*
el tubo *tube*

1. grapadoras / 100

____

2. tacos / 1.821

____

3. rotuladores y bolígrafos / 1.549

____

4. cajas de gomas, grapas y sujetapapeles / 751

____

5. cajas de papel de escribir y sobres / 467

____

6. agendas de entrevistas y calendarios / 909

____

7. tubos de pegamento y etiquetas / 1.000

____

8. los sujetalibros de metal y de plástico / 1.381

____

Actividad 2 **El censo: población de países** Ud. se encarga de escribir el número de habitantes de los siguientes países hispánicos, según el censo de 2000. Escriba los números en letras.

1. Argentina: 37.487.000

____

2. Colombia: 41.662.073

____

3. Chile: 15.402.000

____

4. Ecuador: 12.879.000

____

5. España: 40.007.100

____

6. México: 99.969.000

____

7. El Salvador: 6.238.000

____

8. Guatemala: 11.687.000

____

9. La República Dominicana: 8.693.000

____

Ordinal numbers

Ordinal numbers are used for ranking *(first, second, third)*. Usually in Spanish conversation, only the ordinal numbers through *tenth* are used. Spanish ordinal numbers are adjectives that agree with the noun they modify in gender and number.

primero(a) *first*
segundo(a) *second*
tercero(a) *third*
cuarto(a) *fourth*
quinto(a) *fifth*
sexto(a) *sixth*
séptimo(a) *seventh*
octavo(a) *eighth*
noveno(a) *ninth*
décimo(a) *tenth*

Ordinal numbers usually precede the noun. **Primero** and **tercero** become **primer** and **tercer** before a masculine singular noun.

el **primer** día *the first day*
la **segunda** hija *the second daughter*
el **tercer** capítulo *the third chapter*
la **séptima** casa *the seventh house*

Ordinals often follow nouns such as **siglo** and the names of kings and queens. The definite article is not used after names of royalty.

el siglo segundo *the second century*
Carlos Quinto *Charles the Fifth*

Above *tenth*, Spanish generally uses the cardinal numbers after the noun instead of the ordinals. Sometimes the cardinal numbers are used even below *tenth*.

Vive en el piso quince. *He lives on the fifteenth floor.*
Vamos a leer el capítulo tres. *We're going to read the third chapter.*

Ordinals are abbreviated in various ways in Spanish: 1er, 1^{era}, 1°, 2^{a}, 3ro, 5to, 7ma, 8°.

Actividad 3 **¡Todos juntos en Estados Unidos!** Alberto y un grupo de amigos chilenos están en Estados Unidos para estudiar inglés durante el verano. Todos viven en la misma residencia. Alberto les escribe a sus padres y les dice en qué piso está cada uno de los amigos. Escriba las oraciones con números ordinales. Siga el modelo.

MODELO Ramón / 6
Ramón vive en el sexto piso.

1. Silvia y Adela / 12

____

2. Carlos / 5

____

3. yo / 1

4. Margarita / 9

5. Ana María / 10

6. Patricio / 4

7. Lucía / 3

8. Daniela / 14

Days, dates, and years

The days of the week and the months of the year are not capitalized in Spanish. Note that the Hispanic week begins with Monday.

Days of the Week

lunes *Monday*
martes *Tuesday*
miércoles *Wednesday*
jueves *Thursday*
viernes *Friday*
sábado *Saturday*
domingo *Sunday*

Months of the Year

enero *January*
febrero *February*
marzo *March*
abril *April*
mayo *May*
junio *June*
julio *July*
agosto *August*
septiembre *September*
octubre *October*
noviembre *November*
diciembre *December*

Seasons

la primavera *spring*
el verano *summer*
el otoño *fall, autumn*
el invierno *winter*

Expressions for situating events in time

al cabo de un año *a year later*
A los diez minutos se fue. *After ten minutes she left.*
al día siguiente *the next day*
de hoy en ocho días *a week from now, today*
ayer *yesterday*
anteayer *the day before yesterday*
mañana *tomorrow*
pasado mañana *the day after tomorrow*
pasando un día *every other day*
Nos vimos el martes pasado. *We saw each other last Tuesday.*
Nos veremos el próximo martes. *We'll see each other next Tuesday*
la semana pasada/próxima *last/next week*
el mes pasado/próximo *last/next month*
el año pasado/próximo *last/next year*
la semana/el mes/el año que viene *next week/month/year*
la próxima vez *next time*
la vez pasada *last time*

In Spanish there are several patterns for using the preceding words in expressions of time. The singular definite article **el** means *on* before the days of the week.

Nos vamos **el** lunes.	*We're leaving* **on** *Monday.*

The plural definite article **los** indicates a repeated action or regular occurrence.

Van a la iglesia **los** domingos.	*They go to church* **on** *Sundays.*

The preposition **en** is used before months of the year and the names of the seasons: **en enero, en otoño.** The definite article is sometimes used after **en** with the names of seasons: **en la primavera.**

To express dates, Spanish uses cardinal numbers except for **el primero** (some speakers say **el uno**). The definite article **el** precedes the date. The order is day-month-year and the preposition **de** is placed before the month and also the year, if it is given. Note that as with days of the week, no preposition is used for *on.*

Creía que tus primos llegaban el treinta de noviembre.	*I thought your cousins were arriving on November thirtieth.*
No, vienen el primero de diciembre.	*No, they're coming December first.*

NOTES

- In dates the definite article **el** is usually left out after the day of the week: **martes, 5 de mayo.**
- When abbreviating dates, the Spanish order day–month–year is used. Roman numerals are often used for the month: **25–VIII–04** el veinticinco de agosto de dos mil tres.
- As in English, the last two numbers are often used in speech to express the years of the century. In this case the definite article **el** precedes the year.

Llegamos en el '04.	*We arrived in '04.*

Note the following useful expressions for talking about days and dates or that use the days and months in idiomatic ways.

¿Qué fecha es hoy?	*What's the date today?*
¿Cuál es la fecha de hoy?	*What's the date today?*
¿A cuántos estamos hoy?	*What's the date today?*
Es el primero de junio.	*It's June first.*
Estamos a diez de octubre.	*It's October tenth.*
¿Qué día es hoy?	*What day is it today?*
Hoy es jueves.	*Today is Thursday.*
pasando un día, un día de por medio	*every other day*
a principios de marzo	*at/toward the beginning of March*
a mediados de julio	*at/toward the middle of July*
a finales/últimos de septiembre	*at/toward the end of September*
No es cosa del otro jueves.	*It's nothing special.*
martes trece	*Tuesday the thirteenth (equivalent of Friday the thirteenth)*

Actividad 4 **El premio Nobel** Diez escritores hispanos han recibido el premio Nobel de literatura desde que el premio fue otorgado *(awarded)* en 1901. Aquí tiene Ud. una lista de diez de los galardonados *(prize winners)* con el año en que recibieron el premio y el año de su nacimiento y muerte. Escriba los años como palabras.

1. Octavio Paz (México)

   premio Nobel: 1990 ______________________

   nacimiento: 1914 ______________________

   muerte: 1998 ______________________

2. Camilo José Cela (España)

   premio Nobel: 1989 ______________________

   nacimiento: 1916 ______________________

3. Gabriel García Márquez (Colombia)

   premio Nobel: 1982 ______________________

   nacimiento: 1928 ______________________

4. Vicente Aleixandre (España)

   premio Nobel: 1977 ______________________

   nacimiento: 1898 ______________________

   muerte: 1984 ______________________

5. Pablo Neruda (Chile)

   premio Nobel: 1971 ______________________

   nacimiento: 1904 ______________________

   muerte: 1973 ______________________

6. Miguel Ángel Asturias (Guatemala)

premio Nobel: 1967 ______________________

nacimiento: 1899 ______________________

muerte: 1974 ______________________

7. Juan Ramón Jiménez (España)

premio Nobel: 1956 ______________________

nacimiento: 1881 ______________________

muerte: 1958 ______________________

8. Gabriela Mistral (Chile)

premio Nobel: 1945 ______________________

nacimiento: 1889 ______________________

muerte: 1957 ______________________

9. Jacinto Benavente (España)

premio Nobel: 1922 ______________________

nacimiento: 1866 ______________________

muerte: 1954 ______________________

10. José Echegaray (España)

premio Nobel: 1904 ______________________

nacimiento: 1833 ______________________

muerte: 1914 ______________________

Actividad 5 **¡Qué desastre!** A lo largo de los años ha habido huracanes originados en el Caribe que han hecho muchos estragos *(destruction)*. Aquí tiene Ud. una lista de algunos huracanes con su año y el número de muertos que causaron. Escriba las fechas y los números en su forma completa.

1. Nombre del huracán: Fifi

   País, región o estado: Honduras

   Fecha: 19–20/IX/1974 ______________________

   Causó (2.000) ______________________ muertos.

2. Nombre del huracán: Gilbert

   País, región o estado: Caribe, Golfo de México

   Fecha: 10–17/IX/1988 ______________________

   Causó (260) ______________________ muertos.

3. Nombre del huracán: Andrew

   País, región o estado: la Florida, Luisiana

   Fecha: 24–26/VIII/1992 ____________________

   Causó (14) ____________________ muertos.

4. Nombre del huracán: Georges

   País, región o estado: Caribe, la Florida, Golfo de México

   Fecha: 21–23/IX/1998 ____________________

   Causó (600+) ____________________ muertos.

5. Nombre del huracán: Mitch

   País, región o estado: Honduras, Nicaragua, Guatemala, El Salvador

   Fecha: 27–29/X/1998 ____________________

   Causó (10.866+) ____________________ muertos.

6. Nombre de huracán: Isabel

   País, región, o estado: Carolina del Norte, Virginia, Washington, DC, Maryland

   Fecha: 18/IX/2003 ____________________

   Causó (30) ____________________ muertos.

Telling time

All times begin with **Son las** except for **Es la una** (*It's one o'clock*). To ask the time say, **¿Qué hora es?** In Spanish America **¿Qué horas son?** is very common.

Son las tres.	*It's three o'clock.*
Son las tres y diez.	*It's ten after three.*
Son las tres y cuarto, y quince.	*It's a quarter after three./It's three-fifteen.*
Son las tres y media, y treinta.	*It's three-thirty.*
Son las cuatro menos veinte.	*It's twenty to four.*
Son las cuatro menos cuarto, menos quince.	*It's a quarter to four.*

An alternative system for expressing the times between the half hour and the following hour is very common in Spanish America. The verbs used are **faltar** and **ser.**

Faltan/Son quince (minutos) para las cuatro.	*It's a quarter to four.*
Falta/Es un cuarto para las cuatro.	*It's a quarter to four.*

The equivalents of English A.M. and P.M. in Spanish are the phrases **de la mañana, de la tarde, de la noche** added to the expression of time. Spanish-Americans often use A.M. and P.M. as in English. For noon and midnight, people say **Son las doce del día, Son las doce de la noche** or **Es (el) mediodía, Es (la) medianoche.**

Son las diez de la mañana.	*It's 10 A.M.*
Son las seis de la tarde.	*It's 6 P.M.*
Son las once y media de la noche.	*It's 11:30 P.M.*

To express time, Spanish uses the preposition **a.**

A las ocho de la mañana. *At 8 A.M.*
A veinte para las siete. *At twenty to seven.*

In Spanish-speaking countries, a twenty-four-hour clock is used for official purposes such as train and plane schedules and show times. In the twenty-four-hour clock, the minutes past the hour are counted from one to fifty-nine. **Cuarto** and **media** are replaced by **quince, treinta,** and **cuarenta y cinco;** and the phrases **de la mañana, de la tarde, de la noche** are not used.

Mi avión sale a las trece treinta. *My plane leaves at 1:30 P.M.*
La película es a las veinte cuarenta. *The film is at 8:40 P.M.*

The word **horas** often appears when using the twenty-four-hour clock.

El programa es a las dieciocho horas. *The program is at 6 P.M.*

Useful expressions for talking about the time of day

Son las seis en punto. *It's six o'clock sharp.*
Es tarde./Es temprano. *It's late./It's early.*
Se levanta tarde/temprano. *He gets up late/early.*
Siento llegar tarde. *I'm sorry to be late.*
Llego con anticipación. *I'm early.*
Llego puntualmente. *I'm on time.*
Mi reloj está adelantado/retrasado. *My watch is fast/slow.*
Son las tres pasadas. *It's after three, past three.*
ser madrugador(a) *to be an early riser*
pegársele a uno las sábanas *to sleep late, sleep in*

Arithmetic operations, fractions, percentages

The basic arithmetic operations are read as follows in Spanish.

15 + 12 = 27	quince **más** doce **son/es igual a** veintisiete
40 - 24 = 16	cuarenta **menos** veinticuatro **son/es igual a** dieciséis
10 x 15 = 150	diez **por** quince **son/es igual** a ciento cincuenta
120 ÷ 12 = 10	ciento veinte **dividido por** doce **son/es igual a** diez

NOTE For division, the preposition **entre** is also used to mean *divided by:* ciento veinte **entre** doce son diez. Some countries use **para** in this meaning: ciento veinte para doce son diez.

Except for **un medio** *(one-half)* and **un tercio** *(one-third)*, fractions have the same form as masculine ordinal numbers.

un cuarto *one-fourth*
tres quintos *three-fifths*

Above one-tenth, the suffix **-avo** is added to the cardinal number to form the corresponding fraction: **un onceavo** *(one-eleventh)*, **tres veinteavos** *(three-twentieths)*. Note also the fractions **un centavo** or **un centésimo** *(one-hundredth)* and **un milésimo** *(one-thousandth)*.

Percentages in Spanish usually have an article (either **un** or **el**) before the figure.

Dan un veinte por ciento de descuento.	*They give a twenty percent discount.*
El diez por ciento de la población habla español.	*Ten percent of the population speaks Spanish.*

Words for mathematical operations

sumar *to add*
restar *to subtract*
multiplicar *to multiply*
dividir *to divide*
el quebrado *fraction*
por ciento *percent*
el porcentaje *percentage*

Actividad 6 **Operaciones matemáticas** Ayude a una amiga hispana que no habla inglés a resolver estos problemas. Primero, escriba los problemas con números y luego resuélvalos.

1. ciento setenta y cuatro más ochenta y nueve son
____
2. seiscientos tres menos doscientos ochenta y uno son
____
3. cuarenta y nueve por cinco son _______________
4. mil doscientos ochenta y cuatro dividido por cuatro son
____
5. tres cuartos de ochenta son _______________
6. Juan ganó $15.000 en la lotería. Tiene que pagar un 30 por ciento de impuestos. ¿Cuánto tiene que pagar de impuestos?
____

Nota cultural

Palabras de origen árabe

*El álgebra fue introducida en Europa hacia 950 por los árabes que la aprendieron de los griegos. El más antiguo tratado de álgebra fue escrito por el griego Diofante de Alejandría. «Álgebra» es una de las 4.000 palabras que entraron en el español del árabe a través de ocho siglos de dominación árabe en la Península. Por medio del español muchas de estas palabras han pasado a las otras lenguas europeas. Otras palabras traídas por los árabes en el campo de las matemáticas incluyen **cero, cifra** y **cenit.***

Actividad 7 **Actividad oral** Dos equipos tratan de ganar puntos identificando importantes acontecimientos históricos. Por ejemplo: Cristóbal Colón llegó a América—el doce de octubre de mil cuatrocientos noventa y dos; se celebra el día de la Independencia de Estados Unidos—el cuatro de julio de mil setecientos setenta y seis; Pearl Harbor fue atacado por los japoneses—el siete de diciembre de mil novecientos cuarenta y uno; Estados Unidos fue atacado por fanáticos de Al Qaeda—el once de septiembre de dos mil uno.

Actividad 8 **Estructuras en acción** La Renfe, la sociedad nacional de trenes españoles, ofrece al público viajes turísticos en tren desde Madrid a los lugares históricos más importantes de España. Lea el programa de esta excursión.

Nota preliminar

Un recorrido en tren

La Renfe, la Red Nacional de Ferrocarriles Españoles, ofrece al público una excursión turística en el tren Tierras del Cid que va desde Madrid a Burgos, la ciudad más importante de las Tierras del Cid. Aquí tiene Ud. el programa de dos días en las tierras del Cid Campeador, o sea en la región histórica de Castilla la Vieja que incluye la provincia de Burgos. Burgos queda al norte céntrico de España.

Rodrigo Díaz nació en Vivar, a 9 kilómetros de Burgos, hacia el año 1043 y murió en Valencia en 1099. Dado el título «Cid» (señor) por los musulmanes, fue el héroe de la Reconquista, es decir, la lucha de los reinos cristianos por retomar los territorios de la Península ibérica invadidos por los musulmanes. El Cid Campeador (warrior) *fue un personaje histórico cuya fama aumentó a través de* El Cantar de Mio Cid, *la gran poesía épica castellana escrita hacia 1140. Las hazañas* (deeds) *de este caballero castellano que luchó fielmente por su rey (Sancho II y luego su hermano Alfonso VI) marcan la historia de Castilla de finales del siglo once.*

Burgos, capital de la provincia de Burgos, tiene la tercera catedral española por sus dimensiones. Los restos del Cid Campeador y de su esposa doña Jimena se encuentran en esta magnífica catedral gótica cuya construcción comenzó en 1221 y duró casi tres siglos.

CHAPTER 25

ren tierras del Cid.

Burgos. Tierra del Campeador. Punto de encuentro de Románico y Gótico. Punto de encuentro con el arte Medieval. Con el tren Tierras del Cid conócela a fondo. Recorre Covarrubias, Silos y La Yecla. Sal a su encuentro.

PROGRAMA

Sábado

07:30 h.- Recepción de viajeros en el punto de información de la estación de Madrid Chamartín.
08:00 h.- Salida hacia Burgos.
11:36 h.- Llegada a Burgos. Traslado en autocar a Covarrubias, visita a la Colegiata. Tiempo libre para almorzar.
16:00 h.- Salida en autocar para visitar Santo Domingo de Silos y la Yecla.
20:00 h.- Llegada a Burgos. Traslado al hotel. Tiempo libre.
21:30 h.- Saludo del Ayuntamiento en el antiguo Monasterio de San Juan. Vino, aperitivos y actuaciones folklóricas. Elección de la madrina del tren.

Domingo

09:30 h.- Desayuno en el hotel.
10:30 h.- Salida en autocar para visitar el Monasterio de las Huelgas. San Pedro de Cardeña (posibilidad de oír Misa) y Cartuja.
14:00 h.- Tiempo libre para el almuerzo.
16:30 h.- Concentración en la puerta de la Catedral para visitarla. Traslado en autocar a la estación de ferrocarril.
18:39 h.- Salida de la estación de Burgos hacia Madrid.
21:55 h.- Llegada a Madrid Chamartín. Fin de viaje.

Actividad 9 **Estructuras en acción** Escriba a qué hora los viajeros hacen unas cosas en su recorrido de las tierras del Cid Campeador. Escriba la hora con letras y escriba tantas oraciones variantes de la hora como pueda. Siga los modelos.

MODELOS 17:40 h. - Los turistas toman un café.
Los turistas toman un café a las diecisiete cuarenta (horas).
Los turistas toman un café a las cinco cuarenta de la tarde.
Los turistas toman un café a las seis menos veinte de la tarde.
Los turistas toman un café a veinte para las seis de la tarde.

Un recorrido en tren

la actuación *performance*
el autocar *bus*
el ayuntamiento *city hall, town hall*
el billete sencillo *one-way ticket*
billete de ida y vuelta *round-trip ticket*
el campeador *warrior; (adj.) valiant, brave*
la concentración *getting together*
diurno(a) *daily*
la elección *choice, selection*
el encuentro: salir al encuentro de *to go to meet/find*
el euro *monetary currency of the European Union (includes Spain); 100 centavos in a euro*
a fondo *thoroughly*
gótico: arte gótico (siglos trece al quince) *Gothic: gothic art (thirteenth to fifteenth centuries)*
la hazaña *feat, valiant deed*
h. *abreviatura de «horas»*
la madrina *protectress*
la misa *mass*
oír misa *to hear mass*
el punto de encuentro *meeting point*
la recepción *receiving*
recorrer *to tour, travel around/through*
el recorrido *tour, excursion, journey*
románico: arte románico (siglos once al trece) *Roman: roman art (eleventh to thirteenth centuries)*
el saludo *greeting*
el traslado *transfer*

Sábado

1. ¿A qué hora se reúnen los viajeros para empezar la excursión?

2. ¿A qué hora llegan los viajeros a Burgos?

3. ¿A qué hora salen para visitar Santo Domingo de Silos y la Yecla?

Domingo

4. ¿A qué hora salen los turistas para el Monasterio de las Huelgas?

5. ¿A qué hora se reúnen los viajeros para ver la Catedral?

6. ¿A qué hora sale el tren de Burgos para Madrid?

7. ¿A qué hora llegan los viajeros a Madrid?

Actividad 10 **Estructuras en acción** Calcule cuánto cuestan los billetes de tren en cada caso. Escriba el precio con letras. El precio del billete sencillo se da en euros.

1. Tren Nº 08061 Castilla y León Express; Precio de billete turista = 19,55 euros; Viajan cuatro personas. ¿Cuánto valen los billetes de ida y vuelta?

2. Tren Nº 00203 Diurno; Precio de billetes: turista = 22,00; turista niño = 13,20; preferente = 29,50; preferente niño = 17,70; Viajan siete personas—dos con billete turista, tres con billete preferente, dos con billete preferente niño. ¿Cuánto valen los billetes de ida y vuelta?

3. Tren Nº 00251 Talgo (de alta velocidad); Precio de billetes: turista = 23,00; turista niño = 13,80; preferente = 30,50; preferente niño = 18,30; Viajan ochenta personas—quince con billete turista, doce con turista niño, treinta y nueve con billete preferente, catorce con preferente niño. ¿Cuánto valen los billetes de ida y vuelta?

4. Tren Nº 09614 AVE (de alta velocidad); Precio de billetes: turista = 64,00; preferente = 95,00; club = 114,00; Viajan treinta y cinco personas—ocho con billete turista, nueve con billete preferente, dieciocho con billete club. ¿Cuánto valen los billetes de ida y vuelta?

____

____

5. Tren Nº 09626 AVE; Precio de billetes: turista = 57,00; preferente = 86,00; club = 103,00; Viajan veintiocho personas—seis con billete turista, diez con billete preferente, doce con billete club. ¿Cuánto valen los billetes de ida y vuelta?

____

____

6. ¿Cuánto dinero ahorran los pasajeros del problema número cinco si reciben un diez por ciento de descuento?

____

¿Cuánto pagan los pasajeros en total con el diez por ciento de descuento?

____

Actividad 11 **Estructuras en acción** Complete las oraciones escribiendo los números con letras.

1. Rodrigo Díaz de Vivar nació en el año ____________.
2. El Cid murió en el año ____________.
3. El *Cantar de Mio Cid* fue escrito hacia ____________.
4. La construcción de la catedral de Burgos comenzó en ____________.

Actividad 12 **Estructuras en acción** El *Cantar de Mio Cid*, un cantar de gesta (*epic poem, chanson de geste*), está dividio en tres partes o «cantares». El primer cantar tiene 1.086 versos, el segundo 1.190 versos y el tercero 1.472 versos. Escriba el número de versos con letras.

1. El Cantar Primero *Destierro de Mio Cid* tiene ____________ versos.
2. El Cantar Segundo *Bodas de las hijas del Cid* tiene ____________ versos.
3. El Cantar Tercero *La afrenta de Corpes* tiene ____________ versos.
4. Los tres cantares tienen ____________ versos en total.

CHAPTER 25 TEST

Numbers; dates; time

1 **Números** Escriba los precios.

1. doce mil setecientos noventa y tres euros
   ____
2. trescientos mil quinientos ochenta y un euros
   ____
3. un millón ciento seis mil doscientos cincuenta y cuatro dólares
   ____
4. nueve millones quinientos mil setecientos veintiún dólares
   ____

2 **Operaciones matemáticas** Escriba el problema y su solución con letras.

1. 723 + 569 + 394 =
   ____
2. 31.891 - 7.539 =
   ____
3. 478 x 236 =
   ____
4. 987 ÷ 7 =
   ____
5. 20% de $3.500 =
   ____
6. 3/4 de 8.424 =
   ____

3 **Números ordinales** Complete las oraciones con el número ordinal indicado. Siga el modelo.

MODELO Es la segunda semana de nuestras vacaciones. (2)

1. Hoy es el ______________ día del mes. (1)
2. El *fa* es el ______________ grado de la escala de *do mayor.* (4)
3. Entre en el ______________ edificio a la derecha. (6)

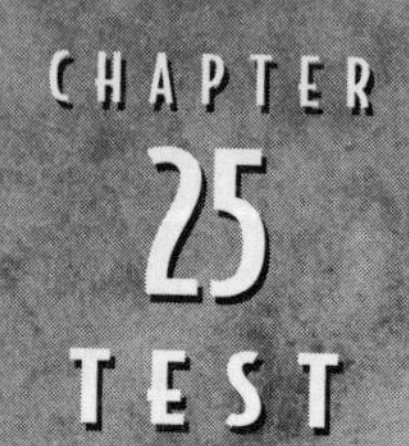

Numbers; dates; time

4. La oficina queda en el ____________________ piso. (3)
5. La ____________________ sinfonía de Beethoven es su más conocida. (5)
6. La ____________________ reunión del club será la semana próxima. (1)
7. Felipe ____________________ era rey de España de 1556 a 1598. (2)
8. Estar en el ____________________ cielo significa realizar la mayor felicidad. (7)
9. Nora heredó la ____________________ parte de la herencia. (10)
10. Nos toca leer el ____________________ capítulo para mañana. (9)

4 **¿Qué hora es?** Escriba la hora con letras. Es posible que haya más de una manera de expresar la hora.

1. 1:15 P.M.

____

2. 5:30 P.M.

____

3. 10:45 A.M.

____

4. 18:50 P.M.

____

5. 23:40 P.M.

____

PART SIX

Idiomatic Usage

tenemos éxito

vale un mundo

somos todo oídos

PART SIX
Idiomatic Usage

CHAPTERS

Idioms, expressions, and proverbs

Idioms and expressions with **tener**

tener ángel/mal ángel *to be charming/lack charm*
tener buena/mala estrella *to be lucky/unlucky*
tener calor/frío *to be warm/cold*
tener corazón de piedra *to be hard-hearted*
tener cuidado *to be careful*
tener la culpa de *to be to blame for*
tener dolor de cabeza/estómago *to have a headache/stomachache*
tener en la punta de la lengua *to have on the tip of one's tongue*
tener éxito *to be successful*
tener ganas de *to feel like*
tener hambre/sed *to be hungry/thirsty*
tener los huesos molidos *to be exhausted*
tener inconveniente *to mind, object to*
tener líos *to have difficulties*
tener lugar *to take place*
tener madera para *to be cut out for, made for*
tener mala cara *to look bad*
tener malas pulgas *to be short-tempered*
tener miedo de *to be afraid of*
tener mundo *to be sophisticated, know how to act in society*
tener los nervios de punta *to have one's nerves on edge*
tener ojo de buen cubero *(cooper=barrel maker) to have a sure, accurate eye*
tener ojos de lince *to have (sharp) eyes like a hawk* (literally, *lynx*)
tener pájaros en la cabeza *to have bats in the belfry*
tener la palabra *to have the floor*
tener palabra *to keep one's word*
tener por *to consider someone to be*
tener prisa *to be in a hurry*
tener que ver con *to have to do with*
tener la razón de su parte *to be in the right*
tener razón *to be right*
tener sueño *to be sleepy*
tener suerte *to be lucky*
tener un disgusto *to have a falling out*
tener vergüenza de *to be ashamed of*
no tener arreglo *not to be able to be helped*
no tener donde caerse muerto *not to have a penny to one's name*
no tener nombre *to be unspeakable*
no tener pelo de tonto *to be nobody's fool*
no tener pelos en la lengua *to be very outspoken*
no tener pies ni cabeza *to not make any sense, have no rhyme or reason*

CHAPTER 26

Actividad 1 **Tener** Complete las oraciones con una expresión o un modismo con **tener** como reacción lógica a la oración escrita. Puede haber más de una expresión en algunos casos.

1. A Isabel le dieron un ascenso en la empresa y le dieron un aumento de sueldo también.

   Tuvo ______________________________.

2. Yo no comprendo nada de este libro.

   Para mí, el libro no tiene ______________________________.

3. El nombre del actor es...

   ¡Caramba! Lo tengo ______________________________.

4. Este niño es muy listo.

   ¿Verdad que no tiene ______________________________?

5. Ana corrió tanto que ni puede levantarse por cansada.

   La chica tiene ______________________________.

6. Carmen ganó el premio gordo de la lotería.

   Esta señorita tiene ______________________________.

7. Rebeca siempre está molesta y se queja de todo.

   Ella tiene ______________________________.

8. El detective Sierra lo ve todo. No se le pierde nada.

   En efecto. Él tiene ______________________________.

9. Álvaro se ve mal y está nerviosísimo.

   El pobre chico tiene ____________________ y tiene ____________________.

10. Los padres de Gonzalito se sienten avergonzados porque su hijo siempre causa problemas en el colegio.

    Los señores tienen ____________________ porque Gonzalito tiene muchos ____________________ en el colegio.

PART 6

Idioms and expressions with tomar

tomar a broma/risa *to take as a joke*
tomar a pecho *to take to heart*
tomar algo a bien/a mal *to take something well/badly*
tomar aliento *to catch one's breath*
tomárselo con calma *to take it easy*
tomar la delantera *to get ahead of*
tomar en serio *to take seriously*
tomar la palabra *to take the floor*
tomar partido por *to side with*
tomarle el pelo *to pull someone's leg*

Actividad 2 **Tomar** Escriba una paráfrasis de las oraciones usando una expresión con **tomar.**

1. Amparo lo aceptó tranquilamente.
____
2. Los García se pusieron tristes por la muerte del vecino.
____
3. Pedro se rió viendo las diabluras de su hijo.
____
4. La profesora se enojó por lo que le dijo Marianela.
____
5. Anita apoyó a Juan Carlos en la discusión.
____
6. El presidente de la junta directiva comenzó a hablar.
____

CHAPTER 26

Idioms and expressions with estar

está despejado/claro *it's clear*
está nublado *it's cloudy*
estar a sus anchas *to be comfortable*
estar calado(a)/mojado(a) hasta los huesos *to be soaked to the skin*
estar como el pez en el agua *to be right at home*
estar con el alma en un hilo/en vilo *to be in suspense*
estar de más/de sobra *to be in excess; to be in the way*
estar en condiciones *to be in good shape, be able (to do something)*
estar en la luna *to have one's head in the clouds*
estar en las nubes *to be in the clouds, daydreaming*
estar fuera de sí *to be beside oneself emotionally (positive and negative)*
estar hecho(a) polvo *to get worn out*
estar hecho(a) una fiera *to get furious*
estar hecho(a) una sopa *to get soaked*
estar loco(a) de atar/de remate *to be completely crazy*
estar sin blanca *to be flat broke*

Actividad 3 **Estar** Escriba una expresión con **estar** que sea sinónimo de la palabra o la frase indicada.

1. cansarse _______________
2. mojarse _______________
3. no tener dinero _______________
4. ponerse furioso(a) _______________
5. sentirse cómodo(a) _______________

Idioms and expressions with **echar**

echar a perder *to ruin, spoil*
echar chispas *to be furious, get angry*
echar de menos *to miss*
echar flores *to flatter, sweet-talk*
echar la bronca a uno *to tell someone off*
echar la culpa *to blame*
echarse a *to start to*
echárselas de *to fancy oneself as, boast of being*

Actividad 4 **¿Qué le pasó a don Juan?** Complete las oraciones usando una de las expresiones con **echar.**

1. Lorenzo le dijo a Beti que la echaba ________________ cuando ella estaba de vacaciones.
2. Al mismo tiempo, Lorenzo echaba ________________ a Marisol y a Gloria.
3. Lorenzo ________________ de ser don Juan.
4. Al volver, Beti se enteró de la situación y echó ________________.
5. Beti le echó ________________ a Lorenzo y rompió con él.

PART 6

Idioms and expressions with **dar**

dar a *to face*
dar a luz un niño *to give birth*
dar asco *to disgust*
dar calabazas *to jilt; to flunk*
dar carta blanca a uno *to give someone a free hand, carte blanche*
dar cuerda a *to wind*
dar con *to find; run into*
dar de comer/beber *to feed/give a drink to*
dar el golpe de gracia *to finish someone off, give the coup de grâce*
dar gritos *to shout*
dar guerra *to cause, make trouble*
dar la hora *to strike the hour*
dar la lata *to make a nuisance of oneself*
dar las gracias *to thank*
dar por sentado *to take for granted; regard as settled*
dar rienda suelta a *to give free rein to*
dar un abrazo *to hug, embrace*
dar un paseo *to take a walk, ride*
dar una vuelta *to take a walk, ride*
dar vueltas a algo *to think something over, thoroughly examine*
darse cuenta de *to realize*
darse la mano *to shake hands*
darse por vencido *to give up*
darse prisa *to hurry*

Actividad 5 **¿Qué se dio en cada caso?** Complete las oraciones usando una de las expresiones con **dar.**

1. Paquita era tan molesta y malcriada. Ella daba ________________.
2. Los soldados dejaron de luchar. Se dieron ________________.
3. Los soldados ultimaron a sus enemigos. Les dieron ________________.

4. No deje que los chicos hagan esas cosas. No les dé

_________________________.

5. Creo que ya tomamos la decisión. Di ________________________ al asunto.

Idioms and expressions with hacer

hace + time expression + preterite *ago*
hace buen/mal tiempo *it's good/bad weather*
hace calor/frío *it's warm/cold*
hace viento *it's windy*
hacer caso *to pay attention, heed*
  hacerle caso a uno *to pay attention to someone, listen to what someone says*
  hacer caso de algo *to notice something, take something into account*
hacer (buenas) migas *to hit it off with someone*
hacer de las suyas *to be up to one's old tricks*
hacer un papel *to play a role*
hacer juego *to match*
hacer la vista gorda *to turn a blind eye, pretend not to notice*
hacer las paces *to make peace*
hacer época *to be sensational, attract public attention*
hacerse pedazos (añicos) *to break into pieces*
hacer su agosto *to make a killing*
hacer un viaje *to take a trip*
hacerse + profession, status *to become*
hacerse daño *to hurt oneself*
hacerse tarde *to become late*
hacérsele agua la boca *to make someone's mouth water*

CHAPTER 26

Actividad 6 **¿Qué quieren hacer?** Complete las oraciones usando una de las expresiones con **hacer**.

1. dos amigos que se han peleado

   Quieren ____.

2. una persona que estudia la Bolsa e invierte mucho dinero

   Quiere ____.

3. una actriz que no ha trabajado en una película exitosa

   Quiere ____.

4. unos padres que tienen vergüenza de las diabluras de sus hijos

   Quieren ____.

5. un niñito travieso que ha tratado de portarse bien

   Quiere ____.

6. unas personas que piensan recorrer el mundo

   Quieren ____.

Idioms and expressions with **ir, llevar,** and **quedar**

Ir

ir al grano *to go straight to the point*
ir de juerga *to be out on a spree*
ir sobre ruedas *to run smoothly*
ir tirando *to get by*

Llevar

llevar a cabo *to carry out*
llevar la contraria *to take an opposite point of view, contradict*
llevar leña al monte *to carry coals to Newcastle, perform a superfluous task*
llevarse como el perro y el gato *to be always squabbling*
llevarse un chasco *to be disappointed*

Quedar

quedar boquiabierto *to be open-mouthed with astonishment*
quedarse con *to keep*
quedarse con el día y la noche *to be left penniless*
quedarse de una pieza *to be dumbfounded*
quedar en *to agree on*
quedarse sin blanca, lana *to be flat broke, go broke*
quedarse limpio *to be broke*

PART 6

Actividad 7 **Ir, llevar, quedar** Escriba oraciones con uno de los modismos de esta sección.

1. El proyecto progresa sin problemas.

   El proyecto ____ .

2. Nos pusimos de acuerdo para vernos delante del cine.

   ____ vernos delante del cine.

3. No me gusta ir a su casa. Siempre discuten.

   No me gusta ir a su casa. ____ .

4. Si viniste a ver a Micaela, vas a quedar sin satisfacción. Ella no está.

   Si viniste a ver a Micaela, vas a _________________________. Ella no está.

5. Es difícil hablar con Alfonso. Nunca está de acuerdo con nadie.

   Es difícil hablar con Alfonso. Siempre ______________________________ .

6. No sé si vamos a poder realizar este plan.

   No sé si vamos a poder ___________________________________ este plan.

7. Cuando me dijo eso, no pude hacer nada más que mirarlo en silencio.

   Cuando me dijo eso, ____ .

Idioms and expressions with **meter** and **poner**

Meter

meter la pata *to put one's foot in one's mouth*
meter las narices *to snoop around*
meterse en donde no le llaman, no le importa *to meddle, snoop around*
meterse en la boca del lobo *to enter the lion's den*
meterse en un callejón sin salida *to get into a jam*

Poner

poner en ridículo *to make look ridiculous*
poner las cartas sobre la mesa *to put one's cards on the table*
poner los puntos sobre las íes *to dot the i's and cross the t's*
poner a uno por las nubes *to heap praise on someone*
poner pleito *to sue*
ponérsele a uno la carne de gallina *to get goose pimples*
ponérsele los cabellos/los pelos de punta *to have one's hair stand on end, be terrified*

CHAPTER 26

Actividad 8 **Definiciones** Empareje la definición en la columna A con el modismo en la columna B.

A	B
1. _______ entrar en un lugar peligroso	**a.** meterse en un cajón sin salida
2. _______ llevar ante el juez, al tribunal	**b.** meter la pata
3. _______ decir o hacer algo inapropiado y ofensivo	**c.** poner en ridículo
4. _______ sentir pánico	**d.** meterse en la boca del lobo
5. _______ buscarse un problema que no tiene solución	**e.** poner pleito
6. _______ revelar las cosas	**f.** poner por las nubes
7. _______ alabar a alguien con entusiasmo	**g.** poner las cartas sobre la mesa
	h. ponérsele los pelos de punta
	i. poner los puntos sobre las **íes**
	j. meterse en donde no le llaman

Idioms and expressions with ser

ser de buena pasta *to be a good guy, have a nice disposition*
ser de película *to be sensational*
ser de poca monta *to be of little value, importance*
ser el colmo *to be the limit*
ser harina de otro costal *to be a horse of a different color*
ser el ojo derecho *the apple of someone's eye*
ser la flor y nata *to be the cream of the crop/best*
ser otro cantar *to be a horse of a different color*
ser pan comido *to be as easy as pie*
ser para chuparse los dedos *to taste delicious*
ser todo oídos *to be all ears*
ser un cero a la izquierda *to be of no value, count for nothing (a person)*
ser un mirlo blanco (mirlo *blackbird***)** *to be an impossible dream*
ser una lata *to be annoying*
ser una perla *to be a jewel, treasure*
ser uña y carne *to be close as can be*
no ser cosa del otro jueves *to be nothing out of the ordinary*

PART 6

Actividad 9 **¿Cuál es?** Escoja cuál de los modismos con **ser** significa lo mismo que la oración prinicipal.

1. Ya has llegado al límite.

   a. Esto es pán comido.

   b. Esto es un mirlo blanco.

   c. Esto es el colmo.

2. Esta situación me fastidia mucho.

   a. Es una lata.

   b. Es de película.

   c. Es otro cantar.

3. Esas dos chicas son muy buenas amigas. Siempre están juntas.

   a. Son la flor y la nata.

   b. Son de buena pasta.

   c. Son uña y carne.

4. Lo que me dices ahora es algo totalmente distinto.

   a. Es una perla.

   b. Es harina de otro costal.

   c. Es de poca monta.

5. Este flan está riquísimo.

   a. Es todo oídos.

   b. Es para chuparse los dedos.

   c. Es un cero a la izquierda.

Otras expresiones verbales

andar de boca en boca *to be the talk of the town*
andarse por las ramas *to beat around the bush*
armarse un escándalo *to cause a row*
buscar tres pies al gato *to split hairs*
no caber en sí/su piel *to be beside oneself with joy, anger, etc.; to be presumptuous*
caerse el alma a los pies *to be down in the dumps*
consultar con la almohada *to sleep on it*
decirle cuatro verdades *to tell someone a thing or two*
no decir ni pío *to not say a word*
dejar caer *to drop*
dejar de + infinitive *to stop (doing something)*
dejar plantado *to stand up*
no dejar piedra por (sin) mover *to leave no stone unturned*
dorar la píldora *to sugar coat something*
dormir a pierna suelta *to sleep like a log*
dormirse en/sobre los laureles *to rest on one's laurels*
faltarle a uno un tornillo *to have a screw loose*
hablar por los codos *to talk incessantly*
llamar al pan pan y al vino vino *to call a spade a spade*
mandar a freír espárragos *to tell someone to go jump in the lake/go fly a kite*
matar la gallina de los huevos de oro *to kill the goose that lays the golden eggs*
matar dos pájaros de un tiro *to kill two birds with one stone*
no importar un bledo/un comino/un pepino *to not give a hoot about*
pasar las de Caín *to go through a very difficult time*
pedir peras al olmo *to expect the impossible*
no pegar ojo en toda la noche *to not sleep a wink all night*
quemarse las cejas *to burn the midnight oil*
querer decir *to mean*
no saber a qué carta quedarse *to be unable to make up one's mind*
sacar/salir a luz *to publish*
sacar en limpio/en claro *to make clear*
salirse con la suya *to get one's own way*
saltar a la vista *to be obvious*
tocar en lo vivo *to hurt deeply*
tragarse la píldora *to be taken in, swallow a lie*
valer la pena *to be worthwhile*
valer un mundo/un ojo de la cara/un Potosí *to be worth a fortune*
venir de perlas *to be just the thing, just right*
verlo todo color de rosa *to see life through rose-tinted glasses*
verlo todo negro *to be pessimistic*
no poder verlo ni en pintura *to not be able to stand the sight of someone*
volver a las andadas *to go back to one's old ways*
volver en sí *to regain consciousness*

CHAPTER 26

Actividad 10 **Sinónimos** Empareje el modismo de la columna A con la definición de la columna B.

A

1. _______ llamar al pan pan y al vino vino
2. _______ costar un ojo de la cara
3. _______ dormir a pierna suelta
4. _______ faltarle un tornillo
5. _______ no decir ni pío
6. _______ pedir peras al olmo
7. _______ saltar a la vista
8. _______ andarse por las ramas

B

a. ser evidente
b. buscar tres pies al gato
c. dormir profundamente
d. no abrir la boca
e. exigir lo imposible
f. llamar las cosas por su nombre
g. no ir al grano
h. valer un Potosí
i. no estar completamente bien de la cabeza
j. volver en sí

PART 6

Actividad 11 **Antónimos** Escoja de la columna B un antónimo para cada modismo de la columna A.

A	B
1. ______ andar de boca en boca	a. comportarse mejor que antes
2. ______ no importarle un bledo	b. no decir ni pío
3. ______ no pegar ojo	c. tomar una decisión
4. ______ volver a las andadas	d. caerse el alma a los pies
5. ______ dejar plantado	e. preocuparse mucho
6. ______ no saber a qué carta quedarse	f. ser muy amigo(a) de uno(a)
	g. ser una cosa secreta
7. ______ no poder verlo ni en pintura	h. sacar en limpio
	i. dormir a pierna suelta
8. ______ hablar hasta por los codos	j. acudir a la cita

Otros modismos

¡A otro perro con ese hueso! *Nonsense!, Don't give me that!*
a pedir de boca *perfectly, smoothly*
como el que más *as well or better than anyone else*
contra viento y marea *against all odds (literally, against wind and tide)*
dar gato por liebre *to sell a pig in a poke, take someone in*
de buenas a primeras *right off the bat*
de carne y hueso *flesh and blood*
de categoría *of importance, quality*
de mal en peor *from bad to worse*
de segunda mano *secondhand*
desde que el mundo es el mundo *since the world began*
Dios mediante *God willing*
el qué dirán *what people say*
entre la espada y la pared *between the devil and the deep blue sea* (**la espada** *sword)*
en un abrir y cerrar de ojos *in the twinkling of an eye*
Está chupado/tirado. *It's a piece of cake.*
Hay gato encerrado. *There's something fishy.*
Hay moros en la costa. *The coast isn't clear./ Be careful.*
Más vale cuatro ojos que dos. *Two heads are better than one.*
¡Ojo! *Be careful!*
peces gordos *big shots, important people*
sin más ni más *without further hesitation*
tocar madera *to touch wood, knock on wood*
todo el santo día *the whole darn day*
Trato hecho. *It's a deal.*

Actividad 12 **Sinónimos** Empareje el modismo de la columna A con un sinónimo de la columna B.

A	B
1. ______ está chupado	a. engañar
2. ______ el qué dirán	b. existe una cosa sospechosa que no vemos
3. ______ dar gato por liebre	
4. ______ hay gato encerrado	c. con mucha rapidez
5. ______ de segunda mano	d. la opinión de los demás
6. ______ en un abrir y cerrar de ojos	e. desde el principio
	f. con gran esfuerzo
7. ______ de categoría	g. es pan comido
8. ______ de buenas a primeras	h. entre dos peligros
	i. usado, no nuevo
	j. de importancia

Dichos y refranes *(Sayings and proverbs)*

A caballo regalado no se le mira el colmillo.	*Don't look a gift horse in the mouth.* (**colmillo** *canine tooth)*
A lo hecho, pecho.	*It's no use crying over spilled milk. (literally, Chest out to what has been done.)*
Al que madruga *(gets up early),* **Dios le ayuda.**	*The early bird catches the worm.*
Antes que te cases, mira lo que haces.	*Look before you leap.*
Aunque la mona se vista de seda, mona se queda.	*You can't make a silk purse out of a sow's ear. (literally, Although the monkey may dress in silk, she remains a monkey.)*
Cuando a Roma fueres/Allá donde fueres, haz como vieres. (Fueres *and* **vieres** *are old future subjunctive forms.)*	*When in Rome, do as the Romans do.*
Del dicho al hecho hay gran trecho *(distance).*	*There's many a slip 'twixt the cup and the lip.*
De tal palo *(stick),* **tal astilla** *(splinter).*	*A chip off the old block.*
Desgraciado en el juego, afortunado en amores.	*Unlucky in cards, lucky in love.*
Dios los cría y ellos se juntan.	*Birds of a feather flock together.*
El sapo *(toad)* **a la sapa** *(female toad)* **tiénela (la tiene) por muy guapa.**	*Beauty is in the eye of the beholder.*
En tierra de ciegos, el tuerto *(one-eyed)* **es rey.**	*In the land of the blind, the one-eyed is king.*
En una hora no se ganó Zamora.	*Rome wasn't built in a day.*
Eso es el cuento de la lechera/Hacer las cuentas de la lechera.	*Don't count your chickens before they've hatched.*
Las paredes oyen.	*The walls have ears.*
Los dineros del sacristán *(church sexton),* **cantando se vienen y cantando se van.**	*Easy come, easy go.*
Más vale pájaro en mano que ciento volando.	*A bird in the hand is worth two in the bush.*
No es oro todo lo que reluce (brilla).	*All that glitters is not gold.*
Obras son amores, que no buenas razones.	*Actions speak louder than words.*
Ojos que no ven, corazón que no siente.	*Out of sight, out of mind.*
Poderoso caballero es don Dinero.	*Money talks.*
Quien mala cama hace, en ella se yace. (yacer *[old] to lie down)*	*You made your bed, now lie in it!*
Sobre gustos no hay nada escrito.	*Everyone to his/her own taste.*
Ver y creer.	*Seeing is believing.*

Nota cultural

De dichos y refranes

Zamora es una ciudad de León, región de España situada al oeste de Castilla. En la Edad Media, Zamora fue el teatro de muchas batallas entre musulmanes y cristianos y entre facciones de cristianos hasta que se impuso el dominio de los castellanos en 1072.

El cuento de la lechera está incluido en una antología de la Edad Media, El Libro de los ejemplos del conde Lucanor et de Patronio. *Don Juan Manuel terminó su colección de cincuenta y un cuentos en 1335. En este cuento, una lechera* (dairymaid) *va al mercado llevando en la cabeza una jarra de leche para vender. Mientras camina, piensa en el dinero que le va a traer la venta de la leche. De repente se cae, y con ella la jarra. Con la jarra rota y la leche desparramada terminan sus sueños y las cuentas que sacaba con dinero que todavía no había ganado.*

PART 6

Actividad 13 **¿Qué se diría?** Escoja el refrán apropiado para cada situación.

1. Uno nota que un muchacho se comporta exactamente como su padre.
   a. No es oro todo lo que reluce.
   b. De tal palo, tal astilla.
   c. Obras son amores, que no buenas razones.
2. Uno advierte a su compañero(a) que deben ser discretos porque no se sabe quién escucha.
   a. Las paredes oyen.
   b. Ver y creer.
   c. Aunque la mona se vista de seda, mona se queda.
3. Uno quiere decirle a un amigo(a) que hay que olvidar los errores del pasado.
   a. A lo hecho, pecho.
   b. Sobre gustos no hay nada escrito.
   c. Cuando a Roma fueres, haz como vieres.
4. Uno quiere advertirle a su amigo(a) que debe actuar con prudencia en una situación complicada.
   a. Más vale pájaro en mano que ciento volando.
   b. El sapo a la sapa tiénela por muy guapa.
   c. Antes que te cases, mira lo que haces.

5. Un muchacho reprocha a su novia el no haberle escrito cuando estaba ella en el extranjero.

   a. Los dineros del sacristán cantando se vienen y cantando se van.

   b. Del dicho al hecho hay gran trecho.

   c. Ojos que no ven, corazón que no siente.

Actividad 14 **¡El zoológico de expresiones!** Los siguientes proverbios y expresiones nombran a ciertos animales. Consulte las listas de proverbios y expresiones para completarlos con los nombres de los animales correctas. Luego exprese la oración en inglés.

1. Aunque ____________________ se vista de seda,
   ____________________ se queda.
   ____

2. Más vale ____________________ en mano que ciento volando.
   ____

3. A otro ____________________ con ese hueso.
   ____

4. Que no le dé ____________________ por
   ____________________.
   ____

5. ____________________ por ____________________ tiénela por muy guapa.
   ____

6. Son los ____________________ gordos de la industria.
   ____

7. A ____________________ regalado no se le mira el colmillo.
   ____

8. Creo que hay ____________________ encerrado.
   ____

Actividad 15 **Actividad oral** Dos equipos tratan de ganar puntos expresando modismos, expresiones y proverbios en inglés. Por ejemplo, un equipo dice «No es oro todo lo que brilla». El otro equipo contesta *"All that glitters is not gold"* así ganando un punto. Se puede hacer con la expresión en inglés y la respuesta en español. El equipo que acumule más puntos gana.

CHAPTER 26 TEST

Idioms, expressions, and proverbs

1 **¿A, b o c?** Escoja la respuesta correcta para cada situación.

1. No creo que el problema se pueda resolver.
   - **a.** No tiene nombre.
   - **b.** No, no tiene arreglo.
   - **c.** Tiene inconveniente.
2. Rebeca tiene los nervios de punta.
   - **a.** La pobre está fuera de sí.
   - **b.** No tiene pelos en la lengua.
   - **c.** Pone los puntos sobre las *íes.*
3. Parece que todo va muy bien.
   - **a.** Sí, echa flores.
   - **b.** Sí, va al grano.
   - **c.** Sí, va sobre ruedas.
4. ¡Cuánto me molesta esto!
   - **a.** Es de película.
   - **b.** Es de buena pasta.
   - **c.** Es una lata.
5. Esto no tiene sentido.
   - **a.** No hace caso.
   - **b.** No tiene pies ni cabeza.
   - **c.** Lo toma en serio.
6. Está lloviendo mucho.
   - **a.** Estoy hecho una sopa.
   - **b.** Me quedo boquiabierto.
   - **c.** Tengo los huesos molidos.

CHAPTER 26 TEST

Idioms, expressions, and proverbs

7. ¿Pudieron terminar el proyecto?

   a. Sí, hicimos la vista gorda.

   b. Sí, lo llevamos a cabo.

   c. Sí, pusimos las cartas sobre la mesa.

8. Lo que me dices es una broma, ¿verdad?

   a. Claro, te estoy tomando el pelo.

   b. Claro, te echo de menos.

   c. Claro, siempre voy de juerga.

9. Eché la bronca a Eduardo.

   a. Uds. son como uña y carne.

   b. Es bueno que hayan hecho las paces.

   c. Siento que hayan tenido un disgusto.

10. Parece que Leticia está a sus anchas en casa de los Villaurrutia.

    a. Sí, está metiendo las narices como de costumbre.

    b. Sí, está como el pez en el agua.

    c. Sí, está con el alma en un hilo.

2 **¿Qué falta?** Complete las oraciones con la palabra correcta de la lista.

hueso	**ojo**	**gato**	**espárragos**
pintura	**peras**	**luz**	**piedra**

1. No le busques tres pies al ____________________.
2. Margara no pegó ____________________ en toda la noche.
3. Lo mandaron a freír ____________________.
4. No puedo ver a esa chica ni en ____________________.
5. Deje de pedir ____________________ al olmo.
6. No dejaron ____________________ sin mover.
7. Es un protagonista de carne y ____________________.
8. El libro se sacará a ____________________ en octubre.

CHAPTER 26 TEST

Idioms, expressions, and proverbs

3 **¿Cómo se expresa en inglés?** Exprese los dichos y refranes en inglés.

1. Sobre gustos no hay nada escrito.

____

2. Más vale pájaro en mano que ciento volando.

____

3. A lo hecho, pecho.

____

4. No es oro todo lo que brilla.

____

5. Antes que te cases, mira lo que haces.

____

6. Ojos que no ven, corazón que no siente.

____

7. Poderoso caballero es don Dinero.

____

Word formation and diminutives

Forming nouns from verbs

Some nouns related to verbs consist of the *verb stem* + **-o** or **-a.**

aumentar *to increase* → el aumento *increase*
ayudar *to help* → la ayuda *help*
contar *to count* → la cuenta *bill*
contar *to tell, recount* → el cuento *story*
charlar *to chat* → la charla *chat, talk*
dudar *to doubt* → la duda *doubt*
encontrar *to meet* → el encuentro *meeting, sports match*
espantar *to frighten* → el espanto *fright, scare*
esperar *to wait* → la espera *waiting*
fracasar *to fail* → el fracaso *failure*
gastar *to spend* → el gasto *expense*
practicar *to practice* → la práctica *practice*
regresar *to return* → el regreso *return*
volar *to fly* → el vuelo *flight*

Many nouns are formed from the past participle of verbs. They consist of the *verb stem + the suffixes* **-ada** (for **-ar** verbs) or **-ida** (for **-er, -ir** verbs).

bajar *to go down(stairs)* → la bajada *way down; decline*
caer *to fall* → la caída *fall*
comer *to eat* → la comida *meal, food*
correr *to run* → la corrida (de toros) *running (of bulls=bullfight)*
entrar *to enter* → la entrada *entrance*
ir *to go* → la ida *trip to somewhere, first leg of journey*
llegar *to arrive* → la llegada *arrival*
mirar *to look (at)* → la mirada *look, glance*
salir *to go out* → la salida *exit*
subir *to go up* → la subida *way up, rise*
volver *to go/come back* → la vuelta *return, trip back*

Many nouns are formed from **-ar** *verbs + the suffix* **-ción.** Most of these nouns have English equivalents that end in *-tion.*

admirar → la admiración
invitar → la invitación
organizar → la organización
separar → la separación

NOTE

Not all English words that end in *-tion, -sion* have Spanish equivalents ending in **-ción, -sión.**

transportation el transporte (**la transportación** is rare)

PART 6

Actividad 1 **¿Y el verbo original?** Escriba al lado de cada sustantivo el verbo de que se deriva.

1. la formación ______
2. la comprensión ______
3. la dominación ______
4. la preparación ______
5. la conversión ______
6. la decisión ______
7. la obligación ______
8. la complicación ______

The suffixes **-ancia** and **-encia** are used to form nouns from verbs. Most of the nouns have English cognates.

tolerar → la tolerancia
vigilar → la vigilancia
coincidir → la coincidencia
preferir → la preferencia

NOTE estar → la estancia *(stay)*

The suffix **-miento** is widely used to form nouns from verbs. The vowel **a** appears before this suffix in **-ar** verbs; the vowel **i** appears before the suffix in both **-er** and **-ir** verbs.

agotar *to exhaust* → el agotamiento *exhaustion*
entender *to understand* → el entendimiento *understanding*

Actividad 2 **El sustantivo que falta** Complete la tabla con los sustantivos correctos.

1. **comportarse** *to behave* ______ *behavior*
2. **encarcelar** *to jail, imprison* ______ *jailing*
3. **consentir** *to consent* ______ *consent*
4. **mover** *to move* ______ *movement*
5. **pensar** *to think* ______ *thought*
6. **plantear** *to pose (a problem)* ______ *posing*
7. **tratar** *to treat* ______ *treatment*
8. **crecer** *to grow, increase* ______ *growth*

Forming verbs from nouns

-Ear is one of the most commonly used suffixes for converting nouns into verbs. It can convey the impression of repeated movement or action of the noun.

párpado *eyelid* → parpadear *to blink*
paso *step* → pasear *to walk*

Most of these verbs can then form a noun ending in **-eo: el parpadeo** *blinking,* **el paseo** *walk.*

Actividad 3 **Verbos nuevos** Adivine el significado de los verbos en negrita *(boldface)* partiendo de los sustantivos de los cuales se han formado. Escriba el infinitivo del verbo en español y el significado del verbo en inglés.

1. el sabor *taste*

   Come lentamente y **saborea** estos platos.

   ______________________ ______________________

2. la gota *drop (of liquid)*

   El agua **goteaba** del techo de la casa.

   ______________________ ______________________

3. el golpe *blow, hit*

   El hombre **golpeaba** al perro cruelmente.

   ______________________ ______________________

4. la tecla *key (on a keyboard)*

   La pianista **tecleaba** la sonata.

   ______________________ ______________________

5. la hoja *leaf, sheet of paper*

   La bibliotecaria **hojeaba** las páginas del libro.

   ______________________ ______________________

6. el zapato *shoe*

   Todos **zapateaban** al compás *(rhythm)* de la música.

   ______________________ ______________________

7. la pata *paw; foot (slang)*

   Para jugar fútbol, los jugadores **patean.**

   ______________________ ______________________

Some nouns can be transformed into verbs by the prefix **en-** + *infinitive ending* **-ar.**

la cadena *chain* → encadenar *to chain*
la máscara *mask* → enmascarar *to mask*
el veneno *poison* → envenenar *to poison*

Some of these verbs allow a new noun to be formed by adding **-miento.**

el encadenamiento *chaining*
el envenenamiento *poisoning*

The prefix **en-** is written **en-** before **-b** and **-p.**

el brujo *sorcerer* → embrujar *to cast a spell over, haunt*
el papel *paper* → enpapelar *to wallpaper*

Actividad 4 **Palabras relacionadas** Complete la tabla de palabras relacionadas.

	NOUN	VERB	NOUN DERIVED FROM VERB
SPANISH	la casilla	________ 1	encasillamiento
ENGLISH	mailbox, pigeonhole	to pigeonhole	pigeonholing
SPANISH	la grasa	engrasar	________ 2
ENGLISH	________ 3	________ 4	lubrication
SPANISH	la saña	________ 5	ensañamiento
ENGLISH	rage, fury	to enrage, infuriate	raging, fury
SPANISH	la botella	________ 6	________ 7
ENGLISH	bottle	to bottle (up)	traffic jam
SPANISH	la pareja	emparejar	________ 8
ENGLISH	couple	to match, pair	paring, mating
SPANISH	la frente	enfrentar	________ 9
ENGLISH	forehead, brow, face	to face, confront	clash, confrontation

PART 6

Forming verbs from adjectives

Certain adjectives can be transformed into verbs by adding the prefix **a-** + *infinitive ending* **-ar.**

fino *fine* → afinar *to refine, tune*
liso *smooth* → alisar *to smooth*
llano *flat* → allanar *to flatten, level*
manso *tame* → amansar *to tame, domesticate*

Actividad 5 **El diccionario** Empareje los verbos de la columna A con su equivalente inglés de la columna B. Cada verbo deriva de un adjetivo que Ud. ya sabe.

A	B
1. ________ acertar	**a.** assure
2. ________ aclarar	**b.** enlarge
3. ________ aflojar	**c.** drive mad (with joy or delight)
4. ________ agrandar	**d.** guess right, hit the mark
5. ________ alocar	**e.** loosen
6. ________ asegurar	**f.** clarify

The suffix **-ecer** is added to the stem of some adjectives and nouns to create a new verb.

oscuro *dark* → oscurecer *to get dark*
pálido *pale* → palidecer *to grow pale*

Like all **-ecer** verbs, the first person singular and the present subjunctive has **-zc** before the endings: Temo que **oscurezca** antes de que lleguemos. *I'm afraid it will get dark before we arrive.*

Actividad 6 **Acertijos *(riddles)* léxicos** Adivine qué significan las palabras. Escriba el significado en inglés.

1. florecer ____________
2. fortalecer ____________
3. humedecer ____________
4. robustecer ____________
5. What household appliance is **la humedecedora?** ____________

Many adjectives can be made into verbs with the prefix **en- (-em** before **-b** and **-p)** and the suffix **-ecer.** Adjectives whose stems end in **-c** change the **-c** to **-qu** before **-ecer.**

triste *sad* → entristecer *to sadden*
pobre *poor* → empobrecer *to impoverish*
rico *rich* → enriquecer *to enrich*

Actividad 7 **Formación de verbos** Escriba los verbos que se derivan de los adjetivos.

1. duro ____________
2. bello ____________
3. flaco ____________
4. noble ____________
5. loco ____________
6. rojo ____________
7. ronco *(hoarse)* ____________
8. sordo ____________

Suffixes added to nouns to form new nouns

The suffix **-ada** has three different meanings.

It can indicate the full measure of the noun or the amount that the noun holds. Some nouns use the suffix **-ado** for this meaning.

la cuchara *spoon* → la cucharada *spoonful*
la pala *shovel* → la palada *shovelful*
el puño *fist* → el puñado *fistful*
la boca *mouth* → el bocado *mouthful; (also,* la bocanada *mouthful, swallow)*

It can indicate a blow with the object designated by the noun.

el cuchillo *knife* → la cuchillada *a slash made with a knife*
el puñal *dagger* → la puñalada *stab*
la pata *foot, paw* → la patada *kick*

It can also indicate an act typical of the object or person designated by the noun.

el animal *animal* → una animalada *a stupid or gross thing to do*
el payaso *clown* → una payasada *clownlike action, action worthy of a clown*
el muchacho *boy, kid* → una muchachada *kid's prank*

The suffix **-astro(a)** is the equivalent of the English prefix *step-* with relatives.

el hermanastro *stepbrother*
la madrastra *stepmother*

The suffix **-azo,** like **-ada,** can signify a blow with the object designated by the noun. In Latin America, **-azo** can also be an augmentative suffix, indicating large size.

la bala *bullet* → el balazo *a shot, a bullet wound*
el codo *elbow* → el codazo *nudge, push with the elbow*
los ojos *eyes* → los ojazos *big eyes*

The suffix **-era** designates the container for the object expressed by the noun. Some nouns use **-ero** as the suffix for this meaning.

la sopa *soup* → la sopera *soup bowl*
la pimienta *pepper* → el pimentero *pepper shaker*

PART 6

The suffix **-ero(a)** can be used to indicate the owner or person in charge.

la cárcel *jail* → el/la carcelero(a) *jailer*
el molino *mill* → el/la molinero(a) *miller*

-Ero(a) can also be used to indicate the person who makes or sells the object denoted by the noun.

el libro *book* → el/la librero(a) *bookseller*
el reloj *watch* → el/la relojero(a) *watchmaker*

-Ero(a) can be used to indicate the person fond of whatever the noun designates.

el queso *cheese* → quesero(a) *fond of cheese, cheese-loving*
el café *coffee* → cafetero(a) *fond of coffee, coffee-drinker, coffee-lover*

The suffix **-ería,** derived from **-ero,** designates a corresponding store or place of business.

el librero *bookseller* → la librería *bookstore*
el relojero *watchmaker* → la relojería *watchmaker's store, watch store*

Actividad 8 **¿Qué significa?** Escriba el significado de las palabras, analizando la raíz y el sufijo.

1. el pastelero ______________________
2. la cucharada ______________________
3. la cafetera ______________________
4. el lapicero ______________________
5. la bobada ______________________
6. la hijastra ______________________
7. el salero ______________________
8. fiestero ______________________

Diminutives and augmentatives

Diminutives are widely used in Spanish to add a note of smallness or endearment to the noun. The most common diminutive suffix is **-ito/-ita,** and it is added to nouns and personal names. The following spelling changes occur when **-ito/-ita** is added: **c→qu, g→gu, z→c.**

la silla *chair* → la sillita *small chair*
el hermano *brother* → el hermanito *little brother, younger brother*
la cuchara *spoon* → la cucharita *teaspoon*
el gato *cat* → el gatito *kitten*
abuela *grandmother* → abuelita *grandma*
Paco → Paquito
Diego → Dieguito
Lorenza → Lorencita

The diminutive suffix **-ito/-ita** changes to **-cito/-cita** if the noun ends in **-n** or **-r** or if the noun ends in **-e** and has more than one syllable.

el/la pintor(a) *painter* → el/la pintorcito(a) *painter, third-rate painter (often sarcastic)*
la joven *young girl, teenage girl* → la jovencita *young girl (endearing)*
la madre *mother* → la madrecita *dear mother*
el puente *bridge* → el puentecito *little bridge*

Nouns of two syllables whose first syllable has **-ie** or **-ue** and which end in **-o** or **-a** drop the **-o** or **-a** and add **-ecito/-ecita** to form the diminutive. The same is true of one-syllable nouns ending in a consonant.

la piedra *stone* → la piedrecita *little stone*
la fiesta *party* → la fiestecita *little party*
el cuerpo *body* → el cuerpecito *little body (could be sarcastic)*
la puerta *door* → la puertecita *little door*
la flor *flower* → la florecita *little flower*

Other diminutive endings are **-ico** (a regional variant of **-ito**), **-illo** (which can convey contempt as well as endearment) and **-uelo** (a diminutive ending that often conveys a note of contempt). These endings add **-c** or **-ec (-z** or **-ez** in the case of **-uelo)** the way **-ito** does.

la cuesta *slope* → la cuestecilla *slight slope*
un/una abogado(a) *lawyer* → un abogadillo *third-rate lawyer*
una república *republic* → una republiquilla *a miserable little country*
la cosa *thing* → la cosilla *insignificant thing*
un rey *king* → un reyezuelo *a poor excuse for a king*
un/una escritor(a) *writer* → un/una escritorzuelo(a) *a very bad writer*
un muchacho *boy* → un muchachuelo *small boy*

Words with a diminutive suffix may take on an independent meaning.

el zapato *shoe* → la zapatilla *slipper*
la mano *hand* → la manecilla *hand of a watch or clock*
la bolsa *bag* → el bolsillo *pocket*

CHAPTER 27

PART 6

Nota cultural

Los ticos

*El diminutivo **-ico/-ica** se usa tanto en la república centroamericana de Costa Rica que se les ha apodado* (nicknamed) *a los costarricenses **«los ticos».***

Costa Rica es una nación democrática cuya estabilidad presenta un contraste con el trágico desorden político y social del resto de Centroamérica. El ex-presidente de Costa Rica, Oscar Arias, que se esforzó por resolver de una manera pacífica los conflictos de Nicaragua y El Salvador, recibió el premio Nobel de la Paz en 1987.

Augmentative suffixes add the idea of large size or ungainliness.

The suffix **-ucho/-ucha** conveys the idea of ugliness.

la casa *house* → la casucha *hovel*
el cuarto *room* → el cuartucho *small, miserable, uncomfortable room*

The most common augmentative suffix in Spanish is **-ón/-ona.**

la mancha *stain* → el manchón *big, dirty stain*
la mujer *woman* → la mujerona *big, hefty woman*
la novela *novel* → el novelón *long, boring novel*

NOTE

In the case of **el ratón** *(mouse)* from **la rata** *(rat)* the suffix **-ón** functions as a diminutive.

The suffix **-ón/-ona** can also be added to some verb stems to form adjectives meaning *given to doing the action of the verb.*

contestar *to answer* → contestón(ona) *given to answering back*
llorar *to cry* → llorón(ona) *crybaby, always crying*
mirar *to look at* → mirón(ona) *given to staring*
preguntar *to ask* → preguntón(ona) *inquisitive, given to asking too many questions*
responder *to answer* → respondón(ona) *fresh, insolent, given to answering back*
burlarse *to make fun of* → burlón(ona) *mocking, derisive*
comer *to eat* → comilón(ona) *big eater, glutton*
dormir *to sleep* → dormilón(ona) *sleepyhead*
gritar *to shout, scream* → gritón(ona) *loud-mouthed, always yelling*

The suffix **-azo/-aza** is also augmentative, especially in Spanish America.

el perro *dog* → el perrazo *big dog*
el éxito *success* → el exitazo *great success, hit*

The augmentative suffix **-ote/-ota** often adds a note of contempt to the idea of bigness.

el animal *animal* → el animalote *big animal; gross, ignorant person*
la palabra *word* → la palabrota *bad word, dirty word*

As with diminutives, the addition of an augmentative suffix sometimes creates an independent word.

soltero *unmarried* → el solterón *old bachelor,* la solterona *old maid*
la silla *chair* → el sillón *armchair*
la caja *box* → el cajón *drawer; crate*

Diminutive and augmentative suffixes can be added to adjectives and some adverbs. The suffixes vary in form as with nouns.

pobre *poor* → pobrecito(a) *an unfortunate person*
feo(a) *ugly* → feíto(a) *somewhat ugly, a little ugly*
viejo(a) *old* → viejito(a) *rather old, getting on in years*
flaco(a) *thin* → flacucho(a) *skinny*
inocente *innocent* → inocentón(ona) *naive, gullible*
guapo(a) *good-looking* → guapote(ota) *really good-looking*
poco(a) *little, not much* → poquito *very little, rather little*
ahora *now* → ahorita *right now*
tarde *late* → tardecito *rather late, a little late*
cerca *nearby* → cerquita *really close, not at all far away*
en seguida *right away* → en seguidita *in just a moment*

Actividad 9 **Diminutivos** Escriba el diminutivo con **-ito/-ita** o **-(e)cito/-(e)cita** que corresponda a estas palabras.

1. la voz ____________________
2. la carta ____________________
3. el traje ____________________
4. el pez ____________________
5. el cuento ____________________
6. la pierna ____________________
7. el caballo ____________________
8. el bosque ____________________
9. el dolor ____________________
10. la cabeza ____________________
11. el lago ____________________
12. suave ____________________
13. el viento ____________________
14. el jugo ____________________
15. el carro ____________________
16. fuerte ____________________
17. chico ____________________
18. nueva ____________________
19. fresco ____________________
20. la luz ____________________

Actividad 10 **Actividad oral** Describa el cuarto de su hermanito o hermanita o el de un(a) primo(a) o cualquier otro(a) niño(a). Emplee diminutivos en su descripción.

CHAPTER 27 TEST

Word formation and diminutives

1 **¿Cuál es el sustantivo?** Escriba el sustantivo que deriva de los verbos indicados. Todos los sustantivos terminan en **-o, -a, -ada** o **-ida.**

1. desear ____________________
2. llamar ____________________
3. gobernar ____________________
4. saludar ____________________
5. comenzar ____________________
6. hablar ____________________
7. despedir ____________________
8. almorzar ____________________

2 **¿Cuál es el verbo?** Escriba el verbo del que deriva el sustantivo.

1. la celebración ____________________
2. el entendimiento ____________________
3. la sugerencia ____________________
4. la importancia ____________________
5. el sentimiento ____________________
6. la graduación ____________________
7. el descubrimiento ____________________

3 **Diminutivos** Escriba el diminutivo del sustantivo, adjetivo o adverbio usando el sufijo **-ito, -ita, -(e)cito** o **-(e)cita.**

1. el café ____________________
2. cerca ____________________
3. el tren ____________________
4. la muñeca ____________________
5. verde ____________________
6. la voz ____________________

4 **Vendedores** Emplee el sufijo **-ero/-era** para indicar quién hace o vende las cosas indicadas.

1. la mujer/los pasteles ____________________
2. el hombre/los libros ____________________
3. el hombre/la carne ____________________
4. la mujer/los relojes ____________________

¡Ojo! Common errors and pitfalls

Dejar versus salir

Dejar and **salir** both mean *to leave*, but they are not interchangeable. **Dejar** is a transitive verb that means *to leave something or someone behind.*

¿Dónde **dejaste las llaves** del coche? — *Where **did you leave** the car **keys?***
Creo que **las dejé** en la mesa del comedor. — *I think **I left them** on the dining room table.*

¿Dónde **los puedo dejar**? — *Where **can I leave you (off)?***
Déjeme a mí delante del cine y **deje a mi marido** en la estación. — ***Leave me** in front of the movie theater and **drop off (leave) my husband** at the station.*

Salir is an intransitive verb that means *to go out* or *leave.* The preposition **de** follows **salir** before the name of the place being left.

Nuestro tren **sale** a las tres y media. — *Our train **leaves** at three-thirty.*
En ese caso debemos **salir de casa** a las tres para no llegar tarde. — *In that case we should **leave the house** at three in order not to get there late.*

Compare the following examples where **salir** and **dejar** contrast.

Salió de la casa a las cinco. — ***He left** the house at five o'oclock.*
Dejó la casa hecha un desastre. — ***He left** the house in a mess.*

Note that **irse** and **marcharse** also mean *to leave* in the sense of *to go away.* They also require **de** before the name of the place. **Marcharse** may imply leaving forever or for a long period of time.

Me voy de la oficina a las cinco. — ***I'm leaving** the office at five o'clock.*
Ayer **te fuiste** a las cuatro, ¿verdad? — *Yesterday **you left** at four, didn't you?*

Se marchó porque odiaba el trabajo aquí. — ***He left** because he hated the work here.*
A ver si yo también **me marcho** pronto. — *Let's see if **I (can) leave** soon, too.*

Dejar + *infinitive* means *to let.* **Dejar** + **de** + *inifinitive* means *to stop doing something.*

¿Cuándo **me dejarás** salir, mamá? — *When **will you let me** go out, mom?*
Cuando **deje de** llover. — *When **it stops** raining.*

Salir + *adjective or adverb* means *to turn out*. An indirect object is often added.

Ese coche **te saldrá** muy caro.	*That car **will turn out to be** very expensive **for you.***
Nos salió mal el proyecto.	*The project **turned out** badly **for us.***
Los nuevos empleados **salieron** muy trabajadores.	*The new employees **turned out to be** very hard-working.*

Actividad 1 **¿Cómo se dice?** Complete las oraciones con la forma correcta de **salir, dejar, irse** o **marcharse**, según convenga.

1. No debemos ____________________ nada en el cuarto de hotel.
2. Si llueve, no quiero ____________________ a la calle. Prefiero esperar a que ____________________ de llover.
3. No ____________________ (tú) (imperative), por favor. No me ____________________ solo(a) aquí en el parque.
4. Ese sinvergüenza *(scoundrel)* ____________________ *(preterite)* del país y ____________________ a su mujer y a sus hijos sin un centavo.
5. Daniela y yo ____________________del correo y nos dirigimos al banco.
6. Oye, Carlitos, ____________________ de molestarme. Te dije que no podías ____________________ a jugar.
7. La fiesta de Francisca ____________________ estupenda. Yo lo pasé muy bien.
8. Casi todos los estudiantes ____________________ mal en el examen de física porque fue muy difícil.
9. Mis padres no me ____________________ manejar de noche.

Saber versus conocer

Saber and **conocer** both mean *to know*. **Saber** is used for facts, information, or knowledge that can be stated.

¿**Sabes** la dirección electrónica de Marta?	***Do you know** Marta's e-mail address?*
No, pero **sé** su número de teléfono.	*No, but **I know** her phone number.*

Conocer means *to know a person, to be familiar with a place*. With places, **conocer** is often translated as *to have been* in English.

¿**Conoces** a Pedro Gómez?	***Do you know** Pedro Gómez?*
No, pero **conozco** a su hermana.	*No, but **I know** his sister.*
¿**Conocen Uds**. la universidad?	***Are you familiar** with the university?*
No, no la **conocemos.**	*No, we've never been there.*

Saber + *infinitive* means *to know how to do something.*

¿**Sabes** cocinar?	***Do you know*** *how to cook?*
Sé preparar algunas cosas sencillas.	***I know*** *how to prepare some simple things.*

Actividad 2 **¿Saber o conocer?** Escoja el verbo correcto para completar las oraciones.

1. Alfredo no ______________________ a nadie en esta ciudad. (sabe/conoce)
2. ¿Uds. no ______________________ la corrida de toros? Entonces, tienen que ir a verla. (saben/conocen)
3. ¿______________________ Ud. cuántos habitantes hay en Caracas? (Sabe/Conoce)
4. No ______________________ esta computadora. ¿Cómo funciona? (sé/conozco)
5. Marisol no ______________________ manejar todavía. (sabe/conoce)

Nota cultural

La corrida de toros: arte y rito

Los orígenes de la tauromaquia, la técnica y arte de torear, se remontan a la prehistoria. La lidia (lucha) con el toro se encuentra en los ritos y juegos de caza de los pueblos mediterráneos, como los de España y Creta. Hoy día en España la corrida goza de gran popularidad. Ahora se permite que las mujeres tomen la alternativa, ceremonia mediante la cual los novilleros se gradúan a matadores y que toreen en la plaza. La fiesta taurina, inclusive el toreo a caballo o rejoneo, fue retratada por Francsico de Goya (1746–1828) en su serie de treinta y tres grabados titulada La Tauromaquia, *publicada en 1815.*

Pablo Picasso (1881–1973) creó en 1957 la serie La Tauromaquia *que consiste en veintiséis grabados que retratan el arte de la corrida. Como Goya, Picasso era un gran aficionado a los toros. Se ven imágenes de los toros en su célebre mural* Guernica, *pintado en 1937, que representa el bombardeo de la ciudad vasca de Guernica por los alemanes el veintiséis de abril de 1937.*

Oreja versus oído

Oreja and **oído** both mean *ear.* **Oreja** refers to the outer ear; **oído** refers to the inner ear, and thus the sense of hearing or the ear canal.

El peluquero me cortó **la oreja.**	*The hairdresser cut* ***my ear.***
El bebé tiene una infección de **los oídos.**	*The baby has an* ***ear*** *infection.*

Actividad 3 **¿Oyes?** Complete las oraciones con **oreja** u **oído,** escogiendo entre las posibilidades indicadas.

1. —¿Por qué llora tu hijo?

   —Creo que tiene dolor de ______________________________. (orejas/oídos)
2. Mira ______________________________ de Cristina. Lleva unos aretes de diamantes realmente espléndidos. (la oreja/el oído)
3. Tiene ______________________________ para la música. (buena oreja/buen oído)
4. Le dio un golpe en ______________________________. (la oreja/el oído)
5. Mi abuelo no oye bien. Es duro de ______________________________. (oreja/oído)

PART 6

Meanings of quedar

Quedar means *to remain.* One of its most frequent uses is asking for the location of places in which case it means *to be.*

¿Dónde **queda** el estadio?	*Where's the stadium?*
Queda lejos/cerca del aeropuerto.	*It's far away from/near the airport.*

When referring to people, **quedar** means *to remain* or *to be in a certain emotional or physical state.*

quedar boquiabierto(a) *to be open-mouthed with astonishment*
quedar ciego(a), sordo(a), cojo(a) *to become visually/hearing/physically impaired*
quedar en ridículo(a) *to look foolish*
quedar bien *to come off well, make a good impression*
quedar mal *to come off badly, make a bad impression*
hacer algo por quedar bien *to do something to make a good impression*

Quedar also means *to have left,* and in this usage it is often accompanied by an indirect object pronoun.

¿Cuánto dinero **te queda**?	*How much money* ***do you have left?***
Me quedan mil pesos.	***I have*** *a thousand pesos* ***left.***
Quedan 5 kilómetros.	***There are*** *5 kilometers* ***left (to go).***
Quedan seis estudiantes en la clase.	***There are*** *six students* ***left*** *in the class.*
Quedan pocos días para las vacaciones.	***There aren't*** *many days* ***left*** *until vacation.*
Me quedan tres páginas por escribir.	***I have*** *three pages* ***left*** *to write.*

Quedarse can also mean *to stay, remain.*

quedarse en un hotel	*to stay at a hotel*
quedarse en casa de sus amigos	*to stay at one's friends' house*

Quedarse con means *to keep;* **quedarse sin** means *to run out of.*

Se quedó con mi libro de química.	***He kept*** *my chemistry book.*
Me quedo con éste.	***I'll take*** *this one. (in a store)*
Quédese Ud. con la vuelta.	***Keep*** *the change.*
Me he quedado sin azúcar.	***I've run out*** *of sugar.*
Lidia **se ha quedado sin** trabajo.	*Lidia* ***has lost*** *her job.*

In colloquial usage, the phrase beginning with **con** in the idiom **quedarse con** is often replaced by a direct object pronoun.

Entonces, ¿le gusta esta blusa amarilla?	*So you like this yellow blouse?*
Sí, **me la quedo.** (formal: Me quedo con ella.)	*Yes, I'll take it.*

Some expressions with **quedar(se)**

No me queda más remedio. *I have no choice, no alternative.*

Queda a 3 kilómetros de aquí. *It's 3 kilometers from here.*

Quedar con uno(a) para ir al cine. *To make a date with someone to go to the movies.*

Quedan en salir el domingo. *They agree, arrange to go out on Sunday.*

¿En qué quedamos? *What did we decide to do?*

No se queda con la cólera dentro. *He can't hide his anger.*

No quise quedarme en menos. *I refused to be outdone.*

Se quedó en nada. *It came to nothing.*

CHAPTER 28

Actividad 4 **Quedar** Escriba las oraciones en español usando el verbo **quedar(se).**

1. We have two weeks left in Puerto Rico.

2. Keep **(tú)** the money. I don't need it.

3. I have run out of job opportunities **(salidas).**

4. They stayed with a Mexican family.

5. You **(Uds.)** have three sentences left to translate.

6. He became hearing impaired because of the explosion.

7. Where's the post office, please?

8. Paula and I agreed to go to the movies.

To break and *to tear*

The Spanish verb **romper** is equivalent to the English verbs *to break* and *to tear.*

La ventana está rota.	*The window is broken.*
Mi camisa está rota./Tengo la camisa rota.	*My shirt is torn.*

Romperse + *article of clothing* is often used with the meaning *to tear something.*

Cuidado o te vas a romper el pantalón. — *Careful or you'll tear your pants.*

To be broken in the sense of *to be out of order* is usually expressed as **estar descompuesto(a).** The verb is **descomponerse** and it may also appear with an indirect object pronoun to indicate an unplanned occurrence: **descomponérsele a uno(a).**

El ascensor está descompuesto. — *The elevator is broken (out of order).*
Se descompuso el aire acondicionado. — *The air-conditioner went on the blink.*
Se me descompuso el coche. — *My car broke down.*

PART 6

Some expressions with **romper**

romper con alguien *to break up with someone*
romper a llorar, romper en llanto *to burst out crying*
romper el fuego *to open fire*
romper las hostilidades *to start hostilities*
Quien rompe paga. *Actions have consequences.*
No te preocupes. No te vas a romper. *Don't worry. You're not so fragile.*

Actividad 5 **¿Cómo se dice eso en español?** Exprese las oraciones en español.

1. Who tore my newspaper?
2. My chair is broken.
3. The radio is broken.
4. My coat is torn.
5. I hope the car doesn't break down on us.
6. We don't understand why she burst out crying.
7. Don't tear **(tú)** your jacket.
8. Elena broke up with her boyfriend.

9. The enemy opened fire.

____

10. Actions have consequences.

____

NOTE

Note that **el radio** often refers to the radio as an appliance while **la radio** means *radio* as a medium of communication. Some speakers use **la radio** for both meanings.

CHAPTER 28

Wrong

There is no one Spanish word that covers all the meanings of English *wrong*. When *wrong* means *morally* or *ethically wrong*, Spanish often uses **malo.**

Hiciste algo muy **malo.**	*You did something very **wrong.***
¿Qué tiene eso de **malo?**	*What's **wrong** with that?*

When *wrong* means *incorrect*, Spanish has several possibilities, not all interchangeable.

When *wrong* is said in reference to people, Spanish uses **no tener razón, equivocarse,** or **estar equivocado.**

Mónica dijo que la lámpara costaba cincuenta dólares.	*Monica said that the lamp cost fifty dollars.*
No tiene razón. Cuesta cuarenta.	***She's wrong.** It costs forty.*
Quisiera hablar con el señor Lares.	*I'd like to speak with Mr. Lares.*
Aquí no vive ningún señor Lares. Ud. ha marcado un número **equivocado.**	*There's no Mr. Lares (living) here. You've dialed the **wrong** number.*
¿Aquí no vive la familia Laínez?	*Doesn't the Laínez family live here?*
No. **Ud. se ha equivocado de casa.**	*No. **You've come to the wrong house.***
Creo que la respuesta es cinco y tres octavos.	*I think the answer is five and three eighths.*
Ud. **está equivocado.** La respuesta es seis.	***You're wrong.** The answer is six.*

When *wrong* is used in reference to information or answers, Spanish uses **incorrecto(a), inexacto(a), equivocado(a),** and **mal**.

La respuesta es **incorrecta, inexacta.**	*The answer is **wrong.***
Estos datos están **equivocados.**	*These data are **wrong.***
La receta está **mal.**	*The recipe is **wrong.***
Mi reloj anda **mal.**	*My watch is **wrong.***
Escribió Ud. **mal** mi dirección.	*You wrote my address **wrong.***
Me comprendió Ud. **mal.**	*You **didn't** understand me **correctly.***
La estudiante contestó **mal.**	*The student answered **incorrectly.***

When *wrong* means *inopportune, unwanted,* it is often translated as **no... adecuado(a)** or **no... apropiado(a), impropio(a).**

No es el momento **adecuado, apropiado** para hablar de esas cosas.	*It's the wrong time to speak about those things.*
Decir algo **inoportuno** en español es «meter la pata».	*To say the wrong thing in Spanish is* meter la pata.

When *wrong* expresses a result or outcome not desired or sought, it can have a variety of translations.

Éste no es el libro que hacía falta.	*This is the wrong book.*
Éste no es el tren que debíamos tomar./Nos hemos equivocado de tren.	*This is the wrong train.*
Tienes los calcetines al revés.	*Your socks are wrong-side-out.*
Mi profesión no me conviene.	*I'm in the wrong profession.*
Tocó una nota falsa.	*He played a wrong note.*
La silla está mal colocada.	*The chair is in the wrong place.*
Ud. maneja por el lado prohibido.	*You're driving on the wrong side of the road.*

When *wrong* means *amiss, to have something wrong,* the verb **pasar** is used.

¿Qué te pasa, Luis? No me pasa nada.	*What's wrong with you, Luis?* *Nothing is wrong with me.*
¿Pasa algo aquí? No, profesora, no pasa nada.	*Is something wrong here?* *No, professor. Nothing is wrong.*
Le pasa algo a la computadora. Hay que llamar al técnico.	*Something's wrong with the computer.* *We have to call the repairperson.*

Note also the following expressions.

Distinguir entre el bien y el mal.	*To tell right from wrong.*
Entiéndeme bien.	*Don't get me wrong.*
Todo salió mal.	*Everything went wrong.*
Hiciste mal en prestarle el dinero.	*You were wrong to lend him the money.*

Actividad 6 **Está mal.** Escriba las oraciones en español.

1. I dialed the wrong number.

____

2. We took the wrong plane.

____

3. What's wrong with the VCR?

____

4. This is not the right time.

____

PART 6

5. I read the title wrong.

____

6. Your **(tú)** gloves are wrong-side-out.

____

7. She's got the wrong job.

____

8. The definition is wrong.

____

9. I was wrong not to believe him.

____

10. You added **(sumar)** wrong.

____

CHAPTER 28

To miss

The verb *to miss* has several very different meanings in English, each of which is translated by a different Spanish verb. When *miss* means *to long for a person or thing*, Spanish uses **echar de menos** or, especially in Spanish America, **extrañar.**

Echo de menos a mi familia.	***I miss** my family.*
Yo también **extraño** a mis padres.	*I also **miss** my parents.*

Spanish uses the verb **perder** for *to miss a plane, train.*

Date prisa. Vamos a **perder** el tren.	*Hurry up. We're going **to miss** the train.*
Ya lo **hemos perdido.** Tomaremos el siguiente.	***We've** already **missed** it. We'll take the next one.*

Spanish uses the verb **perderse** for *to miss* a show or event.

Me perdí la nueva película.	***I missed** the new film.*
Te has perdido algo muy bueno.	***You've missed** something very good.*

NOTE *To miss class* is usually **faltar a clase.**

For *to miss the target, not to hit, to miss the mark* Spanish uses **errar el tiro** or **fallar (el blanco).**

Es un método que nunca **falla.**	*It's a method that never **misses**, never **fails**.*
El ladrón disparó, pero **falló el blanco.**	*The thief shot, but **missed**.*
Apuntó pero **erró el tiro.**	*He aimed, but **missed**.*

To be *missing* can be expressed by **desaparecido(a)** or **falta** in Spanish, depending on the meaning.

Encontraron a los estudiantes **desaparecidos.**	*They found the **missing** students.*
Nos faltan tres cartas.	***We're missing** three letters.*
Complete las oraciones con las palabras que **faltan.**	*Complete the sentences with the **missing** words.*

Note these other translations of *to miss.*

No puedes dejar de encontrarlo.	*You can't miss it.*
Llegué tarde y no lo encontré.	*I arrived late so I missed him.*
No dejes de ir a los museos cuando estés en México.	*Don't miss the museums when you're in Mexico.*
No entendí lo que dijiste.	*I missed what you said.*

PART 6

Actividad 7 **¡A completar!** Complete las oraciones con una expresión adecuada que exprese la idea de *to miss.*

1. Anoche mi hermana no pudo salir. Por eso ________ la obra de teatro.
2. Si Alfonso ________ tantas veces a clase, va a salir muy mal en el curso.
3. Vamos rápido. No quiero ________ el avión.
4. El pillo *(hoodlum)* trató de romper la ventana con una piedra, pero ________.
5. Otra vez, por favor. Hay tanto ruido aquí que ________ lo que dijiste.
6. Con estas cintas, tienes que aprender inglés. Dicen que es un sistema que nunca ________.
7. —¿Todos los socios del club ya han llegado?
   —No, todavía ________ dos o tres.
8. Ojalá pudiera ver a mi novia. No sabes cuánto la ________.
9. Hubo muchos soldados ________ al terminar la guerra.
10. Yo no quiero ________ la corrida de toros el domingo.

Actividad 8 **Actividad oral** Describa un día que Ud. pasó en alguna parte que salió mal. Mencione adónde fue, dónde queda el lugar, a qué hora salió de casa, con quiénes fue, cómo llegaron, las cosas que salieron mal, lo que no les gustó y cuánto tiempo se quedaron en el lugar.

CHAPTER 28 TEST

¡Ojo! Common errors and pitfalls

1 **Expresar *to leave* en español** Complete las oraciones con la forma correcta de **salir** o **dejar.** Use el pretérito.

1. Pili y José Luis ______________________ para el balneario ayer.
2. ¿Dónde ______________________ (tú) los disquetes?
3. El avión ______________________ a las veintidós quince.
4. Yo ______________________ de estudiar a las once.
5. Los chicos ______________________ su cuarto hecho un desastre.
6. Nos ______________________ muy bien el fin de semana.
7. ¿Por qué vosotros no lo ______________________ usar la nueva computadora?
8. Los actores ______________________ muy talentosos.
9. Hace una hora que nosotros ______________________ a Amparo en el centro.

2 **¿Saber o conocer?** Complete las oraciones con la forma correcta de **saber** o **conocer.**

1. ¿Ud. ______________________ el precio de este teléfono celular?
2. Ayer yo ______________________ el cibercafé que está en la esquina.
3. Es probable que Bernardo ya ______________________ Guadalajara.
4. Yo no ______________________ su dirección de correo electrónico.
5. ¿Uds. ______________________ bailar salsa?
6. Ellos no ______________________ a nadie por aquí.
7. No creen que nosotros ______________________ qué pasó.

3 **¿Cómo se dice *wrong* en español?** Complete las oraciones con **incorrecto, equivocado** o **mal.** Escriba todas las posibilidades si hay más de una.

1. Lupe cree que la reunión comienza a las dos pero está ______________________.
2. La respuesta que has dado es ______________________.
3. Mire la hora. Creo que su reloj anda ______________________.
4. Las claves de acceso están ______________________.

CHAPTER 28 TEST

¡Ojo! Common errors and pitfalls

4 **¿Cómo se dice *to miss* en español?** Complete las oraciones con la forma correcta de **echar de menos, extrañar, perder** or **perderse.** Escriba todas las posibilidades si hay más de una.

1. Tememos que Uds. ______________________ el tren de las ocho.
2. Llevo mucho tiempo sin ver a mis sobrinos. Los ______________________ mucho.
3. Desafortunadamente anoche nosotros ______________________ el último concierto de la orquesta.
4. Eugenia ______________________ a su pueblo.
5. Julián, espero que no ______________________ la exposición de arte.

PART SEVEN

The Spanish-speaking World

PART SEVEN
The Spanish-speaking World

CHAPTERS

Lengua española

Lengua española

- La lengua española forma parte del grupo de lenguas románicas, es decir las lenguas que derivan del latín. Otras lenguas de esta familia incluyen, en la Península Ibérica, el catalán, el gallego y el portugués, y en el resto de Europa, el francés, el provenzal, el italiano y el rumano. Estos idiomas derivan no del latín clásico, el idioma literario que se estudia en la escuela, sino del latín hablado que fragmentó en un sinnúmero de dialectos locales al caer el Imperio romano. Al formarse los estados nacionales, uno de los dialectos, por razones diferentes en cada país, llegó a desempeñar la función de idioma nacional.
- Los primeros romanos llegaron a España a finales del siglo tres a.C. y la conquista romana de la Península duró casi un siglo. Poco a poco la Península se romanizó, y los habitantes abandonaron los idiomas indígenas a favor del latín, lengua de la administración, del ejército y de las escuelas. Subsisten algunos vocablos en el español de las lenguas prerrománicas: **cama, manteca, perro, vega** entre otros. Uno de los idiomas prerrománicos, el vascuence, sigue en uso hoy en día en el País Vasco. El vascuence ha aportado más que los otros idiomas porque no desapareció, sino siguió como lengua hablada. Una gran parte de la onomástica *(names)* española es de origen vasco: apellidos como **García** y **Ayala** y nombres como **Iñigo** y **Jimena.** Pero es el latín que triunfa en la Península, y es el latín que da la base estructural y léxica del español y de los otros idiomas que se hablan en la Península. Es un latín lleno de préstamos *(borrowings)* del griego. De origen griego son **escuela, cuerda, gobernar, bodega, menta, ancla, yeso, huérfano, idea** y muchos vocablos más. La caída del Imperio romano ante la ola de invasiones germánicas lleva al establecimiento de un reino visigodo en España. Al latín hablado de España llegan palabras de origen germánico, como **guerra, robar, guardar, falda, ganas, rico** y **fresco.**
- La influencia extranjera que más caracteriza el español y que más lo distingue de las otras lenguas románicas es la del árabe. Con la conquista de la Península por los musulmanes a principios del siglo ocho, empieza una presencia árabe que durará ocho siglos, hasta la caída del reino de Granada en 1492.
- La Reconquista cristiana de España fue un proceso histórico que determinó la preeminencia del castellano sobre los otros dialectos peninsulares. En su origen un dialecto rudo e inculto de la zona montañosa al norte de Burgos en Castilla la Vieja, los que hablaban este dialecto castellano llegaron a desempeñar un papel importante en la Reconquista. Con ellos se difunde su dialecto, y el castellano llega a ser la lengua del centro y del sur de la Península y el idioma de la corte española. Es el castellano y no los otros dialectos de la Península que los conquistadores llevan a América, y así el español se convierte en uno de los principales idiomas del mundo.
- El árabe ha aportado unas cuatro mil palabras al español que se agrupan en varias categorías, como la agricultura: **azafrán, alcachofa, zanahoria, azúcar, algodón, berenjena, alberca.** En el campo comercial encontramos **almacén, tarifa** y **aduana.** Los árabes crearon ciudades y casas cómodas, como vemos en las palabras **arrabal, aldea, alcoba, zaguán, almohada, albañil, alacena, alfombra** y **azulejo.** La administración árabe dio al español las palabras **alcalde** y **alguacil.** El nivel intelectual de la España árabe sobrepasaba

todo el resto de la Europa de la época, sobre todo en los tres primeros siglos de dominio moro. El vocabulario de las matemáticas de origen árabe—**algoritmo, cifra, cero, álgebra**—y el vocabulario de las ciencias de origen árabe—**alcohol, jarabe, cenit, nadir**—demuestran sin duda alguna lo culta que era la España musulmana. Los musulmanes dejaron también muchos topónimos *(place names)* en la Península: **la Mancha, Guadalajara, Guadalquivir, Gibraltar, Alcalá, Algeciras, Medinaceli, Calatayud.** Dos palabras características del español, **ojalá** y **tarea**, son también de origen árabe. El árabe también fue una importante lengua intermediaria mediante la cual muchos vocablos de diversos idiomas fueron transmitidos al español. La palabra **ajedrez** es de origen sánscrito; **azul, naranja, jazmín** y **escarlata** son de origen persa; y entre los muchos helenismos figuran **alquimia** y **alambique,** pero todas estas palabras llegaron al español a través del árabe.

- La conquista de América trae conocimientos de muchas cosas, sobre todo de animales y plantas desconocidos en Europa. El español toma muchas palabras indígenas para expresarlos, y del español estos vocablos americanos pasan a las otras lenguas europeas: **tomate, chocolate, canoa, batata, caimán, tabaco, hamaca.** Estas palabras americanas se transmitieron durante el siglo dieciséis cuando España era el país más potente de Europa y cuando el dominio del español era esencial para cualquier hombre culto. Con la conquista de América, el castellano o el español se difunde por un territorio enorme. Puesto que la mayor parte de los conquistadores eran de Andalucía y de Extremadura, fue el español del sur de España que sirvió de base al español americano. En el suroeste de Estados Unidos el vocabulario de la ganadería tiene muchas palabras de origen español: *lariat, lasso, vamoose, savvy, hoosegow, buckaroo, chaps.* En ellas se ve la profunda influencia cultural de los mexicanos que habitaban esta zona antes de que se incorporara a Estados Unidos. El español es la lengua oficial o cooficial en más de veinte países norteamericanos, centroamericanos y sudamericanos. Se habla en el continente africano en los enclaves españoles o ciudades autónomas de Ceuta y Melilla y es lengua cooficial con el francés en Guinea Ecuatoriana. También se habla mucho en el Marruecos español, llamado hoy Sahara Occidental, país que fue protectorado español.
- Hoy día el español, enriquecido con palabras francesas, italianas e inglesas, es la lengua materna de más de 450.000.000 de personas. Es el idioma extranjero más estudiado en Estados Unidos y va aumentando también en Europa y en Japón. El español es el vehículo de una gran literatura internacional que pinta la vida de lugares tan diversos como la meseta castellana, la Pampa argentina, la selva tropical venezolana o las grandes ciudades de Nueva York, Miami, Los Ángeles, la Ciudad de México y Barcelona. Es la lengua de muchos escritores de fama universal, diez de los cuales han ganado el premio Nobel de literatura (véase el Capítulo 25). Cientos de periódicos y revistas se publican en castellano no solamente en los países donde el español es oficial sino también dondequiera que haya grandes comunidades de hispanos, como en Estados Unidos.
- En Hispanoamérica, sobre todo en México, Guatemala, Perú, Ecuador, Bolivia y Paraguay, hay millones de personas cuya lengua materna es un idioma indígena, pero el uso del español se difunde entre ellos, sobre todo cuando hay inmigración interna del campo a las ciudades. El español es uno de los idiomas oficiales de las Naciones Unidas y de la Unión Europea y se emplea en muchos congresos internacionales. En cuanto al número de hablantes, el español ocupa el cuarto lugar en el mundo, después del chino, del inglés y del hindi.

CHAPTER 29 TEST

Lengua española

1 **Datos equivocados** Vuelva a escribir las oraciones, corrigiendo los datos equivocados.

1. El griego es el elemento más importante en la formación del español.

   ____

2. El español, el portugués, el italiano y el francés derivan del latín clásico.

   ____

3. El vascuence se habla en España a consecuencia de las invasiones germánicas.

   ____

4. Al establecerse el reino visigodo en España muchas palabras de origen árabe pasaron al latín.

   ____

5. El elemento extranjero más característico del español son las voces de origen francés.

   ____

6. España fue retomada de los invasores germánicos como resultado de la Reconquista cristiana.

   ____

7. El habla de Madrid es la base del español americano.

   ____

8. El español tiene poco uso en las relaciones internacionales.

   ____

9. La Reconquista estableció el catalán como el dialecto preeminente de España.

   ____

CHAPTER 29 TEST

Lengua española

2 **Identificación** Escoja el elemento que identifique correctamente el elemento indicado.

1. ________ cama — **a.** palabra de origen germánico — **b.** palabra de origen prerromano
2. ________ tomate — **a.** préstamo inglés — **b.** americanismo difundido por el español
3. ________ visigodos — **a.** pueblo germánico que estableció un reino en España — **b.** invasores árabes
4. ________ cifra — **a.** palabra de origen árabe — **b.** palabra de origen griego
5. ________ gobernar — **a.** palabra de origen americano — **b.** palabra de origen griego
6. ________ la llegada de los romanos a España — **a.** a finales del siglo tres a.C. — **b.** a principios del siglo ocho
7. ________ chocolate y tabaco — **a.** palabras de origen vascuence — **b.** palabras de origen americano
8. ________ catalán, provenzal, rumano — **a.** lenguas germánicas — **b.** lenguas románicas

3 **Palabras de origen español** Escriba las palabras en inglés que derivan de estas palabras españolas.

1. vamos ________________
2. lazo ________________
3. sabe ________________
4. rancho ________________
5. chaparreras ________________
6. vaquero ________________
7. maíz ________________
8. barbacoa ________________

Geografía de España

- España y Portugal forman la Península ibérica, que es el tercer lugar europeo en área después de Rusia y Francia. España limita al norte con el mar Cantábrico (del Atlántico) y los Pirineos, montañas que la separan de Francia, al este y al sudeste con el Mediterráneo, al sudoeste con el Atlántico y al oeste con Portugal y el Atlántico. Al sur, el Estrecho de Gibraltar separa a España de África. Son de España las islas Baleares (Mallorca, Menorca, Ibiza) y las islas Canarias. Los enclaves de Ceuta y Melilla, que están en ciudades autónomas del estado de Marruecos, son españoles. El centro de España tiene una extensa meseta. La Cordillera Central que va de nordeste a sudoeste—las Sierras de Guadarrama y de Gredos—divide la meseta en dos submesetas. Al norte de la altiplanicie queda Castilla la Vieja y al sur Castilla la Nueva. La parte sudeste de Castilla la Nueva es La Mancha, una extensa y desnuda llanura. Al sur de la meseta se encuentran los montes de Toledo y más al sur, la Sierra Morena. Al norte del país se encuentran los Pirineos y al sur del país queda la Sierra Nevada, donde se encuentra el pico más alto de la Península, el Mulhacén (3.478 metros). España, aunque queda en la zona templada, tiene variedad climática por su relieve. Tiene tres tipos de clima: continental (casi todo el país), marítimo (el norte del país) y Mediterráneo (Andalucía).
- España tiene cinco grandes ríos, cuatro que desembocan en el Atlántico y uno, el Ebro, que desemboca en el Mediterráneo. El Ebro es de 927 kilómetros, el Duero de 850 kilómetros, el Tajo de 910 kilómetros, el Guadiana de 820 kilómetros y el Guadalquivir de 680 kilómetros.
- España (incluso las islas) tiene una población de 40.077.100 habitantes. El español es la lengua oficial. Otras lenguas habladas son el catalán, el gallego y el vasco. Un 94 por ciento de la población es católica romana. La capital es Madrid. Otras ciudades principales son Barcelona, Valencia y Sevilla. Los puertos principales son Barcelona, Valencia, Bilbao, Cartagena y Gijón.
- España es un país industrial y agrícola. Es uno de los países más importantes mundialmente en la producción de aceite de oliva y vinos. Unas regiones bien conocidas por sus vinos son Jerez, Málaga y La Rioja. Valencia se conoce por su cosecha de naranjas y arroz; Sevilla por naranjas y algodón; Granada por tabaco, caña de azúcar y remolachas; Murcia por los dátiles; el interior del país por los cereales como trigo y cebada. También se cultivan hortalizas como tomates, cebollas, habichuelas, maíz, patatas y castañas. La cría del ganado ovino, bovino y porcino es importante también. La costa atlántica es la zona pesquera principal de España. Se pescan sardinas, atún, merluza, bacalao y mariscos. España tiene mucha industria—bancaria, naval, el turismo—y produce maquinaria, acero, coches, textiles, zapatos y comida procesada. España tiene minerales también: carbón, cobre, mercurio, plomo, uranio, hierro, cinc y manganeso.

Regiones y comunidades autónomas

- La administración de España comprende cincuenta provincias, cuarenta y siete de ellas peninsulares y tres insulares (Baleares, Las Palmas, Santa Cruz de Tenerife). El país está dividido en diecisiete comunidades autónomas, definidas por la Constitución de 1978. Son Galicia, Asturias, Cantabria, País Vasco, La Rioja, Navarra, Aragón, Cataluña, País Valenciano, Castilla-León, Castilla-La

Mancha, Extremadura, Madrid, Murcia, Andalucía, Baleares y Canarias.

- Según la Constitución Española de 1978, Título preliminar, Artículo 2: «La Constitución se fundamenta en la indisoluble unidad de la Nación española, patria común e indivisible de todos los españoles, y reconoce y garantiza el derecho a la autonomía de las nacionalidades y regiones que la integran y la solidaridad entre todas ellas».

El norte—Galicia, Asturias, País Vasco (Provincias Vascongadas), Navarra

- **Galicia,** comunidad autónoma, queda al noroeste de la Península ibérica, al norte de Portugal. El paisaje es verde y fértil porque la zona es muy húmeda. Hay muchos bosques. Los celtas se establecieron en esta región hacia el siglo seis a.C. A partir del siglo nueve comenzaron las peregrinaciones a Santiago de Compostela. Los gallegos hablan gallego, una lengua romántica derivada del latín muy cercano al portugués. Las ciudades principales son La Coruña y Vigo, que es el principal puerto trasatlántico de la Península. Es el primer puerto pesquero y uno de los centros industriales más importantes de España. Francisco Franco, que gobernó España de 1939 hasta su muerte en 1975, era de El Ferrol (del Caudillo), ciudad gallega. Galicia tiene muchas pequeñas aldeas que le dan un carácter rural y aislado. La comida se basa en pescados y mariscos como el pulpo, la merluza, los langostinos y los mejillones. El caldo gallego es un plato típico. En cuanto al folklore, el baile típico de la región es la muñeira y el instrumento típico es la gaita *(bagpipe)*.
- **Asturias,** comunidad autónoma y provincia, es una región montañosa del norte de España. Sus ciudades principales son Oviedo, la capital económica, administrativa y cultural de la región, Gijón, un gran centro veraniego, y Avilés. Era reino independiente hasta que se unió con Castilla en 1037. Fue en Asturias, en Covadonga, que se inició la Reconquista. Cuando los musulmanes habían conquistado toda la Península, el rey visigodo don Pelayo se refugió con sus soldados leales en los Picos de Europa. Hacia 718 el emir Alcama mandó un ejército a matar a los rebeldes. Pelayo lo derrotó en Covadonga. Esta victoria animó a los cristianos a luchar para retomar el país. Hoy día Asturias es el centro de la industria química, naval y mecánica tanto como de la producción de carbón y de hierro.
- **País Vasco (Provincias Vascongadas),** comunidad autónoma, comprende Vizcaya, Álava y Guipúzcoa. El País Vasco, «Euskadi» en vascuence, queda al norte de España. La capital, centro administrativo y comercial, es Vitoria (Álava). San Sebastián (Guipúzcoa) es una ciudad industrial y un gran centro veraniego de fama internacional. Las industrias principales de la región incluyen la alimenticia, química, mecánica y la producción de maquinaria agrícola. La pelota vasca, o el jai alai, es de origen vasco. Las famosas cuevas de Altamira con sus pinturas rupestres prehistóricas se encuentran en Santander, en la costa Cantábrica.
- **Navarra,** comunidad autónoma y provincia, linda con Francia en el norte de España. El antiguo reino de Navarra se extendía a ambos lados de los Pirineos. Perteneció desde el siglo diez a los reyes de Aragón y a partir de 1134, fue regido por los príncipes franceses. Fernando el Católico incorporó a su corona la parte situada en la Península Ibérica en 1512. El norte de Navarra es montañoso y tiene muchos bosques. En el sur, que es llano, se cultivan cereales, uvas y aceitunas. Pamplona, capital de la comunidad, se conoce por la feria de San Fermín. La feria de los sanfermines, o encierro de toros, se celebra todos los años entre el seis y el catorce de julio.

El centro—Castilla

- **Castilla** es el nombre de las dos mesetas que ocupan el centro de la Península Ibérica. Están separadas por las Sierras de Gredos y Guadarrama. Castilla la Vieja queda al norte e incluye Santander, Burgos, La Rioja, Soria, Segovia, Ávila, Valladolid y Palencia. Castilla la Nueva queda al sur e incluye Madrid, Toledo, Ciudad Real, Cuenca y Guadalajara. Es una región árida y seca con algunos valles frondosos. Se cultivan el trigo, el olivo y la vid. Castilla quedó definitivamente unida con el reino de León en 1230. El matrimonio de Isabel de Castilla con Fernando II de Aragón (1469) selló en 1479 la unión de Castilla y León con el reino de Aragón. Madrid, capital de España, se encuentra en Castilla la Nueva y es el centro de comunicaciones del país. Castilla dio el

PART 7

carácter, lengua y cultura nacional a España. El castellano es la lengua oficial de España. **Castilla-León** es una comunidad autónoma. Esta región industrializada tiene hierro, carbón y ganadería. El turismo es importante. La ciudad de León se conoce por su catedral gótica que fue construida entre mediados del siglo trece y fines del catorce. La ciudad de Segovia se destaca por su acueducto romano, de veintiocho metros de altura, su catedral y su alcázar. Toledo fue capital de la España visigoda y residencia de la Corte española hasta 1560. Se conoce por su catedral gótica, la iglesia de Santo Tomé, la sinagoga del Tránsito y la casa de El Greco.

- **Extremadura,** comunidad autónoma, es una región que limita al oeste con Portugal, al sur con Andalucía, al norte con Salamanca y al este con Castilla la Nueva. Incluye las provincias de Badajoz y Cáceres. La capital es Mérida. Es una región ganadera y agrícola donde se cultivan el trigo, olivo, hortalizas, tabaco, algodón y corcho. Extremadura significa «más allá del Duero». Durante la Reconquista los territorios que se encontraban al sur del Duero formaban la frontera cristiana. Casi todos los Conquistadores eran de Extremadura: Cortés, Pizarro, Núñez de Balboa, Hernando de Soto y Pedro de Valdivia. Había tradición guerrera y aventurera y también necesidad económica. Siempre ha habido mucha emigración de Extremadura.

El sur—Andalucía

- **Andalucía,** comunidad autónoma desde 1982, es la región más extensa de España. El Guadalquivir pasa por su territorio. Comprende ocho provincias: Huelva, Cádiz, Sevilla, Málaga, Almería, Granada, Jaén y Córdoba. Es una región fértil conocida por su viñedo (Jerez, Málaga, Montilla-Moriles) y otras cosechas. La Sierra Nevada y la Sierra Morena son importantes en la minería andaluza. La región fue llamada Bética por los romanos, es decir, la región del Betis, nombre antiguo del Guadalquivir. Fue colonizada por los fenicios, griegos, cartagineses y romanos. Los árabes invadieron España en el siglo ocho creando los reinos de Granada, Córdoba, Sevilla y Jaén. La rendición de Granada en 1492 puso fin a la dominación árabe. Andalucía es una región muy pintoresca, el país del flamenco, cante jondo, gazpacho, gitanos y mujeres vestidas de faralaes, peineta y mantilla. Ésta es la imagen que el mundo tiene de España: lo andaluz que se ha exportado al exterior. Sevilla, a orillas del Guadalquivir, es la capital de la comunidad. Tiene una magnífica catedral gótica, la Giralda, el Alcázar, el Archivo de Indias y la Biblioteca Colombina. Es célebre su Semana Santa y sus ferias de abril. Córdoba, también situada en el Guadalquivir, es una ciudad muy pintoresca. Se destacan la catedral, el Alcázar y el puente romano.

El este—Cataluña

- **Cataluña,** comunidad autónoma, es una región de gran actividad industrial y de una agricultura muy rica. Sus riquezas naturales incluyen carbón, plomo y sal. Las industrias incluyen la metalurgia, industrias mecánicas, aviones, coches y textiles. El turismo es una importante fuente de ingresos. Barcelona es el puerto más grande de España y una de las ciudades más cosmopolitas de Europa. Cataluña siempre ha tenido fuertes sentimientos separatistas. Cataluña es oficialmente bilingue—se habla español y catalán allí.

- **Valencia,** comunidad autónoma, se considera «la huerta de España» por ser una región agrícola muy rica. Las famosas naranjas valencianas se exportan al mundo entero. El cultivo de arroz es muy importante. El arroz es el ingrediente principal en la famosa paella valenciana. Los arrozales se encuentran en la Albufera, el lago salado a orillas del Mediterráneo. También se cultivan hortalizas. Se emplea un sistema de regadío iniciado por los romanos y perfeccionado por los musulmanes. Valencia es un gran centro industrial también. Hay industria naval, textil, química, metalúrgica y madera. Valencia es la tercera ciudad española en población. La región atrae a muchos turistas, especialmente durante las célebres fallas que tienen lugar durante el mes de marzo. En estos festejos se queman grandes figuras de madera y cartón en la noche de San José.

- **Murcia,** provincia y comunidad autónoma, queda al sudeste de Valencia. Fue fundada por los árabes en 831. La capital, Murcia, está a orillas del río Segura, en medio de una fértil huerta. Su economía se basa en los dátiles, naranjas, limones y pimentón y en el comercio e industrias.

- **Aragón,** comunidad autónoma, queda al noreste del país. En 1137 Aragón se unió con Cataluña y en 1479 se unió con Castilla. La capital, Zaragoza, queda a orillas del Ebro. El baile típico de Aragón es la jota.

Posesiones extraterritoriales

- **Las islas Baleares,** comunidad autónoma y provincia, consisten en Mallorca, Menorca, Ibiza y otras islas menores. La capital es Palma de Mallorca. Las Baleares son un lugar turístico de fama mundial.
- **Las islas Canarias,** comunidad autónoma, consisten en siete islas grandes en el Atlántico. Quedan frente a la parte sur de Marruecos. Las dos provincias son Santa Cruz de Tenerife y Las Palmas.
- **Melilla** y **Ceuta** son ciudades autónomas del estado español que quedan en la costa de Marruecos. España consiguió Melilla en el siglo quince y Ceuta en el siglo diecisiete.

Capital

- **Madrid,** la capital más alta de Europa (646 metros), está situada en el centro de la Península. Aunque tuvo un desarrollo lento, es ahora una gran ciudad. Los árabes que invadieron España le pusieron el nombre «Magerit» a la ciudad. En 1083 Alfonso VI tomó la ciudad a los árabes. En 1477 los Reyes Católicos hicieron entrada solemne en Madrid. Felipe II nombró a Madrid capital de su reino en 1561 aunque no lo sería definitivamente hasta 1607. Los Borbones, especialmente Carlos III, embellecieron Madrid con monumentos. En el año 1808, durante la ocupación francesa, hubo un levantamiento de los madrileños contra las tropas napoleónicas el dos de mayo de 1808. Los franceses usaron armas contra los madrileños en un feroz combate, escena que fue pintada posteriormente por Francisco de Goya, pintor de la corte de Carlos III y Carlos IV. Goya captó la noche del dos de mayo y los fusilamientos del tres de mayo por los franceses en unos cuadros que se exhiben en el Museo del Prado de Madrid. El levantamiento de los madrileños dio ánimo a los otros españoles y así estalló la Guerra de la Independencia. Ahora, Madrid es una de las grandes capitales europeas y una ciudad animada y sofisticada. Tiene grandes museos, hermosos parques, jardines botánicos, barrios viejos y modernos y una vida nocturna espectacular. La Gran Vía es una famosa avenida céntrica con muchos cines, espectáculos, hoteles, restaurantes, comercios, bancos y cafeterías. La capital se destaca en gastronomía, con cientos de restaurantes de cocina internacional, cafés al aire libre, bares y tascas. La Madrid vieja se encuentra alrededor de la Plaza Mayor, el centro arquitectónico de la Madrid de los Austrias. Se construyó en el reino de Felipe III (1619).

CHAPTER 30 TEST

Geografía de España

1 **Geografía de España** Empareje los lugares o los nombres geográficos de la columna A con su descripción de la columna B.

A	B
1. ________ la Mancha	**a.** islas españolas en el Mediterráneo
2. ________ el Tajo	**b.** islas españolas cerca de África
3. ________ las Baleares	**c.** uno de los ríos más largos de España
4. ________ la Sierra de Guadarrama	**d.** separa a España de África
5. ________ el estrecho de Gibraltar	**e.** cordillera del sur de España
6. ________ el Guadalquivir	**f.** montañas que separan a España de Francia
7. ________ la Sierra Nevada	**g.** España limita al norte con este mar
8. ________ el Cantábrico	**h.** extensa llanura del centro de España
9. ________ las Canarias	**i.** río que pasa por Sevilla y Córdoba
10. ________ los Pirineos	**j.** divide la meseta central en dos partes

2 **Lugares de España** Complete las oraciones con la respuesta correcta.

1. ________ es la tercera ciudad española en población.
   a. Valencia
   b. Salamanca
2. Bética es el nombre antiguo de ________.
   a. Aragón
   b. Andalucía
3. «Euskadi» significa ________ en lengua ________.
   a. Cataluña, catalana
   b. País Vasco, vascuence
4. La Reconquista empezó en ________, en Asturias.
   a. Gijón
   b. Covadonga

CHAPTER 30 TEST

Geografía de España

5. Madrid es la capital ________ de Europa.
   - **a.** más alta
   - **b.** más antigua
6. La costa ________ es la principal zona pesquera.
   - **a.** mediterránea
   - **b.** atlántica
7. El pico más alto de la Península es ________.
   - **a.** el Mulhacén
   - **b.** Ibiza
8. Las tres regiones más industrializadas y más ricas son Madrid, el País Vasco y ________.
   - **a.** Galicia
   - **b.** Cataluña
9. ________ limita al oeste con Portugal y al norte con Salamanca.
   - **a.** León
   - **b.** Extremadura

3 **Ciudades y provincias** Empareje la región, provincia o comunidad autónoma de la columna A con su capital o ciudad importante de la columna B.

A	B
1. ________ Valencia	**a.** Sevilla
2. ________ Andalucía	**b.** Burgos
3. ________ Castilla la Vieja	**c.** Vigo
4. ________ Aragón	**d.** Oviedo
5. ________ Navarra	**e.** Barcelona
6. ________ Galicia	**f.** Zaragoza
7. ________ Cataluña	**g.** Valencia
8. ________ Asturias	**h.** Pamplona

CHAPTER 30 TEST

Geografía de España

4 **¿Donde se encuentra?** Complete las oraciones con la palabra o la frase correcta.

1. Los musulmanes le dieron el nombre «Magerit» a la ciudad que actualmente se llama ____________________.
2. La ciudad gallega conocida por las peregrinaciones a partir del siglo nueve es ____________________.
3. El baile típico de Aragón es ____________________.
4. Se considera Valencia «____________________» por ser una región agrícola muy rica.
5. La dominación musulmana de la Península terminó con la derrota de los árabes en ____________________ en 1492.
6. Cuando se casaron el rey Fernando II y la reina Isabel I se unieron los reinos de ____________________ y ____________________.
7. La casa de El Greco se encuentra en ____________________.
8. Cortés, Pizarro y otros conquistadores eran de ____________________.
9. Se puede ver un gran acueducto romano en ____________________.
10. ____________________ es la región más extensa de España.
11. Zaragoza queda a orillas del río ____________________.
12. Cante jondo, gazpacho y flamenco son elementos folklóricos de ____________________.
13. Córdoba queda a orillas del río ____________________.

CHAPTER 30 TEST

Geografía de España

5 **Cierto o falso** Indique si la oración es cierta o falsa. Si es falsa, corríjala.

1. Las islas Canarias se encuentran en el Mediterráneo.

 ____

2. La lengua oficial de España es el castellano.

 ____

3. La Plaza Mayor y el Museo del Prado son importantes lugares madrileños.

 ____

4. Francisco Franco nació en Barcelona.

 ____

5. Jerez y Málaga se conocen por sus vinos.

 ____

6. Vigo es el puerto más grande de España.

 ____

7. Extremadura significa «más allá del Tajo».

 ____

8. La Península ibérica es el segundo lugar europeo en área después de Rusia.

 ____

9. La zona pesquera principal de España es la costa mediterránea.

 ____

10. Casi toda España goza de un clima continental.

 ____

CHAPTER 31 Historia de España

- Ya en las épocas más remotas España era un crisol *(melting pot)* de pueblos. Los iberos y los tartesios vivían en las costas este y sur de España. Llegaron los fenicios y los griegos de Asia Menor y fundaron factorías comerciales *(trading posts)* en Gádir, hoy Cádiz, y en otros lugares de la costa. Los celtas, un pueblo centroeuropeo, cruzaron los Pirineos y entraron en España en dos migraciones grandes en los siglos nueve y siete a.C. Se establecieron en el oeste y en la meseta, al norte del Ebro y del Duero, donde se unieron con los iberos. Este pueblo mixto se llamaban «celtíberos».
- Los cartagineses, un pueblo semita cuyo idioma es muy afín al hebreo, dominaron el sudeste de España después de vencer a los griegos y a los tartesios. La toma de Sagunto, cerca de Valencia, por Aníbal desencadenó la segunda Guerra Púnica (218–201). Sagunto se conoce por su heroica resistencia al sitio. Roma venció a los cartagineses y comenzó la conquista con resistencia de parte del pueblo. En Numancia, cerca de Soria, por ejemplo, después de ocho meses de un asedio romano, los numantinos prefirieron quemar su ciudad y suicidarse que someterse. Las provincias españolas estaban totalmente bajo el control romano para el año 19 a.C. España se llamaba Iberia o Hispania. En el siglo uno llegó el cristianismo a la Península. Llegó a ser una fuerza básica en la sociedad hispanorromana. Los romanos se quedaron en la Península unos seis siglos durante los cuales se formó la cultura española. Los romanos pusieron la base de la lengua, las leyes y la estructura económica y social. Construyeron carreteras, acueductos, puentes y anfiteatros y fundaron grandes ciudades como Zaragoza, Mérida y Valencia. España era, por más de seis siglos, parte de un imperio cosmopolita unido por sus leyes, su lengua y sus carreteras.
- En 405 dos tribus germánicas invadieron la Península. Los suevos establecieron un reino en el noroeste y los vándalos invadieron Andalucía, región nombrada por ellos. También invadieron los alanos y después los visigodos, que lograron crear una fuerte monarquía con su capital en Toledo. Unificaron la Península bajo Leovigildo (584–85).
- En la batalla de Guadalete en 711, los musulmanes entraron de África por el sur y vencieron al último rey visigodo, Rodrigo. Había entre los invasores muchos bereberes, sirios y persas y menos árabes: éstos últimos representaban la aristocracia de la invasión. Los musulmanes lograron dominar toda España salvo unas regiones del norte.
- En 718 Pelayo, un noble visigodo, derrotó al ejército del moro Alcama en la batalla de Covadonga. Pelayo fue proclamado el primer rey de Asturias. Éste fue el primer episodio de la Reconquista de España, que duró ocho siglos hasta la caída del reino de Granada en 1492. Bajo la influencia musulmana, Al Andalus o la España musulmana, era culta y avanzada en arte, arquitectura y en su sistema de irrigación.
- Alfonso X «el Sabio» (1221–1284), rey cristiano de Castilla y León, reunió a cristianos, árabes y judíos para estudiar, traducir y enseñar. Estos eruditos de la corte dejaron importantes documentos sobre la España medieval. Alfonso subió al trono en 1252. Como historiador, dejó la *Crónica general de España,* como legislador, produjo *Las siete partidas,* como ensayista científico, creó tratados de astronomía y astrología. Sus actividades literarias incluían las *Cantigas de Santa María,* escritas en gallego, y los apólogos de *Calila e Dimna.*
- Los reinos cristianos trataron de unirse para reconquistar sus tierras. Rodrigo Díaz de Vivar, el Cid Campeador, nació cerca de Burgos hacia

1043 y murió en Valencia en 1099. Luchó contra los moros venciéndoles en Valencia en 1094. Los moros le pusieron el título «Cid», que quiere decir «señor» en árabe. El Cid fue vasallo del rey Alfonso VI.

- Fernando II de Aragón (1452–1516) e Isabel I de Castilla (1451–1504) se casaron en 1469. Los dos reinos se unieron en 1479. Durante su reinado se organizó la Santa Hermandad en 1476 para proteger a la población rural de los bandoleros; se estableció la Inquisición en 1480 para descubrir y castigar a los herejes; se terminó el poder político de los musulmanes en la Península con la conquista de Granada en 1492; los judíos fueron expulsados de España en 1492; Navarra fue anexada en 1512; Cristóbal Colón llegó a América en 1492, con el apoyo de los Reyes Católicos. Lo que ocurrió durante su reino fue la unificación de la España cristiana y una conformidad religiosa total.
- Carlos I de España, nieto de los Reyes Católicos, subió al trono español en 1516. Heredó los reinos habsburgos haciéndose emperador, Carlos V de Alemania, en 1519. Bajo su reinado, Hernán Cortés conquistó el Imperio azteca en México en 1521, Francisco Pizarro conquistó el Imperio inca en Perú (Cuzco) en 1533, Pedro de Mendoza conquistó el río de la Plata en 1534, Francisco Coronado descubrió el Gran Cañón del Colorado en 1535, Hernando de Soto tomó posesión de la Florida en 1539 y Pedro de Valdivia fundó Santiago de Chile en 1541. Carlos V abdicó a un monasterio español y dividió su imperio en 1556. Su hijo Felipe II heredó España, las tierras de Italia, los Países Bajos y las posesiones de América.
- Felipe II (1527–1598) quería ser campeón del catolicismo ante la Reforma y quería mantener la grandeza de España. España venció a los turcos en la batalla del estrecho de Lepanto (Grecia) en 1571. Para vengar la muerte de María Estuardo y destrozar a la reina Isabel I de Inglaterra, Felipe II envió la Armada Invencible contra Inglaterra en 1588. La batalla acabó con la marina española y con esta derrota empezó la decadencia del imperio español. Felipe II hizo construir un monasterio que era también palacio y mausoleo en el pueblo de San Lorenzo de El Escorial en 1563. El Escorial fue construido en recuerdo de la batalla de San Quintín (Francia), ciudad tomada por los españoles en 1557.
- España estaba agotada por las grandes guerras y los reyes Felipe III y Felipe IV eran incapaces de gobernar tantos territorios. España perdió Holanda en 1648. La dinastía de los borbones empezó con el reinado de Felipe V, rey francés (1700). (Carlos I, Felipe II, Felipe III y Felipe IV eran de la casa de Austria.) Por los Tratados de Utrecht (1713), España perdió Gibraltar y todos sus dominios europeos.
- En 1808 Napoleón invadió España y colocó a su hermano José en el trono español. La Guerra de la Independencia contra Francia estalló en 1808 con un sublevamiento en Madrid que se extendió a todo el país. Hubo muchas batallas heroicas y para 1814 los franceses habían sido derrotados.
- Fernando VII volvió al trono por segunda vez y gobernó como rey absoluto. Durante su reinado España perdió casi todos sus territorios de América. (Véase el capítulo 34, las guerras de independencia).
- Al morir Fernando VII (1833), empezaron las guerras Carlistas por la sucesión al trono. Los carlistas tradicionalistas, es decir, los partidarios de Carlos, el hermano de Fernando, se opusieron a los liberales, los partidarios de Isabel II, hija del rey, que era menor de edad. Hubo tres guerras carlistas: 1833–1839, 1855–1860, 1872–1876. Los liberales ganaron esta última guerra civil.
- Durante la Primera República (1873), que duró once meses, hubo cuatro presidentes y un caos total. Alfonso XII, de la casa de Borbón, e hijo de Isabel II, volvió como rey en 1874. Murió en 1885. Durante la regencia de su esposa María Cristina, se acabó el resto del Imperio Español. Por el Tratado de París (1898) terminó la guerra entre Estados Unidos y España y España perdió a Cuba, Puerto Rico, Filipinas y Guam.
- Alfonso XIII, borbón, subió al trono en 1902. Hubo intrigas políticas, crisis, atentados, huelgas y sabotajes.
- En 1923, hubo un golpe de estado dirigido por Miguel Primo de Rivera, capitán general de Cataluña. Como jefe del Directorio Militar, Primo de Rivera restableció la autoridad, propuso un plan de obras públicas para construir carreteras, ferrocarriles y puertos. Terminó la guerra de África (1925) que era un desastre para los españoles. Hubo oposición a Primo de Rivera entre los viejos partidos, políticos, intelectuales y compañías extranjeras

PART 7

afectadas por la creación del Monopolio de Petróleos.

- Se proclamó la Segunda República en 1931, que duró hasta 1936 cuando una coalición izquierdista, el Frente Popular, subió al poder.
- El general Francisco Franco, al frente del ejército de Canarias y Marruecos, se alzó contra el gobierno republicano. Así comenzó la Guerra Civil en 1936, que duró hasta 1939 cuando Franco venció a los republicanos y estableció una dictadura. La Guerra Civil española fue larga y brutal, y dejó un millón de muertos. Franco gobernó de 1939 hasta su muerte en 1975.
- España mantuvo una política de no beligerancia en la Segunda Guerra Mundial.
- La Ley de Sucesión de 1947 restableció el principio de la monarquía.
- En 1958 se concedió la independencia al protectorado de Marruecos, salvo a Ceuta y Melilla, ciudades autónomas del estado español.
- España tenía una política de aislamiento económico hasta 1959 cuando el gobierno decidió europeizar su política económica. Durante los sesenta la economía española mejoró mucho por una política de liberalización y por los ingresos del turismo. Las inversiones extranjeras fueron muy importantes en la modernización de la economía.También hubo mucha emigración de obreros españoles a la Europa industrial. El dinero que mandaron a sus familiares en España ayudó a la economía.
- Durante los sesenta hubo un éxodo rural hacia las zonas industriales. Ciudades como Madrid y Barcelona registraron (y siguen registrando) un aumento demográfico mientras algunas provincias como Córdoba, Badajoz y Cáceres se iban despoblando. Las tres regiones más industrializadas, más ricas y más densamente pobladas de España son Madrid, Cataluña y el País Vasco. El turismo sigue siendo una importante fuente de ingresos. La hostelería está controlada por el gobierno español con su sistema de paradores u hoteles nacionales.
- Durante los ochenta hubo un boom expansionista. España hizo la transición a una economía de servicios e información. Sin embargo, en la España tradicional la agricultura domina todavía. En 1986 España firmó un acuerdo de ingreso en la Comunidad Económica Europea. Actualmente España es miembro de la Unión Europea y usa el euro y no la peseta como su moneda.
- En 1969 Franco nombró al príncipe Juan Carlos de Borbón, nieto de Alfonso XIII, a título de rey, sucesor en jefatura del Estado. Al subir Juan Carlos al trono en 1975, anunció sus própositos reformistas y su intención de integrarse al mundo democrático occidental.
- Hubo un intento de golpe de estado en 1981 impulsado por elementos antidemocráticos entre los militares. El golpe fue un fracaso, rechazado por el rey Juan Carlos, que defendió el derecho de los españoles a gobernarse democráticamente. En las elecciones de 1982 Felipe González, socialista, ganó como presidente y volvió a ser elegido en 1989 y 1993. Los españoles, hartos de los muchos problemas graves de los años de González—corrupción, inflación, desempleo, terrorismo de ETA (extremistas vascos)—votaron a José María Aznar, Presidente del Partido Popular, en las elecciones del tres de marzo de 1996. Aznar volvió a ser elegido en el año 2000. El once de marzo de 2004 una red de terroristas afiliados a Al Qaida pusieron bombas en varios trenes en Madrid. En esta matanza murieron alrededor de 200 españoles. Unos días después, los españoles eligieron un gobierno socialista encabezado por José Luis Rodríguez Zapatero.
- El año 1992 fue muy importante para España: los Juegos Olímpicos de Verano de la XXV Olimpiada tuvieron lugar en Barcelona; el Quinto Centenario del descubrimiento del Nuevo Mundo fue celebrado en Sevilla con la gran exposición internacional, EXPO '92; Madrid fue nombrada capital cultural de Europa para 1992.
- No cabe la menor duda de que la evolución política y social de España fue uno de los grandes acontecimientos políticos del siglo veinte. El mundo ha visto la transformación de España de un régimen autoritario y centralizado a una democracia parlamentaria, liberal y pluralista. Y esta transformación ha sucedido sin guerra civil ni revolución. La descentralización ha devuelto el poder y responsabilidad a las regiones y comunidades autónomas y los españoles se han adaptado fácilmente a la democracia. Hoy en día España se enfrenta con la amenaza del terrorismo del Islam fundamentalista y el de los extremistas vascos.

CHAPTER 31 TEST

Historia de España

1 **Fechas** Empareje los sucesos históricos de la columna A con su fecha de la columna B.

A	B
1. ________ matrimonio de Fernando de Aragón e Isabel de Castilla	**a.** 718
2. ________ levantamiento de los españoles contra Napoleón y los franceses	**b.** 1492
3. ________ derrota de la Armada Invencible	**c.** 1469
4. ________ Juan Carlos de Borbón sube al trono a la muerte de Franco	**d.** 711
5. ________ se termina la presencia musulmana con la conquista de Granada	**e.** 1898
6. ________ empieza la Guerra Civil Española	**f.** 1588
7. ________ los musulmanes vencen al rey visigodo Rodrigo en la batalla de Guadalete	**g.** 1936
8. ________ Francisco Franco establece una dictadura al terminar la Guerra Civil	**h.** 1808
9. ________ España pierde Cuba y Puerto Rico por el Tratado de París	**i.** 1975
10. ________ se inicia la Reconquista	**j.** 1939

CHAPTER 31 TEST

Historia de España

2 **Personajes y acontecimientos** Complete las oraciones con la respuesta correcta.

1. Rodrigo Díaz de Vivar fue _________.
   a. un rey visigodo
   b. el Cid Campeador
2. La Inquisición _________.
   a. castigó a los herejes
   b. protegió a los campesinos
3. Carlos I de España llegó a ser _________.
   a. Carlos V, emperador de Alemania
   b. Francisco Coronado
4. España venció a los turcos en la batalla de _________.
   a. Covadonga
   b. Lepanto
5. Los _________ pusieron la base de la cultura española.
   a. musulmanes
   b. romanos
6. Al Andalus fue _________.
   a. la España musulmana
   b. el rey moro vencido por Pelayo
7. *Las siete partidas* es una obra de leyes escrita por el rey _________.
   a. visigodo Rodrigo
   b. cristiano Alfonso X «el Sabio»
8. Hernán Cortés conquistó el imperio azteca y Francisco Pizarro conquistó el imperio inca bajo el reinado de _________.
   a. los Reyes Católicos
   b. Carlos V de Alemania
9. España perdió Gibraltar por el Tratado de _________.
   a. Utrecht
   b. París

Historia de España

10. El Rey Juan Carlos es de la casa de ________.
    - **a.** Borbón
    - **b.** Austria
11. Las Guerras Carlistas estallaron por ________.
    - **a.** los territorios americanos
    - **b.** la sucesión al trono

3 **¿Cierto o falso?** Indique si la oración es cierta o falsa. Si es falsa, corríjala.

1. Los iberos se unieron con los fenicios.

   ____

2. Roma controlaba todas las provincias españolas para el año 19 a.C.

   ____

3. Zaragoza, Valencia y Mérida fueron fundadas por los cartagineses.

   ____

4. Los suevos y los vándalos invadieron la Península en el siglo cinco.

   ____

5. La Reconquista comenzó con la derrota del rey moro por el rey visigodo Pelayo en la batalla de Covadonga.

   ____

6. Cristóbal Colón logró llegar a las Américas con el apoyo de Alfonso X «el Sabio».

   ____

7. Los españoles se alzaron contra Napoleón cuando éste se hizo rey de España.

   ____

8. La Segunda República española fue proclamada en 1931 y fue derribada en 1936.

   ____

9. El Quinto Centenario del descubrimiento de las Américas se celebró en Barcelona.

   ____

10. Felipe II mandó la Armada Invencible contra Francia en 1588.

    ____

CHAPTER 31 TEST

Historia de España

4 **Para completar** Complete las oraciones con la palabra o la frase correcta.

1. ______________________________ restableció el principio de la monarquía española.

2. Las tres regiones más ricas y más industrializadas de España son ______________________________, ______________________________ y ______________________________.

3. Juan Carlos subió al trono español en el año ______________________________.

4. El edificio construido por Felipe II que le sirvió de monasterio, palacio y mausoleo fue ______________.

5. Los visigodos unificaron la Península y establecieron su capital en ______________________________.

6. La Reconquista de España comenzó en el siglo ______________________________ y terminó en el siglo ______________________________.

7. La Guerra de la Independencia contra Francia estalló en ______________________________ y continuó hasta ______________________________.

8. El cristianismo llegó a la Península en el siglo ______________________________.

9. Los tres grupos de eruditos responsables por la vida intelectual de la corte del rey Alfonso X «el Sabio» eran los ______________, los ______________________________ y los ______________.

Literatura de España

EDAD MEDIA

Siglo once

- Los orígenes de la literatura española remontan al siglo once con la poesía mozárabe conocida como «jarchas». Las jarchas son cancioncillas bilingües, es decir, romance primitivo con palabras árabes. Algunas jarchas son anónimas pero otras fueron compuestas por poetas árabes y judíos, como *la finida,* o estribillo de composiciones más largas, *las muwassahas,* escritas en árabe. Tienen interés histórico y también literario. Las jarchas son la primera muestra de las literaturas romances, es decir, en las nuevas lenguas románicas que evolucionaron del latín.

Siglo doce

- *El Cantar de Mio Cid,* escrito por un juglar o poeta anónimo, fue compuesto hacia 1140. Se cree que fue el juglar de Medinaceli (Soria) que lo compuso. Se considera la primera obra de la literatura española y el mejor ejemplo de la poesía épica española. Es una de las obras maestras de la literatura española y la literatura universal. Es uno de los cantares de gesta (de las *chansons de gestes* francesas), es decir, narración poética de hazañas importantes. Los cantares de gesta forman parte del mester de juglaría, la escuela de la poesía popular. *El Cantar de Mio Cid* narra las hazañas de El Cid Campeador, Rodrigo (Ruy) Díaz de Vivar, que nació cerca de Burgos en 1043 y murió en Valencia en 1099. El Cid sirvió a Alfonso VI, rey de León y Castilla, guerreando contra los moros y los cristianos. Al final de su vida El Cid defendió Valencia que había conquistado a los moros. Era casado con doña Jimena, parienta del rey Alfonso VI. El Cid, que significa «señor» en árabe, fue nombrado así por los musulmanes. Esta figura histórica llegó a mitificarse en las leyendas. Lo que se destaca de la épica es el hermoso relato de las hazañas y los conflictos familiares del Cid. El estilo poético del juglar es muy apropiado al tema de los valores humanos. Hay sobriedad, sentido dramático, emoción y espíritu en el cantar, además de su interés lingüístico.
- **Alfonso X «el Sabio»** (1221–1284), rey de Castilla y León, subió al trono en 1252. La literatura floreció durante su reinado. Él mismo escribió y recopiló prosa y verso y reunió en su corte a los cristianos, judíos y musulmanes más cultos del país para escribir y traducir textos. Estos documentos proporcionan mucha información sobre la Edad Media. Alfonso X, historiador, hizo escribir la *Crónica General o Estoria de España.* Fue iniciada por su orden y bajo su dirección y fue acabada en el reinado de Sancho IV. Alfonso X fue editor de *Las siete partidas* compuestas de 1256 a 1276. Es la colección de leyes más amplia de las varias que se hicieron bajo la dirección del rey y es la recopilación del derecho de la Edad Media más importante. Tiene valor jurídico y valor de ser documento de la vida e ideas de su época. Tiene también valor lingüístico por presentar por primera vez una prosa escrita con esmero literario. Alfonso X escribió *Las Cantigas de Santa María,* colección poética de milagros y de alabanzas de la Virgen. El rey las escribió en gallego-portugués, lengua usada por los poetas castellanos de esa época.

Siglos trece, catorce y quince

- **Don Juan Manuel** (1282–¿1348/9?), sobrino del rey Alfonso X «el Sabio», es el prosista más importante de su época. Sus catorce obras son por la mayor parte de tipo didáctico-moral, con algún argumento narrativo. El *Libro de los ejemplos del conde Lucanor y de Patronio* es la obra principal de don Juan Manuel. Terminada en 1335, su primera parte es una colección de cincuenta y un ejemplos o cuentos en prosa. Esta obra se considera la más importante de la literatura española de la Edad Media.

- El mejor ejemplo de la poesía del siglo catorce es el *Libro de Buen Amor* de **Juan Ruiz, Arcipreste de Hita** (¿1283–1350?). La obra, compuesta entre 1330 y 1347, es una colección o cancionero de casi todos los motivos y formas de la poesía del siglo catorce. Esta poesía cultivada por clérigos o autores cultos y destinada a la lectura forma parte del mester de clerecía, la escuela de la poesía erudita. El tema central es la narración de unas aventuras amorosas. Se intercalan ejemplos e imitaciones de las fábulas francesas, trozos líricos religiosos y profanos, alegorías y sátiras. Juan Ruiz emplea el humor y escribe con unidad de estilo.
- Las *Coplas* de **Jorge Manrique** (¿1440?–1479) se destacan como la mejor poesía lírica y elegíaca de la Edad Media. Manrique escribió estos poemas llenos de emoción y de finura, por la muerte de su padre, el maestre don Rodrigo.
- **Los libros de caballerías** empezaron a escribirse en el siglo catorce y gozaron de mucha fama hasta finales del dieciséis. Narraban las aventuras y episodios sobrenaturales de sus héroes con gran idealismo y un tono lírico. Al principio se usaban leyendas de origen bretón pero luego se añadió lo español en su carácter moral, didáctico y piadoso. Solía haber mezcla de lo real y lo fantástico, lo religioso y lo profano y lo occidental y lo oriental.

ÉPOCA DE LOS REYES CATÓLICOS (1475–1516)

Poesía culta

- En la época de los Reyes Católicos, la poesía culta sigue las corrientes del siglo quince. Aunque en general el nivel de la poesía es superior, no hay poetas de gran importancia. Empieza el renacimiento de la poesía religiosa.

Poesía popular y tradicional

- Una de las más importantes creaciones de la literatura española es la poesía anónima de origen medieval, que es popular y tradicional. La poesía fue recitada y contada por el pueblo español y en todos los países de habla española y por los judíos de origen español que fueron expulsados de España en 1492.
- El romance es la forma más rica de esta poesía. Los romances derivan de las viejas *canciones de gesta*, fondo originario del romancero, que empezaron a fragmentarse a través de los siglos al ser recitadas por los juglares. Así nacieron los romances llamados «viejos». El fenómeno empezó mucho antes de la época de los Reyes Católicos pero es en esta época y en los años de transición entre la literatura medieval y la renacentista, cuando el romance llega a su plenitud y empieza a ser publicado y recogido. Los romances anónimos son los históricos, los más importantes, sobre héroes, hazañas y leyendas de la antigua tradición épica, como *El Cantar de Mio Cid*.
- En la época de los Reyes Católicos apareció el primero de los dramaturgos españoles. Aunque tenía una técnica medieval, demostraba un espíritu más renacentista. **Juan del Encina** (¿1469?–1529) usó muchos motivos renacentistas, religiosos y pastoriles. En esta época apareció la primera *Gramática castellana,* publicada en 1492. Su autor fue **Antonio de Nebrija** (1444–1522), el más famoso de los humanistas españoles del siglo quince. Su gramática es también la primera de una lengua vulgar. En su prólogo a la gramática, dirigida a la reina Isabel, Nebrija escribió un maravilloso documento literario que demuestra el espíritu de su época.
- **Fernando de Rojas** (¿–1541?) fue un judío converso y autor de *La Celestina o Tragicomedia de Calisto y Melibea.* Publicada en Burgos en 1499, la obra inicia la gran literatura clásica española. Se destaca el valor humano de los personajes, el dramático ambiente de pasión, el estilo rico, su profunda concepción de la vida y el complejo de elementos artísticos que dan unidad a la obra. Este nuevo estilo de Rojas une la Edad Media y el Renacimiento, lo cómico y lo trágico, gente de clase baja tomada de la realidad y amantes ideales sacados de la tradición literaria, técnica narrativa de novela y acción dialogada del teatro, lenguaje popular y lenguaje literario. Rojas dió vida a uno de los personajes universales de la literatura, la Celestina, que es alcahueta y bruja.
- **La novela de caballerías** *Amadís de Gaula* fue escrita hacia 1492 y publicada en 1508. Por su estilo y espíritu, es un libro del Renacimiento. Esta es la obra que inicia la larga serie de libros de caballerías que llega hasta el *Quijote* de Cervantes. Aquí se describe el héroe Amadís y sus maravillosas y fantásticas aventuras, la

exaltación del valor y del amor perfecto, la lealtad y la cortesía.

LA EDAD DE ORO (O EL SIGLO DE ORO): SIGLOS DIECISÉIS Y DIECISIETE

Es difícil fijar períodos exactos porque los movimientos literarios e históricos no corresponden a un siglo justo. Lo que separa esta época de la anterior es la creación de los grandes géneros modernos—novela, poesía lírica, teatro—y la aparición de los grandes autores clásicos. Los dos nombres grandes del período son **Cervantes** en la novela y la prosa y **Lope de Vega** en el teatro y la poesía lírica. Termina el período con la muerte de otro gran dramaturgo español **Calderón de la Barca.**

Siglo dieciséis (Primera mitad)

- **Garcilaso de la Vega** (1503–1536) es el poeta más representativo del Renacimiento en España. Da expresión pura y perfecta a todos los metros y las formas de origen italiano adoptados por los poetas españoles. Sus temas, motivos y formas encuentran su expresión perfecta en sonetos, canciones, elegías y églogas.

Historia de Indias La literatura de Indias o literatura escrita por los españoles sobre América empieza con las cartas que el explorador **Cristóbal Colón** (1451–1506) escribió a los Reyes Católicos. (Véase el Capítulo 35.)

- **Hernán Cortés** (1485–1547), conquistador de México, inicia un nuevo género de literatura histórica, el de los «cronistas de Indias». Cortés escribió cinco *Cartas de relación* al emperador Carlos V entre 1519 y 1526, contándole lo de sus hazañas. Son documentos históricos sin intención literaria.
- **Fray Bartolomé de las Casas** (1474–1566), sacerdote, misionero, colonizador y defensor de los indios, relata los abusos que, según él, caracterizan a la Conquista de América. Escribió denuncias del trato de los indios en su *Brevísima relación de la destrucción de las Indias.* El libro fue el origen principal de la «leyenda negra» de la Conquista.
- **Álvar Núñez Cabeza de Vaca** (¿1490–1564?) escribió los *Naufragios,* relato de su expedición a la Florida con Pánfilo de Narváez en 1527 y su marcha heroica hasta México.
- **Gonzalo Fernández de Oviedo** (1478–1557) cruzó el Atlántico doce veces y ocupó varios cargos en América. En 1526 publicó un *Sumario de la natural historia de las Indias,* lleno de descripciones de la naturaleza del nuevo continente.
- **Bernal Díaz del Castillo** (1495–1584), soldado de Cortés en la Conquista de México, escribió la *Historia verdadera de la conquista de la Nueva España.* La crónica es una historia vivida, un relato natural que demuestra mucha humanidad en juzgar a personas y sucesos. Con un estilo espontáneo que emplea la lengua hablada, Díaz del Castillo escribe sobre la importancia de todos los soldados en la empresa, no sólo la de Cortés.

Siglo dieciséis (Segunda mitad)

- **Alonso de Ercilla** (1533–1594) es el escritor más importante de la poesía épica durante este período. Ercilla, madrileño y de familia noble, se educó en la corte de Felipe II. Tomó parte en la Conquista de Chile, tema de su gran poema épico *La Araucana* (1569–1589).
- *El Lazarillo de Tormes,* de autor anónimo, fue publicado en 1554. Esta obra inicia un género literario muy importante en la literatura española de la Edad de Oro—la novela picaresca. Es un relato autobiográfico de las aventuras de un pícaro, un joven sin familia y de condiciones humildes que sirve de criado a varios amos. El pícaro cambia de amo con frecuencia según las circunstancias. Es astuto y engaña a la gente para vivir. La obra es una excelente crítica satírica de la vida de la época y de las distintas clases sociales. Otras obras de este género se inspiran en su estilo natural y espontáneo y en la visión social sencilla que tiene el protagonista. A diferencia de otros protagonistas de la picaresca posteriores, éste no se pone ni amargo ni cínico a pesar de sus desengaños y desilusiones.

Ascética y mística Hay algunos escritores místicos muy importantes que escriben durante la Edad de Oro. El místico es una persona que se dedica a Dios y describe sus experiencias íntimas de la vida espiritual de la unión del alma con Dios. El ascético es una persona que se dedica a los ejercicios espirituales de la vida cristiana para alcanzar la perfección.

- **Fray Luis de Granada** (1504–1580), místico y ascético, fue un gran prosista y orador elocuente. Escribió la *Guía de pecadores* (1556),

PART 7

colección de normas para alcanzar la vida eterna.

- **Santa Teresa de Jesús** (1515–1582), monja carmelita y reformadora de su Orden, nació en Ávila. Escribió con ardor sobre el amor divino. Escribió *Camino de perfección.* El misticismo español llegó a su máxima expresión humana con Santa Teresa.
- **Fray Luis de León** (1527–1591), agustino, nació en la provincia de Cuenca. Fue profesor en Salamanca. Sus poesías, *La perfecta casada* y otras obras demuestran su gran intelecto, su espíritu sereno y su tono lírico.
- **San Juan de la Cruz** (1542–1591), carmelita, nació en la provincia de Ávila. Escribió el *Cántico espiritual,* poesía lírica con un gran amor místico.
- **Miguel de Cervantes Saavedra** (1547–1616) es el autor de *El ingenioso hidalgo don Quijote de la Mancha,* uno de los libros más importantes de la literatura universal. Cervantes nació en Alcalá de Henares. Fue soldado en la batalla de Lepanto (1571) en la cual don Juan de Austria venció a los turcos. A Cervantes se le dio el apodo «el manco de Lepanto» por ser herido en la mano izquierda. Cervantes fue prisionero de los turcos en Argel y encarcelado varias veces por deudas y otros delitos. La primera parte del *Quijote* fue publicada en Madrid en 1605, la segunda parte en Madrid en 1615. La obra es una sátira de las novelas de caballerías. Cervantes narra la historia de un hidalgo manchego de unos cincuenta años que se exalta leyendo libros de caballerías y acaba creyéndose caballero andante. Don Quijote sale de su casa para resolver las injusticias del mundo y para tener aventuras en nombre de su dama Dulcinea, que es realmente una moza ordinaria. Don Quijote sale montado en su caballo Rocinante, acompañado de su escudero Sancho Panza. Además de ser una novela de episodios divertidos y cómicos, es una obra de profunda inteligencia de base filosófica y psicológica. Cervantes retrata a Don Quijote y a Sancho Panza como opuestos—idealismo y realismo—o como dos partes de una sola persona. Cervantes cultivó todos los géneros. Escribió novelas, poesías, obras de teatro y una colección de doce novelas, las *Novelas ejemplares.*
- **Lope de Vega** (1562–1635), poeta y dramaturgo, nació en Madrid. Es fundador del teatro nacional español y padre de la comedia moderna. Por el número de versos que escribió se le llamaba «Fénix de los ingenios» y según Cervantes, Lope fue un «monstruo de la naturaleza». Escribió más de 1.500 obras de teatro en verso. Se destacan sus obras *Fuenteovejuna* y *Peribáñez y el comendador de Ocaña, El caballero de Olmedo* y *El mejor alcalde, el rey.* Las obras son importantes por sus temas de historia y carácter nacional, el honor y la honra. Lope expresó sus teorías sobre el arte de escribir teatro en su *Arte nuevo de hacer comedias.*
- **Tirso de Molina** (¿1584?–1648) es el pseudónimo de Fray Gabriel Téllez, gran escritor y dramaturgo contemporáneo de Lope. Se destacan sus obras por su profundidad psicológica, la clara expresión de ideas teológicas y su gran sentido cómico. Tirso se conoce sobre todo por Don Juan, un personaje que creó en su drama *El burlador de Sevilla y el convidado de piedra.* El infame don Juan llegó a ser un personaje universal.
- **Juan Ruiz de Alarcón** (¿1581–1639) nació en México pero pasó la mayor parte de su vida en España. Sus obras no gozaron de mucha fama mientras vivió. Se considera creador del teatro de crítica de costumbres. Alarcón critica la mentira en *La verdad sospechosa,* quizás su mejor obra. Escribió *Las paredes oyen* contra la calumnia y *No hay mal que por bien no venga.*

Siglo diecisiete

- **Luis de Góngora y Argote** (1561–1627) nació en Córdoba. Es el poeta más importante del culteranismo y uno de los maestros más admirados de las nuevas generaciones de poetas. Cultivó el soneto, el romance y la letrilla. Su arte culmina en grandes poemas ultrabarrocos y complicados como *la Fábula de Polifemo y Galatea,* de inspiración de Ovidio, y *Las soledades,* uno de los textos mayores de la poesía española de todos los tiempos. Góngora dejó *Las soledades* sin terminar.
- **Francisco de Quevedo y Villegas** (1580–1645) nació en Madrid. Tuvo una vida activa en la corte e intervino en la política interior y exterior bajo Felipe III y Felipe IV. Combatió el culteranismo como representante del conceptismo. Escribió sonetos líricos y profundos y letrillas de carácter cínico y burlón. Llegó a la plenitud de su genio en la prosa de *Los sueños.* Escribe sobre la pesadilla de la locura humana en *Los sueños* y en sus fantasías morales como *La hora de todos.*

Escribió una novela picaresca *Historia de la vida del Buscón llamado don Pablos* (1626), una obra satírica y cómica con una visión pesimista.

- **El Inca Garcilaso de la Vega** (1539–1616) nació en Perú de madre que era princesa incaica y padre que era de la familia de Garcilaso de la Vega y Jorge Manrique. Es símbolo encarnado del mestizaje que representa la Conquista. Vivió casi toda su vida en España. Su obra más conocida es *Comentarios reales que tratan del origen de los Incas* que fue publicada en Lisboa en 1609. Se ven los dos mundos del escritor, el español y el americano y su visión nostálgica del pasado incaico.
- **Pedro Calderón de la Barca** (1600–1681) y **Lope de Vega** son los dramaturgos más importantes del Siglo de Oro. Entre Lope y Calderón el teatro español llega a su plenitud. Las obras de Calderón son más intelectuales que las de Lope, que son más espontáneas. El arte de Calderón es más barroco y de mayor intensidad dramática. Dos dramas representativos de Calderón son *La vida es sueño* (1635), obra filosófico-religiosa sobre la predestinación y el libre albedrío, y *El alcalde de Zalamea.* En el primero, Calderón sugiere que el hombre está dotado del libre albedrío, que tiene que usar este don bien para poder ganar la eternidad, que es lo único real. En el segundo, Calderón presenta un drama del honor, como se entendía en esa época. El protagonista, Pedro Crespo, es un hombre humilde, pero en defender su dignidad no se distingue del caballero noble.

PART 7

SIGLOS DIECIOCHO Y DIECINUEVE

El siglo dieciocho es el menos importante artísticamente de la literatura española. Los escritores españoles reciben mucha influencia de los pensadores franceses, ingleses y alemanes como Voltaire, Kant, Montesquieu, Berkeley, Pope, Rousseau y Adam Smith durante estos años como se ve en el desarrollo del racionalismo y el espíritu crítico, el neoclasicismo y el enciclopedismo. La Ilustración es un movimiento intelectual europeo del siglo dieciocho caracterizado por una gran confianza en la razón, por la crítica de las instituciones tradicionales y la difusión del saber.

- **Benito Jerónimo Feijoo** (1676–1764), ensayista y teólogo benedictino, es considerado precursor de la Ilustración española. Es autor del *Teatro crítico universal* (nueve volúmenes; 1726–1740) y las *Cartas eruditas y curiosas* (cinco volúmenes; 1742–1760).
- **José Cadalso** (1741–1782) es conocido por su libro crítico de la socied española, Cartas marruecas (1789), y por *Noches lúgubres* (1792), su obra precursora del romanticismo. Fue militar que murió en el sitio de Gibraltar.
- **Gaspar Melchor de Jovellanos** (1744–1811), pensador político y económico, es la figura más importante de la Ilustración en España. Fue consejero de estado y fundador del Instituto asturiano de Gijón y organizó la Junta central contra Napoleón. Este refomador escribió varias obras políticas y económicas a más de cartas, diarios, poesía y obras de teatro. Es considerado el mejor prosista del siglo dieciocho.

Al mismo tiempo aparecen nuevas formas de expresión literaria y artística en los estilos rococó, neoclásico y prerromántico. *La Real Academia Española de la Lengua* fue fundada en 1713 y aprobada por el rey Felipe V en 1714.

Según el artículo primero de sus Estatutos, la Academia «tiene como misión principal velar porque los cambios que experimente la Lengua Española en su constante adaptación a las necesidades de sus hablantes no quiebren la esencial unidad que mantiene en todo el ámbito hispánico».

El siglo diecinueve tiene dos movimientos literarios importantes: el romanticismo y el realismo. Los primeros años del siglo son de transición del neoclasicismo al prerromanticismo. El romanticismo creó una estética basada en un rechazo de la disciplina y reglas del clasicismo y del academicismo. El romanticismo incluye un intenso cultivo de la lírica, una valoración del paisaje, un gusto por las cosas de la Edad Media, un amor a lo folklórico y lo regional que da un renacimiento de lenguas como el catalán y el provenzal. El individuo y sus sentimientos se ponen por encima de todo.

- **Ángel de Saavedra, Duque de Rivas** (1791–1865), poeta y dramaturgo cordobés, se considera el primero de los románticos españoles. Escribió obras de carácter neoclásico antes de 1834. Escribió los *Romances históricos* que cuentan leyendas y su drama *Don Álvaro o la fuerza del sino* (1835) inspiró a

Guiseppe Verdi (1813–1901) a componer su ópera «La forza del destino».

- **Mariano José de Larra** (1809–1837) destaca por su obra romántica y por su personalidad. Demuestra un pesimismo romántico y un talento analítico en su prosa. Como escritor costumbrista criticó las costumbres y los prejuicios de los españoles de su época. Sus *Artículos de costumbres* son sátiras de costumbres. Usó unos pseudónimos como «Fígaro» y «El pobrecito hablador».
- **José de Espronceda** (1808–1842) nació en Badajoz. Es el poeta lírico más intenso de los poetas románticos. «El canto a Teresa» del poema «El diablo mundo» es una de las grandes poesías de amor de la literatura española. Escribió la leyenda lírica «El estudiante de Salamanca».
- **José Zorrilla** (1817–1893) nació en Valladolid. Escribió muchos dramas, leyendas y memorias de gran inspiración. Lo mejor de su obra es el teatro. *Don Juan Tenorio* es una obra típicamente romántica.
- **Gustavo Adolfo Bécquer** (1836–1870), poeta y escritor, nació en Sevilla. Aportó un acento emotivo e intimista al romanticismo con sus *Rimas*. Las poesías de las *Rimas* son íntimas, sentimentales y de un lirismo muy puro. Son recuerdos, ensueños y nostalgias. Bécquer es el último de los grandes románticos y el precursor del espíritu poético del siglo veinte, por su sensibilidad y sentido íntimo.
- **Rosalía de Castro** (1837–1885), poetisa gallega, leyó los versos de Bécquer. (Y Bécquer leyó los versos de Castro.) Castro tiene un verdadero sentimiento lírico como Bécquer. Canta los temas eternos de amor, dolor, tiempo y muerte con una voz llena de emoción. Se ve lo regional en los poemas de Castro. Expresa lo gallego en una viva emoción de la naturaleza y de la tierra. Castro escribió los *Cantares gallegos* en gallego y *En las orillas del Sar* en español.
- **Fernán Caballero,** pseudónimo de Cecilia Böhl de Faber (1796–1877), inició la novela realista y costumbrista del siglo diecinueve en España. Se ve en esta primera novela, *La gaviota*, el interés de la autora en las costumbres y tradiciones de Andalucía, su tierra adoptiva. Caballero escribió en una prosa sencilla y directa como la lengua hablada. No es la prosa artificial como la de la novela histórica del romanticismo. El padre de la novelista, Juan Nicolás Böhl de Faber, fue un hispanista alemán que se estableció en Andalucía.
- **Juan Valera** (1824–1905), diplomático y novelista, nació en Córdoba. Su estilo demuestra su gran cultura, una prosa castiza y su comprehensión de la psicología. Su obra maestra es *Pepita Jiménez* (1874), un estudio psicológico de un joven seminarista que duda de su vocación religiosa al enamorarse de una viuda joven. Valera escribió otras novelas, cuentos y ensayos literarios.
- **Benito Pérez Galdós** (1843–1920), el escritor español más importante del siglo diecinueve, nació en Las Palmas de Gran Canaria. Hay varios críticos que opinan que Galdós es el mejor novelista después de Cervantes. Galdós escribió varias novelas, todas de tendencia realista y objetiva. Fue un gran observador y creó personajes y situaciones llenos de humanidad. Sus novelas de tema social incluyen: *Miau, Doña Perfecta, Fortunata y Jacinta, El amigo manso, Torquemada en la hoguera.* Sus *Episodios nacionales* son evocaciones históricas de la Guerra de la Independencia y otros temas. El teatro de tesis incluye *La de San Quintín, El abuelo* y *Electra.*
- **Emilia Pardo Bazán** (1852–1921), que nació en La Coruña, es la novelista de Galicia. Sus novelas más importantes son *Los pazos de Ulloa* y *La madre naturaleza.* La condesa de Pardo Bazán escribe obras realistas y naturalistas. El naturalismo se hereda de la literatura francesa. Esta escuela literaria del siglo diecinueve se opone al romanticismo. Su forma estética comprende la imitación de la naturaleza bajo todos sus aspectos, incluso lo feo. (El famoso novelista francés, Emilio Zola [1840–1902] desarrolló el naturalismo aplicando un método de análisis científico a los hechos humanos y sociales.)
- **Armando Palacio Valdés** (1853–1938) fue uno de los escritores más conocidos y populares. Escribió novelas de inspiración regional con tono optimista y humorístico, un humor a veces amargo. Escribió *La hermana de San Sulpicio* sobre Andalucía, *José* sobre Asturias y *Riverita* sobre la corrida de toros de Madrid.
- **Vicente Blasco Ibáñez** (1867–1927) es el novelista español de mayor éxito en su tiempo y de más fama fuera de España. Nacido en Valencia, Blasco Ibáñez escribió novelas sobre Valencia. *La barraca*, su obra maestra, pinta el ambiente valenciano con un fondo social. Su estilo es naturalista, con descripciones fuertes y ricas. Describe conflictos sociales o humanos con

sentido dramático y enérgico. Escribió una novela sobre la Primera Guerra Mundial, *Los cuatro jinetes del Apocalipsis. Sangre y arena* es una novela de ambiente taurino (corrida de toros).

SIGLO VEINTE

Alrededor de 1898 surge una literatura diferente de la anterior. Sale, en gran parte, de la Guerra de 1898 en que España perdió sus últimas posesiones en América a Estados Unidos. Como resultado de la guerra, grupos de jóvenes intelectuales españoles se pusieron a examinar el estado espiritual, cultural e intelectual de España dentro del mundo moderno. Estos jóvenes pensadores se conocen como la **«Generación del '98»**. Cultivan todos los géneros pero se dedican más que nada al ensayo y a la poesía lírica.

- **Francisco Giner de los Ríos** (1839–1915) fue el gran pedagogo y filósofo de fines del siglo diecinueve. Tuvo una influencia profunda en crear la sensibilidad y actitudes que predominaron en la literatura española después de 1898. Estaba a favor de la reforma de la enseñanza y fundó la Institución Libre de Enseñanza en Madrid.
- **Miguel de Unamuno** (1864–1936), novelista, filósofo y crítico de Bilbao, fue la figura más importante de su generación por su obra y por la fuerza de su personalidad. Unamuno expresó primero las ideas e inquietudes de su generación, la angustia de lo temporal y el interés por penetrar el alma española. Tenía preocupación espiritual, curiosidad intelectual y visión. Fue rector de la Universidad de Salamanca. Unamuno cultivó todos los géneros. Escribió las novelas *Tres novelas ejemplares y un prólogo, Niebla* y *La tía Tula;* los ensayos *Del sentimiento trágico de la vida, En torno al casticismo* y *Vida de Don Quijote y Sancho;* poesía, artículos y cuentos.
- **Ramón María del Valle-Inclán** (1866–1936), uno de los mejores novelistas de la época, nació en Pontevedra. Su arte se centra en el estilo con su lenguaje rico. Es como una prosa modernista. La última fase de su arte es un expresionismo barroco. Se ve en los *Esperpentos* que elevan lo grotesco, lo feo y lo absurdo a categoría literaria. Sus grandes obras incluyen las *Sonatas—Sonata de otoño* (1902), *Sonata de estío* (1903), *Sonata de primavera* (1904) y *Sonata de invierno* (1905)—y *Tirano Banderas,* novela que es sátira caricaturesca de las dictaduras hispanoamericanas.
- **Pío Baroja** (1872–1956) nació en San Sebastián y pinta el paisaje de las Vascongadas en algunas de sus novelas. Sus novelas, realistas y de tono personal, parecen ser de fragmentos e impresiones. Trata lo político en *El árbol de la ciencia* y *Camino de perfección* y las capas sociales humildes de Madrid en *La busca, Mala hierba* y *Aurora roja.*
- **José Martínez Ruiz** (Azorín) (1873–1967) es el crítico literario más importante de la generación. Escribió sobre los clásicos españoles en *La ruta de Don Quijote* y *Rivas y Larra* y sobre el pasado nacional y el paisaje en *Castilla.* Sus novelas como *La voluntad* son personales como confesiones.
- **Ramón Menéndez Pidal** (1869–1968), gran erudito y maestro de la escuela filológica española, nació en La Coruña. Escribió crítica literaria e historia e hizo edición e interpretación de textos. Es autor de estudios como *Los orígenes del español, La España del Cid, Poema de Mio Cid* y *El romancero español.*
- **Jacinto Benavente** (1866–1954), dramaturgo madrileño, ganó el Premio Nobel de Literatura de 1922. Escribió cerca de doscientas obras incluso *Los intereses creados,* una comedia a la italiana, y *La malquerida,* una tragedia rural sobre el pueblo castellano. Su estilo incluye un diálogo hermoso y un fondo burlón que satiriza los defectos humanos.
- **Antonio Machado** (1875–1939), gran poeta sevillano, recibió influencias del modernismo y de la «Generación del '98». Sin embargo, encontró su propia voz poética que era sencilla, concentrada y auténtica. Su emoción profunda salía del recuerdo de una juventud melancólica. Los poemas demuestran un fuerte sentimiento hacia el paisaje castellano, los deseos de una España mejor y el amor noble. Se nota una angustia metafísica en los temas de la muerte, la busca de Dios y la relación entre el sueño y la realidad. Sus colecciones de poemas incluyen *Soledades* y *Campos de Castilla.* Machado fue profesor de francés en varios institutos y cultivó el teatro con su hermano Manuel.
- **Juan Ramón Jiménez** (1881–1958) recibió el Premio Nobel de Literatura de 1956. Escribió poesía y prosa de estilo modernista. Su estilo es puro, de emoción profunda y sentimiento refinado. Sus libros de poesías incluyen *Almas de violeta, Ninfeas, La soledad sonora* y *Animal de*

PART 7

fondo. Platero y yo es un libro en prosa que narra las andanzas del autor por Moguer a lomos de burro. Jiménez nació en Moguer (Huelva) y murió en Puerto Rico.

Para el año de 1920, cuando las tendencias del '98 están en plenitud, se empieza a hablar de una literatura nueva o de «vanguardia» bajo la influencia de los «ismos» en la literatura de la posguerra. Hay una rebelión en literatura contra todo lo precedente. Se cree que vale sólo la poesía lírica y se cultiva poco los otros géneros.

- **José Ortega y Gassett** (1883–1955), filósofo y ensayista, es el maestro de una generación de escritores en España e Hispanoamérica. Esta generación pone ideas nuevas frente a la «Generación del '98». Ve la necesidad de buscar la verdad objetiva. Ortega es creador de la filosofía de la razón vital. Se considera «espectador» ante el mundo, que es su «circunstancia». Medita con «amor intelectual» y habla del «perspectivismo» y de «la razón vital e histórica». Ortega fue catedrático de metafísica en la Universidad de Madrid. Escribió las *Meditaciones del Quijote, La rebelión de las masas, España invertebrada* y muchos otros libros de ensayos y de crítica.
- **Federico García Lorca** (1898–1936), gran poeta y dramaturgo granadino, murió al principio de la Guerra Civil española. Sus obras influyeron mucho en el teatro español innovador. Escribió el *Romancero gitano* (1928), colección de poemas, y la trilogía de dramas *Bodas de sangre* (1933), *Yerma* (1934) y *La casa de Bernarda Alba* (1936). Usó temas folklóricos y tradicionales en su poesía. Sus obras de teatro tratan temas y costumbres españoles que Lorca eleva a nivel universal por los sentimientos y emociones humanos de sus personajes. Lorca forma parte de la «**Generación del '27**».
- **Pedro Salinas** (1891–1951) escribió poesía lírica de mucha emoción—*Presagios, La voz a ti debida, Razón de amor.* Escribió el libro de crítica *Literatura española en el siglo XX.*
- **Jorge Guillén** (1893–1984), poeta de «poesía pura», nació en Valladolid. La «poesía pura» se sirve de lo abstracto y lo conceptual. Escribió *Cántico* (1928), *Final* (1981) y otros libros de poemas. Guillén estudió en España, Suiza y Alemania y fue catedrático de la Universidad de Murcia. Enseñó en universidades norteamericanas también.
- **Vicente Aleixandre** (1898–1984), poeta sevillano, ganó el Premio Nobel de Literatura en 1977. Las raíces de su poesía están en el modernismo, el romanticismo y el superrealismo. Escribió *La destrucción o el amor* (1934) y *Sombra del paraíso* (1944).
- **Alejandro Casona** (1900–1965) vivió en Argentina después de la Guerra Civil española y no volvió a presentar obras en España hasta 1962. Sus obras se destacan por su maestría técnica, profundo lirismo, el idealismo elevado y lo humorístico. Escribió *Los árboles mueren de pie, La dama del alba* y *Prohibido suicidarse en primavera* mientras estuvo en América. Escribió *Corona de amor y muerte* y *La sirena varada* cuando vivió en España.
- **Ramón Sender** (1902–1982) escribió varias novelas. Se considera *Réquiem por un campesino* su mejor novela. Escribió también *Mr. Witt en el Cantón y Crónica del alba.* Sender vivió en México y Estados Unidos después de la Guerra Civil.
- **Rafael Alberti** (1902–1999), poeta de la «Generación del '27», escribió poesía popular y surrealista. Escribió *Marinero en tierra, Cal y canto* y otros libros de poesía.

La vida intelectual literaria y artística fue interrumpida por la Guerra Civil (1936–1939). Muchos escritores, historiadores y eruditos se exiliaron mientras otros se quedaron en España. Hubo ruptura en la vida intelectual de las ciudades universitarias de Madrid y Barcelona. La generación literaria que se forma después de la Guerra Civil está preocupada por los problemas políticos, sociales y económicos de España. Hubo censura hasta la muerte de Francisco Franco en 1975. España, con su gobierno democrático pluralista, goza de libertad artística y literaria. Actualmente se cultivan varios subgéneros en la novela, como la ficción policíaca, y hay muchos escritores que escriben en catalán.

- **Julián Marías** (1914–), filósofo y ensayista, fue discípulo de Ortega y Gassett. Escribió la *Historia de la filosofía* y la *Introducción a la filosofía.* Fue profesor en varias universidades norteamericanas.
- **Camilo José Cela** (1916–2002) nació en La Coruña. Ganó el Premio Nobel de Literatura en 1989. Cultivó la novela «tremendista», es decir, del realismo de la posguerra. Ganó fama en España y fuera del país con su primera novela, *La familia de Pascual Duarte* (1942). Este libro breve y dramático narra las memorias de un campesino extremeño que comete crímenes y

acaba en el cadalso. Cela usa el humor que hace resaltar aún más las atrocidades que describe. Cela escribió las novelas *La colmena, Pabellón de reposo* y *San Camilo 1936*. Es conocido también por sus artículos y ensayos.

- **Antonio Buero Vallejo** (1916–2000), dramaturgo de Guadalajara, modernizó el teatro contemporáneo con sus obras. Escribió *Historia de una escalera,* que ganó el Premio Lope de Vega, *Las meninas,* obra histórica, y *En la ardiente oscuridad,* obra existencialista. Buero Vallejo pinta la realidad social en sus dramas.
- **Miguel Delibes** (1920–) nació en Valladolid. Escribe sobre la sociedad española en sus novelas. Escribió las novelas *El camino, Diario de un cazador, Cinco horas con Mario* y *Las ratas.* Es cuentista, periodista y abogado también.
- **Elena Quiroga** (1921–1995) escribió varias novelas incluso *Viento del norte* y *Presente profundo.*
- **Carmen Laforet** (1921–) nació en Barcelona. Su novela *Nada* (1944) ganó el Premio Nadal pero causó un escándalo por su realismo nuevo y crudo. Laforet pintó la crisis espiritual de la posguerra con realismo, pero con ternura y emoción también. La novelista escribió las novelas *La isla y los demonios* y *La mujer nueva* además de unos libros de cuentos.
- **José Hierro** (1922–2002), poeta nacido en Madrid, escribió una poesía honda de la posguerra. Sus libros de poemas incluyen *Tierra sin nosotros* (1947), *Alegría, Quinta del 42* (1953), *Cuánto sé de mí* (1957).
- **Carmen Martín Gaite** (1925–2000) fue la primera mujer española en ganar el Premio Nacional de Literatura. Es conocida por sus novelas y relatos *El cuarto de atrás* (1978), *Las ataduras* (1960) y *Retahilas* (1974).
- **Ana María Matute** (1926–) nació en Barcelona. Recibió muchos premios por sus novelas. Escribió *Primera memoria* (1960)—Premio Nadal, *Los hijos muertos*—Premio Nacional de Literatura (1959), *Pequeño teatro*—Premio Planeta.
- **Alfonso Sastre** (1926–) da un mensaje social a sus obras de teatro. Escribió *La mordaza* (1954), *Escuadra hacia la muerte* (1953), *Oficio de tinieblas.* En su ensayo demuestra su afán de renovación en temas y técnica.
- **Antonio Gala** (1930–) es conocido por sus obras de teatro de temas actuales como *Los verdes campos del Edén, Anillos para una dama* y *Petra Regalada.*
- **Juan Goytisolo** (1931–) nació en Barcelona. Sus novelas han sido traducidas a varios idiomas. Escribió *Juego de manos, Duelo en el paraíso, Fiesta, La resaca* y *Juan sin tierra.*
- **Juan Marsé** (1933–) escribió la novela *La oscura historia de la prima Montse.*
- **Francisco Umbral** (1935–), novelista, escribió *Diario de un snob* y ganó el Premio Nadal con *Las ninfas* (1975).
- **Manuel Vázquez Montalbán** (1939–) es conocido por sus novelas policíacas.
- **Eduardo Mendoza** (1943–) escribió varias novelas incluso *La ciudad de los prodigios.*
- **Juan José Millás** (1946–) ganó un premio con su primera novela *Cerbero son las sombras* y el Premio Nadal en 1990 con *La soledad era esto.*
- **Antonio Muñoz Molina** (1956–), novelista y periodista, escribió la novela *El invierno en Lisboa* (1987) que ganó el Premio Nacional de Literatura y el Premio de la Crítica.

CHAPTER 32 TEST

Literatura de España

1 **Autores y obras** Empareje el autor de la columna A con el título de su obra de la columna B.

A	B
1. ________ Miguel de Cervantes	**a.** *Las siete partidas*
2. ________ Pedro Calderón de la Barca	**b.** *Las Coplas*
3. ________ José Zorrilla	**c.** *La Araucana*
4. ________ Antonio Buero Vallejo	**d.** *Los sueños*
5. ________ Alfonso X «el Sabio»	**e.** *La vida es sueño*
6. ________ Francisco de Quevedo	**f.** *La perfecta casada*
7. ________ Fray Luis de León	**g.** *El ingenioso hidalgo Don Quijote de la Mancha*
8. ________ Jorge Manrique	**h.** *La Celestina*
9. ________ Alonso de Ercilla	**i.** *Historia de una escalera*
10. ________ Fernando de Rojas	**j.** *Las soledades*
11. ________ Luis de Góngora	**k.** *Don Juan Tenorio*

2 **Narrativa, poesía, teatro** Escoja el elemento que identifique, defina o describa el tema indicado.

1. ________ *El Cantar de Mio Cid*
   a. el mester de juglaría
   b. compuesto en 1043
2. ________ las jarchas
   a. poesía mozárabe
   b. mester de clerecía
3. ________ *Gramática Castellana*
   a. el Arcipreste de Hita
   b. Antonio de Nebrija
4. ________ San Juan de la Cruz
   a. cronista de Indias
   b. místico

Literatura de España

5. _________ el «Fénix de los Ingenios»
   - **a.** Lope de Vega
   - **b.** Juan Ruiz de Alarcón

6. _________ *La Gaviota*
   - **a.** primera novela realista y costumbrista del siglo diecinueve
   - **b.** un libro de caballerías del siglo catorce

7. _________ la «Generación del '98»
   - **a.** Ramón Sender
   - **b.** Miguel de Unamuno

8. _________ las *Cantigas de Santa María*
   - **a.** escritas en gallego-portugués
   - **b.** escritas en castellano

9. _________ el poeta más representativo del Renacimiento en España
   - **a.** José de Espronceda
   - **b.** Garcilaso de la Vega

10. _________ la novela «tremendista»
    - **a.** Camilo José Cela
    - **b.** Francisco Umbral

11. _________ Premio Nobel de Literatura de 1956
    - **a.** Juan Ramón Jiménez
    - **b.** Vicente Aleixandre

12. _________ *La casa de Bernarda Alba*
    - **a.** Benito Pérez Galdós
    - **b.** Federico García Lorca

CHAPTER 32 TEST

Literatura de España

3 **Se trata de...** Empareje la descripción de la columna A con la obra de la columna B.

A	B
1. ________ el pícaro tiene varios amos	**a.** las jarchas
2. ________ colección de leyes de la Edad Media	**b.** *La vida es sueño*
3. ________ Don Juan engaña a las mujeres	**c.** *La familia de Pascual Duarte*
4. ________ cancioncillas escritas en romance primitivo con palabras árabes	**d.** *El Cantar de Mio Cid*
5. ________ hidalgo y su escudero tienen muchas aventuras	**e.** *Lazarillo de Tormes*
6. ________ el libre albedrío contra la predestinación del hombre	**f.** *El burlador de Sevilla y el convidado de piedra*
7. ________ protagonista épico conquistó Valencia por su rey Alfonso VI	**g.** *Las siete partidas*
8. ________ poemas sobre el paisaje castellano	**h.** *Campos de Castilla*
9. ________ un campesino de Extremadura castigado por sus crímenes	**i.** *El ingenioso hidalgo Don Quijote de la Mancha*

4 **La literatura española** Complete las oraciones con las palabras correctas.

1. El filósofo y catedrático ________________________ escribió sobre el «perspectivismo» y «la razón vital e histórica».
2. El gran filólogo español que escribió *Los orígenes del español* y *La España del Cid* es ________________________.
3. El Cid Campeador, Rodrigo Díaz de Vivar, nació cerca de ________________________ en ________________________ y murió en ________________________ en ________________________.

CHAPTER 32 TEST

Literatura de España

4. El ____________________, escrito por el Arcipreste de Hita, es el mejor ejemplo de la poesía del siglo catorce.

5. Los ____________________ son anónimos y derivan de la antigua tradición épica, como *El Cantar de Mio Cid.*

6. *La Celestina,* publicada en 1499, une los estilos de

   ____________________ y ____________________.

7. El período histórico durante el cual escribieron los grandes autores clásicos de la literatura española y surgieron los géneros modernos se llama ____________________.

8. Hernán Cortés, Fray Bartolomé de las Casas y Bernal Díaz del Castillo se llaman ____________________ porque escribieron literatura sobre América.

9. *Lazarillo de Tormes* e *Historia de la vida del Buscón llamado don Pablos* son novelas ____________________.

10. El misticismo español llegó a su apogeo con

    ____________________, monja carmelita y reformadora de su orden.

11. Miguel de Cervantes publicó la primera parte de

    ____________________ en ____________________ (año) y la segunda en____________________ (año).

12. El fundador del teatro español nacional y padre de la comedia moderna es ____________________.

13. El personaje de don Juan fue creado por ____________________.

14. *Las soledades,* poesías culteranas, fueron escritas por

    ____________________.

15. Las ____________________, poesías íntimas y nostálgicas, fueron escritas por ____________________, el último de los grandes poetas románticos.

16. ____________________, trata la Guerra de la Independencia en los ____________________.

Geografía de Hispanoamérica

Hispanoamérica, es decir, México, América Central, las Antillas y América del Sur, consiste en diecinueve países donde los habitantes tienen el español como lengua oficial.

- Las tres cuartas partes de **México** o Estados Unidos Mexicanos pertenecen geográficamente a América del Norte y el resto a América Central. México tiene límite con Estados Unidos al norte (el río Bravo o río Grande separa los dos países), con el golfo de México y el mar de las Antillas (el Caribe) al este, con Guatemala y Belice al sudeste y con el océano Pacífico al oeste. México tiene un área de 1.958.201 kilómetros cuadrados (incluyendo las islas que se mencionan a continuación), o sea, tres veces el tamaño de Tejas. México es como el puente entre los dos continentes americanos. Tiene cordilleras y montañas que se extienden hacia el istmo centroamericano. La actividad volcánica ha influido mucho en la formación del suelo mexicano. La Sierra Madre, el principal sistema de montañas, divide en la Sierra Madre Oriental y la Sierra Madre Occidental. Entre estas dos ramas se encuentra una inmensa altiplanicie, la Mesa Mexicana, que se extiende desde el centro de México hasta el interior de Estados Unidos. Hay importantes valles como los de México, Puebla y Toluca. Yucatán, una península que queda al este del país, es una zona baja y tropical. Hay gran variedad climática en México. Algunas islas importantes que forman parte del territorio mexicano son: Cozumel y Mujeres en el mar de las Antillas; Carmen y Puerto Real en el golfo de México; Ángel de la Guarda, Tiburón, San José, Espíritu Santo y Cerralvo en el golfo de California; las Tres Marías y el archipiélago de Revillagigedo en el Pacífico. La Ciudad de México, capital del Distrito Federal y de los Estados Unidos Mexicanos, queda en una meseta a 2.234 metros de altura. Allí es donde los aztecas tuvieron su capital de Tenochtitlán que fue conquistada por los españoles en 1521.

  Las ciudades principales de México son: Ciudad de México, Guadalajara, Monterrey, y los puertos de Veracruz, Tampico y Coatzacoalcos en el golfo de México y Mazatlán en el océano Pacífico. México tiene una población de algunos 99.969.000 habitantes. Ciudad de México tiene por lo menos 21.233.900 de habitantes en la zona metropolitana.

  En cuanto a la economía de México, la riqueza se encuentra en la agricultura, la industria y la minería. Se cultivan el algodón, el café, el trigo, el maíz, la caña de azúcar, el arroz y el frijol. Las industrias principales son el petróleo y el gas natural, el acero, los productos químicos, los textiles, la goma y el turismo. México se destaca por su producción de plata, plomo, oro y cinc. A pesar de sus enormes posibilidades económicas, México no ha podido realizar sus expectativas por razones mayormente políticas, en parte por la corrupción extendida por todo el sistema político. Parte del problema radica en la hegemonía del Partido Revolucionario Institucional que dominaba completamente la vida política por setenta y un años. En 2000 Vicente Fox Quezada, candidato presidencial del Partido Acción Nacional, ganó las elecciones poniendo fin al dominio del PRI. Algo prometedor es la entrada en vigor en 2002 de la Ley Federal de Transparencia y Acceso a la Información Pública Gubernamental. Queda por ver si durante su sexenio el presidente Fox puede infundir en el pueblo mexicano confianza en su gobierno y si puede llevar a cabo las reformas necesarias.

Centroamérica, o América Central, se extiende desde el istmo de Tehuantepec hasta el golfo de

CHAPTER 33

Darién. Es de 517.998 kilómetros cuadrados (sin contar las islas Antillas). Se conoce como una región de mucha actividad volcánica. En el istmo de Panamá se construyó un canal entre el océano Atlántico y el Pacífico. Hay otro istmo en Nicaragua. El archipiélago de las Antillas pertenece geográficamente a la América Central.

- **Guatemala** tiene una meseta central donde se encuentra la capital, la Ciudad de Guatemala. El país tiene muchas montañas, lagos y volcanes. Las erupciones volcánicas y los terremotos han causado grandes desastres. Los puertos importantes son San José y Champerico en el océano Pacífico y Puerto Barrios en el Atlántico. Por su clima tan variado, Guatemala produce diferentes productos agrícolas. Los principales para la exportación son el café y el plátano. También se cultivan el chicle, el tabaco, el algodón, el frijol, la caña de azúcar, el trigo, la cebada y la papa. Se producen maderas finas también. La civilización maya floreció en la región del Petén. Guatemala tiene una población de 11.687.000.
- **Honduras** tiene 500 millas de costa en el mar Caribe y 40 millas en el golfo de Fonseca (el océano Pacífico). Hay una cadena montañosa, una prolongación de los Andes Centroamericanos, que cruza Honduras del suroeste al sudeste. Por los diferentes niveles de su territorio, Honduras tiene un clima variado como los otros países centroamericanos. Honduras es un país agrícola con muchos valles y tierras fértiles donde se cultivan el plátano, que es la exportación principal, el café, el maíz, y el tabaco. Se producen también textiles y maderas finas. El país tiene oro, plata, cobre, plomo y cinc. Las ciudades principales son Tegucigalpa, la capital, y San Pedro Sula. Honduras tiene una población de 6.626.000 personas.
- **El Salvador** es el país más pequeño de América Central. La superficie del país forma una meseta de 650 metros de altitud media. El Salvador tiene muchos ríos y 296 kilómetros de costa en el Pacífico. Es el único país centroamericano que no tiene costa en el Atlántico. La parte norte del país tiene muchos volcanes. El café es el producto principal de esta economía agrícola. También se produce algodón, maíz, azúcar, henequén y frutas tropicales. Son importantes también los bosques y la goma. San Salvador es la capital. El Salvador tiene una población de 6.238.000 habitantes. Muchos salvadoreños han emigrado a Estados Unidos por razones políticas y económicas.
- **Nicaragua,** el país más grande de Centroamérica, tiene frontera con Honduras al norte, con Costa Rica al sur y limita con el Atlántico al este y con el Pacífico al oeste. Cada costa en el mar tiene más de 200 millas de largo. Hay dos cadenas de montañas, una cerca del Pacífico y otra que es una continuación de los Andes centroamericanos. Hay un sistema de volcanes en la costa del Pacífico. Nicaragua es un país agrícola también. Los productos principales son el plátano, el algodón, la fruta, la yuca (la mandioca), el café, el azúcar, el maíz, el frijol, el arroz y el tabaco. En cuanto a la industria, el país tiene refinerías de petróleo, procesamiento de comida, productos químicos y textiles. Managua es la capital. Nicaragua tiene 4.918.000 habitantes.
- **Costa Rica** limita con Nicaragua al norte, con Panamá al sudeste, con el océano Atlántico al este y con el Pacífico al oeste. El país tiene una topografía variada con llanuras bajas y bosques al norte, una altiplanicie en el centro que es una fértil región agrícola y una cordillera al sur. Hay una cadena de volcanes en las llanuras. Costa Rica produce café que es su exportación principal, plátanos, azúcar, cacao y algodón. Su industria incluye los muebles, procesamiento de comida, el aluminio, textiles y fertilizantes. Costa Rica tiene también oro, sal e hierro. El ecoturismo tiene mucha importancia por la red de bosques nacionales. San José es la capital. Costa Rica tiene una población de 3.936.000 personas. A diferencia de los otros países centroamericanos, Costa Rica tiene una población que es casi en su totalidad de origen europeo (95 por ciento, con un grupo minoritario de mestizos). Costa Rica tiene una larga tradición democrática y es el único país de las Américas que no tiene ejército.
- **Panamá** queda en la parte más estrecha (de 50 a 200 kilómetros) del istmo de Centroamérica. Aquí se une América Central con América del Sur. Hay una cadena montañosa de los Andes Centroamericanos en la parte occidental del país. Hay grandes selvas en la parte oriental del país. Panamá limita al norte con el mar Caribe o el Atlántico, al sur con el Pacífico, al este con Colombia y al oeste con Costa Rica.

Una gran parte de la población de Panamá vive de las operaciones del Canal de Panamá. Debido a la densidad de la población en esa zona y la falta de comunicaciones, la agricultura no se ha desarrollado mucho. Por eso casi toda la comida se importaba, pero ahora, la producción agrícola está creciendo. El producto principal de exportación es el plátano. Panamá produce también piña, cacao, maíz, coco y azúcar. Tiene refinerías de petróleo y oficinas de la banca internacional. La ciudad de Panamá es la capital. El país tiene 2.903.000 habitantes. Fernando de Lesseps, administrador y diplomático francés, intentó hacer construir un canal en el istmo. En 1903, Panamá declaró su independencia de Colombia y se firmó el tratado Hay-Bunau Varilla que dio control del canal de Panamá a Estados Unidos. En 1904, Estados Unidos empezó la construcción del canal, que quedó terminado en 1914. En 1978, se firmó un nuevo tratado que estipuló la entrega del Canal a Panamá en el año 2000. La prosperidad económica de Panamá, debida en gran parte a la Zona del Canal, ha favorecido su estabilidad política.

Las Antillas son un archipiélago que queda entre América del Norte y América del Sur en el mar Caribe. Las Antillas Mayores comprenden Cuba, Puerto Rico, Santo Domingo (la República Dominicana y Haití) y Jamaica. Las Antillas Menores incluyen las islas al este del mar Caribe como Granada, Guadalupe, Martinica, Trinidad y Tobago.

- Cristóbal Colón llegó a **Cuba** en 1492. Las tres cuartas partes de la isla consisten en una llanura, con colinas suaves y valles fértiles. La Sierra Maestra en el este del país es la más alta de las tres cordilleras. La Habana es la capital y Santiago de Cuba y Camagüey son las otras ciudades principales. Cuba tiene una población de 11.190.000 habitantes. Los productos principales son el azúcar, con un 75 por ciento de todos los productos exportados, el tabaco, el arroz, el café y las frutas tropicales. La industria incluye el azúcar, el cemento y el procesamiento de comida. En 1952, Fulgencio Batista tomó el poder y estableció una dictadura en Cuba. Había mucha represión y corrupción en su gobierno hasta que Fidel Castro, guerrillero (un soldado de la guerrilla), lo venció en 1959, año en que Castro mismo tomó el poder. Castro hizo un programa de reforma agraria, económica y social sin restaurar las libertades de los cubanos. Hasta encarceló y asesinó a sus enemigos. Unos setecientos mil cubanos se exiliaron de Cuba durante los primeros años de la revolución. Castro nacionalizó las tierras, los bancos y las compañías internacionales sin compensar a sus dueños. La cosecha de caña de azúcar, el producto de exportación más importante, no rendía y la anterior Unión Soviética prestó apoyo a Cuba. Castro impuso la colectivización de las granjas, cooperativas, rígidos controles laborales y el racionamiento. Estados Unidos impuso un embargo a Cuba en 1962, el mismo año en que la Unión Soviética colocó misiles nucleares en Cuba, que fueron retirados finalmente por mandato del presidente Kennedy. Cuba siguió con el comunismo aún después que cayó la Unión Soviética. Por contar con la ayuda de la Unión Soviética, Cuba se encontró con grandes dificultades económicas al desaparecer su protector. Esta isla, que antes gozaba de una fama de paraíso tropical y que atraía por su magnífico paisaje y la vida nocturna de La Habana a turistas de todo el mundo, actualmente carece de comida. Muchos cubanos emigrarían de Cuba por razones políticas, económicas y sociales si pudieran entrar legalmente en Estados Unidos. Siguen los enfrentamientos diplomáticos entre Estados Unidos y Cuba como en el caso del niño cubano Elián González que huía de Cuba buscando asilo político en Estados Unidos y que fue encontrado náufrago en el mar a tres millas de la Florida en 1999. Hasta que haya cambio del régimen totalitario de Fidel Castro a la democracia, Cuba no podrá realizar su potencial.
- **La República Dominicana** se encuentra en la isla de Santo Domingo, que fue nombrada La Española por Cristóbal Colón. La República Dominicana comparte la isla con Haití. La República Dominicana es montañosa y en general el clima es cálido. La economía se basa en la agricultura, principalmente el cultivo de la caña de azúcar. La caña se cosecha en el este del país. Los otros productos son el cacao, el café, el tabaco y el arroz. Hay refinerías de azúcar, cemento, productos farmacéuticos y maderas. Santo Domingo es la capital. Es la ciudad más antigua de las ciudades americanas fundadas por los españoles y de allí salieron los conquistadores en sus expediciones a Cuba y Puerto Rico. Otra ciudad importante es Santiago de los Caballeros. La República Dominicana tiene una población de 8.693.000 habitantes. Muchos

dominicanos emigran a Estados Unidos por las malas condiciones económicas de su país.

- **Puerto Rico** es la isla que queda más al este de las Antillas Mayores. Esta isla rectangular es montañosa y tiene muchos ríos. Su clima es cálido y húmedo. Cristóbal Colón llegó a la isla en su segundo viaje en 1493. En 1917 se les concedió a los puertorriqueños la nacionalidad estadounidense. Puerto Rico es un Estado Libre Asociado a los Estados Unidos. Los puertorriqueños tienen los mismos derechos que tienen los ciudadanos estadounidenses salvo el derecho de votar en las elecciones nacionales. Viven según la Constitución y las leyes de Estados Unidos. A principios de 1993, el Gobernador de Puerto Rico declaró el inglés y el español las lenguas cooficiales de la isla. San Juan es la capital de Puerto Rico. Las otras ciudades más importantes son Ponce, en el Caribe, y Mayagüez, en la costa occidental. La isla tiene una población de 3.829.000 habitantes. Hay más de dos millones y medio de puertorriqueños que viven en Estados Unidos continental. Puerto Rico tiene cultivo de café, plátanos, piñas, tomates, caña de azúcar y tabaco. La industria principal es la fabricación de productos farmacéuticos y químicos, maquinaria y metales, productos alimenticios, ropa y petróleo.

América del Sur es un enorme continente que consiste en mesetas, llanuras y montañas. Hay tres inmensas llanuras que se encuentran en el interior del continente y que se extienden hasta la costa del Atlántico: la del Amazonas, la Pampa, y el Chaco. En esa región quedan los valles de los ríos Orinoco, Paraná, Paraguay y Amazonas. La gran cordillera de los Andes, al oeste del continente, es la cadena más grande del mundo con una longitud de 7.500 kilómetros. La cumbre más alta de la cordillera y la más alta de América, es la del Aconcagua, que tiene 6.959 metros y que está situada en Argentina. Entre las cadenas montañosas de los Andes se encuentran altiplanos y páramos. En la altiplanicie andina de Perú y Bolivia se encuentra el lago Titicaca, a 3.815 metros de altura. El lago, que pertenece a los dos países, es navegable para buques de vapor. El río Iguazú, que se encuentra al sur del Brasil, desemboca en el Paraná en el punto donde se juntan Argentina, Brasil y Paraguay. Tiene 1.320 kilómetros de longitud. Tiene doscientas cataratas entre las cuales destaca el Salto Grande de Santa María que tiene 70 metros de altura. La línea ecuatorial pasa por Ecuador, Colombia y Brasil; los demás países sudamericanos quedan al sur de la línea, salvo Venezuela, que queda al norte. Hay una gran variedad climática entre las regiones de los países sudamericanos. Las estaciones del año están al revés en el hemisferio sur comparadas con las del hemisferio norte. Casi todos los países de Sudamérica cuentan con la industria turística como parte importante de su economía.

- **Argentina** es el segundo país sudamericano en extensión. Limita al norte con Brasil, Paraguay y Bolivia, al este con Brasil, Uruguay y el océano Atlántico, al oeste con Chile y al sur con el pasaje de Drake. Argentina posee una parte de la Antártida también. Argentina no pudo apoderarse de las islas Malvinas *(Falklands)*, reclamadas por Argentina como parte de su territorio nacional, en una guerra con Inglaterra en 1982. En el oeste del país hay una región montañosa de los Andes. Por allí se encuentra la Puna, una árida meseta de 4.000 metros con cumbres elevadas. Hacia el sur en la provincia argentina de Mendoza se encuentra Aconcagua, la más alta cumbre del continente americano. La región de las llanuras incluye el Chaco, al norte y la Pampa, más al sur. La llanura mesopotámica queda entre los ríos Paraná y Uruguay. El río Iguazú, con su famosa catarata, el Salto Grande de Santa María, pasa por Argentina. La región de las mesetas se extiende al sur, entre el mar argentino y los Andes Patagónicos. La Pampa es la gran llanura que queda entre el río Colorado al sur, la sierra de Córdoba al oeste, el Paraná al este y el Gran Chaco al norte. Se extiende por casi toda la provincia de Buenos Aires. En la Pampa, una región fértil y húmeda y la llanura mesopotámica se cultivan cereales, maíz, uvas, azúcar, tabaco, arroz, lino y algodón. La ganadería argentina es una de las más importantes del mundo. La pesca es también importante. El subsuelo de Argentina es rico en petróleo y hay yacimientos de carbón, hierro, plata, cinc, plomo, oro, estaño y uranio. Los principales productos del país son los alimenticios, químicos, textiles, derivados del petróleo, maquinaria y automóviles. Argentina tiene una población de 37.487.000 habitantes. Su capital, Buenos Aires, tiene 13.076.300 habitantes. Queda en la orilla derecha del río de la Plata. Otras ciudades importantes son Córdoba y Rosario, las dos al noroeste de la capital. Juan Díaz de Solís fue el primer español que llegó al río de la Plata (1516). Magallanes exploró las costas y descubrió el estrecho que hoy se llama el estrecho de Magallanes. Argentina tiene un 95 por ciento de habitantes de origen europeo, especialmente españoles e italianos. La inmigración en gran escala a Argentina de españoles, italianos y alemanes durante las décadas después de 1880 fomentó la modernización, industrialización, educación y prosperidad del país. Las enormes posibilidades de Argentina no se han realizado por los graves problemas políticos que han azotado al país.

- **Uruguay** linda con Argentina al oeste, con Brasil al norte, con el Atlántico al este y con el río de la Plata al sur. El país tiene mucha llanura donde se cultivan maíz, trigo, frutas, arroz y avena. Las industrias principales son la cárnica, la textil, la producción de vinos, cemento y productos petroleros. Uruguay tiene una población de 3.303.000 habitantes entre los cuales predominan los de origen europeo (89 por ciento). La mayoría de estos son de origen español e italiano. La capital de Uruguay es Montevideo. Punta del Este es un importante balneario internacional.
- **Paraguay** y Bolivia son los dos países sudamericanos que no tienen puerto de mar. La República de Paraguay tiene frontera con Bolivia al norte, Argentina al sur y Brasil al este. El río Paraguay divide el país. Al este hay llanuras fértiles, colinas y prados. Al oeste está la llanura del Chaco. La agricultura y la ganadería son las fuentes de riqueza del país. También es importante la explotación de los bosques del Chaco por su madera. Se cultivan el maíz, el algodón, el frijol y el azúcar. Paraguay tiene una población de 5.636.000 habitantes. La capital es Asunción. El español y el guaraní son las lenguas cooficiales.
- **Bolivia** se declaró independiente de España en 1825 y se constituyó la República de Bolivia en homenaje a Simón Bolívar. «El Libertador» fue declarado Padre de la Patria y su primer presidente. Bolivia se encuentra en plena cordillera de los Andes. Linda con Chile y Perú al oeste, con Argentina y Paraguay al sur y con Brasil al este y al norte. La cordillera de los Andes se divide en dos cadenas, la occidental volcánica y la oriental (Real). Entre las dos cadenas queda el Altiplano donde está La Paz, la capital (no oficial) más alta del mundo (4.300 metros). Los llanos del Amazonas-Chaco quedan al este. El lago Titicaca, que queda en la frontera con Perú, es el lago más alto del mundo. Bolivia tiene una población de 8.516.000 habitantes. Como Perú, tiene una gran población indígena. En Bolivia hay un 30 por ciento de gente quechua y un 25 por ciento de gente aymara. El español, el quechua y el aymara son las lenguas oficiales. Sucre es la capital oficial pero La Paz es la sede del gobierno. Bolivia produce papas, azúcar, café, maíz, cacao y coca.
- **Chile** limita al norte con Perú, al este con Bolivia y Argentina, al sur con la Antártida y al oeste con el Pacífico. La cordillera de los Andes queda al este del país. El desierto de Atacama, totalmente árido, queda al norte. Se encuentran las regiones agrícolas en la parte céntrica de Chile. A pesar de que menos de la mitad del país tiene tierra cultivable, la agricultura se ha desarrollado exitosamente. Chile produce cereales, cebollas, frijoles, papas y frutas. La producción de los vinos es cada vez más importante. También produce cobre, nitratos, yodo (la mitad de la producción mundial), hierro, carbón, petróleo, oro, cobalto, cinc, mercurio, azufre y mármol. Chile tiene una población de 15.402.000 habitantes. La capital es Santiago. Chile se independizó de España entre 1810 y 1818. Los héroes de la independencia fueron José de San Martín y Bernardo O'Higgins. Valparaíso es su puerto principal e importante base naval. Viña del Mar es un balneario chileno de fama internacional. Chile reclama una parte del territorio de la Antártida y comparte la Tierra del Fuego con Argentina. La Tierra del Fuego, que queda en la punta sur de Sudamérica, fue descubierta por Magallanes en 1520. Chile está disfrutando un período de gran crecimiento económico.
- **Perú** limita al norte con Colombia y Ecuador, al este con Brasil y Bolivia, al sur con Chile y al oeste con el Pacífico. Perú se divide en tres regiones naturales que van de norte a sur: la costa árida, al oeste; la montaña o selva, un inmenso llano forestal que cubre más de la mitad del país; en medio de ambas regiones, la sierra constituida por la altiplanicie que dividen valles y los Andes. Los Andes ocupan un 27 por ciento del país. La mayoría de los peruanos pueden vivir en la costa gracias al sistema de riego. Aunque las tierras cultivables son escasas, la agricultura es la actividad fundamental del país. Se producen algodón,

azúcar, café, maíz, cereales, cacao, y quina. Perú produce también cobre, plata, plomo, cinc, hierro y petróleo. Perú tiene una población de 26.090.000 habitantes. La capital es Lima. Otras ciudades importantes son Arequipa y Callao. Dos grandes centros turísticos son Cuzco, capital del imperio incaico, y Machu Picchu, ciudad amurallada de los incas que fue descubierta por el arqueólogo estadounidense Hiram Bingham en 1911. El español y el quechua son las lenguas cooficiales y se habla el aymara también.

- **Ecuador** fue nombrado así por la línea ecuatorial que lo atraviesa. Limita al norte con Colombia, al este y al sur con Perú y al oeste con el Pacífico. Dos cadenas de los Andes cruzan el país de norte a sur, dividiéndolo en tres zonas: tierras cálidas y húmedas en la costa y altiplanicie entre las cadenas y tierras tropicales al este. Las islas Galápagos, donde viven tortugas gigantes, también pertenecen a Ecuador. Ecuador es el primer exportador de plátano en el mundo. También produce café, arroz, azúcar y maíz. Tiene petróleo, cobre, hierro, plomo, plata, goma y maderas. Ecuador es miembro de la Organización de Países Esportadores de Petróleo (OPEP). Ecuador tiene una población de 12.879.000 habitantes. El español es la lengua oficial aunque se habla mucho el quechua. La capital, Quito, queda a 2.827 metros de altura. Guayaquil, otra ciudad importante, queda en la costa del Pacífico.
- **Colombia** limita al norte con el Atlántico, al oeste con el Pacífico, al este con Venezuela y Brasil, al sur con Ecuador y Perú y al noroeste con Panamá. Hay tres cadenas de los Andes que van de norte a sur. Hay una región andina al oeste y tierras bajas al este. En el este corren los afluentes del río Orinoco y del Amazonas. El país es agrícola y minero. Se produce café—que representa un 50 por ciento de sus exportaciones—arroz, maíz, azúcar, algodón y plátanos. Hay también petróleo, gas natural, esmeraldas—un 90 por ciento de la producción mundial—oro, cobre, plomo, carbón, hierro, sal, goma, madera, textiles, cueros y productos químicos. Colombia tiene una población de 41.662.073 habitantes. La capital es Bogotá. Otras ciudades importantes son Medellín, Cali y Barranquilla.
- **Venezuela** limita al norte con el mar Caribe y el Atlántico, al este con Guyana, al sur con Brasil y al oeste con Colombia. Venezuela tiene tres regiones bien definidas: una cadena de montañas, mesetas que ocupan casi la mitad del país y los llanos (una sabana) del Orinoco, situados entre las dos zonas anteriores. La región cultivada se encuentra en la zona montañosa del noroeste y en la costa. Se produce café, arroz, frutas y azúcar. Venezuela es uno de los exportadores más importantes de petróleo y fue uno de los fundadores de la OPEP. También tiene hierro y oro y las industrias de acero, productos petroleros, textiles y papel. La capital es Caracas. La Guaira, que queda a 25 kilómetros de Caracas, sirve de puerto para la capital. Es el puerto más importante del país. Otras ciudades importantes son Maracaibo (en el lago Maracaibo hay mucha explotación de petróleo), Barquisimeto y Valencia. Venezuela tiene una población de 24.632.000 habitantes.

CHAPTER 33 TEST

Geografía de Hispanoamérica

1 Países y capitales Empareje los lugares de la columna A con los países o las descripciones de la columna B.

A	B
1. _________ Buenos Aires	**a.** la República Dominicana
2. _________ Asunción	**b.** Colombia
3. _________ Santo Domingo	**c.** Cuba
4. _________ Managua	**d.** Argentina
5. _________ Bogotá	**e.** Costa Rica
6. _________ La Habana	**f.** Ecuador
7. _________ San Juan	**g.** Paraguay
8. _________ Montevideo	**h.** Uruguay
9. _________ Quito	**i.** Puerto Rico
10. _________ San José	**j.** Nicaragua

2 Para completar Complete las oraciones con la respuesta correcta.

1. El español, el quechua y el aymara son las lenguas oficiales de _________.
   - **a.** Chile
   - **b.** Paraguay
   - **c.** Venezuela
   - **d.** Bolivia
2. _________ es el primer exportador de plátanos en el mundo.
   - **a.** Ecuador
   - **b.** Argentina
   - **c.** Uruguay
   - **d.** Cuba
3. El río Bravo (o río Grande) separa dos países. Son _________ y _________.
   - **a.** Argentina y Uruguay
   - **b.** Estados Unidos y México
   - **c.** Colombia y Panamá
   - **d.** Chile y Perú

CHAPTER 33 TEST

Geografía de Hispanoamérica

4. ________ fue nombrado en homenaje a Simón Bolívar, su primer presidente.
   a. Venezuela
   b. El Salvador
   c. Bolivia
   d. Ecuador
5. Una parte de la Antártida pertenece a ________.
   a. Colombia
   b. Chile
   c. México
   d. Panamá
6. Petén, donde floreció la civilización maya, se encuentra en ________.
   a. Guatemala
   b. Nicaragua
   c. La República Dominicana
   d. Perú
7. En el istmo de ________, hay un canal entre el Atlántico y el Pacífico.
   a. Nicaragua
   b. Tehuantepec
   c. Magallanes
   d. Panamá
8. En 1903, Panamá declaró su independencia de ________.
   a. Costa Rica
   b. Estados Unidos
   c. Colombia
   d. España

CHAPTER 33 TEST

Geografía de Hispanoamérica

3 **Topografía** Empareje los lugares o las cosas de la columna A con las descripciones de la columna B.

A

1. _________ Atacama
2. _________ Sierra Madre
3. _________ Aconcagua
4. _________ la Pampa
5. _________ la Tierra del Fuego
6. _________ Titicaca
7. _________ Antillas

B

a. cumbre andina más alta de América

b. archipiélago caribeño entre América del Norte y América del Sur

c. desierto chileno

d. territorio de Chile y Argentina

e. lago en altiplanicie andina de Perú y Bolivia

f. cordillera mexicana

g. inmensa llanura argentina

4 **Datos geográficos** Escoja las palabras que no formen parte del grupo.

1. capital
   a. San José
   b. Managua
   c. Sucre
   d. Guayaquil
2. puerto
   a. La Habana
   b. Tampico
   c. Asunción
   d. La Guaira
3. río
   a. Córdoba
   b. Orinoco
   c. Iguazú
   d. Paraná

CHAPTER 33 TEST

Geografía de Hispanoamérica

4. llanura

   a. el Chaco

   b. Aconcagua

   c. la Pampa

   d. la del Amazonas

5. país con costa en el Atlántico

   a. Chile

   b. Argentina

   c. Puerto Rico

   d. Nicaragua

6. país con costa en el Pacífico

   a. Ecuador

   b. México

   c. Chile

   d. Uruguay

7. país con puerto

   a. México

   b. Panamá

   c. Bolivia

   d. Puerto Rico

8. país con ejército

   a. Honduras

   b. Costa Rica

   c. Uruguay

   d. Perú

9. países que no comparten frontera

   a. Panamá y Colombia

   b. Costa Rica y Venezuela

   c. Panamá y Venezuela

   d. Honduras y Ecuador

CHAPTER 33 TEST

Geografía de Hispanoamérica

10. países andinos
    - **a.** Chile
    - **b.** la República Dominicana
    - **c.** Colombia
    - **d.** Perú

11. el ecuador pasa por el país
    - **a.** Colombia
    - **b.** Ecuador
    - **c.** Uruguay
    - **d.** Brasil

5 **En resumen** Complete las oraciones con la palabra o la frase correcta.

1. La capital de Chile es ________________________.
2. Puerto Rico es un ________________________ a Estados Unidos.
3. La Zona del Canal se encuentra en ________________________.
4. Estados Unidos construyó ________________________ entre 1904 y 1914.
5. Las Islas Galápagos son territorio de ________________________.
6. Las lenguas cooficiales de Paraguay son ________________________ y ________________________.
7. La cordillera de ________________________ es la más grande del mundo.
8. La gran llanura que se encuentra en la Argentina es ________________________.
9. El país más grande de Centroamérica es ________________________.
10. Los dos países sudamericanos que no tienen puerto de mar son ________________________ y ________________________.
11. La capital de ________________________, el país más pequeño de Centroamérica, es ________________________.
12. ________________________ y Haití se encuentran en la isla de ________________________.

Historia de Hispanoamérica

Civilizaciones y culturas indígenas precolombinas

- Había varios grupos indígenas que vivían en el continente antes de la Conquista española. **Los araucanos,** llamados también **los mapuches,** vivían en una parte de Argentina antes de pasar al Chile central. Estos indios guerreros cultivaban el maíz y la papa y tenían ganado. Su educación era militar. **Los chibchas** (hacia 500 a.C.–1539 d.C.), llamados también **muiscas** o **moscas,** vivían en las altiplanicies de la Cordillera Oriental de Colombia. Se dedicaban a la agricultura y fabricaban hermosos artículos de artesanía. Su cultura era parecida a la incaica. Algunos investigadores consideran la cultura chibcha la cuarta más importante de la América precolombina. **Los nazcas** (200–800 d.C.) eran como las otras culturas del Clásico Andino, es decir, se organizaron en estados teocráticos, no tenían mucho desarrollo urbano y se dedicaban al militarismo. Las «líneas de Nazca» son enormes figuras de animales trazados en el suelo, llamado la pampa de Nazca. **Los guaraníes** eran buenos navegantes que hicieron migraciones desde Paraguay hasta el Amazonas. La importancia de los guaraníes en la formación del pueblo paraguayo se demuestra por el hecho de que casi todos los paraguayos hablan español y guaraní y que las dos lenguas son cooficiales en el país. **Los caribes** venían de la cuenca del Orinoco y vivían en las Antillas en el siglo quince. Eran feroces guerreros que luchaban contra **los arawakos**. Éstos ocuparon las Antillas antes que los caribes y luego emigraron por el Amazonas hasta el Alto Paraguay y el Chaco argentino. Había tres civilizaciones indígenas precolombinas que eran más avanzadas que todas las demás: los mayas, los aztecas y los incas.
- **Los mayas,** que vivían en los bosques tropicales de Mesoamérica (en lo que hoy es el Yucatán, Guatemala, Honduras y Belice), tenían una civilización muy avanzada. Se destacaban en tres campos más bien intelectuales: la aritmética, el calendario y la escritura jeroglífica. Durante unos dos mil seiscientos años, estos indios desarrollaron una escritura jeroglífica compuesta por más de setecientos signos que es en parte fonética y en parte ideográfica, la bóveda falsa en arquitectura, una escultura monumental de carácter religioso que asocia la estela y el altar (Tikal) y un sistema para medir el tiempo que parte de una fecha concreta. Los mayas construyeron los grandes centros ceremoniales y ciudades-estado como Tikal, Palenque, Copán y Bonampak. Los tres períodos de su civilización son: el Formativo, entre el siglo diez a.C. y el siglo tres d.C.; el Clásico, del siglo tres al diez d.C.; y el Posclásico, del siglo diez a la Conquista. Los mayas tenían una sociedad guerrera. Como parte de su religión, que era un instrumento político más que nada, los mayas tenían rituales que incluían el sacrificio humano y el autosacrificio.
- **Los aztecas** dominaban una gran parte de Mesoamérica cuando llegaron los conquistadores españoles a México en 1519. Tenían un vasto imperio que se extendía de lo que es hoy la frontera norte del país del área al istmo de Tehuantepec y del Atlántico al Pacífico. El centro de su imperio era Tenochtitlán, una ciudad densamente poblada del Valle de México. Hoy la Ciudad de México ocupa el lugar donde estaba Tenochtitlán. Los aztecas llegaron a dominar el Valle de México después que el imperio tolteca cayó a fines del siglo doce. Los mexicas, otro nombre de los aztecas, eran un grupo de lengua náhuatl originario de Aztlán, un lugar semimítico situado en el oeste

de México. El militarismo de la sociedad azteca se reflejaba en la esfera religiosa. Los guerreros muertos en combate o en la piedra de los sacrificios iban al Paraíso Solar. Los sacerdotes le abrían el pecho al cautivo con una navaja de piedra, le sacaban el corazón y se lo ofrecían al sol. La escritura azteca no era tan sofisticada como la de los mayas. Sí tenían un calendario y destacaron en todas las artes, especialmente en la escultura en piedra.

- **Los incas** tenían una cultura con dos rasgos muy importantes: el genio organizador y la estructura sociopolítica del Estado y el ayllu, un conjunto de familias que descendían del mismo antepasado. Así pudieron crear un enorme imperio en menos de un siglo. El imperio tenía su centro en Cuzco (Perú) y llegaba desde la frontera colombiano-ecuatoriana hasta el Chile central y de la costa pacífica a las selvas del Amazonas. Tenía entre once y quince millones de habitantes. La verdadera historia de los incas (no según sus leyendas) comenzó con el reino de Pachacútec Inca Yupanqui (1438–1471). Los incas establecieron una unidad política, económica y social en los Andes centrales. La estructura social se basaba en el ayllu. La organización política y económica era un sistema tiránico. El estado despótico, militarista y teocrático explotaba económicamente a las comunidades campesinas. Para mantener su sistema, los líderes utilizaron métodos violentos en castigar a los ayllus rebeldes. Los incas adoraban a Inti, la divinidad solar. El culto al sol era la manifestación religiosa de la organización política imperial y se desarrolló con la expansión militar. Las ceremonias estaban relacionadas con las diferentes fases del ciclo agrícola. En estas ceremonias se trataba de ofrendas, de la muerte de llamas y del sacrificio de un niño o una virgen. Los incas no destacaron en las bellas artes y su arquitectura sobresale más por su solidez y técnica que por la belleza de las formas. Los edificios de Cuzco, Pisac y Machu Picchu, sus ciudades principales, tenían un estilo sobrio y geométrico sin decoraciones, construidos para resistir los terremotos. La lengua de los incas, el quechua, es lengua cooficial de Perú y Bolivia y se habla también en Ecuador.

El encuentro de Europa y América

Cristóbal Colón (¿1451?–1506), célebre navegante, fue el primero de los grandes exploradores de América. Recibió la ayuda de los Reyes Católicos, Fernando e Isabel de España, facilitándole el viaje a las Américas. En 1492, Colón firmó las Capitulaciones de Santa Fe, por las que la Corona española le reconocía los títulos de almirante del mar Océano, virrey y gobernador de las tierras que encontrara. Salió del puerto de Palos de Moguer, provincia de Huelva (España) el tres de agosto de 1492 con tres carabelas y 120 hombres. El doce de octubre vieron tierra, la isla de Guanahaní a la que Colón dio el nombre de San Salvador. Después llegó a Cuba y Haití, bautizada La Española. En el segundo viaje (1493), Colón reconoció las Antillas Menores, Puerto Rico y Jamaica; en el tercero (1498), exploró la desembocadura del Orinoco y una parte de Venezuela; en el cuarto (1502), exploró las costas de Honduras, Nicaragua, Costa Rica y Panamá.

Exploración y conquista

La exploración y conquista de Hispanoamérica por los españoles representa una de las mayores hazañas de la historia. De 1492 a 1657, fecha de la fundación de Caracas, los españoles lograron recorrer América del Sur, América Central y parte de América del Norte y dominar sus territorios y a sus miles de habitantes. Las dos fases del proceso incluyen la fase marítima, durante la cual los españoles exploraron las costas del continente y las islas del Caribe (hasta 1519); y la fase que se centró en la conquista del interior del continente (entre 1519 y 1535). Los Reyes Católicos rompieron el monopolio de Colón en 1498 permitiendo a cualquiera de sus súbditos explorar las nuevas tierras. Algunos de los principales conquistadores españoles que participaron en esta empresa colosal y única que cambió el mundo para siempre:

- **Juan Ponce de León** (¿1460?–1521) exploró Puerto Rico, fundó San Juan y fue el primer gobernador de la Isla (1509). Descubrió la Florida en 1513 y fue nombrado su adelantado, es decir, su autoridad política, militar y judicial.

- **Vasco Núñez de Balboa** (1475–1517) cruzó a pie el istmo de Panamá y llegó a las costas del océano Pacífico en 1513. Lo llamó Mar del Sur. Fue nombrado adelantado del Mar del Sur y Panamá.
- **Francisco Pizarro** (¿1478? –1541) acompañó a Balboa en el descubrimiento del Mar del Sur. En 1524 y 1526 intentó la conquista del Perú pero fracasó. Luego, con el apoyo de Carlos I, Pizarro, sus hermanos y 180 soldados entraron en Perú (1531) y lo conquistaron. Pizarro logró entrar en Cuzco, la capital incaica (1533) y fundó la «Ciudad de los Reyes», la actual Lima en 1535.
- **Fernando de Magallanes** (¿1480?–1521), navegante portugués, quien al servicio de Castilla cruzó el océano y encontró el estrecho que hoy lleva su nombre (1520). Lo cruzó y cruzó el Pacífico alcanzando la isla de Cebú (Filipinas). Magallanes murió aquí a manos de los indígenas. Juan Sebastián Elcano tomó el mando de la expedición y volvió a Europa.
- **Hernán Cortés** (1485–1547) nació en Medellín (Extremadura) y estudió en Salamanca. Embarcó hacia las Indias y se estableció en La Española (1504). Luchó junto con **Diego Velázquez** en la conquista de Cuba (1511). Cortés encabezó la expedición de reconocimiento a México con once barcos, quinientos soldados y cien marineros (1518). Llegó a Cozumel y Tabasco y fundó la ciudad de Veracruz. Cortés se alió con los tlaxcaltecas, enemigos mortales de los aztecas, y así logró entrar en Tenochtitlán, capital del imperio azteca. Cortés tomó como prisionero a Moctezuma, emperador azteca, y logró la victoria definitiva sobre los aztecas en 1521. Fue nombrado gobernador y capitán general de la Nueva España por Carlos I. Administró hábilmente y organizó otras expediciones.
- **Pedro de Valdivia** (¿1500?–1553) luchó en Venezuela y luego en Perú a las órdenes de Pizarro. Conquistó Chile y fundó Santiago (1541). Fue nombrado gobernador y capitán general de la nueva provincia. Murió a manos de los araucanos.
- **Álvar Núñez Cabeza de Vaca** (¿1500–1560?) hizo expedición a la Florida y una gira por el Misisipí y norte de México. Nombrado adelantado de la provincia del Río de la Plata, se quedó en Asunción en 1542. Exploró el Chaco. Narró sus aventuras en *Naufragios y comentarios.*
- **Francisco Vázquez de Coronado** (¿1510–1544?) estuvo en México como gobernador de Nueva Galicia. No tuvo suerte en su búsqueda de las siete ciudades de Cibola, una región mítica, pero sí descubrió el Cañón del Colorado (1540).

Las colonias

- El período colonial duró unos tres siglos, hasta principios del siglo diecinueve. El rey español procuraba ejercer control sobre las colonias para evangelizar, es decir, convertir a los indios al catolicismo y explotar las riquezas de las colonias para la corona española. El rey, que era el dueño nominal de las Américas, no podía hacerse cargo directamente de la empresa americana. Por eso, cedía sus derechos de conquista sobre un territorio especial a un señor a cambio de un porcentaje sobre los beneficios que se consiguieran. Se llamaba «el quinto real». El contratante se comprometía a costear todos los gastos de la conquista. Al terminar la Conquista, el rey recuperó los poderes cedidos. Se establecieron ciertos órganos de gobierno metropolitanos como «la Casa de Contratación» (1503), que tenía una función económica. «El Consejo de Indias» (1517), máximo órgano del gobierno de Indias, realizó una tarea legislativa, es decir, adaptó o escribió leyes para las Américas. Las colonias estaban divididas en cuatro territorios administrativos, llamados «virreinatos» y el virrey desempeñaba las funciones del rey a quien representaba: (1) Nueva España, que comprendía México, América Central, las Antillas y parte de Estados Unidos; (2) Perú, que comprendía Perú y Chile; (3) Nueva Granada, que comprendía Colombia, Venezuela, Ecuador y Panamá; (4) el Río de la Plata, que comprendía Argentina, Uruguay, Bolivia, Paraguay y parte de Brasil. Los que vivían en las colonias eran españoles, que gobernaban; criollos (de origen español pero nacidos en América), que vivían bien económicamente pero no gobernaban; mestizos (raza mixta de español e indio o negro), que no tenían ni dinero ni posición social ni derechos políticos; indios y esclavos.
- Unos fenómenos de la colonia incluyen: el mestizaje, la fusión de dos personas de diferentes razas; la rápida difusión de los productos agrícolas de América en europa (tomate, papa, maíz, frijol, pimiento y guayaba); la caída demográfica de los indios en

la primera mitad del siglo dieciséis. Una razón por el descenso demográfico es la falta de defensas en los indios frente a las enfermedades llevadas por los europeos como el sarampión y la viruela.

- Los españoles llevaron a las Américas su lengua, su cultura y sus ideas. En el siglo diecisiete la cultura adquirió rasgos americanos que se pueden ver en las obras del **Inca Garcilaso de la Vega** y **Sor Juana Inés de la Cruz** y en las artes y la arquitectura. El Barroco europeo adoptó los estilos precolombinos y la variada flora americana que llegó a ser el **Barroco americano** o **Ultrabarroco.** Las ciencias se desarrollaron bien en América. **Fray Bernardino de Sahagún** creó el método antropológico. Hubo un esfuerzo notable de parte de las órdenes religiosas y las autoridad es políticas en fundar colegios (para blancos e indios) y universidades. La universidad de México fue fundada en 1553, San Marcos de Lima en 1555, Cuzco en 1598, Buenos Aires en 1622, Bogotá en 1629.

La independencia

- Las ideas más avanzadas y revolucionarias penetraban fácilmente en las colonias americanas gracias a los criollos ricos, la instrucción pública y las buenas comunicaciones que facilitaban la llegada de publicaciones y periódicos con toda regularidad. Hasta en las mismas colonias se publicaron muchos periódicos desde 1722. En México, **José Fernández de Lizardi** lanzó fuertes ataques contra la administración colonial en su periódico *El pensador mexicano.* Escribió el libro que se considera la primera novela hispanoamericana, *El periquillo sarniento,* que es una crítica de la sociedad mexicana. Las obras de los enciclopedistas y de los filósofos de la Ilustración circularon libremente. Las obras, que hablaban de la independencia y las libertades individuales, les llamaron la atención a los hispanoamericanos que a partir de 1750 más o menos expresaban insatisfacción con la injusticia política y social y las restricciones económicas impuestas por España. Las causas externas de la rebelión de las colonias son la influencia de la Guerra de la Independencia Norteamericana, la Revolución Francesa y la invasión de España por Napoleón. El proceso de separación entre España y sus colonias americanas se extiende desde 1808 hasta 1824.

Algunos de los principales líderes de la independencia

- **Francisco Miranda** (1750–1816), general venezolano, fue un precursor importante de la emancipación hispanoamericana. Sirvió en el ejército español y participó en la Guerra de la Independencia Norteamericana (1780) y en la Revolución Francesa. Se unió a Simón Bolívar en Venezuela en 1810 y murió unos años después en una cárcel española.
- **Miguel Hidalgo y Costilla** (1753–1811), sacerdote y patriota mexicano, se considera el padre de la independencia de México. Era párroco de Dolores (Guanajuato) cuando se hizo líder de un movimiento revolucionario de indios. Su famoso «Grito de Dolores» inició la revolución para la independencia mexicana el dieciséis de septiembre de 1810. La independencia mexicana fue realizada en 1921.
- **José María Morelos** (1765–1815), sacerdote y patriota mexicano, se unió al movimiento de Hidalgo. Reunió en Chilpancingo el primer Congreso Nacional (1813).
- **José de San Martín** (1778–1850), general y estadista argentino, fue el libertador de Argentina (1816), Chile (1818) y Perú (1821). San Martín organizó el Ejército de los Andes.
- **Bernardo O'Higgins** (1778–1842), general y político chileno conoció a Francisco Miranda en Inglaterra de quien recibió las grandes ideas de la independencia y la libertad. Al volver a Chile, ingresó en el ejército. Ayudó a San Martín a organizar el Ejército de los Andes. Es el libertador de Chile (1818).
- **Simón Bolívar** (1783–1830), general, estadista, escritor y orador venezolano, nació en Caracas. «El Libertador» es el hombre más importante en la guerra de la independencia de Sudamérica. Empezó a luchar en 1810, ganando la independencia de Colombia en 1819 con la victoria de Boyacá, la de Venezuela en 1821 con la victoria de Carabobo y la de Ecuador en 1822, con la victoria de Pichincha. Bolívar convocó el Congreso de Panamá en 1826 para organizar la solidaridad entre las naciones americanas. Bolívar fue el primer presidente de la República de la Gran Colombia que existió de 1822 a 1829. Viendo que se deshacía su sueño de una América unida, Bolívar murió desilusionado.
- **Agustín de Iturbide** (1783–1824), general mexicano, luchó primero al lado de los

españoles. En 1821 formuló el Plan de Iguala que propuso las tres garantías para los mexicanos: catolicismo, unión de españoles y criollos e independencia política dentro de una monarquía constitucional. En 1822, fue proclamado emperador, Agustín I, pero una revolución republicana encabezada por el general **Antonio López de Santa Anna** (1794–1876) le hizo abdicar. En 1824 México se constituyó en República Federal. Santa Anna fue presidente de la república, luchó en la guerra contra Estados Unidos y fue desterrado por **Benito Juárez** (1806–1872) por tratar de establecer una dictadura. Juárez fue presidente de la república y luchó contra la intervención francesa y el imperio de Maximiliano.

- **Antonio José de Sucre** (1795–1830), general y político venezolano, peleó al lado de Miranda y luego al lado de Bolívar. Liberó Ecuador en 1822 y Perú con la victoria de Ayacucho en 1824. Fue presidente de la República de Bolivia de 1826 a 1828. Murió asesinado.
- **Carlos Manuel de Céspedes** (1819–1874), patriota, abogado y político cubano, lanzó el grito de «¡Viva Cuba libre!» en 1868 para iniciar la lucha armada por la independencia. No fue hasta mediados del siglo diecinueve que Cuba comenzó su movimiento de independencia. **José Martí** (1853–1895), poeta y abogado cubano, fue desterrado a España por sus actividades revolucionarias (1871). Luego fue a México, Guatemala y regresó a Cuba (1878). Volvió a expatriarse a Venezuela (1881) y Nueva York donde fundó el Partido Revolucionario Cubano (1892). En la guerra entre Estados Unidos y España en 1898, Estados Unidos ocupó Cuba, Puerto Rico y las Filipinas. Cuba se constituyó en república en 1902. La Enmienda Platt, apéndice de la constitución de Cuba (1901), dio derecho a Estados Unidos a intervenir en la isla (se abrogó en 1934).

Después de la independencia: La modernización

- En el período de la posindependencia las transformaciones deseadas no llegaron ni rápida ni fácilmente. Es que las estructuras básicas de la economía no habían sido cambiadas. Seguían las plantaciones, la ganadería y la minería y el sistema de la monoproducción. Surgió una competencia entre los países hispanoamericanos ahora que todos buscaban lugar en el mercado mundial. Los sectores más poderosos de la sociedad eran los terratenientes y los mineros. La exportación de la plata desde México y Perú fue muy importante hasta el fin de la época colonial. En la segunda mitad del siglo diecinueve, el ingreso de las naciones hispanoamericanas en el mercado internacional produjo el fenómeno de la especialización. Había países como Argentina, Uruguay, los valles centrales de Chile y el norte de México que dependían de la agricultura y la ganadería, es decir, la exportación de carne, lana o cereales. También había economías basadas en la plantación, como el café de Colombia y el azúcar de Cuba. A veces se desarrollaban bajo firmas extranjeras como la United Fruit Company en Centroamérica. Esta empresa tenía un monopolio sobre la producción del banano. En cuanto a la minería, los empresarios nacionales se encargaron del cobre en Chile. Esto impulsó el desarrollo de Santiago. La producción del salitre pasó a manos de los ingleses, luego a manos de los norteamericanos. En México y Venezuela, los yacimientos de petróleo estaban en manos de los ingleses, los holandeses y luego los norteamericanos a principios del siglo veinte. Luego, fueron nacionalizados.
- Después que los países ganaron su independencia, les tocó a los militares que habían luchado por la independencia normalizar y estabilizar la vida política, social y económica. Estos caudillos tomaban el poder tratando de parar la anarquía. En México, por ejemplo, el general Santa Anna se hizo presidente de su país. En Argentina, el caudillo Juan Manuel de Rosas tomó el poder y gobernó desde Buenos Aires. Había planes de modernización que requerían la atracción de capitales e inmigrantes y el librecambio comercial con países extranjeros. Para los ochenta del siglo diecinueve, la oligarquía ganadera, de plantación y de minería ya tenía su proyecto político. Los caudillos no permitían la participación de las masas y explotaban las clases bajas como mano de obra. Los indios y los negros estaban marginados. La mayoría de la población no participaba en las elecciones.
- Durante el siglo diecinueve surgieron dos partidos, los conservadores y los liberales, que adoptaron una postura diferente sobre la forma de organizar el estado. Los conservadores querían pocas transformaciones

sociales y creían que la ideología liberal iba a fomentar anarquía y desorden porque destruía el orden tradicional y atacaba la Iglesia. Los liberales querían cambios fundamentales y lograron imponer por lo menos una parte de su programa. Abolieron el tributo indígena y el mayorazgo (la institución de la primogenitura, que aseguraba que los bienes pasaban al hijo mayor de la familia), impulsaron el fin de la esclavitud y destruyeron el sistema feudal de la Iglesia. Querían una separación entre la Iglesia y el Estado. Ambos partidos políticos, conservadores y liberales, veían las masas rurales con miedo, que ya puestas en movimiento por los caudillos, iban a reclamar la justicia social.

- No fue hasta el siglo veinte que entraron en la escena política los obreros y las clases medias. Había un progreso económico general y el ascenso de nuevas fuerzas sociales. Se formaron dos repúblicas nuevas, Cuba, como resultado de la derrota de España en 1898; y Panamá, que se independizó de Colombia en 1903. Surgieron dictadores que sustituían a los caudillos tradicionales. En México ocurrió la primera de las grandes revoluciones del siglo veinte y llevó al derrocamiento de la dictadura de Porfirio Díaz. Juan Vicente Gómez fue dictador de Venezuela (1908–1935) y Augusto B. Leguía fue dictador de Perú (1919–1930). Un fenómeno político nuevo se vio con la presencia de un país extrarregional. Estados Unidos intervino en la política de la región para proteger sus intereses en Cuba, Puerto Rico y el Canal de Panamá. Había mucha inmigración de Europa entre 1860 y 1914, cambiando enormemente la demografía del continente. La Gran Depresión de 1929 tuvo un gran impacto en los países latinos. En muchos países hubo golpes de estado militares que derribaron las presidencias liberales y crearon un vacío de poder.
- Las ciudades crecían rápidamente a partir de los años treinta del siglo veinte porque hubo un gran éxodo del campo a la ciudad donde la industrialización daba más posibilidades de empleo. La injusticia social seguía y las masas veían que no había posibilidad de reforma porque el gobierno representaba estructuras económicas y sociales que eran injustas. Reclamaban cambios radicales y por eso apoyaban a los líderes populistas como Juan Domingo Perón en Argentina. Fidel Castro, que era guerrillero, tomó el poder en Cuba en 1959 derribando la dictadura de Batista con el apoyo de la población campesina. Estados Unidos apoyaba la dictadura de Batista en Cuba y a los dictadores Anastasio Somoza en Nicaragua y Rafael Trujillo en la República Dominicana. Durante los años sesenta del siglo veinte, hubo movimientos revolucionarios en Nicaragua, Honduras, Guatemala y la República Dominicana. Durante los setenta, los hubo en El Salvador, Venezuela, Colombia, Perú y Bolivia. La pobreza e injusticia social daban ímpetu a la creación de una guerrilla urbana que reclamaba sus derechos. A pesar de las tentativas de reforma agraria, la gran mayoría de la población de Centroamérica vive en condiciones de pobreza y subdesarrollo. El nivel de urbanización sigue aumentando y hay una explosión demográfica. En 1920, había 94 millones de personas en América Latina; en 1984, había 390 millones. Se calcula que para el año 2015, habrá algunos 600 millones de personas, con más de la mitad concentrada en las ciudades. Y para el año 2050 se calcula que habrá algunos 808 millones de personas. El aumento más grande de población se ve en América del Sur tropical y en América Central. Hay casi 100 millones de habitantes en México y unos 21 millones en la capital.
- La gente sigue llegando a las ciudades a montones y éstas no pueden proporcionarles los servicios más básicos de la infraestructura urbana como agua de llave, electricidad y alcantarillado. Las clases pobres viven en construcciones improvisadas e irregulares de los barrios bajos que llegan a llamarse pueblos jóvenes por su extensión: los ranchitos de Caracas, las callampas o poblaciones de Santiago, las villas miseria de Buenos Aires, los cantegriles de Montevideo o las barriadas de Lima.
- Otro problema que aflige estas sociedades, y que es realmente un problema mundial, es el narcotráfico. Colombia, Ecuador y Bolivia cultivan la hoja de coca para vender y Colombia tiene su cartel de Medellín que facilita la venta de las drogas en Estados Unidos y otros países.
- Los gobiernos de los países latinoamericanos tienen que resolver todos estos problemas económicos, políticos y sociales que afligen su vida nacional: la inflación, el desempleo, el subempleo, la educación, el narcotráfico, la deuda externa y en algunos países el

cada día más difícil. Pero si no encuentran soluciones puede haber masas de personas que reclamen justicia social y cambios radicales por vías revolucionarias. El fracaso del socialismo en Cuba y Nicaragua no quita la necesidad de reformas sociales que abran la sociedad hispanoamericana y que den la posibilidad de una vida mejor a las masas pobres. Lo que pasa con esos países afecta también a Estados Unidos que tiene bases e instalaciones militares en la región. América Central y el Caribe, especialmente, tienen mucha importancia estratégica y una gran reserva de materias primas.

PART 7

CHAPTER 34 TEST

Historia de Hispanoamérica

1 **Personajes históricos y sus hazañas** Empareje las figuras históricas en la columna A con las hazañas de la columna B.

A

1. ________ Vasco Núñez de Balboa
2. ________ Francisco Pizarro
3. ________ Simón Bolívar
4. ________ Cristóbal Colón
5. ________ Miguel Hidalgo y Costilla
6. ________ José Martí
7. ________ Hernán Cortés
8. ________ Francisco Miranda
9. ________ Fernando de Magallanes
10. ________ José de San Martín
11. ________ Francisco Vázquez de Coronado
12. ________ Bernardo O'Higgins
13. ________ Carlos Manuel de Céspedes
14. ________ Juan Ponce de León
15. ________ Agustín de Iturbide

B

a. Conquistó a los aztecas.

b. Ganó la independencia de Colombia, Venezuela y Ecuador.

c. Fundó el Partido Revolucionario Cubano.

d. Cruzó el istmo de Panamá y descubrió el Pacífico.

e. Fue el libertador de Argentina, Chile y Perú.

f. Participó en la Guerra de la Independencia Norteamericana y la Revolución Francesa.

g. Fue el primer gran explorador.

h. Lanzó el «Grito de Dolores» que inició la Revolución Mexicana.

i. Llevó a cabo la conquista de Perú.

j. Encontró el estrecho que hoy lleva su nombre.

k. Inició la lucha por la independencia cubana gritando «¡Viva Cuba Libre!»

l. Al regresar a Chile de Inglaterra, ingresó en el ejército.

m. Descubrió el Cañón del Colorado.

n. Formuló el Plan de Iguala.

o. Descubrió y gobernó la Florida.

CHAPTER 34 TEST

Historia de Hispanoamérica

2 **¿Cierto o falso?** Indique si la oración es cierta o falsa. Si es falsa, corríjala.

1. Los aztecas también se llamaban «mexicas.»

   ____

2. Tikal y Palenque eran grandes centros ceremoniales incaicos.

   ____

3. La lengua de los aztecas era el aymara.

   ____

4. La civilización de los mayas existió del siglo diez a.C. hasta la Conquista.

   ____

5. Los incas desarrollaron la bóveda falsa usada en la arquitectura.

   ____

6. El imperio tolteca existió después del azteca.

   ____

7. El imperio incaico tenía su centro en Cuzco.

   ____

8. Los incas y los aztecas adoraban al dios del sol.

   ____

9. La hazaña española de explorar y conquistar consistía en entrar en el continente primero y luego explorar las costas y las islas del Caribe.

   ____

10. Los territorios administrativos de las colonias se llamaban «el quinto real.»

    ____

11. La Casa de Contratación se encargó de asuntos jurídicos.

    ____

12. El maíz y la papa son productos agrícolas de España.

    ____

13. *El pensador mexicano* criticaba la administración colonial.

    ____

14. Una de las causas de la rebelión de las colonias es la injusticia política y social.

    ____

CHAPTER 34 TEST

Historia de Hispanoamérica

3 **Para identificar** Empareje las descripciones en la columna A con la palabra o la frase correcta de la columna B.

A

1. ________ persona de origen español nacida en América
2. ________ conjunto familiar de la civilización incaica
3. ________ centro ceremonial y ciudad-estado de los mayas
4. ________ ciudad fundada por Fernando Pizarro en 1535
5. ________ importante ciudad del imperio incaico
6. ________ persona que representaba autoridad política, militar y judicial durante la colonia
7. ________ centro del imperio azteca
8. ________ órgano del gobierno de América que adaptó y escribió leyes para las colonias
9. ________ indios que ayudaban a Cortés en la conquista del imperio azteca
10. ________ lengua de los incas
11. ________ dinero dado al rey español a cambio de los derechos de conquista sobre un territorio de América
12. ________ lugar semimítico del México occidental de donde vinieron los aztecas
13. ________ emperador azteca tomado preso por Cortés
14. ________ persona de raza mixta, blanca e india o negra

B

a. Machu Picchu
b. quechua
c. el Consejo de Indias
d. Moctezuma
e. criollo
f. Tenochtitlán
g. la «Ciudad de los Reyes»
h. mestizo
i. Aztlán
j. ayllu
k. el quinto real
l. adelantado
m. tlaxcaltecas
n. Copán

CHAPTER 34 TEST

Historia de Hispanoamérica

4 **Para completar** Complete las oraciones con la palabra o la frase correcta.

1. Las colonias estaban divididas en cuatro territorios administrativos que se llamaban ______________________________.
2. El estilo europeo de arte y arquitectura que adoptó los estilos americanos produjo el estilo llamado ______________________________.
3. ______________________________ atacó la administración colonial mexicana en su periódico ______________________________.
4. Hernán Cortés conquistó el imperio azteca en el año ______________________________.
5. La Universidad de ______________________________ fue fundada en 1553.
6. En 1540, ______________________________ no encontró Cibola, la ciudad mítica que buscaba, sino ______________________________.
7. Simón Bolívar convocó ______________________________ en 1826 para unificar las naciones americanas.

5 **Datos históricos** Complete las oraciones con la respuesta correcta.

1. ________ fue un caudillo argentino.
   - **a.** Antonio López de Santa Anna
   - **b.** Juan Manuel de Rosas
2. La economía de Colombia dependía de la exportación ________.
   - **a.** del café
   - **b.** de la lana
3. La primera de las grandes revoluciones del siglo veinte ocurrió en ________.
   - **a.** Cuba
   - **b.** México
4. Los ________ querían mantener el orden tradicional y los ________ querían transformar la sociedad.
   - **a.** conservadores, liberales
   - **b.** liberales, conservadores

CHAPTER 34 TEST

Historia de Hispanoamérica

5. Porfirio Díaz, Juan Vicente Gómez y Augusto B. Leguía eran _________.

   a. mineros

   b. dictadores

6. A principios del siglo veinte, los ingleses, los holandeses y los norteamericanos controlaban la producción del petróleo en _________ y _________.

   a. México, Venezuela

   b. Argentina, Uruguay

7. _________ tomó el poder en Cuba en 1959 derribando la dictadura de _________.

   a. Fidel Castro, Fulgencio Batista

   b. Daniel Ortega, Anastasio Somoza

8. La marginalidad se refiere a la gente que vive en _________.

   a. miseria en los barrios bajos urbanos

   b. casas en las afueras de las ciudades

9. El conjunto de cosas básicas que se necesitan para vivir como el agua de llave y la electricidad se llama _________.

   a. mayorazgo

   b. infraestructura

10. Unos problemas graves de los países de la América Latina son _________ y _________.

    a. el éxodo de las personas al campo, el exceso de exportaciones

    b. la explosión demográfica, la deuda externa

Literatura de Hispanoamérica

Había tres civilizaciones indígenas precolombinas de América en las cuales florecieron culturas avanzadas: la civilización maya, que incluye hoy Guatemala, Honduras y el Yucatán; la civilización azteca, que comprende la región central y sur de México; y la civilización incaica, que incluye la región de los Andes del Perú, Ecuador y Bolivia. Estas civilizaciones produjeron muchas obras espléndidas, como pirámides, templos, cerámica y pinturas. Lo que sabemos de la literatura indígena viene a través de transcripciones al alfabeto latino hechas por los españoles o por un indígena educado. Así nos llegó *El Libro del Consejo* o *Popol Vuh*, una recopilación de las creencias sobre los orígenes del universo y recuerdos históricos y legendarios de la cultura maya. El *Popol Vuh* fue escrito entre 1554 y 1558, probablemente por un indígena educado por españoles. El libro es una transcripción del quiché a la escritura latina.

El primer Renacimiento (1492–1556) es la época de la exploración, conquista y colonización de las Américas bajo los Reyes Católicos y Carlos V. Los orígenes de la literatura hispanoamericana se encuentran en las crónicas escritas durante esta época, es decir, los relatos y narraciones de los españoles que fueron soldados o misioneros en las Américas a finales del siglo quince y hasta mediados del siglo dieciséis. Describieron en sus crónicas de las Indias la realidad del Nuevo Mundo y los acontecimientos de la Conquista.

- **Cristóbal Colón** (¿1451?–1506), famoso navegante que obtuvo la ayuda de los Reyes Católicos la cual hizo posible sus viajes a las Américas. Es el iniciador de esta historiografía con sus *Cartas* a los Reyes y el *Diario* de sus viajes.
- **Bartolomé de las Casas** (1474–1566), religioso andaluz que fue a Santo Domingo para evangelizar a los indios. Defendió a éstos del trabajo forzado al que fueron sometidos por los conquistadores. Escribió la *Brevísima relación de la destrucción de las Indias.*
- **Hernán Cortés** (1485–1547) mandó cinco *Cartas de relación* al emperador Carlos V entre 1519 y 1526 en las cuales expresó su amor a las tierras conquistadas de la Nueva España (México) y su deseo de estar enterrado en esas tierras. Fue el primer soldado que entendió y comentó la grandeza de una civilización indígena, la azteca. Es historiador de su propia conquista.
- **Bernal Díaz del Castillo** (1495–1584), soldado de Cortés, escribió sobre el valor y dignidad de Cortés, los ideales de gloria de la conquista de México, el cristianismo, la lealtad al rey, la codicia y otras cosas en su *Historia verdadera de la conquista de la Nueva España.* Escribe como representante de los conquistadores, *nosotros* en vez de *yo*, añadiendo a la idea de un héroe de la Conquista la idea de grupo.

La época de la colonización bajo Felipe II se considera el período del segundo Renacimiento y Contrarreforma (1556–1598).

- **Alonso de Ercilla y Zúñiga** (1534–1594), soldado del rey Felipe II, llegó a las Américas a los veintiún años. Escribió el primer poema épico de América, *La Araucana* en el cual narra sus experiencias en las guerras entre los conquistadores españoles y los indios araucanos de Chile. Se destaca esta crónica por su visión estética y por la conciencia que tiene el poeta del proceso creador. Fue la primera obra de gran calidad poética que trató el tema de América.
- **El Inca Garcilaso de la Vega** (1539–1616) nació en Perú, hijo mestizo de un capitán español y una princesa incaica. El Inca fue a España cuando tenía veintiún años y nunca más volvió a Perú. Su gran obra, los *Comentarios reales,*

demuestra su conciencia de sus dos mundos, el europeo y el indio. Esta obra es importante como literatura y como crónica.

El período de los últimos reyes Austrias—Felipe III, Felipe IV y Carlos II—va del Renacimiento al Barroco (1598–1701).

- **Sor Juana Inés de la Cruz** (México, 1648–1695) es la voz más importante de la poesía lírica americana de la época colonial. La monja, a quien se le llama *La décima musa,* escribió poesías, obras de teatro y prosa. Toda la corte de México y la Iglesia sabían que Sor Juana era muy inteligente. La monja escribió la *Respuesta a Sor Filotea de la Cruz* (1691), un brillante ensayo autobiográfico en el cual cuenta su temprano interés en el estudio, su curiosidad intelectual y las desventajas de ser mujer. Otros elementos autobiográficos se encuentran en sus poemas como el *Primero sueño.* Parece que Sor Juana nunca encontró paz interior y tenía una sed de saber que no se podía satisfacer. En el *Primero sueño* se reúnen elementos barrocos con un estilo muy personal. La poeta puede huir del mundo y del amor escondiéndose en la soledad y el mundo hermético del barroco. Sor Juana creyó que el mundo era irreal; que la vida interior era lo real. Escribió sonetos, romances, décimas, redondillas y villancicos. En muchos de estos captó el alma popular de México.

Durante la época de las Guerras de Independencia predomina el neoclasicismo y llegan las primeras noticias del romanticismo inglés (1808–1824).

- **José Joaquín Fernández de Lizardi** (México, 1776–1827) escribió la primera novela hispanoamericana, *El Periquillo Sarniento* (1816). Es una novela picaresca: descripción realista, hasta sórdida, narración en primera persona, aventuras del héroe (o antihéroe) con diferentes amos, sermones para dar lecciones. Fernández de Lizardi, conocido con el seudónimo de «el Pensador Mexicano», logra retratar la sociedad mexicana poco antes de la Independencia.
- **Andrés Bello** (Venezuela, 1781–1865), escritor, poeta, político, y filólogo, nació en Caracas y murió en Santiago de Chile. Trabajó con Simón Bolívar en Londres en 1810, y en 1829 se fue a Chile donde ayudó a fundar la universidad de Chile (1843). Fue rector de la universidad y redactó el *Código civil* de Chile (1855). Era un erudito que conoció a fondo a los clásicos latinos. Bello es mejor conocido por su *Gramática castellana* que hasta hoy día se considera una de las mejores.
- **Simón Bolívar** (Venezuela, 1783–1830), el gran general y estadista que fue el padre de la independencia americana, escribió cartas, ensayos y proclamas que demuestran su inteligencia y su enorme visión. Escribió *Mi delirio en el Chimborazo* (1824), la *Carta de Jamaica* (1815), en la cual habla del futuro y de la independencia de las colonias. Se le llama «El Libertador».

Durante la época de la separación de las colonias en naciones hay anarquía y caudillismo. Los escritores de este período se sirven del romanticismo, del realismo y del costumbrismo para describir las situaciones políticas (1825–1860). En la época de organización política emerge la segunda generación romántica. Se ve una fuerte actitud intelectual y crítica.

- **José María Heredia y Heredia** (Cuba, 1803–1839), uno de los primeros románticos hispanoamericanos, vivió exiliado en Estados Unidos y México. En sus poemas más famosos, *El Niágara* y *En el teocalli de Cholula,* escribe con gran emoción y voz lírica sobre la naturaleza americana. Demuestra una gran sensibilidad romántica ante el espectáculo de las cataratas del Niágara y las ruinas aztecas.
- **Esteban Echeverría** (Argentina, 1805–1851) nació en Buenos Aires. Fue el más importante de los escritores que introdujeron el romanticismo francés en la Argentina. Vivió cuatro años en París donde observó la síntesis del romanticismo y el liberalismo que se producía. Fue desterrado por el tirano argentino Juan Manuel de Rosas. La obra maestra de Echeverría, *El matadero,* es un cuadro de costumbres realista, o cuento, escrito con la intención política de mostrar la horrible muchedumbre que apoyaba a Rosas.
- **Domingo Faustino Sarmiento** (Argentina, 1811–1888), político, escritor y pedagogo se exilió en Chile durante el gobierno de Rosas. Fue presidente de la Argentina de 1868 a 1874. Su obra maestra, *Civilización y barbarie: Vida de Juan Facundo Quiroga* (1845), es un libro de historia, política y sociología que trata los problemas de las ciudades como civilización en contraste con la pampa como un mar de barbarie, el caudillismo y la dictadura.
- **José Mármol** (Argentina, 1817–1871), escritor y

político, fue encarcelado y desterrado por el tirano Rosas. Es famoso por su novela política y autobiográfica *Amalia,* en la cual describe cómo era la vida en Buenos Aires durante los años de Rosas.

- **Gertrudis Gómez de Avellaneda** (Cuba, 1814–1873) escribió poesía, dramas y novelas. Nació en Cuba y vivió en España donde publicó y tuvo éxito. Sus poesías cantan el amor, Dios y una nostalgia por Cuba. Su novela *Sab* trata el tema de la esclavitud y describe la realidad cubana.
- **Rafael Pombo** (Colombia, 1833–1912) es representante del romanticismo colombiano. Alcanzó su plenitud poética mientras vivía en Estados Unidos. Tuvo amistad con Longfellow e hizo traducciones de escritores clásicos y modernos. Escribió *Preludio de primavera.*
- **Ricardo Palma** (Perú, 1833–1919) era escritor, historiador y crítico. Fue el representante más importante del romanticismo peruano y del costumbrismo hispanoamericano. Entre 1872 y 1906 publicó sus célebres *Tradiciones peruanas,* que son una mezcla de cuadro de costumbres, novela histórica, leyenda y cuento. Presentan elementos históricos, geográficos, sociológicos y sicológicos desde la época de los incas hasta la vida contemporánea. Palma usó crónicas, historias, vidas de santos, libros de viajes y la palabra oral para pintar especialmente la sociedad virreinal de la Lima del siglo dieciocho.
- **José Hernández** (Argentina, 1834–1886), poeta romántico, es el máximo representante de la poesía gauchesca. Escribió su épica del gaucho *Martín Fierro* (1872, «la Ida»; 1879, «la Vuelta») en la cual el payador (campesino que improvisa canciones «payas» que se cantan con guitarra) canta sus experiencias. Hernández escribió su épica gauchesca para demostrarle al público culto que este género tenía valor y para darles a los gauchos lecciones morales que mejoraran su condición.
- **Jorge Isaacs** (Colombia, 1837–1895) es conocido por su novela romántica muy leída en Hispanoamérica, *María* (1867). La novela trata de la idealización del amor puro y la muerte. Se destacan el costumbrismo (color local) y el americanismo en la descripción del paisaje.
- **José Enrique Rodó** (Uruguay, 1871–1917) fue escritor, humanista y el mejor prosista del modernismo. Es el pensador que mejor reconcilió la literatura modernista con el espiritualismo. Es famoso por su obra *Ariel* (1900), un ensayo sobre la democracia, el idealismo y la moralidad, y por su obra maestra *Los Motivos de Proteo.*
- **Florencio Sánchez** (Uruguay, 1875–1910) es el dramaturgo más importante de la época. Sus obras son representativas del realismo en el drama hispanoamericano. Uno de sus temas principales es la vida en el campo y los conflictos entre los criollos y los inmigrantes europeos o entre la tradición y el progreso. *Barranca abajo* es su obra maestra.

Sigue una época de industrialización y de capitalismo internacional. España pierde sus últimas posesiones en América. Hay prosperidad, inmigración, desarrollo técnico y mayor estabilidad política. Se apegan en los círculos literarios de América las novedades europeas como el naturalismo. Surge la primera generación de *modernistas,* poetas que intentan renovar la lengua poética. El modernismo predomina, especialmente en poesía (1880–1910).

- **José Martí** (Cuba, 1853–1895), poeta, escritor, abogado y político, es el escritor más importante de la época y uno de los primeros poetas en introducir el modernismo. Vivió y murió como héroe, luchando siempre por la independencia de su patria. Fue encarcelado y desterrado a España. Luego fue a Venezuela y a Nueva York, donde fundó el Partido Revolucionario cubano (1892). Sus libros de poemas incluyen *Ismaelillo* (1882), *Versos libres* y *Versos sencillos* (1891). Martí es un poeta romántico y modernista, muy personal en su tono, original en sugerir imágenes para ideas abstractas.
- **Manuel Gutiérrez Nájera** (México, 1859–1895) es el primer modernista mexicano y una influencia importante en la transición de la poesía romántica a la modernista. Su poesía se destaca por las imágenes, la elegancia y el refinamiento. Sus temas incluyen el amor imposible, la tristeza, el misterio y la muerte. Escribió las poesías *Tristissima Nox, Pax Animae* y *Ondas muertas.* También escribió los *Cuentos frágiles* (1883), y los *Cuentos color de humo.*
- **Julián del Casal** (Cuba, 1863–1893) escribió poesía romántica y modernista. Publicó dos libros de poesías, *Hojas al viento* y *Nieve.* Su poesía es amarga y nostálgica
- **José Asunción Silva** (Colombia, 1865–1896) es el último de los poetas románticos americanos

y el primero de los simbolistas. Recibió influencias europeas cuando fue a París y Londres. Su poesía se caracteriza por el tono lírico e íntimo, el misterio y la melancolía. Sus *Nocturnos* son sus obras más importantes por su alta expresión lírica.

- **Rubén Darío** (Nicaragua, 1867–1916) es la figura más importante del modernismo. Sus innovaciones en métrica y ritmo y el refinamiento de su expresión transformaron la poesía en español no sólo en Hispanoamérica sino también en España. Sus obras más importantes son *Cantos de vida y esperanza* (1905), *Prosas profanas* (1896) y *Azul* (1888).
- **Amado Nervo** (México, 1870–1919), poeta modernista y diplomático, es autor de *Serenidad* (1914), *Elevación* (1917), *La amada inmóvil* y *El estanque de los lotos.*
- **Guillermo Valencia** (Colombia, 1873–1943), poeta modernista, político y orador, escribió *Ritos* (1898).
- **Leopoldo Lugones** (Argentina, 1874–1938) es el principal poeta modernista de Argentina. Sus obras poéticas demuestran un gran dominio del lenguaje y un ritmo musical. Escribió el *Lunario sentimental* (1909), *Odas seculares* (1910) y *El libro fiel* (1912).
- **Santos Chocano** (Perú, 1875–1934) es el modernista más importante del Perú. Chocano, a diferencia de casi todos los modernistas hispanoamericanos, se dedicó a cantar lo que se ve en América: la naturaleza, la historia, las leyendas, los indios, la acción política. Demuestra un lirismo entusiasta en cantar a su patria. Fue revolucionario y protector de los indios. Escribió *Alma América* y *¡Fiat, Lux!*

Al terminar la Primera Guerra Mundial en 1918, algunos poetas hispanoamericanos se dedicaron a las tendencias postmodernistas. Experimentaron con el expresionismo, el creacionismo y el dadaísmo. Otros poetas hispanoamericanos, como Jorge Luis Borges, se unieron con sus colegas españoles para formular un nuevo programa estético. Esta literatura de vanguardia se llamaba *ultraísmo.* Fue una síntesis de las tendencias nuevas, integrando lo hispanoamericano, lo europeo y lo hispánico. Otro movimiento importante en Hispanoamérica fue el surrealismo, pero más con conciencia política que con subconsciencia automática (Pablo Neruda, César Vallejo). Otros movimientos que tenían sus aficionados en las generaciones de escritores hispanoamericanos incluyen el existencialismo, el marxismo, el idealismo y el estructuralismo. En la prosa seguía el realismo (Azuela), el naturalismo y la estética de técnicas impresionistas (Gallegos, Rivera, Güiraldes, Guzmán, Barrios, Bombal). También se cultiva la novela indigenista (Alegría, Icaza), la psicológica (Sábato, Bullrich) y las novelas de tendencias europeas como el expresionismo. Se veían influencias técnicas y temáticas de Europa como el desafío a la civilización, el superintelectualismo, los monólogos interiores, los desplazamientos en el tiempo y el flujo de conciencia. Hubo muchos experimentos en las novelas de Asturias, Carpentier y Mallea. Estos siguieron los temas americanos de Quiroga, Gallegos, Azuela, Rivera y Güiraldes pero añadieron una imaginación de vanguardia, de 1918 a 1939. La siguiente generación de narradores experimentaron aún más que los anteriores: Rulfo, Cortázar, Sábato, Onetti y Lezama Lima. Después de la Segunda Guerra Mundial predomina la idea de lo absurdo de la vida en la novela o antinovela. En cuanto a la técnica se ven múltiples perspectivas, fluir de conciencia, acciones simultáneas y retrospectivas. Cambió el lugar de acción del campo a la ciudad y de la sociedad agraria a la industrial. Se describían las luchas de clases sociales en su ambiente urbano (Benedetti, Mallea). Algunos escritores se valían del tema de los orígenes indígenas y del realismo mágico (Fuentes, García Márquez, Paz). Unos escritores de las últimas décadas del siglo veinte llegaron a tener una fama internacional.

Poesía

- **Gabriela Mistral** (Chile, 1889–1957) recibió el primer Premio Nobel de Literatura (1945). Fue maestra de escuela y diplomática. Escribió poesías de un humanismo apasionado y de una fuerza emocional y lírica. Prefiere el tema del amor: a Dios, a la naturaleza, a los niños. Escribió *Desolación* (1922), *Ternura* (1924) y *Tala* (1938).
- **Alfonsina Storni** (Argentina, 1892–1938) nació en Suiza. Fue maestra, periodista y feminista. Escribió poemas del amor siempre malogrado, amargo y desdeñoso. Escribió *El dulce daño* (1918) y *Ocre* (1925).
- **César Vallejo** (Perú, 1892–1938) escribió *Los heraldos negros* (1918) y *Trilce* (1922). Es autor de poemas de tristeza, sufrimiento, amargura,

emoción y compasión. Vallejo vivió con los recuerdos de su pobreza, su orfandad, la cárcel y la injusticia social y política. Se expatrió de Perú después de *Trilce* y no volvió jamás a su patria.

- **Vicente Huidobro** (Chile, 1893–1948) fundó el creacionismo en la poesía. Se ven muchos neologismos e imágenes nuevas de este movimiento de vanguardia en *Altazor* (1931) y *Ver y palpar* (1941).
- **Juana de Ibarbourou** (Uruguay, 1895–1979) escribió poesía llena de amor y gozo de vivir. Cantó con voz clara y pura. Usó mucho colorido y palabras, metáforas e imágenes de lo vegetal y lo animal, como flor, fruta y gacela. Escribió *Las lenguas de diamante* (1919) y *Raíz salvaje* (1920). Se le llama «Juana de América».
- **Nicolás Guillén** (Cuba, 1902–1989) fue el mejor representante de la poesía negra como poesía política de combate, es decir, el poeta denuncia las condiciones en que vivían los cubanos de ascendencia africana. Escribió *Motivos del son* y *Sóngoro cosongo* (1931).
- **Vicente Palés Matos** (Puerto Rico, 1903–1963) escribió poesía «negra» o «afroantillana». Escribió sobre el folklore negro usando palabras, sonidos musicales, ritmos y sensaciones sacados de esa cultura. Se nota en su poesía un tono irónico. Su primer libro de poemas negros fue *Tuntún de pasa y grifería* (1937).
- **Pablo Neruda** (Chile, 1904–1973) es uno de los poetas más importantes de la poesía hispana. Ganó el Premio Nobel de Literatura en 1971. Escribió varios libros de poesía, algunos de los cuales son: *Veinte poemas de amor y una canción desesperada* (1924), *Residencia en la tierra* (dos tomos, 1925–1935), *Tercera residencia* (1947), *Canto general* (1950) y *Odas elementales* (1954–1959). Su evolución poética comienza en el modernismo y termina en una poesía política y didáctica. Esta última etapa corresponde a su adhesión al partido comunista.
- **José Lezama Lima** (Cuba, 1912–1974) se dedicó al estudio de la literatura y ayudó a formar la futura generación de poetas con sus ideas innovadoras. Escribió libros de poesía y ensayos que eran muy eruditos. Ganó fama con su novela *Paradiso* (1966).
- **Octavio Paz** (México, 1914–1998) ganó el Premio Nobel de Literatura en 1990. El célebre escritor mexicano pertenece a la generación literaria mexicana de *Taller* (1938–1940). Paz pasó por el surrealismo, el marxismo, el idealismo, el existencialismo, el simbolismo, el budismo y el estructuralismo pero no se quedó en ninguno de estos «ismos». Creó una poesía original, muy lírica, de brillantes imágenes. Paz tiene profunda conciencia del Yo, del pueblo mexicano y del ser humano. Presenta los grandes conflictos y contradicciones de la época: soledad y comunión, esperanza y desesperanza, cultura occidental y cultura oriental. Paz explicó su teoría de la poesía en *El arco y la lira* (1956). Sus libros de poesía incluyen *Raíz del hombre, Libertad bajo palabra* y *Piedra de sol.* Los libros de ensayos incluyen *El laberinto de la soledad* y *Las peras del olmo.* Paz vivió en Estados Unidos, Francia y Suiza y fue diplomático de México en la India. Entre 1982 y 1990 Paz escribió *Sombras de obras, Hombres en su siglo, Pasión crítica, Tiempo nublado, Sor Juana Inés de la Cruz o Las trampas de la fe, Árbol adentro* y *México en la obra de Octavio Paz.*
- **Julia de Burgos** (Puerto Rico, 1914–1953) demuestra mucha emoción y dolor de una pasión no satisfecha en su poesía. Escribe sobre temas metafísicos, la belleza del amor, la naturaleza y la situación anómala de Puerto Rico y los puertorriqueños. Escribió el *Poema en veinte surcos.*
- **Nicanor Parra** (Chile, 1914–) escribió una poesía popularista, de la sociedad de masas. Empezó escribiendo romances populares y pintorescos como en su *Cancionero sin nombre* (1937). Luego en *Poemas y antipoemas* (1954) experimentó con sus «antipoemas» que mezclaban la poesía tradicional con el superrealismo.

Teatro

- **Rodolfo Usigli** (México, 1905–1979) escribió sátiras políticas y sociales y dramas históricos y políticos. *El gesticulador* (1937), «pieza para demagogos», trata del tema de la hipocresía social en México. Puede interpretarse también como el problema universal de la verdad y la mentira en la conciencia humana. *Corona de sombra* (1943) trata el tema histórico de Maximiliano y Carlota.
- **Francisco Arriví** (Puerto Rico, 1915–) escribió obras de temas de vida nacional, empleando recursos nuevos. Escribió *El diablo se humaniza* (1941) y *Club de solteros* (1953).

- **Carlos Solórzano** (Guatemala, 1922–) es un importante dramaturgo y crítico de teatro que, a pesar de ser guatemalteco de nacimiento, se considera una figura de la literatura mexicana. El tema más tratado por Solórzano es el de la libertad y cómo se logra o se pierde según la rebeldía. Escribió *Las manos de Dios* (1956) y *Los fantoches* (1958).
- **Sebastián Salazar Bondy** (Perú, 1924–1965) escribió ensayos y poesía pero es mejor conocido por su teatro. Escribe obras que demuestran sus preocupaciones por los problemas humanos y las condiciones sociales. Escribió *Ifigenia en el mercado.*
- **Emilio Carballido** (México, 1925–) es quizás el dramaturgo más importante de su generación. Escribe sobre la clase media de provincias y lo absurdo de la vida. Entre sus mejores obras figuran *Rosalba y los llaveros, La danza que sueña la tortuga* y *El día que se soltaron los leones.*
- **Osvaldo Dragún** (Argentina, 1929–1998) es un dramaturgo de temas serios. *La peste viene de Melos* (1954) es una obra antiimperialista. *Túpac Amaru* es una tragedia histórica sobre el inca peruano que se sublevó contra la autoridad española. Es una obra universal sobre la dignidad humana.
- **Jorge Díaz** (Chile, 1930) escribe obras que tratan lo absurdo de la vida. Usa la comedia o tragicomedia y la falta de lógica en *El cepillo de dientes* (1966) y *La ergástula.*

Narrativa

- **Mariano Azuela** (México, 1873–1952) es un novelista realista que escribió novelas que tratan la Revolución Mexicana (1910) y sus consecuencias. Su obra maestra, *Los de abajo* (1916), salió de sus experiencias como médico en el ejército. Azuela es un revolucionario desilusionado que se dedica a pintar la Revolución con una gran fuerza realista.
- **Horacio Quiroga** (Uruguay, 1878–1937) es el gran narrador de los temas raros y de terror. Se destacan sus cuentos cortos por su expresión, su descripción de la naturaleza americana y su originalidad. Se nota la influencia de Poe en sus cuentos. Escribió *Cuentos de amor, de locura y de muerte* (1917) y *Cuentos de la selva* (1918).
- **Rómulo Gallegos** (Venezuela, 1884–1969) se considera uno de los novelistas hispanoamericanos más importantes. Escribió novelas y cuentos que describen la realidad venezolana. Su obra maestra que le valió una fama universal es *Doña Bárbara* (1929). Gallegos emplea un estilo realista tradicional del siglo diecinueve para describir el paisaje de la llanura venezolana y la lucha entre las fuerzas de la civilización y la barbarie. Gallegos fue elegido presidente de Venezuela en 1947.
- **Eduardo Barrios** (Chile, 1884–1963) escribió novelas de análisis sicológico, como *El niño que enloqueció de amor* (1915) o el famoso *El hermano asno* (1922). Esta novela, escrita en primera persona con la forma de un diario, describe unos casos psicológicos raros. Barrios penetra en las almas de los personajes y describe la vida chilena también en *Tamarugal* (1944) y *Gran señor y rajadiablos* (1948), que presenta un panorama social e histórico del campo chileno.
- **Ricardo Güiraldes** (Argentina, 1886–1927) es conocido por su obra maestra *Don Segundo Sombra* (1926) que trata la vida de los gauchos. Usa un estilo impresionista.
- **Martín Luis Guzmán** (México, 1887–1976) novelista, se conoce por su obra *El águila y la serpiente* (1928) que es realmente un conjunto de relatos. Estas historias salen de las experiencias que tuvo Guzmán en la Revolución Mexicana.
- **José Eustasio Rivera** (Colombia, 1888–1928) es conocido por su novela *La vorágine* (1924) que tiene lugar en los llanos del Orinoco y una región del Amazonas. Los temas de la novela son la soberanía de Colombia, amenazada por invasiones; los colombianos como prisioneros de la selva; la psicología complicada de la persona obsesionada por su fracaso.
- **Teresa de la Parra** (Venezuela, 1891–1936) escribió *Ifigenia: Diario de una señorita que escribió porque se fastidiaba* (1924) que cuenta la injusta situación de la mujer criolla. En su segunda y última novela, *Las memorias de Mamá Blanca* (1929), la novelista describe su infancia feliz en una hacienda de caña de azúcar cerca de Caracas. Pinta la clase aristocrática y la vieja sociedad que se deshacen.
- **Jorge Luis Borges** (Argentina, 1899–1986), cuentista, ensayista y poeta, se considera uno de los mayores escritores de nuestro tiempo. Es uno de los fundadores del ultraísmo. Sus obras demuestran su gran imaginación creadora, su brillante uso de la metáfora, su profundo conocimiento de la cultura y la literatura universales, su enorme habilidad lingüística y su rigor lógico. Es conocido por sus cuentos

más que nada. Sus antologías de cuentos incluyen la *Historia universal de la infamia* (1935), *Ficciones* (1944) y *El aleph* (1949).

- **Miguel Ángel Asturias** (Guatemala, 1899–1974), novelista y poeta, ganó el Premio Nobel de Literatura en 1967. El lenguaje que emplea Asturias es poético. Escribió las *Leyendas de Guatemala* (1930) con su visión mágica de los mayas. Hizo estudios antropológicos sobre la civilización de los mayas. Es famoso por sus novelas. Aunque Asturias no menciona el país en su novela *El señor Presidente* (1946), su obra maestra, se sabe que escribe sobre la tiranía del dictador guatemalteco Estrada Cabrera. Como novela de crítica política y social, puede referirse a cualquier país hispanoamericano. Otras novelas de Asturias incluyen *Hombres de maíz* (1949), y la trilogía de *Viento fuerte* (1950), *El Papa verde* (1954) y *Los ojos de los enterrados* (1960).
- **Eduardo Mallea** (Argentina, 1903–1982) escribió una novela autobiográfica, *Historia de una pasión argentina*, en 1935. Demuestra su angustia con su circunstancia argentina. Los cuentos de *La ciudad junto al río inmóvil* (1936) presentan personajes conscientes de su soledad y desesperación en Buenos Aires. *Fiesta en noviembre* (1938) es la primera novela de Mallea que emplea diálogos en contrapunto; antes, todo era monólogo. En *Todo verdor perecerá* (1941) y las novelas que siguen, los personajes buscan lo que significa ser mujer u hombre en la situación argentina.
- **Alejo Carpentier** (Cuba, 1904–1980) es músico, escritor y poeta cuyas obras demuestran su profundo conocimiento de la historia, la música, la antropología y el folklore. Conoce a fondo la realidad de su país y de América. Escribió sobre la historia afrocubana en *Ecué-Yamba-O* (1931), sobre la historia y sociedad de Haití en *El reino de este mundo* (1949). *Los pasos perdidos* (1953), novela muy lograda, contrasta la vida en las ciudades modernas y la vida de la selva. Esta novela tiene magia, visión, fantasía, descripciones líricas de la naturaleza (la selva venezolana) y música indígena. Escribió también *La guerra del tiempo* (1958) y *El siglo de las luces* (1962).
- **Jorge Icaza** (Ecuador, 1906–1978) es conocido por su novela indigenista *Huasipungo* (1934) que interesa más por ser documento político y sociológico que por ser literatura. Icaza defiende al indio de su amo que le quita su «huasipungo», palabra quechua que significa «parcela» (de tierra). Describe la avaricia del amo, la violencia contra los indios, las costumbres primitivas y la miseria.
- **Ciro Alegría** (Perú, 1909–1967) escribió novelas indigenistas de contenido social y humano. Su estilo es realista, de prosa sencilla pero poderosa. Alegría demuestra su simpatía por los indios y los humildes en general en *La serpiente de oro* (1935), *Los perros hambrientos* (1939) y *El mundo es ancho y ajeno* (1941).
- **Juan Carlos Onetti** (Uruguay, 1909–1994) escribió *La vida breve* (1950), *Juntacadáveres* (1969) y *Dejemos hablar al viento* (1980). El novelista tiene una visión pesimista de la vida. La acción de sus novelas y cuentos transcurre en una región imaginaria, en una ciudad rioplatense donde los personajes acaban neuróticos, viciosos y vencidos.
- **María Luisa Bombal** (Chile, 1910–1980) escribe una prosa subjetiva, impresionista y poética. Sus novelas tienen lugar en una región mágica en donde las cosas desvanecen. Se ve lo humano entrelazado con lo sobrehumano en *La útlima niebla* (1934) y *La amortajada* (1941).
- **Ernesto Sábato** (Argentina, 1911–) ha escrito novelas de tipo intelectual, psicológico y metafísico. Sus personajes tienen angustias y problemas metafísicos. Sábato escribió *El túnel* (1948) y *Sobre héroes y tumbas* (1961).
- **Silvina Bullrich** (Argentina, 1915–1990) cultivó la novela psicológica con un tono poético. Se nota un ambiente de misterio en *La tercera versión* (1944). Pinta las clases sociales en *Los burgueses* (1964). También escribió *Mañana digo basta* y *Los monstruos sagrados* (1971).
- **Julio Cortázar** (Argentina, 1916–1984) nació en Bruselas. Se destaca por sus cuentos y novelas y también por la enorme influencia que tuvo en el arte narrativo en general. Experimentó mucho con formas lingüísticas y narrativas. Trata los temas de la realidad y la fantasía, lo absurdo de la vida, lo monstruoso, lo bestial, el destino humano. Escribió libros de cuentos como *Las armas secretas* y novelas como *Los premios* (1961) y *Rayuela* (1963), novela experimental.
- **Juan Rulfo** (México, 1918–1986) fue novelista y cuentista que escribió sobre la vida dura, el dolor, el sufrimiento y la muerte de los campesinos mexicanos. En su libro de cuentos *El llano en llamas* (1953), Rulfo refleja lo cruel y lo estéril de la tierra en sus

personajes y sus temas de crimen, inocencia y muerte. La vida exterior (de los paisajes) y la vida interior (de los personajes) se reflejan la una a la otra. Esta realidad interiorizada que se ve en el cuento «Luvina», se profundiza y se intensifica en la novela *Pedro Páramo* (1955). Aquí en el pueblo de Comala todo es sobrenatural; hay fantasmas, murmullos, ecos y ánimas en pena.

- **Juan José Arreola** (México, 1918–2001) es célebre por sus cuentos cortos. Cultivó el cuento fantástico, los juegos intelectuales y las paradojas en el *Confabulario total* (1962). Escribió obras sarcásticas en *Palindroma* (1971). En la novela *La feria* (1963), Arreola narra la desorganización social de un pueblo mexicano en viñetas satíricas.
- **René Marqués** (Puerto Rico, 1919–1978) es conocido por sus cuentos cortos aunque escribió obras de teatro importantes. Marqués se preocupa por las cuestiones políticas de la soberanía de Puerto Rico como en su novela *La víspera del hombre* (1959). Trata los temas del tiempo, la angustia, el miedo, la libertad, lo absurdo de la vida y la muerte en su antología de cuentos *Otro día nuestro* (1955). *La carreta* (1952), una obra de teatro, presenta una familia puertorriqueña que se desarraiga del campo para mudarse a San Juan y luego a Nueva York.
- **Mario Benedetti** (Uruguay, 1920–) escribió cuentos y novelas que penetran el alma y la sicología de las personas que viven en las ciudades. Escribió una antología *Cuentos completos* (1970) y las novelas *La tregua* (1960) y *Gracias por el fuego* (1965).
- **Augusto Monterroso** (Guatemala, 1921–2003) es el cuentista más importante del grupo «Acento». Las piezas de *Obras completas y otros cuentos* (1959) son breves, satíricas, sorprendentes y de estilo sencillo. Escribió varias colecciones de cuentos como *La oveja negra y demás fábulas* (1969), *Movimiento perpetuo* (1972), *El cuento 37* (1986) y *Sinfonía concluida y otros cuentos* (1994). Estos cuentos tienen ironía, imaginación, alusiones cultas y duplicaciones.
- **José Donoso** (Chile, 1924–1996) hace crítica social empleando el tema de las clases sociales y la descomposición de la sociedad en sus novelas *Coronación* (1957), *Este domingo* (1966), *El lugar sin límites* (1967), *El obsceno pájaro de la noche* (1970), *Casa de Campo* (1995), *El jardín de al lado* y *El Mocho*, novelas pósthumas (1998).
- **Rosario Castellanos** (México, 1925–1974) escribió narrativa, poesía, teatro, y ensayos que demuestran una voz sincera y seria que confiesa su soledad y sus amores y tristezas y canta la tierra y el pubelo mexicanos. Escribió el libro de cuentos *Álbum de familia* (1971). En su novela *Balún Canán* (1955) Castellanos describe la vida provinciana de Chiapas a través de los ojos de una niña y otros personajes. Se ven sus prejuicios, supersticiones y la injusticia contra los indios. En *El oficio de tinieblas* (1962) la novelista narra el triunfo del indio mexicano en su lucha social.
- **Gabriel García Márquez** (Colombia, 1928–) recibió el Premio Nobel de Literatura en 1982. Su novela más famosa es *Cien años de soledad* (1967), obra que cuenta la historia de la familia Buendía de Macondo, un lugar ficticio que representa Colombia y toda América. La vida pintada es real y al mismo tiempo magnífico, mágica, fantástica y grotesca. Todo se entrelaza en el espacio y en el tiempo. García Márquez es un narrador bien conocido por su uso del realizmo mágico. Hay un elemento autobiográfico en la obra del novelista y sus personajes, escenarios y sucesos vuelven a aparecer de una novela a otra.También escribió *La hojarasca* (1955), *El coronel no tiene quien le escriba* (1961), *Los funerales de la mamá grande* (1962), *Crónica de una muerte anunciada* (1981), *El amor en los tiempos del cólera* (1985), *Noticia de un secuestro* (1996) y *Vivir para contarla* (2002).
- **Carlos Fuentes** (México, 1928–) novelista, ensayista y guionista, fue embajador de México en Francia. Goza de una fama mundial por sus novelas. Ha experimentado con nuevas técnicas a lo largo de los años. Se ve su preocupación por la historia y la cultura mexicanas y por los temas universales y la sicología humana. *La región más transparente* (1958) tiene como protagonista la ciudad de México, que se enfoca a través de las distintas clases sociales. Fuentes presenta lo indígena y lo criollo y su tema frecuente de la traición a la Revolución Mexicana. La traición a la Revolución y la descomposición de la sociedad mexicana son temas de otra novela muy lograda, *La muerte de Artemio Cruz* (1962). Otras novelas y libros de cuentos de Fuentes son *Aura* (1962), *Zona sagrada* (1966), *Terra nostra* (1975), *Gringo viejo* (1985), *Cristóbal nonato* (1987), *El naranjo o los círculos del tiempo* (1993), *Diana o la cazadora solitaria* (1996), *Retratos en el tiempo* (1998), *Los años con Laura Díaz* (1999), *Los cinco*

soles de México: Memoria de un milenio (2000) y *La silla del águila* (2003), novela de estructura epistolar que tiene lugar en el año 2020.

- **Guillermo Cabrera Infante** (Cuba, 1929–) tuvo gran éxito con *Tres tristes tigres* (1967), novela que tiene lugar en la época de Batista. Cabrera Infante juega mucho con el lenguaje, el tiempo y el punto de vista. El novelista y cuentista usa la fragmentación, dialectos, escenas simultáneas y otros recursos innovadores. También escribió *Así en la paz como en la guerra* (1960), *Vista del amanecer en el trópico* (1965), *La Habana para un infante difunto* (1979), *Cuerpos divinos* (1985), *Mea Cuba* (1992), *Delito por bailar el chachachá* (1995), *Arcadia todas las noches* (1995), *Ella cantaba boleros* (1996), *La amazona* (1996), *Mi música extremada* (1996) y *Cine o sardina* (1997).
- **Manuel Puig** (Argentina, 1932–1990) escribe novelas como su autobiografía novelada *La traición de Rita Hayworth* (1968), en la cual un chico de un pueblo de la Pampa se refugia en el mundo del cine. Otras novelas tratan las clases sociales, la sociedad argentina y los problemas sicológicos como *Boquitas pintadas* (1969), *Buenos Aires Affair* (1973) en la cual hace una parodia de los gustos de las masas y *El beso de la mujer araña* (1976).
- **Elena Poniatowska** (México, 1932–), nació en París, hija de un conde polaco y de una mexicana de la clase alta social, escribe novelas y cultiva el género que mezcla literatura y periodismo. Esta combinación de ficción y no-ficción se ve en *La noche de Tlatelolco: Testimonios de historia oral* (1971) que cuenta las manifestaciones políticas de 1968 en la plaza de las Tres Culturas. Su novela *Hasta no verte, Jesús mío* (1969) narra la historia de la vida de una soldadera (una mujer que seguía a los soldados con comida y otras cosas durante la Revolución Mexicana). *Querido Diego, te abraza Quiela* (1978) es una novela que cuenta la desesperanza de una de las queridas de Diego Rivera después que el pintor mexicano la dejó y volvió a México. *Flor de lis* (1988) es una novela autobiográfica. Poniatowska coleccionó unos testimonios después de los horrendos terremotos del diecinueve y veinte de septiembre de 1985 en *Nada, nadie: Las voces del temblor* (1991) y escribió *Octavio Paz: Las palabras del árbol* (1998), una biografía del gran poeta mexicano.
- **Mario Vargas Llosa** (Perú, 1936–) es novelista, crítico, periodista, analista político y erudito literario de renombre internacional. Ha experimentado con temas y técnicas desde su primera novela *La ciudad y los perros* (1962). La ciudad es Lima y los perros son los cadetes de un colegio militar. Vargas Llosa demuestra lo vulgar y lo despreciable de esa vida, de esa gente, y por extensión, de la naturaleza humana. Usa técnicas del montaje y múltiples perspectivas en *La casa verde* (1966). *Conversación en la catedral* (1969) es una novela política que trata de los años de un vil presidente peruano. Entre sus otras novelas figuran *La tía Julia y el escribidor* (1977), *La guerra del fin del mundo* (1981), *Historia de Mayta* (1984), *¿Quién mató a Palomino Molero?* (1986), *El hablador* (1987), *Lituma en los Andes* (1993) y *La fiesta del chivo* (2000). Vargas Llosa, nacionalizado español, ha sido elegido recientemente miembro de la Real Academia de la Lengua. Fue candidato a presidente del Perú en 1992.
- **Rosario Ferré** (Puerto Rico, 1938–) es conocida por sus novelas aunque ha escrito poesía, crítica literaria y una biografía de su padre, Luis Ferré, que era gobernador de Puerto Rico de 1968 a 1972. Ha escrito unas novelas en inglés incluso *The House on the Lagoon* (1995; traducida *La casa de la laguna*, 1996), *Eccentric Neighborhoods* (1998; traducida *Vecindarios) excéntricos* (1998) y *Flight of the Swan* (2001). En *The House on the Lagoon* Ferré narra la historia de una familia puertorriqueña a través de la cual relata la historia de Puerto Rico en el siglo veinte. En *Flight of the Swan*, la novelista combina ficción e historia en narrar la biografía de una bailarina rusa que se encuentra abandonada en una isla caribeña en 1917 por la agitación política en su país.
- **Cristina Peri Rossi** (Uruguay, 1941–) se exilió en 1972 y ahora es ciudadana española. *Viviendo* (1963) es su primer libro de cuentos cortos. Usando muchas imágenes y una sensibilidad erótica, la cuentista narra las costumbres sociales, la tradición literaria y las estructuras políticas. Como novelista postmodernista Peri Rossi describe un mundo vacío, en proceso de desintegración en *Los museos abandonados* (1968) y *El libro de mis primos* (1969). También escribió *El amor es una droga dura* (1999) y los libros de poseía incluyen *Evohé* (1971), *Diáspora* (1976), *Eurpoa después de la lluvia* (1987) y *Aguella noche* (1996).

PART 7

- **Isabel Allende** (Chile, 1942–) nació en Perú y se crió en Chile. Su familia se exilió de Chile por el golpe de estado militar en 1973. Vivió en Caracas por muchos años y ahora vive en California. Trabajó de periodista y escribió su primera novela, *La casa de los espíritus* (1981), que le trajo una fama internacional. Escribe ficción a veces política valiéndose del realismo y del realismo mágico. Escribió *De amor y de sombra* (1984), *Eva Luna* (1987), *Cuentos de Eva Luna* (1990) y *El plan infinito* (1991), su primera novela que tiene lugar en los Estados Unidos. En *Portrait in Sepia* (*Retrato en sepia*) (2001) Allende narra la historia de una familia chilena del siglo diecinueve representando la nostalgia del amor perdido. En *My Invented Country (Mi país inventado)* (2003) la novelista narra la historia de su familia y de la tierra chilena.

- **Sandra Cisneros** (Chicago, EE.UU., 1954–) es la novelista más conocida de una generación de escritores chicanos que viven y escriben (generalmente en inglés) en Estados Unidos. Es una de las primeras escritoras mexicanoamericanas que ha llegado a tener éxito comercial con sus novelas. Escribe sus novelas desde el punto de vista de la mujer chicana cuyos conflictos sociales y culturales forman el argumento. La novelista cultiva el género del Bildungsroman, es decir, *coming of age novel.* Cisneros tuvo mucho éxito con su primera novela, *The House on Mango Street* (1984), que narra la historia de una adolescente latina. Su novela *Caramelo* (2002) narra la historia de varias generaciones de una familia que vive en Chicago y la Ciudad de México. Cisneros ha contribuido a la literatura mexicanoamericana con libros de relatos y de poesías también.

CHAPTER 35 TEST

Literatura de Hispanoamérica

1 **Escritores hispanoamericanos** Complete las oraciones con la respuesta correcta.

1. El español que defendió a los indios del trabajo forzado fue ________.
   - **a.** Bernal Díaz del Castillo
   - **b.** Fray Bartolomé de las Casas
   - **c.** Jorge Icaza
   - **d.** Hernán Cortés
2. Una poesía gauchesca argentina muy conocida se titula ________.
   - **a.** *Ricardo Güiraldes*
   - **b.** *Julián del Casal*
   - **c.** *José Hernández*
   - **d.** *Martín Fierro*
3. El novelista colombiano que recibió el Premio Nobel de Literatura en 1982 es ________.
   - **a.** José Asunción Silva
   - **b.** José Eustasio Rivera
   - **c.** Gabriel García Márquez
   - **d.** Miguel Ángel Asturias
4. Se le llama «Juana de América» a ________.
   - **a.** Juana de Ibarbourou
   - **b.** Julia de Burgos
   - **c.** Juan Rulfo
   - **d.** Sor Juana Inés de la Cruz
5. *El Periquillo Sarniento* es ________.
   - **a.** un movimiento literario del siglo diecinueve
   - **b.** la primera poesía modernista
   - **c.** la primera novela hispanoamericana
   - **d.** la primera crónica de Indias

CHAPTER 35 TEST

Literatura de Hispanoamérica

6. El poeta nicaragüense que encabezó el movimiento modernista de Hispanoamérica es _________.
   a. José Enrique Rodó
   b. Leopoldo Lugones
   c. Vicente Palés Matos
   d. Rubén Darío
7. _________ describió la Revolución Mexicana en sus novelas.
   a. Mariano Azuela
   b. José Donoso
   c. Ciro Alegría
   d. Rómulo Gallegos
8. _________ es el autor de la *Historia verdadera de la conquista de la Nueva España.*
   a. Hernán Cortés
   b. Bernal Díaz del Castillo
   c. Alonso de Ercilla y Zúñiga
   d. Juan José Arreola
9. _________ escribió una importante *Gramática castellana.*
   a. Simón Bolívar
   b. Andrés Bello
   c. Guillermo Cabrera Infante
   d. Jorge Luis Borges
10. El novelista Mario Vargas Llosa fue candidato a presidente de _________.
   a. Colombia
   b. Argentina
   c. Perú
   d. Chile

CHAPTER 35 TEST

Literatura de Hispanoamérica

11. El *Primero Sueño* fue escrito por la poeta barroca ________.
    - **a.** Teresa de la Parra
    - **b.** Alfonsina Storni
    - **c.** Gertrudis Gómez de Avellaneda
    - **d.** Sor Juana Inés de la Cruz
12. ________ recibió el Premio Nobel de Literatura en 1990.
    - **a.** Gabriela Mistral
    - **b.** Octavio Paz
    - **c.** Miguel Ángel Asturias
    - **d.** Pablo Neruda

2 **Escritores y obras** Empareje los escritores de la columna A con las obras de la columna B.

A	B
1. ________ Carlos Fuentes	**a.** *Cuentos de amor, de locura y de muerte*
2. ________ El Inca Garcilaso de la Vega	**b.** *La Araucana*
3. ________ Rómulo Gallegos	**c.** *Sóngoro Cosongo*
4. ________ Alonso de Ercilla	**d.** *El matadero*
5. ________ Alejo Carpentier	**e.** *Comentarios reales*
6. ________ Isabel Allende	**f.** *Residencia en la tierra*
7. ________ Nicolás Guillén	**g.** *La muerte de Artemio Cruz*
8. ________ Pablo Neruda	**h.** *Los pasos perdidos*
9. ________ Sandra Cisneros	**i.** *Doña Bárbara*
10. ________ Esteban Echeverría	**j.** *The House on Mango Street*
11. ________ Horacio Quiroga	**k.** *Cuentos de Eva Luna*
12. ________ Rosario Ferré	**l.** *Mea Cuba*
13. ________ Guillermo Cabrera Infante	**m.** *The House on the Lagoon*

CHAPTER 35 TEST

Literatura de Hispanoamérica

3 **Para identificar** Escoja el elemento que identifica correctamente la frase indicada.

1. _________ gran cuentista argentino
   - **a.** Jorge Luis Borges
   - **b.** Augusto Monterroso
2. _________ poesía afroantillana
   - **a.** René Marqués
   - **b.** Vicente Palés Matos
3. _________ *Libertad bajo palabra* y *Piedra de sol*
   - **a.** obras de teatro de Rodolfo Usigli
   - **b.** antologías de poesía de Octavio Paz
4. _________ crónica sobre la conquista de México
   - **a.** Bernal Díaz del Castillo
   - **b.** Cristóbal Colón
5. _________ Premio Nobel de Literatura 1967
   - **a.** Carlos Fuentes
   - **b.** Miguel Ángel Asturias
6. _________ escritor, político y filósofo
   - **a.** Andrés Bello
   - **b.** Ricardo Palma
7. _________ Gabriel García Márquez
   - **a.** nació en Ecuador
   - **b.** *Cien años de soledad*
8. _________ Simón Bolívar
   - **a.** el Libertador
   - **b.** el Pensador Mexicano
9. _________ se le llama *la décima musa*
   - **a.** Sor Juana Inés de la Cruz
   - **b.** María Luisa Bombal

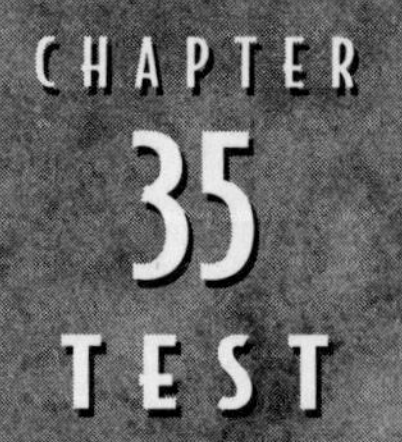

Literatura de Hispanoamérica

10. ________ influencia de Poe en sus cuentos
   a. José Enrique Rodó
   b. Horacio Quiroga

11. ________ la Revolución Mexicana
   a. *Los de abajo*
   b. *El mundo es ancho y ajeno*

4 **Títulos y temas** Empareje el tema de la obra de la columna A con el título de la obra de la columna B.

A	B
1. ________ historia de los Buendía de Macondo	**a.** *La vorágine*
2. ________ la vida de los gauchos en la Pampa	**b.** *El mundo es ancho y ajeno*
3. ________ ánimas en pena y murmullos en Comala	**c.** *Cien años de soledad*
4. ________ la traición a la Revolución Mexicana	**d.** *Don Segundo Sombra*
5. ________ los llanos del Orinoco y la selva del Amazonas	**e.** *La muerte de Artemio Cruz*
6. ________ los cadetes de un colegio militar limeño	**f.** *El señor presidente*
7. ________ la tiranía de un dictador centroamericano	**g.** *La ciudad y los perros*
8. ________ el sufrimiento de los indios peruanos	**h.** *Pedro Páramo*

CHAPTER 35 TEST

Literatura de Hispanoamérica

5 **Para completar** Complete las oraciones con las palabras correctas.

1. *La ciudad y los perros* es la primera novela escrita por ________________________.
2. Una novela de Carlos Fuentes, ________________________, tiene como protagonista la ciudad de México.
3. ________________________ fue el primer poeta modernista mexicano.
4. ________________________ luchó por la independencia de su patria formando un partido político mientras vivía en Nueva York.
5. ________________________ escribió *Los pasos perdidos* sobre el contraste entre la vida urbana y la selva venezolana.
6. Julio Cortázar escribió una novela experimental titulada ________________________.
7. *La casa de la laguna,* novela escrita por ________________________, relata la historia de una familia de Puerto Rico.
8. Sandra Cisneros tuvo mucho éxito con su primera novela ________________________.
9. Hernán Cortés escribió sobre la conquista de los aztecas en sus ________________________.
10. *El mundo es ancho y ajeno* y *Huasipungo* son novelas ________________________.
11. *Tres tristes tigres,* una novela de ________________________, trata de la vida cubana bajo el dictador Batista.
12. ________________________ inicia la historiografía de las Indias con sus *Cartas* y el *Diario* de sus viajes.
13. ________________________ es conocido por sus antologías de cuentos como *El aleph.*

APPENDIX

APPENDIX

El mundo hispanohablante

1. *Argentina*
2. *Bolivia*
3. *Ceuta*
4. *Chile*
5. *Colombia*
6. *Costa Rica*
7. *Cuba*
8. *Ecuador*
9. *El Salvador*
10. *España*
11. *Guatemala*
12. *Honduras*

13. Melilla
14. México
15. Nicaragua
16. Panamá
17. Paraguay
18. Perú
19. Puerto Rico
20. La República Dominicana
21. La República de Guinea Ecuatoriana
22. Uruguay
23. Venezuela

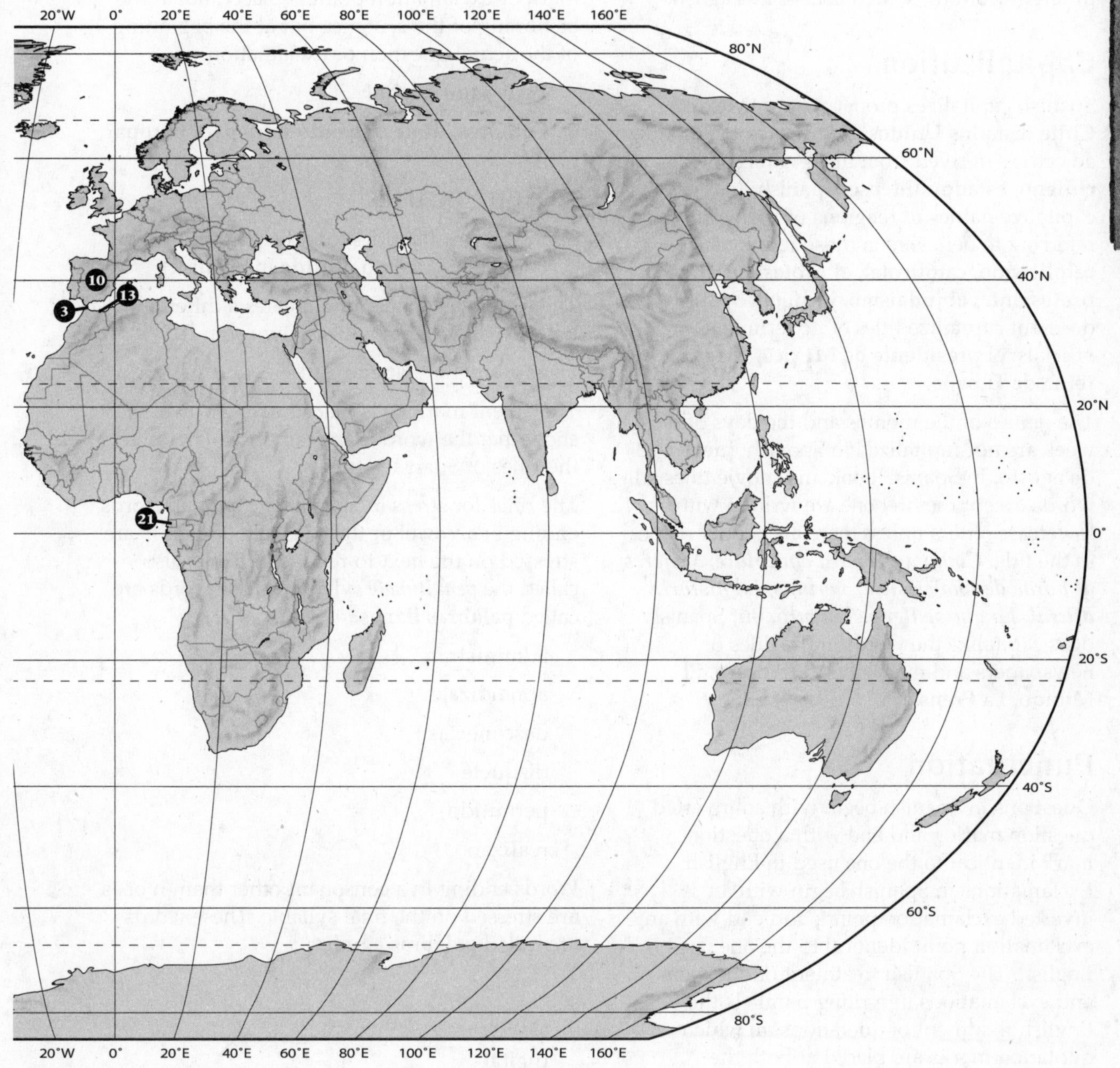

WRITTEN CONVENTIONS

Spanish has some written conventions that are different from those we observe in English.

Capitalization

Spanish capitalizes proper names **(México, Chile, Estados Unidos)** but does not capitalize adjectives derived from these names: **mexicano, chileno, estadounidense.** Spanish does not capitalize names of religions or the words referring to believers in those religions: **el catolicismo, católico(a), el protestantismo, protestante, el judaísmo, judío(a).** Spanish also does not capitalize titles of government officials: **el presidente de México, el rey/la reina de España.**

The names of the months and the days of the week are not capitalized in Spanish: **jueves, 23 de agosto.** In Spanish book and movie titles, all words except the first one are written with lowercase letters unless there are proper names in the title: ***Como agua para chocolate, Mujeres al borde de una crisis de nervios, La historia oficial, Lo que se llevó el viento.*** But Spanish does capitalize the words in the titles of newspapers and magazines: **El Vocero, El Mundo, La Prensa.**

Punctuation

Questions in Spanish begin with an inverted question mark ¿ and end with a question mark identical to the one used in English. Exclamations in Spanish begin with an inverted exclamation point ¡ and end with an exclamation point identical to the one used in English. The Spanish treatment of questions and exclamations in writing parallels the English treatment of quotations, in which quotation marks are placed at both the beginning and end of the quote.

¿Quién es ese muchacho?

¡Qué artículo más interesante!

Within certain sentences, the inverted question mark or exclamation point is placed not at the beginning of the sentence but at the beginning of the actual question or exclamation.

Pero, ¡qué bueno!

Entonces, dime, ¿cuándo sales para Europa?

Accent marks

Spanish uses diacritics, or accent marks, over certain letters (**acento** or **tilde** in Spanish).

The **tilde** over the letter **n** creates a different letter **ñ** (called **eñe**) with its own sound.

año **peña** **sueño**

The accent mark (´) is placed over a vowel to show that the word it appears in violates one of the rules of Spanish stress.

The rules for stress in Spanish are simple. Words ending in a vowel or the consonants **-n** or **-s** are stressed on the next-to-the-last syllable, also called the *penultimate* syllable. These words are called **palabras llanas.**

admi**nis**tran

aprendi**za**je

descon**ec**tas

dis**que**te

permi**ti**do

rea**li**zan

Words ending in a consonant other than **-n** or **-s** are stressed on the final syllable. These words are called **palabras agudas.**

capa**taz**

celu**lar**

digi**tal**

grati**tud**

internacio**nal**

Inter**net**

representa**r**

us**ted**

In order to calculate the position of stress you have to understand the Spanish classification of vowels. The vowels **a, e, o** are considered strong vowels. The vowels **i, u** are considered weak vowels. When two strong vowels appear in succession, they constitute separate syllables.

co-rre-o

le-al

ma-es-tro

pa-se-ar

pe-o-res

po-e-ma

ro-er

to-a-lla

When a strong and a weak vowel appear together they constitute a *diphthong.* A diphthong is a combination of two vowels pronounced in the same syllable. In diphthongs, the weak vowels **i** and **u** have the sound values **/y/** and **/w/.** These diphthongs count as single vowels for the purpose of determining stress.

aurora

baile

boina

causa

ciencia

deuda

gaita

peine

pues

siento

suave

vuelto

When a word violates one of the above rules of stress, a written accent mark is placed over the vowel of the stressed syllable.

Words that end in a vowel or the consonants **n** or **s** but are not stressed on the penultimate syllable but instead on the final syllable or on the third-from-the-last syllable require a written accent mark to indicate this deviation from the rule. Words stressed on the third-from-the-last syllable are called **palabras esdrújulas**. The third-from-the-last syllable is called the *antepenultimate* syllable in English.

abri**rás**

a**ná**lisis

ánimo

ciberca**fé**

eli**gió**

habla**rán**

le**ván**tate

mate**má**ticas

Pana**má**

si**có**logo

química

ra**zón**

To**más**

vínculo

Words ending in a consonant other than **-n** or **-s** that are not stressed on the final syllable but instead on the penultimate syllable or on the antepenultimate syllable require a written accent mark to indicate this deviation from the rule.

a**zú**car

álbum

béisbol

fácil

lápiz

módem

When a strong and a weak vowel in succession are pronounced not as a diphthong but as two syllables, a written accent is placed over the weak vowel.

ac**tú**a

ata**úd**

ba**úl**

lío

pa**ís**

re**ú**ne

ríe

tecnolo**gí**a

WRITTEN CONVENTIONS

The accent mark in Spanish is also used to distinguish in writing words that are otherwise identical in speech. Usually one member of each of these pairs of words can carry stress in the phrase or sentence it occurs in, and that is the member of the pair that is written with an accent mark. For instance, the definite article **el** is not stressed but the subject pronoun **él** can carry stress.

UNSTRESSED WORD	STRESSED WORD
de *of, from*	**dé** *give!*
el *the*	**él** *he*
mas *but (literary)*	**más** *more*
mi *my*	**mí** *me (object of a preposition)*
que *relative pronoun*	**qué** *interrogative pronoun*
se *pronoun*	**sé** *I know; be!*
si *if*	**sí** *yes*
solo *alone*	**sólo** *only*
te *you (object pronoun)*	**té** *tea*
tu *your*	**tú** *you (subject pronoun)*

Interrogative words in Spanish are written with an accent mark. They retain this accent mark even when incorporated into a larger sentence.

¿**Cuándo** sale Juan?	*When is Juan leaving?*
No sé **cuándo** sale.	*I don't know when he is leaving.*

When interrogative words are written without accents they are conjunctions or relative pronouns.

Lo veré **cuando** llegue.	*I'll see him when he gets here.*
Es el muchacho con **quien** trabajo.	*It's the boy whom I work with.*

Most publications distinguish demonstrative adjectives from demonstrative pronouns by placing an accent mark over the stessed vowel of the pronoun. In modern usage, the written accent is sometimes left off demonstrative pronouns.

A él le gusta **aquel** libro, pero a mí me gusta **éste (este).**	*He likes* ***that book,*** *but I like* ***this one.***
¿Qué te parece **esta** cartera, señora?	*How do you like* ***this*** *handbag, ma'am?*
Ésa (Esa) no tanto. **Aquéllas (Aquellas)** me gustan más.	*I don't like* ***that one*** *so much. I like* ***those over there*** *more.*

VERB CHARTS

Regular Verbs

-ar verbs

CANTAR *to sing*

Indicative mood	
PRESENT	canto, cantas, canta, cantamos, cantáis, cantan
IMPERFECT	cantaba, cantabas, cantaba, cantábamos, cantabais, cantaban
PRETERITE	canté, cantaste, cantó, cantamos, cantasteis, cantaron
FUTURE	cantaré, cantarás, cantará, cantaremos, cantaréis, cantarán
CONDITIONAL	cantaría, cantarías, cantaría, cantaríamos, cantaríais, cantarían
PRESENT PERFECT	he cantado, has cantado, ha cantado, hemos cantado, habéis cantado, han cantado
PLUPERFECT	había cantado, habías cantado, había cantado, habíamos cantado, habíais cantado, habían cantado
PRETERITE PERFECT	hube cantado, hubiste cantado, hubo cantado, hubimos cantado, hubisteis cantado, hubieron cantado
FUTURE PERFECT	habré cantado, habrás cantado, habrá cantado, habremos cantado, habréis cantado, habrán cantado
CONDITIONAL PERFECT	habría cantado, habrías cantado, habría cantado, habríamos cantado, habríais cantado, habrían cantado
Subjunctive mood	
PRESENT	cante, cantes, cante, cantemos, cantéis, canten
IMPERFECT	cantara, cantaras, cantara, cantáramos, cantarais, cantaran cantase, cantases, cantase, cantásemos, cantaseis, cantasen
PRESENT PERFECT	haya cantado, hayas cantado, haya cantado, hayamos cantado, hayáis cantado, hayan cantado
PLUPERFECT	hubiera/hubiese cantado, hubieras/hubieses cantado, hubiera/hubiese cantado, hubiéramos/hubiésemos cantado, hubierais/hubieseis cantado, hubieran/hubiesen cantado
Imperative mood	
	canta/no cantes (tú), cante (Ud.), cantemos (nosotros), cantad/no cantéis (vosotros), canten (Uds.)

-er verbs

COMER *to eat*

Indicative mood	
PRESENT	como, comes, come, comemos, coméis, comen
IMPERFECT	comía, comías, comía, comíamos, comíais, comían
PRETERITE	comí, comiste, comió, comimos, comisteis, comieron
FUTURE	comeré, comerás, comerá, comeremos, comeréis, comerán
CONDITIONAL	comería, comerías, comería, comeríamos, comeríais, comerían
PRESENT PERFECT	he comido, has comido, ha comido, hemos comido, habéis comido, han comido
PLUPERFECT	había comido, habías comido, había comido, habíamos comido, habíais comido, habían comido
PRETERITE PERFECT	hube comido, hubiste comido, hubo comido, hubimos comido, hubisteis comido, hubieron comido
FUTURE PERFECT	habré comido, habrás comido, habrá comido, habremos comido, habréis comido, habrán comido
CONDITIONAL PERFECT	habría comido, habrías comido, habría comido, habríamos comido, habríais comido, habrían comido
Subjunctive mood	
PRESENT	coma, comas, coma, comamos, comáis, coman
IMPERFECT	comiera, comieras, comiera, comiéramos, comierais, comieran comiese, comieses, comiese, comiésemos, comieseis, comiesen
PRESENT PERFECT	haya comido, hayas comido, haya comido, hayamos comido, hayáis comido, hayan comido
PLUPERFECT	hubiera/hubiese comido, hubieras/hubieses comido, hubiera/hubiese comido, hubiéramos/hubiésemos comido, hubierais/hubieseis comido, hubieran/hubiesen comido
Imperative mood	
	come/no comas (tú), coma (Ud.), comamos (nosotros), comed/no comáis (vosotros), coman (Uds.)

-ir verbs

VIVIR *to live*

Indicative mood	
PRESENT	vivo, vives, vive, vivimos, vivís, viven
IMPERFECT	vivía, vivías, vivía, vivíamos, vivían
PRETERITE	viví, viviste, vivió, vivimos, vivisteis, vivieron
FUTURE	viviré, vivirás, vivirá, viviremos, viviréis, vivirán
CONDITIONAL	viviría, vivirías, viviría, viviríamos, viviríais, vivirían
PRESENT PERFECT	he vivido, has vivido, ha vivido, hemos vivido, habéis vivido, han vivido
PLUPERFECT	había vivido, habías vivido, había vivido, habíamos vivido, habíais vivido, habían vivido
PRETERITE PERFECT	hube vivido, hubiste vivido, hubo vivido, hubimos vivido, hubisteis vivido, hubieron vivido
FUTURE PERFECT	habré vivido, habrás vivido, habrá vivido, habremos vivido, habréis vivido, habrán vivido
CONDITIONAL PERFECT	habría vivido, habrías vivido, habría vivido, habríamos vivido, habríais vivido, habrían vivido
Subjunctive mood	
PRESENT	viva, vivas, viva, vivamos, viváis, vivan
IMPERFECT	viviera, vivieras, viviera, viviéramos, vivierais, vivieran viviese, vivieses, viviese, viviésemos, vivieseis, viviesen
PRESENT PERFECT	haya vivido, hayas vivido, haya vivido, hayamos vivido, hayáis vivido, hayan vivido
PLUPERFECT	hubiera/hubiese vivido, hubieras/hubiese vivido, hubiera/hubiese vivido, hubiéramos/hubiésemos vivido, hubierais/hubieseis vivido, hubieran/hubiesen vivido
Imperative mood	
	vive/no vivas (tú), viva (Ud.), vivamos (nosotros), vivid/no viváis (vosotros), vivan (Uds.)

Verb Charts

APPENDIX

Verbs with Changes in the Vowel of the Stem

PENSAR (e→ie) *to think*

PRESENT INDICATIVE	pienso, piensas, piensa, pensamos, pensáis, piensan
PRESENT SUBJUNCTIVE	piense, pienses, piense, pensemos, penséis, piensen
IMPERATIVE	_______ , piensa/no pienses, piense, pensemos, pensad/no penséis, piensen

Other tenses and forms present no changes in the vowel of the stem.

ENTENDER (e→ie) *to understand*

PRESENT INDICATIVE	entiendo, entiendes, entiende, entendemos, entendéis, entienden
PRESENT SUBJUNCTIVE	entienda, entiendas, entienda, entendamos, entendáis, entiendan
IMPERATIVE	_______ , entiende/no entiendas, entienda, entendamos, entended/no entendáis, entiendan

Other tenses and forms present no changes in the vowel of the stem.

RECORDAR (o→ue) *to remember*

PRESENT INDICATIVE	recuerdo, recuerdas, recuerda, recordamos, recordáis, recuerdan
PRESENT SUBJUNCTIVE	recuerde, recuerdes, recuerde, recordemos, recordéis, recuerden
IMPERATIVE	_______ , recuerda/no recuerdes, recuerde, recordemos, recordad/no recordéis, recuerden

Other tenses and forms present no changes in the vowel of the stem.

VOLVER (o→ue) *to return*

PRESENT INDICATIVE	vuelvo, vuelves, vuelve, volvemos, volvéis, vuelven
PRESENT SUBJUNCTIVE	vuelva, vuelvas, vuelva, volvamos, volváis, vuelvan
IMPERATIVE	_______ , vuelve/no vuelvas, vuelva, volvamos, volved/no volváis, vuelvan

Other tenses and forms present no changes in the vowel of the stem.

Stem-changing **-ir** verbs have three types of possible changes in the vowel of the stem: **e→ie, e→i, o→ue.** In addition to the expected changes in the present subjunctive and imperative, verbs having the change **e→ie** and **e→i** have **-i** as the stem vowel and verbs having the change **o→ue** have **-u** as the stem vowel in the following forms:

a. the **nosotros(as)** and **vosotros(as)** forms of the present subjunctive
b. the **nosotros(as)** command and the negative **vosotros(as)** commands
c. the third person singular and third person plural forms of the preterite
d. all persons of the imperfect subjunctive (both **-ra** and **-se** forms)
e. the present participle

Sample Conjugations

SENTIR (e→ie) *to feel, regret*

PRESENT INDICATIVE	siento, sientes, siente, sentimos, sentís, sienten
PRESENT SUBJUNCTIVE	sienta, sientas, sienta, sintamos, sintáis, sientan
IMPERATIVE	_______ , siente/no sientas, sienta, sintamos, sentid/no sintáis, sientan
PRETERITE	sentí, sentiste, sintió, sentimos, sentisteis, sintieron
IMPERFECT SUBJUNCTIVE	sintiera, sintieras, sintiera, sintiéramos, sintierais, sintieran sintiese, sintieses, sintiese, sintiésemos, sintieseis, sintiesen
PRESENT PARTICIPLE	sintiendo

Other tenses and forms present no changes in the vowel of the stem.

PEDIR (e→i) *to ask for*

PRESENT INDICATIVE	pido, pides, pide, pedimos, pedís, piden
PRESENT SUBJUNCTIVE	pida, pidas, pida, pidamos, pidáis, pidan
IMPERATIVE	_______ , pide/no pidas, pida, pidamos, pedid/no pidáis, pidan
PRETERITE	pedí, pediste, pidió, pedimos, pedisteis, pidieron
IMPERFECT SUBJUNCTIVE	pidiera, pidieras, pidiera, pidiéramos, pidierais, pidieran pidiese, pidieses, pidiese, pidiésemos, pidieseis, pidiesen
PRESENT PARTICIPLE	pidiendo

Other tenses and forms present no changes in the vowel of the stem.

DORMIR (o→ue) *to sleep*

PRESENT INDICATIVE	**duer**mo, **duer**mes, **duer**me, dormimos, dormís, **duer**men
PRESENT SUBJUNCTIVE	**duer**ma, **duer**mas, **duer**ma, **dur**mamos, **dur**máis, **duer**man
IMPERATIVE	_______ , **duer**me/no **duer**mas, **duer**ma, **dur**mamos, dormid/ no **dur**máis, **duer**man
PRETERITE	dormí, dormiste, **dur**mió, dormimos, dormisteis, **dur**mieron
IMPERFECT SUBJUNCTIVE	**dur**miera, **dur**mieras, **dur**miera, **dur**miéramos, **dur**mierais, **dur**mieran **dur**miese, **dur**mieses, **dur**miese, **dur**miésemos, **dur**mieseis, **dur**miesen
PRESENT PARTICIPLE	**dur**miendo

Other tenses and forms present no changes in the vowel of the stem.

Verbs with Spelling Changes

Verbs ending in **-car (c→qu** before **-e)**

The change occurs in the first person singular of the preterite, in all persons of the present subjunctive, and in imperative forms derived from the present subjunctive.

TOCAR *to play an instrument; to touch*

PRETERITE	to**qu**é, tocaste, tocó, tocamos, tocasteis, tocaron
PRESENT SUBJUNCTIVE	to**qu**e, to**qu**es, to**qu**e, to**qu**emos, to**qu**éis, to**qu**en

Verbs ending in **-gar (g→gu** before **-e)**

The change occurs in the first person singular of the preterite, in all persons of the present subjunctive, and in imperative forms derived from the present subjunctive.

LLEGAR *to arrive*

PRETERITE	lle**gu**é, llegaste, llegó, llegamos, llegasteis, llegaron
PRESENT SUBJUNCTIVE	lle**gu**e, lle**gu**es, lle**gu**e, lle**gu**emos, lle**gu**éis, lle**gu**en

Verbs ending in **-zar (z→c** before **-e)**

The change occurs in the first person singular of the preterite, in all persons of the present subjunctive, and in imperative forms derived from the present subjunctive.

CRUZAR *to cross*

PRETERITE	cru**c**é, cruzaste, cruzó, cruzamos, cruzasteis, cruzaron
PRESENT SUBJUNCTIVE	cru**c**e, cru**c**es, cru**c**e, cru**c**emos, cru**c**éis, cru**c**en

Verbs ending in **-ger** and **-gir (g→j** before **-a** and **-o)**

The change occurs in the first person singular of the present indicative, in all persons of the present subjunctive, and in imperative forms derived from the present subjunctive.

RECOGER *to pick up*

PRESENT INDICATIVE	recojo, recoges, recoge, recogemos, recogéis, recogen
PRESENT SUBJUNCTIVE	recoja, recojas, recoja, recojamos, recojáis, recojan

EXIGIR *to demand*

PRESENT INDICATIVE	exijo, exiges, exige, exigimos, exigís, exigen
PRESENT SUBJUNCTIVE	exija, exijas, exija, exijamos, exijáis, exijan

Verbs ending in **-guir (gu→g** before **-a** and **-o)**

The change occurs in the first person singular of the present indicative, in all persons of the present subjunctive, and in imperative forms derived from the present subjunctive.

SEGUIR *to follow*

PRESENT INDICATIVE	sigo, sigues, sigue, seguimos, seguís, siguen
PRESENT SUBJUNCTIVE	siga, sigas, siga, sigamos, sigáis, sigan

Verbs ending in a consonant + **-cer, -cir (c→z** before **-a** and **-o)**

The change occurs in the first person singular of the present indicative, in all persons of the present subjunctive, and in imperative forms derived from the present subjunctive.

CONVENCER *to convince*

PRESENT INDICATIVE	convenzo, convences, convence, convencemos, convencéis, convencen
PRESENT SUBJUNCTIVE	convenza, convenzas, convenza, convenzamos, convenzáis, convenzan

-Er verbs having stems ending in a vowel

These verbs change the **-i** *of the preterite endings* **-ió** *and* **-ieron** *and the* **-i** *of the present participle ending* **-iendo** *to* **-y.** *The* **-y** *appears in all persons of the imperfect subjunctive. These verbs also add written accents to the endings of the second person singular and the first and second persons plural of the preterite.*

CREER *to believe*

PRETERITE	creí, creíste, creyó, creímos, creísteis, creyeron
IMPERFECT SUBJUNCTIVE	creyera (creyese), creyeras, creyera, creyéramos, creyerais, creyeran
PRESENT PARTICIPLE	creyendo

-Ar verbs having stems ending in **-i** or **-u** where those letters represent a full syllable, not part of a diphthong

These verbs have a written accent over the **-i** *or* **-u** *in all persons of the singular and in the third person plural of the present indicative and present subjunctive.*

ENVIAR *to send*

PRESENT	envío, envías, envía, enviamos, enviáis, envían
PRESENT SUBJUNCTIVE	envíe, envíes, envíe, enviemos, enviéis, envíen

CONTINUAR *to continue*

PRESENT	continúo, continúas, continúa, continuamos, continuáis, continúan
PRESENT SUBJUNCTIVE	continúe, continúes, continúe, continuemos, continuéis, continúen

Irregular Verbs

Verbs ending in a vowel + **-cer** or **-cir**

These verbs change the final **c** *of the stem to* **zc** *before* **a** *and* **o.** *The* **zc** *appears in the first person singular of the present indicative, in all persons of the present subjunctive, and in imperative forms derived from the present subjunctive. The verb* **mecer** to rock a child, a cradle *is conjugated like* **convencer,** *and not like* **conocer:** *present* **mezo, meces,** *etc.; present subjunctive* **meza, mezas,** *etc. The verb* **cocer** *is also conjugated like* **convencer** *and in addition has the stem change* **o → ue:** *present* **cuezo, cueces,** *etc.; present subjunctive* **cueza, cuezas,** *etc.*

Only irregular forms are shown.

CONOCER *to know*

PRESENT INDICATIVE	cono**z**co, conoces, conoce, conocemos, conocéis, conocen
PRESENT SUBJUNCTIVE	cono**z**ca, cono**z**cas, cono**z**ca, cono**z**camos, cono**z**cáis, cono**z**can

Verbs ending in **-uir** (not including those ending in **-guir**)

*These verbs add **y** before a vowel other than **i** and change the unaccented **i** between vowels to **y.** The **y** appears in all singular forms and the third person plural of the present, in the third persons singular and plural of the preterite, in all persons of the present and imperfect subjunctive, and in all imperative forms except the affirmative **vosotros(as)** command.*

CONSTRUIR *to build*

PRESENT INDICATIVE	construyo, construyes, construye, construimos, construís, construyen
PRETERITE	construí, construiste, construyó, construimos, construisteis, construyeron
IMPERATIVE	construye/no construyas, construya, construyamos, construid/no construyáis, construyan
PRESENT SUBJUNCTIVE	construya, construyas, construya, construyamos, construyáis, construyan
IMPERFECT SUBJUNCTIVE	construyera (construyese), construyeras, construyera, construyéramos, construyerais, construyeran

Other Irregular Verbs

Only irregular forms are shown.

ANDAR *to walk*

PRETERITE	anduve, anduviste, anduvo, anduvimos, anduvisteis, anduvieron
IMPERFECT SUBJUNCTIVE	anduviera (anduviese), anduvieras, anduviera, anduviéramos, anduvierais, anduvieran

CAER *to fall*

PRESENT INDICATIVE	caigo, caes, cae, caemos, caéis, caen
PRETERITE	caí, caíste, cayó, caímos, caísteis, cayeron
IMPERATIVE	cae/no caigas, caiga, caigamos, caed/no caigáis, caigan
PRESENT SUBJUNCTIVE	caiga, caigas, caiga, caigamos, caigáis, caigan
IMPERFECT SUBJUNCTIVE	cayera (cayese), cayeras, cayera, cayéramos, cayerais, cayeran
PRESENT PARTICIPLE	cayendo
PAST PARTICIPLE	caído

APPENDIX

DAR *to give*

PRESENT INDICATIVE	doy, das, da, damos, dais, dan
PRETERITE	di, diste, dio, dimos, disteis, dieron
IMPERATIVE	da/no des, dé, demos, dad/no deis, den
PRESENT SUBJUNCTIVE	dé, des, dé, demos, deis, den
IMPERFECT SUBJUNCTIVE	diera (diese), dieras, diera, diéramos, dierais, dieran
PAST PARTICIPLE	dado

DECIR *to say, tell*

PRESENT INDICATIVE	digo, dices, dice, decimos, decís, dicen
PRETERITE	dije, dijiste, dijo, dijimos, dijisteis, dijeron
FUTURE	diré, dirás, dirá, diremos, diréis, dirán
CONDITIONAL	diría, dirías, diría, diríamos, diríais, dirían
IMPERATIVE	di/no digas, diga, digamos, decid/no digáis, digan
PRESENT SUBJUNCTIVE	diga, digas, diga, digamos, digáis, digan
IMPERFECT SUBJUNCTIVE	dijera (dijese), dijeras, dijera, dijéramos, dijerais, dijeran
PRESENT PARTICIPLE	diciendo
PAST PARTICIPLE	dicho

ESTAR *to be*

PRESENT INDICATIVE	estoy, estás, está, estamos, estáis, están
PRETERITE	estuve, estuviste, estuvo, estuvimos, estuvisteis, estuvieron
IMPERATIVE	está/no estés, esté, estemos, estad/no estéis, estén
PRESENT SUBJUNCTIVE	esté, estés, esté, estemos, estéis, estén
IMPERFECT SUBJUNCTIVE	estuviera (estuviese), estuvieras, estuviera, estuviéramos, estuvierais, estuvieran

HABER *to have (auxiliary verb)*

PRESENT INDICATIVE	he, has, ha, hemos, habéis, han
PRETERITE	hube, hubiste, hubo, hubimos, hubisteis, hubieron
FUTURE	habré, habrás, habrá, habremos, habréis, habrán
CONDITIONAL	habría, habrías, habría, habríamos, habríais, habrían
PRESENT SUBJUNCTIVE	haya, hayas, haya, hayamos, hayáis, hayan
IMPERFECT SUBJUNCTIVE	hubiera (hubiese), hubieras, hubiera, hubiéramos, hubierais, hubieran

HACER *to do, make*

PRESENT INDICATIVE	hago, haces, hace, hacemos, hacéis, hacen
PRETERITE	hice, hiciste, hizo, hicimos, hiciste, hicieron
FUTURE	haré, harás, hará, haremos, haréis, harán
CONDITIONAL	haría, harías, haría, haríamos, haríais, harían
IMPERATIVE	haz/no hagas, haga, hagamos, haced/no hagáis, no hagan
PRESENT SUBJUNCTIVE	haga, hagas, haga, hagamos, hagáis, hagan
IMPERFECT SUBJUNCTIVE	hiciera (hiciese), hicieras, hiciera, hiciéramos, hicierais, hicieran
PAST PARTICIPLE	hecho

IR *to go*

PRESENT INDICATIVE	voy, vas, va, vamos, vais, van
PRETERITE	fui, fuiste, fue, fuimos, fuisteis, fueron
IMPERATIVE	ve/no vayas, vaya, vamos/no vayamos, id/no vayáis, vayan
PRESENT SUBJUNCTIVE	vaya, vayas, vaya, vayamos, vayáis, vayan
IMPERFECT SUBJUNCTIVE	fuera (fuese), fueras, fuera, fuéramos, fuerais, fueran
PRESENT PARTICIPLE	yendo

OÍR *to hear*

PRESENT INDICATIVE	oigo, oyes, oye, oímos, oís, oyen
PRETERITE	oí, oíste, oyó, oímos, oísteis, oyeron
IMPERATIVE	oye/no oigas, oiga, oigamos, oíd/no oigáis, oigan
PRESENT SUBJUNCTIVE	oiga, oigas, oiga, oigamos, oigáis, oigan
IMPERFECT SUBJUNCTIVE	oyera (oyese), oyeras, oyera, oyéramos, oyerais, oyeran
PRESENT PARTICIPLE	oyendo
PAST PARTICIPLE	oído

PODER *to be able, can*

PRESENT INDICATIVE	puedo, puedes, puede, podemos, podéis, pueden
PRETERITE	pude, pudiste, pudo, pudimos, pudisteis, pudieron
FUTURE	podré, podrás, podrá, podremos, podréis, podrán
CONDITIONAL	podría, podrías, podría, podríamos, podríais, podrían
PRESENT SUBJUNCTIVE	pueda, puedas, pueda, podamos, podáis, puedan
IMPERFECT SUBJUNCTIVE	pudiera (pudiese), pudieras, pudiera, pudiéramos, pudierais, pudieran
PRESENT PARTICIPLE	pudiendo

PONER *to put*

PRESENT INDICATIVE	pongo, pones, pone, ponemos, ponéis, ponen
PRETERITE	puse, pusiste, puso, pusimos, pusisteis, pusieron
FUTURE	pondré, pondrás, pondrá, pondremos, pondréis, pondrán
CONDITIONAL	pondría, pondrías, pondría, pondríamos, pondríais, pondrían
IMPERATIVE	pon/no pongas, ponga, pongamos, poned/no pongáis, pongan
PRESENT SUBJUNCTIVE	ponga, pongas, ponga, pongamos, pongáis, pongan
IMPERFECT SUBJUNCTIVE	pusiera (pusiese), pusieras, pusiera, pusiéramos, pusierais, pusieran
PAST PARTICIPLE	puesto

PRODUCIR *to produce*

PRESENT INDICATIVE	produzco, produces, produce, producimos, producís, producen
PRETERITE	produje, produjiste, produjo, produjimos, produjisteis, produjeron
IMPERATIVE	produce/no produzcas, produzca, produzcamos, producid/no produzcáis, produzcan
PRESENT SUBJUNCTIVE	produzca, produzcas, produzca, produzcamos, produzcáis, produzcan
IMPERFECT SUBJUNCTIVE	produjera (produjese), produjeras, produjera, produjéramos, produjerais, produjeran

QUERER *to want*

PRESENT INDICATIVE	quiero, quieres, quiere, queremos, queréis, quieren
PRETERITE	quise, quisiste, quiso, quisimos, quisisteis, quisieron
FUTURE	querré, querrás, querrá, querremos, querréis, querrán
CONDITIONAL	querría, querrías, querría, querríamos, querríais, querrían
IMPERATIVE	quiere/no quieras, quiera, queramos, quered/no queráis, quieran
PRESENT SUBJUNCTIVE	quiera, quieras, quiera, queramos, queráis, quieran
IMPERFECT SUBJUNCTIVE	quisiera (quisiese), quisieras, quisiera, quisiéramos, quisierais, quisieran

SABER *to know*

PRESENT INDICATIVE	sé, sabes, sabe, sabemos, sabéis, saben
PRETERITE	supe, supiste, supo, supimos, supisteis, supieron
FUTURE	sabré, sabrás, sabrá, sabremos, sabréis, sabrán
CONDITIONAL	sabría, sabrías, sabría, sabríamos, sabríais, sabrían
IMPERATIVE	sabe/no sepas, sepa, sepamos, sabed/no sepáis, sepan
PRESENT SUBJUNCTIVE	sepa, sepas, sepa, sepamos, sepáis, sepan
IMPERFECT SUBJUNCTIVE	supiera (supiese), supieras, supiera, supiéramos, supierais, supieran

SALIR *to go out*

PRESENT INDICATIVE	salgo, sales, sale, salimos, salís, salen
FUTURE	saldré, saldrás, saldrá, saldremos, saldréis, saldrán
CONDITIONAL	saldría, saldrías, saldría, saldríamos, saldríais, saldrían
IMPERATIVE	sal/no salgas, salga, salgamos, salid/no salgáis, salgan
PRESENT SUBJUNCTIVE	salga, salgas, salga, salgamos, salgáis, salgan

SER *to be*

PRESENT INDICATIVE	soy, eres, es, somos, sois, son
PRETERITE	fui, fuiste, fue, fuimos, fuisteis, fueron
IMPERATIVE	sé/no seas, sea, seamos, sed/no seáis, sean
PRESENT SUBJUNCTIVE	sea, seas, sea, seamos, seáis, sean
IMPERFECT SUBJUNCTIVE	fuera (fuese), fueras, fuera, fuéramos, fuerais, fueran

TENER *to have*

PRESENT INDICATIVE	tengo, tienes, tiene, tenemos, tenéis, tienen
PRETERITE	tuve, tuviste, tuvo, tuvimos, tuvisteis, tuvieron
FUTURE	tendré, tendrás, tendrá, tendremos, tendréis, tendrán
CONDITIONAL	tendría, tendrías, tendría, tendríamos, tendríais, tendrían
IMPERATIVE	ten/no tengas, tenga, tengamos, tened/no tengáis, tengan
PRESENT SUBJUNCTIVE	tenga, tengas, tenga, tengamos, tengáis, tengan
IMPERFECT SUBJUNCTIVE	tuviera (tuviese), tuvieras, tuviera, tuviéramos, tuvierais, tuvieran

TRAER *to bring*

PRESENT INDICATIVE	traigo, traes, trae, traemos, traéis, traen
PRETERITE	traje, trajiste, trajo, trajimos, trajisteis, trajeron
IMPERATIVE	trae/no traigas, traiga, traigamos, traed/no traigáis, traigan
PRESENT SUBJUNCTIVE	traiga, traigas, traiga, traigamos, traigáis, traigan
IMPERFECT SUBJUNCTIVE	trajera (trajese), trajeras, trajera, trajéramos, trajerais, trajeran
PRESENT PARTICIPLE	trayendo
PAST PARTICIPLE	traído

APPENDIX

VALER *to be worth*

PRESENT INDICATIVE	valgo, vales, vale, valemos, valéis, valen
FUTURE	valdré, valdrás, valdrá, valdremos, valdréis, valdrán
CONDITIONAL	valdría, valdrías, valdría, valdríamos, valdríais, valdrían
IMPERATIVE	vale/no valgas, valga, valgamos, valed/no valgáis, valgan
PRESENT SUBJUNCTIVE	valga, valgas, valga, valgamos, valgáis, valgan

VENIR *to come*

PRESENT INDICATIVE	vengo, vienes, viene, venimos, venís, vienen
PRETERITE	vine, viniste, vino, vinimos, vinisteis, vinieron
FUTURE	vendré, vendrás, vendrá, vendremos, vendréis, vendrán
CONDITIONAL	vendría, vendrías, vendría, vendríamos, vendríais, vendrían
IMPERATIVE	ven/no vengas, venga, vengamos, venid/no vengáis, vengan
PRESENT SUBJUNCTIVE	venga, vengas, venga, vengamos, vengáis, vengan
IMPERFECT SUBJUNCTIVE	viniera (viniese), vinieras, viniera, viniéramos, vinierais, vinieran
PRESENT PARTICIPLE	viniendo

VER *to see*

PRESENT INDICATIVE	veo, ves, ve, vemos, veis, ven
PRETERITE	vi, viste, vio, vimos, visteis, vieron
IMPERFECT INDICATIVE	veía, veías, veía, veíamos, veíais, veían
IMPERATIVE	ve/no veas, vea, veamos, ved/no veáis, vean
PRESENT SUBJUNCTIVE	vean, veas, vean, veamos, veáis, vean
IMPERFECT SUBJUNCTIVE	viera (viese), vieras, viera, viéramos, vierais, vieran
PAST PARTICIPLE	visto

SPANISH-ENGLISH VOCABULARY

This vocabulary list contains all words used in the exercises and the cultural chapters. It does not contain basic vocabulary covered in first-year Spanish nor does it include the words introduced in the **Estructuras en acción** sections. Verb irregularities are indicated in abbreviated fashion. Thus (c→z/a, o) means that **c** changes to **z** before **a** and **o.** Stem changes are marked (e→ie), (o→ue), (e→i). Verbs marked *(irreg.)* should be looked up in the verb charts.

A

a consecuencia de as a result of
a la española Spanish-style
a la medida in proportion to
a lo grande in a big way
a mediados de around the middle of
a partir de starting from
a pesar de in spite of
a principios de toward the beginning of
el/la **abogado(a)** lawyer
abrazar(se) (z→c/e) to embrace
el **abrazo** hug
la **abreviatura** abbreviation
el **abrigo** overcoat
el **aburrimiento** boredom
aburrir to bore someone; **aburrirse** to get/be bored
acabar to finish
acabar con to destroy
acabar de to have just done something
académico(a) academic
accesorio(a) accessory
el **aceite** oil
el **aceite de oliva** olive oil
la **aceituna** olive
acercarse (c→qu/e) **(a)** to approach
el **acertijo** riddle
aclarar to clarify
acompañar to go with, accompany
aconsejar to advise
el **acontecimiento** event
acordarse (o→ue) **(de)** to remember
acostar(se) (o→ue) to put to bed, go to bed
acostumbrarse a + *infinitive* to be accustomed to
la **actriz** actress
actualmente at present
actuar (yo actúo) to act
la **acuarela** watercolor
acudir to come, go (to an appointment); to frequent a place
el **acueducto** aqueduct
el **adelanto** progress
además besides, in addition
la **adivinanza** riddle
adivinar to guess
advertir (e→ie) to notify, warn
el **aeropuerto** airport
afectuoso(a) affectionate
afeitarse to shave
la **afición** hobby, avocation
el/la **aficionado(a)** fan (supporter)
la **afirmación** statement, assertion
afroantillano(a) pertaining to Caribbean black people
las **afueras** suburbs
agarrar to get
el/la **agente** agent
agradar to please
agrícola agricultural
el **agua** *(fem.)* water
el **agua de colonia** *(fem.)* cologne
el **agua llana** *(fem.)* non-carbonated water
el **agua mineral** *(fem.)* mineral water
el **aguacate** avocado
aguantar to stand, bear, put up with
ahogarse (g→gu/e) to drown
ahorrar to save
el **ahuhuete** Mexican coniferous tree
al **aire acondicionado** air-conditioning
al **aire libre** outdoors, open-air
el **ajedrez** chess
el **ajo** garlic
al principio in/at the beginning
alabar to praise
el **albedrío: libre albedrío** free will
alcanzar (z→c/e) to reach, overtake
la **aldea** village
el **algodón** cotton
el **alimento** food
el/un **alma** *(fem.)* soul
el **almacén** department store; warehouse
almorzar (o→ue; z→c/e) to eat lunch
el **alpinismo** mountain climbing
alquilar to rent
alrededor de around
los **alrededores** surroundings
la **alta costura** high fashion
la **altiplanicie** high plateau
el **altiplano** high plateau

APPENDIX

alzarse (z→c/e) **contra** to rise up against
el **ama de casa** *(fem.)* housewife
el **ambiente** environment
ambos both
la **amistad** friendship
ancho(a) wide
la **anchura** width
el/la **anciano(a)** elder
el **ángulo** angle
la **angustia** anguish
el **ánima en pena** *(fem.)* soul in purgatory
animado(a) cheery, lively
animar to cheer someone up, encourage someone
anónimo(a) anonymous
la **Antártida** Antarctica
anteayer day before yesterday
los **anteojos** eyeglasses
anterior former
antiguo(a) old; former
las **Antillas** West Indies, Antilles
la **antología** anthology
el **anuncio** ad
añadir to add
apagar (g→gu/e) **el incendio/las luces** to put out the fire/the lights
el **aparato** machine, appliance
aparecer (-zc-) to appear
aplaudir to applaud
el **aplauso** applause
el **apócope** apocope
apoderarse (de) to take possession (of)
el **apogeo** height (of career)
el **aporte** contribution
el **apóstol** apostle
apoyar to support (morally, politically)
apreciado(a) appreciated, valued
apresurarse to hurry
aprobar (o→ue) to pass (course, test)
aprovechar algo to take advantage of something
aprovecharse (de) to take advantage (of)
apuntarse to sign up
los **apuntes** notes
árabe Arab
la **araña** spider
el **archipiélago** archipelago, chain of islands
el **arcipreste** archpriest
el **archivo** file, repository
la **arena** sand
la **arepa** Venezuelan white corn bread
el **arete** earring
el/un **arma** *(fem.)* arm, weapon
armar to assemble (a machine)
el **armario** closet
armónicamente harmoniously
el/un **arpa** *(fem.)* harp
el/la **arqueólogo(a)** archaeologist
el/la **arquitecto(a)** architect
arquitectónico(a) architectural, architectonic
arrancar (c→qu/e) to pull/root out; to start up (vehicle)
arrebatarle algo a alguien to snatch, grab something from someone
arreglar to arrange, straighten up; to fix
arreglarse to get ready/spruced up
arrepentirse de (e→ie) to regret, repent
arrodillado(a): estar arrodillado(a) to be kneeling
el **arroz** rice
el/la **artesano(a)** craftsperson
el **asado** roast, barbecue
el **ascenso** ascent
el **ascensor** elevator
asegurar to assure
el **asiento** seat
asistir a to attend
asombroso(a) amazing
asturiano(a) Asturian
astuto(a) clever, sly
el **asunto** matter, issue
asustar to frighten
el **ataque** attack
al **atardecer** at the end of the day
atarse to tie
atender (e→ie) to attend to someone
atentamente attentively
aterrizar (z→c/e) to land
atraer *(conj. like **traer**)* to attract
atrasarse to get delayed
atravesar (e→ie) to cross
atreverse a + *infinitive* to dare to
el **aula** *(fem.)* classroom
aumentar to increase
el **aumento** increase
aunque although
ausentarse to be away, be absent
autónomo(a) autonomous
la **autopista** superhighway
la **autoridad** authority
avanzar (z→c/e) to advance
el **ave** *(fem.)* bird
la **avenida** avenue
avergonzado(a) ashamed
el **avión** airplane
avisar to tell, notify
ayer yesterday
azteca Aztec
el **azúcar** sugar
el **azul marino** navy blue

B

el/la **bailarín(ina)** dancer
bajar to go down(stairs); lower, turn down
bajar de peso to lose weight
bajo under
el **balneario** beach resort
la **bandeja** tray
el/la **bandoneonista** concertina player
el/la **banquero(a)** banker
bañarse to take a bath

la **barbaridad** atrocity, cruelty
el **barco** boat
el **barrio** neighborhood
barroco(a) Baroque
la **base** basis: **a base de** on the basis of
la **basura** garbage
la **batalla** battle
el **bate** baseball bat
la **beca** scholarship
la **bella durmiente** Sleeping Beauty
bello(a) beautiful
el **beso** kiss
la **biblioteca** library
el/la **bibliotecario(a)** librarian
bilingüe bilingual
el **billete** ticket
el/la **biólogo(a)** biologist
la **bisabuela** great-grandmother
el **bisabuelo** great-grandfather
el/la **bisnieto(a)** great-grandchild
Blancanieves Snow White
blando(a) soft
la **blusa** blouse
el **bocadillo** snack, small sandwich
la **boda** wedding
la **bodega** grocery store
el **boleto** ticket
la **Bolsa** Stock Market, Stock Exchange
la **bolsa** bag, purse
el **bolsillo** pocket
el **bombardeo** bombing
el/la **bombero(a)** firefighter
el **bombón** (*pl.* **los bombones**) candy
borbón(ona) Bourbon
boquiabierto(a) open-mouthed
borrar to erase
el **bosque** woods, forest
el **bostezo** yawn
la **bota** boot
botánico(a) botanical
la **bóveda** arch
bravo(a) angry
brillar to shine
brindar por to toast in someone's honor
la **broma** joke
la **bruja** witch
la **buganvilla** bougainvillea (flower)
el **bulevar** boulevard
bullicioso(a) busy, bustling

C

la **caballería** chivalry
el **caballero** horseman, knight
el **caballo** horse
caber (yo quepo) *(irreg.)* to fit
la **cabina telefónica** phone booth
el **cacahuete** peanut
el/la **cácher** catcher (baseball)
la **cadena** chain
caerle mal a uno to disagree with someone (said of food)
caerse *(irreg.)* to fall down
caérsele a alguien to drop
la **caja** box
calcular to figure, compute
el **cálculo** calculus
el **calendario** calendar
la **calidad** quality
cálido(a) warm
callarse to keep quiet
callejero(a) pertaining to the street
el **calmante natural** natural sedative
caluroso(a) warm (weather)
el **cambio** change; exchange
el **camión** truck
la **camisa** shirt
el **campamento** camp
la **campanada** peal, ring of a bell
el **campeonato** championship
el/la **campesino(a)** peasant
el **campo** country(side); field
canadiense Canadian
el **canal** channel
la **cancha** court, playing field
el/la **candidato(a)** candidate
el **cansancio** fatigue
cansarse to get tired
la **cantidad** amount, quantity
la **capa** cape
la **capilla** chapel
el **carácter** character
caraqueño(a) from Caracas (Venezuela)
la **carcajada** peal of laughter: **reírse a carcajadas** to burst out laughing
el/la **cargador(a)** mover
el **cargamento** load, shipment
caribeño(a) Caribbean
la **caridad** charity
cariñoso(a) affectionate, loving, caring
el/la **carmelita** Carmelite
la **carne** meat
la **carnicería** butcher shop
el/la **carpintero(a)** carpenter
la **carrera** course of study; race; avenue, boulevard
la **carretera** highway
la **carta** letter; menu
la **carta de despedida** letter of dismissal
cartaginés(esa) Carthaginian
el **cartapacio** portfolio, notebook
el **cartel** poster
la **cartera** wallet; purse
el/la **cartero(a)** mail carrier
la **casa editora** publishing house
casarse (con) to get married (to)
la **cáscara** shell, peel
castaño(a) brown (hair, eyes)
castigar (g → gu/e) to punish
el/la **castrista** Castroist (supporter of Fidel Castro)

el catalán Catalan (language)
el/la catedrático(a) professor
el/la caudillo(a) leader
la caza hunt
la cebolla onion
célebre famous
los celos jealousy; **tener celos** to be jealous
el/la celta Celt
la cena dinner, supper
el censo census
la censura censure, censorship
el centavo cent
el centenario hundredth anniversary
céntrico(a) central, centrally located
el centro center, middle; downtown
el centro comercial shopping center
cerca nearby
la cereza cherry
el cerro hill
el césped lawn
el/la chaperón(ona) chaperone
la chaqueta jacket
charlar to chat
el cheque check
el cheque de viajero traveler's check
chino(a) Chinese
el chisme piece of gossip
el choque collision
el chorizo sausage
la chufa almond
la chuleta de cordero lamb chop
el/la ciclista cyclist
el ciclón cyclone (hurricane)
el cielo sky; heaven
la ciencia-ficción science fiction
científico(a) scientific
cierto(a) certain; true
la cifra figure, number, numeral
la cima summit, top (of a mountain)
la cinta tape
el cinturón belt
el ciprés cypress
el/la cirujano(a) surgeon
la cita date, appointment
la ciudad city
el/la ciudadano(a) citizen
el/la clarinetista clarinetist
claro of course
la cláusula clause
el clave de acceso password
el clavel carnation
el clérigo cleric, clergyman
el clima climate
cobrado(a) gained, earned
cobrar to charge; to cash
el cobre copper
cocer (o → ue; c → z/a, o) to cook
el/la cocinero(a) chef
el código code
el codo elbow
coger (g → j/a, o) to grab, catch
el cohete rocket
coincidir con to coincide with
colaborar to work together
el colchón mattress
el/la colega colleague
el colegio school
colgar (o → ue; g → gu/e) to hang; to fail a student
el collar necklace
colocar (c → qu/e) to put, place
la colonia colony
la colonización colonization
el comercio commerce, trade; store
el comestible food
la comida congelada frozen food
la cómoda chest of drawers
la compañía company
compartir to share
compasivo(a) compassionate
componer *(conj. like poner)* to compose
el/la compositor(a) composer
la compra purchase: **ir de compras** to go shopping
el/la comprador(a) buyer, purchaser
comprender to understand; to include
comprometerse to get engaged
el compromiso engagement
la computación computation, calculation
comunicar (c → qu/e) to communicate; to be engaged (telephone line)
la Comunidad Autónoma administrative division of Spain
con tal (de) que provided that, as long as
conceder to allow, give, grant
la concordancia agreement
condecorar to decorate (military)
condimentar to season
los condimentos spices, seasoning
el condominio condominium
conducir (-zc-; -duje) to drive
el/la conductor(a) driver
confeccionar to manufacture
la confitería candy shop
conforme in agreement
confortar to comfort, console
confundir to confuse
conífero(a) coniferous
la conjetura conjecture
conjugado(a) conjugated
conjugar (g → gu/e) to conjugate
el conjunto ensemble
conmigo with me
el conocimiento knowledge
la conquista conquest
el/la conquistador(a) conqueror
conseguir (yo consigo) (e → i; gu → g/a, o) to get
el/la consejero(a) counsellor, advisor
el consejo piece of advice; **los consejos** advice
conservar to preserve
la construcción construction, building

construir (yo construyo) to build
el/la **consultor(a)** consultant
el **consultorio** doctor's office
el/la **consumidor(a)** consumer
la **contabilidad** accounting
el **contacto** contact
la **contaminación** pollution
contaminado(a) polluted
contar con (o → ue) to rely on, count on
contemporáneo(a) contemporary
el **contenido** content
la **contestadora** answering machine
contigo with you
contra against
contratar to hire
el **contrato** contract
convencer (c → z/a, o) to convince
convenirle a alguien *(conj. like venir)* to suit someone, be good for someone
conversar to converse, talk
convertir (e → ie) to convert
la **copia** copy
la **copia de seguridad** back-up (copy)
copiar to copy
la **corbata** necktie
la **cordillera** mountain range
el **cordón** string; shoelace
el **correo** mail; post office
el **correo basura** electronic junk mail, spam
el **correo de voz** voice mail
la **correspondencia** mail
la **corrida (de toros)** bullfight
cortar to cut
cortarse to cut oneself
la **cosa** thing
cosmopolita cosmopolitan
costeño(a) coastal
costoso(a) costly, expensive
crecer (-zc-) to grow
creer to believe, think
criarse to grow up, be raised
el **cristal** glass
cristalino(a) crystalline
la **cristiandad** Christianity, Christendom
el/la **crítico(a)** critic
el/la **cronista** chronicler
crudo(a) raw
cuadrado(a) square
el **cuadro** picture, painting
cualquier(a) any
cubierto(a) covered
la **cuenta** (bank) account; bill
la **cuenta bancaria** bank account
la **cuenta de ahorros** savings account
el/la **cuentista** short story writer
el **cuento** short story
el **cuento de hadas** fairy tale
la **cuerda** string; chord
el **cuero** leather
la **cuesta** hill, slope
la **cuestión** question, matter
el **cuidado** care: **con cuidado** carefully; **tener cuidado** to be careful
cuidadosamente carefully
cuidar de/a to take care of
la **culpa** blame, fault; **echar la culpa** to blame
culpable guilty
cultivar *(trans.)* to grow
la **cumbre** peak, summit
la **cumpleañera** birthday girl
el **cumpleaños** birthday
los **cuñados** brother- and sister-in-law
el **cura** priest
el **currículum vitae** resumé, curriculum vitae
cursar to take courses/a course

D

daño: hacerse daño to hurt oneself
dar un paseo *(irreg.)* to take a walk
dar una vuelta to go for a walk
darse cuenta (de) to realize
darse prisa to hurry
el **dato** fact
de acuerdo in agreement
de largo in length
de repente all of a sudden, suddenly
de veras really
debajo (de) under, underneath
deber ought, must, to be supposed to
debido a due to
la **decadencia** decadence, decay
el/la **decano(a)** dean
las **decenas** tens
decidir to decide
declarar to declare
dedicarse a (c → qu/e) to devote oneself (to)
dedicarse a los negocios to be in business
el **dedo** finger
definitivamente definitively
delante de in front of
demás: el/la/los/las/lo demás other, rest of the
demasiado too much
demográfico(a) demographic
demostrar (o → ue) to show
densamente densely
el/la **dependiente(a)** salesclerk in a store
deportivo(a) sport
derecho straight ahead
el **derecho** right (privilege); **el derecho constitucional** constitutional right
derivar to derive
derribar to overthrow
derrotar to defeat
el **descanso** rest
descolgado(a) off the hook (of the phone)
descolgar (o → ue; g → gu/e) to pick up the telephone
descomponer *(conj. like poner)* to break down (machine); to decompose

APPENDIX

descompuesto(a) out of order
descongelar to defrost
desconocer (-zc-) not to know, be ignorant of
el/la desconocido(a) stranger; unknown
describir to describe
descubrir to discover
descuidado(a) careless
desde since, from; desde aquí from here; desde hace since
desembarcar (c → qu/e) to disembark
desenchufar los aparatos eléctricos to unplug the appliances
desenredar to unravel, untangle
el desfile parade
el desierto desert
deslizarse (z → c/e) to slip
desolado(a) desolate
el desorden mess
desparramar to spill
despedirse (e → i) (de) to say good-bye
despegar (g → gu/e) to take off
despejado(a) clear
despertar (e → ie) to wake someone up
despertarse (e → ie) to wake up
destacar (c → qu/e) to stand out, be highlighted
destacarse (c → qu/e) to stand out
destruir (yo destruyo) to destroy
detallado(a) detailed
el detalle detail
el/la detective detective
la deuda debt
devolver (o → ue) to return, give back
el día feriado holiday, day off
las diabluras mischief
el diálogo dialogue
la diapositiva slide
el dicho expression, saying
dictar to deliver (a speech)
el diente de ajo clove of garlic
difundir to spread
digestivo(a) digestive
la dinastía dynasty
la dirección address
dirigir (g → j/a, o) to direct, conduct
la disciplina discipline
el/la discípulo(a) disciple
la discografía discography
discreto(a) discrete
disculparse (con) to apologize (to)
discutir to discuss, argue
diseñar to design
el diseño design
disimular to hide the fact that, to conceal
disponerse *(conj. like poner)* a + *infinitive* to get ready to
distinguido(a) distinguished
distinguir (gu → g/a, o) to distinguish
distraer *(conj. like traer)* to distract
la diversión fun, amusement
divertirse (e → ie; e → i) to have a good time

divinamente divinely
divorciarse to divorce
doblado(a) folded
el documental documentary
el documento document
doler (o → ue) to hurt, ache
el domicilio residence, home
dominar un idioma to speak a language well
el Domingo de Ramos Palm Sunday
el Domingo de Resurrección Easter Sunday
el dominio mastery; domination, rule
el dominó dominoes
dormirse (o → ue) to fall asleep
el/la dramaturgo(a) playwright
ducharse to take a shower
la duda doubt
el/la dueño(a) owner; chaperone
duro(a) difficult, hard
el durazno peach

E

echar raíces to take root, settle down
el ecoturismo environmental tourism
el ecuador equator
la edad age
la Edad Media Middle Ages
el edificio building
eficazmente efficiently
ejecutar to execute
el ejército army
los electrodomésticos household appliances
electrónico(a) electronic
elegir (e → i; g → j/a, o) to choose, elect
el embotellamiento traffic jam
emigrar to emigrate
emocionante exciting, thrilling
emparejar to match
empeñarse (en) to insist (on); to persist (in)
el emperador emperor
empezar (e → ie; z → c/e) to begin
el/la empleado(a) employee
emplear to use
el empleo job
la empresa firm, company; undertaking
en caso de que in case
en cuanto a as for, as regards, in the area of
en efectivo in fact
en pleno(a) + *noun* in full, in the center
en seguida right away
enamorado(a) (de) in love (with)
enamorarse (de) to fall in love (with)
el/la enano(a) dwarf
encabezar (z → c/e) to be at the head of; to head
encantador(a) charming, delightful
encargarse (g → gu/e) de to take charge of
encender (e → ie) to light
encerrar (e → ie) to lock in, contain
enchufar to plug in

encima de on, upon, on top
encontrar (o → ue) to find
encontrarse (o → ue) to be located
la **encuesta** survey
enfadarse to get angry
enfermarse to get sick
el/la **enfermero(a)** nurse
engañar to deceive
enojarse to get angry
enrollado(a) wrapped up
la **ensalada** salad
ensayar to rehearse
el **ensayo** essay
ensuciarse to get dirty
enterarse (de) to find out (about)
entonces then
la **entrada** entrance; ticket (to sports event or show)
entregar (g → gu/e) to hand in/over
la **entrevista** interview
entrevistarse to have an interview
entusiasmar to excite, thrill, stir
envolver (o → ue) to wrap up
la **época** era, epoch
epónimo(a) eponymous
el **equipaje** luggage
el **equipo** team
equivocado(a) wrong
equivocarse (c → qu/e) to be mistaken
el/la **erudito(a)** learned person
la **escalera** staircase
la **escalera mecánica** escalator
el **escalofrío** chill
escanear to scan
el **escaparate** shop window
escaparse (de) to escape, run (from)
la **escena** stage
el **escenario** stage
la **escenografía** staging
la **esclavitud** slavery
el/la **escocés(esa)** Scottish person
escoger (g → j/a, o) to choose
escolar school, scholastic
esconder(se) to hide
el/la **escritor(a)** writer
el **escudero** squire
el/la **escultor(a)** sculptor
esforzarse (o → ue; z → c/e) **por** to strive to, try hard to
el **esfuerzo** effort
los **espaguetis** spaghetti
la **espalda** back
la **especie** species
el **espectáculo** spectacle
el/la **espectador(a)** spectator
el/la **espía** spy
el **espionaje** spying, espionage
espléndido(a) splendid
la **esquina** street corner, outside corner
establecer (-zc-) to establish
la **estación** station; resort

estacionar to park
la **estadía** stay (in a country)
el **estadio** stadium
el/la **estadista** statesperson
la **estadística** statistic
el **estado** state
estallar to break out, burst
la **estancia** stay, visit
estar en forma to be in shape
estatal state
la **estatua** statue
la **estatuilla** figurine
el **estilo** style
estimado(a) respected
el **estómago** stomach
estratégico(a) strategic
estrecho(a) narrow
la **estrella** star
estrenar to perform for the first time
el/la **estudiante de intercambio** exchange student
ético(a) ethical
la **exactitud** accuracy
exagerar to exaggerate
la **excavación** excavation
la **excursión** tour, trip, excursion
exhibir to exhibit
exigirle (g → j/a, o) **algo a alguien** to demand something of someone
exiliar to exile
el **éxito** success; **tener éxito** to be successful
exitoso(a) successful
el **éxodo** exodus; mass emigration
expandir to expand
la **expectativa** expectation
experimentar to experience, experiment
el/la **explorador(a)** explorer
exponer *(conj. like poner)* to exhibit
la **exposición** exhibit
extenderse (e → ie) to stretch, extend
extenso(a) big, broad, extensive
extranjero(a) foreign; **en el extranjero** abroad
extrañar to surpise; miss

F

la **fábrica** factory
la **facultad** school or department of a university
la **facultad de medicina** the medical school
faltar to be absent; to be missing
la **fama** fame, reputation
la **familia nuclear** nuclear family
el **fantasma** ghost
la **farmacia** pharmacy
fastidiar to upset, spoil
la **fecha** date
felicitar to congratulate
fenicio(a) Phoenician
el **fenómeno** phenomenon
feroz ferocious, fierce

APPENDIX

el **ferrocarril** railroad
festejar to celebrate
fiarse (yo fío) (de) to trust
la **fiebre** fever
fielmente faithfully
figurar to appear, be represented
fijarse en to notice
la **fila** row
la **filarmónica** philharmonic (orchestra)
fildear to field (baseball)
el **fildeo** fielding
el/la **filólogo(a)** philologist
la **finca** farm
firmar to sign
la **física** physics
flameado(a) flambé(e)
la **flauta** flute
la **florería** florist shop
la **fonética** phonetics
el/la **fontanero(a)** plumber *(Spain)*
formular to formulate, phrase
el **formulario** form (to fill out)
la **fortaleza** fortress
fortificado(a) fortified, strengthened
el **fósforo** match
francamente frankly, openly
el **frasco** small bottle
freír (yo frío) to fry
frenético(a) frenzied
fresco(a) cool; fresh
la **frontera** border
la **frutería** fruit shop
el **fuego** fire
la **fuente** serving dish; fountain
fuera outside, out
fumar to smoke
la **fundación** founding
el/la **fundador(a)** founder
fundamental fundamental
fundar to found
el **fusil** gun, rifle
fusilar to execute by firing squad

G

las **gafas** eyeglasses
gallego(a) Galician
la **galleta** cookie; cracker
ganarse la vida to earn one's living
el **gas** carbonation
los **gemelos** twins; binoculars; cuff links
genial very clever
geográfico(a) geographic
el/la **gerente** manager
la **gira** tour, excursion
el **globo** balloon
el/la **gobernador(a)** governor
el **gobierno** government
el **gol** goal
el **golpe** blow, hit
el **gorro** cap
el **gorro de cocinero** chef's hat
gótico(a) Gothic
gozar de (z→c/e) to enjoy
grabar to record; carve
gracioso(a) witty
graduarse (yo me gradúo) to graduate
el **gráfico** graph
la **grapadora** stapler
griego(a) Greek
gritar to shout, scream
el **grito** scream
el **guacamole** Mexican avocado salad
los **guantes** gloves
guardar to keep; put away
el/la **guardia** guard
el/la **guardián(ana)** guardian, keeper *(zoo)*
la **guerra** war
la **guerra civil** civil war
el/la **guía** guide
la **guía** guidebook
el **guión** script
el **guisado** stew
el **guisante** pea
el **guiso** stew
el **gusto** liking, pleasure

H

habitado(a) inhabited
el/la **habitante** inhabitant
hablar con soltura to speak with ease
hace falta is necessary, is needed
hacer *(irreg.)* **cola** to stand in line
hacer juego to match
hacer las maletas to pack
hacerle caso a uno to pay attention to someone
hacerse *(irreg.)* to become
hacerse el desentendido to pretend not to understand
hacerse el/la sordo(a) to turn a deaf ear
la **hacienda** ranch, plantation
la **harina** flour
la **hazaña** deed
el **hebreo** Hebrew
hecho a la medida made to measure, custom made
la **heladería** ice cream store
el **hemisferio** hemisphere
heredar to inherit
el/la **hereje** heretic
la **herencia** inheritance
el/la **herido(a)** wounded person
el **héroe** hero
hervir (e→ie; e→i) to boil
el **hidalgo** nobleman
el **hipermercado** large supermarket and discount store

hispánico(a) Hispanic
la **historieta** comic book
el **hogar** home
el **hombre de negocios** businessman
el **homenaje** homage
honrado(a) honorable
honrar to honor
el **horario** schedule
la **huelga** strike
el/la **huésped(a)** guest (in hotel)
el **huevo** egg
huir (yo huyo) to flee
húmedo(a) damp
el **humor** humor; mood; **estar/ponerse de buen/mal humor** to be/get into a good/bad mood
el **huracán** hurricane

I

el/la **ibero(a)** Iberian (pre-Roman inhabitant of Spain)
el **idioma** language
la **iglesia** church
ignorar to not know, be unaware
la **Ilustración** the Enlightenment
la **imagen** image
impedir (e→i) to prevent
el **imperio** empire
el **impermeable** raincoat
imponente sensational
imponer *(conj. like **poner**)* to impose
la **imprenta** printing press
impresionado(a) impressed
impresionista Impressionist
la **impresora** printer
imprimir to print
el **impuesto** tax
inaugurar to inaugurate
incaico(a) pertaining to the Incas
el **incendio** destructive fire
inconveniente inconvenient
independentista pro-independence
independizarse (c→z/e) to become independent
el **índice de natalidad** birth rate
indígena indigenous, Indian
el/la **indigenista** Indianist, indigenist
indio(a) Indian
inesperado(a) unexpected
la **inflación** inflation
influir (yo influyo) to influence
informarse to become informed
la **informática** computer science
el **informe** report
el/la **ingeniero(a)** engineer
la **ingeniería** engineering
Inglaterra England
ingresar to enter (hospital, army)
iniciar to introduce; to begin
el/la **inmigrante** immigrant
innovador(a) innovative
inscribir to inscribe; to enroll (in a class)
el **insecto** insect
insistir (en) to insist (on)
instalarse to move in
integrado(a) integrated
el **intercambio** exchange
el **interés** interest
la **interferencia** interference
el/la **intérprete** interpreter
interrumpir to interrupt
invertir (e→ie) to invest
la **investigación** research
el/la **invitado(a)** guest
irlandés(esa) Irish
irse *(irreg.)* to go away
la **isla** island
el **istmo** isthmus
el **itinerario** itinerary

J

jactarse de to boast about
el **jaguar** jaguar
japonés(esa) Japanese
la **jarcha** early Spanish couplet written in Arabic letters
el **jardín** garden
el **jarro** pitcher
el/la **jefe(a)** boss
el **jonrón** home run
la **joya** jewel, piece of jewelry
judío(a) Jewish
el **juego** set; game
el/la **juez** judge
el/la **jugador(a)** player
el **juglar** minstrel, wandering poet/performer of the Middle Ages
el **jugo** juice
el **juguete** toy
la **junta directiva** board of directors
juntos together

L

el **laberinto** maze, labyrinth
el **ladrillo** brick
el/la **ladrón(ona)** thief, robber
el **lago** lake
la **lana** wool
la **langosta** lobster
lanzar (z→c/e) to throw
lastimarse to get hurt
el **lavaplatos** dishwasher
la **lección** lesson
la **leche** milk
la **lechería** dairy (store)
la **legumbre** vegetable
lejano(a) far away

APPENDIX

la **lengua** tongue; language
el **león** lion
la **letra** letter (in a word)
el **letrero** poster, sign
levantado(a) up (out of bed)
el **levantamiento** uprising
levantar la mano to raise one's hand
la **ley** law
la **libra** pound
la **librería** bookstore
la **libreta de apuntes** notepad
la **licencia de conducir** driver's license
el/la **líder** leader
las **Ligas Mayores** Major Leagues (baseball)
limeño(a) from Lima
limitar to limit; to border on
la **limosina** limousine
la **linterna** flashlight
el **lío** trouble, bad situation
la **liquidación** sale
literario(a) literary
llamar la atención to attract one's attention, be noteworthy
el **llano** plain, plateau
la **llanura** plain
la **llave** key
el **llavero** key ring
llenar to fill, fill out
llevar a cabo to carry out; to conclude
llevarse bien/mal con to get along well/badly with
llorar to cry
lloviznar to drizzle
la **lluvia** rain
lo antes posible as soon as possible
el/la **locutor(a)** announcer
lograr to manage to, be successful in
la **lucha** fight
luchar (por) to struggle (for)
el **lugar** place; **tener** *(irreg.)* **lugar** to take place
lujoso(a) luxurious
la **luna** moon
la **luz** light

M

la **macroeconomía** macroeconomics
la **madera** wood
madrileño(a) Madrilenian
el/la **maestro(a) de ceremonias** master/mistress of ceremonies
el **maíz** corn
majestuoso(a) majestic
malcriado(a) spoiled
la **maleta** suitcase
el **maletín** small suitcase
manejar to drive
la **manera** way, manner
la **mano** hand; **mano de obra** labor, labor force
el **mantel** tablecloth
mantener *(conj. like tener)* to maintain, support
la **manzana** apple
maquillarse to put on makeup
la **máquina** machine
la **maquinilla de afeitar** electric razor
el **mar** sea
la **maravilla** wonder
la **marca** mark, brand
marcar (c → qu/e) to dial; to mark
marear to make dizzy
los **mariscos** shellfish
más more; plus (mathematics)
la **masa** dough
mascar (c → qu/e) to chew; **mascar chicle** to chew gum
la **materia** subject (class)
matricularse to register
el **matrimonio** marriage; married couple
el/la **mecánico(a)** mechanic
mediado(a) half full/empty
mediante by means of
medir (e → i) to measure
mejorarse to improve, get better
el **melocotón** peach
menos mal fortunately
el **mensaje** message
el/la **mensajero(a)** messenger
la **menta** mint
la **mentira** lie
el **mercadeo** trade, marketing
el **mercado** market; **mercado al aire libre** open-air market
la **mercancía** merchandise
merecer (-zc-) to deserve
merendar (e → i) to snack
la **merienda** afternoon snack; picnic
la **mesa** table
la **meseta** tableland, plain
el **mester de juglaría** minstrel verse (Middle Ages)
meter to put inside; to insert
meterse en to get involved in
el **método** method
la **mezquita** mosque
el **microondas** microwave
el **miedo** fear
mientras while
la **miga** crumb
la **milla** mile
la **mina** mine
el **minarete** minaret
la **misión** mission
la **mitad** half
la **moda** fashion
modernizado(a) modernized
módico(a) moderate, reasonable
el **modismo** idiom

el/la **modisto(a)** dressmaker, designer
el **modo** way, manner, style
mojado(a) wet
mojarse to get wet
molesto(a) annoying
el **monasterio** monastery
la **moneda** coin
la **monja** nun
el **mono** monkey
la **montaña rusa** roller coaster
montar to set up, establish, launch
montar a caballo to go horseback riding
el **monte** mountain
el **mosaico** mosaic
la **mosca** fly; **por si las moscas** just in case
el **mosquito** mosquito
mostrar (o → ue) to show
el **motivo** motive, reason; motif, theme
la **moza** waitress; servant girl
la **mudanza** move (change of residence)
mudarse to move (change residence)
los **muebles** furniture
la **muela** molar
muerto(a) dead
la **muerte** death
la **mujer** woman
la **multa** fine
el **mundo** world
la **muñeca** doll; wrist
el **mural** mural
la **muralla** fortification wall
el **murmullo** murmur
el/la **musulmán(ana)** Muslim

N

nacer (-zc-) to be born
el **nacimiento** birth
nacional national
la **nariz** nose
narrar to narrate, recount
la **natación** swimming
navegar (g → gu/e) **en la Red** to surf the Web
negarse (e → ie; g → gu/e) **a** + *infinitive* to refuse to
neoclásico(a) Neo-classical
la **nevera** freezer
ni, ni siquiera not even
la **niebla** fog
la **nieve** snow
ninguno(a) no, not one
nocturno(a) night
notar to notice
las **noticias** news
el/la **noticiero(a)** reporter
la **novela policíaca** detective story
el/la **novillero(a)** apprentice matador
nublado(a) cloudy
nutritivo(a) nutritional

O

obedecer (-zc-) to obey
la **obra** work (literary or artistic)
la **obra de teatro** play
la **obra maestra** masterpiece
obvio(a) obvious
ocultarle algo a alguien to hide something from someone
la **ocupación** activity, occupation
ocuparse de to take care of
el **odio** hate
ofender to insult
ofenderse to get offended, insulted; to feel hurt
la **oferta** offer
ofrecer (-zc-) to offer
el **oído** inner ear
el **olor** smell
la **ópera** opera
oponerse a *(conj. like poner)* to oppose, be against
la **oración** sentence; prayer
el **orangután** orangutan
el **orden** order, orderliness; **poner en orden** to straighten up, put away
la **orden** order, command; **por orden de** by order of
el **ordenador** computer *(Spain)*
ordenar to clean up; to order
oriental Eastern
la **orilla** shore; **a orillas de** on the shores of
el **oro** gold
la **orquesta** orchestra
el/la **ortodoncista** orthodontist
la **oveja** sheep
el/la **oyente** auditor, listener

P

la **paella** Spanish dish of rice and seafood
el **paisaje** landscape
el **palacio** palace
pálido(a) pale
las **palomitas de maíz** popcorn
el **pan** bread
la **panadería** bread shop
el **panecillo** roll (bread)
el **panorama** scene, view
la **pantalla** screen
los **pantalones** pants
el **panteón** cemetery
la **pantera** panther
la **papa** *(Am.)* potato; **papas fritas** French fries
el **papel** role
la **papelería** stationery store
el **paquete** package
para que so that
el **parabrisas** windshield
el **parachoques** bumper
la **parada** stop (bus, etc.)

el **parador** *(Spain)* government-owned hotel
el **paraguas** umbrella
parecer (-zc-) to seem
parecerse a (-zc-) to resemble
la **parodia** parody
el **parque de atracciones** amusement park
particular private
el **partido** game, match
partir: a partir de starting with, from . . . on
pasado mañana day after tomorrow
el/la **pasajero(a)** passenger
el **pasaporte** passport
el **pasatiempo** pastime
pasearse to stroll
el **paseo** boulevard; walk
el **paso** step
el **pastel** pastry, pie
la **pastelería** pastry shop
patinar to skate
la **patria** homeland
la **paz** peace
el **pedido** order
pedir (e→i) to ask for something
pedir prestado to borrow
pegarse to stick; to hit one another
peinarse to comb one's hair
el **peine** comb
pelar to peel
los **peldaños del éxito** ladder of success
pelearse (por) to fight (over)
el **peligro** danger
peligroso(a) dangerous
el **pelo** hair
la **pelota** ball
la **peluquería** beauty salon, barber shop
el/la **peluquero(a)** hairdresser
el/la **pensador(a)** thinker
peor worse, worst
la **pera** pear
perderse (e→ie) to get lost; to miss (a show, movie, etc.)
perdurar to last, subsist
la **peregrinación** pilgrimage
la **pereza** laziness
perezoso(a) lazy
perfeccionar to improve
el **periódico** newspaper
el **periodismo** journalism
el/la **periodista** journalist
la **perla** pearl
el **permiso** permission
perpetuo(a) perpetual
el **personaje** character (in a book, play)
persuadir to persuade
pertenecer (-zc-) to belong
la **pesa** weight (for lifting)
la **pesadilla** nightmare
pesado(a) heavy; boring, annoying
el **pescado** fish
pesquero(a) fishing

picante spicy
la **picantería** inexpensive restaurant
el **pícaro** rascal, rootless young man (hero of the Picaresque novel)
el **pico** peak
el **pie** foot
la **piedra** stone
la **piel** skin
la **pierna** leg
la **pieza** piece
la **pila** battery (flashlight)
el **pimiento** pepper (vegetable)
el **pincel** artist's paintbrush
la **piña** pineapple
pintarse to put on makeup
el/la **pintor(a)** painter
pintoresco(a) picturesque
la **pintura** painting
la **pirámide** pyramid
pisar to step, step on
la **piscina** pool
el **piso** floor
planchar to iron
planear to plan
la **plata** silver; money
el **plátano** banana
platicar (c→qu/e) to talk, chat
el **plato** dish, plate
la **pluma** feather
la **población** population
poblado(a) populated
poco(a) little
polaco(a) Polish
policíaco(a) police, detective
polinesio(a) Polynesian
la **política** politics
el/la **político(a)** politician
el **pollo** chicken
el **polvo** dust
poner *(irreg.)* **por las nubes** to praise to the skies
ponerse *(irreg.)* to become
ponerse + *article of clothing* to put on
ponerse de pie to stand up *(Spain)*
ponerse en marcha to start (off)
por for; multiplied by
por desgracia unfortunately
por lo tanto therefore
por los cuatro costados through and through, 100 percent, on both sides
portarse bien/mal to behave well/badly
portátil portable
posgraduado(a) postgraduate
el **precio** price
precisar to need
precisamente precisely
la **precisión** need
precolombino(a) pre-Columbian
predominar to predominate
el **prefijo** prefix
prehispánico(a) pre-Hispanic

el **premio** prize; **el premio gordo** jackpot
el **premio Nobel** Nobel Prize
prender to turn on
la **prensa** press
la **preocupación** worry
los **preparativos** preparations
presenciar to watch, witness
presentarse to appear; to present
el/la **preso(a)** prisoner
el **préstamo** loan
prestar to lend
prestar atención to pay attention
presumido(a) conceited
presumir de to boast about
la **primavera: las quince primaveras** a fifteen-year-old girl's birthday party (like sweet sixteen)
principal main, principal
el **príncipe** prince
el **principio** principle
la **procesión** procession
el **prodigio** prodigy
el **profesorado** staff of teachers
el **programa** program; playbill
el/la **programador(a)** programmer
prohibir (yo prohíbo) to forbid, prohibit
la **promesa** promise
prometer + *infinitive* to promise to
el **pronóstico** forecast
pronunciar to pronounce
la **propina** tip
propio(a) own
proponer *(conj. like poner)* to propose, suggest
proporcionar to provide
el/la **protagonista** main character
proteger (g → j/a, o) to protect
protestante Protestant
la **provincia** province
el **proyecto** project
publicar (c → qu/e) to publish
el **pueblo** the people; village
el **puente** bridge
el **puerto** port
el **puesto** job
el **pulpo** octopus
la **pulsera** bracelet
el **punto de partida** point of departure
el **puñetazo** punch
puro(a) pure

Q

quebrarse (e → ie) + *part of the body* to break
quedar to remain, be left
quedarse to remain, stay
quejarse de to complain about
quemar(se) to burn
el **queso** cheese
el/la **químico(a)** chemist
el **quiosco** kiosk
quitar to remove
quizá(s) perhaps, maybe

R

el **rascacielos** skyscraper
ratificar (c → qu/e) to ratify
la **raza** race
la **razón** reason
rebajado(a) reduced (in price)
el **recado** message
recaudar to collect (money)
la **receta** recipe; prescription
el **recibo** receipt
recién recently, just
el **recital** recital
reclamar to demand
recoger (g → j/a, o) to gather, pick up
la **Reconquista** Reconquest (period from 718–1492 during which the Spaniards fought Arab invaders to regain control of the country)
recorrer to travel through
el **recorrido** journey
recreativo(a) recreational
el **recreo** recreation
el/la **rector(a)** university president
el **recuerdo** souvenir; remembrance; memory
la **Red** the Web; **la red** net, network
reemplazar (z → c/e) to replace
el **refrán** proverb
el **refresco** soft drink
el **regalo** gift
la **regata** boat race
el **régimen** regime; diet; **a régimen** on a diet
la **reina** queen
el **reino** kingdom
reír(se)(yo río) (e → i) **(de)** to laugh (at)
el **rejoneo** bullfight on horseback
relajarse to relax
relleno(a) stuffed (food)
el **reloj de sol** sundial
remontarse to go back (to a period of time)
remoto(a) remote, distant
renacentista of the Renaissance
el **renombre** fame
la **renovación** remodeling
renunciar a + *infinitive* to renounce, give up
el **repertorio** repertoire
repetir (e → i) to repeat; to have a second helping
el **reportaje** report
el/la **reportero(a)** reporter
reprender to reprimand
el/la **representante** representative
el **reptil** reptile
resbalar to slide
la **reserva** reserve, reservation
resolver (o → ue) to solve
respecto a about (concerning)

APPENDIX

respetado(a) respected
respirar to breathe
restaurado(a) restored
el **resumen** summary
retirar to withdraw
el **retrato** portrait
la **reunión** meeting, get-together
reunirse (yo me reúno) to meet, get together
la **revista** journal, magazine
el **rey** king
los **reyes** king and queen
el **río** river
la **riqueza** wealth
el **rito** rite, ritual
el **robo** robbery
rogar (o → ue; g → gu/e) to beg, ask
los **romanos** Romans
romper to break; to tear
romper con to break off a relationship with
romperse + *article of clothing* to tear; + *part of the body* to break
el **ronquido** snore
rotundamente emphatically
el **ruido** noise
la **ruina** ruin
ruso(a) Russian

S

la **sábana** sheet
sabroso(a) tasty
el **sacapuntas** pencil sharpener
sacar (c → qu/e) **fotos** to take pictures
el **sacrificio** sacrifice
la **sal** salt
la **sala** living room; room; auditorium
la **salchicha** sausage
la **salsa** sauce, dressing
la **salud** health
saludar to greet
el **sancocho** Venezuelan stew
el **sánscrito** Sanskrit
el/la **santo(a)** saint; **el santo** Saint's day
el **santoral** calendar of Saints' days
la **sartén** (also: **el sartén**) frying pan
sazonado(a) seasoned
el **secador** hair dryer
la **secadora** dryer (clothing)
seco(a) dry
la **secundaria** high school
la **sed** thirst
la **seda** silk
la **sede** seat, headquarters
la **seguridad** security
seguro(a): estar seguro(a) to be sure; **ser seguro(a)** to be safe; to be certain
el **sello** postage stamp
la **selva** jungle
semanal weekly
semejante similar
el/la **senador(a)** senator
sensible feeling, sensitive, compassionate
sentir(se) (e → ie; e → i) to regret, feel
el **sepulcro** tomb, grave
la **serpiente** snake
la **servilleta** napkin
siempre always; **Es lo de siempre.** It's the same old story; **para siempre** forever
el **siglo** century; **siglo de las luces** Age of Enlightenment
el **signo** sign
siguiente following
el **sillón** armchair
sin without
sin embargo nevertheless
sin que without
el **sindicato** union
la **sinfonía** symphony
sino but (after a negative)
el **sitio** site, location
situado(a) located
sobrar to be more than enough
el **sobre** envelope
el **sobremesa** after-dinner conversation
la **sobrina** niece
el **sobrino** nephew
el **socio** partner; club member; **hacerse socio de un club** to join a club
soleado(a) sunny
soler (o → ue) + *infinitive* to usually do something
solicitar to ask for
el/la **solista** soloist
solo(a) alone
la **sombra** shadow
el **sombrero** hat; **sombrero de copa** top hat
someter to submit, subject
sonar (o → ue) to ring
soñado(a) dreamed of, ideal, perfect
la **sopa** soup; **estar hecho(a) una sopa** to be soaking wet
soportar to stand
sordo(a) hearing impaired
sorprender to surprise
el **sótano** basement
suave soft
subir to go up; to raise; *(trans.)* to take up
suceder to happen
el **suceso** event
la **sucursal** branch (of a business)
el **sueldo** salary
el **suelo** floor
el **sueño** dream; sleep; sleepiness
la **suerte** luck
suficiente sufficient
sumamente extremely
la **superficie** surface
suspenderle algo a alguien to revoke, cancel something of someone's
el **sustantivo** noun
sustituir (yo sustituyo) to substitute
el **susto** fright, scare

T

tailandés(esa) Thai
tal para cual two of a kind
talentoso(a) talented
el taller workshop
el tambor drum
tan pronto como as soon as
el tanque de gasolina gas tank
la taquilla box office
tardar to be late; to delay in, be long in
tardar en llegar to take long to arrive
la tarjeta (de crédito) (credit) card
la tarjeta postal postcard
la tauromaquia bullfighting
la taza cup
el té tea
el techo roof, ceiling
el/la técnico(a) manager
la telaraña cobweb, spiderweb
la telenovela TV serial, soap opera
el/la televidente TV viewer
el tema subject
temblar (e → ie) to tremble
temer to fear
la temperatura temperature
la tempestad storm
templado(a) mild
la temporada season
tener *(irreg.)* la bondad de to be kind enough to
tener lugar to take place
tener miedo to be afraid
tener prisa to be in a hurry
tener suerte to be lucky
tener vergüenza to be embarrassed
la teoría theory
la ternera veal
el terremoto earthquake
la tesis thesis
el/la testigo(a) witness
la tierra earth; land
las tijeras scissors
la tintorería dry cleaner
la tira cómica comic strip
la tiranía tyranny
tirar to throw
los titulares headlines
el título university degree; title
el tobillo ankle
tocar (c → qu/e) el timbre to ring the bell
todavía no not yet
los toltecas Toltecs
tomar apuntes to take notes
tomarle el pelo a uno to kid someone
torcerse (o → ue; c → z/a, o) el tobillo to twist one's ankle
torear to fight (a bull); to dodge, sidestep
la tormenta storm
tormentoso(a) stormy
torpe awkward
la torre tower
la torta cake
la tos cough
la tradición tradition
tradicional traditional
la traducción translation
traducir (-zc-; -duje) to translate
tragar (g → gu/e) to swallow
la tragedia tragedy
la traición betrayal
el traje suit
el trámite procedure
tranquilizar (z → c/e) to calm someone down, reassure
tranquilizar(se) to calm down
transitivo(a) transitive
el trapo cleaning rag
tras behind
trasladar to transfer, move
el tratado treaty; treatise
tratar to treat; deal with, cover
tratar de to try to
travieso(a) mischievous, naughty
el tren train
trepar to climb
el tribunal court
el trigo wheat
triunfar to triumph
tronar (o → ue) to thunder
el trono throne
tropezar (e → ie; z → c/e) to trip, stumble
trotar to jog
el trozo piece; excerpt
el turismo tourism; hacer *(irreg.)* turismo to go sightseeing

U

ultimar to finish off (kill)
únicamente only
urgir (g → j/a, o) to urge
útil useful
la uva grape

V

la vaca cow
vacío(a) empty
el valle valley
el valor value; bravery
el vals waltz
el/la vándalo(a) Vandal
vasco(a) Basque
el vasco Basque language
el vascuence Basque language
el vaso glass
el/la vecindario(a) residents; neighbors; neighborhood

APPENDIX

el/la **vecino(a)** neighbor
el **velero** sailboat
la **velocidad** velocity
vencer (c→z/a, o) to win, beat, conquer, overcome
la **venda** bandage
la **venta** sale
la **ventana** window
la **ventanilla** car/plane/train window; teller's window (station)
la **verdad** truth
la **verdura** vegetable
el **vestíbulo** vestibule, lobby
vestir(se) (e→i) to dress
el **vestuario** wardrobe
la **vez** time, occasion
el **viaje de negocios** business trip
el/la **viajero(a)** traveler
la **vida nocturna** nightlife
el/la **violonchelista** cellist
el **violonchelo** cello
visigodo(a) Visigothic
la **vista** view
vivaz vivacious
el **volcán** volcano
el/la **voluntario(a)** volunteer
la **voz: en voz alta** aloud; **en voz baja** in a low voice, softly
el **vuelo** flight

Y

el **yacu-chupe** Peruvian soup
la **yuca** manioc root, cassava

Z

la **zapatilla** slipper
el **zoológico** zoo
el **zumo** juice *(Spain)*

ENGLISH-SPANISH VOCABULARY

This list contains words and expressions necessary to do the translation activities. Idioms and expressions are sometimes omitted if they are listed in the chapter where the English-to-Spanish activity occurs.

A

about (concerning) respecto a; sobre
abroad en el extranjero
abstract abstracto(a)
actually en realidad
advances (technological) los adelantos (tecnológicos)
advice los consejos; **piece of advice** el consejo
advise aconsejar
after después de
afternoon la tarde
against contra
agree to quedar en
airport el aeropuerto
all todo(a)
already ya
although aunque
American americano(a)
among entre
another otro(a)
anthropology la antropología
any cualquier(a)
anyone cualquiera
apartment el apartamento
apple la manzana
apple tree el manzano
archaeologist el/la arqueólogo(a)
argue discutir
around here/there por aquí, acá/allí, ahí, allá
arrival la llegada
arrive llegar (g→gu/e)
art el arte *(masc.)*, las artes *(plural)*
artichoke la alcachofa
as soon as tan pronto como
ask for (something) pedir (e→i) algo
assemble armar
attend asistir a
aunt la tía
avenue la avenida
Aztec azteca; el/la azteca

B

baby el/la bebé
background el fondo
barbecue el asado
battery (flashlight) la pila
be a pity ser una lástima
be able poder *(irreg.)*
be accustomed to acostumbrarse a (+ *infinitive*), soler (o→ue), estar acostumbrado(a) a
be afraid tener miedo, temer
be alive estar vivo
be blocked estar embotellado(a)
be born nacer (-zc-)
be careful tener cuidado
be cold out hacer frío
be enthusiastic entusiasmarle a uno
be fascinated fascinarle a uno
be glad, happy alegrarse
be obvious saltar a la vista, ser obvio
be one's turn tocarle a uno
be resolved resolverse (o→ue)
be sorry sentirlo (e→ie; e→i)
be sunny hacer sol
be surprised sorprenderse, estar sorprendido(a)
be warm hacer calor
beautiful hermoso(a), bello(a)
become ponerse *(irreg.) + adjective*
become excited entusiasmarse
become fat ponerse gordo(a)
become furious ponerse furioso(a), enfurecerse (-zc-)
become hearing impaired ensordecer (-zc-)
become rich enriquecerse (-zc-), hacerse rico(a)
before antes (de) que
begin comenzar (e→ie; z→c/e), empezar (e→ie; z→c/e)
behave well/badly portarse bien/mal
behind detrás de
behind someone's back a espaldas de uno; a escondidas
believe creer
best el/la mejor
better mejor
big grande
biology la biología
bird el ave *(fem.)*, el pájaro
blue azul
blush ponerse rojo(a)
book el libro
bookstore la librería
box office la taquilla
boy el chico

APPENDIX

boyfriend el novio
bracelet la pulsera
breadbox una caja para el pan
break quebrar (e→ie), romper
break down (car) descomponerse *(conj. like poner)*
break out (burst) estallar
break up (a relationship) romper con *(conj. like poner)*
bride la novia
bring traer *(irreg.)*
broad-shouldered ancho de espaldas
brush one's teeth lavarse/cepillarse los dientes
building el edificio
burst out crying romper a llorar
business trip el viaje de negocios
businessman el hombre de negocios
but pero
buy comprar
by a head en una cabeza

C

cafeteria la cafetería
cake la torta
call llamar
campaign la campaña
car el coche, el carro *(Am.)*, el auto
card la tarjeta
Caribbean el Caribe
cash cobrar
castle el castillo
cell phone el teléfono celular/móvil
center el centro
century el siglo
chair la silla
championship el campeonato
charming, delightful encantador(a)
chef el/la cocinero(a)
chemistry la química
cherry la cereza
children los niños; **little children** los niñitos
choose escoger (g→j/a, o)
citizen el/la ciudadano(a)
city la ciudad
class la clase
classmate el/la compañero(a) de clase
clear despejado(a)
clear up escampar, despejar
clever hábil, listo(a)
clothing la ropa
coat el abrigo
colleague el/la colega
color el color
come venir *(irreg.)*
come back volver (o→ue)
compact disc el disco compacto
company la empresa, la compañía
complain (about) quejarse (de)
computer la computadora, el ordenador *(Spain)*
conduct (direct) dirigir (g→j/a, o)
continue continuar (yo continúo), seguir (e→i; gu→g/a, o)
control controlar
cook cocer (o→ue; c→z/a, o), cocinar
cookie la galleta
corner la esquina
cost costar (o→ue)
country el país; **country(side)** el campo
couple la pareja
cow la vaca
crawl on all fours andar a gatas
credit card la tarjeta de crédito
crime el crimen
cross cruzar (z→c/e)
cruise el crucero
cup la taza
cybercafé el cibercafé

D

dance bailar
dawn on (get the idea of) ocurrírsele a uno
day el día
December diciembre
decide decidir
definition la definición
delightful encantador(a)
demand reclamar; **demand something of someone** exigirle (g→j/a, o) algo a uno
destroy acabar con
dial marcar (c→qu/e)
difficult difícil
dinner (supper) la cena
discuss discutir, hablar de
dish el plato
dishwasher el lavaplatos
disk el disco
do (something) hacer *(irreg.)*
doctor el/la médico(a)
document el documento
dollar el dólar
door la puerta
double-spaced a doble espacio
doubt dudar
down (downstairs) abajo
draw lots echar suertes
dream of, about soñar con (o→ue)
dress vestir(se) (e→i)
drive conducir (-zc-; -duje), manejar
drop caérsele a uno
during durante

E

each cada
eagle el/un águila *(fem.)*
early temprano

earring el pendiente
eat comer
economy la economía
eight ocho
eighteen dieciocho
elect elegir (e → i; g → j/a, o)
election las elecciones
end acabar; el final
enemy el/la enemigo(a)
energy la energía
English inglés(esa)
enough suficiente
environmental (of the environment) del ambiente
even aún, hasta
even though aunque
every cada, todos(as)
everybody todos(as), todo el mundo
everyone todo el mundo
evident evidente
exam el examen
exciting emocionante
exhibit la exposición
expect esperar
expensive caro(a)
explain oneself to vérselas con
explosion la explosión
eye el ojo

F

fall asleep dormirse (o → ue)
family la familia
farm worker el/la campesino(a)
farmer el/la granjero(a)
fashion la moda
favorite favorito(a)
feel sentir (e → ie; e → i)
film la película
find encontrar (o → ue)
find out averiguar (u → ü/e)
find out (about) enterarse (de)
fire el fuego
firefighter el/la bombero(a)
first primero(a)
fit caber (yo quepo) *(irreg.)*
flee huir (yo huyo)
florist shop la florería
flower la flor
follow seguir (e → i; gu → g/a, o)
food la comida
forbid prohibir (yo prohíbo)
foreign extranjero(a)
forever para siempre
forget olvidarse (de), olvidársele a uno
free libre
free market el libre mercado
freeze helar (e → ie)
French (style) a la francesa
fresh fresco(a)
friend el/la amigo(a)
fruit la fruta
frying pan la sartén (also: el sartén)
funny cómico(a)

G

game el partido
garden el jardín; **vegetable garden** el huerto
German alemán(ana)
get a headache darle un dolor de cabeza a uno
get a stomachache darle un dolor de estómogo a uno
get down on one's knees ponerse de rodillas
get dressed vestirse (e → i)
get married (to) casarse (con)
get to (succeed in) llegar (g → gu/e) a (+ *infinitive)*
gift el regalo
give dar *(irreg.)*; **give (as a gift)** regalar
gloves los guantes
go ir *(irreg.)*
go away irse
go back volver (o → ue)
go camping ir de camping
go in (enter) entrar en/a
go out salir *(irreg.)*
go shopping ir de compras
go to bed acostarse (o → ue)
gold el oro
good bueno(a)
Good-bye forever! ¡Hasta nunca!
graduate graduarse (yo me gradúo)
great-grandfather el bisabuelo
great-grandmother la bisabuela
Greek griego(a)
green verde
grunt gruñir

H

hail granizar (z → c/e)
hand la mano
happen suceder, pasar
happy contento(a), feliz
harm el daño
harvest la cosecha
have tener *(irreg.)*; **have to** tener + que + *infinitive*
have a good time divertirse (e → ie; e → i)
have a second helping repetir (e → i)
have dinner cenar
have it in for someone tenérsela jurada a uno
have left (remaining) quedarle algo a uno
have lunch almorzar, tomar el almuerzo (o → ue; z → c/e)
hear oír *(irreg.)*
help ayudar
hen la gallina
henhouse el gallinero

APPENDIX

here aquí
hide esconder(se)
high tech la alta tecnología
history la historia
home la casa
homework la tarea
hope esperar
horse el caballo
hotel el hotel
hour la hora
house la casa
how? ¿cómo?
how many? ¿cuántos(as)?
hug abrazar (z→c/e)

I

ice cream el helado
illiteracy el analfabetismo
illness la enfermedad
immediately inmediatamente
immigrant el/la inmigrante
important importante
impossible imposible
in case en caso de que
indigenous person el/la indio(a)
inside of dentro de
instead of en vez de
intelligent inteligente
interest interesarle a uno
invite (to) invitar (a + *infinitive*)
issue el asunto

J

jack (car) el gato
job el puesto, el trabajo
job opportunities las salidas
jog trotar
juice el jugo, zumo *(Spain)*
jump for joy saltar de alegría

K

keep on doing something seguir (e→i; gu→g/a, o)
key la llave
kill matar
know *(a person, place)* conocer (-zc-); *(a fact)* saber *(irreg.)*

L

lake el lago
landscape el paisaje
language el idioma, la lengua
last night anoche
Latin el latín
laugh (at) reír(se) (yo [me] río) (e→i) (de)
lawyer el/la abogado(a)
leader el/la líder
learn aprender
lecture la conferencia
lend prestar
less menos
library la biblioteca
lie mentir (e→ie; e→i)
life la vida
like gustarle a uno
listen to something/to someone escuchar algo/a uno
little by little poco a poco
live vivir
look for buscar (c→qu/e)
lose perder (e→ie)
lottery; lotto la lotería
love encantarle a uno
lunch el almuerzo, la comida *(Spain)*

M

made by hand hecho a mano
magazine la revista
make hacer *(irreg.)*
make a decision tomar una decisión
make copies fotocopiar
manage poder *(irreg.)*
manage (get by) apañárselas, arreglárselas, componérselas
many muchos(as)
Mars Marte
masked ball el baile de disfraz
match (game) el partido
math las matemáticas
Mayans los mayas
meal la comida
Mediterranean (Sea) el Mediterráneo
meet conocer (-zc-)
metal el metal
midnight la medianoche
mile la milla
millionaire el/la millonario(a)
moment el momento
money el dinero, el capital, la plata
monster el monstruo
mountain la montaña; **mountain range** la sierra
mourning: in mourning de luto
move (change residence) mudarse
movies (movie theater) el cine
museum el museo

N

national nacional

nationality la nacionalidad
nearby cerca
necessary necesario(a), preciso(a)
need necesitar
Net la Red
network la red
never-ending story el cuento de nunca acabar
never ever nunca jamás
new nuevo(a)
newspaper el periódico
nice simpático(a)
night la noche
nine nueve
nobody nadie
noise el ruido
notebook el cuaderno
notes los apuntes
novel la novela
nuclear nuclear
number el número

O

obvious obvio(a)
occur ocurrir, transcurrir
ocean el océano
office la oficina
official oficial
old viejo(a)
on (upon, on top) encima de, sobre
open abrir
open fire romper el fuego
orchestra la orquesta
other otro(a)

P

pale pálido(a)
paper (written work) el informe
parents los padres
park estacionar; el parque
part la parte
party la fiesta
pastry el pastel
pastry shop la pastelería
patient paciente
pay pagar (g → gu/e); **pay attention to someone** hacerle caso a uno
piano el piano
pick (up) recoger (g → j/a, o)
piece of furniture el mueble
plant la planta
plastic el plástico
play jugar (u → ue; g → gu/e); **(an instrument)** tocar (c → qu/e); la obra de teatro
pollution la contaminación
poor pobre
Portuguese portugués(esa)
post office el correo
possible posible
pre-Columbian precolombino
prefer preferir (e → ie)
prepare preparar
president el/la presidente
probable probable
proceed proseguir (gu → g/a, o; e → i)
profession la profesión
professor el/la profesor(a)
programmer el/la programador(a)
provided that con tal (de) que
put poner *(irreg.)*
put on ponerse *(irreg.)*
put out (extinguish) apagar (g → gu/e)

Q

quit (a job) renunciar (a un puesto)

R

radio el/la radio
rain llover (o → ue); la lluvia
ranch la hacienda, el rancho, la estancia
read leer *(irreg.)*
rear atrás
recipe la receta
red rojo(a)
refuse to negarse a (+ *infinitive*) (e → ie; g → gu/e)
regret sentir(se) (e → ie; e → i)
relatives los familiares, los parientes
remain unfinished quedar sin terminar
return regresar, volver (o → ue)
ride a bike montar en bicicleta
right la derecha; **to the right** a la derecha
right away en seguida
right now ahora mismo
right time el momento adecuado
Roman romano(a)
room la sala, el cuarto
ruins las ruinas
run out of (something) acabársele (algo) a uno
rush hour las horas punta
Russian ruso(a)

S

sad triste
sale la venta, la liquidación
Saturday el sábado
say decir *(irreg.)*; **say something seriously/as a joke** decir algo en serio/en broma
school el colegio, la escuela
scold reñir (e → i), regañar
sea el mar
secretary el/la secretario(a)

APPENDIX

see ver *(irreg.)*
seed la semilla
sell vender
senate el senado
send enviar (yo envío), mandar
sense of humor el sentido del humor
sentence la oración
serve servir (e→i)
set the table poner la mesa
shop la tienda
shopping center el centro comercial
short story el cuento
should deber
shout dar gritos
show mostrar (o→ue), enseñar; la función, el espectáculo
shy tímido(a)
silver la plata
sing cantar
sister la hermana
skate patinar
slide el resbalín
smart listo(a)
smash hacer pedazos
smile sonreír(se) (yo [me] sonrío) (e→i)
snow la nieve; nevar (e→ie)
so much tanto(a)
soccer el fútbol
socks las medias; los calcetines *(Spain)*
some algunos(as)
someone alguien
something algo; **Something is better than nothing.** Más vale algo que nada.
song la canción
soup la sopa
sow (seeds) sembrar (e→ie)
Spain España
Spanish español(a)
speak hablar
spend gastar
spend (time) pasar
sport el deporte
spring (season) la primavera
stand in line hacer cola
start to meterse a + *infinitive*, echarse a + *infinitive*
stay (remain) quedarse
stop parar
story el cuento
strawberry la fresa
student el/la estudiante
study estudiar
succeed conseguir + *infinitive* (e→i; gu→g/a, o)
suggestions las sugerencias
suit someone (be good for someone) convenirle a uno *(conj. like venir)*
suitcase la maleta
summer el verano
Sunday el domingo
supermarket el supermercado
sure seguro(a)
surf (the Internet) navegar en la Red (g→gu/e)
swim nadar

T

take tomar
take a bath bañarse
take a trip hacer un viaje
take a walk dar un paseo
take advantage of something aprovechar algo
take long (delay) demorar
take out sacar (c→qu/e)
tall alto(a) de estatura
teach enseñar
teacher el/la maestro(a)
team el equipo
technological (of technology) de tecnología
technological center el centro de tecnología
television la televisión
tell contar (o→ue)
ten diez
ten thousand diez mil
tennis el tenis
then luego, entonces
there is/are hay
thief el/la ladrón(ona)
think pensar (e→ie)
thirty treinta
this este(a)
threaten amenazar (z→c/e)
three tres
through a través de, por
thunder retumbar, tronar (o→ue)
Thursday el jueves
time el tiempo; *(clock)* la hora
title el título
tomorrow mañana
too much demasiado
topic el tema, el tópico
tourist el/la turista
toward hacia
train el tren, el metro
translate traducir (-zc-; -duje)
travel viajar
traveler's check el cheque de viajero
tree el árbol
trip el viaje
truth la verdad
try to tratar de
Tuesday el martes
turn (change direction) doblar
turn off apagar (g→gu/e)
turn on prender
twenty veinte
twenty-first veintiuno
twins los gemelos
two dos

U

understand comprender; entender (e → ie)
unemployment el desempleo
United States (los) Estados Unidos
until hasta
up, up there, up high en lo alto
use usar, emplear

V

valley el valle
vegetable la legumbre, la verdura
very muy
video store la tienda de videos
visit visitar

W

wait esperar
walk caminar
wallet la cartera
wanderings las andanzas
want desear, querer *(irreg.)*
war la guerra
warn advertir (e → ie)
wash lavar
wash one's face lavarse la cara
watch ver *(irreg.)*, mirar
water el agua *(fem.)*, las aguas *(plu.)*
water sports los deportes del agua
weather el tiempo
Web site el sitio Web
week la semana
well bien
what? ¿qué?
What time is it? ¿Qué hora es?
when? ¿cuándo?
where? (at what place?) ¿dónde?; **(to what place?)** ¿adónde?; **(from what place?)** ¿de dónde?
who? *(subject)* ¿quién?, ¿quiénes?
whole todo(a)
whom? *(object)* ¿a quién?, ¿a quiénes?
wife la esposa, la mujer
win ganar
window la ventana
with con
without sin
wood la madera
wool la lana
work trabajar; **work days/nights** trabajar de día/de noche
write escribir
wrong-side-out al revés

Y

year el año
yellow amarillo(a)
yesterday ayer
yet todavía
young joven

INDEX

*Note: In accordance with the latest spelling reforms of the Spanish Real Academia de la Lengua this index does not treat **ch** and **ll** as separate letters of the alphabet.*

A

B

C

D

E

Q

R

S

T

W